榮宏君 編著

張伯駒年譜

沈鵬敬署

中華書局

張伯駒（一八九八——一九八二）

山高水長，斯人千古

伯駒先生是上世紀我國文化界的一種異數和一段傳奇。在民國四公子中，他所綻放的文化光輝、貢獻的異珍奇寶及所體現的高風亮節，無人能及，幾可與司馬遷《史記》中的戰國四公子分鑣並轡，各有千秋。

伯駒先生出身名門，博精諸藝，詩詞歌賦，唾手成章，書法戲劇，無不精妙。尤重書畫收藏，為國存寶，不惜傾家蕩產。劉海粟先生稱：「他是當代文化高原上的一座峻峰。從他那廣袤的心胸湧出四條河流，那便是書畫鑒藏、詩詞、戲曲和書法。四種姐妹藝術，相互溝通，又各具性格。堪稱京華老名士，藝苑真學人。」啟功先生以為：「前無古人，後無來者，天下民間收藏第一人。」周汝昌先生則云：「一是先生所捐獻於國家者，重於黃金百倍千倍不止。蓋黃金有價，而先生所獻者無價……二是先生異代相賞於這些歷史誕生的文墨藝匠的無以倫比的藝術才情，正如杜少陵之於先賢宋玉所謂，『蕭條異代不同時』，『風流儒雅亦吾師』，彼此有精神境界之投契。」又云：「他為人超拔，是因為時間坐標系特異，一般人時間坐標系三年五年，頂多十年八年，而張伯駒的坐標系大約有千年。所以他能坐觀雲起，笑看落花，視勛名如糟粕，看勢利如塵埃。」一點不錯，正是這種情懷與定力，成就了他的藝術人生。

誰能想到，這樣的大收藏家，晚年會是一貧如洗。記得 1977 年過年時，竟困難到無以度歲的程度，還是承熹先生讓我給他送去 500 元勉強維持。然而老人依舊笑談待客，不以為苦。據《叢碧書畫錄》記載，其所收一等書畫達 118 件之多。在故宮設立表彰書畫捐獻者的《景仁榜》上，頂級書畫中近一半為伯老捐獻，皆為價值連城的異寶奇珍。1936 年為防止

溥心畬所藏西晉陸機所書《平復帖》流入日本人之手，他請傅增湘先生出面，千方百計以四萬大洋購回。1945 年日本投降，長春偽滿州國流出上千件文物，日美諸國覬覦已久。為此，伯老緊急倡議由政府出資購回交故宮保管。並云：「如果資金不足，可代為周轉。」而腐敗的政府竟不加理睬，乃決心個人出面，盡力搶救。再如傳世最早的青綠山水隋代展子虔《遊春圖》索價 800 兩黃金，伯老因財力不足，無奈之下將自己最後一處花園住所 —— 弓弦胡同一號「叢碧山房」，以 220 兩黃金出售給輔仁大學，而後以此款購回這一稀世國寶。並於 1956 年 5 月捐獻給故宮博物院。沈雁冰部長頒發獎狀云：「化私為公，足資楷式，特予褒揚。」

伯駒先生護持國寶的大節高風，深深感動着年輕學者榮宏君，他決心為先生立傳，以彰天地之清氣，而立文化之標高。榮君從零開始，千方百計搜集資料，孜孜汲汲，十有餘年。訪遍南北萬里，書採數百餘家，事事核實，字字推敲，乃成就洋洋四十萬字的巨著。我挑燈批覽一過，深佩作者不遺巨細而成此鴻篇。考核既嚴，判斷尤精。資料之豐贍，行文之流美，令我這個在伯老晚年追隨身後的弟子，驚喜連連，備受感動。可以毫不誇張地說，這是迄今有關伯老先生最翔實最深刻的一部著作。比如傳主伯老的身世，過去很不清晰，通過《年譜》的記述，就一目了然了。其父張鎮芳，光緒十一年舉人，十八年進士，官至一品署直隸總督，實為其裔父。生父張錦芳，是晚清廩生，曾任度支郎中、道尹等職。其祖父張瑞楨為光緒二十年舉人，家中藏書數萬卷。而其姑母，則是袁世凱的長嫂。如此顯赫的背景，對於其人生道路，影響自然是巨大的。

《年譜》的另一特點是，補錄了伯老大量未收的佚詞、詩聯及散文，皆榮君從各類名人筆記、報刊雜誌上收錄得來，應超過百首以上。如 1936 年所填《木蘭花慢》「鬱巫閣莽莽，鍾王氣，定幽燕」，以及《蝶戀花》「十里城西楊柳路」、《人月圓》「戌樓更鼓聲迢遞」、《浪淘沙·京陵懷古》等詞作。另如 1952 年夏為畫友惠孝同所藏《魚村小雪圖》書七言古風：「三年樓居對西山，日日憑窗看雲烟……尺尺之間見天地，瞬刻以內即神

仙。」為作者罕見之長調，過往傳著亦未見收錄。甚至如 1977 年 6 月賀葉帥八十律詩：

> 杖朝杖國仰群黎，百歲韶華壽域躋。
>
> 早有功名揮日返，猶多英氣望天低。
>
> 陰山不度空胡馬，漢社全傾除牝雞。
>
> 霜葉滿林秋更好，明霞燦爛映紅旗。

此等傑構，幸賴此而得以傳世。至於伯老與當代名家，如郭則澐、黃公渚、黃君坦昆仲，唱和詩詞，不下百首，亦賴此而存一線，可謂斯文之幸。

《年譜》涉及當時上層的動態，尤其值得注意與研究，如 1920 年 9 月，伯老陪父親張鎮芳拜訪張作霖。作霖為報答鎮芳當年排擠掉段芝貴而扶植其上位之恩，任命伯駒為奉軍總稽查。翌年張作霖又出手幫助擺平因「復辟事件」而被吳鼎昌掠奪的鹽業銀行股權問題。再如《鄧之誠文史札記》所言：伯駒云，「袁世凱稱帝受英、德慫恿，歐戰既起，英、德無力東顧，日本乘之，而段、馮因之倒戈。又言宣統復辟，徐世昌謀以孫女為后，而自居輔政，密遣曹汝霖詢日本公使意向，日使言必反對，徐遂袖手。」又云，「護國軍之起，蔡鍔受日本助款二百萬，則湯薌銘為我言之。中國何時始能獨立自主乎？」如此等等，事關政局秘辛，值得認真研究。

《年譜》還記錄伯駒先生與毛澤東主席，與陳毅、葉劍英元帥的親切交往，體現了國家領導人對老專家學者的關愛，令人感動。在伯老的牛棚日記中詳細記錄了他的心得，在《看不慣知識份子》中寫道：「十幾年來存在着封建時代的士大夫四舊生活，與一些封建餘孽聚飲、填詞、聚餐、聯吟、猜詩謎、打詩鐘，春日看杏花、夏日賞荷、中秋賞月、重陽登高賞菊、看紅葉。在社會主義中還像六十年前之歲月，落後到何等地步。」又云：「五三年我愛人潘素與北京老畫家合畫冊頁，祝毛主席五九大慶。蒙毛主席春節賞賜禮物……這樣的恩遇……我五三年呈獻毛主席唐李白《上陽臺帖》蒙辦公室賜予回信。我列入右派後，毛主席秘書（田家英）還說：『張伯駒還是有功國家的』。」這些記錄表達了老人劫難中的心聲，

真令人不勝唏噓。《年譜》還記錄了他和陳毅元帥難得的對話。1961 年 10月 2 日，陳帥於中南海紫光閣為伯老餞行，問他：「到吉林教什麼？」伯老說：「到藝專教書法史、繪畫史、詩詞等。」陳總說：「這是你的專長。」又問：「右派帽子摘掉了沒有？」伯老說還沒有摘掉。陳總說：「你是舊文人，難免情緒孤僻，新事物知道又少。或為人所不諒。你的一生所藏書畫精品都捐給國家了，你還會反黨嗎？我同他們說給你改改好了。」伯老說：「我受些教育，對我很有好處。」陳總說：「你這樣說很好。我謝謝你。」今日讀來仍暖透心窩，使人感佩！

　　《年譜》對天下第一票友伯駒先生的戲劇功力，更有精彩生動的記錄。1937 年 3 月 4 日先生四十壽，於隆福寺全福館賑濟河南旱災義演，京劇名家老宿集體出動。壓軸大戲《空城計》由伯老飾諸葛亮、王鳳卿飾趙雲、陳繼仙飾馬岱、余叔巖飾王平、楊小樓飾馬謖、陳香雪飾司馬懿、錢寶森飾張郃等，可謂盛況空前，絕無僅有之樂事。《民國雜誌》云：張伯駒飾孔明，在四大名伶所飾各將環護下，飄然升帳。「羽扇綸巾四輪車」數句引子，臺下真疑為全場有二「余叔巖」出現。「若將此班人馬，搬來滬上演出，則恐又將鬧翻上海矣。」關於伯老戲功高卓，陳巨來在《安持人物瑣記》中云：是年伯駒欲串演二戲，自「問樵」至「出箱」一氣呵成，毫不費力。出箱用鯉魚打挺而滾出的，內行亦不敢輕於嘗試也。天下第一名票，決非虛譽也。

　　伯駒先生是中國傳統文化的守護神。關於國畫藝術的現實意義，伯駒先生與悲鴻先生看法有異，二人曾產生過一場論戰，據《年譜》：1947年 10 月中旬徐悲鴻先生在《大公報》上連續發文，揚言「要打倒八股山水」，不要仿古，而應摹寫人民的生活，並解聘了秦仲文等三教授。10 月22 日，伯駒先生發表了《我對文化藝術創造之意見》，指出「吾中華民族藝術之表現，為雍容和平，有一種不可思議的風度精神……每隨時代遞嬗創造，而其一貫之精神聯繫不斷。」又云：「近感於徐悲鴻氏發言，謂該校一年級學生畫，即比董其昌、王石谷為好之一語。易啟學生對藝術輕易

之心……。建議教育部規定文化藝術發展之方針與途徑，則藝術之爭自息……仍希望徐氏善自謙抑，勿意氣用事。」云云。其遠見卓識、諄諄告誡，真令人欽敬。其對傳統藝術之態度，與畢卡索有異曲同工之妙。1956年張大千去巴黎拜訪畢卡索，他說：「我不懂中國人為何要到巴黎來學藝術？中國畫真神奇。齊先生畫水中的魚兒沒有上色，一根綫去畫水，卻使人看到了江河，嗅到了水的清香。」（《環球人物》）

伯駒先生酷愛傳統文化，特別是詩詞，已經融入他的呼吸和生命。伯老晚年最關心的事是籌建韻文學會。他認為詩意是一切古典藝術的靈魂，一生為之奮鬥。早在 1956 年夏間，就曾邀約葉恭綽、朱光潛諸位韻文學會籌備委員商議此事，決定與章士釗、葉恭綽聯名上書周總理，並獲得總理的認可。無奈反右事起，遂被擱置。直到改革開放以後，伯老復聯絡夏承燾、唐圭璋、任二北、王力、程千帆以及趙樸初、周谷城、鍾敬文等一批巨擘，聯名上書中宣部部長王任重，報請成立韻文學會事宜。1980 年 2 月 8 日，寫信告訴我約青年詞家座談章程問題；6 月 14 日寄書上海唐雲、謝稚柳諸老商議籌建韻文學會問題。同年 6 月，夏承燾、張伯駒、周汝昌三老上書文化部黃鎮部長云：「經呈中宣部申請成立中國韻文學會，聞已批覆貴部，擬向您面呈梗概。」12 月 6 日致函天津詞家告知韻文學會已獲批准，並附有創刊號目錄，同時函告我草擬韻文學刊啟事，並商議開成立會問題。1981 年初囑我以張、夏二老名義代擬至周巍峙部長函，催辦韻文學會之事。8 月 26 日伯駒先生致函王任重、賀敬之部長，談及韻文學會成立的困難，建議附屬於全國文聯或文化部藝術研究院諸事。11 月 17 日函告我云：「文化部通知韻文學會須於 12 月內成立，請與統一速到我家面談，持我信與文化部周部長接洽為要。」終因掛靠問題未能落實而拖延下來。伯老已是垂暮之年，為創建韻文學會，仍事無巨細，親力親為，費盡心血，令人感動。1982 年 2 月 8 日，伯老病倒入住北大醫院大病房。我聞訊後於 11 日前往探視，老人昏昏沉沉，狀態不佳。當我把敬之同志關於韻文學會將採取掛靠實體學術單位的想法告訴他時，他已不能對話，頷

首而已，令人悽黯不已。此後在敬之部長的關懷下，伯老入住高幹病房，神志漸趨清爽。2月25日（農曆正月廿二），老友張大千先生令孫張曉鷹前來探視，老人精神好轉，頭腦清晰，即興口述七律一首，末句云：「還期早息鬩牆夢，莫負人生大自然。」諄諄以祖國和平統一，順應自然法則為囑，立意何其高遠。另填詞《鷓鴣天》：

以將干支斗指寅，回頭應自省吾身。莫辜出處人民義，可負身教父母恩。　儒釋道，任天真，聰明正直即為神。長希以往昇平世，物我同春共萬旬。

伯老這首辭世之作，充分展現了老人爐火純青的藝術才華與完美崇高的思想境界。上片回顧平生，以為尚沒有辜負人民的厚愛與父母的養育之恩。下片筆鋒一轉，提出一個哲學命題：儒釋道聖賢立說，無非是聰明正直、本色天真。我最嚮往的去處，就是一個人與自然界能夠同享萬年春光的彼岸！這不就是上報四重恩、下濟眾生厄的博愛情懷與華嚴境界嗎？如此灑脫、超邁，可謂深沃道心、悲智雙運之傑作。這就是老人為我們留下的極寶貴的謝世遺言。

山高水長，斯人千古，伯駒先生值得我們永遠紀念！

戊戌盛夏門人周篤文盥手拜書

凡例

一、本譜尊重譜主的記歲習慣，以虛歲計年齡。

二、本譜採用公元紀年，並標出相應年份干支。所發生事件均按時間順序排列，有準確年月而無日可考者，列於該月末；有確年而無日月可考者，列於是年末。

三、本譜所標四季，以西曆一至三月為春，四至六月為夏，七至九月為秋，十至十二月為冬。

四、本譜一般省略主語，凡單獨稱呼「先生」者均指譜主。

五、對同一事件有不同說法和新聞報導，本譜原則上兼採並收，並標明出處。

六、本譜所引用史料，如出自報紙，注明相應日期及所在版面；如引自書籍，則注明相應頁碼。

七、引用文獻中有少量字詞錯漏、難以辨識，以及需加以補充說明者。錯字，在該字後（）內標出；漏字、衍文在〔〕內標出；模糊難辨、殘缺之字，以□代替；說明、注解亦用（）標出。

八、本譜引用各藝術品拍賣公司拍賣資料，僅作為史料使用，並不證明該作品真贋。

目錄

卷一　少年遊 —————————————— 001

光緒二十四年至民國十五年（一八九八——一九二六）

一八九八年（光緒二十四年戊戌）　一歲 ————— 003

一九〇一年（光緒二十七年辛丑）　四歲 ————— 005

一九〇三年（光緒二十九年癸卯）　六歲 ————— 005

一九〇四年（光緒三十年甲辰）　七歲 ————— 005

一九〇五年（光緒三十一年乙巳）　八歲 ————— 006

一九〇六年（光緒三十二年丙午）　九歲 ————— 006

一九〇七年（光緒三十三年丁未）　十歲 ————— 006

一九〇八年（光緒三十四年戊申）　十一歲 ————— 007

一九〇九年（宣統元年己酉）　十二歲 ————— 007

一九一一年（宣統三年辛亥）　十四歲 ————— 008

一九一二年（民國元年壬子）　十五歲 ————— 011

一九一三年（民國二年癸丑）　十六歲 ————— 011

一九一四年（民國三年甲寅）　十七歲 ————— 012

一九一五年（民國四年乙卯）　十八歲 ————— 013

一九一六年（民國五年丙午）　十九歲 ————— 013

一九一七年（民國六年丁巳）　二十歲 ————— 014

一九一八年（民國七年戊午）　二十一歲 ————— 016

一九一九年（民國八年己未）　二十二歲 ————— 017

一九二〇年（民國九年庚申）　二十三歲 ————— 017

一九二一年（民國十年辛酉）　二十四歲 ————— 020

一九二二年（民國十一年辛巳）　二十五歲 ⋯⋯⋯⋯ 021

一九二三年（民國十二年壬戌）　二十六歲 ⋯⋯⋯⋯ 023

一九二四年（民國十三年甲子）　二十七歲 ⋯⋯⋯⋯ 023

一九二五年（民國十四年乙丑）　二十八歲 ⋯⋯⋯⋯ 023

一九二六年（民國十五年丙寅）　二十九歲 ⋯⋯⋯⋯ 025

卷二　臨江仙 ——————————— 027
民國十六年至民國二十六年（一九二七—一九三七）

一九二七年（民國十六年丁卯）　三十歲 ⋯⋯⋯⋯ 029

一九二八年（民國十七年戊辰）　三十一歲 ⋯⋯⋯⋯ 030

一九二九年（民國十八年己巳）　三十二歲 ⋯⋯⋯⋯ 031

一九三〇年（民國十九年庚午）　三十三歲 ⋯⋯⋯⋯ 034

一九三一年（民國二十年辛未）　三十四歲 ⋯⋯⋯⋯ 036

一九三二年（民國二十一年壬申）　三十五歲 ⋯⋯⋯⋯ 038

一九三三年（民國二十一年癸酉）　三十六歲 ⋯⋯⋯⋯ 041

一九三四年（民國二十三年甲戌）　三十七歲 ⋯⋯⋯⋯ 044

一九三五年（民國二十四年乙亥）　三十八歲 ⋯⋯⋯⋯ 047

一九三六年（民國二十五年丙子）　三十九歲 ⋯⋯⋯⋯ 047

卷三　滿江紅 ——————————— 057
民國二十六年至民國三十七年（一九三七—一九四八）

一九三七年（民國二十六年丁丑）　四十歲 ⋯⋯⋯⋯ 059

一九三八年（民國二十七年戊寅）　四十一歲 ⋯⋯⋯⋯ 066

一九三九年（民國二十八年己卯）　四十二歲 ⋯⋯⋯⋯ 073

一九四〇年（民國二十九年庚辰）　四十三歲 ⋯⋯⋯⋯ 077

一九四一年（民國三十年辛巳）　四十四歲 ⋯⋯⋯⋯ 079

一九四二年（民國三十一年壬午）　四十五歲 ⋯⋯⋯⋯ 085

一九四三年（民國三十二年癸未）　四十六歲 ⋯⋯⋯⋯ 090

一九四四年（民國三十三年甲申）　四十七歲 ⋯⋯⋯⋯ 092

一九四五年（民國三十四年乙酉）　四十八歲 ────── 094

一九四六年（民國三十五年丙戌）　四十九歲 ────── 097

一九四七年（民國三十六年丁亥）　五十歲 ────── 105

一九四八年（戊子）　五十一歲 ────── 121

卷四　沁園春 ──────────────── 147
（一九四九──一九五七）

一九四九年（中華人民共和國成立己丑）　五十二歲 ── 149

一九五〇年（庚寅）　五十三歲 ────── 157

一九五一年（辛卯）　五十四歲 ────── 165

一九五二年（壬辰）　五十五歲 ────── 169

一九五三年（癸巳）　五十六歲 ────── 178

一九五四年（甲午）　五十七歲 ────── 184

一九五五年（乙未）　五十八歲 ────── 188

一九五六年（丙申）　五十九歲 ────── 190

一九五七年（丁酉）　六十歲 ────── 196

卷五　謫仙怨 ──────────────── 213
（一九五八──一九七六）

一九五八年（戊戌）　六十一歲 ────── 215

一九五九年（己亥）　六十二歲 ────── 216

一九六〇年（庚子）　六十三歲 ────── 218

一九六一年（辛丑）　六十四歲 ────── 219

一九六二年（壬寅）　六十五歲 ────── 228

一九六三年（癸卯）　六十六歲 ────── 235

一九六四年（甲辰）　六十七歲 ────── 249

一九六五年（乙巳）　六十八歲 ────── 253

一九六六年（丙午）　六十九歲 ────── 259

一九六七年（丁未）　七十歲 ────── 263

一九六八年（戊申）七十一歲 ⋯⋯⋯⋯⋯⋯ 265

一九六九年（己酉）七十二歲 ⋯⋯⋯⋯⋯⋯ 266

一九七〇年（庚戌）七十三歲 ⋯⋯⋯⋯⋯⋯ 267

一九七一年（辛亥）七十四歲 ⋯⋯⋯⋯⋯⋯ 274

一九七二年（壬子）七十五歲 ⋯⋯⋯⋯⋯⋯ 283

一九七三年（癸丑）七十六歲 ⋯⋯⋯⋯⋯⋯ 291

一九七四年（甲寅）七十七歲 ⋯⋯⋯⋯⋯⋯ 308

一九七五年（乙卯）七十八歲 ⋯⋯⋯⋯⋯⋯ 317

一九七六年（丙辰）七十九歲 ⋯⋯⋯⋯⋯⋯ 331

卷六　人月圓 ——————————— 349
（一九七七—一九八二）

一九七七年（丁巳）八十歲 ⋯⋯⋯⋯⋯⋯⋯ 351

一九七八年（戊午）八十一歲 ⋯⋯⋯⋯⋯⋯ 372

一九七九年（己未）八十二歲 ⋯⋯⋯⋯⋯⋯ 399

一九八〇年（庚申）八十三歲 ⋯⋯⋯⋯⋯⋯ 436

一九八一年（辛酉）八十四歲 ⋯⋯⋯⋯⋯⋯ 467

一九八二年（壬戌）八十五歲 ⋯⋯⋯⋯⋯⋯ 494

卷七　長相思 ——————————— 503
（一九八三—二〇一八）

一九八三年（癸亥）⋯⋯⋯⋯⋯⋯⋯⋯⋯⋯ 505

一九八四年（甲子）⋯⋯⋯⋯⋯⋯⋯⋯⋯⋯ 505

一九八五年（乙丑）⋯⋯⋯⋯⋯⋯⋯⋯⋯⋯ 505

一九八六年（丙寅）⋯⋯⋯⋯⋯⋯⋯⋯⋯⋯ 505

一九八七年（丁卯）⋯⋯⋯⋯⋯⋯⋯⋯⋯⋯ 506

一九八八年（戊辰）⋯⋯⋯⋯⋯⋯⋯⋯⋯⋯ 509

一九九一年（辛未）⋯⋯⋯⋯⋯⋯⋯⋯⋯⋯ 509

一九九二年（壬申）......509

一九九四年（甲戌）......510

一九九五年（乙亥）......511

一九九六年（丙子）......511

一九九七年（丁丑）......511

一九九八年（戊寅）......511

二〇〇一年（辛巳）......512

二〇〇二年（壬午）......512

二〇〇三年（癸未）......512

二〇〇四年（甲申）......512

二〇〇五年（乙酉）......513

二〇〇六年（乙酉）......513

二〇〇七年（丁亥）......513

二〇〇八年（戊子）......513

二〇〇九年（乙丑）......515

二〇一〇年（庚寅）......516

二〇一一年（辛卯）......516

二〇一二年（壬辰）......516

二〇一三年（癸巳）......516

二〇一四年（甲午）......517

二〇一五年（乙未）......517

二〇一七年（丁酉）......517

二〇一八年（戊戌）......517

附錄一：————————519

附錄二：引用書目————535

後　記————545

卷一 少年遊

光緒二十四年至民國十五年（一八九八——一九二六）

一八九八年（光緒二十四年戊戌） 一歲

二月十二日，即清光緒二十四年戊戌正月二十二日，先生出生於河南項城秣陵鎮閣樓村，原名為張家騏，字伯駒，後以字行。三十歲後號叢碧，別號凍雲樓主、好好先生，又自號春遊主人。並治「重瞳鄉人」、「平復堂」等印。

據項城張氏族譜記載，張家祖上於明朝初年由山西洪洞徙居河南項城虹橋。向來是耕讀傳家，曾在虹陽鑄藏書樓，據說僅經史一類的圖書就藏有數萬卷之巨。祖父為張瑞楨，字恩周，又字雨延；祖母為劉靜齋，乃兵部侍郎銜、漕運總督劉永慶之胞姑母。光緒甲午恩科（光緒二十年，一八九四年），張瑞楨中舉，半生苦讀，「寒窗四十載，破壁晚登龍」，其長子張鎮芳先於光緒十一年（一八八五年）中解元；父子同為舉人，一時鄉里傳為美談。

生父張錦芳，字絅庵，一八七二年（壬申，同治十一年）出生。晚清廩生，曾任度支部郎中，民國二年任眾議院議員、政事堂存記、道尹等職。

附項城張氏族譜。（見下頁圖）

是年，愛新覺羅‧溥侗二十三歲。愛新覺羅‧溥侗，公元一八七六年十月三日（清光緒二年八月十六日）出生於北京。滿族，字後齋（一作厚齋），號西園。京劇名票，別號紅豆館主，為「民國四公子」之一。溥侗自幼酷愛戲曲，於崑、京藝術，生、旦、淨、末、丑兼工，並對戲劇音樂如笛、二胡、絃子、琵琶等無所不通，世人尊稱為「侗五爺」。

是年，袁克定二十一歲。袁克定，民國總統袁世凱長子，一八七八年（光緒四年）出生於河南項城袁寨。

項城張氏族譜

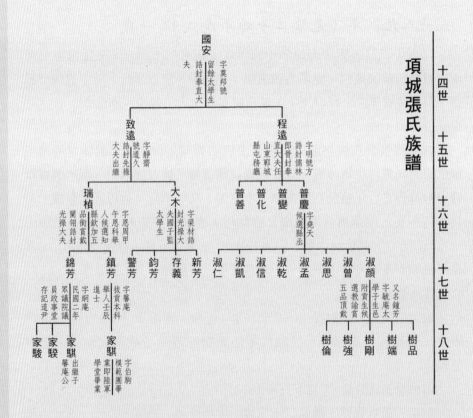

是年，袁克文十歲。袁克文，字豹岑，號寒雲，河南項城人，袁世凱次子，一八八九年（光緒十六年）出生於朝鮮漢城，其生母為袁世凱三姨太金氏。「民國四公子」之一，一生詩酒風流、放蕩不羈，民國時期曾為「天津青幫幫主」。

是年，余叔巖九歲。余叔巖，一八九〇年（光緒十七年）出生於北京。余叔巖祖籍湖北省羅田縣，譜名第祺，字小雲，官名叔巖，一代京劇老生泰斗。

一九〇一年（光緒二十七年辛丑）　四歲

六月三日，「民國四公子」之一的張學良出生於遼寧省臺安縣桓洞鎮鄂家村張家窩堡屯（舊稱桑子林詹家窩鋪）。張學良，字漢卿，號毅庵，乳名雙喜、小六子。籍貫遼寧省大窪縣東風鎮，奉系軍閥首領張作霖的長子。

是年，李鴻章病逝，袁世凱接任直隸總督兼北洋大臣（從一品），即奏請張鎮芳為直隸差委總辦，天津河間兵備道，並轉任長蘆鹽運使。

一九〇三年（光緒二十九年癸卯）　六歲

二月，過繼給伯父張鎮芳。張鎮芳，字馨庵，號芝圃。生於同治二年（癸亥）臘月二十八日（公元一八六四年二月五日）生人。光緒十年（一八八四年）考中廩生；十一年中拔貢，參加秋闈高中第一名解元；十八年（壬辰，一八九二年）進士，最初被分到戶部，任六品京官。時為永平七屬鹽務處總辦。先生隨張鎮芳到灤州任上，後又隨父移居天津。

一九〇四年（光緒三十年甲辰）　七歲

六月十八日，甲辰端午，幼年先生雨中自天津南斜街乘人力車到下天仙茶園觀戲，大軸為楊小樓出演的《金錢豹》，這是其首次接觸京劇。

是年，在天津下天仙觀看孫菊仙主演的《朱砂痣》一劇，並能學唱其中「借燈光」一段。

是年，在父親的主導下，先生與安徽籍女子李月娥訂婚。

是年，卜孝懷出生於河北安國。

一九○五年（光緒三十一年乙巳） 八歲

九月二日，迫於形式，清庭頒布上諭，批准袁世凱、張之洞等人奏請，停罷科舉。至此，在中國歷史上延續了 1300 多年的科舉制度最終被廢除。之後新式學堂如雨後春筍，張鎮芳也曾為家鄉捐資建立新式學堂。

是年，開始在家中讀私塾。

是年，在天津北大關茶園觀看名伶楊翠喜演戲。

一九○六年（光緒三十二年丙午） 九歲

學會作詩，詩作後編入由張鎮芳、馬麗軒等結成的「麗澤詩社」之《麗澤社諸家詩》中。

一九○七年（光緒三十三年丁未） 十歲

是春，張鎮芳為家鄉項城縣捐銀六萬兩，開辦了「百塚鋪師範學堂」，此學堂的創立比河南大學創辦還要早六年。

是年，生父張錦芳任度支部郎中，先生赴京省視。多年後先生曾在《紅毹紀夢詩注》一書中回憶了這段經歷：

> 節到端陽入暑初，門懸龍虎避邪符。
>
> 茶館戲看混元盒，致美齋嘗抓炒魚。
>
> 余十歲時，先叔任度支部郎中，居潘家河沿，余入京省視。時鹽運使署醫官陳華甫君亦來京，值端陽，陳君同余及友三四人去致美齋午酌，食抓炒魚，極美。街市熱鬧非常，商店皆門懸龍虎山天師符，各茶園皆演連本《混元盒》。余等飯後去廣德樓觀戲，當時情景，似猶在目前。[1]

---

① 張伯駒著《紅毹紀夢詩注》。香港：中華書局香港分局，1978: 6。

　　是年，先生第一次遊北京動物園。七十八歲時填詞《前調·大覺寺紀遊·動物園》（此處「前調」詞牌指《小秦五》）以憶舊遊：

　　　　昔遊曾記尚稱童，老去重過貝子宮。畫竹不肥思肉食，羨他神虎與樊龍。

　　　　款識：余昔遊三貝子花園，年才十歲，後名萬牲園，今名動物園。名屢易，而余已老矣。有人畫竹，自題詩云：只因食肉少，畫竹不能肥，語可噴飯。使其在園中為動物，食肉當多也。[1]

一九〇八年（光緒三十四年戊申）　十一歲

　　十一月，光緒皇帝和慈禧太后相繼駕崩，宣統小皇帝溥儀繼位。袁世凱被迫以「足疾」為由，辭官歸隱河南故里「養痾」。袁世凱攜家人由北京乘火車到天津，下車後暫寓英租界利順德飯店（今天津飯店）。張鎮芳聞悉，親赴飯店探視，並饋贈袁世凱一筆巨款做回鄉之用，並表示以後會照顧袁世凱家小。

　　是年，赴京看望生父、生母。在《紅毹紀夢詩注》書中記述在文明茶園第一次看到譚鑫培演《南陽關》時的情景：

　　　　回思觀劇在童時，譚字高標紙上題。

　　　　朱粲但看花臉好，不知誰是叫天兒。

　　　　余十一歲時，入京省視先叔嬸，偶過文明茶園，見門口黃紙大書「譚」字，時畫場已將終，乃買票入園，正值譚鑫培演《南陽關》，朱粲方上場，余甚欣賞其臉譜扮相，而竟不知誰是譚鑫培也。[2]

一九〇九年（宣統元年己酉）　十二歲

　　是夏，河南受災，項城地勢低窪，亦為重災區。張鎮芳為家鄉捐獻四千銀元，一半捐給老家項城，一半捐給河南省其他受災災區。

① 張伯駒著《張伯駒詞集》。北京：中華書局，1985：229。
② 張伯駒著《紅毹紀夢詩注》。香港：中華書局香港分局，1978：6。

　　是年，袁世凱回到河南安陽北門外的洹上村，旋籌建養壽園，以期寄興山水，弄舟垂釣。園成即興雅集，先生隨父親以及陳夔龍等袁氏親友齊聚養壽園，皆留詩作。後，袁世凱二公子袁克文手訂集成《圭塘倡和詩》，將雅集詩篇皆收錄於內，並刊印行世。袁克文在其《養壽園志序》一文中，對於養壽園概貌有詳細描述：

　　　　歲在戊申，先公引疾罷歸，以項城舊宅，已悉畀諸親族，且家人殊眾，未敷所居，乃初卜宅汲縣，旋遷百泉。逾歲，洹上築成，居室厥定。洹上村，負安陽北郭，臨洹水之上。村之左，闢地百畝，藝花樹木，築石引泉，起覆茅之亭，建望山之閣。漳河帶於北，太行障於西。先公優遊其中，以清孝欽后曾贈書養壽，爰命曰「養壽園」。其一橡一卉，咸克文從侍而觀厥成焉。茲先公遐逝，園圃雲荒，夢寐臨存，益滋痛慨，溯而志之，用紀林泉之舊爾。[1]

一九一一年（宣統三年辛亥）　十四歲

　　是秋，因辛亥革命爆發，先生被送回河南項城老家避難。

　　是年，先生與袁世凱之四、五、六、七子同入天津新學書院、政法學堂讀書。新學書院為國學大師、教育家、南開大學創辦人嚴範蓀所創辦。

　　是年，張鎮芳出任長蘆鹽運使。

　　是年，《項城縣志》修成。河南項城自康熙二十九年之後的二百餘年皆未修志，張鎮芳為使鄉邦文獻得以傳承，延聘鄉賢名士楊仲唐等人主持續修項城縣志，並解私囊捐助修志經費，還將其在周口新購的花園作為修志之所。志成後，張鎮芳親自作序：

重修項城縣志序

　　　　邑何以有志？志政治之書也。是以作志之體，雖取法乎《史》《漢》，其精義實祖述《周官》。不特司會所掌握之版圖為後世圖經之祖。外史所掌四方之志為郡縣志乘，所由昉而已。其志及天文、災異，則馮相、保章氏之遺也；志及地理又司徒之官與職方氏之所掌也。司徒之職，即次

---

① 袁寒雲著，文明國編《袁寒雲自述》。合肥：安徽文藝出版社，2013: 85。

於天官，故志田賦；春官所掌，莫大於祭祀，故志祠祀。學校有志，雖規模大小不同，其亦大司樂所掌，成均之法之遺制歟！選舉有表，則鄉大夫所上賢能書之貳也。蓋自學校之政不修，而選舉之途不足以盡收得人之效，於是後世史家者流，復廣搜博採，傳及人□，誠亦有不得不然者。國之大事在祀與戎，此司馬所以並列為六官也，則兵防之志宜急；水利與民生尤重，此匠人一職所以足補冬官之闕歟，則溝渠之志宜詳。至於志藝文論著，則亦外史所掌之書也，附及詩歌，又太師陳詩之遺意存焉。蓋政治之大綱具於是矣！於乎志豈易言哉！今觀是書於《地理》《河渠》二志則詳細備載，利害昭然。於《祠廟志》則釐定不苟，於《人物志》則微賤不遺，片長必錄。若深慨夫選舉之未盡得人由，學校不修有以致之者。於《藝文》《麗藻》二志則評論允當，搜採棄遺，其用心可謂勤矣。然尚恨有闕者。《田賦》之志略而未詳，則昭大信而示劃一之軌。營汛兵變之設、寨堡之築、與夫古今兵事之及於邑境者，以及近日清鄉守望之法，宜類聚之以為《兵防志》，今亦略焉。是於《周官》政治之大綱，尚有所未備也。於乎志豈易言哉！

回憶鎮芳童齡時，家嚴持所撰《三鴉路考》一篇親為講解，並謂舊志缺誤甚多。適諸父老方擬續修，袁文誠公慨捐巨貲，聘吳禾笙先生主稿。越數歲，而吳赴修文，其子甫八九齡，將志稿襪於故紙堆中，全行散失，迨光緒乙未，鎮芳奉諱回里，託友人以五十金至吳宅購覓，而隻字無存。每與同志言，未嘗不引以為憾！嗣因供差農部，旋調北洋，泛梗萍飄、幾無定所，修志之事，無人再談及。濫竽長蘆，公餘之暇，娛情圖籍，稗官野史，時亦參觀。而眷念鄉邦，懼文獻之無徵也。又恐如前開局攤捐，築室道謀之動多異議也。於是糾約諸至契分任其勞，楊君仲唐總攬大綱；王北初、張鼎實（有時寫作「張鼎石」，編者注）、于黼宸、閻濟源諸君各擔搜輯，所需經費，由鎮芳獨立供給、自解私囊。前年視事汴垣，函商仲唐，假所買周口新房，潛心校對，且囑測繪局一二高等生查勘河渠，研究四五年，居然彙集成帙，復敦請施君虞琴，考歷朝之沿革，正舊志之訛謬，別類分門逐加潤色，現欲付石印，促鎮芳弁諸簡端。夫縣志之失修近二百年矣，其間淹沒不彰者，何可勝道！今幸竣事，實獲我心，竊喜諸君不憚之功，得成先達未竟之志，後有作者，可

以取資，謂為我輩私自著書也。可謂為我輩公諸同好也，亦可至於品題
或有未當，義例或有未嚴，即康武功亦不能免人之苛論，於乎志豈易言
哉！

邑人張鎮芳序。1

張錦芳亦為《項城縣志》作跋：

右項城縣志，吾兄馨庵屬友人楊君仲唐總其成，王北初、閻濟源、
于黼宸、張鼎石諸君襄其役，仲唐復以邑人諸多未便，迺招其門下士睢
州施君虞琴俾分其任者也。書成為卷三十有二，余受而讀之，但見其
搜羅繁富，體例精密，無遺義矣。適有客至，取視之釃然曰：「壇廟碑
銘、城隍紀述，與凡利弊論著之。關於邑境者附入地理、河渠、田賦、
祠廟諸志，如《班史》取延年、賈讓諸書入《溝洫志》，賈誼鼂錯諸疏
入《食貨志》之例當矣。至於名臣奏疏、學士論著其尤者，當全錄入本
傳，如《班史》錄天人三策於《董仲舒傳》；錄治安諸疏於《賈誼傳》。
墓誌傳狀核寔無虛，當即取為傳文，如班史仍《史記自述》而為《司馬
遷傳》，仍楊雄自序而為《楊雄列傳》，此亦史家定法也。今悉取其文
載入《麗藻》何耶？余應之曰：「此固仲唐諸君有所未暇者耳，豈並此
等義例而不知哉？」客又曰：「《麗藻志》中若袁端敏文誠之奏疏，張
菱湖、王丹君之論著，其尤者固已採錄無遺，不患其淹沒無傳，至於
他人著述，或缺而不載、掛一漏百，寧非譏與？」曰：「搜羅未備，誠
亦有之。仲唐續有項城文徵詩徵之選，余方促其成書，謀付梓以廣流
傳，仲唐之用心可謂厚矣！子毋庸譏其未備為也噫。今日之大可慮者
不在世道而在人心，邪說橫行甚於洪水猛獸，吾兄與仲唐諸君子以挽
回人心為急務，欲借此一志存先正之遺規，導後生之前路，本不在區
區文字間也。」客無言而退，余有感焉。因綴數語於後。

邑人張錦芳謹跋 2

是年，由晚清進士關賡麟倡導，「寒山詩社」在北京成立。

---

① 張鎮芳主修《項城縣志》（1911 年修）。臺北：文海出版社，1966：3-14。
② 張鎮芳主修《項城縣志》（1911 年修）。臺北：文海出版社，1966：2411-2416。

一九一二年（民國元年壬子）　十五歲

七月二十六日，啟功出生於北京。啟功，滿族，字元白，也作元伯，號苑北居士，雍正皇帝九世孫。

是年，張鎮芳由署理直隸總督轉任河南督軍兼民政長，先生隨父赴河南開封，入河南陸軍小學讀書。

是年，革命潮流澎湃，河南有識之士亦紛紛響應，河南以閻子固、朱丹陛為首的革命黨人，預謀炸毀開封火藥庫。張鎮芳命令大肆搜捕革命志士。不僅槍殺了革命黨閻子固、朱丹陛等人，還下令繼續逮捕青年學子。先生生父張錦芳同情青年學生，竭盡全力保護青年志士。如項城的閻凌雲、汝南的閻秀峰、馬應坦、王懋官等。

是年，以林伯襄為代表的一批河南教育家，在河南都督張鎮芳的支持下，於清代開封河南貢院舊址創辦了河南留學歐美預備學校，成為當時國內三大留學培訓基地之一，與清華學校（今清華大學）和上海南洋公學（今上海交通大學）呈三足鼎立的局面。

一九一三年（民國二年癸丑）　十六歲

三月二十二日，宋教仁在上海火車站被刺殺。宋教仁生於一八八二年四月五日，字遁初，號漁父，湖南桃源人。宋教仁是中國偉大的民主革命先行者、中華民國的締造者之一。宋教仁被刺殺後，張鎮芳親擬挽聯悼念：

> 世無晉國觸槐人，何地何時，忍令鉏麑乘趙盾；
> 書有楚詞香草淚，獨清獨醒，始知漁父即靈均。[1]

是年，張鎮芳在河南組織成立的「軍警聯合會」鎮壓河南革命黨人，逮捕槍殺了包括《民立報》編輯部主任羅瑞青等四人。同年九月二十一日，老同盟會員、河南省議員朱丹陛亦被槍殺於項城西關，馮玉祥任河南都督時追認其為二次革命烈士。

---

① 張伯駒編著《素月樓聯語》。上海：上海古籍出版社，1991: 31。

　　是年，關賡麟所倡導的「寒山詩社」更名為「稊園詩社」。由此，稊園詩社一直延續到一九五六年，成為我國近現代存世時間最長、學者參與最多的文學社團。

一九一四年（民國三年甲寅） 十七歲

　　二月，袁世凱以張鎮芳「剿匪無方、亂殺青年」為由，撤去其河南都督一職。

　　五月二十五日，王世襄出生於北京。王世襄，字暢安，祖籍福建福州。

　　十月，張鎮芳在民國總統袁世凱的授意下開始着手籌辦鹽業銀行。張鎮芳曾在代股東會起草之專函中詳細敍述了鹽業銀行籌備情況：

敬啟者：

　　鎮芳於民國三年十月間奉大總統諭，籌辦鹽業銀行。遵即招集股本，釐訂章程，綿蕞經營，悉心規畫。於四年二月間先設京行，以立基礎，津滬兩處分行旋即賡續開設，進漸持恆，已逾一載，營業發展，成績燦然。本年中、交兩行停兌以後，我行掊挂橫流，信用昭著，官商各界，極表歡迎，事務愈形繁多，辦理尤為穩健。現經公司議決，以張紹軒將軍威信素隆，在行資本極厚，於行中各事尤能隨時維持，公推為鹽業銀行協理，以資提挈而策進；行業經專函推舉，僉服既出眾議，表決自有同情，相應函達，即布騰照為荷，專此肅布，敬頌

臺綏！

張鎮芳啟 [1]

　　是年，隨父入京。

　　是年，朱家溍出生於北京東城西堂子胡同。朱家溍，字季黃，浙江蕭山人，宋代理學家朱熹二十五代世孫。其父朱翼庵，名文鈞，著名文物收藏家。

　　是年，先生考入中央陸軍混成模範團騎兵科，時袁世凱以陸海軍大元帥兼任團長。

　　是年，北洋政府主導的第一個以皇家藏品為主的古物陳列所，在故宮

---

① 轉引自寓真著《張伯駒身世鉤沉》。太原：三晉出版社，2013: 295-296。

太和殿、文華殿和武英殿成立。古物陳列所主要保管陳列原清廷盛京、熱河兩大行宮文物。

一九一五年（民國四年乙卯）　十八歲

二月十四日，春節，到中南海給袁世凱拜年，得到袁的賞識，叮囑：「好好上學，畢了業就到府裏來。」在《續洪憲記事詩補注》中，先生曾有詩以紀：

> 拜賀春元紀歲華，皇恩始感浩無涯。
>
> 褒嘉數語消英氣，賜物先人已到家。

> 洪憲前歲元旦，先父命余去給項城拜年。項城在居仁堂，立案前，余行跪拜禮。項城以手扶掖之，問余年歲。余對：「十八歲。」項城曰：「你到府裏當差好吧？」余對：「正在模範團上學。」項城曰：「好好上學，畢了業就到府裏來。回去代我問你父親過年好。」余辭退回家，甫入門，所賜之禮物已先到，為金絲猴皮褥兩副，狐皮、紫羔皮衣各一襲，書籍四部，食物等四包。時余正少年，向不服人，經此一事，英氣全消，不覺受牢籠矣。[1]

二月二十八日，元宵節，潘素生於江蘇蘇州。

三月二十六日，張鎮芳創辦鹽業銀行，總行設在北京。

十月一日，楊仁愷[2]出生於四川岳池。

一九一六年（民國五年丙午）　十九歲

二月五日，張鎮芳五十三歲生日，素有「老鄉親」之稱的孫菊仙演出《朱砂痣》一戲，先生在《紅毹紀夢詩注》一書中有述：

> 余十八歲時，居北池子，先君壽日演戲宴客，老鄉親演《朱砂痣》，是時小雲始出科，陪演新娘子。余在臺下觀，見小雲唱時，尚於袖內拍板也。

---

① 劉成禺、張伯駒著《續洪憲記事詩補注》。上海：上海古籍出版社，1983: 301。

② 楊仁愷在新中國成立後，曾任中國古代書畫七人鑒定小組成員、遼寧省博物館名譽館長。是著名的博物館學家、古書畫鑒定家，尤其是對故宮流失國寶書畫做了大量深入細緻的研究工作。

是日，袁克文奉袁世凱之命，前來給張鎮芳賀壽。先生在《紅毹紀夢詩注》一書中有載：

> 皇子親來上壽巵，三千珠履盡開眉。
>
> 南崑北曲無人識，忍睡提神待碰碑。
>
> 先君壽日，項城命寒雲來拜壽，時寒雲從趙子敬學崑曲，已能登場，但不便演，介紹曲家演崑曲三齣。後為譚鑫培《托兆碰碑》，時已深夜，座客皆倦，又對崑曲非知音者，乃忍睡提神以待譚戲。譚來後，在余室休息，雷震春事招待，與對榻，為其燒烟。譚扮戲時，余立其旁，譚着破黃靠，棉褲彩褲罩其外，以胭脂膏於左右頰塗抹兩三下，不數分鐘即扮竣登場，座客為之一振，惜余此時尚不知戲也。[1]

是年，於中央陸軍混成模範團畢業後，到陝西都督陸建章部任職。因洪憲帝制失敗，陸建章被屬下陳樹藩趕走，先生又回到北京。

是年，與李月娥結婚。

一九一七年（民國六年丁巳）　二十歲

五月二十二日，五十五歲的齊白石從湖南湘潭來到北京定居，開啟了藝術北漂生涯。

六月十六日，張勳到天津偕同張鎮芳等人共赴北京，秘密籌劃復辟滿清政府事，張伯駒一直跟隨在側。

七月九日，復辟失敗，張鎮芳被袁世凱舊部段芝貴布兵逮捕。段芝貴因隨段祺瑞討伐張勳有功，被任命為京畿警備司令、陸軍總長。因張鎮芳曾經幫助張作霖打壓段芝貴，所以段一直懷恨在心，執意判張鎮芳死刑。

九月，京畿（包括直隸、京兆兩省區，即現在的河北、北京地區）發生特大水災，受災面積之大、受災人數之廣世所罕見。當時負責督辦賑災工作的是前民國總理熊希齡，其「彙報籌辦賑務情形呈大總統文」詳細敘述了這次災情：

---

① 張伯駒著《紅毹紀夢詩注》。香港：中華書局香港分局，1978: 8-9。

查本年京畿被水之廣小民受困之深，為近數十年所未有。京兆所屬重者七縣，輕者十一縣，無災者不過二縣。直隸所屬重者三十四縣，輕者五十二縣，無災者不過二十一縣。其有災而可以不賑者十一縣耳。統計應賑之民，約在四百三十四萬二千餘口。[1]

同月，張鎮芳被捕後，先生積極幹旋，擬以自己的名義救濟京津、直隸水災捐善款四十萬元，以此善舉來博得張鎮芳豁免死刑。

十月二十日，《益世報》登載先生為父親牢獄之事奔走狀況：

京聞：鎮芳近況

大理院將張鎮芳判決無期徒刑，移交京師模範監獄執行之後，張以老病為理由極力運動停止執行，均為司法當局所拒絕，其情形已迭紀本報。茲聞張之子張家騏，最近復向司法部請求，並附呈醫生診斷書，略謂年老體衰，腸病便結，請暫保釋在外醫治，俟病愈再予執行云云。司法當局以張氏在獄已照病囚一例看待，該呈所稱各病經官醫診斷，均非危症，未能准予停止執行，業於前日批示斥駁矣，此一事也。同時，張家騏復向辦理賑務河工事宜熊督辦處遞呈，謂稟承父命，將全部家財捐充京畿一帶水災賑款，計捐現洋十萬元，中、交兩行鈔票十萬元，公債票二十萬元，共計四十萬元。呈中雖未附有為乃父要求緩刑之條件，然暗中實含有此項用意，不過託人間接表示而已。熊督辦接呈之後，知張氏用意所在，不敢將該呈遞行批准，先商諸司法當局。司法當局仍持強硬態度，張氏之運動復歸無效。捐款一節，亦無形隨而打消，此又一事也合觀以上兩節。張氏之運動不可謂不力，而司法當局曾不稍動，遂使堂堂之度支部尚書，終無計脫逃法網。殆此所謂自作孽不可逭。（新）[2]

十月二十七日，以陸軍混成模範團畢業學生之名給司法部典獄長寫信，為張鎮芳請求保外就醫：

呈

陸軍模範團畢業學生張家騏謹

呈為家父病勢垂危，泣請送入醫院事。竊家騏前因家父鎮芳在獄患病，

① 熊希齡著，顧廷龍、朱慶祚主編《明志閣遺著》。上海：上海遠東出版社，1995: 801。
② 《京聞：鎮芳近況》，北京：《益世報》，1917年10月20日第6版。

曾經呈懇大部送入醫院調治，以防不測，旋蒙批示駁斥。本人不敢再三瀆請，惟家父舊病依然，近日又連次腹瀉，將成烟漏症，極危險。續據醫生方擎所開診斷書，痛悉病勢較前更劇。家騏天性所關，恨不能以身代父，務乞俯念宣告徒刑之罪人，因病暫送醫院既為刑訴草案所採，即為各國通例所許。且雷震春獲罪緣由與家父相似，已經陸軍部改送醫院治病。同一政府之下當可援例以請，除將方醫生續具診斷書一件，另呈司法總長鑒核外，伏乞恩施逾格，據情轉呈，准將家父改送醫院診治，一俟調理就癒，再入監獄。實於國法、人情兩無妨礙。臨呈迫切，待命之至。謹呈典獄長。

附具診斷書一件。

中華民國六年十月二十七日 [1]

十月三十日，《益世報》登載先生為京津水災捐款消息：

張鎮芳近事

張鎮芳之子張家騏奉乃父之命，毀家助賑四十萬元，由熊督辦據情呈請政府察核，示遵等情，送志前報茲聞，此案業奉核准，此項賑災款應予收受，已函達熊督辦查照辦理了。[2]

十一月五日，經過先生的積極幹旋營救，其父張鎮芳免除死刑，改判無期徒刑，移交監獄執行。

十一月七日，張鎮芳以養病為由從監獄放出，旋住進首善醫院。

是年底，張鎮芳被特赦發往湖北漢口「軍前效力」，住了三天後便回到北京，後又轉至天津，寓居在英租界馬場道家中。自此張鎮芳所涉「張勛復辟案」才正式結案，張鎮芳也從此徹底離開政壇。

一九一八年（民國七年戊午）二十一歲

四月十四日，周汝昌出生於天津鹹水沽。周汝昌，紅學家，初字禹言，號敏庵。後改字玉言，別署解味道人。

是年，熊希齡為先生代父親捐善款四十萬救濟京畿水災一事，上書國

---

① 北京市檔案館館藏北京鹽業銀行檔案資料。

② 《張鎮芳近事》，北京：《益世報》，1917 年 10 月 30 日第 6 版。

務院。《明志閣遺稿》一書有載：

關於張家騏捐款為父鎮芳請赦案咨呈國務院文

民國七年

　　為咨呈事：據陸軍模範團畢業學生張家騏，係張鎮芳之子，謹呈為毀家助賑事：「竊生父宦遊直隸十有餘年，近聞津門忽遭大水，汪洋興嘆，民幾為魚。身雖在監獄之中，心不忘救災之誼，諄諄傳語，飭生悉索私財，勉襄善舉。生遵即搜括家資，計可得款四十萬元，內現款十萬元，公債券二十萬元，紙幣十萬元，擬即悉數呈繳，冀拯萬家之生命，勝造七級之浮屠。所有生仰體親心，情殷報效緣由，如蒙允准，應即趕速變賣家產，陸續呈繳，付乞鑒核，批示祗遵。」等情。查張犯鎮芳現羈監獄，該生仰體親心，情殷報效，揆諸與人為善之情，救眾生以贖罪戾；或有法外施仁之處，錫爾類以保餘年。事關賑濟災黎，此項捐款應否收受，擬請交由國務會議議決飭遵。相應咨呈鈞院，查核見覆，以憑辦理。此咨呈國務總理。[1]

附錄國務院來函：

　　逕啟者：准貴督辦咨呈稱：「據張家騏呈稱毀家助賑四十萬元，應否收受，請議決」等因。茲經議決照收，相應函達貴督辦查照辦理可也。此致熊督辦。[2]

是年，任鹽業銀行監事，後又任常務董事兼總稽核。

一九一九年（民國八年己未）　二十二歲

　　是年，任安武軍全軍營務處提調（安徽督軍為倪嗣沖），後安武軍改為陸軍，先生改任長江巡閱使署諮議。

一九二〇年（民國九年庚申）　二十三歲

　　四月二十三日，代表安徽督軍倪嗣沖赴保定洽談時局問題，北京《益

① 熊希齡著，顧廷龍、朱慶祚主編《明志閣遺著》。上海：上海遠東出版社，1995：838。
② 熊希齡著，顧廷龍、朱慶祚主編《明志閣遺著》。上海：上海遠東出版社，1995：839。

世報》刊登消息：

倪嗣沖代表來京　並無拋棄皖督之意

倪嗣沖前派咨議張家驥赴保定、武昌與曹錕、王占元接洽時局問題，並述現在病況，刻已竣事。來京俟謁靳內閣揆後，即返蚌埠覆命。據云倪氏現在仍無拋棄皖督之意云。[1]

五月，中國畫學研究會成立。由著名藝術家金城、周肇祥、陳師曾、蕭愻、徐宗浩、徐燕蓀、吳鏡汀等二十餘人發起，會址常設在北京東城石達子廟的歐美同學會。大總統徐世昌全力支持畫會，並批准將日本退還庚子賠款的一部用於籌辦中國畫學研究會。徐世昌親自任名譽會長，金城擔任會長，周肇祥任副會長。

九月十六日，倪嗣沖被免去長江巡閱使、安徽督軍等職。倪氏解職後隱居天津，先生也被迫去職。

九月，陪父親張鎮芳到奉天拜訪張作霖。時張作霖已為東北王，為回報張鎮芳在其打壓段芝貴時的幫助，張作霖特任命張伯駒為奉軍司令部總稽查。先生在其所撰《鹽業銀行與北洋政府和國民黨政權》一文中有詳細敘述：

一九二〇年皖系失敗後，秋九月從河南來到天津，我隨侍他（張鎮芳）到奉天去看張作霖，住在張的巡閱使署後花廳，大約盤桓了三四天。張作霖對他甚為親切，每天都有宴會，飯後打麻將，參加者除張作霖外，尚有鮑貴卿、張作相、許蘭洲、汲金純、孟恩遠等輪流陪換。臨別前一天晚上，飯後有一段對時局的談話，張作相、許蘭洲先走，談話只有張作霖、張鎮芳、鮑貴卿、孟恩遠，他們在鴉片烟盤旁邊談了一夜。這時張作霖正躊躇滿志，表示說：「我今天不就是遼東王嗎？不需要爭什麼。」但他突然問張鎮芳：「關裏什麼地方好？」張鎮芳回答說：「陝西省地居關中，既可雄視中原，又可控制西北，是個天府之國，那個地方如能掌握，就可以左右時局。」孟恩遠接着說：「兄弟！你要關裏那個地方，哥哥替你去打下來。」這時正是孟恩遠在吉林失敗不久，故意說這

---

① 《倪嗣沖代表來京》，北京：《益世報》，1920 年 4 月 23 日第 3 版。

樣的諂媚話。根據這次談話，堅定了張作霖要進關搶地盤的決心。[1]

十月三日，在熊希齡主持下，利用官款補助和京畿賑災餘額，於香山靜宜園創辦了北京香山慈幼院，專門收容受災無人認領的孤兒，胡適、李大釗、蔣夢麟、張伯苓等當時著名的教育家均受邀擔任香山慈幼院評議會評議員，研究幫助慈幼院辦教育。為表彰張鎮芳所捐善款，特建立「鎮芳樓」一座，先生曾撰文回憶來龍去脈：

> 他同年的老友王祖同為他奔走。這年秋直隸省發生大水災，熊希齡任近畿賑災督辦，熊訪王商營救事，希望張拿出一部分捐款。王商之我們家屬，就以我的名義，替張鎮芳捐了四十萬元（包括交通銀行鈔票十萬元──當時有折扣，公債券二十萬元，現款十萬元）。這筆款後來就成為熊希齡創辦收容災區孤兒的香山慈幼院的基金。隨後直皖戰爭爆發，皖系垮臺，在黎元洪第二次任總統時，才由熊希齡呈請將捐款案結束，同時發表我（用張家駟名）以簡任職存記任用，授予二等大綬嘉禾章，並在香山慈幼院建築了一個「鎮芳樓」作為紀念。[2]

是年，《麗澤社諸家詩》由先生舅父、項城鄉賢馬麗軒刊行，光緒進士王新楨作序，其在序文中褒揚麗澤社社員張鎮芳、張錦芳和少年張伯駒詩作：

> 余披而讀之，張馨帥之詩，如大將登壇，旌旗改色，綸巾羽扇，指揮如意。其中《春夜》等題七律三十首，按用三十韻；《書房》、《銅牛》、《牧童騎》之題，連作七律三十二首，志和音雅，對仗處工力悉敵。壯哉，其心血應多人數斗哉！麗軒則拔幟自成一隊，與之旗鼓相當，不肯少讓。其五弟晴軒，氣概軒爽，吐囑不凡，亦飛將軍也。至絅庵張六先生，詩思俊逸，壁壘一新，允推全軍後勁。而伯駒，則絅庵之子、麗軒之甥也，英年挺出，直欲突過前人。若《從軍行》、《天上謠》等作，激昂慷慨，魄力沉雄，有倚天拔地之大概。雖老於詩者，未必能辦。麗軒

---

① 全國政協文史資料委員會編《中華文史資料文庫‧第十四卷經濟工商篇》。北京：中國文史出版社，1996: 99。
② 全國政協文史資料委員會編《中華文史資料文庫‧第十四卷經濟工商篇》。北京：中國文史出版社，1996: 98。

稱其「素有大志，詩文皆豪邁可喜」，信然哉。[1]

是年，袁克文在上海《晶報》撰《辛丙秘苑》連載文章，其中一篇寫到張鎮芳：

> 張鎮芳，河南項城人，先大伯之妻弟，以八股文稱於鄉里。先公督直時，張官戶部主事，奏調總永平七屬監務，以是起家，旋授鹽運司使，先公稱其善理財焉。宣統繼位，張度先公將退休，乃丞拜載澤門，重金為贄，且以己之侵沒鹽款，悉委諸先公。載澤喜，疏舉入鹽政處，先公罷政，與有力焉。辛亥變政後，張先為直督，天津毀亂，再為豫督，桑梓塗炭，白狼之禍，所釀成也，殺戮無辜，不可數計。先公不獲已，褫其職，實曲全之也。張不之感，心反銜怨。

> 洪憲改元，張初亦推戴，及雲南起兵，川貴繼應，知事垂敗，密遣腹心張方入豫，謀獨立，驅趙倜，戴張為督，聯南軍，抗先公。張方不謹，為趙所擒，訊知張之主使，立電陳京府，請就地正法。先公得報，詰張。張惶懼變色，力白無他，乞移京審訊。先公許之。及張方遞至，張為之奔走救援，並密囑張方變供，此案遂隱。張以至戚，且賴先公而致官祿，初寒士，今富翁矣，竟反覆若是。張勛復辟，張為偽尚書兼議政大臣，事敗就獲，判徒刑入獄，雖遭縲絏，而苟全性命，已至幸矣！[2]

一九二一年（民國十年辛酉）　二十四歲

四月，去奉天拜見張作霖，向張作霖詳述因張勛「復辟事件」而被吳鼎昌攘奪了乃父張鎮芳在鹽業銀行的領導權。後，在張作霖的干涉下，吳鼎昌被迫聘請張鎮芳為鹽業銀行董事長，每年參與分紅。先生在《鹽業銀行與北洋政府和國民黨政權》一文中作如下敍述：

> 一九二一年四月間，我又去奉天見張作霖，因上次未談鹽業銀行事，這時我單獨和他談到鹽業銀行怎樣被吳鼎昌攘奪，及怎樣接收改組情況。張聽後大為震怒說：「我可以出來說話。」我回答說：「你不是股

---

① 王新楨著，王開文編《王新楨詩文集》。開封：河南大學出版社，1993: 174。

② 袁克文著《辛丙秘苑·寒雲日記》。太原：山西古籍出版社，1999: 28-29。

東,怎樣說話呢?」張說:「我可以入股。」於是我把我父親的股權讓渡
給張五萬元,他就成了股東。然後他打電報給吳鼎昌,質問他鹽業銀行
是張某人創辦的,你非原來的發起股東,如何能當總經理,這是不合法
的,我以股東資格,請你說明道理。吳接到張的電報後,託岳乾齋出來
了事。岳找到張勳,請他出來打圓場,在天津張勳家裏談話,參加者有
岳乾齋和北京行副理朱虞生、張勳和我,談判結果,推舉張鎮芳為鹽業
銀行董事長。董事長的好處,每年除股金紅利外,另有一筆紅利,可分
到三萬多元;監事人,每年可分紅利四五千元;董事每月車馬費五十元,
每年紅利可分四五千元;但是總經理吳鼎昌,和北京行經理岳乾齋每年
除股東紅利外,還可分盈餘紅利,都在四五萬元左右,分紅多少,當然
要看年終結算盈餘為定。這次談判勝利,不但爭回了被吳攘奪鹽業的面
子,出了這口氣,而且又多得了紅利,吳鼎昌從此對我們也比較客氣了。[1]
七月十日,《益世報》「冠蓋往來」登載先生七月九日出京消息:

　　東站出京:全國稅務督辦孫寶琦、弼威將軍何宗蓮、前交通總長許世
英、國會議員倪道杰、公府衛侍武官李鳳揚、前公府秘書長惲寶惠、直隸
官硝局長朱曜、陸軍少將吳保成、隴海路督辦施肇曾、英國公使艾斯頓;

　　東站來京:前交通總長許世英、陸軍少將袁家驥、前參政聯芳、國
會議員趙元理;

　　西站出京:直隸督署副官吳畢清、奉軍稽查張家騏;

　　西站來京:陸軍部咨議彭澤霖、直隸督署副官宋恩波。[2]

是年,任河南暫編第一師參謀。

是年,納大鼓書藝人鄧韻綺為妾。

是年,任湖北、湖南、四川、江西省經略使署諮議,時經略使為曹錕。

一九二二年(民國十一年辛巳) 二十五歲

三月二十四日,先生當選鹽業銀行監事。附鹽業銀行公告:

---

① 全國政協文史資料委員會編《中華文史資料文庫·第十四卷經濟工商篇》。北京:中國文史出版社,
1996: 99-100。

② 「冠蓋往來」,北京:《益世報》,1921 年 7 月 10 日第 7 版。

中華民國十一年三月二十四日第八號第一頁

京行鑒昨日上七號函計經□入

本行業於三月十二日在北京舉行通常股東總會，報告營業情形，並因董、監事及總協理均屆任滿，照章改選，經股東投票選舉，由主席張馨庵先生當股東會場報告。張君馨庵、張君邵軒、那君琴軒、黃君鳳墀、任君振采、段君轂香、劉君紹雲七人當選為本行董事；紹君幼琴、倪君幼丹、周君作民、許君劍樵當選為本行候補董事。此次股東會通過添選候補董事一人。瑞君裕如、張君伯駒二人當選為本行監事；陳君靜涵、周君作民二人當選為本行候補監事。此次股東會通過添選候補監事二人。吳君達詮當選為本行總理，袁君紹明當選為本行協理。特此函達，即希

查照

當選董事公推舉張君馨庵為董事會董事長，特聞順頌

公綏

總管理處啟[1]

八月十六日，史樹青出生於河北樂亭史莊。

九月二十二日，張勛大壽，先生前往祝壽。在張宅觀武小生侯俊山演出《八大錘》，後有詩紀之：

十三旦已久名馳，色相真教動一時。

老年猶是英風在，臺上曾看八大錘。

侯俊山號十三旦，擅長武小生及武旦，《伐子都》及《八大錘》為其拿手之戲。多出演於張家口，京津少能觀其戲，年老已不再出演。記余二十五歲時，張勛壽日演劇宴客，特煩其演《八大錘》。是日各名角皆有，臺下坐客全滿，余與張勛坐臺上觀之，俊山演來極為賣力，戰四錘將，至為精彩，雖已年老，英風猶在，蓋亦因張之壽日，各角無不精神奮發也。[2]

是年，與妾鄧韻綺生下一女，不久夭折。

---

① 根據北京市檔案館藏鹽業銀行檔案整理。

② 張伯駒著《紅毹紀夢詩注》。香港：中華書局香港分局，1978: 12。

一九二三年（民國十二年壬戌）　二十六歲

二月四日，因京畿水災捐獻巨款，民國政府授予先生（張家騏）二等大綬嘉禾章。[1]

二月，到西安，遊華清池、八仙庵，庵中有玉蘭樹，樹高十餘丈，正逢花時，真是千花萬蕊，一樹春光。先生在《春遊瑣談》中曾回憶：

> 余二十六歲時曾到西安。值正月末，往遊驪山華清池。逢雨雪，雲霧彌漫，不見驪山頂。溫湯流入園池，熱氣如煙，籠罩池上。池兩旁迎春花盛開，景如畫。就貴婦池浴，水滑真如凝脂也。次日晴霽，又遊八仙庵。庵右院有玉蘭樹一株，高十餘丈，一人不能合抱。正花時，千葩萬蕊，若雪山瓊島，誠為奇觀。[2]

是春，填《謫仙怨·八仙庵》一闋：

> 京華東望烽烟，夷虜頻驚犯關。君后當時巡幸，王孫何日歸還。　看花蕭寺城外，繫馬高樓柳邊。依舊長安酒肆，不逢遊俠神仙。[3]

一九二四年（民國十三年甲子）　二十七歲

是年，任陝西督軍公署參議兼駐京代表。

是年，納王韻緗為妾。

一九二五年（民國十四年乙丑）　二十八歲

是春，從北京到西安，途經新鄉。

十月十日，北京故宮博物院成立。

是冬，與北京譚家菜的創始人譚篆青結成聊園詞社，參社者有夏孫桐、羅復堪、向廸琮、壽石工、溥心畬、郭則澐等詞友。

是年，完全退出軍職，任鹽業銀行掛職常務董事兼總稽核，開始在

---

① 「授予張家騏二等大綬嘉禾章」，上海：《申報》，1923 年 2 月 4 日第 1 張第 3 版。

② 張伯駒著《張伯駒集》。上海：上海古籍出版社，2013: 563。

③ 張伯駒著《張伯駒集》。上海：上海古籍出版社，2013: 563-564。

京、津、滬、寧四地分行走動。

是年，經友人介紹購入北京西四大拐棒胡同內弓弦胡同路北一號院「似園」，該院落傳為李蓮英舊墅。

關於似園的流轉，北京有名稚甫者寫有《張伯駒似園述往》一文，詳細記述了似園的前世今生：

　　該園係先父（指文章作者稚甫之父，編者注）於民國初年購置。1925 年，經友人介紹，割愛售予張伯駒先生。遷出時，並將其最得力的園藝工人大李留給伯駒先生。後來伯駒先生喬遷，該園改屬天主教會，教會在這裏辦神學院，供神職人員和修道生學習、生活使用，但不走弓弦胡同正門，另在警爾胡同路南開門出入。五十年代，該園東部曾在西黃城根北街開門，闢為街頭公園；西部作為北京圖書館職工家屬宿舍，仍走警爾胡同後門。六十年代，關閉了東部的街頭公園，北圖在其北部修建了報庫。七十年代，這裏又陸續開設了文物出版社印刷廠等單位，於是東部園林完全「企業化」了。八十年代，西部建築完全推平，大興土木。結果樓房林立，整個似園片瓦無存，不僅園址難尋，就連弓弦胡同也不復存在了。[1]

先生在《多麗》一詞中亦描寫過似園盛茂：

　　禁城偏，園林舊屬中官。仿宮家、飛廊架宇，翠華傳駐雲軿。走黃塵、門喧車馬，擁絳雪、花壓闌干。驕寵誰倫，恩榮無比，當時炙手焰熏天。自弈局、長安換劫，人世幾桑田。空留得，堂前舊燕，解話開元。　又今日、異時新主，吟儔重續詞壇。綠天深、風搖蕉扇，紅日晚、雨打荷錢。夢影難留，芳塵易逝，袚愁長應近尊前。更休再、歌騷譜怨，且共惜餘歡。人歸後，斜陽在樹，酒醒鳴蟬。[2]

這闋詞中，有先生補注兩條，據說「似園」為李蓮英舊墅。

一為：

　　余所居為李蓮英舊墅，同人於此作詞社第二集，即席賦。

二為：

---

①　北京燕山出版社編《古都藝海擷英》。北京：北京燕山出版社，1996: 315。

②　張伯駒著《張伯駒詞集》。北京：中華書局，1985: 25。

廊宇建造仿排雲殿規模落成，傳西后曾臨幸，未知是否。

對於似園為李蓮英舊墅之說，稚甫在《張伯駒似園述往》一文中有如下看法：

其中第一、第二兩條所說的「李蓮英舊墅」，「西后曾幸臨」，事實上是不確的。因為該園既非「李蓮英舊墅」，「西后曾幸臨」也無其事，這只是傳說而已，所以伯駒先生也說「未知是否」。[1]

是年，先生在一個堂會上結識了老生泰斗余叔巖，開始向叔巖問藝。

一九二六年（民國十五年丙寅）　二十九歲

四月三十日，張鎮芳當選鹽業銀行董事長，先生當選監事，附鹽業銀行總管理處啟事：

京行鑒前上八號函計經□入

本屆股東會選定任君振采、倪君幼丹、張君馨庵、段君穀香、劉君紹雲、張君夢潮、紹君幼琴為董事；傅君夢巖、張君伯駒為監事。董事會並於三月二十二日成立董事公推張君馨庵為董事長。特此布達。順頌公綏

總管理處啟[2]

---

① 北京燕山出版社編《古都藝海擷英》。北京：北京燕山出版社，1996: 315-316。
② 根據北京市檔案館收藏之鹽業銀行「中華民國十五年四月三十日第九號」檔案整理。

卷二

臨江仙

民國十六年至民國二十六年（一九二七—一九三七）

一九二七年（民國十六年丁卯） 三十歲

是春，作自壽詞一闋：

八聲甘州　三十自壽

幾興亡無恙舊河山，殘棋一枰收。負陌頭柳色，秦關百二，悔覓封侯。前事都隨逝水，明月怯登樓。甚五陵年少，駿馬貂裘。　　玉管珠絃歡罷，春來人自瘦，未減風流。問當年張緒，綠鬢可長留。更江南、落花腸斷，望連天、烽火遍中州。休惆悵，有華筵在，仗酒銷愁。[1]

六月十六日，張作霖在北京被孫傳芳、張宗昌、吳俊升、張作相等人擁為中華民國軍政府陸海軍大元帥，張作霖擬請張鎮芳組閣，特把張鎮芳從天津請到北京，住在西城弓弦胡同一號張宅。先生規勸父親：「你的政治生命，在復辟一役中已經決定了一生毀譽，而且現在南方革命軍是一種新生力量，揆諸大勢，勝敗難言，以不出來為是。」[2]

十一月二十七日，年僅十四歲的「圍棋神童」吳清源與來自日本的六段棋手井上孝平在先生叢碧山房居所對弈。次年，吳清源被日本棋院邀請到日本留學，從而揭開了吳清源在圍棋界的傳奇人生。[3]

是年，與王韻緗產下一子，取名張柳溪。

是年，徹底脫離政治，寄情翰墨，在北京琉璃廠一家古玩店內收藏到平生第一件墨寶，即康熙皇帝御筆「叢碧山房」四字楷書。康熙朝任丘博學鴻詞龐塏號叢碧，此或賜龐氏者。因先生所居處遍植蕉竹花木，從此便

① 張伯駒著《張伯駒集》。上海：上海古籍出版社，2013: 159。

② 全國政協文史資料委員會編《中華文史資料文庫·第十四卷經濟工商篇》。北京：中國文史出版社，1996: 100。

③ 北京：《晨報》，1928 年 4 月 28 日第 3268 號第 5/10 版。

以「叢碧」為號。

　　是年，溥儀被逐出清宮，為維持奢華的生活，將五代關仝《秋山平遠圖》、宋李公麟《五馬圖》、黃庭堅《諸上座帖》和米友仁《姚山秋霽圖》等四件古畫，拿到鹽業銀行天津分行申請辦理質押貸款，經理朱虞生與先生同往驗看。先生力勸經理朱虞生照單收下。後來，清室無力還款，鹽業銀行就以押品作價抵賬，先生以一萬五千元之價將米友仁《姚山秋霽圖》與黃庭堅的《諸上座帖》收藏。

一九二八年（民國十七年戊辰）　三十一歲

四月十一日，連任鹽業銀行監事，鹽業銀行總管理處來函：

> 京行鑒本屆股東會選舉張君伯駒、傅君夢嚴連任本行監事，特達順頌
> 公綏
>
> 　　　　　　　　　　　　　　　　　　　　　　　　　總管理處[1]

八月，鹽業銀行總部由北平遷往天津。

十一月，經袁克文介紹，先生開始師隨京劇老生泰斗余叔巖學戲。在《紅毹紀夢詩注》一書有載：

> 歸來已是曉鐘敲，似負香衾事早朝。
>
> 文武亂崑皆不擋，未傳猶有太平橋。
>
> 　　余三十一歲從余叔巖學戲，每日晚飯後去其家。叔巖飯後吸烟過癮，賓客滿座，十二時後始說戲，常至深夜三時始歸家。次晨九時，錢寶森來打把子。如此者十年，叔巖戲文武崑亂傳余者獨多。記有《奇冤報》、《戰樊城》、《長亭》、《定軍山》、《陽平關》、《托兆碰碑》、《空城計》、《群英會》、《戰宛城》、《黃金臺》、《武家坡》、《汾河灣》、《二進宮》、《洪洋洞》、《賣馬當鐧》、《斷臂說書》、《捉放宿店》、《戰太平》、《鳳鳴關》、《天水關》、《南陽關》、《御碑亭》、《桑園寄子》、《遊龍戲鳳》、《審頭刺湯》、《審潘洪》、《朱痕記》、《魚腸劍》、《法場換子》、《上天臺》、《天雷報》、《連營寨》、《珠簾寨》、《摘纓會》、《盜宗卷》、

---

① 根據北京市檔案館收藏鹽業銀行檔案整理。

《伐東吳》、《四郎探母》、《青石山》、《失印救火》、《打漁殺家》、《打棍出箱》；《叭蠟廟》之褚彪，《回荊州》之魯肅，《失街亭》之王平，《別母亂箭》、《彈詞》等。其他未排身段、零段之唱不計。猶有《太平橋》一劇，為叔巖向譚老所學者未傳，叔巖曰：「過橋一場，一足登椅，一足登桌，敵將一槍刺前胸，須兩手持槍硬殭屍摔下，飾敵將者、檢場者皆須外行，否則易出危險。」故彼不主張余演此戲，是以不傳也。[1]

是年，民國政府遷都南京，北京改稱北平。

是年，為京劇名伶荀慧生書扇面一幀，內容為其精心臨摹王羲之《十七帖》之「虞安帖」和「成都城池帖」：

> 虞安吉者，昔與共事，常念之。今為殿中將軍。前過云：與足下中表，不以年老，甚欲與足下為下寮。意其資可得小郡，足下可思致之耶？所念故遠及。

> 往在都，見諸葛顯，曾具問蜀中事，云：成都城池、門屋、樓觀，皆是秦時司馬錯所修。令人遠想慨然。為爾不信示為。

款識：慧生仁兄雅正。伯駒臨

鈐印：家騏之印（朱文）[2]

是年，張牧石出生於天津。張牧石，詞人、篆刻家，字介盦、又字揚齋，號邱圓，別署月樓外史、麋翁、眉翁等。

一九二九年（民國十八年己巳）　三十二歲

三月，河南籍同鄉、詩人陳子衡在《文化革新導言》刊發《嘯月山房詩稿·張伯駒約看海棠有作》一詩，該詩記述了先生在叢碧山房舉辦「臘梅雅集」的盛況。附詩如下：

> 三月看海棠，詩債久未償。
>
> 今來觀盆梅，色呈鵝兒黃。

---

① 張伯駒著《紅毹紀夢詩注》。香港：中華書局香港分局，1978: 54。

② 中國嘉德國際拍賣有限公司 2019 秋季拍賣會之「繽紛集——聚焦私人收藏」第 0111 號拍品，拍賣時間：2019-11-17。

清香撲眉宇，勁質凌雪霜。

置彼秀竹間，金英曳綠裳。

姿態殊傲兀，衡寒壓眾芳。

只宜幽人賞，不屑宮樣妝。

百花齊頻首，高格誰頡頏。

世態多變幻，花信獨有真。

逢臘寒苞啟，映日疏影陳。

項城張氏子，亭亭玉立身。

燕市闢小園，種梅常自親。

梅開不獨賞，好客招芳鄰。

冷香供吸取，無分主與賓。

未夢索句仙，豈效嚼蠟人。

靜觀觸詩興，拈毫坐累茵。

請君好護持，長作一家春。[1]

五月二十八日，陪同京劇名伶荀慧生到鹽業銀行辦理存款業務。《小留香館日記》載：

> 早十鐘起。同張伯駒至鹽業銀行存款，長期一萬元整；短期一千二百元。[2]

七月，樓宇棟出生於浙江嵊州。

七月中旬，蔣介石、馮玉祥、閻錫山、李宗仁等在南京召開軍事會議，決定成立「編遣委員會」，「編遣」全國軍隊。

七月二十七日，跟隨表叔、時任編遣會遣置部主任李鳴鐘一行到訪南京。《申報》有專門報道：

要聞·李鳴鐘張繼聯袂抵京

李赴滬邀鹿鍾麟來京

張主張以北平為陪都

新任編遣會遣置部李鳴鐘，及前北平政分會主席張繼、立法院委

---

① 陳子衡：《嘯月山房詩稿——張伯駒約看海棠有作》，北平：《文化革新導言》，1929 年 3 月第 8 期。

② 荀慧生著，和寶堂編訂《小留香館日記》。北京：中國戲劇出版社，2016：44。

員鄭毓秀，於二十五日聯袂由北平乘專車南下，二十七日晨七時半抵浦口，在站歡迎者，有賀耀組、蔣鋤歐、曹浩森、石友三及各方代表三十餘人。李、張、鄭下車後，與歡迎人員一一握手為禮，旋即渡江乘汽車入城，李、張均下榻花牌樓大華飯店，與李同來者有葛忠文、劉幹忱、張伯駒、常小川等十餘人。李、張於二十七晚八時，偕赴中山陵謁蔣，詳陳一切……[1]

八月九日，國民政府頒布任命令，張伯駒被委任為國軍編遣委員會遣置部總務科中校秘書。[2]

是冬，初識袁世凱二子袁克文。並與袁克文、溥侗等京劇名票在天津開明劇院票戲。袁克文與王鳳卿、王幼卿演《審頭刺湯》，張伯駒與溥侗（紅豆館主）演《戰宛城》，張伯駒飾張繡，溥侗飾曹操。凌晨戲方散，送袁克文至靄蘭堂飲酒作書，時天降大雪，袁克文乘興填《踏莎行》一闋：

> 隨分衾裯，無端醒醉，銀床曾是留人睡。枕函一晌滯餘溫，烟絲夢縷都成憶。　依舊房櫳，乍寒情味，更誰肯替花憔悴。珠簾不捲畫屏空，眼前疑有天花墜。

先生亦和作：

> 銀燭垂銷，金釵欲醉，荒雞數動還無睡。夢回珠幔漏初沉，夜寒定有人相憶。　酒後情腸，眼前風味，將離別更顯憔悴。玉街歸去暗無人，飄搖密雪如花墜。

先生久久不能忘懷這次雅集，一九七七年因眼疾居家作《紅毹紀夢詩注》一書，寫詩紀之：

> 琵琶聲歇鬱輪袍，酒意詩情興尚豪。
>
> 門外雪花飛似掌，胭脂醉對快揮毫。

某歲冬，與寒雲、紅豆共演劇於開明戲院，寒雲與王鳳卿演《審頭刺湯》，余及紅豆演《戰宛城》飾張繡，紅豆飾曹操，九陣風飾嬸娘，錢寶森、許德義飾典韋、許褚，夜已二時，戲尚未終，未至《刺嬸》遂散場。寒雲興猶未盡，同至妓館夜飲，天大雪，時求寒雲書者多，妓為研

① 《李鳴鐘張繼聯袂抵京》，上海：《申報》，1929 年 7 月 29 日第 2 張第 8 版。

② 《命令》，上海：《申報》，1929 年 8 月 11 日第 3 張第 10 版。

墨伸紙，寒雲左持盞而右揮毫，書畢已四時許，余始冒雪歸。寒雲及余各有《踏莎行》詞紀此事。[1]

一九三〇年（民國十九年庚午） 三十三歲

一月十五日，先生在荀宅為京劇名伶荀慧生補辦生日壽（荀生日為一月五日）。《小留香館日記》載：

> 張伯駒借余家為余補壽，有敬老、桐珊、春彥作陪。飯畢手談，至二鐘始散。[2]

二月二十五日，《北洋畫報》四百三十八期第三版刊登先生專欄「蛇尾集（十四）」《踏莎行》詞一闋：

> 踏莎行　寒雲醉宿粉房硫璃街霭蘭堂以車送之，即和原均
>
> 銀燭垂銷，金釵欲醉，荒雞數動還無睡。夢回珠幔漏初沉，夜寒定有人相憶。　　酒後情腸，眼前風味，將離別更顯憔悴。玉街歸去闇無人，飄搖密雪如花墜。[3]

三月十三日，《北洋畫報》第四百四十五期第三版刊登先生專欄《蛇尾集（十六）》《薄倖》詞一闋：

> 薄倖　和寒雲次元均
>
> 前塵如夢，早消歇、青鸞紫鳳。見道是、華年青鬢，漸被韶光催送。值霜天、雪綴瑤林，竹窗紙帳春寒重。悵涼夜無聲，月明長寂，只有閒愁與共。　　憶十里亭長短，曾一騎、紅塵飛鞚。漫思當時事，且尋歡笑，憑闌試聽連珠弄。待疎鐘動，止天寒鶴睡梅花，還自鋤雲種。情懷似水，清澈玉壺冰甕。[4]

四月六日，下午，訪京劇名旦荀慧生，荀慧生日記載：

> 下午四時半起。包丹亭、李昆、張律生、李三爺、張伯駒、陳敬老

---

① 張伯駒著《紅氍紀夢詩注》。香港：中華書局香港分局，1978: 45-46。
② 荀慧生著，和寶堂編訂《小留香館日記》。北京：中國戲劇出版社，2016: 81。
③ 張伯駒：《踏莎行》，天津：《北洋畫報》，1930 年 2 月 25 日第 438 期第 8 頁。
④ 張伯駒：《薄倖》，天津：《北洋畫報》，1930 年 3 月 13 日第 445 期第 3 頁。

等來談。晚飯。[1]

四月二十四日，收到鹽業銀行就股東會改選董事名單函，先生當選董事，並任檢查委員。[2]

五月二十三日，與陳亦侯、胡冷庵等人應邀參加荀慧生晚宴。[3]

八月八日，立秋，與袁克文等詞友雅集於北京北海公園。

八月二十二日，訪荀慧生。《小留香館日記》載：

> 十鐘起。下午五時大雨。沐浴。……王錫符約余及楚溪春、王司令、董叔坪、張伯駒、齊如山、程艷秋、王幼卿、余叔巖等在德國飯店西餐。[4]

八月二十五日，與王紹賢、程艷秋、王幼卿、余叔巖、荀慧生等人雅聚，荀慧生日記載：

> 十二鐘起。……楚司令溪春借董叔坪家宴客，冒雨而去，有王局長錫符、張伯駒、王紹賢、程艷秋、王幼卿、余叔巖、李洞源處長等在座。十鐘歸。高慶奎親來報其父喪。一鐘始寢。[5]

八月二十八日，在家中設晚餐，在座者有余叔巖、王幼卿、荀慧生、王紹賢、岳榮堃等人，荀慧生日記載：

> 十一鐘起。……八時赴張伯駒宅晚餐，座有王錫符、楚溪春、李洞源、余叔巖、王幼卿、王紹賢、岳榮堃等。九時歸。與春彥、仲仁、玉安等打撲克。[6]

九月九日，與岳榮堃諸友在荀慧生宅雅聚。《小留香館日記》載：

> 下午一鐘起。……昨與逢春商約王錫符、楚溪春、劉雨亭、李洞源、岳榮堃、王紹賢、張伯駒等在寓晚飯，請帖、酒席，一切請逢春代辦。九時與在坐諸友手談。令香往夏聲社排演《刺湯》，十二鐘歸。三時

---

① 荀慧生著，和寶堂編訂《小留香館日記》。北京：中國戲劇出版社，2016: 105。
② 根據北京市檔案館收藏鹽業銀行之「中華民國十九年四月廿四日第十九號」文件整理。
③ 荀慧生著，和寶堂編訂《小留香館日記》。北京：中國戲劇社，2016: 114。
④ 荀慧生著，和寶堂編訂《小留香館日記》。北京：中國戲劇出版社，2016: 130。
⑤ 荀慧生著，和寶堂編訂《小留香館日記》。北京：中國戲劇出版社，2016: 131。
⑥ 荀慧生著，和寶堂編訂《小留香館日記》。北京：中國戲劇出版社，2016: 131。

手談散。余就寢。[1]

九月十一日，受荀慧生之邀，在荀宅小聚，荀慧生日記載：

余與逢春做主人，晚約劉雨亭、延少白、王錫符、李洞源、朱洽黎、張伯駒、王紹賢等在寓便酌，有仲仁、堃芳在座。十鐘席散。[2]

十二月十九日，任開封河南中學校長，並到校視察。《益世報》刊登消息：

歡迎李鳴鐘大會，河南中學今日舉行

河南中學，定今日上午十時，在該校大禮堂開會，歡迎該校董事李鳴鐘及校長張伯駒。昨並布告全體學生均須參加，其布告原文如次：

本校校董李曉東督辦新由歐美回國，新任校長張伯駒先生亦由故里回平，本校定於十九日（星期五）上午十時，在大禮堂舉行歡迎大會，除分函約請校董及職教員參加外，仰全體學生屆時一律出席，不得藉故請假，切切此布。[3]

是年，李石曾以法國退回之庚子賠款經辦文化事業，創辦了中華戲曲音樂院。該院內設北平戲曲音樂分院和南京戲曲音樂分院。北平戲曲音樂分院雖在北平，實徒具空名，僅成立一院務委員會而已，先生為委員之一。主任為馮耿光，其他委員還有梅蘭芳、余叔巖、李石曾、齊如山、王紹賢。

是年，八歲的史樹青隨父從河北樂亭來北平定居。

一九三一年（民國二十年辛未）　三十四歲

二月五日，除夕，赴天津給表兄袁克文拜年。

二月，與余叔巖合作完成《近代劇韻》的寫作，並由北平京華印書局刊行。因為余叔巖對書中內容持有不同意見，先生隨後易名為《亂彈音韻輯要》，此書是先生與余叔巖共同研究京劇音韻學的重要著作。

三月二十二日，袁克文猝死於天津，享年四十三歲。袁克文一生著述

---

① 荀慧生著，和寶堂編訂《小留香館日記》。北京：中國戲劇出版社，2016: 134。
② 荀慧生著，和寶堂編訂《小留香館日記》。北京：中國戲劇出版社，2016: 134。
③ 《歡迎李鳴鐘大會》，北平：《益世報》，1930 年 12 月 19 日第 6 版。

頗豐，撰有《寒雲手寫所藏宋本提要廿九種》、《古錢隨筆》、《寒雲詞集》、《寒雲詩集》、《圭塘唱和詩》。所寫掌故、筆記多為親歷親見，如《辛丙秘苑》、《洹上私乘》等頗多獨特之資料。先生與克文師方地山共同出資料理其後事，並擬挽聯：

> 天涯漂泊，故國荒涼，有酒且高歌，誰憐舊日王孫，新亭涕淚；
>
> 芳草萋迷，斜陽黯淡，逢春復傷逝，忍對無邊風月，如此江山。[1]

方地山撰寫碑文：

> 才華橫溢君薄命，
>
> 一世英明是鬼雄。

三月二十七日，《北京畫報》刊載方地山為袁克文所擬挽聯：

> 表裏明白，難得糊塗，沒奈何時唯有死；
>
> 生長天堂，能入地獄，為三嘆惜欲無言。[2]

四月七日，《北京畫報》刊載先生贈北平名妓胡菊卿聯：

> 待到九日清霜還來就菊，
>
> 吹皺一池春水底事干卿。[3]

五月三日、四日、五日，先生就遺失印章一事假《大公報》連續刊登啟事：

張伯駒啟事

> 鄙人佚失長方式章一個，篆陽文伯駒二字，特聲明此章作廢。[4]

五月，繪梅竹雙清扇面，贈送北平鹽業銀行副經理王紹賢，並題詩：

> 車馬門前靜不聞，小院薜荔一牆分。
>
> 更難新種竹都活，便似移家住綠雲。
>
> 款識：辛未四月錄舊作以應紹賢仁兄兩正，伯駒。
>
> 鈐印：張君（朱文）、叢碧長壽（朱文）

初秋，京城名醫蕭龍友書贈先生扇面，抄錄蘇東坡《春帖子詞》：

---

① 張伯駒「張伯駒挽袁克文聯」，北平：《北京畫報》，1931 年 3 月 27 日第 4 卷第 166 期。

② 方地山「方地山挽袁克文聯」，北平：《北京畫報》，1931 年 3 月 27 日第 4 卷第 166 期。

③ 張伯駒「贈胡菊卿聯」，北平：《北京畫報》，1931 年 4 月 7 日第 4 卷第 169 期。

④ 「張伯駒啟事」，天津：《大公報》，1931 年 5 月 3 日第 2 版。

聖主憂民未解顏，天教瑞雪報豐年。

蒼龍掛闕農祥正，老稚相呼看藉田。

昨夜東風入律新，玉關知有受降人。

聖恩與解河湟凍，共得中原草木春。

翰林職在明光裏，行樂詩成拜舞中。

不待驚開小桃杏，始知天子是天公。

款識：伯駒仁兄大法家雅正。辛未初秋弟蕭方駿。[1]

　　十一月，盛邀梅蘭芳、李石曾、齊如山、余叔巖、馮耿光等組織成立了北平國劇學會，胡適、梁思成、焦菊隱等為顧問。募得各方捐款五萬元作為運作基金，先生任理事。國劇學會是中國戲劇史上第一個戲劇研究專門機構，學會的成立對於保護和弘揚中國古老的戲曲文化做出了重要貢獻。國劇學會成立後，因為經常有演劇和教習任務，先生又多次得到同梅蘭芳等名角同時登臺演戲的機會。學會成立的同時，決定創辦《戲劇叢刊》和《國劇畫報》，以出版編撰相關京劇研究的著作，進行京劇藝術的傳播以及戲劇史料的搜集和整理，《戲劇叢刊》僅刊行四期，便因經費短缺等多種原因而停刊。國劇學會的活動，包括延請知名學者舉行半月一次的講座，搜集整理戲劇文獻，更廣為人知的，就是編輯出版了《國劇畫報》。

一九三二年（民國二十一年壬申）　三十五歲

　　一月五日，由北平國劇學會主編的《國劇畫報》創刊，《國劇畫報》每周一期，刊名由民國四公子之一、著名京、崑藝術家紅豆館主溥侗題寫。

　　一月十三日，《北平晨報》刊載北平各界要人歡送京劇名旦程硯秋赴歐遊學聚餐會，先生亦出席歡送會。附《北平晨報》摘要：

　　　　宴罷由曹心泉彈月琴，鄭穎孫及王某奏蒙古樂器，以樂從賓。王君所奏之蒙古樂器似古瑟，音亦清雅悅耳，似朔方之樂，蓋所奏者為蒙古宴會樂也，客已有散者矣。與程硯秋隔座同席，席半先行，顧少川夫人酒已數巡始至，聆餘興奏樂後始去。席間胡維德、周作民最殷口勸飲，

① 蕭龍友「蕭龍友為張伯駒書扇」，北平：《北京畫報》，1932 年 2 月 20 日 229 期。

賓主無不盡歡而散。

昨夜聚餐會主人名單計八組如下：

（一）劉先。（二）鄭穎孫。（三）李石曾。（四）鄭毓秀、魏道明。（五）王壽彭、周作民。（六）李麟玉、彭濟群、李宗侗、汪申。（七）黃秋嶽、張伯駒、余叔巖、梅蘭芳、齊如山、陳亦侯、陳鶴孫、白壽之、王孟鐘。（八）徐次辰。

按世界社為二十六年前李石曾等在法國所組織，中已星散，前年在平又行組織，設會所於中海福祿居。[1]

一月二十九日，《國劇畫報》刊登袁寒雲與先生和作之《紅梅圖》。先生有跋：

庚午仲春，寒雲寫幹，伯駒用胭脂點花，戲為綠琴作。[2]

二月十二日，女兒張傳綵出生於上海。

二月二十二日，適逢先生三十五歲生日，梅蘭芳繪佛像一幀賀壽。在《梅蘭芳畫梅》一文中，先生詳述如下：

壬申正月，余三十五歲，畹華為畫像幅贈余為壽。畫未成時，余至其家，見其伏案弄筆。畹華夫婦愛貓，余亦愛貓，畹華特摹冊中一佛像，身披袈裟，坐榻上，右手抱一貓。畫幅藏經紙，乾隆尺高一尺七寸許，寬一尺一寸許，墨筆綫條工細。楷書款「壬申元月敬摹明首尊者象為伯駒先生長壽，梅蘭芳識於綴玉軒」。為黃秋嶽所代書。鈐蘭芳之印，朱文小方印。右下鈐白文聲聞像外生方印。畫迄今三十二年，余尚珍藏篋中，而畹華墓木已拱矣。追憶前塵，能無慨然。畹華畫梅存世不少，後人不知必認為真蹟而寶之，故為拈出。[3]

三月四日，《國劇畫報》第七期刊登先生寫墨蘭一幅。

四月十五日，《國劇畫報》第三十期刊登先生墨梅一幅，先生在畫上有跋：

壬申二月七日，大風不出門，為南田兄寫此以破岑寂，碧。[4]

---

① 程硯秋著，程永江整理《程硯秋日記》。長春：時代文藝出版社，2011: 141。

② 《故崑曲家袁寒雲與張伯駒先生合作之梅花》，北平：《國劇畫報·第三十期》，1932 年 1 月 29 日。

③ 張伯駒著《烟雲過眼》。北京：中華書局，2014: 67-68。

④ 《本會理事張伯駒先生畫梅》，北平：《國劇畫報·第三十期》，1932 年 4 月 15 日第 51 頁。

　　五月二十日，文章《佛學與戲劇》和《亂彈音韻輯要》之《卷一：總論》刊發於北平國劇學會主編的《戲劇叢刊》第二期。

　　六月十七日，《國劇畫報》第二十二期刊載先生所寫《譚〈定軍山〉》一文。

　　九月二十六日，《河南中原煤礦公司彙刊》登載《函張伯駒鄧榮光為當選監察請查照屆時蒞會就職文》：

函張伯駒鄧榮光為當選監察請查照屆時蒞會就職文

二十一年九月二十六日

經啟者：

　　查本公司二十年度股東大會，第三次會議紀錄，內列第二案，照章選舉監察，第十一項，宣布當選監察，主席報告，張伯駒以七百七十三權最多數，當選監察，鄧榮光以五百七十一權次多數，當選監察。又本公司章程，規定監察任期係為一年，上屆監察係於上年十月十六日就職，計至本年十月十五日滿期，本屆監察，應自本年十月十六日就職，除分函外，相應函請查照，屆時蒞會就職為荷。此致

張伯駒先生

鄧榮光先生 [1]

　　十二月二十日，《亂彈音韻輯要》之《卷二：五聲輯要》刊發於北平國劇學會主編的《戲劇叢刊》上。

　　是年，與潘素在蘇州結婚。[2]

　　是年，《國聞周報》第九卷第十四期，刊登署名宛乘者詞《摸魚兒·信陽軍中送伯駒》：

摸魚兒　信陽軍中送伯駒

　　長無憀、初傾杯酒，西風又動離緒。忽忽執手長亭畔，我似長亭柳樹。空凝佇，從萬縷、垂絲難繫雙旌住。關山欲渡，待飛過黃河，更隨殘月，同上薊門路。　　消魂事，輸於江郎能賦，歸期依舊還阻。從軍王粲成何計？水驛山程無數。堪激楚，何況是、彌天消息擎鼙鼓。離懷觸

① 《函張伯駒、鄧榮光為當選監察請查照屆時蒞會就職文》，焦作：《河南中原煤礦公司彙刊》，1932年第 7、8 期合刊第 29-30 頁。

② 參見樓宇棟、鄭重著《張伯駒》：北京，文物出版社，2008 年，第 211 頁。

忤，看飄渺孤鴻，聯翩輕燕，掠水拓雲去。[1]

是年，某日晚上，先生與梅蘭芳、陳半丁、齊如山、徐蘭沅、姚玉芙雅集於虎坊橋國劇學會，時有賣假畫者求售於梅蘭芳，云有三國關雲長畫竹一幀，且後有劉備、張飛、趙雲、馬超、黃忠等的題詞，眾人笑以價昂見拒。多年後先生以《關壯繆畫竹卷》為題，將這段往事記入《春遊瑣談》一書。

是年，朱文均（朱家溍父親）所藏宋蔡襄《自書詩真蹟》被家中僕人吳榮竊走，後經數月艱辛才失而復得，遂決定自費由故宮影印出版，以嘉惠藝林。朱文均在《宋蔡忠惠公自書詩真蹟》書後詳述經過：

> 因思物之聚散有時，一得一失何常之有，況忠惠（即蔡襄）遺蹟傳世極少，若不及時流布，公諸藝林，設有蹉跎，追悔何及？用是不敢自秘，亟付景印，以廣墨緣。[2]

是年，作《叢碧書畫錄》序文：

> 東坡為王駙馬晉卿作寶繪堂序，以烟雲過眼喻之。然雖烟雲過眼，而烟雲固長鬱於胸中也。予生逢離亂，恨少讀書，三十以後，嗜書畫成癖。見名蹟巨製，雖節用舉債猶事收蓄，人或有訾笑焉，不悔。多年所聚，蔚然可觀。每於明窗淨几展卷自怡。退藏天地之大於尺寸之間，應接人物之盛於晷刻之內，陶鎔氣質，洗滌心胸，是烟雲已與我相合矣。高士其有云：「世人嗜好法書名畫，至竭資力以事收蓄，與決性命以饕富貴，縱嗜欲以戕生者何異。」鄙哉斯言，直市儈耳。不同於予之烟雲過眼觀，矧今與昔異。自鼎革以還，內府散失，輾轉多入外邦。自寶其寶，猶不及麝臍翟尾，良可慨已。予之烟雲過眼，所獲已多。故予所收蓄，不必終予身為予有，但使永存吾土，世傳有緒，是則予為是錄之所願也。
>
> 歲壬申中州張伯駒序 [3]

一九三三年（民國二十一年癸酉） 三十六歲

四月十六日，在鹽業銀行股東會上當選鹽業銀行董事。

---

① 宛乘：《摸魚兒‧信陽軍中送伯駒》，天津：《國聞周報》，1932 年 4 月 11 日第 9 卷第 14 期。

② 編者自藏朱文鈞自故宮博物院印《宋蔡忠惠公自書詩帖》（私刊本）。

③ 根據北京圖書館藏「張伯駒私刊油印本」整理，是書約於一九六〇年由張伯駒先生自費油印刊行。

四月十九日，收到鹽業銀行總管理處公函，告知當選董事，附函如下：

平行鑒：

　　本屆股東會董事檢查人改選，茲將當選人名單另紙抄附，即希閱
洽。四月十七日在津行開新董事會公推舉達公為董事長，又議決董事長
職務，函請前董事新立代理照料一切，並以附閱。順頌

公綏

　　　　　　　　　　　　　　　　　　　　　　　　　　總管理處啟

　　民國二十二年四月十六日股東會選舉董事、檢查人當選人名單：

　　當選董事姓名：張伯駒先生、任振采先生、岳乾齋先生、吳達詮先
生、紹幼琴先生、丁佩瑜先生、錢新之先生；

　　當選檢查人姓名：林笠士先生、陳靜涵先生；

　　當選候補董事姓名：袁紹明先生、周作民先生、鍾伯琴先生；

　　當選候補檢查人姓名：袁巽庵先生、馬香泉先生。[1]

六月十二日子時，嗣父張鎮芳在天津寓所病逝，享年七十一歲。時先
生在上海，匆忙奔喪天津，並含悲訃告：

　　不孝家琪侍奉無狀，禍延顯考馨庵府君，慟於中華民國二十二年
六月十二日子時壽終津寓正寢，距生於清同治癸亥年十二月二十八日卯
時，享壽七十有一歲。不孝因公赴滬，聞電即日奔喪，親視含殮，遵禮
成服，擇期安葬。叨在

（族、戚、年、世、寅、鄉、學）誼哀此訃。

又泣成祭文，哀啟友好親明：

　　哀啟者，先嚴幼時體羸弱性毅而劬於學。稍長，乃習拳術，日即
健旺。弱冠遊邑庠，負笈於開封大梁書院，為馮蓮堂學使所激賞，以光
緒乙酉拔貢中式本科舉人，壬辰成進士。觀政農曹，益究心經世之略，
常熟翁文恭公掌部，奇其才。庚子奔赴行在，備受跋涉之苦。壬寅奏調
北洋，改道員。時津亂甫平，庫空如洗，長蘆鹽政為歲入大宗，永平七
縣，懸岸日久，項城袁公知先嚴深嫺籌規，復先嚴毅然以整頓自任，積

年滯引，一旦改觀，國家歲增巨額，而心力亦稍瘁矣！初權天津兵備道，旋受長蘆鹽運使，仍兼領永平鹽務督辦。迭膺艱巨，寢食不遑，歷任總督均倚為左右手。擢湖南提法使，當局具疏請留，報可。武昌事起，袁公入組內閣，引為度支丞。未幾，奉代理直督之命。改革後督豫二年。甲寅乞退，居京師。鑒於金融樞紐操諸外人之手，集資創辦鹽業銀行，成績尤著。比年以國事日非，息影析津，無復用世之志。方縮長蘆鹽政時，蘆綱稅重商疲，又以先課後引，商人母財不足，乞貸於外國銀行，積久未償，責言屬至。先嚴創議，先由大清銀行息借巨款，清還外債，而商岸則收歸官有，課其贏餘以償大清銀行。多年積案，迎刃而解，然而焦心勞思莫此時為甚矣。素體苦燥，偶有不適，服黃連犀角等味輒瘳。通籍後，徙居北方，肝氣所觸，兩肋作痛，時發時瘥。十年以來，優遊林下，眠食甚安。方冀克享遐齡，長承訓育。不孝適以行務有上海之行。不意本月八日晨，肋痛忽作，熱度驟增，西醫認為肺炎，急用針治之法。中醫亦斷為肺熱，投以石膏等品，肋痛少止。十二日晨起，忽感氣逆，而神識尚清。向晚，自知不起，作聯自挽。且命電滬，促不孝速歸。不孝聞電後，於翌晨巳初乘飛機馳回，申正抵家，而先嚴已於是日子時棄養矣。嗚呼痛哉！不孝侍奉無狀，慘罹鞠凶，搶地呼天，百身莫贖。祗以窀穸未安，不得不苟延殘喘，勉襄大事，苦塊昏迷，語無倫次，伏乞

矜鑒

棘人張家騏泣血稽顙 [1]

八月，由北平國劇學會主編的《國劇畫報》在出版二卷七十期後終刊。

初冬，為明代名妓馬守貞、吳娟娟、林雪、王蕊梅等四人合繪的《花卉圖》卷題跋：

桃花燕子，記白門韻事，付與歌嘯。無限江山，都屬峨眉，遺恨故國多少。秦淮不盡東流水，一片月、舊時曾照。借彩筆、千載傳神，疑是佩環重到。　千世兒家寫出，問誰憐薄命，數有懷抱。圍影紅窗，

---

① 根據編者收藏《項城張馨庵先生赴告》整理。

側帽填詞，想見太原年少。東風獨作群芳主，化十萬、金鈴圍繞。甚福分、占盡風流，妒殺畫眉京兆。

癸酉初冬張伯駒譜疏影

鈐印：中州張大（白文）[1]

是年，杭州藝菊名家張又萊去世，家人遂將其所存菊種、圖片以及相關資料悉數捐贈於杭州市政府。杭州市府為紀念張氏並感謝其對杭州菊史的貢獻，特於孤山建「萬菊亭」一座，此亭毀於「文革」。「文革」後，「萬菊亭」復建，亭名即為先生所題寫。

是年，作為鹽業銀行總稽核，先後到北平、天津、上海、漢口各行視察業務和考核賬目。

一九三四年（民國二十三年甲戌）　三十七歲

一月六日，出任南京鹽業銀行經理。

三月，偕鄧韻綺遊無錫太湖，填《鷓鴣天》一闋：

甲戌正月下旬偕韻綺，同西明夜至無錫，借籠燈入梅園宿。次日冒雨登黿頭渚，望太湖，歸譜此詞。

為惜疏香此小留，碎陰滿地語聲柔。花光照眼還如雪，湖水拍天欲上樓。　風細細，雨颼颼，計程明日又蘇州。客中過了春多少，只替春愁不自愁。[2]

是春，隨著名藏書家傅增湘赴西山大覺寺賞玉蘭和杏花，自此與大覺寺結緣。後與傅增湘相約，二人在寺門外分建「北梅」、「倚雲」二亭。[3]

是春，葬父張鎮芳於天津東南佟樓村。關於張鎮芳的生平行狀，杭州鍾廣生應張錦芳之請特為張鎮芳撰寫墓誌銘，並延請著名書法家張伯英書丹：

① 根據無錫市博物院收藏馬守貞、吳娟娟、林雪、王蕊梅等四人合繪《花卉圖》卷整理。

② 張伯駒著《張伯駒集》。上海：上海古籍出版社，2013: 165。

③ 一九七四年春，先生重遊大覺寺，同遊者周汝昌、周篤文等人皆為後生，而自感已風燭殘年，不免感慨係之：「四十年前，與諸老輩至此看杏花，今來者除我外，皆後生矣！」

清故光祿大夫署直隸總督張公馨庵墓誌銘

杭縣鍾廣生撰文，銅山張伯英書丹並篆蓋

公諱鎮芳，字馨庵，河南項城人。自高祖徙居縣城新莊，三傳至公。考恩周先生，績學有文而困於場屋，乃親授公及公弟錦芳，攻苦誦讀，以嚴父而兼名師。光緒乙酉公年二十二，選拔萃科。是歲父子同應秋闈，榜發公中式，將赴禮部，以父命緩其行，且曰：汝姑待之，吾老矣，猶當為文章吐氣。後三載戊子果再試而捷，同上春官，一時傳為佳話焉。張氏累世寒畯，迨公發名昌業，而門閭始大。自考恩周公以上至高祖王考，皆贈光祿大夫，妣劉氏以上三代皆贈一品夫人。公幼有器鑒，言詩立禮，矩步矱趨，既與計偕。以壬辰成進士，授戶部主事，居京邸多與賢士大夫遊，學識邁進。乙丙之歲相繼丁內外艱，回籍終制。庚子服闋入都，而義和拳禍旋作，兩宮蒼黃西狩。公敝衣徒步出阜成門謀扈駕，聞潰兵阻蘆溝橋，改道雜難民中間，行至衡水始得具輿馬，過洛涉潼，隨抵行在。明年事平，扈蹕還京師，敘勞賞加四品銜。

袁公慰亭之督畿疆也，以公老成負清望，專摺奏調天津。往歲公在農曹為常熟、仁和、定興諸計相所知，歷充捐納房銀庫差，初無乞外意，至是奉朝旨勉為一行。公思慮縝密，長於綜核，委辦銅元局，鉤稽鈲析，贏息倍增。永平七屬鹽岸廢滯已久，公稱貸裒益，商引阜通，歲入羨餘五六十萬，時論以為難。由是擅理財名。尋任天津河間兵備道轉長蘆鹽運使，所至咸有懋績。宣統初元，朝命升調湖南提法使，賞頭品頂戴，將行，直督陳公夔龍拜疏乞留，許之。未幾，武漢軍興，袁公再起枋國，以公代夔龍置直督行北洋大臣事。當是時清廷遜位，三輔變兵麻起，公坐鎮北門，靜翕動施，軍民安堵，袁公益嘉賴之。共和成立，反側未安，以中州管轂南北，移公督豫，為桑梓自效。而大梁軍政久弛，哦公初來欲撼搖之，遂有勾結奸宄謀轟炸藥庫事。公不動聲色，嚴布城防。捕誅首要三十餘人，解散徒黨無所株蔓，不旬日而亂平，其鎮靜持大體多類此也。公治豫一遵清代成法，不為急功近利，惟以衛輝屬煤礦英商覬利壟權，乃援任津道時開灤成案力與爭論，卒改中英合辦，名曰福中公司，為豫省闢一富源，實自公始。踰年乞休去官，還居津門，手創鹽業銀行。會袁公薨於位，而復辟之難發，當事者驟起，公管

度支,事敗牽連就逮,頻日乃解。

嗚呼!公自束髮受書,其於在三之義聞之熟矣,惟以袁公故,感知己之私與為推移,然而耿耿之衷未嘗忍而即安,故蒞事期年,毅然求罷。此其隱曲明明予天下以共見,論者疑公之所處本末乖悟,如致身袁氏為是,即匡復舊君為非,此豈足知公之心者哉!自是以來,優遊沽上者十餘年。壬申公壽七十,弟錦芳字緗庵,亦屆六十,壎吹篪奏,其歡怡怡。明年癸酉五月二十日以微疾終於津邸,春秋七十有一。元配智夫人先公卒。無子,生一女殤,立弟緗庵子家騏為嗣。孫曰柳溪。以翌年春卜葬於天津東南郊佟樓之原,緗庵為狀來乞銘,銘曰:

臙臙中原,太皥故墟,耕讀代嬗,沃公經奈,聰聽彝訓,皇考是式。學有本原,忠孝之則,孝始顯名,忠惟盡命。運污從污,匪私一姓,退而貨殖,孰衡平之。利用厚生,公自營之。煮海鑄山,陶謀猗略,已施於家,復用之國。國既戾矣,人斯瘁矣,長城告傾,天胡醉矣。人天交恭,慭遺實艱,質公九幽,我銘不刊。

北平陳雲亭鐫[1]

四月三日,遊杭州西湖,填《高陽臺》一闋:

高陽臺　西湖春感

萬綠凝烟,千紅泣雨,我來春已堪憐。樓外陰陰,倚闌莫捲簾看。裙腰不見當時路,最傷心、蘇小墳前。雨纏綿,春去無聲,花落無言。　　明朝酒醒逢寒食,悵客中風月,劫後湖山。柳下笙歌,銷魂第六橋邊。舊時燕子猶相識,又雙雙、飛上湖船。莫留連,處處啼鶯,處處啼鵑。[2]

六月,鹽業銀行總部遷往上海。總管理處設在「上海北京路二百八十號」。

同月,鹽業銀行添設上海分行。

九月二十三日,甲戌中秋夜,偕鄧韻綺等人在昆明湖上泛舟賞月,並填《秋霽》詞一闋:

①　中國社會科學院「近代史資料」編輯部主編《民國人物碑傳集》。成都:四川人民出版社,1997:510-511。編者又據中國國家圖書館館藏墓誌 4353 號重新校對。

②　張伯駒著《張伯駒詞集》。北京:中華書局,1985: 11。

秋霽

中秋同韻綺、鶴孫、西明泛舟昆明湖賞月，遲景榮吹笛，王瑞芝操絃和之。

千里嬋娟，與玉闕瓊樓，共一顏色。寒似層冰，皎如圓鏡，照來水天雙澈。一葉剪碧，荇飄翠帶魚盈尺。隔樹陰蛩語，長橋橫臥少人迹。　歌板暗訴，怨抑沉沉，夜闌秋聲，都入瑤笛。倚蘭橈、臨流顧影，人間未應有今夕，疑是廣寒天上客。素娥何處，應似桂殿同遊，滿身清露，去時還濕。[1]

一九三五年（民國二十四年乙亥）　三十八歲

是春，受國民黨將領李鳴鐘之邀請，張善孖、張大千昆仲從上海來北平，在中山公園水榭舉辦畫展，先生偕潘素亦自滬回到北平，與張大千相識，遂成好友。

六月下旬到七月上旬，湖北淫雨連綿，江、漢並漲，荊江、漢水水位超過一九三一年紀錄，沿岸堤垸紛告潰決，五十八縣市被淹，災民達七百餘萬人，襄河流域各縣災情尤重。為救濟同胞，北平書畫文藝界組織賑災義展，所得費用捐贈災區，就是在這次展覽會上，先生第一次見到西晉陸機所書《平復帖》。多年後，先生曾在《春遊瑣談》回憶：

西晉陸機平復帖，余初見於「湖北賑災書畫展覽會」中。晉代真蹟保存至今，為驚嘆者久之。[2]

十月，《戲劇叢刊》第四期刊登先生的文章《亂彈音韻輯要》卷三之《尖團輯要》。

是年，出任南京鹽業銀行經理。

一九三六年（民國二十五年丙子）　三十九歲

三月一日，上海《青鶴》雜誌刊登先生《叢碧詞（一）》：

---

① 張伯駒著《張伯駒集》。上海：上海古籍出版社，2013: 13。

② 張伯駒編著《春遊瑣談》。鄭州：中州古籍出版社，1984: 7。

薄倖　和寒雲韻

前塵如夢，早消歇、青鸞紫鳳。見道是、華顏綠鬢，漸被韶光催送。值江天、雪綴瑤林，竹窗蕭瑟春寒重。正涼夜無聲，月明如水，只有閒愁與共。　　憶十里亭長短，曾一騎、紅塵飛鞚。漫思當時事，且尋歡笑，憑闌試聽連珠弄。待疎鐘動，看小亭冷落梅花，還自鋤雲種。離懷不管，拚醉玉壺冰甕。

浪淘沙

香霧濕氿瀾，乍試衣單。小樓消息雨珊珊。斜捲珠簾人病起，無奈春寒。　　愁思已多端，又減華顏。年年幾見月團圓。燕子不來花落去，莫倚闌干。[1]

三月十六日，上海《青鶴》雜誌刊登先生《叢碧詞（二）》：

蝶戀花

十里城西楊柳路，寶馬踏塵，日日尋花去。只為憐花花裏住，不知身似花無主。　　芳草萋萋三月暮，望盡天涯，那是春來處。禁得多愁愁幾許，聲聲杜宇聲聲雨。

霓裳中序第一　西山賞雪

江山倏換色，萬象無聲都一白，橋下流冰□□。看亙野玉田，凌空銀壁，荊關畫筆。唳朔風、飛雁迷蹟。憑闌望、一天黯淡，更莫辨南北。　　清寂，埋愁三尺。玉街闇、繁雲凍逼，歸車難識舊宅。又夜永如年，酒寒無力，燭盤紅淚滴。夢裏覺梅花撲鼻。銅瓶冷、竹窗蕭瑟，月影映叢碧。

浪淘沙　廣州至漢口飛機上作

亂雨濕江天。曉霧漫漫。萬峰疊翠到人前。前夢又隨春去也，日近長安。　　百丈響風鳶，俯視雲烟。岳陽城下浪花翻。一鏡空濛三萬頃，飛過君山。[2]

---

① 張伯駒：《薄倖》等，上海：《青鶴（近人詞鈔 - 叢碧詞一）》，1936 年 3 月 1 日第 4 卷第 8 期第 5-6 頁。

② 張伯駒：《蝶戀花》等，上海：《青鶴（近人詞鈔 - 叢碧詞二）》，1936 年 3 月 16 日第 4 卷第 9 期第 4-5 頁。

是春，與方地山訪袁克文故廬，向其家屬索克文遺存詞稿，準備整理付梓。

四月一日，上海《青鶴》雜誌刊登先生《叢碧詞（三）》：

秋霽

中秋月同韻綺、鶴孫、西明泛舟昆明賞月，由遲景榮吹笛，王瑞芝搽絃和之。

千里嬋娟，與玉闕瓊樓，共一顏色。寒似層冰，皎如圓鏡，照來水天雙澈。一葉剪碧，翠荇飄帶魚盈尺。隔樹陰蛩語，長橋橫臥少人迹。　歌板暗訴，怨抑沉沉，夜闌秋聲，都入瑤笛。倚蘭橈、臨流顧影，人間未應有此夕，疑是廣寒天上客。素娥何處，恍□桂殿同遊，滿身清露，去時還濕。

滿江紅　長江懷古

楚尾吳頭，還無恙、東南半壁。又歷遍、滿眼江山，舊曾相識。三國英雄空逝水，六朝名士都陳蹟。剩寒潮、日夜走江聲，今猶昔。　慷慨志，中流楫；離索意，梅花笛。恨浪淘不盡，亂愁無極。千載浮雲黃鶴杳，萬山落日玄猿泣。更莫將、幽怨訴琵琶，青衫濕。（軼詞，編者注）

暗香　鄧尉詠梅

薄寒無力，恁凝愁不語，誰人憐惜？暗憶江南，憔悴揚州舊詞客。微雨溪橋獨步，渾不管衣裳都濕。看一片雪海盈盈，圍十里香色。　京國，路遙隔。欲寄與一枝，恐無消息。莫由見得，如此伶仃忍攀摘，何事東風薄倖，吹滿地殘痕狼藉。奈客裏，腸斷候，又聽吹笛。[1]

四月十一日，鹽業銀行召開第十八次股東常會，先生當選為鹽業銀行董事。附《申報》消息：

鹽業銀行昨開股東會
改選吳達銓、林笠士等為董監

鹽業銀行，昨日午後六時，在該行二樓開第十八次股東常會，股權

---

[1] 張伯駒：《秋霽》等，上海：《青鶴（近人詞鈔‧叢碧詞三）》，1936 年 4 月 1 日第 4 卷第 10 期第 6-7 頁。

到會過半數，即行開會，公推董事任振采為主席、總經理吳達銓，報告二十四年度營業情形，繼股東投票選舉結果：吳達銓、張伯駒、岳乾齋、任振采、邵幼琴、丁佩瑜、錢新之當選為董事，林笠士、陳靜涵當選為監察人，陳蔗青、周作民、胡筆江當選為候董事，盧澗泉等當選為候補監察人，五時散會。[1]

四月十六日，收到鹽業銀行總管理處公函，示知當選董事函：

中華民國廿五年四月十六日第三六號

平行鑒：

　　本行已於四月十一日開股東常會，改選董事監察人，並於十二日開董事會公推任振采先生為董事會董事長，用特布達，並將當選董事、監察人名單隨函附上，即希

　　閱洽此□

公綏

總管理處啟

　　民國廿五年四月十一日股東會選舉董事、監察人名單：

　　董事：岳乾齋先生、紹幼琴先生、吳達詮先生、丁佩瑜先生、錢新之先生、張伯駒先生、任振采先生；

　　候補董事：陳蔗青先生、周作民先生、胡筆江先生；

　　檢查人：陳靜涵先生、林笠士先生；

　　候補監察人：盧澗泉先生、曹潤田先生。[2]

同日，上海《青鶴》雜誌刊登先生《叢碧詞（四）》：

金縷曲　病後有懷用飲水韻

　　富貴浮雲耳。幾多時，荒烟金穴，斜陽朱第。縱有悲歡惟歌哭，擊碎唾壺快意。滄海粟，無分人己。商婦琵琶嗟老大，舊青衫、猶帶江州淚。尋往夢，成流水。　　隨時載酒花間醉。嘆由來，芳蘭當路，易招人忌。眼底江山皆舊識，疇昔狀心已已。知今是、從前都悔。寧尚可為天

---

① 《鹽業銀行昨開股東會》，上海：《申報》，1936 年 4 月 12 日第 3 張第 12 版。

② 根據北京市檔案館中華民國廿五年四月十六日第三六號。

下事，放愁懷、日在陳酣裏。榮與辱，何須記。

憶江南

秋蕭瑟，何處是長安。一聲折柳風前笛，無限斜陽樓外山，生怕倚闌看。

如夢令

寂寞黃昏庭院，軟語花陰立遍。濕透鳳頭鞋，玉露寒侵苔蘚。休管。休管。明日天涯人遠。

調笑令

明月，明月，明月照人離別。柔情似水還無，背影偷彈淚珠。珠淚。珠淚。落盡燈花不睡。[1]

六月二十一日，清光緒丙戌年進士，曾任江蘇巡撫、四川總督、直隸總督的前清遺臣陳夔龍八十大壽，時其稱病寓居在上海租界內，家人為其舉辦「松壽堂綵」賀壽堂會，堂會匯聚全國京劇名角，連演三日。

六月二十二日，下午三時，先生參演「松壽堂綵」堂會，先參演全班合演的《百壽圖》，再與梅蘭芳合演《遊龍戲鳳》。同時參加堂會的俞振飛演出了《穆柯寨》、紅豆館主溥侗與梅蘭芳合演《奇雙會》。[2]

七月十六日，上海《青鶴》雜誌刊登先生《叢碧詞（五）》：

探春慢　咏山茶

榴火翰紅，葉雲漸艷，百卉無比繁麗。滿樹塗脂，千山飛雪，遙想朱闌獨倚。久負江南約，只贏得、蕭齋風味。一株對影窗前，嫣然如解人意。　　先報陽和信息，看照耀晨曦，搖曳烟水。北地春遲，西園人杳，當日勝遊誰記。夢到朱樓月，忍看教、芳茵鋪地。拚醉酪酊，紅雲堆裏一睡。

念奴嬌　用東坡韻，偕韻綺同南田、西明暘臺山看杏花

一天烽火，帝城春、依舊無邊風物。青到馬蹄，觀不盡，疊嶂層

---

① 張伯駒：《金縷曲》等，上海：《青鶴（近人詞鈔·叢碧詞四）》，1936 年 4 月 11 日第 4 卷第 11 期第 3-4 頁。

② 根據編者所收藏《松壽堂綵》民國老戲單整理。

巒千壁。迴阪連坡，蒸雲簇霧，萬樹花如雪。金鞭垂柳，消磨年少豪傑。　　惆悵草長鶯啼，人間天上，病為春愁發。燭倚危闌，何限恨、無語夕陽明滅。人物全非，山河猶在，鏡裏生華髮。盛時難再，與君還醉烟月。

東風第一枝　春雪

落地聲微，沾衣力軟，風欺弱絮無主。驀催萬樹花開，旋濕一庭翠嫵。熏爐重熨，問禁得、輕寒如許。待捲簾、雙燕來時，應共落梅銜去。　　燈黯黯、小樓兩誤。泥滑滑、玉街路阻。怕消剩粉江山，暗融糝銀院宇。檐聲淒斷，怨身世、不勝高處。問誰憐、零霙殘霎，借乞春陰留護。[1]

八月一日，上海《青鶴》雜誌刊登先生《叢碧詞（六）》選：

疏影　用寒雲韻，題畫梅贈疏影樓主人

疏簾月遠，問軟紅影裏，何處庭院。昨夜春寒，還記玉笙，淒涼小樓吹遍。憑闌盡日無情緒，漫道是、飄零經慣。待向人、孤芳獨抱，未許雪欺風怨。　　憐此亭亭素態，多情相見後，欲去還戀。拍遍紅牙，換羽移宮，賦與玉喉低轉。銀燈可耐嬋娟夜，已暗自、年華偷換。怕轉眼、春去天涯，空對落英腸斷。

綺羅香　咏紅葉

十里烟迷，一林酒暈，繪出江山如此。孤鶩齊飛，掩映斷霞零綺。正楓橋、霜夜啼烏，望故國、斜陽流水。剩殘紅、溷落宮溝，可憐身世薄於紙。　　孤吟誰問獨客，禁得蕭蕭戚戚，添人憔悴。掃葉樓前，莫話六朝佳麗。戀韶華、秋色難留，數花事、春光猶記。到深庭、月影沉沉，綠陰鋪滿地。

金縷曲　壽孫藹仁弟三十

更進一杯酒。正當時、綠衣青鬢，人真如柳。門第烏衣推王謝，想見金貂俊秀。繼風流、魏晉何有。白眼看人餘一笑，已五陵、豪氣銷沉

---

① 張伯駒：《探春慢》等，上海：《青鶴（近人詞鈔 - 叢碧詞五）》，1936 年 7 月 16 日第 4 卷第 17 期第 5-6 頁。

久。漫廝涸，向雞口。　　梅花小雪交初九。恰相逢，芳春暗換，月圓人壽。十丈軟紅如夢裏，收拾歌衫舞袖。算舊事、不堪回首。今夕共君談風月，莫傷神，哀樂中年後。身外物，皆芻狗。[1]

八月十六日，上海《青鶴》雜誌刊登先生《叢碧詞（七）》：

金縷曲　題陳尚書遺墨冊子

朝事堪為否？看番番，京華冠蓋，旁觀袖手。雨露雷霆皆帝德，兩世君恩肯負？冒不諱，一封朝奏，夕謫風沙悲遠塞。別長安，西望天涯又，折不盡，玉關柳。　　無端鐵騎飛來驟，怎禁得，赤拳攖敵，孤身防寇。到此男兒應報國，壯烈千秋彌久。問宮闕，漢家何有。風雨二陵王氣盡，感滄桑，萬事空回首。斯片羽，獨不朽。

念奴嬌　和寒雲庚午立秋北海宴集原韻

乍涼天氣，不禁秋、早着羅衣重疊。容易西風吹又至，初墜庭梧一葉。雲影低徊，波光瀲灩，曉鏡開明屬。舊時歌舞，迴廊空憶鳴屧。　　爭羨紅袖持觴，華燈照水，破玉飛雙揖。凌亂荷妝還未卸，彷彿塵襟香接，翠影猶迷，釵痕欲墜，恐是輕寒怯。酒空金榼，料應消盡愁睫。

卜算子

落葉掩重門，桂子香初定。今夜月明分外寒，照澈雙人影。　　薄袂倚虛廊，猶恨誰能省。街鼓無聲未肯眠，忘卻霜華冷。

浣溪沙

颯颯霜寒透碧紗。可堪錦瑟怨年華。風前獨立鬢絲斜。　　宛轉柔情都似水，飄搖殘夢總如花。人間何處不天涯。[2]

十月十日，愛新覺羅·溥儒的大哥、恭親王愛新覺羅·溥偉病逝於偽滿洲國首府長春。為籌辦大哥的喪事，溥儒將家藏唐朝韓幹的名畫《照夜白圖》出售給上海的畫商葉叔重。時在上海的先生聽說此事，急忙給主政

---

① 張伯駒：《疏影》等，上海：《青鶴（近人詞鈔 - 叢碧詞六）》，1936 年 8 月 1 日第 4 卷第 18 期第 4-5 頁。

② 張伯駒：《金縷曲》等，上海：《青鶴（近人詞鈔 - 叢碧詞七）》，1936 年 8 月 16 日第 4 卷第 19 期第 4-5 頁。

北平的宋哲元發急函，申述此卷繪畫文獻價值之重要，希望勿讓葉叔重賣與外國人。最終《照夜白圖》還是被葉叔重攜走，並把畫作轉售給英國人。後來，此畫又從英國人手中轉賣到了日本人手中，最後又轉賣給美國人，該畫現藏於美國大都會博物館。先生在《春遊瑣談》中曾談及此事：

> 盧溝橋事變前一年，余在上海聞溥心畬所藏韓幹《照夜白圖》卷，為滬估葉某買去。時宋哲元主政北京，余亟函聲述此卷文獻價值之重要，請其查詢，勿任出境。比接覆函，已為葉某攜走，轉售英國。[1]

十一月十六日，上海《青鶴》雜誌刊登先生《叢碧詞（八）》選：

人月圓　晚歸和寒雲韻

戍樓更鼓聲迢遞，小院月來時。綺筵人散，珠絃罷響，酒賸殘卮。　錦屏寒重，簾波弄影，花怨春遲。愁多何處，江南夢好，莫慰相思。

水調歌頭

去歲大覺寺玉蘭盛開，同雨生攜眷往觀，今春又攜姬人往，花如昔而人不可見矣，轉為悯然。

上巳忽過了，怕又到殘春。及時莫放春去，還應惜良辰。憶昔輕車載酒，攜手看花山寺，回首已成塵。生死一為別，萬事付酸辛。　玉為骨，雪作胎，月無痕。花似去年，今日不見去年人。我欲問花不語，花亦留人難住，相對總愴神。芳草滿前路，何處可招魂。

浪淘沙　金陵懷古

春水遠連天，潮去潮還。莫愁湖上雨如烟。燕子歸來尋舊壘，王謝堂前。　玉樹已歌殘，空說龍蟠。斜陽滿地莫憑闌。往代繁華都已矣，只剩江山。[2]

十二月一日，上海《青鶴》雜誌刊登先生《叢碧詞（九）》選：

---

① 張伯駒編著《春遊瑣談》。鄭州：中州古籍出版社，1984：7。

② 張伯駒：《人月圓》等，上海：《青鶴（近人詞鈔‧叢碧詞八）》，1936 年 11 月 16 日第 5 卷第 1 期第 4 頁。

賀新郎　賀贛一兄新婚

恰是黃花節。喜良辰、織迴文錦，綰同心結。未讓風流張京兆，看取衛家雙璧。坐上畫、東南清客。青鶴紅鸞齊耀彩，笑元龍、豪氣高百尺。唱隨樂，咏風月。　遼西夢遠音塵絕。憶當時、翩翩書記，運籌前席。儘有文章驚海內，又奈一寒澈骨，依舊是、書生本色。茂陵風雨相如病，算而今、才有人憐惜。更休臥，酒爐側。[1]

十二月十二日，張學良聯合楊虎城發動「西安政變」，扣留蔣介石，呼籲聯共抗日，成立「抗日民主統一戰綫」。

是年，有意收藏陸機《平復帖》，特託北平琉璃廠悅古齋少掌櫃韓博文就收藏《平復帖》一事往商溥心畬，先生在《春遊瑣談》中寫道：

余恐《平復帖》再為滬估盜賣，倩悅古齋韓君往商於心畬，勿再使流出國外，願讓，余可收，需錢亦可押。韓回覆云：「心畬現不需錢，如讓，價二十萬元。」[2]

是年，為友人俞萊山畫《蘭草》扇面一幅並題詩二首：

紫莖綠葉自披狗，幽谷春風到每遲。

蕭艾齊榮當路草，無人芳馥又何為？

渺渺秋辰獨自芳，淒迷風雨暗瀟湘。

美人何處空遺珮，不盡楚山楚水長。

款識：丙子客中寫為萊山仁兄清正。伯駒。[3]

---

① 張伯駒：《賀新郎》，上海：《青鶴（近人詞鈔 · 叢碧詞九）》，1936年12月1日第5卷第2期第6頁。

② 張伯駒編著《春遊瑣談》。鄭州：中州古籍出版社，1984：7。

③ 北京匡時國際拍賣有限公司2014秋季藝術品拍賣會之「扇畫小品專場」第0841號拍品，拍賣時間：2014-12-03。此件作品署名「萊山仁兄」，據筆者查姚雪垠助手、湖北文史專家俞汝捷（1943— ）所寫「周谷城張伯駒先生為我重書詩詞」一文（見2014年上海文史研究館主編《世紀》第3期第73頁），知此件作品為先生於1936年所贈其父俞萊山的扇面小品。據俞汝捷回憶：
「知道張伯駒這個名字，還是上世紀50年代讀小學的時候。那時先父書桌右邊有個抽屜，放滿了摺扇，出於好奇，我有時會打開觀看。有次拿出一把扇子，打開後多數字都不認識，便去問先父。」
「這是章草，姚羲民的。」
「什麼叫章草？姚羲民是誰？」
「章草是由隸書變化而成的一種草書。姚羲民是我的朋友。」
我又把扇子翻過來，指着上面的畫問：「這是哪個畫的？」……
「這是張伯駒的蘭花，上面兩首絕句也是他作的。」
以前我見過的畫中蘭草以墨蘭為多，而張伯駒筆下的蘭草卻是藍色的，與嫩黃的小花相映成趣。畫上題七絕二首，我讀過幾遍，也就記住了。這把摺扇於「文革」初期被抄走，現已下落不明。2014年10月，編者通過中國作家協會辦公室聯繫到俞汝捷，通過短信確知，其家中確有此扇面，「文革」中被紅衛兵抄家遺失。

　　是年，演出《瓊林宴》及《打漁殺家》二戲，印壇大家陳巨來在其《安持人物瑣記》一書中有述：

　　　　茲再追述丙子陳宅•盛大堂會事。是年伯駒亦串演二戲。第一夕演全部《瓊林宴》，自「問樵」（特約王福山為配樵夫）至「出箱」，一氣呵成。書房一場，錢寶森飾煞神，加耍獠牙，身段至繁，伯駒毫不費力，出箱亦用鯉魚打挺而滾出的，內行亦不敢輕於嘗試也。第二夕演《打漁殺家》，尚小雲飾女兒蕭桂英。開舟一段，二人配合好像在船中搖盪不停之狀也，內行中楊寶森頭牌也，竟無此像真動作也。演之不易，於此可見矣。[1]

---

① 陳巨來著《安持人物瑣憶》。上海：上海書畫出版社，2011: 214。

卷三

滿江紅

民國二十六年至民國三十七年（一九三七—一九四八）

一九三七年（民國二十六年丁丑） 四十歲

二月十六日，上海《青鶴》雜誌刊登先生《叢碧詞（十）》：

摸魚兒　同南田、韻綺登萬壽山

試登臨、秋懷飄渺，長空澄澈如浣。關河迢遞人千里，目斷數行新雁。楊柳岸，猶瘦曳、烟絲似訴閒愁怨。天抵（低）水遠，正黃葉紛紛，白蘆瑟瑟，一片斜陽晚。　空懷感，到處離宮荒館，消歇燕嬌鶯婉。舊時翠輦（輦）經行處，惟有碧苔蒼蘚。君不見，殘弈局、頻年幾度滄桑換。興亡滿眼，只山色餘青，湖光剩綠，詩付誰家管。

念奴嬌

無人庭院，墜夜霜濕透，閒堦堆葉。月是團團今夜好，可奈個人離別。倚遍雲闌，立殘花徑，觸緒添淒咽。滿身清露，更誰低向（問）涼熱。　記得去年今日，分攜雙袖，滿地明如雪。隻影那堪重對此，美景良辰虛設。玉漏無聲，銀燈息焰，總是愁時節。誰家歌管，任它紫玉吹徹。

蝶戀花

眼底江山零落盡，愁雨愁風，更是重陽近。烏帽青衫塵撲鬢，重思往事眉痕暈。　孤館淒涼燈一寸，睡也無聊，醒又無聊甚。明日朱顏成瘦損，夜長不管離人恨。[1]

三月四日，先生四十壽長，於北平隆福寺街福全館為賑濟河南旱災義

---

① 張伯駒：《摸魚兒》等，上海：《青鶴（近人詞鈔·叢碧詞十）》，1937 年 2 月 16 日第 5 卷第 7 期第 4-5 頁。

演，是晚名角咸集，為一時之盛。晚年，先生賦詩回憶當年盛況：

羽扇綸巾飾臥龍，帳前四將鎮威風。

驚人一曲空城計，直到高天尺五峰。

余四十歲生日，叔巖倡議演劇為歡，值河南去歲發生旱災，乃以演戲募捐賑災，出演於福全館。開場為郭春山《回營打圍》，次為程繼仙《臨江會》，因畹華在滬改由魏蓮芳演《起解》，次為王鳳卿《魚腸劍》，次為楊小樓、錢寶森《英雄會》，次為于連泉、王福山《丑榮歸》，大軸為《空城計》。余飾武侯，王鳳卿飾趙雲，程繼仙飾馬岱，余叔巖飾王平，楊小樓飾馬謖，陳香雲飾司馬懿，錢寶森飾張郃，極一時之盛，後遍載各戲劇畫報，此為亂彈到北京後稱為京劇之分水嶺。本年夏，即發生盧溝橋事變，叔巖病重，小樓病逝，繼仙、鳳卿亦先後去世，所謂京劇至此下了一坡又一坡矣。[1]

民國雜誌《影與戲》對這場義演作了十分詳細的記述。附文如下：

余叔巖—王平、楊小樓—馬謖，

對白緊張，將成梨園絕響

張伯駒演劇募款賑豫災

北平鹽業銀行理事張伯駒宅堂會，假東四隆福寺街福全館演唱，因園址較小，票位極嚴，故秩序極為良好。張並因桑梓河南旱災慘重，為籌集賑款，委託中國實業及鹽業兩行代為收款，並當場收款，捐助者頗為踴躍。此日原為張四十壽辰，惟場中無任何布置，僅用紅色綵綢圍於四周。開鑼後首為吉祥戲《大賜福》，次《回營打圍》，再下為名票程靄如及陳香雪之《托兆盜骨》，唱來極博彩聲。繼之為王鳳卿之《魚腸劍》，聲調雄渾，深得汪派三昧。《魚腸劍》終場，由張伯駒陳述豫省災況之慘，請來賓輸將[2]，聽者動容。繼為程繼先、錢寶森之《臨江會》，此劇為程伶傑作之一，自極精彩。再下為魏連芳《女起解》，玉潤珠圓，亦恰到好處。場終，此時因英雄會扮裝未齊，墊以《定計化緣》，下則為楊小樓之《英雄會》矣，楊飾黃三太，扮相英武，口白清脆，武功嫻熟，仍有

---

① 張伯駒著《紅毹紀夢詩注》。香港：中華書局香港分局，1978: 65-66。

② 資助、捐獻之意。

重瞳之韻，不愧一代宗匠。錢寶森仍飾寶爾敦，亦無疵可摘。《英雄會》演畢，小翠花之《小上墳》上場，縞素之服，極為俊俏，蹻功之穩練，為他伶所不及。王福山之劉祿進，與于伶之對工，堪稱雙絕亦莊亦諧，好聲通場。此劇演畢，觀眾用茶點，每人肉包一枚，雙絕糕一塊，共備六百份，一時歡笑聲，飲啖聲，論劇聲，交雜全場。茶點畢，鑼聲再響，而眾人翹望之《失街亭》登場，時已子夜一時矣。此劇由諸名伶串演，極為名貴。幕起出將，王鳳卿飾趙雲，在緊張空氣中，首先起壩，按王係汪派鬚生，其飾暮年之趙雲，身份恰合；次為程繼先飾馬岱，出場起壩，程以小生而飾暮年之馬岱，似近反串；再次為余叔巖之王平於掌聲雷動中出場，起壩之氣魄，亮相之靈活，確有獨到處。張伯駒君與余為至友，故此次特配飾王平，聞余演配角戲，此為生平之第二次，其第一次亦為與友人某銀行堂會中串飾。最後楊小樓之馬謖以架子花之工架上場，據內行稱：小樓飾馬謖，僅在宮中供奉時，曾飾演一次，此尚為在堂會中初次公演也。起壩後，四將報名，其時臺下同聲鼓掌如雷，蓋其識與不識者，均悉四名伶扮四將，為罕覯之機會也。是時張伯駒君飾孔明，在四大名伶所飾各將下，飄然升帳，「羽扇綸巾四輪車……」數句引子，臺下真疑為全場有二「余叔巖」出現矣！蓋張研究是劇，確為余君所說，故頗得余之神髓，及馬謖與王平在街亭山上觀陣時，因意見不合，互相爭執時之口白緊張，演來絕響。其飾司馬懿者為名票陳香雪（鹽業銀行職員），嗓音極宏，演來韻味頗似侯喜瑞，飾張郃者為錢寶森，與馬謖對戰之時之武工，極有錢金福作風。街亭失守後，孔明於接到之三報時神情均不相同，更有城樓上「我本是臥龍崗……」之一段，純為余派。最後斬謖時，王平被責與孔明對口搖板數句，為余於是齣之精華。馬謖求孔明格外開恩時，楊之哭泣聲述，尤令人動容，絕非一般淨角所敢比擬也。總之全劇精彩，在正配角之齊全為空前未有，全部至翌晨二時一刻始閉幕。惟此次演劇中串演之最多者為錢寶森，演《回營打圍》、《臨江會》、《英雄會》、《空城計》等四劇，王福山演《英雄會》、《丑榮歸》、《空城計》三劇，王鳳卿演《魚腸劍》、《空城計》二劇，楊小樓演《英雄會》、《空城計》二劇，均可謂大賣力氣矣！

設若將此項人馬，搬來滬上演出，則恐又將鬧翻上海灘，且滬之戲

迷亦必將總動員，惜我輩只能望洋興嘆，而不能享受耳。[1]

是春，於郭世五[2]家見到三希堂晉帖中之王獻之《中秋帖》、王珣《伯遠帖》及李白《上陽臺帖》。當時恐二帖或流落海外，立請惠古齋柳春農居間，郭以二帖並李白《上陽臺帖》另附以唐寅《孟蜀宮妓圖》軸（後來專家又重新命名為《王蜀宮妓圖》）、王時敏《山水》軸、蔣廷錫《瑞蔬圖》軸，議價共二十萬元出讓。先生先付六萬元，餘款約定一年為期付竣。至夏，「盧溝橋事變」起，金融封鎖，款至次年仍無法付清，乃以《中秋帖》、《伯遠帖》二帖退還，其餘作品留抵已付之款，仍由惠古齋柳春農居間。

四月一日，上海《青鶴》雜誌刊登先生《叢碧詞（十一）》：

蝶戀花

離懷欲訴音書杳，雁影雙雙，又過西樓了。惆悵亭皋秋漸老，天涯遍是紅心草。　　縱說江南無限好，病酒疼花，暗損人年少。總為多情成懊惱，去時卻悔來時早。

前調

深掩雲屏山六扇，對語東風，依舊雙雙燕。小院酒闌人又散，斜陽猶戀殘花面。　　流水一分春一半，有恨年華，卻是愁無限。禁得日來情繾綣，任教醉也憑誰勸。

長亭怨　重九與西明、韻綺西山看紅葉，寄南田

掃殘葉、西風門掩。猶記春日，海棠開宴。燭照紅妝，夜深花睡影零亂。回思前夢，空陳蹟、成秋苑。酒醒雁聲沉，問喚起、離愁何限。　　淒

---

① 《福全館的堂會：四大名伶空前名劇——串演空城計》，上海：《影與戲》，1937 年 3 月 11 日第 1 年第 14 期第 217 頁。

② 郭葆昌（1867-1942），字世五，別號觶齋主人，河北定興縣人，著名古瓷鑒賞家和收藏家。早年從河北獨自來到北京西華門德聚成古玩店學徒，很快就能獨當一面，也因此結識了許多收藏家和巨官顯貴。後因袁世凱賞識，被委命為「陶務總監督」。1915 年至 1916 年間，他為袁世凱「登基」督造燒製了 4 萬多件的「洪憲御瓷」，以備袁世凱登基之用。這些御瓷極為精美，不亞於歷代皇家「官窯」。隨着袁世凱的皇帝夢破滅，「洪憲御瓷」遂成為歷代瓷器收藏家們追逐的稀世寶物。郭葆昌不僅收藏、督造瓷器，他也涉足字畫碑帖的收藏。故宮舊藏「三希帖」中王獻之的《中秋帖》、王珣的《伯遠帖》曾歸郭葆昌所有。郭葆昌曾希望「三希帖」能於故宮重新聚首，終因故宮財力不濟而未能實現。郭葆昌去世後，其子將二帖攜至臺灣，因需用錢就將二帖抵押在一家英國銀行。1950 年底，在周恩來總理的關心下，國家花重金將二帖購回，兩件國之至寶歷盡坎坷最終得以回歸故宮博物院。

黯。只知佳節近，不道看花人遠。茱萸插帽，縱風雨、登高還懶。最怕是、舊地重遊，又塵浣、青衫淚滿。對十里霜紅，獨向斜陽留戀。[1]

五月十七日，《申報》刊登消息，報導鹽業銀行股東會改選情況：

鹽業銀行於時日下午二時，在北京路該行二樓召開第十九屆股東常會，並改選監察人及總經理。計到股東錢新之、岳乾齋、張伯駒、丁佩瑜、杜綬臣等；暨來賓陳展青、周作民；主席董事長任振采。首由總經理吳達銓報告上年度營業狀況，次由主席報告監察人總經理滿任改選繼即改選開票結果：林笠似、盧澗泉繼任為監察，吳達銓連任總經理。當晚七時由滬行經理王紹賢、副理肖彥和及吳達銓等三人，聯名宴請各股東云。[2]

七月一日，上海《青鶴》雜誌刊登先生《叢碧詞（續）》：

浣溪沙　重九香山登高

殿影湖光望杳冥。半山紅葉閣風亭。無邊秋色與雲平。　　落帽風流成往事，斜陽獨坐萬峰青。縱無風雨也關情。

清平樂　諸暨至金華道中

酒痕詩意，夢裏都不記。帽影紅塵搖玉轡，馬上春風如醉。　　李花開後桃花，送人直到金華。但願年年花好，不妨人在天涯。

金縷曲　別故都

過眼豪華歇。幾何時、龍蟠虎視，了無塵蹟。當日英雄今安在，兒戲登場粉墨。問興廢，宮鴉能說。玉砌雕闌應依舊，只一身、換了滄桑刧。忍回首，望雲闕。　　江山信美非吾國。向天涯、行歌病酒，更無人識。二十年前新年少，爭逐王侯貴戚。又底事、蟻腥蠅熱。不貪夜識金銀氣，笑何為、重利輕離別。空自慚，過江客。

疏影　咏梅，用白石韻

浮瓊照玉，想綺窗淡月，紙帳同宿。寂寞孤山，憔悴揚州，舊愁譜

① 張伯駒：《蝶戀花》等，上海：《青鶴（近人詞鈔‧叢碧詞十一）》，1937年4月1日第5卷第10期第6頁。

② 《鹽業銀行昨開股東會》，上海：《申報》，1937年5月17日第3張第11版。

上新竹。疎香暗逗無尋處，但只在、枝南枝北。正淡烟、流水孤村，雪擁柴門幽獨。　　猶記年時勝賞，碧苔曾立處，雨濕簧綠。偏耐風霜，又受塵埃，孤潔肯藏金屋。月明莫弄山陽笛，更忍唱、江城遺曲。有幾番、省識春風，共入畫圖冰幅。[1]

七月七日，七七事變在北平爆發，日軍開始全面侵華。

七月七日至十八日，葉恭綽在上海主持舉辦「上海文獻展覽會」，時在上海的先生於展覽會上遇到了好友張大千，二人談及《平復帖》，先生再次委託張大千向溥心畬詢價，先生在《春遊瑣談》中寫道：

> 葉遐庵舉辦上海文獻展覽會，浼張大千致意心畬，以六萬元求讓。溥心畬仍索價二十萬，未成。[2]

七月二十九日，日軍攻陷北平城，遂後成立的偽中華民國臨時政府將北平特別市又改為北京市，但並未得到民國政府和民眾的承認，北平之名稱仍在延用。

八月一日，上海《青鶴》雜誌刊登先生《叢碧詞》：

浣溪沙

細雨廉纖上小廔。平蕪一望使人愁。輕寒還為下簾鉤。　　昨夜夜長偏夢短，醒來卻又在它州。盈盈雙淚不能收。

鷓鴣天

二月春寒未放晴。爐香烟細冷雲屏。燈花照影愁先覺，湖水搖窗夢未成。　　一陣陣，一聲聲，斜風細雨到天明。問人夜睡何曾着，燕子那須喚客醒。

蘭陵王　金陵客中用清真韻

晚烟直，春草無人自碧。吳門外，官道斜陽，怕見青青柳絲色。紅塵望故國，誰識？飄零舊客。來時路，天外片帆，不盡江流淚千尺。

萍踪問前迹。又酒剩空尊，花落殘席。小樓夜雨過寒食。憶十里迢

---

① 張伯駒：《浣溪沙》等，上海：《青鶴（近人詞鈔 - 叢碧詞續）》，1937 年 7 月 1 日第 5 卷第 16 期第 4-5 頁。
② 張伯駒編著《春遊瑣談》。鄭州：中州古籍出版社，1984：7。

遞，幾番空暖，亭長亭短又一驛。念家在天北。

　　怨惻，恨凝積。嘆客意闌珊，歸夢沉寂。芳春有盡愁無極。聽賣杏深巷，喚餳長笛。寒宵孤枕，更漏斷，似淚滴。

瑞鶴仙　超山觀梅

　　淡烟籠暗碧。破宿暝過卻，薄寒時節。晴烘半山雪。映微雲輕靄，一村都白。生香活色，正開候、日長寐寐。閉門貪、午睡夢似，春濃境與人絕。　　應憶。空山高臥，夜靜天寒，自鋤明月。黃昏將夕，醒殘醉，弄哀笛。弔空祠、往代遺民何在，剩有苔枝似昔。但經霜、閱世猶占，宋家歲曆。[1]

十二月二十八日，畫家溥儒母親在北平去世。溥儒至孝，急需籌錢為亡母治喪，於是準備轉讓家藏《平復帖》。書畫掮客白堅甫聞訊，遂將消息告知鄉賢傅增湘：《平復帖》待價而沽。

是年，為了賑濟河南家鄉災民，先生與河南梆子名角陳素真在洛陽同臺演出，盛況空前，許多外地戲迷都趕過來看戲，一時傳為美談。先生在《紅毹紀夢詩注》一書有詩紀之：

　　難把東西論後先，聞香一隊滿秦川。

　　洛陽因預同場會，我亦名登捧狗團。

　　豫東梆子陳素真，豫西梆子常香玉，為河南名旦角演員。陳出演於開封、洛陽，常出演於西安。河南人觀戲者亦分兩派，捧常者名聞香隊，捧陳者，因陳小名狗妞，名捧狗團。余在洛陽曾與陳同場演出《戰太平》，名因列入捧狗團矣，且余亦豫東人也。[2]

是年，「盧溝橋事變」後，由天津移居北平的詞人郭嘯麓又結蟄園律社及瓶花簃詞社，夏仁虎、張伯駒、黃君坦、關賡麟等皆為詞社中堅。

是年，表兄袁克定居萬牲園[3]，適值六十歲大壽，先生前去祝壽並送壽聯：

① 張伯駒：《浣溪沙》等，上海：《青鶴（近人詞鈔‧叢碧詞）》，1937 年 8 月 1 日第 5 卷第 18 期第 4-5 頁。

② 張伯駒著《紅毹紀夢詩注》。香港：中華書局香港分局，1978：40。

③ 即北京動物園。

桑海幾風雲，英雄龍虎皆門下；

蓬壺多歲月，家國山河半夢中。[1]

一九三八年（民國二十七年戊寅）　四十一歲

一月二十八日，從天津乘火車回北平，在火車上巧遇民國教育總長、大藏書家傅增湘。傅增湘告訴先生，溥儒生母剛剛去世，正在籌錢為母治喪，準備出售《平復帖》。

一月二十九日，農曆丁丑年臘月二十八，在傅增湘的斡旋下，先生終從溥儒處以偽幣四萬元購得西晉陸機《平復帖》。對於出售《平復帖》一事，溥儒鮮有提及。在臺灣作家王家誠所著《溥心畬傳》中，也僅僅留下一句話：

為了辦理項夫人喪事，溥心畬將珍藏半生的無價之寶——陸機《平復帖》，質押於人，此後永遠與它絕緣。[2]

得到《平復帖》後，先生欣喜若狂，遂將北平的寓所命名為「平復堂」，並倩人刻白文「平復堂印」印章一枚。

二月十四日，一代京劇大師、武生泰斗楊小樓在京病逝，享年六十歲。先生送挽聯憑弔，該聯刊登於《十日戲劇》第一卷第二十一期。

夢斷凝碧池，嘆百年文物淪亡，我亦下淚；

藝同廣陵散，問千古英雄成敗，誰為傳神？[3]

楊小樓無子，其女婿劉硯芳就楊小樓點主之事相商於先生。先生特邀傅增湘主持題主。在《春遊瑣談》之「題主軼聞」一篇中有載：

又京劇名武生楊小樓逝世，其婿劉硯芳欲得科甲題主以為榮，就商於余。余因為請傅沅叔年伯題主。傅為翰林，光宣時官直隸提學使，入民國任教育總長，最為相宜；襄題則請陳菞衷、陸彤士兩公。陳為某科進士；陸則為戊戌會元，余常戲以老同年呼之，蓋余為戊戌年人也。是

① 劉成禺、張伯駒著《洪憲紀事詩三種》。上海：上海古籍出版社，1983: 335。

② 王家誠著《溥心畬傳》。天津：百花文藝出版社，2007: 81。

③ 張伯駒：「挽楊小樓聯」，上海：《十日戲劇》，1938 年 3 月 20 日第 1 卷第 21 期第 12 頁。

日，硯芳並請陪題二人，為鄧宇安、吉士安為陪主襄題者。兩人皆警察署長。北京梨園行對當地警察官員最尊敬，每以某叔稱之。二人不諳禮節，以為陪題是襄題也，竟據襄題座。余在場拉而下之，使陳、陸就襄題位。二人怒而去，後請教知禮者始自知其誤。當時在盧溝橋事變後，已成立華北偽政府。王克敏任委員長，方做正壽，大事鋪張，有人曰：「楊小樓也要點主？」余曰：「王三老爺能做壽，楊大老爺其不能點主乎？」相與一笑，此亦題主之趣事也。[1]

二月，農曆戊寅正月下浣，傅增湘完成《平復帖》流傳考證並題跋一千三百多字的長文附於帖後。隨後，先生在《平復帖》上鈐蓋「京兆」肖形葫蘆印一枚，在前後隔水分鈐「張伯駒父珍藏印」（朱文）和「張伯駒珍藏印」（朱文），並作跋：

> 鍾太傅《薦季直表》非真蹟，且已毀，平原此帖遂為法帖之祖，前賢交讚，無待重言。就余所見晉帖，或為唐摹，或為宋臨，觀夫三希堂可知矣！誠未能如董思翁所云，世傳晉蹟，未有若此而無疑議者。余初獲觀於鄂災展覽會，望洋興嘆者久矣！終以傅沅叔年伯力，心畬王孫毅然相讓。以項子京收藏之富，清高宗搜羅之廣，而獨未得此帖，余何幸得之，不能不謂天待我獨厚也！
>
> 　　　　　　　　　　　　　　　　　　　中州張伯駒識

鈐印：張伯駒印（白文）、平復堂印（白文）[2]

後來，為了嘉惠學林，先生自費用當時世界上最為先進的珂羅版印刷技術將《平復帖》印製刊行，並為《西晉陸士衡平復帖真蹟》序文：

> 自鍾太傅《薦季直表》毀後，平原此帖遂為法帖之祖，前賢交讚，無待重言。就余所見晉帖，或為唐摹，或為宋臨，觀夫三希堂可以知矣！誠未能如董思翁所云，世傳晉蹟，未有若此而無疑義者也。余初獲觀於鄂災展覽會，望洋興嘆者久矣！終以傅沅叔年伯力心畬王孫毅然相讓。以項子京收藏之富，清高宗搜羅之廣，而獨未得此帖，余何幸得

---

① 張伯駒編著《春遊瑣談》。鄭州：中州古籍出版社，1984: 30-31。
② 故宮博物院編《捐獻大家——張伯駒》。北京：紫禁城出版社，2007: 30。

之，敢以自私，爰付影印，公諸同道，以共神遊於晉賢之世焉耳。

叢碧主人識 [1]

附傅增湘先生跋語：

　　昔王僧虔論書云：陸機，吳士也，無以較其多少。庾肩吾《書品》列機於中之下，而惜其以弘才掩迹。唐李嗣真《書品後》則置之下上之首，謂其猶帶古風。觀彼諸家之論，意士衡遺蹟自六朝以來，傳世絕罕，故無以評定其甲乙耶。唯《宣和書譜》載，御府所藏二軸，一為行書《望想帖》，一為章草即《平服帖》[2] 也。今《望想帖》久已無傳，惟此帖如魯靈光殿，巋然獨存，二千年來孤行天壤間，此洵曠代之奇珍，非僅墨林之瑰寶也。董玄宰謂右軍以前，元常以後，唯此數行為希代寶，至哉言乎。《宣和書譜》言，《平服帖》作於晉武帝初年，前右軍《蘭亭燕集敍》大約百有餘歲，此帖當屬最古云。今人得右軍書數行，已動色相告，矜為星鳳，矧此為晉初開山第一祖墨乎（此亦董玄宰語）。第此帖自宣和御府著錄後，只存徽宗泥金簽題六字，相傳有元代濟南張斯立、東郡楊青堂、雲間郭天錫、溙陽馬昫諸人題名，亦早為肆估拆去。其宋元以來流傳踪迹殆不可考。至明萬曆時，始見於吳門韓宗伯世能家，由是張氏《清河書畫舫》、陳氏《妮古錄》咸著錄之。李本寧及董玄宰摩觀之餘，亦各有撰述，載之集中。清初歸真定梁蕉林侍郎家，曾摹刻於《秋碧堂帖》。安麓邨初得觀於梁氏，記入《墨緣彙觀》中，然考卷中有安儀周珍藏印，則此帖旋歸安氏可知。至由安氏以入內府，其年月乃不可悉。乾隆丁酉，成親王以孝聖憲皇后遺賜得之，遂以「詒晉」名齋，集中有一跋二詩紀之。嗣傳於貝勒載治，改題為「秘晉齋」。同光間轉入恭親王邸。嗣王溥偉為文詳志始末，并（並）補錄成邸詩文於卷尾。此近世授受源流之大略也。或疑純廟留情翰墨，凡秘府所儲名賢墨妙，靡不遍加品題。并（並）萃成寶刻，冠以「三希」，何乃《快雪》之前，獨遺平原此帖？顧愚意揣之，不難索解。觀成邸手記，明言為壽康宮陳列之品。宮在乾隆時為聖母憲皇后所居，緣其地屬東朝，未敢指名宣索。洎成邸以皇孫拜賜，又為遺念所頒，決無復進之理，故藏內禁者數十年而

---

① 根據先生贈顧平坦影印本《西晉陸士衡平復帖真蹟》整理。
② 即《平復帖》。

不獲上邀宸賞，物之顯晦，其亦有數存耶。

　　余與心畬王孫昆季締交垂二十年，花晨月夕，觴咏盤桓，邸中所藏名書古畫，如韓幹《蕃馬圖》、懷素書《苦筍帖》、魯公書告身、溫日觀蒲桃，號為名品，咸得寓目，獨此帖秘惜未以相示。丁丑歲暮，鄉人白堅甫來，言心畬新遘親喪，資用浩穰，此帖將待價而沽。余深思絕代奇蹟，倉卒之間所託非人，或遠投海外流落不歸，尤堪嗟惜。乃走告張君伯駒，慨擲鉅金易此寶翰，視馮涿州當年之值，殆騰昂百倍矣。嗟乎！黃金易得，絕品難求。余不僅為伯駒賡得寶之歌，且喜此秘帖幸歸雅流，為尤足賀也。翊日齋來。留案頭者竟日，晴窗展翫，古香馤藹，神采煥發。帖凡九行八十四字，字奇古不可盡識，紙似蠶繭造，年深頗逾敝，墨色有綠意，筆力堅勁倔強，如萬歲枯藤，與閣帖晉人書不類。昔人謂士衡善章草，與索幼安出師頌齊名，陳眉公謂其書乃得索靖筆，或有論其筆法圓渾如太羹玄酒者。今細衡之，乃不盡然。惟安麓村所記，覩此帖大非章草，運筆猶存篆法，似為得之矣。余素不工書，而嗜古成癖，聞有前賢名翰，恆思目玩手摩，以窺尋其旨趣。不意垂老之年，忽覩此神明之品，歡喜讚嘆，心懌神怡。半載以來，閉置危城，沉憂煩鬱之懷，為之渙釋。伯駒家世儒素，雅擅清裁，大隱王城，古懷獨契，宋元劇蹟，精鑒靡遺，卜居城西，與余衡宇相望，頻歲過從，賞奇析異，為樂無極。今者鴻寶來投，蔚然為法書之弁冕，墨緣清福，殆非偶然。從此牙籤錦裹，什襲珍藏，且祝在在處處有神物護持，永離水火蟲魚之厄，使昔賢精魄長存於尺幅之中，與日月山河而並壽，寧非幸歟！

　　　　　　　　　　　　　　歲在戊寅正月下澣，江安傅增湘識

　　鈐印：雙鑑樓（朱文）、增湘（白文）、藏園（朱文）[1]

　　二月，華北領土大半淪陷於日本鐵蹄之下。在北平輔仁大學在陳垣校長的支持下，先生參與由沈兼士、英千里、馬衡、鄧以蟄等人組織的「炎社」，以明末顧炎武學說為名，號召廣大師生愛國家、愛人民、不附逆、不投降，以人心不死、國家不忘相號召，鼓勵師生奮發圖強、救我中國。[2]

---

① 故宮博物院編《捐獻大家——張伯駒》。北京：紫禁城出版社，2007: 30-31。

② 中國人民政治協商會議北京市委員會文史資料研究會編《日偽統治下的北平》。北京：北京出版社，1987: 55。

是夏，第一部詞集《叢碧詞》刊行於北平，共二卷，為白棉紙綫裝本，分紅藍兩種，仿宋大字刻印，扉頁為傅增湘題「叢碧詞」三字，後有夏仁虎與郭則澐序。

是夏，張伯駒潘素伉儷為友人名清伊者寫成扇一幀，潘素寫「山水圖」並題：

清伊先生正，張慧素畫。

先生並書詞兩闋：

夜月樓頭，有誰譜、舊怨荻花楓葉。纖指輕撥重挑，迴腸倍凄絕。疑塞上、秋風帶雁，似堤外、綠楊聽鴂。茢自同心，絃能解語，幽意難說。　又還看、遮面無言，怕偷換年華誤芳節。忍惜落花身世，等飛蓬飄莢。應不慣、胡沙漸遠，恨玉顏、馬上馱雪。相遇同是天涯，更休輕別。

樓外天垂，遙望盡、齊烟九點。驚殘劫、夢迴孤枕，浪翻潮卷。關塞秋生鴻雁思，風雷夜挾魚龍慘。指星河、萬里泛仙槎，滄波蔪。　思舊澤，芳徽遠。懷故國，兵戈滿。縱怒濤千尺，客愁難浣。人海倦看朝市改，吾廬幸在山河變。算只餘、淚眼對紅桑，斜陽晚。

款識：近作聽女校彈琵琶，譜《琵琶仙》一闋，《滿江紅》則題《天風海濤樓圖》也。清伊仁兄先生兩正。戊寅中夏弟張伯駒。[1]

是秋，表兄袁克文《洹上詞》刊行，先生作序：

寒雲詞序

余與寒雲為中表戚，方其盛時，未嘗見也。己巳歲，始與過從，共相酬唱為樂，乃恨相見之晚焉。無何，寒雲化去，余旋作過江之行。丙子春北歸，與方大地山訪寒雲故廬，索其詞稿，謀付之梓。其夫人及方大之女公子手寫畀余，即今所刊稿也。寒雲詞跌宕風流，自發天籟，如太原公子不脩邊幅而自豪，洛川神女不假鉛華而自麗。嗚呼！霸圖衰歇，文采猶存，亦足以傳寒雲矣。刊詞既竣，方大亦逝，已碎漢水之琴，復哀山陽之笛，沽上桃花，墓前宿草，愴懷故舊，何忍卒讀邪！

戊寅秋，愚表弟張伯駒序[2]

---

① 「吉林藝術學院古今扇面珍藏選」，吉林：《吉林藝術學院學報》，2006 年第 1 期。

② 根據《洹上詞》油印私刊本整理。（該資料圖片由遼海出版社馬千里提供）又參閱周振鶴「油印本《洹上詞》偶識」一文，見周振鶴著《中人白話》。北京：東方出版社，2018: 12-16。

詞集後附先生填《金縷曲·題寒雲詞後》一闋懷念袁克文。詞曰：

> 一剎成塵土。忍回頭，紅氍白雪，同場歌舞。明月不堪思故國，滿眼風花無主。聽哀笛，聲聲淒楚。銅雀春深鎖霸氣，算空餘、入洛陳王賦。憶舉酒，對眉嫵。　　江山依舊無今古。看當日，君家廝養，盡成龍虎。歌哭王孫尋常事，芳草天涯歧路。漫託意、過船商賈。何遜揚州飄零久，問韓陵、片石誰堪語。爭禁得，淚如雨。[1]

十月，再邀請趙椿年在《平復帖》題跋：

> 此帖本末，沅叔同年之跋言之詳矣。顧尚有軼聞可輔者。翁文恭日記：辛巳十月初十，「於蘭翁處得見陸平原《平復帖》手蹟。紙墨沉古，筆法全是篆籀，正如禿管鋪於紙上，不見起止之蹟。後有香光一跋而已，前後宣和印、安岐印、張丑印、宋高宗題籤、董香光籤、成親王籤。此卷為成、哲親王分府時，其母太妃所手授，顧以『詒晉』名齋。後傳至治貝勒，貝勒死，今歸恭邸，邸以贈蘭孫相國。」文恭所言如此。辛巳為光緒七年，是在李文正處矣。何以又歸恭邸？詢之文正長公子符曾侍郎，始知帖留數月，即以還邸，顧今仍自邸出也。伯駒屬為記此，不使後之讀文恭日記者有所疑也。惟據《詒晉齋詩帖》，為孝聖憲皇后遺賜，而文恭言分府時母太妃手授，則傳聞之誤，當為訂正。
>
> 戊寅九月，武進趙椿年識於北京漢魏五碑之館，時年七十有一。
>
> 鈐印：趙椿年（白文）[2]

因趙椿年題跋中有文字之誤，故先生訂正之：

> 高宗為徽宗之誤。叢碧。[3]

十一月九日，詞人郭則澐將離京歸沽上，先生與畫家黃賓虹等友人雅集蟄園為其送別。黃賓虹寫「蟄園會友、秋日話舊」成扇贈別並題：

> 蟄雲先生將還津沽，圖此即希郢正，賓虹。

郭則澐亦提筆在是扇上賦詩留別：

---

① 同上。
② 故宮博物院編《捐獻大家——張伯駒》。北京：紫禁城出版社，2007：32。
③ 同上。

歡會緣多別更難，小園留榻酒杯寬。

野情落落山衣返，塵事騰騰海市看。

樹石年深存舊隱，關河日遠共新寒。

黃花似欲留人住，支盡霜風未肯殘。

戊寅九月將自舊都言歸，栩樓同人置酒蟄園錄別，賓虹翁即席為寫是箑，因錄留別拙作於右，藉志勝緣，蟄雲題記。

先生亦與陶心如、黃君坦諸友好合寫一扇相贈，並題：

戊寅九月十八夕集蟄園小鄂跗堂，時蟄雲將歸沽上，合寫是扇為別。心如寫屋宇人物，公渚寫松椿，兌之寫蕉梧，伯駒寫竹，君坦寫菊，蒓衷寫燕，蟄雲補山石，圖成歸蟄園而伯駒記之。

鈐印：張大（朱文）、賓虹（白文）[1]

十一月，張學良與楊虎城被蔣介石囚禁在貴州省修文縣陽明洞。從此，張學良徹底離開政治舞臺，在長期監禁中聊度餘生。

是年，居北平，工作之餘向琴家汪孟舒習古琴。每月去郭則澐之蟄園雅集，與京中諸老詩酒唱和。

是年，潘素開始向汪孟舒、祁井西學畫山水。

是年，到上海，適逢世交孫履安六十大壽，約先生演戲，時值淪陷國難時期，以先生之身份不宜公開演戲，如參演各家報紙必大肆公開報道。而先生與孫家交情甚篤，難以推卻，便於第二天上午提前演出，以不失禮數。有關這段往事，《紅毹紀夢詩注》一書有載：

祖孫三世論交親，花甲初逢慶壽辰。

一齣樊城拿手戲，演來祝蝦避來賓。

壽州孫履安，其祖父清狀元宰相孫家鼐，為先君座師，余與其為三世交。盧溝橋事變次年，余以事去上海，值其六十歲壽日，約余為演戲。時有友曾勸余，北京上海皆已淪陷，在此國難期間，勿事演戲，而一方又以交情難辭，原定煩余次日晚演出《奇冤報》，但演後各小報必予登載，經考慮結果，乃於次日午前演《戰樊城》，專為主人祝壽。但後仍

① 上海朵雲軒拍賣有限公司 2008 秋季藝術品拍賣會之「中國書畫專場（二）」第 0210 號拍品，拍賣時間：2008-12-21。

有一小報登載謂提前演出，不使來賓觀看為怪事，余致函該報，道我苦衷了事。遊龍戲鳳又登場，天子微行寶暗藏。**1**

是年，租住頤和園，表兄袁克定亦居住於此，只是彼時的「洪憲太子」已落魄無依，以窩頭鹹菜為主食，就餐時依然正襟危坐，胸戴餐巾，不忘貴族之身。先生感慨系之：

> 池水昆明映碧虛，望洋空探食無魚。
>
> 粗茶淡飯儀如舊，只少宮詹注起居。

> 雲臺晚歲艱困，租居頤和園。一九三八年余亦於頤和園租一房舍，時相往來，見其餐時，無魚肉肴蔬，以窩窩頭切片，佐以鹹菜，但仍正坐，胸帶餐巾，僅此之生活，不堪夢皇儲時矣。**2**

一九三九年（民國二十八年己卯） 四十二歲

一月四日，《申報》刊登劇作家徐慕雲文章《故都宮闈梨園秘史》，趣談余叔巖軼事。附文如下：

> 從前常被人家呼為小余的叔巖，現在也已半百之年，居然成為今日鬚生的泰斗，並且很有當年譚大王的派頭了。我國先哲所說的「日出而作，日入而息」，叔巖卻適與此語相反，他每日「黎明即睡」，電燈來火時，才慢慢起床，等到吃過晚點（要照美國的時間卻算早點），再過足烟癮，差不多快到十二點了。別人都入了睡鄉，那時卻瞧見一位瘦弱的琴師名叫朱家夔的，無精打采個樣兒攜了一把胡琴，鑽進椿樹二條的余宅。這時叔巖正在興高采烈，精神抖擻，常來的幾位朋友如張伯駒、李適可、樂元可這般人都開足了話匣子，（並非聽留聲機，是這般［幫］人滔滔不絕的講話。）說些個笑話，談兩句戲肭，再不然就拿着票友或別的內行老生找樂子，叔巖的談鋒甚健，有時用幾句俏皮話打趣個人兒，也着實幽默非常。**3**

二月十八日，農曆戊寅除夕，邀傅增湘守歲，一同鑑賞陸機《平復帖》

① 張伯駒著《紅毹紀夢詩注》。香港：中華書局香港分局，1978: 76-77。

② 劉成禺、張伯駒著《洪憲紀事詩三種》。上海：上海古籍出版社，1983: 337。

③ 徐慕雲：《故都宮闈梨園秘史》，上海：《申報》，1939 年 1 月 4 日第 4 張第 15 版。

歡度良宵。

　　是春，偕潘素去上海，乘船到香港，由香港乘飛機經河內到昆明、重慶，再往貴州見吳鼎昌彙報鹽業銀行事務。吳鼎昌時任貴州省主席兼滇黔綏靖主任（兼鹽業銀行總經理）。兩天後回重慶，並順便在峨眉、青城山旅遊數日方回到上海。

　　五月二十四日，《申報》之「遊藝界・梨園外紀」專欄刊登劇評家徐慕雲文章《念萬公帑造就高材生十人》，附文如下：

　　　　以前北平的科班，本來不在少數，伶人立科班的固然很多，就是遜清末葉的一般王公巨卿出資創辦的也比比皆是；到了民國以後，就只剩富連成、斌慶社，算是強弩之末了。北伐後黨國元老李石曾等創設中華戲曲音樂院於首都，復由該院附設一戲曲學校於故都崇文門外木廠胡同，該校經費頗為充足，除按月由戲曲音樂院撥款一千元外（有說另有教育部補助兩千元的），復就近由北平市政府教育局之社會教育經費項下每月補助六七百元，計自民國十九年成立迄今，已共耗公帑的二十萬元之鉅。當時的校長焦菊隱（名承志），是李元老的外甥，校務長林素珊女士，又是焦校長的夫人，這們夫唱婦隨的夫妻學校，居然一直到現在還照常的維持下去。俗云「金錢萬能」，因為他們有雄厚的基金，每月復有固定的經費，故而焦林兩君雖都是話劇界的人才，可說是對於舊劇毫無半點研究，但是結果卻還得到相當的成功，這也足見他們賢伉儷的辦事精神，和平素主持校務的努力求進了。在該校創始之時，曾組織一個聘任委員會，舉凡平市的行政、金融兩界領袖，以及伶票中的先進名宿，無不聘為該校委員，所以李石曾、周大文、周作民、張伯駒、王紹賢、余叔巖、楊小樓、梅蘭芳、程硯秋、錢金福、曹心泉、龔雲甫、王瑤卿、程繼仙、溥西園、包丹庭、齊如山、徐凌霄、陳墨香、金仲蓀這般人，全都網羅在內。該校本來預備開辦音樂系、歌劇系、話劇系三組，後來因為經費不敷支配，所以決意先辦歌劇系，倘使三四年後能正式出演，不但學生有了實習的機會，並且還可以略有收入，把這筆錢省下來，就可逐漸增設音樂與話劇兩系了。（十九）[1]

---

① 徐慕雲：《念萬公帑造就高材生十人》，上海：《申報》，1939 年 5 月 24 日第 5 張第 18 版。

五月，到上海，不久，先生參與發起成立「保護國故臨時委員會」。

六月，上海鹽業銀行總經理王紹賢因投機美國期貨而大賠三百萬美金，先生病，回北平，並將此事告知鹽業銀行董事長任鳳苞。

十一月八日，赴上海，在好友李祖夔家與張大千、張珩宴飲。張珩日記有載：

> 冒雨赴祖夔家大千宴。座有張伯駒。菜為閩廚，甚佳。[1]

十一月十四日，再赴上海，張珩設宴款待。張珩日記載：

> 張伯駒自平來，治饌款之，邀大千、子深、靖侯、建訓、和庵、祖萊、秋君兄妹集木雁齋[2]看畫。子深以診務未至，餘暢談至午夜始散。[3]

十一月十五日，與張珩、張大千等人再宴於李祖夔宅。張珩日記載：

> 午，赴李祖夔宴，座有大千、伯駒、一平、（江）萬平諸君。[4]

是年，潘素寫「素心蘭圖」一幀，畫上有潘素款識：

> 潘素寫蘭
>
> 鈐印：張（朱文）、潘素（白文）

先生題籤：

> 素心蘭圖咏。叢碧題籤。

圖成後，先生延請紅豆館主溥侗題跋：

> 純是君子。己卯嘉平，溥侗題。
>
> 鈐印：溥侗之印（朱文）、即今飄泊干戈際（白文）、安處齋（朱文）、耀先珍玩（朱文）

先生再於拖尾跋詞一闋：

> 魂斷楚天，渺歸夢、寄情飛鷺。似息媯無言，輕掃淡妝黛綠。艷桃媚李，笑任伎、爭嬌金屋。想佩環薄袖，暮日還迷春竹。　　換月丰姿，傳芳情緒，共伴寒燠。更燈影聞香，遙咏翠嫁怨曲。依依凝睇，顧波美目。恨畫屏，長對捲簾人獨。

---

① 張珩著《張珩文集——張蔥玉日記・詩稿》。上海：上海書畫出版社，2011：109。

② 木雁齋為張珩齋號。

③ 張珩著《張珩文集——張蔥玉日記・詩稿》。上海：上海書畫出版社，2011：111。

④ 張珩著《張珩文集——張蔥玉日記・詩稿》。上海：上海書畫出版社，2011：111。

《蕙蘭芳引》，依清真聲韻，咏齋中素心蘭。

己卯秋，叢碧

鈐印：中州張大（白文）、伯駒日利（白文）、平復堂主人（朱文）

友人郭則澐和題：

湘夢醒時，早秋到、畫闌干側。盪玉女清愁，一剪淡烟搖碧。素霓漫舞，伴髩影、風流張碩。渺舊香夕畹，淚雨冰絃彈濕。　翠薄禁寒，瓊飄愁暮，共耐蕭寂。證花底瀟盟，門外亂紅任積。丁寧雖佩，暗蕪怨極。懷故溪，涼露晚來初白。

《蕙蘭芳引》。叢碧詞兄招賞素心蘭，限調同賦，希正拍。己卯中秋，蟄雲。

鈐印：郭則澐印（白文）、蟄雲書畫（朱文）、瓶花簃（朱文）

詞友楊秀先和跋：

騷怨畹空，渺湘夢、舊恨無迹。正客館清幽，香裊畫簾斷碧。靚裝自嫵，伴素影、羅衣寒惻。想佩環月下，貌亦如花冰潔。　細葉微偎，疏從輕戀，悄悄馨逸。乍孤枕宵涼，秋老半階露白。光風徐泛，更愁楚客。殘醉醒，還趁紉芳蕭瑟。

《蕙蘭芳引》書奉叢碧社長兄正拍。

楊秀先

詞友陳宗蕃和跋：

湘翠半簾，罨芳畫、暗香微襲。看濯盡鉛華，清伴篠寒蕉碧。寸心自賞，乍笑展、千紅無色。想畹邊澤畔，澄得騷人心迹。　露薄苔階，烟明芳砌，細寫馨逸。羨花底樊娘，秋境澹妝誰匹。殷勤紉佩，蕙香更拾。調素絃，休負魷窗幽夕。

右調《蕙蘭芳引》寫奉叢碧詞長教正

古閩陳宗蕃

鈐印：陳宗蕃（白文）、蔬衷（朱文）、夢花書室（白文）[1]

是年，以輔仁大學為基地秘密建立的地下抗日組織「炎社」與國民政府取得聯繫，奉令擴展為「華北文化教育協會」。輔仁大學文學院院長沈

---

① 北京誠軒拍賣有限公司 2017 年春季拍賣會「中國書畫（一）」第 0166 號拍品，拍賣時間：2017-06-18。

兼士為主任委員，教育學院院長張懷為書記長，委員有英千里、董洗凡、左宗倫、徐侍峰等人。並在天津、濟南、青島、開封等地相繼成立支部。[1]

是年，詞人黃孝紓詞集《碧廬商歌》刊印，先生填詞《鷓鴣天》一闋為序：

> 人物一時重雁行，君家聲譽舊無雙。憶從南國愁江浦，不許東家覷宋牆。　驚筆陣，擅詞場，座中年少數潘郎。西風玉骨秋如許，莫更投詩賦弔湘。

款識：《鷓鴣天》奉題公渚吾兄碧廬商歌即正。伯駒。

鈐印：伯駒（朱文）[2]

是年，與周肇祥、陳半丁等人共同參與「中國畫學研究會」第十九次展覽開幕式，並合影留念。這也是「中國畫學研究會」最後一次展覽活動。中國畫學研究會成立於一九二〇年五月，當時由北平的著名畫家金城、周肇祥、陳師曾、蕭愻、徐宗浩（石雪）、徐燕蓀、吳鏡汀等二十餘人發起，大總統徐世昌全力支持，並批准將日本退還的庚子賠款的一部分用於籌辦「中國畫學研究會」。

「中國畫學研究會」以「精研古法、博採新知」為宗旨，倡導研習歷代名家畫法，反對離開傳統的所謂革新。民國名流周肇祥任名義會長；畫家金城任會長；陳年（半丁）、徐宗浩任副會長；並聘請陳漢第、胡佩衡、溥雪齋、溥心畬、張大千、黃賓虹、蕭俊賢等人擔任評議。研究會除了從事傳統繪畫研究教學之外，每月三、六、九日雅集觀摩會員作品，還積極組織畫家參加中日繪畫聯合展覽。「中國畫學研究會」成立初期約有三十餘人，二十多年以後，會員最多時達到五百多人，共舉辦十九次畫展。

是年，原配夫人李月娥病逝天津。

一九四〇年（民國二十九年庚辰）　四十三歲

元旦，和潘素、溥伺、豐潤張孟嘉、朱葆慈及祁井西諸畫友合寫《五

---

① 中國人民政治協商會議北京市委員會文史資料研究委員會編《日偽統治下的北平》。北京：北京出版社，1987：55-56。

② 黃孝紓著《匑厂詞乙稿》（「厂」同「庵」）。衹海樓叢刻（私刻本），1939：4。

瑞圖》，先生並題詩：

> 爆竹聲中歲已徂，雪窗清興共圍爐。
>
> 畫家各有生花筆，不數南沙五瑞圖。

款識：己卯歲暮，西園寫蘭、孟嘉寫青松、德簠寫白梅、井西寫朱竹、閨人慧素寫牡丹以為叢碧主人新春燕喜。庚辰元旦叢碧試新筆。

鈐印：張伯駒（白文）、叢碧（朱文）[1]

一月，傅增湘與王揖唐、梁鴻志、瞿兌之及白堅甫等人，共同組織北平餘園詩社，發刊《雅言》，由傅增湘任社長，王嘉亨任編輯主任。這是北平淪陷時期由日本人和偽政府官員主辦的一份文言刊物，以刊發舊體詩詞為主，也發表序、跋、考據、遊記、藏書題跋等。《雅言》之名，出自「洙泗之教，詩與書禮，並屬雅言，而詩為稱首，故以雅言標目」。餘園詩社社址在傅增湘的藏園，即北平西城石老娘胡同七號。[2]

是年，前往滬料理上海鹽業銀行及總處事，春節前回北平。

是年，以四萬五千元購得朱文鈞珍藏的宋蔡襄《自書詩》冊，一說是三萬五千元。關於蔡襄《自書詩》冊的收藏經過，先生曾在《宋蔡忠惠君謨自書詩冊》一文中有記：

> 蕭山朱翼庵氏於地安門市場得之，其時價五千元。壬申失去，窮索復得之於海王村肆中，又以巨金贖之歸。朱氏逝後，其嗣仍寶之不肯以讓人。庚辰歲翼庵之原配逝世，其嗣以營葬費始出讓，由惠古齋柳春農持來。時梁鴻志主南京偽政，勢煊赫，欲收之，云已出價四萬元。時物價雖漲，然亦值原幣二萬餘元。而朱家索四萬五千元，余即允之，遂歸余。[3]

而朱翼庵（文均）之子朱家溍在其《從舊藏蔡襄〈自書詩〉卷談起》一文中，對於家藏蔡襄《自書詩帖》的轉讓則有不同記述：

---

① 張伯駒、潘素著《張伯駒潘素書畫集》。北京：人民美術出版社，1985: 4。

② 《雅言》的作者多是晚清的遺老遺少，主要撰稿者為北京餘園詩社成員，其中傅增湘、王揖唐、胡先驌、梁鴻志、張伯駒、夏仁虎等人的作品較多，啟功、黃賓虹、王季烈、謝國楨、周沆、冒廣生、葉公綽、劉承幹、盧弼等，也為其撰稿。大概因為《雅言》創刊於日偽時期，又有日偽當權者資助，所以抗戰勝利後當事人鮮有提及。

③ 中國文物學會主編《新中國捐獻文物精品全集·張伯駒／潘素上卷》。北京：文津出版社，2015: 109。

　　先父逝世後，抗戰期間我離家到重慶工作。家中因辦理祖母喪事急需用錢，傅沅叔世丈代將此帖作價三萬五千元，由惠古齋柳春農經手讓與張伯駒。[1]

一九四一年（民國三十年辛巳）　四十四歲

一月二十日，《同聲月刊》刊登先生《叢碧山房詞二首》：

換巢鸞鳳

　　稷園五色鸚鵡，出自深宮，曾經滄海，舊記詞陵之供，續傳岐府之文，憫其失實，悽然有賦。

　　花外斜曛。漫神依紫籞，夢繞紅雲。倚籠思故主，下筆記郎君。貞元朝士共銷魂。暫偷活、何嘗忘舊恩。傷遲暮，自愛惜、羽毛誰認。　　獨問。西母訊。情戀舊枝，私語啼痕暈。世換紅桑，石填碧海，瞥眼興亡休論。空有文章只關愁，更無歌舞能傳恨。聽春鵑，望山頭、一樣悽損。

再賦故宮五色鸚鵡

　　天上瑤宮。悵傳愁彩筆，寄怨雕籠。夢回江草碧，悽對洛花紅。人前無語訴東風。只空望雲車回六龍。開元事，漫更話、舊時恩寵。　　春夢。前代送。驚換劫塵，枉把金經諷。苑日寒鴉，壘泥舊燕，興廢傷心還共。歸路長迷海中洲，夕陽誰弔城南塚。憐飄零，費詞人、曲按鸞鳳。[2]

一月，《雅言》詩刊刊登先生詩：

辛巳北海畫舫齊褉集分韻塵字

龍池令節又逢辰，瞥眼風雲過若塵。

尚有一齋堪繼晉，更無寸地可逃秦。（余繼詒晉齋藏《平復帖》，褉前日陳蕗菴丈兄又為購得陳太傅所書「詒晉齋」橫匾。）

---

① 中國文物學會主編《新中國捐獻文物精品全集·張伯駒／潘素上卷》。北京：文津出版社，2015：115。

② 張伯駒：《今詞林·叢碧山房詞二首—換巢鸞鳳、又再賦故宮五色鸚鵡》，南京：《同聲月刊》，1941年1月20日第1卷第2號第125-126頁。

傾流難濯茫茫刼，異世猶同浩浩春。

不速歸來天外客，烽烟卻著看花人。[1]

二月二十日，《同聲月刊》刊登詞人黃孝紓（字匑厂），《匑厂詞六首—韭園夢蝶圖、琵琶仙和白石韻》及張伯駒、夏枝巢和陳菀衷的和作：

張伯駒

夜月樓頭，有誰譜、舊怨荻花楓葉。纖指輕撥重挑，回腸倍淒絕。訝玉塞、秋風帶雁，似金勒、春蔭聽鵊。葤自同心，絃如解語，芳意難說。　又還是、遮面無言，怕偷換年華誤芳節。忍惜落花身世，等飛蓬飄莢。應不慣、胡沙漸遠，恨玉顏、馬上馱雪。相遇同是天涯，更休輕別。

暗香　為伯駒題紅梅冊和白石韻

陳菀衷

暈來血色，蘸眼中喚起，江城風笛。向晚一株，碧蘚伶俜忍輕摘。芳幖番番澹影，還細勒苔箋筠筆。但伴得汐社傳觴，飛藥落吟席。　京國，舊約寂。共翠鬢暗移，換劫塵積。故山暗泣，紅萼宜簪遠成憶。休問湘春萬樹，凝望隔平林淒碧。願歲歲開更好，小園自得。[2]

二月二十五日，赴上海，與海上張珩、李祖夔、李祖萊諸君宴飲。張珩日記載：

赴華豐。訪盛丕華。應張伯駒宴於美華，有祖夔、祖萊、廷榮諸君。[3]

三月十七日，在鹽業銀行接待京劇名伶荀慧生。《小留香館日記》載：

早八時起，偕呂弓往鹽業、大陸、金城、中南各銀行及太平保險公司等處訪友，張伯駒亦在該行，晤面。[4]

是春，和余叔巖同為友人畫扇面一幀，先生畫梅並題詞一闋：

綠雨紅雲花半吐。車馬遊龍，道是橋西路。疏影橫斜籠薄霧。蒼魂

① 張伯駒：《辛巳北海畫舫齊褉集分韻塵字》，北平：《雅言》，1941年第2期第7頁。

② 黃孝紓：《匑厂詞六首—韭園夢蝶圖、琵琶仙和白石韻》，南京：《同聲月刊》，1941年第1卷第3號第109-111頁。

③ 張珩著《張葱玉文集——張葱玉日記·詩稿》。上海：上海書畫出版社，2011: 109。

④ 荀慧生著，和寶堂編訂《小留香館日記》。北京：中國戲劇出版社，2016: 387。

飛向江南去。　　彩筆難描真態度。翠袖凝寒，相對還無語。月過珠樓天欲暮，倚闌怕唱愁人句。

辛巳元春，為穌厂仁兄作，希兩正。張伯駒。

鈐印：張君（朱文）

扇子背面為余叔巖所書：

平生親友半遷逝，公雖不怪旁人愕。

世事如今臘酒濃，交情自古春雲薄。

二公凜凜和非同，疇昔心親豈兒從。

白須相映松間鶴，清句更酬雪裏鴻。

穌庵先生正。叔巖。

鈐印：叔巖小鉢（朱文）[1]

四月，《雅言》期刊刊登先生《木蘭花慢》詞一闋：

木蘭花慢　題枝巢翁清宮詞

鬱巫閭莽莽，鍾王氣，定幽燕。看萬國衣冠，六宮粉黛，歌舞朝天。無端，禍興燕啄，竟河山、大好誤垂簾。鼛鼓驚殘綺夢，胭脂燃作烽烟。　　長安，賸粉拾釵鈿，遺事說開元。似杜陵幽抑，潁川㩻旎，花蕊纏綿。誰戀，北來庾信，有飄零、前代舊言官。不見白頭宮女，落花又遇龜年。[2]

六月五日，為料理上海鹽業銀行事，再次來滬的先生居住在亞爾培路培福里，當日遭汪偽「七十六號」特務綁架。

六月六日，《大公報》（香港版）專門報道了被綁架案：

〔上海五日下午十一時十分發專電〕今晨八時四十分鹽業銀行代經理兼該行總稽核張伯駒，由法租界亞爾培路寓所，乘汽車出門，赴外灘迎接由平來滬之同鄉盧某，然後往行。車至蒲石路口，路旁有三匪躍出，截住去路，用手搶威逼司機下車，即由匪自駕車將張架去。兩小時後，空車在巨籟達路發現。張於上月中方自北平攜眷來滬，所乘之車原係該

---

① 北京翰海拍賣有限公司 2014 秋季藝術品拍賣會之「『添語實錄』——寶聚齋私人珍藏中國扇畫（夜場）」第 1411 號拍品，拍賣時間：2014-10-24。

② 張伯駒：《木蘭花慢》，北平：《雅言》，1941 年第 4 期第 10 頁。

行經理王紹賢之物，司機亦舊人，因王離滬，故由張代職。[1]

同日，上海《申報》亦對先生被綁架案做出報導：

銀行董事大學職員先後被匪綁去

張伯駒在亞爾培路遇匪　施肇康係由三俄人綁架

前昨兩日間，本埠發生綁案兩起、被綁者一為鹽業銀行董事張伯駒、一為聖約翰大學註冊主任施肇康。

兩人被架後，均無下落，茲分志各情如次：

鹽業董事昨晨被綁

昨日法租界亞爾培路，有鹽業銀行總稽核張伯駒被匪連車綁去，旋失車即告發現，惟張下落不明。茲將該綁案經過情形分志如下：

任職多年

河南人張伯駒，年四十四歲，滬寓法租界亞爾培路一六八弄培福里十六號洋房內。張向任本埠北京路二八〇號鹽業銀行董事兼總稽核之職，業已多年。平日張出入雖乘有黑牌六〇一〇號汽車，但該車為該行之公事車，供張乘坐，而非為自備者。

突遇綁匪

昨晨，張因有同鄉友人盧某，乘輪由北平抵滬，張乃於八時許早餐後，即出外登車。擬先往法租界外灘羅斯福碼頭迎候盧某後，再赴行辦公。不料車甫出弄口，突由路旁躍出綁匪三名，將車攔住，各出手槍，躍登車上，將司機揚州人孔慶和驅逐下車。該車乃由匪自行駕駛，疾馳而去，綁架無蹤，司機孔慶和，見綁匪已去，遂據情報告張家轉報法捕房，經派探捕馳往勘察一過，並嚴令所屬注意偵查，迨至上午十時四十五分，始由捕房在巨籟達路五〇八號門口發現該號汽車，當即通知由司機孔慶和前往認領，但張則仍無下落。[2]

同日，南京《京報》刊登先生被綁架消息：

〔中央社上海五日電〕河南人張伯駒，年四十四歲，係北京路鹽業銀行總稽核，居於法界亞爾培路。今晨張乘自備汽車，赴行辦公，詎知車

① 《滬綁匪猖獗——張伯駒、施肇康先後被綁》，香港：《大公報》，1941年6月6日（星期五）第3版。

② 《銀行董事大學職員先後被匪綁去》，上海：《申報》，1941年6月6日第2張第7版。

駛經蒲石路時，突有男子三人，各持手槍當路攔阻，開啟車門，威嚇車夫驅逐下車，由彼等自行駕駛而去。至十時三刻，該汽車經人在巨籟達路五〇八號門前發現，旋由捕房通知其家屬領回。[1]

同日，《南京新報》刊登先生被綁架新聞：

滬鹽業銀行董事張伯駒被綁

〔中央社上海五日電〕河南人張伯駒，年四十四歲，係北京路鹽業銀行總稽核，居於法租界亞爾培路六六八弄十六號，今晨八時三刻，張循例乘該行經理自備汽車，赴行辦公，詎知車駛經蒲石路時，突有男子三人，各持手槍當路攔阻，威嚇車夫，驅逐下車，由彼等自行駕駛而去。至十時三刻該汽車經人在巨籟達路五十八號門前發現，旋由捕房知其家屬領回。[2]

七月二日，北京《戲劇報》刊文，報道先生被綁架後的情況：

余派名票：張伯駒近狀，在滬被綁，索二百五十萬！

當此余叔巖病狀，為社會各方面注意之際，近復得傳聞，余派名票張伯駒，近亦在滬遇險，茲略志其經過，以為「小春秋」版補白。

張自遷居滬渚，日惟以彩唱余派各戲為消遣，更自京中邀去錢寶森，以為配角。每日於私寓中，擊鼓喧鬧，以過戲癮，而滬上人士亦習知其在京時，與叔巖過從甚密，是以於彼時所演各劇，亦以為確是純余作風，而張即以是欣然自得！無所顧慮矣。

日前，自寓所乘汽車外出，行至衖堂中間，突有四匪自鄰家門道內躍出，以槍迫司機者，至浦東改易匪人自備汽車他去。現張已兩函其所經理之銀行，謂在匪窟中，待遇頗為苛虐，望速設法營救。據說匪方索價竟高達二百八十萬元，如此鉅數，於籌措上殊為困難，是以目下尚無若何結果也。[3]

八月二十九日，在綁匪控制下的先生填《菩薩蠻》一闋遞贈夫人潘素：

---

① 《滬鹽業銀行董事張伯駒被綁》，南京：《京報》，1941年6月6日第1版。

② 《滬鹽業銀行董事張伯駒被綁》，南京：《南京新報》，1941年6月6日第1版。

③ 《余派名票：張伯駒近狀》，北平：《戲劇報》，1941年7月2日第4版。

辛巳七夕寄慧素

聲聲何處吹簫管，可憐一曲長生殿。唱到斷腸時，君王也別離。　　露零羅扇濕，疑是雙星泣。不忍望銀河，人間淚更多。

十月五日，中秋之夜，月光如水，囚中又填詞「前調」（指《菩薩蠻》）一闋寄贈潘素：

怕聽說是團圓節，良宵可奈人離別。對月總低頭，舉頭生客愁。　　清輝今夜共，砧杵秋閨夢。一片白如銀，偏多照淚痕。

中秋後，先生在獄中染病，度《夢還家》一首，「見桂花一支，始知秋深，感賦寄慧素」：

無人院宇，靜陰陰，玉露濕珠樹。井梧初黃，庭莎猶綠，亂蟲自訴。涼宵剪燭瑤窗，記與伊人對語。而今隻影飄流，念故園，在何處。想他兩地兩心同，比斷雁離鴛，哀鳴淺渚。　　近時但覺衣單，問秋深幾許？病中乍見一枝花，不知是淚是雨。昨夜夢裏歡娛，恨醒來，卻無據。誰知萬緒千思，那不眠更苦。又離家漸久還遙，夢也不如不做。

十一月，依然身陷囹圄的先生再填《虞美人》詞：

虞美人　十一月下旬，雪，接慧素信，詞以寄之

野梅做蕊殘冬近，歸去無音信。北風搖夢客思家，又見雪花飄落似楊花。　　鄉書昨日傳魚素，多少傷心語。枕頭斜依到天明，一夜燭灰成淚淚成冰。

十二月，《雅言》刊有詞人夏枝巢「前調」（此處指《摸魚兒》）詞一闋，記述了和伯駒先生一同去法源寺賞牡丹事：

前調[1]

社壇芍藥甚盛，惟壇後菊圃籬下黃色者一叢，姚冶獨絕，偕伯駒公渚往觀，疊法源寺牡丹韻作此解。

殿春風、鵝兒偷染，動人不在多許。豐臺露浥朝盈擔，半韻誰堪並語。春暫佇，似花國、異軍突起張旗鼓。支筇更駐，憐澹勝葵嬌，遲同梅熟，相對越淒楚。　　重逢處，一抹斜陽催暮，呼樽欲酹新醑。幾枝籬

---

① 夏枝巢：《前調》，北平：《雅言》，1941 年第 11-12 期第 8 頁。

角嬈娟影，不上花王堂廡。維子故，任眼底、千紅萬紫何需數。葳蕤自主，看蜂背馱忙，鶯聲啼老，俗艷枉相妒。

是年，先生與詞界同仁在京成立延秋詞社。

一九四二年（民國三十一年壬午）　四十五歲

一月，《雅言》刊登先生《海棠賦》詩作：

　　沅叔年伯援庵先生招賞司鐸書院海棠賦呈

　　講帳經營此育才，海棠依是傍池臺。

　　忽驚堂上來新燕，猶記花間酌舊醅。

　　問主何須憑束約，撩人端似為詩開。

　　春風幾換長安劫，寶珙王孫亦可哀。[1]

二月，《雅言》刊登先生詞作《菩薩蠻》一組：

　　玉虹垂影橋如帶，龍池水暖冰初解。芳信到迎春，柳黃半未勻。　春風吹路草，欲綠長安道。小雨一街泥，野花礙馬蹄。

　　氤氳香篆盤爐鳳，貂裘不脫春寒重。明日是花朝，雪中放小桃。　陰陰瓊島路，冷坼胭脂樹。楊柳鎖樓臺，去年燕子來。

　　雙薰茉莉浮香茗，輭酥初熟藤蘿餅。飛絮午晴天，渾身粘柳綿。　一園風過處，四面落紅雨。花片入殘卮，招來蝴蝶飛。

　　池波微皺風初起，魚苗三寸生春水。照影倚紅闌，分明鏡裏天。　苔痕牆外道，傍晚人行少。背立夕陽斜，開殘綠杏花。

　　出牆紅杏春風鬧，秋千牆裏佳人笑。沖破綠楊烟，羅裙直上天。　斷腸寒食道，何處無芳草。花落鷓鴣啼，樓頭日又西。

　　小庭悄悄重門隔，梅枝鵲踏飄香雪。一曲琵琶催，南花入北來。　玉顏可慣胡沙冷，畫圖貌寫紅羅影。名士譜新詞，佳人借口脂。

---

① 張伯駒：《沅叔年伯援庵先生招賞司鐸書院海棠賦呈》，北平：《雅言》，1942 年第 1 期第 11 頁。

　　牡丹時節春光麗，一尊共話貞元士。金殿夜朝天，白頭夢少年。　　殘陽樓外掛，返照宮牆瓦。淚眼對花枝，斷腸鸚鵡知。

　　牡丹凋謝荼蘼老，錦茵無迹殘紅掃。春事已闌珊，銷魂芍藥欄。　　烽烟看匝地，不礙芳時麗。再作看花人，明年花更新。[1]

　　二月，經過潘素多方施救，最後由上海市民銀行總經理孫曜東借出中儲券二十萬元，鹽業銀行蕭彥和拿出中儲券十萬元，河南同鄉商人牛敬亭資助中儲券十萬元，終將先生贖出。就在被綁架的八個月中，先生向妻子潘素表示：「我所存的字畫是不能動的。」贖身後，為還贖身債務，將鹽業銀行十萬股票賣與牛敬亭。也為了感謝妻子潘素的不離不棄，毅然寫下遺囑，願將所收藏的古代珍貴書畫全部贈與潘素。先生作於一九六六年的《鹽業銀行與北洋政府和國民黨政權》一文中詳細敍述了這次被綁架事件：

　　一九四一年，我家居上海法租界亞爾培路，我被土匪綁架，組織這次綁票的駐紮上海的偽軍第十三師師長丁錫三（屬於汪精衛政權的偽軍劉培緒第三軍）。被綁後土匪把我估價過高，還延了八個月，在此期間，任鳳苞曾主張把我所存字畫賣與任援道、梁鴻志，可以得到現款。在這以前，我曾告訴我妻潘素我所存的字畫是不能動的，所以他不肯這樣做。因而這件事鬧到偽主席汪精衛都知道了，其後日寇要把這批偽軍調走，他們也調查出我沒有錢，急欲結束這事，要潘素拿出四十萬元中儲券（當時這種幣約合現在幣制三四萬元），只是對這一票的開支，事實上他們賠了錢，我家也拿不出來，潘素求救與鹽業銀行，上海行打電話求援與平津兩行。在這緊要關頭，北平行沒有錢，天津行有錢不肯拿，天津行通知上海行，借口說日本人限制申匯，無法可想。但天津行副理石松巖的款卻不斷匯往上海，蕭彥和致函北平行副理韓誦裳，讓天津行倒填年月，一樣可以匯兌，天津行不肯照辦，土匪就要撕票。幸由友人上海市民銀行總理孫曜東（壽州孫多禊之子，周佛海的私人）借給中儲券二十萬元，蕭彥和拿出十萬元，再由河南同鄉商人牛敬亭資助十萬元才

---

① 張伯駒：《菩薩蠻》，北平：《雅言》，1942 年第 2 期第 10-11 頁。

把我贖出來。[1]

三月，被綁架八個月終得釋放，先生從上海回到北平。因在拘禁中染上瘧疾，遂臥床三個月養病。

六月十七日，上海《申報》之「遊藝界」刊登梅花館主的文章《余叔巖病篤》：

> 余叔巖，譜名第祺，為名旦余紫雲第三子，亦即名鬚生余三勝之文孫，習文武老生，藝名小余三勝，至民初始改為今名。當紫雲盛時，陳德霖亦聲名洋溢，不可一世，德霖見叔巖聰慧，因以其女妻之，余陳聯姻，一時播為美談。叔巖之藝，泰半學自譚氏鑫培而得其神髓。民元以來，鬚生傑材，層出不鮮，而真能傳譚氏之衣鉢者，亦唯叔巖一人而已。叔巖曾二次來滬獻藝，第一次在四馬路丹桂第一臺，聲譽平平，而報上談劇者，且屢屢以「偽譚」譏之；及二次南來（隸湖北路亦舞臺），始為顧曲者所悅服，「譚氏傳人」之榮譽，至此乃眾口流傳而無人敢為之異議矣。叔巖生平，曾留有唱片十六張，計百代三張，高亭六張，長城四張，國樂三張，除百代三張係早年所灌者外，餘皆為成名以後所留之精品，淵淵金石，非凡響所可比擬也。民二十九年冬，叔巖忽患隱疾，屢醫不驗，經某德醫割治後，始轉危為安，年來已健飯如常矣。叔巖有嫡傳門人二，一孟小冬，一李少春，票友之得其熏陶者，有張伯駒、孫養農、劉叔詒諸人云。[2]

七月，《平復帖》經河北清苑郭立志攝影、北平琉璃廠豹文齋南紙店錄入《雍睦堂法書》刊行，這是歷史上《平復帖》第一次公開影印出版。《雍睦堂法書》選輯了自晉唐至清末三十九位名家墨蹟，編者河北清苑郭立志委託啟功審定全書，啟功在序言中寫道：

> 雍睦堂主人影印古名人法書，俾做學者楷模，屬為審定，辭不獲已，因各略書管見如右：快庵小楷、岱瞻行書皆清苑郭氏之先澤，而河北明賢之遺蹟也。猶願得斯帖者共珍焉！壬午春日元白居士啟功識。此

---

① 根據筆者所藏先生手稿《鹽業銀行與北洋政府和國民黨政權》整理。

② 梅花館主：《余叔巖病篤》，上海：《申報》，1942年6月17日第2張第7版。

冊輯印以來，屢有增益，故諸家序次不無出入，閱者鑒之，啟功又識。[1]

該書為金石學家容庚題籤，書中附啟功對先生所藏《平復帖》做出的全部釋文。附啟功釋文如下：

彥先羸瘵，恐難平復，往屬初病，慮不止此，此已為慶。承大至勞，幸乃復失甚憂（缺四字）。子楊往初來主，吾不能相。論西復來，威儀詳諳。舉動累觀，自軀體之美也。思識量之邁前，勢所宜有（缺二字），稍足閱（缺一字）。夏伯榮寇亂之際，聞問不悉。

此帖紙墨渝敝，字多殘損，且章草奇古，至難辨識。「承」或釋「年」；「勞」或釋「男」；「相」或釋「盡」；「所」下或釋「念」；「有」下或釋「宜」；「策」或釋「榮」，皆待考。執即勢也。

啟功釋文[2]

啟功的釋文得到了先生肯定，不過有幾處文字，先生有自己的看法，後來他在《陸士衡平復帖》一文中提出商榷：

啟元白釋文「彥先羸瘵，恐難平復」，余則釋「彥先羸廢，久難平復」；慮不止此，「已為慶承」，余則釋「已為暮年」；「幸乃復失」，余則釋「幸為復知」；「自軀體之美也」，余則釋「自軀體之善也」。然亦皆不能盡是。[3]

此後的一九六一至一九六四年間，啟功又將釋文多次作出調整，定稿如下：

彥先羸瘵，恐難平復，往屬初病，慮不止此，此已為慶。承使唯男，幸為復失前憂耳。吳子楊往初來主，吾不能盡。臨西復來，威儀詳跱。舉動成觀，自軀體之美也。思識□量之邁前，勢所恆有，宜□稱之。夏伯榮寇亂之際，聞問不悉。[4]

初秋，為思適齋遊山圖題咏：

① 郭立志攝影，北京琉璃廠豹文齋南紙店刊錄《雍睦堂書法》。1942 年自印本。
② 郭立志攝影，北京琉璃廠豹文齋南紙店刊錄《雍睦堂書法》。1942 年自印本。
③ 張伯駒編著《春遊瑣談》。鄭州：中州古籍出版社，1984: 7。
④ 啟功著《啟功全集之「平復帖說並釋文」》。北京：北京師範大學出版社，2010: 75。

思適齋遊山圖題咏

摯人太史屬題天目山圖即希郢政壬午初秋叢碧張伯駒拜稿

越山於我詎寡緣，降自天台領雁蕩。

丹芳（嶺名）亭亭若手招，豈不奮飛畏官謗。

人生幾屐悟分定，退叟摩崖老逾壯。（吾鄉梁芷隣中丞就養甌郡，嘗遊雁蕩，有詩紀事。）

延陵太守強効顰，竟坐山遊伏罪狀。（宣統初，吳博泉太守假禁拔苗作山遊，坐是左官，余按其事。）

鹿城別後付與誰，咫尺迴風耿餘悵。

君圖自壽若我秒，突兀龍湫半空蕩。

茲山晚出景最幽，一掩一重鑿鬼臟。

伏牛峰過鬥雞橫，明晦移觀極奧曠。

坤寧渟潚匪有私，端待解人發其藏。

紫青聯步忝驂騑，濟勝豪情我甘讓。

同遊沅叟健更殊，把臂空山論輩行。

巖泉潓潓洗笙歌，山筍醫醫入供帳。

清懽徂景往莫追，補以丹青事奇創。

遊踪康樂昔未經（康樂只有斤竹嶺一詩），能事僧繇此堪抗（謂孟嘉丈）。

黃塵日咽夢青峰，暫爾拓義亦神王。

蹉跎及補不恨遲，且擬從君昌嵐瘴。[1]

十月，從王紹賢處借款三千元，同時潘素亦變賣首飾籌得部分款項，攜妻女及全部書畫珍藏赴西安定居，途中輾轉故鄉周口。到西安後籌辦秦隴實業公司，任經理。

十二月，輔仁大學文學院院長沈兼士被列入日偽逮捕名單，被迫到西安避禍，並在西安設立華北文教協會辦事處。[2]

---

① 張伯駒：《思適齋遊山圖題咏》，北平：《雅言》，1943 年第 5/6 期第 29 頁。

② 中國人民政治協商會議北京市委員會文史資料研究委員會編《日偽統治下的北平》。北京：北京出版社，1987：59。

同月，《雍睦堂法書》再版，又收入先生所藏唐李白《上陽臺帖》。

是年，國民黨第一戰區司令長官蔣鼎文擬在西安創辦一所西北藝術大學，特邀請張伯駒、潘素夫婦聯合籌辦，先生堅辭。[1]

是年，生父張錦芳病逝於天津，享年七十一歲。有詩集《修竹齋引玉咏》行世。

一九四三年（民國三十二年癸未）　四十六歲

二月四日，壬午除夕，適逢立春日，時在重慶的張伯駒、潘素伉儷應友人呂著青邀飲歌樂山，當日大雪紛飛，群峰素裹，夜歸乘興囑潘素繪雪景圖，並跋曰：

> 癸未於渝州度歲，立春大雪行旅為阻，適老友呂著青邀飲歌樂山，偕慧素出城踐約，見群峰飛雪，儼然宋人一幅圖畫，歸來夜窗岑寂，因屬閨人寫之，以記客中情味。
>
> 款識：中州張伯駒。
>
> 鈐印：伯駒（白文）、慧素（朱文）[2]

二月，在西安隴海鐵路局看戲，遇到上海《戲劇月刊》主編張君（即張古愚），知其第二日要回上海，託其帶信給陳鶴孫，內附挽余叔巖聯一幅。信中寫到：

> 預料叔巖兄之病凶多吉少，不能長久。茲擬好挽聯一副，如其去世，務望代書送至靈前為感。

挽聯曰：

> 譜羽衣霓裳，昔日悲歌傳李嶠；
>
> 懷高山流水，只今顧曲剩周郎。[3]

---

① 中國人民政治協商會議北京西城區委員會文史資料委員會編《文史資料選編》（內部發行），1987年4月第1期第5頁。

② 北京匡時國際拍賣有限公司2013春季藝術品拍賣會「近現代書畫專場（一）」第0946號拍品，拍賣時間：2013-06-05。

③ 根據江蘇古籍出版社於1986年出版的李克非所著《京華感舊錄》第110頁所載，其聯內容為：譜羽衣霓裳，昔日同班無賀老；懷高山流水，只今顧曲剩周郎。又河北教育出版社2002年出版的翁思再著《余叔巖傳》第455頁，其上聯內容則為：譜羽衣霓裳，昔日偷聽傳李嶠。

四月，潘素寫三松圖，託豐潤張孟嘉、武進陶心如（號憶園）補寫成《松濤琴韻圖》，張孟嘉並題記：

> 慧素夫人偶寫三松，深得新羅神韻，因促憶園補高士及坡陀，余補雙樹、茅亭、遠山並為設色。
>
> 癸未三月孟嘉題

陳宗蕃補題：

> 簪花妙筆管夫人，幻作蚪鬐亦有神。
> 水碧山青情寄遠，撫絃應是葛天民。
> 門庭依舊碧森森，消息梅花感不禁。
> 好把身心託豪素，異苔仍不愧同岑。
>
> 癸未春暮陳宗蕃

傅增湘補題：

> 溪山獨往意沉冥，入耳松風夢乍醒。
> 正憶暘臺幽絕處，攜筇長坐就松亭。
>
> 癸未暮春沅叔傅增湘書於藏園抱蜀廬

郭則澐補題：

> 一琴清絕依風松，嵓崿都含太古容。
> 難得名流參補筆，此中瑞合寄吟筇。
>
> 癸未春郭則澐題

傅嶽棻 [1] 補題：

> 萬里行遊意自奇，翛然落筆寫蚪枝。
> 松陰著個彈琴者，流水高山世豈知。
>
> 娟淨傅嶽棻寫於藤花館 [2]

五月十九日，一代京劇大師、老生泰斗余叔巖病逝於北平。

十二月二十五日，在西安偕潘素參加蔣緯國和西安實業家石鳳翔女兒石靜宜的婚禮。席上蔣緯國心血來潮，役使祝紹周堅請潘素為之撫琴助

---

① 傅嶽棻（1878－1951），字治薌，號娟淨，湖北武昌人。清光緒舉人。歷任山西撫署文案，山西大學教務長及代理監督，京師學部總務司司長。民國後歷任民國政府國務院教育部次長、國立北平大學、河北大學、北京大學教授。著有《西洋史講義》、《遺芳室詩文集》等。

② 張伯駒潘素文獻整理委員會編《張伯駒潘素書畫集》。北京：中華書局，2013: 120。

興，遭潘嚴拒。

　　是年，子張柳溪從河南老家至西安，暫住先生弟弟張家駿處。時張家駿在西安黃埔軍校上學，學校正鬧學潮，張家駿與張柳溪以通共之名被抓。先生正在河南南陽，求助駐紮在南陽的老友孫連仲，二人方得解脫。**1**

　　是年，重遊華清池、八仙庵，發現庵中的玉蘭樹已被駐軍砍伐掉當柴燒了。先生在《春遊瑣談》中記述了這段往事：

　　　　余癸未再去秦，復往遊，樹已為駐軍伐作薪矣，悵惘者久之。**2**

　　是年，寇夢碧在天津東門外南斜街倡導創建了夢碧詞社。

　　是年，在西安大街上偶遇來陝避難的北大教授沈兼士。

一九四四年（民國三十三年甲申）　四十七歲

三月十五日至二十日，「張大千藏古書畫展覽」在成都舉辦。

暮春，北平國劇協會遷往西安。

　　四月，為紀念「北平國劇協會遷陝」，先生主編的《二進宮劇譜》在西安刊行。該書由西安正報館印刷發行，先生親署「二進宮劇譜」書名並作序，再邀同於西安避禍的沈兼士作序。附序文如下：

沈兼士序

　　余於壬子入都，主吾鄉錢丈念劬家，勝友過從，極談讌之樂。一日，丈要至西四牌樓慶昇茶園聽劇。大軸為譚叫天、劉永春、陳石頭合爨《二進宮》。其時風尚於是劇不數數演，尤以三賢聯璧，詫為奇緣，觀者方凝神屏氣以待，而園主忽以劉病見告，改演《武家坡》，眾皆嗒然。然是日之劇，如李庫兒之《水淹七軍》，楊小朵之《馬思遠》，亦皆難得幾回之傑作，當時劇才之盛，殆可想見，而劉遂即長夜成《廣陵散》矣。余於劇學未之涉獵，至不能辨工尺別腔調，然每遇劇場作劇於悲歡離合之節，募吟高唱之時，亦未嘗不盪氣回腸，低佪欣賞，而不自知其何以

---

① 張恩嶺著《張伯駒傳》。鄭州：河南人民出版社，2018: 138。

② 張伯駒著《張伯駒集》。上海：上海古籍出版社，2013: 563。

移情至於斯也。去歲避寇入秦，邂逅伯駒於長安市上，相見甚懽。伯駒固實業家而擅場歌劇，西征以還，於經營貨殖之餘，復時親檀板，並搜集名家歌譜，編印流傳，將首以是冊問世，而徵序於余。烏乎！亂來謌吹，都失歡聲，惜逝傷春，人間天上。寫此既竟，不禁百感之橫集也。

甲申仲春吳興沈兼士 [1]

張伯駒序

民國廿年，梅君蘭芳、余君叔巖延致劇壇耆宿、故京名流，為北平國劇學會之組織。於教導後學外，並發行《戲劇叢刊》、《國劇畫報》，頗為風行一時。嗣以抗戰軍興，故都淪陷，會中文物，均被籍沒。茲同人等集議，將北平國劇學會遷陝，繼續整理研究。為紀念本會在陝成立，特刊行《二進宮劇譜》，以為貢獻《二進宮》一劇，為皮黃生旦淨開蒙戲，專重唱工。本譜生宗余叔巖，旦宗陳德霖，淨宗裘桂仙，照其原詞唱法旁注工尺，竝附注鑼鼓扮像等說明。俾學者按圖索驥，不失準繩。近來舊劇衰微，無論內外行，率無準詞準腔，且異派林立，不求音韻，任意行調，日久積非成是，毀墜堪虞。本會擬搜羅梨園明宿秘本，陸續付印，以供研討而事保存，尚望海內同好予以匡助為幸。

張伯駒識 [2]

是年，潘素繪《太白山五臺峰》，先生題詩：

奇峰撐突兀，詭譎擬黃山。

歸鳥時來去，孤雲一往還。

風鳴松答響，石禿草如鬐。

覽此高臺險，窮崖不可攀。

款識：太白山五臺峰，題閏人潘素畫，甲申伯駒。

鈐印：中州張大（白文）、繪事後素（白文） [3]

是年，因在西安所辦秦隆實業公司的大部分資金投資福豫麵粉公司，

---

① 張伯駒主編《二進宮劇譜》。西安：西安市北平國劇學會，1944：1。
② 張伯駒主編《二進宮劇譜》。西安：西安市北平國劇學會，1944：2。
③ 北京翰海拍賣有限公司 2002 春季拍賣會‧中國書畫（近現代一）第 0174 號拍品，拍賣時間：2002-06-29。

以致資金流動不暢，秦隆實業公司遂停辦。

一九四五年（民國三十四年乙酉）　四十八歲

三月初，從西安出發去陪都重慶，時值抗戰正酣，路途艱難，從陝西寶雞上車，途經四川廣元，為候車，停留二日，期間拜會當地戲迷。到成都後，受到好友國畫家張大千的盛宴款待，並觀看川劇名角周企何的演出。遊武侯祠，並乘興填《〈揚州慢‧武侯祠〉和姜白石韻》一闋：

> 丞相祠前，錦官城外，下車拜問前程。尚森森翠柏，映草色青青。似當年、綸巾羽扇，指揮若定，誰解談兵。看江流石在，寒灘猶咽孤城。　　呂伊伯仲，貫精誠、神鬼堪驚。繫一髮千鈞，三分兩代，生死交情。忍誦杜陵詩句，還空聽、隔葉鸝聲。正中原荊棘，沾襟來弔先生。[1]

三月底，從成都乘汽車赴陪都重慶，在此停留十幾日。

四月五日，適逢南開大學校長張伯苓七十大壽，先生被邀請串演京劇《盜宗卷》以為張伯苓祝壽。關於這次重慶之行及出席張伯苓壽辰的演出情況，先生在其《紅毹紀夢詩注》一書中有過詳細的記載：

> 余居重慶十餘日，回西安前夜，值張伯苓六十壽日，約我必為演戲，乃倉促間為演《盜宗卷》一場，配飾陳平者亦不知為何人。後於役長春，遇吉林省京劇團長丁鳴岐（當為丁英奇，編者注），彼云：昔在重慶，曾飾陳平，陪余演《盜宗卷》。昔同臺不相識，而於三十年後相見於異鄉，滄桑已幾換矣。[2]

在這段記述中，先生回憶演出《盜宗卷》是為張伯苓六十大壽祝壽。張伯苓，一八七六年四月五日（農曆三月一日）出生於天津，據《張伯苓年譜長編》所載，他的六十歲生日是在天津南開大學舉辦的，年譜載：

> 南開校友會及大、中、女、小四部師生為紀念張伯苓六十壽辰，特在瑞廷禮堂舉行遊藝大會，到會名譽校友及來賓、校友三千餘人，張伯苓到會受賀。小學表演歌舞，男女中七十餘人表演合唱，女中演出八

---

① 張伯駒著《紅毹紀夢詩注》。香港：中華書局香港分局，1978: 67。

② 張伯駒著《紅毹紀夢詩注》。香港：中華書局香港分局，1978: 67。

簧「慶壽」一幕，南中表演傀儡戲，校友演出《桑園會》、《龍鳳呈祥》等戲。[1]

另：一九三七年，「七七事變」爆發，七月三十日南開大學被日寇炸毀，南開大學開始撤到大後方，最終與清華大學和北京大學在雲南昆明組成西南聯大。張伯苓一家也於同年八月上旬抵達重慶，定居於南渝中學津南村三號，直至抗戰結束。所以，據《張伯苓年譜》載，一九四五年是張伯苓七十大壽（當時張伯苓虛歲六十九歲，按中國「過九不過十」的傳統，當提前一年慶祝七十歲壽辰。編者注），四月五日這天，重慶南開中學為張伯苓舉辦七十壽辰紀念大會。國民黨要員均送來條幅壽帳，周恩來、鄧穎超夫婦也送了條幅祝壽。據《張伯苓年譜》載：「晚，南開校友演出京劇，至十二時始散。」由此推知，先生所回憶在重慶參加「張伯苓六十壽辰」的京劇演出有誤，應為「張伯苓七十歲壽辰」。[2]

另據《張伯苓年譜》載，一九四四年四月五日「南開學校暨南開校友總會在重慶南開中學禮堂、圖書館二樓提前舉行慶祝張伯苓壽辰盛大紀念會。」並在「晚六時，學校舉行聚餐，餐後舉行遊藝活動，並演出京劇，十時許散。」那麼，張伯駒先生到訪重慶時也有可能參加的是一九四四年的這場「張伯苓七十誕辰」慶祝會，但目前編者還沒有看到確切的資料，所以暫將史料列出存疑。[3]

四月六日，離開重慶返回西安。

四月十五日，在西安出席河南戰區臨時救濟委員會勸募會議，《西京日報》四月十六日有載：

豫戰區救濟會，組織勸募隊，無名氏慨捐鉅款

昨日（十五日）下午三時，河南戰區臨時救濟委員會，舉行勸募委員會議。出席者有張鈁、馬乘風、張伯駒、杜秀升、王□樓、趙香山、周炎光及商業界有力人士數十人，張鈁主席決議：組織勸募總隊，積極開展工作，公推毛虞岑為總隊長，馬少珊副之，共設十隊。依各業性質

---

① 梁吉生撰著《張伯苓年譜·中卷》。北京：人民教育出版社，2009: 364。

② 梁吉生撰著《張伯苓年譜·下卷》。北京：人民教育出版社，2009: 175。

③ 梁吉生撰著《張伯苓年譜·下卷》。北京：人民教育出版社，2009: 136-139。

分別請趙香山、張玉祥、郭子濂、王葱樓、陳敬初、潘潔岑、魏希賢、楊孝德、郭搏九、盧中魁、孟華亭、武遙台、杜秀升、盧錫三、苗俊峰、郭子鑫、常鋮如、田性源、翟倉陸、韓一青、王雲青、王尊一等人〔任〕正復隊長。各隊皆帶有比賽作用，限一周內報告成績。[1]

是夏，結識在西安舉辦畫展的謝稚柳，先生盡出所藏《平復帖》等國珍寶翰請謝稚柳觀賞。謝稚柳亦回贈先生伉儷梅花圖一幀，並題詩曰：

> 自寫蒼苔綴玉枝，粉痕和墨迓鄉思。
>
> 即今漸老春風筆，何況江南久別時。

是夏，在西安與新結識的謝稚柳雅集，將潘素於一九四三年與張孟嘉、陶心如合寫之山水《松濤琴韻圖》取出屬題，謝稚柳題詩：

> 象管風叢玉不如，眼前便覺似清虛。
>
> 置身六百年前事，還似鷗波有鹿車。

款識：慧素夫人《松濤琴韻圖》奉為伯駒道兄屬題，乙酉夏日謝稚柳同在長安。

先生亦乘興補題：

> 戎馬間關萬里行，遙思酒侶與詩朋。
>
> 知音誰解絃中意，目送飛鴻不忍聽。

款識：乙酉伯駒補題。

鈐印：張大[2]

七月，先生夫婦攜女兒張傳綵及友人同遊太白山，後寫成《太白山紀遊》一冊。

八月十五日，抗戰勝利，先生家小俱從西安返回北平。

十月十日，先生應第十一戰區司令長官孫連仲之邀參加國民政府在北平故宮太和殿舉行的日軍投降儀式觀禮活動。

十月二十七日，王世襄擔任清理戰時文物平津區助理代表一職，自重慶返回北平。因工作需要，王世襄拜識了先生。

十二月，至上海開鹽業銀行股東會，辭去南京分行經理，仍任常務董事。

---

① 《豫戰區救濟會，組織勸募隊，無名氏慨捐巨款》，西安：《西京日報》，1945 年 4 月 16 日第 3 版。
② 張伯駒、潘素著《張伯駒潘素書畫集》。北京：人民美術出版社，1985: 11。

是年，第十一戰區司令官、河北省政府主席孫連仲任命先生為第十一戰區長官部參議，河南省政府顧問。

是年，孫連仲力邀先生出任石家莊或唐山市市長，先生婉辭。

一九四六年（民國三十五年丙戌） 四十九歲

一月，《新思潮》雜誌刊登先生文章《藝術之時代與創造》：

今天所要講的題目是《藝術之時代與創造》。這個題目很大，並不是一個人，或在一個短時間內，可以解釋明白的；今天不過是本着個人的研究與經驗，簡單提出一點意見，以供大家參考而已。

在講本題之前，先要問「藝術」，尤其是「中國藝術」是科學還是哲學？我以為藝術在初步觀察製作時，其規矩法則是科學的；待到最後成功，所謂一件藝術作品完全成就，則是哲學的。換言之，藝術是哲學的。

科學是無時代的，只有現在。比如現在有了火車輪船，則古時黃帝所製的舟車，當然廢除。但是哲學是歷久而不滅的，年代愈久愈見其偉大，即以書畫一門而論，我們試比較唐宋元明的真蹟，就可以證明的。

藝術的表現又可以代表一時代之哲學，文化、治亂、興衰，如南北朝與唐朝為佛教昌明時期，其藝術之表現近於宗教。再如北宋的作品，剛勁謹嚴近於理學。南宋清空飄逸，近於詞學。以至元、明清等朝，各能代表其時代。

至於創造，本來是藝術上單有的名詞，但是無所根據，不有學力工夫與天賦性靈絕對談不到創造。中國文化發源於六書，而藝術乃文化之表現，故亦絕對不出象形、諧聲、轉注、假借、指事、會意以外。故所謂創造，亦只能依以為根據，而推演嬗變。

藝術家最講超越時代。所謂超越時代，並非抹殺前代置以往於不顧，而是追慕古人，去古愈近，作品愈佳，故必須學力功夫與天賦才智兩者俱備，始能談到變化創造。比如屈原之《離騷》，司馬遷之《史記》，以後作者文體無論如何變化，尚未有能超越其上者。或有人說是環境逼迫始造成其好作品，本人絕對不相信單獨環境逼迫可能使庸手有偉大之

作品。其成功之最大原因，仍然是學力工夫與天賦才智使然。假使現在把我們流於汨羅下到竈室，也絕寫不出像那樣的文章來。

前兩天與英大使薛穆爵士，美國方面饒柏森先生，還有幾位別國外交方面的人士，在宴席上曾談到中西藝術方面。他們也都承認在西方近代藝術雖然派別分歧，日有開展，但降到精神造詣技術等，仍然是不能超越古代作品以上。對於中國的藝術作品，他們也都一致推崇中國古代的成就，認為現代藝術的趨向，正是走向中國古代寫意的途徑，這些都是古人的才智與工夫超越後人的表現。

以現代藝術家而論，確有超越時代而上者，也確有降低時代而下者，那就是埋頭用功與希圖僥倖之判別而已。[1]

三月二十五日，為慶祝中華民國美術節暨中華全國美術會北平分會成立，在中山公園來今雨軒召開大會，美術界二百餘人及相關社會各界代表出席成立大會。主席團成員張伯駒、鄧以蟄、李辰冬、丁雲樗、溥雪齋分別報告慶祝美術節的意義，以及中華全國美術會北平分會籌備的過程。北平教育局局長英千里及社會局局長溫崇信等人先後致辭。

三月三十日，中華全國美術會北平分會第一次全體理監事聯席會在來今雨軒召開，推選鄧以蟄為理事長，丁雲樗、張伯駒任副理事長。同時張伯駒與齊白石、李辰冬、秦仲文、啟功等三十人任理事，潘素和卜孝懷等十五人擔任監事。

是夏，潘素寫成《華清宮圖》，先生邀溥忻、鄧以蟄先生題詩並自作長跋：

> 周唐天子太多情，擲寶器，換佳人。看烽火虛驚，褒姬微笑，浴波偷覷，妃子輕嗔。甚羯鼓，無端催綺夢，雲雨散成塵。犬裔東來，神移九鼎，馬嵬西去，變起三軍。　蛾眉非誤國，駕鴦知倚傍，固未解司晨。爭似喧賓主奪，牝雄金輪。嘆玉碎香埋，紅顏薄命，臺荒亭圮，黃土銷魂。剩有龍黎化水，千古猶溫。

> 調寄《風流子》，癸未居秦，偕慧素遊華清池，步元人《風流子》詞慧素補圖，時新得南宮墨蹟並倩雪齋居士書款以記雅興。

---

① 張伯駒：《藝術之時代與創造》，北平：《新思潮》，1946 年 8 月 1 日第 1 卷第 1 期第 28 頁。

款識：丙戌秋叢碧張伯駒。

鈐印：張伯駒印（朱文）、平復堂（朱文）

溥伒題詩：

嵯峨臺殿倚晴空，弔古偏來夕照中。

彩舞霓裳如可見，重門深掩落花紅。

款識：丙戌長夏南石居士溥伒題。

鈐印：溥伒（白文）、溥雪齋（朱文）

鄧以蟄題詩：

何處層樓映紅夕，雲遮雨洗見華清。

多君淡赭輕陰意，貌得瓊姿分外明。

款識：慧素女士用巨龍寫華清圖，鈍蟄獲觀因題。[1]

五月五日，國民政府還都南京。

七月二十一日，唐山市《銀河》雜誌創刊號刊登了先生在私宅成立崑曲社的消息：

張伯駒成立崑曲社

余（叔巖）迷張伯駒自西安回來之後，感覺人琴俱渺，在皮黃伶中沒有什麼知音了，所有（以）在家裏成立了一個崑曲社，號召些位喜歡此調的朋友們，在那兒隨便聚會消遣。想起當年在福全館，楊小樓、余叔巖陪着他唱《空城計》的時候，真是不禁感慨係之了。[2]

八月二十九日，《申報》「自由談·舊事重提」欄目刊登署名征凡的文章《從榮案[3]想到二十年來上海綁案》，該文重提先生被綁架一案，文中寫到：

民國三十年的綁案中，如滬江製銅廠經理金華亭的被綁（此金華亭非已故名記者金華亭），鹽業銀行董事張伯駒的被綁，都算是其中的「大焉者」。最受人注意的，是立法委員羅運炎在滬西極司斐而路寓所被敵軍所架。羅氏在戰後息影滬上，熱心教育事業。綁他的目的在脅迫羅氏發

---

① 張伯駒潘素文獻整理委員會編《張伯駒潘素書畫集》。北京：中華書局，2013: 87。

② 《張伯駒成立崑曲社》，唐山：《銀河》，1946 年 7 月 21 日創刊號第 12 頁。

③ 指 1946 年 4 月 25 日發生在上海的民族資本家榮德生被匪徒綁架一案。

表「和平」文告，以資號召，日軍行為卑鄙無恥的一斑，令人髮指！ [1]

十月十一日，北平冬令濟貧美展籌備徵集作品，接到先生捐贈清代光緒畫家戴淳士、黃谷原扇面冊頁一套，共十四面。《新民報》（北平版）以「張伯駒先生贈義展」為題做了專門報道。

十月，長春偽皇宮所藏珍貴書畫外流，北平琉璃廠古玩商馬霽川 [2] 從東北購回二十餘件文物，先生旋即將這批包括隋代展子虔《遊春圖》在內的珍貴書畫推薦給故宮博物院，為此他不僅給出了具體的審定意見，而且還將自己所了解的信息，及時反饋給故宮博物院。最終故宮因經費匱乏無力收購。為避免該畫流失海外，張伯駒以兩萬一千萬美元價格將弓弦胡同一號「叢碧山房」售於輔仁大學，以二百兩黃金的價格買下了我國現存最早的獨立山水畫《遊春圖》。[3] 從此，便自號「春遊主人」，並將所居承澤園改稱為「展春園」。先生在《隋展子虔遊春圖》一文中亦有記載：

> 後隋展子虔《遊春圖》卷，竟又為馬霽川所收。是卷自《宣和畫譜》備見著錄，為存世最古之畫蹟。余聞之，亟走詢馬霽川，索價八百兩黃金。乃與思泊走告馬叔平，謂此卷必應收歸故宮博物院，但須院方致函古玩商會不准出境，始易議價。至院方經費如有不足，余願代周轉。而叔平不應。余遂自告廠商，謂此卷有關歷史，不能出境，以致流出國外。八公司其他人尚有顧慮及此者，由墨寶齋馬寶山出面洽商，以黃金二百二十兩定價。時余屢收宋元巨蹟，手頭拮据，因售出所居房產付款，將卷收歸。月餘後，南京政府張群來京，即詢此卷，四五百兩黃金不計也。而卷已歸余有。馬霽川亦頗悔恚。然不如此，則此魯殿僅存之國珍，已不在國內矣。[4]

關於《遊春圖》的成交價格有不同說法，據先生在《隋展子虔遊春圖》一文中記述是黃金二百二十兩，而馬寶山在《展子虔〈遊春圖〉》一文中

---

① 征凡：《從榮案想到二十年來上海綁案》，上海：《申報》，1946 年 8 月 29 日第 3 張第 12 版。

② 關於展子虔《遊春圖》是否為馬霽川售於先生，近來有不同看法，但上海《子曰》叢刊於 1947 年第 6 期刊出沈從文所寫《讀展子虔〈遊春圖〉》一文，文中沈從文寫到：「我從昆明隨同北大返回北平時，是 1946 年夏天，這幅畫在琉璃廠玉筍山房一位馬掌櫃手中待價而沽。」由此來看，先生所記無誤。見沈從文著《花花朵朵壇壇罐罐》。重慶：重慶大學出版社，2014: 440。

③ 《遊春圖》由北京琉璃廠墨寶齋馬寶山作擔保，到 1948 年底陸續付黃金一百七十兩。

④ 中國文物學會主編《新中國捐獻文物精品全集·張伯駒／潘素中卷》。北京：文津出版社，2015: 14。

則作如下記錄：

張伯駒得知展子虔《遊春圖》下落後，極想購買到手，苦與馬霽川不能接談，乃同邱振生託我成全此事，並說展子虔《遊春圖》是國家至寶，我們無論如何不能叫它流出國外。我非常欽佩張伯駒的愛國熱情，便慨允全力協辦成功。我與玉池山房馬霽川雖是同行，又同是古玩商會理事，但從未有夥貨及經濟來往，要我親自去找馬霽川交涉，多半會碰釘子。想來想去，只有找我至友李卓卿商議。李卓卿為人正直，待人誠懇，在琉璃廠同行中很有威信。經他與馬霽川等反覆商談，最後以二百兩黃金之價議妥，言定現金交易，款畫互換。張伯駒手下一時無此巨資，尚需各處籌集。就在這時，老友蘇鳳山同張大千到我家，張大千說：「張群要買展子虔《遊春圖》，託我來談。他願出港條二百兩。」那時香港的黃金最受歡迎，條件確比張伯駒優越，但我還是答覆說：「已與張伯駒先生說定，不能失信。」又等了些日子，張伯駒說款已備齊，商定在我家辦理互換手續。由李卓卿約來鑒定金色的專家黃某，以石試之，張伯駒所付黃金只六成多，計合足金一百三十兩，不足之數，張伯駒允續補足，由李卓卿親手將展卷交了張伯駒。後催索欠款多次，陸續補至一百七十兩，仍欠三十兩，由於種種原因，即無限期地拖延了下去。繼而「三反」、「五反」運動起，已無暇顧及此事矣。在「三反」、「五反」運動初期，張伯駒已將展卷等捐獻給故宮博物院。

過了幾年，「三反」、「五反」運動結束。張伯駒自吉林返京，我到他家去看望。他問我：「展子虔畫卷欠款怎麼辦？」我說：「這幾年變化很大，馬霽川等都完了，你也完了，我也完了，咱們都算完了。」我二人大笑一場，乃設圍棋為戲。

張伯駒最講面子。他說：「你替我辦這事，費了不少心血，我送你字對一副，潘素（張夫人）畫山水一張，略表謝意吧！」[1]

十月，「民國四公子」之一的張學良被國民黨押送到臺灣繼續監禁，直至一九九〇年才恢復人身自由。一九九五年，張學良離開臺灣僑居美國夏威夷，二〇〇一年十月十四日病逝於美國檀香山，享年一百零一歲。

---

① 馬寶山著《書畫碑帖見聞錄》。北京：北京燕山出版社，1997: 8-9。

十一月三日，在鹽業銀行第二十次股東大會上再次當選為董事。

十一月四日，收到鹽業銀行總管理處公函，附函如下：

平行鑒：

　　本行於十一月三日第二十次股東常會選舉董事、監察人，茲將當選名單一份寄請查收，再十一月四日開董事會議決聘請王紹賢先生為本行總經理，暫兼滬行經理；陳亦侯先生為本行協理，暫兼津行經理。特此通知，即頌

公綏

總管理處啟

鹽業銀行第二十屆股東常會　當選董事監察人名單

　　董事九人：錢新之、周作民、張伯駒、任振采、吳達詮、劉鵬陽、徐端甫、陳亦侯、王紹賢；

　　候補董事三人：陳蔗青、胡仲文、蕭彥和；

　　監察人三人：盧潤泉、林笠士、岳效鵬；

　　候補監察人二人：胡惠春、吳元德。[1]

十二月二十二日，參與故宮博物院對流失東北的宮藏古代書畫作品的鑒定工作。先生與張大千、鄧以蟄、于思泊、徐悲鴻、啟功等人，共同主持了琉璃廠玉池山房馬霽川欲售予故宮博物院的一批流失書畫的鑒定工作。據先生在《隋展子虔遊春圖》一文中記載：

　　琉璃廠玉池山房馬霽川去東北最早，其次則論文齋靳伯聲繼之。兩人皆精幹有魄力，而馬尤狡猾。其後復有八公司之組織。馬霽川第一次攜回卷冊二十餘件，送故宮博物院。院東約余及張大千、鄧述（叔）存、于思泊、徐悲鴻、啟元伯審定。計有：

　　明文徵明書《盧鴻草堂十志》冊，真；宋拓歐陽詢《化度寺碑》舊拓，不精；明文震孟書《唐人詩意》冊，不精；宋拓《蘭亭》並宋人摹《蕭翼賺蘭亭圖》畫，不佳；明人《秋山蕭寺》卷，不精；清劉統勛書蘇詩卷，平常之品；五代胡瓌《番馬圖》卷，絹本，不真；宋人《斫琴圖》卷，

----

① 根據北京市檔案館收藏「中華民國卅五年十一月四日第一二三號」檔案資料整理。

絹本，真；唐人書《金粟山大藏出曜論》卷，藏經紙本，宋人筆；明人《山堂文會》卷，紙本，不精；明人文徵明《新燕篇詩意》卷，紙本，不真；明李東陽自書各體詩卷，絹本，真，不精；明仇英仿趙伯駒《桃源圖》卷，絹本，不真；宋緙絲米芾書卷，米書本，偽；宋高宗書馬和之畫《詩經·閔予小子之什》卷，絹本，真，首段後補；元盛懋昭《老子授經圖》卷，紙本，不真；明沈周《山水》卷，紙本，不真；清王原祁《富春山圖》卷，紙本，淺絳，真；明祝允明書《離騷首篇》卷，不真（見高士奇《秘錄》）。[1]

是冬，詞人郭則澐去世。郭則澐，字蟄雲，號嘯麓。祖籍福建侯官，生於浙江台州。清光緒二十九年進士，授庶吉士、武英殿協修，官至浙江溫處道、署理浙江提學使；入民國，曾任國務院秘書長，交遊至廣，善詩詞，結蟄園律社和瓶花簃詞社，並續寫《紅樓真夢》一書。與先生友善，先生特為郭則澐擬挽聯送別：

　　真夢續紅樓，雪芹眼淚梅村恨；

　　舊遊開白社，金粟詞篇玉屑詩。

是年，任華北文法學院文哲系教授。華北文法學院董事長為李宗仁。

是年，由清廢帝溥儀偷帶出宮的故宮舊藏書畫珍品開始出現於東北市場，先生遂向故宮博物院院長馬衡建議：

　　吾人即建議故宮博物院兩項辦法：

　　一、所有賞溥傑單內者，不論真贗統由故宮博物院價購收回；

　　二、選精品經過審查價購回。

　　經余考定此一千一百九十八件中，除贗蹟及不甚重要者外，有關歷史藝術價值之品約有四五百件。按當時價格，不需要過巨經費可大部收回。但南京政府對此漠不關心，而故宮博物院院長馬叔平亦只委蛇進退而已，遂使此名蹟大多落於廠商之手。[2]

是年，邀在京諸好友到展春園雅集，展示新藏名畫《遊春圖》。時畫家溥雪齋在席，遂有《張氏展春園看畫》一詩紀盛：

① 中國文物學會主編《新中國捐獻文物精品全集·張伯駒／潘素中卷》。北京：文津出版社，2015：14-15。

② 中國文物學會主編《新中國捐獻文物精品全集·張伯駒／潘素中卷》。北京：文津出版社，2015：14。

共有烟霞癖，驅車出古城。

湖山新雨後，几席早涼生。

寶繪原無比，（張新得展畫《春遊圖》）

郊園舊有名。（園為慶邸承澤園舊址）

興闌歸路晚，招月伴人行。

是年，吳鼎昌在南京召集鹽業銀行會議，參會者有先生與任鳳苞（1876－1953）、王紹賢、陳亦侯（1886－1970）等人。會議決定由先生出任鹽業銀行常務董事。

是年，北平國學社成立，先生被任命為會長。

是年，北平市政府在國子監舉辦大型祭奠孔子儀式。儀式期間，先生作為北平國學社社長經市長委託，邀請管平湖演奏古琴。當時，先生有志弘揚民族音樂藝術，便委任琵琶演奏家王君錫在幽靜寬敞的國子監內籌建國樂傳習所，附屬於先生主持的國學社。管平湖等琴人被該所聘為古琴教師。

是年，北平《一四七畫報》刊登一則新聞：

張伯駒到上海，溥侗生活困難

現在正有兩位名票新近駕到上海，名望都很大，不過處境卻有天壤之別。一位是紅豆館主溥侗，至今二足已成癱瘓，不能行動，雖因沒有什麼罪嫌而交保在外，可是日常生活都發生問題。另外一位是余派名票張伯駒，則是華北有名的銀行家，多才多藝，為余叔巖生前唯一知己，聽說他正住在國際飯店呢！ [1]

是年，北平古玩商靳伯聲從東北購得范仲淹《道服贊》，先生居中協調，商定以黃金一百一十兩的價格售於故宮博物院，後因理事胡適和陳垣的反對，故宮放棄收購。先生為防止國寶外流，遂以原價購藏。對於此事，先生在《隋展子虔遊春圖》一文中有詳細記述：

又靳伯聲收范仲淹《道服贊》卷，為著名之蹟，後有文與可跋。大千為蜀人，欲得之。事為馬叔平所聞，亟追索，靳故避之。一日，大千、叔平聚於余家，面定由余出面洽購，收歸故宮博物院。後以黃金

---

① 《張伯駒到上海，溥侗生活困難》，北平：《一四七畫報》，1946 年第 8 卷第 7 期第 16 頁。

一百一十兩價講妥，卷付叔平。余並主張寧收一件精品，不收若干普通
之品。後故宮博物院開理事會，議決共收購五件，為宋高宗書馬和之畫
《詩經·閔予小子之什》卷、宋人《斫琴圖》卷、盛懋昭《老子授經圖》
卷、李東陽自書各體詩卷、文徵明書《盧鴻草堂十志》冊。叔平因為積
壓馬霽川之書畫月餘，日占本背息，若有負於彼者，誠所謂「君子可欺
以其方矣」。至范卷，理事胡適、陳垣等以價昂退回。蓋胡於此道實無知
耳。余乃於急景殘年鬻物舉債以收之。[1]

一九四七年（民國三十六年丁亥）　五十歲

一月四日，故宮博物院第六屆理事會通過聘請先生為故宮博物院專門
委員書畫鑒定委員。

一月二十四日，丁亥正月初三，為魏建功《義賣藤印存》印稿題七絕
二首：

> 不須砍作邛州杖，直為摹成漢殿磚。
>
> 鈐入丹青圖畫裏，蒼茫猶帶五溪烟。
>
> 那堪揮淚看山河，腥風中條戰血多。
>
> 卻負流人風義事，閱牆今又起干戈。
>
> 款識：丁亥元旦後二日奉題建功仁兄藤印存，叢碧張伯駒。
>
> 鈐印：張伯駒印（白文）[2]

二月二十六日，介紹朋友陸椿年購置房產。陸椿年在《華北日報》刊
登聲明：

陸椿年置產聲明

> 茲由張伯駒及潘穆菴先生介紹購置東四六條三十九號（何宅）私人
> 住宅一所，共計五十一間，特此聲明。[3]

---

① 中國文物學會主編《新中國捐獻文物精品全集·張伯駒／潘素中卷》。北京：文津出版社，2015：
15-16。

② 魏建功篆刻《天行山鬼印蛻——魏建功印譜》。北京：中國書店，2001：152。

③《陸椿年置產聲明》，北平：《華北日報》，1947年2月26日第1版。

　　三月十六日，上海《申報》刊登了著名書法藝術家、學者潘伯鷹所寫的一篇文章《觀書畫記》，主要介紹有關先生所收藏珍貴的書畫文物事蹟。文章如下：

　　　　中州張伯駒先生工詞知音，尤精鑒識。其所藏收法書名畫烜赫海內已久。陸士衡《平復帖》真蹟，遠在羲、獻以前，其尤著者也。僕忻慕其人，未得識面。日者友人謝稚柳先生，偕伯駒與沈尹默監察見過，邀往觀其近所攜來之品。僕大喜過望。次日復約與伯駒相見，又得觀數卷。匆促之間，烟雲過眼。略疏所能憶及者，以為談助云。

　　　　一、范仲淹小楷《道服贊》真蹟。范文正此書為海內劇蹟，已刻《三希堂》帖中。原件為孫子儀攜至東省，倭降，溥儀為蘇軍所俘。此書與他珍蹟復出。觀其裝池，仍乾隆之舊。外裹錦袱淺碧地白章。袱內層為白綾。綾上畫烏絲雙闌長矩形，約三寸。形內墨書三行，記范仲淹《道服贊》及臣張照校次等字。至道服贊則裝為卷子。其外白玉籤內刻隸書「乾隆御賞」及「范仲淹道服贊」等字。范公此書蕭曠和靜多用分筆，其起落轉換處行筆之蹟一一可尋。尹默云：「其放筆極遠，而收筆甚緊。」於其後山谷跋中所稱得古法之語，嘆為知音。僕尤喜文與可及吳匏菴二跋。總之不見真蹟不知三希堂所刻之失，此真稀世之寶墨也。

　　　　二、《黃魯直草書長卷》。此亦清宮舊藏。玉籤形式與《道服贊》所有者相同，惟無錦袱，想已佚矣。山谷此書全師懷素自敘，而不類其蹟，其自所跋尾亦殊自負。

　　　　三、《米海岳十帖》真蹟卷子。米書十帖皆零落之稿，首尾不全。其前二帖極精工。在風檣陣馬之中，而有法度森嚴之感。其餘者筆意與前微異，沈尹翁以為恐是吳琚書亂入者，此極有見。然無害其為佳書耳。

　　　　四、《紫雲小像》卷子。此陳其年為僮九青所作，在海內極富熏名。清初名家題咏殆遍。卷中紫雲貌甚豐腴，眉目秀絕。惜無人據藹理斯及藹羅乙德之心理學為文題之者。思之正復忍俊不禁也。

　　　　五、明末四姬《花卉》卷子。明末四姬吳娟娟、馬湘蘭、林雪、王××（失記）為王伯穀所繪卷子。吳畫水仙，馬畫蕙，林畫菊，王畫臘梅。蓋所謂春、夏、秋、冬四景也。其前為四姬聯句題詩而湘蘭書之。其後有伯穀書跋題曰尊生居士。

　　六、《棟亭圖》卷子。此圖繪者甚多，自惲壽平、禹之鼎，以次凡數家，人各一幅。清初名公題者幾乎備矣。尤西堂一家即兩題，一為詩一為賦。納蘭容若與顧梁汾同用韻題詞二闋，而容若書之。分裝為四卷。亦鉅觀也。此為研討《紅樓夢》作者之絕妙資料。不知胡君適之今日既為「過河卒子」，尚有此閒情逸致否耳。

　　七、《董其昌山水》小卷，此亦清宮舊藏，有高宗題識，記其曾臨仿之歲月。文敏自題「遠山須見高低乃得勢，叢樹須見俯仰乃有情，常拈此辭而悟者甚少」云云，則其得意筆也。後合裝另一紙則文敏所書左太沖諸人之詩，作寸內行楷甚精。

　　八、《趙孟頫蘭、倪瓚行〔書〕、合裝卷》，此成親王舊藏。其題籤尚是成邸手蹟。兩幅皆不大，且非精心結撰。然隨意揮灑轉見天機流露。松雪之蘭似尤有當風之妙。

　　九、《元人五家集錦卷》，此卷甚大，五家名姓已不復詳憶。惟憶有王冕梅花一枝耳。五紙皆墨筆，皆精。其中有一幅鈐沈石田收藏印。僕於沈氏鑒賞印記，此為初見。

　　十、《趙孟堅詩畫長卷》，此南海伍儷荃舊物。卷首題籤為儷荃手蹟，前有一幅甚小，畫水仙數莖。後為子固自書詩十餘章，作行草。其詩勃鬱於忠愛之情，談笑於窮通之際，磊落欽奇自成家數。詩後有隸書一跋，引白香山以自喻。僕觀其詩，體制與香山不同，視香山亦無愧色。其書則亦厚重亦倜儻，在蔡君謨、米襄陽之間。其結體氣息，悉是宋賢。非若松雪之已開元人風氣者也。松雪之書，誠極盡天資學力，能以古為新矣。子固此書縱不能謂為松雪所不及，然亦絕非松雪之所能度越也。尤可貴者滿紙奇縱之氣，而一出於古法。若以此論之，直云超過松雪可矣！伍氏鉤摹此卷，刻之《海山仙館帖》中。今原蹟上尚可見鉤摹時不慎所遺之墨痕。嗚呼，子固、松雪，兄弟二雄，不容軒輊。至若遺浮世之榮，立人倫之矩，所謂振衣千仞濯足萬里則子固去人遠矣！

　　三月十一日燈下追記 [1]

---

① 潘伯鷹：《觀書畫記》，上海：《申報》，1947 年 3 月 16 日第 3 張第 9 版。該文又據《潘伯鷹文存》之《藝海夕（勺）嘗錄》重新校訂，見潘伯鷹著《潘伯鷹文存之二：藝海夕（勺）嘗錄》。上海：上海辭書出版社，2013: 39-41。

三月二十二日，故宮博物院召開的理事會，胡適、陳垣等出席，決定以巨款購買被廢帝溥儀遺失於東北長春的大批珍貴書畫。會後再開故宮專門鑒定委員會，先生與徐悲鴻、鄧以蟄、啟功等委員出席，商量這批書畫的鑒定問題。

三月二十三日，《申報》刊登潘伯鷹文章《名蹟經眼續記》，繼續介紹先生所藏古書畫：

> 休沐之晨，風日晴美。與荊人相將踐伯駒觀畫之諾。適友人孫君攜其兩郎來，遂同車往。以午間復有雞黍之約，在伯駒處僅展視數件，因復記之，以備遺忘云爾。

> 一、李太白上陽臺題字墨蹟。清宮舊藏。包有黃綢紅裏袱子，乃是後加之物。其原裝卷子，以宋緙絲為飾，深藍地，上作彩雲及桃花折枝。清高宗御題籤。蓋乾隆間重裝者也。前有高宗御書「青蓮逸韻」四大字，墨色特佳。此是紙本墨蹟。其原紙前後白綾隔水尚是宋時裝。上有宋徽宗御題「唐李太白上陽臺」七字，後有徽宗御跋，瘦金書極見筆意。其後清高宗小楷釋文。太白墨蹟，他無所見，以云識別，戞乎其難。然其書奇縱渾厚，別開一宗。氣度格調，非宋人所能為。譬猶赤水之珠，乃象罔偶見者也。

> 二、蔡襄自書詩冊。宋蔡君謨自書詩冊，烏絲闌作半寸許字。真行草各體不拘一格。君謨經意書也。君謨書在宋四家中，最有法度。此書遊行於規矩之中，而自得象外之妙。其轉筆換筆，處處皆有畦徑可尋。其詩亦可愛誦。中一首，在其旁下有字云：「此篇極有古人風格。」乃歐陽文忠公所書也。有此一行，益增名貴。蓋古人名蹟遺留至今不惟筆精墨妙而已。要在展觀之頃，慨然想見其為人。如接其謦欬，而生仰止之思。所謂悵望千秋一灑淚者，乃真若耳提而面命之也。嗚呼，其感人深矣！此冊存八百餘字。其後宋元名賢題識甚多，而以楊龜山一跋為尤著。

> 三、元顏輝煮茶圖卷。顏輝畫玉川子煮茶圖小幅。玉川先生及長鬚奴，赤腳老婢，衣紋面目，皆用李龍眠白描法。布局（今人謂之構圖）亦是唐宋人之經營位置。其後草書韓退之贈玉川子詩，亦輝筆。輝書瘦勁有風骨，於康里子山頗近。樸茂處似更過於子山，惟精熟流暢差為遜之耳。

> 四、明周之冕墨筆百花圖卷。此卷甚長，畫四季群芳，墨中如有五

采。其一種瀟灑天真之趣，純從精熟中來。此意非近數十年趙之謙吳昌碩諸公所到也。明人間有題詩，皆在花旁。而以清高宗題詠甚多，幾於一花一詩。其題野菊，有句云：「野也而人皆菊之。」以皇帝官家，出此頭巾酸語。若使有歸來堂中俊侶，展卷賭茶，不將噴滿几案乎！

　　五、王翬仿燕文貴江山無盡圖大橫卷。此絹本青綠江山無盡圖，烏目山人真蹟也。自題云：「癸亥夏日避暑釜峰仿燕文貴真本」，其後有王異公七言長古詩一首，備極推崇。余手邊無書可查，不知癸亥當是何時。意石谷此際在六十左右。筆意精能之極，已入蒼渾，卻無暮年枯率之病。石谷此畫為張姓者所作。既失之矣，又為張之孫輩所得。黃小松有跋記其詳。其前題籤亦小松筆也。

　　六、清初名家書畫集錦冊。清初王士祿、查士標、羅牧、程邃諸人凡十餘輩，為孫豹人之子所作。龔半千題字，赫然居首。此物後歸李葆恂。葆恂字文石，端午橋幕中評畫讀碑之俊流也。文石自記云：中更喪亂，文玩散失殆盡，而此冊尚存。言之特為感愴。此冊在今日所觀諸品中為最不足貴者矣。然以十年苦戰之餘生，猶流離於萬方浩劫之轇隙。讀李君悲慨之文，亦誠不自禁其摩挲愛惜之意！

丁亥三月十七日燈下識[1]

三月二十五日，在全國美術節期間，北平市美術會董事會在中山公園舉行古代書畫展覽一日，張伯駒與徐悲鴻、鄧以蟄、李智超等人均拿出收藏精品參展。

三月，王世襄任故宮博物院古物館科長。

四月六日，上海《申報》刊登潘伯鷹所撰《藝海勺嘗錄》[2]，主要介紹其曾寓目先生藏古代書畫：

　　昔梅聖俞有詩云：「野性好書畫，無力能自致；每遇高趣人，常許出以視。」余每誦此語輒為啞然，蓋不啻若自其口出也。余既觀張子伯駒所藏寶繪法書，以其皆絕塵之品，輒為疏記。番禺葉遐庵師於報端見

---

① 潘伯鷹：《名蹟經眼續記》，上海：《申報》，1947年3月23日第3張第9版。

② 上海辭書出版社 2013 年出版《潘伯鷹文存》五卷本，叢書第二本即以本文標題為書名，只是不知何故，編者釋為「藝海夕嘗錄」。見潘伯鷹著《潘伯鷹文存之二：藝海夕（勺）嘗錄》。上海：上海辭書出版社，2013: 版權頁。

之，亦欲一觀。而同時伯駒友好顧瞿諸公亦緣見報而集於伯駒館舍，余復數得追陪而縱覽焉。其中有前記所未備者。因再追記之如次。

一、趙孟頫小楷《蓮華經》卷。此松雪所書《妙法蓮華經》第三卷。通卷首尾完整。世傳趙吳興小楷落筆如飛，蓋不惟工整之難，而惟其速之難也。若非運筆神速則公傳世小楷決無如此之多。此卷非公最精之品，然用筆起落轉折處，軒豁可尋。

二、趙孟頫草書《千文》。清宮舊藏，其引手錦裝已破損矣。此卷紙墨均遠較前卷為佳。公所書《千文》甚多，余所見者以此本為甲。觀其用筆，圓勁豐逸，純乎智永之法，而結體特多章草。蓋是有意學永師，而故弄狡獪以變化結體者耳。後有柳貫跋作懷素草書。余所見貫跋尾書皆半寸許楷字，此作草似欲以醉僧配永師耶。其書不高。又《千文》紙尾一行上有「松雪齋圖書記」長方印，篆文甚小，亦不常見。

三、文徵明《閩荔吳栽》卷。此為衡山精心興會之作。所謂「閩荔吳栽」者，據圖後衡山所賦《新荔篇》詩序云：「常熟顧氏，自閩中移荔枝數種，經歲遂活。沈石田令人折枝視之，桂葉森森，未敢自信。以視閩人，良是！因作《新荔篇》，命璧同賦。居頃之，又為寫生。即此《閩荔吳栽》卷也。」在昔山川間阻，異鄉殊物，不及目睹。是以「見駱駝以為馬腫背」。而「桂葉森森」，遂使石田翁不敢信其為荔。此滬人今諺所謂「阿木林」也。若使文、沈之流生於今日，飛航之便，不崇朝而至，豈特鮮荔不奇，且有在危城淪陷之時以飛機載狗者矣！然今之貴人雖能以飛機載狗，顧無由以絹素畫荔。此又使石田、衡山得以「阿木林」而奴視「康白度」也！衡山所畫絹本閩荔十枝，畫態極妍，皆用古法。余曩讀吳荷屋《辛丑消夏記》，載蔡君謨所繪荔枝。余未見蔡畫，不知神妙何如。若衡山此卷，枝葉扶疏，絳衣斑駁，使人心折矣。卷後紙本衡山自書和沈石田《新荔篇》長古。詩既秀發，書尤流美。中有誤書添注一二處，正姜白石所謂「偶有誤書，不以為病者」。

四、方從義《雲林鍾秀圖》卷。此方方壺雲林鍾秀卷紙本墨畫。畫首「雲林鍾秀」四字，畫尾上端「洪武丁巳方壺子作贈鄧止庵還朝」十四字，畫中高崗斗絕有若摩崖書者「方方壺畫」四字，此三者皆隸書。後有沈石田題詩云「上清仙子本天仙，下謫來修水墨緣。聞道琵琶嶺頭月，

照歸黃鶴又千年」。余觀此畫雖大體用米氏雲山之意，然其岡巒峻特，雲氣氤氳。其畫雲筆力橫恣瀟灑，非米氏之法所能限，而於岡頭署名，亦遠溯唐人之例。葉遐庵師云，此畫計有四本。贗品之多可想。其語繁，不備記。而以此本為真。

又余前記伯駒五元人畫卷。今又得重觀，計為趙仲穆、王冕、朱澤民、張觀、方方壺。其朱澤民一幅左下角有朱方「沈周寶玩」四字小印，補記於此。

五、吳歷《興福庵感舊圖》卷，此畫絹本。吳漁山甲寅年所繪，以追悼方外之友默容和尚者也。上有漁山手記與默師為筆墨良友，附以追悼二詩。按興福庵在常熟，其庵今尚存。漁山此圖，叢柯落葉，群鴉翔止，經房空寂，孤鶴不鳴。一種悲風颯颯之情狀，聽之彷彿有聲。古人云，情以生文，文亦生情。此畫情筆相生，觀之淒愴，使人慨然增死生朋友之重。真絕作也！

六、錢舜舉《山居圖》卷。此卷紙本。用小李將軍金碧山水之法。其青綠凝重之中，自有一種清逸曠遠之趣，所以為高也。葉遐庵師云，曾見一本與此本意境用筆及紙素完全相似。此本後無款識而彼本有之，此本前有「山居圖」三字而彼本無之。疑是一本，在明代已割而為二矣。此卷原是高江邨所藏，有其跋尾。入民國歸邵松年。邵跋書凡數則，皆小楷精書。蓋邵小真書，當時亦頗有聲云。

七、米友仁《姚山秋霽圖》卷。此卷後有趙肅題定為米虎兒所畫。肅字彥恭，松雪之子也。

八、文徵明三友圖。文待詔墨畫蘭菊及竹三幅，紙本，皆有題詩。畫蘭書作東坡體，菊作山谷體，題竹書則自家面目也。稚柳云，世傳沈石田畫多豪健之筆，文衡山則所傳多工緻者，故世以「粗文細沈」為貴。衡山此三幅意境蕭然，在筆墨之外，蓋一時遣興之作，而自得天真者也。

九、宋徽宗《雪江歸棹圖》卷真蹟，此為希世之寶。即王弇洲兄弟所藏，張江陵在相位時欲強奪之而不遂者也。如此劇蹟，不宜草草為記，當俟暇日晴窗，心情曠悅之時細識之。

丁亥清明前二日霞飛路寓廬 [1]

---

① 潘伯鷹：《藝海勺嘗錄》，上海：《申報》，1947 年 4 月 6 日第 3 張第 9 版。

四月十一日，《新民報》（北平版）刊登先生脫離北平「騎射會」的
聲明：

> 鄙人對騎射會早經脫離，頃閱《新民報》載，社會局溫局長謂該會
> 董事長為鄙人云云，概非事實，特此鄭重聲明。

四月十九日，先生作為故宮博物院專門委員，與徐悲鴻、張大千、鄧
以蟄、啟功等人出席了故宮博物院在絳雪軒舉行的第六屆理事會在平理事
第四次談話會，討論遺失東北書畫收購事宜。

四月，為舊藏清禹之鼎所繪納蘭成德像（即《容若侍衛小像》）[1] 圖留
題《金縷曲》一闋：

> 騷壇君牛耳。鎮風流，插貂勛戚，簪花科第。善怨工愁纏綿甚，芳草
> 荃蘭託意。徐司寇、堪稱知己。應是前身王逸少，對江山、漫灑新亭淚。看
> 玉骨，橫秋水。　詞如飲水能醒醉。怪才人，偏多薄命，小兒相忌。有限
> 好春無限恨，此恨何時能已。又今日、侯生壯悔。留取棟亭圖卷在，幾傷
> 心、舊夢紅樓裏。憐同病，應須記。（壇坫誤騷壇，天胡誤小兒。）
>
> > 丁亥三月叢碧

> 鈐印：張伯駒印（朱文）[2]

是春，夫人潘素寫《孤篷聽雨圖》成扇贈友人呂著青，先生題：

> 丁亥春，潘素寫《孤篷聽雨圖》，叢碧題，應著青吾兄雅鑒。

> 鈐印：張伯駒（白文）、素（朱文）[3]

張伯駒先生亦寫贈呂著青梅花成扇一把，並題《浪淘沙》一闋：

> 歌舞舊宮牆，月滿雲廊。怕黃昏後又昏黃。不語閒庭空佇立，縞素
> 衣裳。　零亂謝芳香，玉笛無腔。和烟覓夢向江明。醉裏渾忘身亦客，
> 對影成雙。

> 款識：著青仁兄雅屬，弟伯駒寫。

> 鈐印：張大（朱文）[4]

---

① 《容若侍衛小像》現藏北京故宮博物院。

② 故宮博物院編《張伯駒捐獻作品·中國古代作品集》。北京：紫禁城出版社，2010: 178-179。

③ 北京誠軒拍賣有限公司 2016 秋季拍賣會「中國書畫（二）」第 310 號拍品，拍賣時間：2016-11-11。

④ 北京誠軒拍賣有限公司 2016 秋季拍賣會「中國書畫（二）」第 309 號拍品，拍賣時間：2016-11-11。

六月一日至五日，參與主持北平市美術會第三次美展，美展假中山公園音樂廳舉辦。參展作品有國畫、水彩、油畫、圖案、商業廣告畫、陶瓷、治印、木刻、塑像、蠟染、攝影等項目，總計三百餘件。

六月，由張東蓀、張雲川介紹，與河南同鄉傅銅一起加入中國民主同盟會。並積極參加北京大學學生會助學運動和反迫害反飢餓運動。

是夏，參加北平大學河南籍學生抗議國民黨軍隊飛機轟炸河南開封的運動。

八月二日上午九時，中華全國美術會北平分會第二屆年會暨第一次理監事聯席會議在北平召開，北平市長何思源、主委吳鑄人、幹事李雲亭以及會員共一百四十八人參加。根據中華全國美術總會理事長張道藩的建議，正式更改會名為「北平市美術會」，大會公舉張伯駒為理事長，同時張伯駒與李辰冬、陸鴻年、吳幻蓀、李智超任常務理事。張伯駒與齊白石、王雪濤、溥雪齋等二十五人亦任理事。潘素與啟功等十一人為監事，潘素同時兼任常務監事，趙夢朱為秘書。北平市美術會共有會員一百九十九名，王世襄、卜孝懷及史怡公均為會員。

同日，著名學者沈兼士逝世於北平，先生擬挽聯憑弔，該聯收入到由輔仁大學所印行的《挽誄錄存》（油印本）一書中。是書另收錄顧隨、孫楷第、于省吾（思泊）、楊人楩、向達、王重民、何思源、朱家溍、蕭一山、金梁、丁山、李煜瀛、周明泰、陸志韋、英千里、馬衡、周祖謨、胡適、容肇祖、楊樹達、鄭振鐸、郭紹虞等大批學者及國內各大院校以及蔣介石、陳立夫、于右任等政要的挽聯、唁電、祭文等。附于省吾挽聯：

> 黌舍談經，太學題碑才幾日；
>
> 檔房考古，故宮話舊感經時。[1]

八月八日，籌備國劇學會主辦的京劇講座事宜。《華北日報》刊文：

國劇學會，推齊如山為理事長，張伯駒籌國劇講座

〔中央社訊〕國劇學會昨在該會舉行理監事第一次聯席會議，公推齊如山、陳紀瀅、王向辰、梁實秋及袁守和等五人為常務理事，李辰冬為常務監事，並公推齊如山為理事長，通過何思源、張伯謹、杜建時、張

---

① 史樹青著《鑒寶心得》。濟南：山東畫報出版社，2007: 102。

明煒等數十人為名譽理事。該會又議決於近期內舉行戲劇講座，由理事張伯駒籌備。又該會成立後，各界人士要求加入為會員者甚多。[1]

八月十五日，先生受故宮博物院之邀，審查流失東北長春的《唐吳彩鸞寫唐韻卷》一件。該卷為紙本，旋風裝，有宋徽宗宣和、政和小璽，明宋濂有跋，《石渠寶笈》定上等，先生鑒定為晚唐人書，認為極有學術上之價值，所以故宮博物院就以法幣一億元收購。

是秋，周汝昌就《紅樓夢》研究相關問題求教先生於燕園，二人從此相交一生。

十月二日，國立北平藝專國畫組三位教授秦仲文、李智超、陳緣督對校長徐悲鴻指定國畫授課範圍和縮減國畫授課鐘點等做法不滿，遂提出罷教。

十月三日，北平藝專秦仲文、李智超、陳緣督三教授罷教事件，引起北平美術界與藝專校長徐悲鴻一場有關學習傳統與現代美術的大論戰。時為北平市美術會理事長的張伯駒亦加入論戰，他親自出面主持記者招待會，聲明支持三位教授的藝術立場，表明並非為私人關係對徐悲鴻不滿，並寫信與徐悲鴻調停。無奈向來「獨持偏見，一意孤行」的徐悲鴻在《新民晚報》發表訪談，明確表示不接受先生的調停。

十月十五日，天津《大公報》刊登《平美術界小糾紛》一文，就北平美術會聲明提出質疑：

平美術界小糾紛

三國畫教員詆徐悲鴻重西畫

北平美術會發宣言為桿鼓應

全國美術會會員斥宣言悖謬

徐悲鴻今招待記者有所闡釋

〔本報北平電話〕北平藝專三位國畫教員認該校校長徐悲鴻過度重視西畫，有所批評。徐校長於十五日午招待記者，對於藝專校旨，有所闡釋。又中華全國美術會留平會員斥北平美術會濫發宣言，稱：「北平美術會為了支持國立北平藝專三位兼任教員，反對該校國畫理論上之主張，發表宣言，肆意毀謗。我們認為此舉實屬悖謬，蓋中華全國美術會

---

① 《國劇學會，推齊如山為理事長，張伯駒籌國劇講座》，北平：《華北日報》，1947 年 8 月 9 日第 4 版。

之組織，原以團結力量，聯絡感情，建設中國的新文化為宗旨，而北平美術會乃一分會，宗旨理應相同，今竟徇少數人偏見，以團體名義攻擊私人，且被攻擊者尚為全國美術會理事。在同一團體中有此現象，不特對新文化的建設工作有礙，恐勢將誘致分裂，實是一件最不幸的事。關於國畫應否改呼之爭，早成過去，只有不認識時代、抱殘守缺、自甘墮落後者才斤斤於默守成法，摹仿古人。須知中國畫自明以降，即陷「師古」的泥沼，一蹶不振。至今如仍不自拔，終必墜落絕境，可無疑義。今北平美術會在國畫理論上既有殊見，儘可在理論上多所發表，成善意建議，絕不應貿然出此，濫發宣言。[1]

十月十六日，天津《大公報》刊登《徐悲鴻談國畫》一文：

答辯平美術會宣言，他要打倒八股山水

〔本報北平電話〕北平美術會發表反對徐悲鴻摧殘國畫宣言後，藝專校長徐悲鴻昨逐項答辯畢，並稱：我有一個新國畫建立步驟，正好藉此機會和大家談談。我要打倒八股山水，我與他們不能妥協。我要教員分工，各本所長，而不要學生專學一個先生。時代是變動的，小辮子剪掉以後，即不能再留。今天的需要則不在於仿古，而在於人民生活的摹寫，更現實一點講，畫家亦同時學得謀生的能力。徐氏例舉黃養輝所畫的《新港圖》，使張群院長朝夕瞻視。此次到新港實地視察，即加撥五百億。宗其香畫重慶燈光下風景，大受各方面重視。桂永清總司令特請他給海軍畫一套生活畫片，徐氏特展覽所收集之近代畫家巨作，分別品評，對於李樺氏畫幅特加推崇。並謂：葉淺予下月返國，即可來校任教。徐氏對世界畫壇為畫商操縱，表示悲觀。[2]

十月十八日，先生以北平美術會會長的身份，在來今雨軒招開新聞發布會，以回應藝專校長徐悲鴻所談對於國畫之意見及解聘教員事。

十月十九日，天津《大公報》刊登文章《北平美術會駁徐悲鴻談話》：

〔本報北平電話〕北平美術會負責人以藝專校長徐悲鴻所談對於國畫之意見及解聘教員情形，頗多不合事實，十八日午在來今雨軒招待新聞

---

① 《平美術界小糾紛》，天津：《大公報》，1947年10月15日第3版。

② 《徐悲鴻談國畫，答辯平美術會宣言：他要打倒八股山水》，天津：《大公報》，1947年10月16日第3版。

界，有所駁斥。

〔本報北平電話〕北平美術會理事長張伯駒稱：國畫乃民族藝術，不容否定，希望大家主持正義，同情弱者。該會乃為了古人而與徐悲鴻論戰。[1]

十月二十日，《申報》刊登《國畫論戰：平美術會攻擊徐悲鴻，評徐畫盡失國畫精神》的報導，稱先生以北平美術會會長的身份主持召開記者會，就「國畫論戰」一事發表自己的看法和主張，附文如下：

〔本報北平十九日電〕平市國畫論戰，續有發展，反藝專校長徐悲鴻一派之北平美術會，昨招待記者，由會長張伯駒主持，會員輔仁大學美術系主任溥雪齋批評徐畫非驢非馬，盡失國畫精神，並宣布平美術會已議決三事：一徵集徐所卑視之董其昌、王少（石）谷等人作品，與徐畫同時展覽，以較高低。二選一宗畫為標準，由平美會指定一人與徐較量。三電教部請明定國畫授課標準。又于非闇亦函徐辦解釋前所謂「但他們的我也看作狗屁，他們簡直不堪擊，有了電燈，何必點洋蠟，況他們連洋蠟也趕不上之他們」究指哪些人？[2]

十月二十二日，假《華北日報》第五版，先生發表文章《我對於文化藝術創造之意見》，與徐悲鴻公開論戰。為全面了解張伯駒的美術主張和美學思想，將之全文附錄如下：

凡一個民族建國，文化藝術為其精神之表現，吾中華民族文化藝術之表現，為雍容和平，有一種不可思議之丰度精神。自五胡金元清侵略中國，不能動搖吾民族國本而反同化之，可見吾民族文化精神之偉大。吾國文化藝術每隨時代遞嬗創造，而其一貫之精神，聯繫不斷。例如文章自古文而駢體文，即白話文；詩歌自樂府而近體詩，而詞，而曲，而崑曲；繪畫自圖案畫而宗教畫，而人物，而山水，而花卉。無一個時代不再創造，而其章法，神韻，聲調，色彩，凡屬藝術上之美點，無一個時代因創造而喪失。但創造非人人可能言，必須多聞，多見，多學，功夫能力經驗俱備，始可言創造，否則其創造之結果，非驢非馬。古人云：

① 《北平美術會駁徐悲鴻談話》，天津：《大公報》，1947 年 10 月 19 日第 3 版。

② 《國畫論戰：平美術會攻擊徐悲鴻、評徐畫盡失國畫精神》，上海：《申報》，1947 年 10 月 20 日第 2 張第 6 版。

作畫必須讀萬卷書，行萬里路，尤其是先讀萬卷書，後行萬里路，所謂
先學後行而後創造也。摹仿為創造之本，創造為摹仿之果，吾人為達到
彼岸，不能借古人法則以為橋梁，若謂學為泥古，生而可創造，則書不
必讀，教師亦不必要。吾最近感於藝專校長徐悲鴻氏發言，謂「該校一
年級學生之畫即比董其昌、王石谷為好」之一語，最易啟學生對藝術輕
易之心，試問一年級學生，是否曾讀萬卷書，行萬里路，而其作品能較
董、王為優？吾人認為係徐氏一時激忿、錯亂之言，希望學生不可認為
正當，而搖動刻苦用功之意志。且古人之作，亦各有短長，如惲南田初
畫山水，見王石谷之山水，自嘆弗如，改畫花卉。古人謙抑之懷，吾人
深所敬佩，學者宜虛己以從師，尤其是負教育責任者，更應集思廣益，
勿掩人之長，勿護己之短，應以造成人才為原則。假使王石谷為藝專校
長，而不用惲南田之花卉，惲南田為校長，而不用王石谷之山水，蓋為
自私之偏見，超越教育原則。又徐氏云「重古人靈魂則可，不應重古人
殘骸」，試問古人已死，向何處覓其靈魂。然則古人之靈魂，即寄託其
所留殘骸之上。吾人不禁更多感慨，自庚子拳亂之後，我們祖宗殘骸源
源出國，從倫敦到加拿大的托倫托，從瑞典史篤克火爾姆，到美國波士
頓，從柏林到荷蘭萊登，許多的遠東博物院，或某個博物院遠東部，都
很快成立，日本人更是很早從我們得到了不少唐宋元明的名畫，日本投
降後，偽滿溥儀攜出故宮書畫一千一百餘件，全部散失於東北。假使在
去年五月，教育部發給故宮博物院十億法幣，可以大部還珠，惜教部忽略
其職責之工作，致令古董商人，紛紛收購，去滬出售，偷運出口，換回外
匯。所以我們不重古人殘骸，有重我們古人殘骸者在，將來我們為研究歷
史美術，必須到歐美看我們古人殘骸，是否為可悲可慘之事？所以古人殘
骸，是不是應當注重保護問題；文化藝術之創造，是不是應先循古人法則，
以為橋梁，並保存一貫之精神問題，均需要多徵學者集合討論。建議教育
部，規定文化藝術發展之方針與途徑，則學術之爭自息，而政治之爭，亦
可連帶減少。至吾人與徐氏個人之爭執，乃係支援弱小會員及尊重古人，
為一時感情衝動，仍希望徐氏善自謙抑，勿意氣用事為幸。[1]

---

① 張伯駒：《我對於文化藝術創造之意見》，北平：《華北日報》，1947 年 10 月 22 日第 5 版。

十月二十五日，《華北日報》刊載消息，北平美術作家協會劉鐵華出面調解徐悲鴻和先生之間的國畫論爭，雙方均表示和解。

十月，應王世襄之邀，夫婦共赴北平東城芳嘉園王宅雅聚。在京琴人參加者還有：管平湖、楊葆元、汪孟舒、溥雪齋、關仲航、張厚璜、沈幼、鄭珉中、王迪、白祥華等二十餘人，可謂古琴界文人雅士少長咸集。

十一月三日，《申報》刊登《平國畫論戰尾聲，教員復教問題尚難解決》一文：

平國畫論戰尾聲
教員復教問題尚難解決

〔華聯社北平二日電〕藝專校長徐悲鴻，頃談及國畫論戰之調停近況稱：連日迭接各方友好來函，提及此事，其情可感，唯內中有已失去調人資格，渠等均曾參與反對方面者。同時大多數函件內容，未能着重學術的討論，而側重於「罷教教員復教」及「增加鐘點」等問題。徐氏復稱：國畫三教員罷教，是自動的，校方並未解聘。為維持學生學業計，已另行聘人接充，故離職教員之復教問題，目前尚難想出恰當處理辦法。[1]

十二月十五日，京劇名家李少春在上海靜安寺路吳仕森宅拜先生為師，時謝稚柳、潘伯鷹等人在座。先生在《紅氍紀夢詩注》一書中有載：

香烟繚繞燭光明，滬上爭傳師弟名。

猶記鄭虔曾眼見，親教一劇戰樊城。

李少春後拜叔巖為師，教其《戰太平》一劇。余曾觀其演《定軍山》、《打漁殺家》，非叔巖所教也。日本投降後，余由京去上海，時少春亦在滬，託友來說願拜余為師，乃於友家設香燭酒宴行禮，上海小報紛傳此事。余回京移居帽兒胡同，少春來學戲，余教其《戰樊城》，時北京大學秘書長鄭天挺在座，觀余教完始去，每對人言之。[2]

學者潘伯鷹作為見證人亦寫有《李君少春執贄記》一文，詳細敍述了李少春拜師張伯駒先生的情景。附文如下：

---

① 《平國畫論戰尾聲，教員復教問題尚難解決》，上海：《申報》，1947年11月3日第2張第6版。

② 張伯駒著《紅氍紀夢詩注》。香港：中華書局香港分局，1978: 34。

李君少春執贄記

吾友張君伯駒，以貴公子為名下士，掉鞅詞壇，迴翔藝苑者，且四十年。生平真賞有在，取徑絕高，即之溫然，吉人辭寡。近歲尤罕交遊，豹霧自隱，長居故都，間一南下，亦惟知交數人與相過從而已。日者，伯駒忽復與謝稚柳居士相過寒齋，偕飲市樓。因觀其行笈宋人書畫。伯駒從容語及，李君少春久欲相從樂府，執贄門下，屢以為言，業允其請。明日行謁師之禮，子與稚柳宜預其會。及期，稚柳與僕欣然往焉。其地在靜安寺路吳君仕森宅中，李君及吳君梁孟，與吳君之戚吳嫣女士先在。別有江君一秋梁孟，列坐其次。語笑絲竹，雜然並陳，甚可樂也。其時絳炬高燒，獸香微褭。吳君總持其事，條理秩如。既肅伯駒正坐，李君叩謁如儀。伯駒含笑揮手答之。李君復以吳女士先列門牆，誼為學長，亦行相見之禮。未即入席。伯駒言曰，「吾生平不喜實過其名，於仕祿之途，處之尤為淡漠。雅志所存，惟欲延中國藝文一線不墜耳。以此朋友切磋，志同為尚，初不欲拘墟於師弟子之名也。然少春意極殷勤，必以此為請。意者，若其名不立，則其或有隱乎之心，是以諾之。夫戲劇之事，自樂府至於詞曲，至於皮黃，其變不可勝舉矣。今之就皮黃以求皮黃者，品斯下矣。應知其所以不得不變之故，而存其必不可變之理。庶乎可以喻俗，而不與俗流合污。程譚之事，則既往矣。即如叔巖所歌，皆嘗經魏鐵珊訂韻。此戲詞之源於文學者也。至於舞臺舉措，謂之身段。身段者畫之謂也。」伯駒乃指稚柳曰，「謝先生專精唐五代以來之畫，久居敦皇（煌）尤工人物。少春試叩之，當知舞臺身段，皆紙素間之綫條。豈不然乎！此身段之通於繪畫者也。抑有進者，人生萬化，皆有其哲理存焉。以哲人之心眼，取慧解與人生；而以此哲學慧解，表之戲曲。斯為造極，而非俗工之所能矣。吾於伶官先輩所傳，頗得其秘，兼喻其爾。少春試就吾尋省，傾囊倒篋無所隱乎爾。」言至此，吳女士指李君笑曰：「老師所云無隱者，意謂汝當戮力精進也。亦知之乎？」僕坐於伯駒之次，笑語伯駒，「吳女士誠不愧學長哉！」此時，江君舉杯為祝，且言曰，「某少年時，亦好戲曲，至今未已。嘗見論戲冊子，有張先生與王鳳卿、陳德霖、楊小樓、余叔巖諸大家之戲照。張先生領導其間，風神獨朗。當時即欲親炙矣。是以今日雖有他事，亦必預此。而少

春以盛名之下，折節從師。即此一端，知其虛心求益，已足以範今之名伶矣。夫名師高第，繼往開來，輝映如此，不可不祝。」於是合座引滿焉。是夕李君興尤高，數數挑鄰座戰酒。及盡歡言別，已近午夜。稚柳與僕同歸，風雨載途。車中僕誦漢人「燕燕尾涎涎張公子時相見」之語，引為笑樂。翌日，遂為錄之。

　　　　　　　　　　　　　丁亥十一月初五日餘慶坊居記 [1]

冬至月（十二月二十三日），在梅蘭芳為陳宗藩所繪《松壽圖》上題記：

　　當日迦陵今不殊，風流得似小三吾；

　　知寒為寫青松色，不畫雲郎出浴圖。

　　款識：蒓衷社長屬題。丁亥冬至月叢碧。

　　鈐印：張伯駒印（白文）、京兆（朱文）[2]

是冬，發起組織北平古琴學會。

是冬，偕潘素與張大千、于非闇合寫山水圖，先生題記：

　　丁亥冬至月，叢碧齋小集，大千居士寫疊嶂、蘆汀、扁舟，非闇補水榭，潘素寫秋林、坡坨，伯駒題記。[3]

是年歲末，夜訪畫家溥雪齋宅，雪齋取出新藏柳如是「蘼蕪硯」與先生同賞，先生愛不釋手，遂請雪齋加潤以讓，雪齋慨然允讓，先生當夜攜歸。次晨有琉璃廠古董商舉硯求售，先生視之，乃「玉鳳朱硯」，錢謙益所用硯也，即留存。一夜之間，夫婦硯合璧，雖純屬巧合，但一時亦被文化界傳為美談。

是年，與管平湖、汪孟舒、溥雪齋、楊褒元等琴家發起組織成立「北平琴學社」，定期雅集，社址即為先生展春園寓所。

是年，將所藏陸機《平復帖》借給王世襄做研究，此帖在王世襄家中存放一月有餘，助王世襄完成了《西晉陸機〈平復帖〉流傳考略》一文。

① 潘伯鷹著《潘伯鷹文存之一：小滄桑記》。上海：上海辭書出版社，2013: 100-102。

② 山西晉德 2016 年藝術品拍賣會之「中國書畫專場」第 0338 號拍品，拍賣時間：2016-03-31。

③ 張伯駒潘素文獻整理委員會編《張伯駒潘素書畫集》。北京：中華書局，2013: 77。

一九四八年（戊子）　五十一歲

一月八日，農曆丁亥年十一月二十八日，先生在家中宴請到訪的張大千，並出示潘素所臨摹宋人山水一幀，張大千乘興補畫題詞：

　　北宋喬仲常赤壁後遊圖

　　款識：丁亥十一月二十八日伯駒道兄招飲叢碧齋，出觀慧素夫人臨本並命補寫鸕鶿於下，大千張爰。[1]

三月二十五日，北平市教育局及社會局在中山公園來今雨軒舉辦慶祝「美術節」各界美術團體的聯合慶祝活動，先生與李辰冬、京華美術學院院長邱石冥以及教育局代表郭瑞恩發言。

三月二十六日《華北日報》刊登先生在美術節上的發言：

美術界昨慶美術節，一個美術節分兩派慶祝：

你開你的會，我開我的會

張伯駒、徐悲鴻等均分別致辭

〔本報訊〕二十五日為美術節，北平美術協會、中國畫學會、輔大美術系、京華美專、四有畫社、雪廬畫社、木刻協會、攝影協會、湖社畫會及女子西畫學校等十美術團體，於是日上午十時在中山公園來今雨軒聯合舉行美術節慶祝會，出席張伯駒、周養厂（庵）、徐聰佑、陸鴻年、邱石冥、王仁山、晏少翔、劉鐵華、張印泉、惠均、李旭英等八十餘人。開會後推選主席團八人，並由張伯駒擔任大會主席。張氏首先致詞謂：「人類生活在大宇宙中，先天就具備有欣賞美術的本能。美術的目的本身就蘊着和平博愛的意義。凡是愛好美術的人，都喜愛和平。翻閱美術歷史，便可以看見一個國家興衰的過程。美術影響人生最大，尤其在目前動亂時期的中國，從事美術的人所負的責任極為重要，不僅要在工作崗位上用創作來提倡人民愛國的風氣，更應該艱苦努力扭轉社會上流行的可怕惡習」。渠謂：「目前藝術家生活雖窮困潦倒，但以窮來團結，發揮創作的表現，卻更光榮自慰。」

　　繼由社會局代表楊秘書致祝詞，渠強調在目前苦悶動亂時期，最能

---

① 張伯駒潘素文獻整理委員會編《張伯駒潘素書畫集》。北京：中華書局，2013: 81。

造就出偉大的藝術家，甚盼北平美術界做全國的示範、領導工作，用美術創作的力量，安慰苦悶的群眾，提高民族的朝氣。旋由邱石冥、李辰冬等分別致辭。邱石冥謂：「美術的目的主要是希望生活美滿，追求真義的境界。人類生命的源泉，行為的動力，皆生活之美。就是革命精神和科學上偉大造就，也莫不寓有美的作用。但是由於美的逐漸變質，雜而不純，則科學有利亦復有害，革命成功亦復失敗。今欲消弭罪惡與人類仇恨而引起的戰爭，捨追求真美及愛好和平外，絕無他途。就狹義言，美術雖止於造型描繪之美觀，而其貢獻人群，領導社會，提倡和平，實生活至美真善之先驅，故科學當世界化，世界尤當美術化。」李辰冬謂：「美術節正如俗語言『王小二過年，一年不如一年。』目前美術界同人生活最為清苦，畫展情形非常淒涼，一般人欣賞已大為減低，似對畫展不感興趣。一般人購買力薄弱，很少人有買畫的能力，北平藝術實已走上不景氣的厄運。」辭畢，即擬宣讀慶祝宣言，經討論大會表決時，到會均紛紛陳述意見，認為避免嫌疑，少談政治，宣言無必要，咸主張反對向外發表宣言。結果通過取消宣言，後由各團體代表自由發表意見及美術節觀感。並通過向市政府建議，為維持北平美化，茲請當局保護馬路兩側樹木，以免妨害美觀。慶祝會至十二時許散會。[1]

同日《申報》亦刊登消息：

平慶祝美術節

建議保全自然美

〔本報北平廿五日電〕平美術會木刻協會等八團體，今晨在中山公園開會紀念美術節。到張伯駒、壽石工、劉鐵華等八十餘人。由張伯駒主席致詞稱：美術可促致和平，因為愛好美術的都喜歡和平。旋召開座談會，決定建議市府，對馬路兩個行道樹，只須酌剪，不應一律切掉樹頭，以免損害自然美。迄午散會。[2]

四月十一日，邀友人赴西直門極樂寺賞花雅集。應邀參加此次雅集的

---

① 《美術界昨慶美術節，一個美術節分兩派慶祝，你開你的會，我開我的會》，北平：《華北日報》，1948 年 3 月 26 日第 5 版。

② 《平慶祝美術節》，上海：《申報》，1948 年 3 月 26 日第 2 張第 6 版。

瀋陽籍青年詩人王作祥，在先生所贈自刊本《叢碧詞》的扉頁記下了這一盛況：

> 戊子三月三日，張先生伯駒邀余等赴西直門外極樂寺賞花。時海棠初盛開，丁香乍吐，國花堂前恰似急雪初晴，如墜霧中，不啻置身仙境。余等並攜有佳酒，由寺僧代備素食一席，先生旋拈得《浪淘沙》一闋，後座中咸有作和。余因忝陪末座，更借酒後遮羞之機，隨亦和詞一闋，藉以志其盛況。時在座計津門劉金章、豐鎮馬本明、禹縣楊興、瀋陽王作祥及萬依、晁錫祚諸同學。

王作祥和先生《浪淘沙》詞一闋：

> 古寺隱蒼松，翠竹叢叢。當年詩客唱春風。滿壁琳琅留韻事，誰護紗籠。　小坐畫堂東，酒淺詩濃。杜鵑啼斷夕陽紅。醉依闌干看不盡，花霧重重。

暮春，為卞孝萱填《浣溪沙》一闋並書贈《娛親雅言》：

> 勁節松筠詠栢舟。柳丸歐荻可同儔。卞家清監紹基裘。　令子鳳毛能濟美，從來名士在揚州。北堂萱草可忘憂。

> 調寄《浣溪沙》，上「興」字誤「可」字。

> 款識：卞太夫人雅好書畫。清卞永譽精鑒別，著有《式古堂書畫彙考》行世，永譽有女善花卉能書，見國朝畫徵錄故云。戊子暮春中州張伯駒。

> 鈐印：張伯駒印（白文）、平復堂印（白文）、京兆（朱文）[1]

八月十日，《申報》「自由談」專欄刊登陳詒先的文章《我所知道的吳清源（上）》，文中談及圍棋棋手少年吳清源在先生宅弈棋一事，節文如下：

> 當時井上與吳清源共下三盤，第一盤在青雲閣，時為民十六年十一月，清源十四歲，執黑子先，以打掛（日本棋語即未終局之謂）結束。越兩日，兩人再弈於李律閣宅，清源中押勝（亦日本棋語名詞）。再越兩日，兩人又於張伯駒宅，井上孝平中押勝。當時北平有日本商人山崎有

---

① 西泠印社拍賣有限公司 2016 年秋季藝術品拍賣會之「中外名人手蹟專場」第 0005 號拍品，拍賣時間：2016-12-16。

民者，亦好棋，以此三局之棋譜，寄回國內七段瀨越憲作。瀨越見之，大驚異，以為吳清源年僅十四歲，而有此棋力，極有其國棋聖秀策少年時代之作風，遂興邀清源遊日之意。其後清源東渡，入日本棋院，實基於與井上五段所弈之三局也。[1]

八月十日，為山西流亡北平學生捐贈文物義賣。北平《益世報》有載：

張伯駒義賣，急救山西學生

〔正中社訊〕平市名流張伯駒氏為救濟山西流平學生，特將家藏古物捐贈山西省政府北平辦事處，義賣後將全部所得捐予山西流平同學會，計捐贈為古琴一件，光緒瓷碗兩個，明版《經世書傳》兩套，殿版《搖苗錄》一套。據悉：該項珍物即將公開義賣。[2]

八月十五日，為東北流亡學生捐贈古代書畫圖書義賣，北平《益世報》有載：

張伯駒捐古籍義賣，贈東（北）同學

〔本報訊〕華北學院教授，張伯駒先生同情東北同學，將所有的珍藏，計有明謝時臣《山水古畫》一件、明板箋經兩件、殿板《千叟延集》一件捐助，經抗聯決議義賣，歡迎愛好古玩人士，可到北大學生自治會洽購。[3]

八月十六日，先生為流亡學生捐贈名書畫佳作，《申報》報導：

平名流張伯駒，將珍藏書畫，贈流亡學生

〔本報北平十五日電〕平名流張伯駒今將其珍藏的明清書畫、古物一部分，捐贈給東北及山西流平學生，張原被列入救濟特捐富戶，請捐十億，渠曾以書畫繳捐被拒，轉而直接捐贈學生。平特捐工作，一如上海之難收效果，前軍政要人，蕭一山、王洪韶、池逢城、孫連仲夫人羅敏鳳、門致中等皆在其中。[4]

暮秋，畫家張大千新得五代董源山水精品《瀟湘圖》卷，特意從上海攜至北平，讓先生鑒賞。適逢先生遠遊，巧合的是，一日先生剛從外地回

① 陳詒先：《我所知道的吳清源（上）》，上海：《申報》，1948 年 8 月 10 日第 2 張第 8 版。

② 《張伯駒義賣，急救山西學生》，北平：《益世報》，1948 年 8 月 10 日第 4 版。

③ 《張伯駒捐古籍義賣，贈東（北）同學》，北平：《益世報》，1948 年 8 月 15 日第 4 版。

④ 《平名流張伯駒，將珍藏書畫，贈流亡學生》，上海：《申報》，1948 年 8 月 16 日第 1 張第 2 版。

到北平，於機場邂逅正準備南返的張大千。大千遂打開旅行箱，取出國寶
《瀟湘圖》卷共賞，先生亦深以為幸。此次機場偶遇後，張大千便於次年
漂泊海外，從此兩人天涯永隔，再沒能夠謀面。

　　十月二日，應燕京大學中文系主任、語言學家高名凱之邀，先生拿出
自己收藏的珍貴書畫精品四十五件，在燕京大學貝公樓校長辦公室舉辦小
型書畫展。就在這次展覽上，燕京大學青年學生周汝昌前來求教《楝亭圖》
題跋問題，先生將由啟功抄錄的《楝亭圖》題跋手卷贈給周汝昌。周汝昌
將卷後題跋謄抄一過，後又將啟功手蹟歸還於先生。周汝昌曾將這一段經
過詳細記錄在《啟元白》一文中：

　　　　誰知，竟有「天意」相助。不久正剛喜沖沖地手持一個冊子來了，
　　說張先生特為尋出了啟元白某年手抄的全部卷內的題句。這真是喜從天
　　降，全出意表！打開看時，果是啟先生手蹟，一色小字正書，略帶一點
　　兒行書筆致，也不太多，我就欣喜興奮地錄入了我的《證石頭記》稿（即
　　後來改名的《紅樓夢新證》）。

　　　　正剛說，張先生願將此手抄冊見贈。我聽了深為感動，但念這不太
　　合宜，有「貪得」之嫌，就託正剛又奉還了張先生。[1]

　　十月三日，周汝昌疊張伯駒《金縷曲》韻，成二闋書呈先生。

　　十月三日，北京《華北日報》詳細介紹了先生在燕京大學所舉辦書畫
收藏展之展品：

張伯駒氏所藏書畫，昨在燕大擇尤展覽，
有我國最古之晉隋名作。琳琅滿目，堪稱藝壇盛事

　　〔本報訊〕項城張伯駒氏，累代簪纓，家富收藏，與項城袁氏，為通
家至親。袁項城幕府素多名士，袁寒雲復以才華書法見稱於世，伯駒與
寒雲平生遊處好尚相同。寒雲喜收藏，伯駒所收之富尤過寒雲，所為之
詞清新俊逸，頗足代表其為人風趣，時人推為納蘭性德之一流人物。所
收藏之歷代法書名畫，選擇之精，品類之富，據云捨故宮所有外均不足
與之抗衡。其中之西晉陸機《平復帖》墨蹟，為我國最古之法書名蹟，
自三希堂三王墨蹟中有三種被疑為偽品後，《平復帖》更為世人見重。遂

---

① 周汝昌著《北斗京華——北京生活五十年漫憶》。北京：中華書局，2007: 296-297。

清成親王受賜此帖於大內，乃名其書齋為「貽晉齋」，以示珍異。

　　抗戰軍興，張氏避亂西安，其夫人潘素女士留平保護所藏。女士精於繪事，生活趣味與伯駒同，其喜愛書畫亦不下伯駒，人擬之李清照與趙明誠，蓋夫妻間有相得益彰之美也。伯駒既定居於西安，女士乃挾其所守護之名蹟數百件犯險西行。抵西安後一度因潼關吃緊，復移運蘭州。日人投降後，張氏入孫連仲將軍幕府，始由空運將其所藏運回故都。年來復收得長春偽皇宮流出之名蹟多種，如海內絕品隋展子虔《遊春圖》卷、宋徽宗《雪江歸棹圖》等，輾轉皆歸張氏叢碧山房所有，但當時諸件索價極昂，張氏之力亦有未逮，惟為保存國粹文物起見，乃不惜變賣個人產業，易貲以購得之。自是張氏叢碧山房名蹟之富，更稱海內之冠。張氏近應本市文化界之請，二日特假燕京大學貝公樓，將其所藏書畫名蹟，選出精品四十五件，陳覽一月，琳琅滿目，美不勝收。一時貝公樓上，名流紛集，觀者群嘆為如入寶山，得未曾有。堪稱最近書畫展覽之一盛事。茲將昨日陳品目錄列下：

　　1、西晉陸機《平復帖》，2、隋展子虔《遊春圖》卷，3、唐李白《上陽臺帖》卷，4、宋范仲淹《道服贊》卷，5、宋蔡襄《自述詩帖》冊，6、宋黃庭堅《諸上座帖》卷，7、宋王詵《烟江疊嶂圖》卷，8、宋徽宗《雪江歸棹圖》卷，9、宋米友仁《姚山秋霽圖》卷，10、宋高宗書、馬和之畫《詩經・節南山之什圖》卷，11、宋朱勝非《書札》冊，12、宋吳琚《雜書詩帖》卷，13、宋趙孟堅《畫水仙並自書詩》卷，14、宋錢選《山居圖》卷，15、元趙孟頫《章草千字文》卷，16、元顏輝《煮茶圖》卷，17、元方從義《雲林鍾秀圖》卷，18、《五元人圖》卷，19、元俞和《臨趙孟頫常清靜經》軸，20、明陳叔起、王紱合畫《瀟湘秋意》卷，21、明沈周《山水》長卷，22、明唐寅《孟蜀宮妓圖》軸，23、明文徵明《三友圖》卷，24、明文徵明《閩荔吳栽圖》卷，25、明文徵明《桃源別鏡圖》卷，26、明項元汴《桂枝香圓圖》卷，27、明董其昌《山水》卷，28、明來復《草書》軸，29、明項聖謨花卉冊，30、明林良《枯木寒鴉圖》軸，31、明周之冕《百花圖》卷，32、明陳繼儒《雲過雨過圖》軸，33、清吳歷《興福庵感舊圖》卷，34、清王翬《觀梅圖》卷，35、清禹之鼎《納蘭容若侍衛小像》軸，36、清樊圻《柳村漁樂圖》卷，37、清

陳鵠《紫雲出浴圖》卷，38—41、清黃瓚、張淑、禹之鼎、沈宗敬、陸
澍、戴本孝、嚴繩孫、惲壽平、程義等《棟亭圖》四卷，42、清蔣廷錫
《瑞蔬圖軸》，43、鄒一桂《芙蓉鷺鷥圖》軸，44、清華喦《青綠山水》
軸，45、清金廷標《接梅圖》軸。

　　以上張氏所藏品四十五件之中，西晉陸機《平復帖》，為中國墨蹟
最古之帖；隋展子虔《遊春圖》卷，為中國最古之畫，可稱海內名寶。
茲將其卷軸形式，書畫行款，鑒藏源流，明賢題跋擇要誌之於下：

　　1、晉陸機《平復帖》：紙本，共八十四字，卷前後有宋徽宗金字標
籤，雙龍圖璽，宣和、政和諸璽。卷後隔水有明董其昌跋，宋倭錦套，
外成親王書白絹箋。是帖為宋御府所藏，見宋徽宗《宣和書畫譜》，至明
萬曆時見於宗伯學士韓世能家；清歸梁清標、安儀周藏，後歸內府。乾
隆時賜成親王，嗣傳於恭親王。按《宣和書畫譜》，是帖作於晉武帝初
年，早於王羲之《蘭亭序》約百有餘年，當為中國墨蹟最古之帖。

　　2、隋展子虔《遊春圖》卷：絹本，青綠，重着色，人物五分許，
山巒樹石空鈎無皴，渲染山頭小樹，以花青作大點如苔，甚為奇古，始
開唐李將軍一派。卷前黃絹隔水，宋徽宗墨筆標書，上鈐雙龍方璽，下
鈐宣和連珠大璽，中鈐朱文舊印。圖後上角，有元「大長公主皇姊圖書」
朱文大印，又有宋賈似道「悅生」葫蘆印。後黃絹隔水上下鈐「政和」、
「宣和」連珠大璽，下鈐賈似道「封」字大印。後紙有元馮子振、趙巖、
張珪詩題。前黃絹隔水，有明宋濂和馮子振詩，楷書題。再前隔水有乾
隆和馮子振詩御題。卷末明董其昌題。是卷與陸機《平復帖》同為其館
師韓宗伯所藏，見宋徽宗《宣和書譜》及《清河書畫舫》、《黔山堂書畫
記》、《鐵網珊瑚》、《佩文齋書畫譜》、《式古堂畫考》、《大觀錄》、《墨
緣彙觀》、《石渠寶笈二編》、《石渠隨筆》諸著錄。自宣和以迄南〔宋〕、
元、明、清流傳有緒；世無晉顧愷之真蹟，此當為中國最古之寶。[1]

　　十月四日，北京《華北日報》繼續刊登《張伯駒氏所藏名蹟著錄續志》
一文：

---

① 《張伯駒氏所藏書畫，昨在燕大擇尤展覽，有我國最古之晉隋名作。琳琅滿目，堪稱藝壇盛事》，北平：《華北日報》，1948 年 10 月 3 日第 2 版。

　　大收藏家張伯駒氏，應教育文化界之請，將所藏特別精品於二日在燕大展覽一日（昨報日字誤為月字），觀者嘆為自故宮書畫南遷後，十餘年來已不見如此之名作鉅製。因張氏收藏大多為海內僅有之名蹟，且無不見於昔人著錄，足供研究我國文物之助，惟張氏所展之目錄向未公布，前日展覽時亦未印發觀者。昨日本報謹將陸機《平復帖》、展子虔《遊春圖》二件之張氏著錄刊出，茲應讀者要求，再將最精之李白《上陽臺》詩卷以下之十種著錄刊出，以下即為張氏所編之著錄原文：

　　3、唐李白《上陽臺帖》卷：紙本，卷前後有瘦金書題字，引首清高宗題，卷後有清高宗釋文，及元人諸跋，卷前後有宋趙孟堅、賈似道，元張晏，明項子京，清安儀周、梁清標諸印。此帖為清內府所藏，見《石渠寶笈》著錄，太白真蹟。此為孤本。

　　4、宋范仲淹《道服贊》卷：紙本，楷書，後有宋文同、戴蒙，元柳貫、胡助，明劉魁、戴仁、司馬垔、吳寬、盧濬、王世貞等跋。前後有壽國公圖書，宋官印，清梁清標為清內府藏刻三希堂法帖，見《石渠寶笈》著錄。安儀周《墨緣彙觀》著錄。

　　8、宋徽宗《雪江歸棹圖》卷：絹本墨筆，卷前上方徽宗自題「雪江歸棹圖」，上鈐雙龍方璽，卷後書宣和殿製，上鈐御書葫蘆小璽，下書御押。引首乾隆題字，前隔水有宋內府編號半字，卷前後有宋宣和、政和小璽，明卞永譽書畫備考印，清梁清標諸印，乾隆宣統諸璽，及太上皇帝、八徵耄念大璽。卷中有乾隆題詩，後紙有宋內府圖書印，宋楚國公蔡京跋，明王世貞、王世懋、董其昌跋，是備見《弇州續稿》、《大觀錄》、《清河書畫舫》、《東圖玄覽》、《式古堂書畫彙考》、《鐵網珊瑚》、《石渠寶笈》著錄，稱為第一。宋徽宗書，王世懋跋，內云：此卷以古錦為標，羊脂玉為籤，兩魚膽青為軸，宋刻（緙）絲龍袞為引首，延吳人湯翰裝池。現只存宋刻絲龍袞包首，至為精美。明詹景鳳《東圖玄覽》稱：韓宗伯藏鍾繇摹正考父鼎銘卷首，古錦一幅長四尺餘，青地色，花闌中橫一金龍魚，極鮮美。曾見王敬美徽廟《雪天歸棹卷》亦有如此錦一幅，生平見古錦如此二而已矣。考之周公瑾《雲烟過眼錄》云：是宣和法錦，是此刻絲龍袞在明代已屬稀見。按《雪江歸棹卷》尚有一贗作，尺寸題跋均相同，前隔水無宋內府編號字，無宣和、政和小璽，無乾隆

題詩，後紙無宋內府圖書大印，而卷前後鈐以項子京諸偽印，後題跋字句無異，而鈐印不同。董其昌跋原本為行草，而贋者為行楷，且遇字誤為「過」字，似為清初人所偽託者。是贋卷曾為龐萊臣收去，後歸日人，現歸英國某收藏家，有珂羅版行世。

10、宋高宗書馬和之畫《詩經·節南山之什圖》卷：絹本，書畫相間，共十段。引首乾隆御題，卷前後有乾隆、宣統諸璽，清梁清標諸印。紙鈐乾隆學詩堂大璽，及乾隆御題，《大觀錄》、《墨緣彙觀》著錄。

15、元趙孟頫《章草千字文》卷：紙本，烏絲格，章草書《千字文》，全文前後有清乾隆諸璽、安儀周藏印，後紙之柳貫草書跋。見《墨緣彙觀》著錄，為文敏晚年之筆。

16、元顏輝《煮茶圖》卷：宋箋紙本，白描，寫唐陸羽煮茶圖。卷前後有乾隆、嘉慶、宣統諸璽，後藏經紙自書唐韓愈詩並跋語，為清內府藏。按顏輝畫不多見，書尤罕見。

17、元方從義《雲林鍾秀圖》卷：紙本墨筆，前後有乾隆、嘉慶、宣統諸璽，後紙明沈周跋，清高士奇題詩，見高士奇《江邨消夏錄》著錄，稱為神品，為其晚年之筆。

20、明陳叔起、王紱合畫《瀟湘秋意》卷：紙本墨筆無款，前為陳畫，自平沙落雁以後為王畫，見後黃思恭跋中。前引首乾隆題字，卷前後有耿昭忠、李之赤、梁清標諸印，及乾隆、宣統諸璽，見《石渠寶笈》著錄。

21、明沈周《山水》長卷：紙本淺絳□，自題款，有清乾隆、嘉慶諸璽，見《寶笈三編》著錄。

22、明唐寅《孟蜀宮妓圖》軸：絹本着色，五代蜀主孟昶令宮妓多衣道服，絹簪蓮花冠，施脂夾粉，名曰醉妝，此寫其圖。絹素清潔，氣色鮮妍，人面傳粉用唐三白法，右上首自題詩並跋，為清安岐所藏，《墨緣彙觀》著錄，稱為精品。

30、明林良《枯木寒鴉》軸：絹本墨筆，寫竹石枯木，上棲寒鴉六七，瞑目凍縮，筆法遒勁生動，若有寒風蕭瑟之意，左下款署林良二字。

31、明周之冕《百花圖》卷：紙本墨筆，寫雜花、牡丹、玉梅花

三十種，自題款。明張鳳翼、王穉登、陳繼儒、文葆光、杜大綬、文震孟、錢允治、陳元素各間題五七言詩，每種均有乾隆題詩，引首乾隆御題，卷中前後有乾隆、嘉慶諸璽，又有烟雨樓大璽，頗罕見。為清恭親王藏，有貝勒載瀅印，係受賜內府者。

37、清陳鵠《紫雲出浴圖》卷：紙本着色，像可三寸許，着水碧衫，支頤坐石上，右置洞簫一，髮鬖鬖然，臉際輕紅，凝睇若有所思。卷中及卷後題咏，自張綱孫、陳維岳、吳兆寬、冒襄、王士祿、王士禛、崔不凋、尤侗、毛奇齡、宋犖等七十四人，詩一百五十三首，詞一首，清末以後題者不計。是圖蓋寫陳其年眷冒辟疆家伶徐九青故事之一，在當時已膾炙人口，雍正間為吳青原所得，乾隆間有一摹本，為羅兩峰畫，陳曼生手錄題咏，清末是圖歸端午橋，摹本迄未發現。[1]

十月八日，上海《新民報（晚刊）》副刊《造型》開始連載先生所撰《故宮散失書畫見聞錄》長文。附文如下：

清內府書畫，自康熙朝初，由高士奇進入，但多為贗品。見《江邨書畫秘目》內，康熙四十四年六月，揀定進上手卷，列進字壹號、貳號，共九十四件，皆注明贗蹟，且值極廉，內真蹟不過三四件，亦只明代作品而已。當時事收藏者尚有安岐，既精且富。江邨尚謝弗遠，後安氏子孫陵替，精品多為沈德潛、梁清標進諸內府，餘則散處江南北士大夫手。

高宗既雅好翰墨，臣工進呈，罪家籍沒，遂彙成大觀。唯少間真贗雜出，《石渠寶笈》但記尺寸、印章、跋語，而不加斷定。蓋一經睿賞御題，臣下便不敢謂為偽作，故《石渠寶笈》之所載，上等而為贗品者有之，次等而為真蹟者有之。洎嘉慶朝，侍講學士胡敬，受命審定《寶笈》二編、三編書畫。撰有《西清札記》，雖不斷定真偽，但為真蹟後另有暗語，贗品則後無暗語，是為技術上之暗示。

嘉慶以後，歐器東漸。凡案羅列，金碧晃耀，卷軸縹緗，遂不復重。至宣統廢居故宮，復命內臣溥忻、寶熙、袁勵準等，重行審定，加鈐寶璽，後遂以賞溥傑為名，陸續潛移宮外。照故宮博物院錄印賞溥傑單，共計卷冊一千一百九十八件，更有精品經發現而不在單內者，不

---

① 《張伯駒氏所藏名蹟著錄續志》，北平：《華北日報》，1948 年 10 月 4 日第 3 版。

計。馮玉祥驅廢帝出宮，宮內尚有大部卷軸存在。經過盜寶案，盜者只認識珍寶金翠，而不重書畫，因得無損失，亦屬不幸中之幸。

日本投降，偽滿覆滅，溥儀倉皇出走，所有攜去之書畫，盡行散失於長春一帶，三十五年初有發見。吾人即建議故宮博物院兩項辦法：

1、所有賞溥傑單內者，不論真贗，統由故宮博物院價購收回。

2、選精品經過審查價購收回。經余考定，此一千一百九十八件中，除贗蹟及不甚重要者外，有關歷史藝術之品，約有四五百件，按當時價格，照第二項辦法，如教育部撥給故宮博物院法幣十億至二十億元，可大部收回。但故宮博物院向教育部請款，教育部因經費支拙，無款可撥，故宮博物院後改隸行政院，又行申請，結果僅撥給一億元，而手續遷延，物價飛漲，行政院教育部既如此處置，而故宮博物院亦未有決心，遂坐使國寶名蹟散失，並有流出國外者，誠亦中國美術史上之又一劫運也。[1]

十月十五日，北平《益世報》刊登宋毓珂文章《張伯駒先生收藏古字畫展覽記略》，記述燕京大學藏畫展觀後感：

我是最喜歡欣賞古字畫的一個人，但是家中苦無一張真蹟，只能看到一些珂羅版畫冊而已，每見到古人構圖用筆的精妙，便極為驚訝嘆息，簡直無暇讚賞。和平後到北平第一件我所作的事，就是到故宮博物院去看古字畫，可惜幾經變亂，所藏的好畫已無幾，但是沒有見過真蹟的人，亦覺得已飽眼福了。日月易過，再有半年多，我或許就要離開舊都，欣賞古字畫的機會，恐怕日益少了吧！想不到忽然聽到張伯駒先生在燕京舉行古畫展覽會，日期十月二日。這一天我看了好幾遍，滿目琳琅，已往所見的照片畫冊，至此全無顏色，真可嘆為觀止。上由晉人下至清代，一千四五百年間的字畫，都在這裏看見。又蒙啟元白先生給我敘說，親作札記，不想今日有此奇緣，豈非是我精誠所至，不使我無所見而離去故都？這次展覽的字畫一共是四十五件，地點在燕京貝公樓校長辦公室，可惜地方太小，大桌子太少，一些長的手卷不能完全展開，如能展開盡興的欣賞其全副面目，當是如何的快樂！現在我們大略的說

---

[1] 張伯駒：《故宮散失書畫見聞錄》，上海：《新民報（晚刊）》，1948 年 10 月 8 日第 2 版。

一說，供給諸同好。

（一）晉陸機《平復帖》卷，西晉墨蹟流傳到現在的，除近年考古發掘的簡札外，當推此帖為最古了。字作章草，與漢晉木簡無異。帖有一尺左右見方，前有宋徽宗題籤，後有董其昌跋，諸家收藏印璽有百八十方。

（二）展子虔《遊春圖》卷，展子虔在繪畫史上是占很重要地位的一個人，他的作品流傳到現在極少。此圖為宋朝內府所收藏，有宋徽宗的鑒定，元人馮子振等題跋。絹本約二尺餘見方，設色山水；因為年月太久，絹已是暗黑色。書法簡古，遠在唐宋人之上。世間流傳有緒之古畫，顧愷之《女史箴》外，要推此畫為最古了。

（三）李白《上陽臺帖》卷，太白字世間沒有傳本，在宋時只有三本，這一卷是其中之一。紙本呈暗黑色，字已模糊，為一首四言古詩，後有乾隆釋文，用筆古拙，可見謫仙不羈之風。此卷不只在書法上有價值，也是歷史上絕無僅有的遺蹟。

（四）蔡襄詩帖卷，蔡襄是宋四書家之一，可是他的字蹟在古人的書畫目錄中，已是較其餘三家為少見，到現在自然更是可貴了。此帖曾刻於《秋碧堂帖》裏和《玉虹樓帖》裏。內有一行批注曰：「此首極有古人風格」，乃是歐陽修所寫。此帖用筆變化不可捉摸，絕不是宋以後人所能彷彿。卷後，楊龜山等人題跋，尤為稀世之品。

（五）黃庭堅《草書卷》，此卷是十張白紙接在一起的，大概是澄心堂紙。草書飛動，字勢雄動，真是神品。山谷草書號稱規模懷素，但是超逸古雅猶有勝過他之處。後一段自題行楷書，較《松風閣》帖似乎更佳。

（六）宋王詵《烟江疊嶂圖》，王駙馬《烟江疊嶂圖》，乃是歷史上煊赫名蹟。舊有蘇東坡題詩，後因元祐黨禁給割去了。明代別傳一本，配上蘇題，乃是偽品。此真蹟曾入宣和內府，有徽宗題字，確是真蹟無疑。其寫江烟雲霧，□遠之致，真是神韻無窮。

（七）宋趙孟堅《水仙卷》，自描水仙一段，後自寫詩若干首，曾屢刻法帖中。紙尚甚新，書極生動逼真，如聞其馨香。字則筆力酋偉，墨色深厚，進唐人之堂奧，絕非後人所能及。尤非石刻所能傳其神似。

（八）宋徽宗《雪江歸棹圖》卷，道君畫流傳的花鳥之蹟，多是院人代筆，此卷筆法高妙，氣韻深靜，就是王摩詰亦不過如此而已。董其昌曾疑其為王摩詰的畫，徽宗拿而題自己款。此話雖是乘興放言，然亦可知此畫之妙了。

（九）《五元人合繪卷》，第一幅為趙雍山水，雍是孟頫之子。第二幅是王冕墨畫梅，此畫最為精妙，奕奕欲生。第三幅是朱澤民山水。第四幅張觀山水。第五幅是方從義山水。這五幅畫都是元人的妙品。

（十）《棟亭圖》四卷，清黃瓚、張淑、禹之鼎、沈宗敬、陸漻、戴本孝、嚴繩孫、惲壽平、程義等人所畫。緣《紅樓夢》作者曹霑之曾祖璽，曾手植棟樹一株，其子寅兄弟為追念先人，在樹旁築亭。徵文徵畫，當時名流全都包括在內。題跋有納蘭容若、姜宸英、毛西河等人。每卷長盈丈，此四卷不僅供賞玩，實乃重要之文獻。

（十一）清《納蘭容若小像》立軸，容若是清初大詞家，著有《飲水詩詞集》，可比南唐二主。今觀其像，自是秀雅人物，有恭親王題箋，沈寶熙等十數家題贊。

（十二）宋吳琚《詩帖》卷，琚字雲壑，南宋人，書法學米芾，得其神髓。此雜書八段，與故宮所藏《吳琚詩帖》同是一類之物。清初曹溶貞鑒賞盛名，而誤題此為米南宮真蹟，足見琚字之肖南宮。

（十三）明文徵明《墨筆竹蘭菊石》卷，此圖實為興會所至之筆，運筆如風雨之驟至，淋潤揮灑，確是天地間尤物。題字仿黃山谷，而秀美則勝過黃氏，文氏筆蹟此為第一了。

（十四）明林良《枯樹寒鴉》立軸，林氏在明人院派中筆力爽快，當在邊景昭輩以上。此圖寒鴉之冷，如見其瑟縮一般。

（十五）明周之冕《百花圖》卷，此為乾隆內府所藏，用墨筆畫，但能曲傳花草之神，信如神來之筆。

（十六）清吳歷《興福庵感舊圖》卷，吳歷的畫，在清代六家中最為少見。此圖為悼念亡友所作，老木寒鴉，寂寥蕭參，秋風淅瀝，淒淒之感躍於紙上。生動神物之筆，至此使人信服。

（十七）清蔣廷錫《瑞蔬圖》立軸，此圖世間有影印本，已驚其神妙，今見真蹟，直欲取而食之。色彩鮮美，又絕非影印本所能傳。

　　（十八）清陳鵠《紫雲出浴圖》卷，冒辟疆家童紫雲為陳其年所戀，於是其年從冒氏求得，挾之以去，清代文苑中傳為佳話。其年是明末四公子之一的陳定生之子，與冒辟疆為世交，辟疆世傳董小宛故事中的主人。看這一幅畫，可引起不少趣話，此圖為其年請陳鵠所畫。紫雲披衣坐一石上，旁邊放着一支簫，凝眸若有所思，很像一個江南佳人，題贊的人自冒辟疆下，總有一百數十人，真是大觀。此圖雍正間藏於吳青原，清末歸端午橋[1]，乾隆時有羅兩峰的模本。

　　（十九）元趙子昂《草書千字文》卷，趙字世間偽品最多，即故宮影印的六體千字文亦是假的，此卷確為真品。以扁筆書，時時間有章草筆。文敏用筆於此可窺端倪。

　　（二十）明董其昌《山水》卷，宗伯畫，世間偽品之多，與趙文敏同，並且董的代筆亦多，能得一件親筆畫，有如鳳毛麟角。此圖秀潤絕倫，山光水色映於紙上，與昔日所見的真是天地之別。

　　因篇幅關係不便多說，其餘的非不如以上所說，實也連城之物。如宋范仲淹《道服贊》楷書謹嚴，凜然如見其人；宋高宗書，馬和之畫《詩經·節南山之什圖》卷，畫超逸而字謹嚴；宋米友仁《姚山秋霽圖》；宋錢選《山居圖》；宋朱勝非書札，勝非官至右僕射，秦檜當政，致仕家居；明陳敘起、王紱合畫《瀟湘秋意》卷；唐寅《四美圖》的嫻雅；文徵明《桃園別境圖》的仙境；宋復字的驚心動魄，哪一件不是讓我們把玩不□！這些字畫是張先生二十年搜羅所得，費心血不少。今日我們卻能在一日內全看見，真覺得比張先生還要高興！[2]

十月十七日，與潘素在北平飯店宴請張大千伉儷，為其餞行。

十月二十二日，上海《新民報（晚刊）》副刊《造型》刊登先生所寫《故宮散失書畫見聞錄》之「廢帝溥儀寓居天津張園時所賣出之書畫」。附文如下：

　　廢帝既出宮後，由日本使館移居天津日租界張園，頗困窘。而從臣俸給，不能稍減。遂不得不賣出所攜之書畫。其事頗似李後主銀面盆

---

① 即端方。

② 宋毓珂：《張伯駒先生收藏古字畫展覽記略》，北平：《益世報》，1948 年 10 月 15 日第 6 版。

事。(《十國春秋》，後主歸宋貧甚，張洎猶丐索之，後主以白金頰面器
與洎，洎猶不悵意。) 時日人某，欲以二萬日金得梁楷卷。事為太傅陳
寶琛所聞，因連夜赴津，面廢帝，承辦其事。交割後，以二萬現洋奉廢
帝，實則日金二萬，可換現洋四萬也。後又有日本某侯爵，欲以日金四
萬，得李公麟《五馬圖》獻日本天皇。時廢帝正艱窘，願以四十件書畫，
售日金四十萬元，《五馬圖》則不更索值，以贈日皇。寶琛又包辦其事。
以四十件書畫畀其甥劉可超。一日劉持四件，向鹽業銀行押款兩萬元，
經理朱虞生約予往觀。則為關種《秋山平遠圖》、李公麟《五馬圖》、黃
庭堅《摹懷素書》、米友仁《姚山秋霽圖》四卷。開價《秋山平遠圖》五
萬元，《五馬圖》三萬元，《摹懷素書》、《姚山秋霽圖》各兩萬元。押款
兩個月後，劉還一萬元，取走《五馬圖》一卷。其《姚山秋霽圖》以一
萬一千元售於予。更以《秋山平遠圖》、《摹懷素帖》向予押款五千元。
輾轉數月未還，以山谷《摹懷素帖》了結。關種《秋山平遠圖》退還之。
《秋山平遠圖》紙本短卷，後有明昌御覽璽，後隔水高士奇跋，《江邨秘
目》注不真，自跋。朱經理歿後，所藏有方從義《雲林鍾秀圖》、文徵明
《三友圖》、王翬《觀梅圖》、蔣廷錫《墨筆花卉》、董邦達《墨筆山水》
五卷，並以歸予。此外更見王獻之《中秋帖》、王珣《伯遠帖》、李白
《上陽臺帖》為郭世五所得，是否為此四十件內之品，不詳。方方壺等五
卷、關種等四卷則在此四十件之數，均載賞溥傑單內。更有黃筌花卉甚
精，予未之見。後劉以現洋數萬元繳廢帝，糊塗了事。所有書畫，盡未
交還，廢帝頗不悅。比偽滿立國，寶琛位遂為鄭孝胥所奪，悒悒而返。
颺言廢帝出關，非彼所願。忠諫不入，只有退遂其志。予嘗與溥
雪齋君談遜清故事，雪齋亦以太傅胸中波濤最大，吾輩非與同世，安知
太傅之為何如人。後世讀史，往往差之毫釐，謬之千里矣！ [1]

十月二十八日，周汝昌致函北大校長胡適，信中將原寫給先生的兩首
詞轉寄胡適，周汝昌在信中寫道：

　　十月二日草草賦《金縷曲》贈叢碧先生，幅隘感多，言不罄意，追
維圖卷，因一再疊（凡入例得作平處不贅注）。

棟亭圖

庭命存提耳。記當時，棟花亭榭，袞衣衡第。一樹婆娑人雪涕，誰會蓼莪真意。天下事，半歸知己（曹子清上自前明遺士，下逮朝野名流，罔不與遊）。妙句清圖都幾幅，遍東南、爭寫瞻依淚。筆似繡，詩如水。　　那蘭小跋心先醉。重摩挲，手污爪鬈，雅人生忌。三葉不殊風木思（子清以至雪芹），身世興亡未已。又豈獨、艷情堪悔（船山詩云：「艷情人自說紅樓。」前人大抵只於「艷情」二字着眼）。五彩雲龍餘誥錫（曹氏上世三誥命，今藏燕大圖書館，與《棟亭圖》皆其家舊物流於世者也），泣流傳、廠肆風塵裏（李文藻《南澗文集·琉璃廠書肆記》云：乾隆己丑夏間，從內城買書數十部，皆有棟亭曹氏印，蓋付鼓攤廟市久矣）。忍重讀，石頭記。

紅樓夢

奕葉愁昴耳（昴，第七世；耳，第八世。自曹氏始祖世選迄雪芹之殤子，凡七世，蓋不俟八世而衰矣）。更休論，從龍勛衛，繡莞才第。樹倒猢猻含痛語，夢裏座中同意（子清在日，每舉「樹倒猢猻散」一語示座客，見施琿詩集自注，即秦氏託夢語所自來也）。猶苦說，為人非己。喈虀圍氈良何暇（脂硯齋硃批云「寒冬喈酸虀，雪夜圍破氈」，此乃雪芹貧後實況），十年勤（胡藏脂本引詩云「十年辛苦不尋常」）、奇話傳償淚。分不出，血和水（依雪芹自批，「絳珠」即隱「血淚」二字，故詩又云「字字看來皆是血」）。

賡酤賣畫韞匏醉（敦誠、敦敏昆弟贈雪芹詩云「舉家食粥酒常賒」，又「賣畫錢來付酒家」，又「一醉韞匏白眼斜」）。嘆蓬蒿，生屯死覆（敦誠《四松堂集》寄懷曹雪芹詩云「於今環堵蓬蒿屯」），絕才天忌。晒載更無玄識在，當日不如其已。回首處、九泉應悔。四海誰堪身後託？茸叢殘、舊事芸編裏。君浮白、吾能記（余輯《紅樓家世》一書，搜曹家舊事差備）。

十月二日得見《棟亭圖》，當時作了一首詞給藏主張先生，向他乞錄題辭，為輯書材料。因張先生題《容若小像》立軸用容若贈顧梁汾韻作《金縷曲》，我便用了此韻，第二天又疊了兩首，因為都與《紅樓》有關，特地檢寄適之先生，以供一粲。原來本錄為他人看，故附

累贅小注。

汝昌

卅七・十・廿八志[1]

十月，《燕大雙周刊》刊登《張伯駒來校展覽書畫——陸機、李白、趙孟頫痕迹，宋徽宗、隋展子虔圖卷……》一文：

北平收藏名家項城張伯駒先生素精鑒賞，收藏之富甲故都，頃應本校陸志韋、張東蓀、高名凱諸先生及平市文化界要求，於十月二日假貝公樓校長辦公室，展覽書畫真品四十五件。其中有：

（一）西晉陸機《平復帖》，（二）隋展子虔《遊春圖》卷，（三）唐李白《上陽臺帖》，（四）宋范仲淹《道服贊》卷，（五）宋蔡襄《自書詩帖》，（六）宋黃庭堅書《諸上座帖》卷，（七）宋王詵《烟江疊嶂圖》卷，（八）宋徽宗《雪江歸棹圖》卷，（九）宋米友仁《姚山秋霽圖》卷，（十）宋高宗書、馬和之畫《詩經·節南山之什圖卷》，（十一）宋米勝非《書札》冊，（十二）宋吳琚《雜書詩帖》卷，（十三）宋趙孟堅畫《水仙並自書詩》卷，（十四）宋錢選《山居圖》卷，（十五）元趙孟頫《草千字文》卷，其餘亦皆為元、明、清名家精品。陸機、李白、范仲淹、展子虔、宋徽宗各件均為稀世之珍，足稱今日中國國寶。《烟江疊嶂圖》據考證為蘇軾題詩原本。趙孟頫《章草千字文》全文，亦為宇內罕見珍品。展覽時貝公樓盛況空前，下午更有多人由城內趕來參觀，皆嘆賞不已，引此次奇遇為畢生幸運。[2]

十月，張大千偕夫人徐雯波赴北平，應邀為徐悲鴻藏《八十七神仙卷》題字，並會晤了張伯駒、齊白石、于非闇等諸多京中老友。

十一月五日，《新民報（晚刊）》副刊《造型》刊登先生所寫《故宮散佚書畫見聞錄（三）》之「三希堂二王法帖之佚失經過（上）」：

清高宗以王羲之《快雪時晴帖》、王獻之《中秋帖》、王珣《伯遠帖》，名三希堂。按《快雪時晴帖》為唐摹，《中秋帖》為米臨，其晉蹟

---

① 周汝昌著《獻芹集：紅樓夢賞析叢話》。北京：中華書局，2006: 493-494。

② 《張伯駒來校展覽書畫——陸機、李白、趙孟頫痕迹，宋徽宗、隋展子虔圖卷……》，北平：《燕大雙周刊》，1948 年第 64 期總第 464 頁。

而無疑者則為《伯遠帖》也。現故宮博物院只存《快雪時晴帖》,《中秋》、《伯遠》兩帖,則已佚失。二十六年春,兩帖並李白《上陽臺帖》,予得見於郭世五家。當為溥儀在張園時所賣出者。郭有伊秉綬三聖草堂額,顧以自豪。但其旨在圖利非以為收藏。予恐兩帖或流落海外,不復有延津劍合之望,倩惠古齋柳春農居間,郭以兩帖並李白《上陽臺帖》,另附以唐寅《孟蜀宮妓圖》軸、蔣廷錫《瑞蔬圖》軸、王時敏《山水》軸議價二十萬元讓於予。先給五萬元,餘款一年為期付竣。至夏,盧溝變起,金融封鎖,款至次年期不能付。乃以兩帖退還之,以《上陽臺帖》、《孟蜀宮妓圖》、《瑞蔬圖》及《烟客山水》留抵當時已付之款,仍由惠古齋柳春農居間結束。郭世五名葆昌,河北定興人,出身古玩商,後為袁項城差官,極機警聲練。頗得項城寵任,漸薦升至總統府庶務司長。項城為帝制,郭因條陳應製洪憲磁器,以為開國紀念,遂命為景德鎮磁業監督,承辦其事。花彩樣式,多取之內廷,或為熱河行宮之物。後項城逝世,所取樣本,多未交還,遂成郭氏觶齋藏磁中之精品。郭氏鑑別磁器殊有眼力,收購論值,亦有魄力,再加以積年經驗,海內藏磁名家,自當以郭氏首屈一指。其為人與遭遇,使胸有翰墨,亦高士奇一流人物也。郭氏歿後,偽華北政府委員會王克敏,欲以二百萬聯幣收購其藏器歸公有,而未果行。日本投降,予返故都,首託惠古齋柳春農向郭氏後人郭昭俊詢問二王法帖,則仍在郭家。問其讓價,一帖為三千萬聯幣,為當時黃金千兩,尚屬顧念交情,未能減值。往返磋商,終無成議。適教育部戰時文物損失調查委員會副代表王世襄君至平,欲使德國籍某人所藏銅器、郭氏所藏磁器捐贈於故宮博物院。就商於予,予亦主張郭氏藏磁,價收歸公,告以所知經過。郭氏藏磁,原存中南銀行,嗣中南銀行遭回祿,又遺存交通銀行。[1]

十一月十二日,《新民報(晚刊)》刊登先生所寫《故宮散佚書畫見聞錄(四)》,繼續講「三希堂二王法帖之佚失經過」:

　　偽華北政委會王蔭泰時期,曾有令以郭氏藏磁為國家珍品,不得擅自移動,以事保護。後擬選擇精品十餘件,以價四十萬聯幣收購歸公,

---

① 張伯駒:《故宮散佚書畫見聞錄》,上海:《新民報(晚刊)》,1948年11月5日第2版。

餘准其自由移動，事未行而日本投降，存品亦由交通銀行，另移他處。時行政院長宋子文在平，世裏挽予贊助其事，同往晤宋。宋允撥款收購。其後某德人銅器，全部捐贈故宮博物院，由院贈予酬金兩千萬元。其郭氏藏磁，則由郭昭俊以朱桂莘先生之綫索，直接由宋子文辦理，結果郭氏藏磁，全部捐贈於故宮博物院專館陳列，並設郭氏遺像，舉行家屬捐贈儀式，由行政院酬贈郭氏家屬美金十萬元。由處理局無價發還其已賣於日人之秦老胡同房屋，並任郭昭俊為北平中央銀行襄理。至所捐贈全部藏磁，其十餘件精品，並不在內，而二王法帖，亦未附帶捐贈。然則此二王法帖何在？此問題甚為簡單，即不在宋子文之手，必仍在郭昭俊之手。但據吾人所知，已不在郭昭俊之手矣。不過故宮博物院有此案當前，已杜後者捐贈之門，例如于省吾氏，欲捐贈其所藏銅器全部，由政府酬給美金兩萬元，以為其子女赴美留學費用。經故宮博物院呈請行政院照准，而遷延時日，撥來官價，合美金法幣兩億四千萬元。再以購買黑市美金，則不足一萬美金。于氏以不敷其子女之留學費用，遂作罷論。予曾參觀于氏銅器，均係真精之品，尤以春秋雙劍，為無價珍品，若與郭氏磁器相較，則酬給美金百萬，亦不為多。故吾人對于氏銅器捐贈之作罷，亦深表同情，並不在政府酬給美金多少，而與郭氏藏磁，並館陳列，實羞與為伍耳。

按郭氏捐贈之磁器，予及許多專家，均曾參觀，其中多係贋品，及真而不精之品，以郭世五之眼力經驗，所收決不至如此，當係王克敏擬收購歸公之後，經陸續掉換。故宮博物院此案，較一般接收貪污案件微妙複雜，至郭氏藏磁之精品在何處，以及捐贈過程中之另外插曲，以牽涉過多，本文專講書畫，暫略而不詳。（本文完）[1]

十二月三日，《新民報（晚刊）》副刊《造型》刊登先生所寫《故宮散佚書畫見聞錄（五）》之「故宮博物院所收購之書畫（上）」。全文如下：

三十五年散失東北書畫，初有發見。王文伯君任中東路理事長，在東北曾建議教育部備款收購。時東北古玩商人，以為內府之物，或屬禁品，多在觀望。假使教育部委託東北當局代辦，並暫行墊款，當可不費

---

① 張伯駒：《故宮散佚書畫見聞錄》，上海：《新民報（晚刊）》，1948 年 11 月 12 日第 2 版。

甚多款項，大部收回。教育部不予注意，故宮博物院又無辦法，馬叔平院長但致書文伯，請代留意而已。是後古玩商人，始紛紛收購。北平廠商玉池山房馬巨（霽）川，去東北最早。於本年十月杪攜回卷冊二十餘件，送馬院長審定。馬院長以公務去京，交王科長世襄代保存。月餘後返平，於十二月二十二日，柬約余及張大千、鄧述（叔）存、啟元伯、徐悲鴻、于思泊諸君，予以審定。計有明文徵明《盧鴻草堂十志》冊，真；宋拓歐陽詢《化度寺碑》，舊拓不精；明文震孟畫《唐人詩意》冊，不真；宋拓《蘭亭》並宋人摹《蕭翼賺蘭亭圖》，畫不佳；明人《秋山蕭寺圖》卷，紙本着色，真而不精；清劉統勛書蘇詩卷，平常之品；五代胡瓌《番馬圖》卷，絹本，不真；宋人《斫琴圖》，絹本，真；唐人書《金粟山大藏出曜論》卷，藏經紙本，宋人筆；明初人《山堂文會》卷，紙本，清詞臣跋謂畫為王孟端畫，不精；唐人書《大般泥洹經金剛身品》卷，藏經紙本，宋人摹；明文徵明《新燕篇詩意》卷，紙本，不真；明李東陽自書各體詩卷，絹本，真，不精；明仇英仿趙伯駒《桃源圖》卷，絹本，不真。宋緙絲米芾書卷，米書本偽；宋高宗書、馬和之畫《詩經‧閔予小子之什》卷，絹本，真，首段後補；元盛懋昭《老子授經圖》卷，紙本，不真，元伯謂或為仇十洲筆；明沈周山水卷，紙本，不真；清王原祁《富春山圖》卷，紙本淺絳，真；明祝允明書《離騷首篇》卷，不真，見高士奇《秘錄》。以上所審定，多偽蹟，及平常之品。另有唐陳閎《八功圖》卷，絹本；元錢選《觀鵝圖》卷，紙本，則帶滬出售。五代顧閎中《韓熙載夜宴圖》，絹本，載《石渠寶笈》上等，備見著錄，售於大千。蓋馬巨（霽）川之意，以偽蹟及平常之品售於故宮博物院，得回本金而有餘；真精之蹟，則售於收藏者以取重利，手段殊為狡獪。又論文齋靳伯聲購得范仲淹《道服贊》卷，為名貴之品，後有文與可跋，大千為蜀人，欲得之。事為叔平院長所聞，亟追索，靳故避之。一日大千、叔平聚於余家面定，由余出面洽購，收歸故宮博物院。[1]

十二月十日，《新民報（晚刊）》副刊《造型》刊登先生所寫《故宮散佚書畫見聞錄（六）》之「故宮博物院所收購之書畫（下）」：

---

① 張伯駒：《故宮散佚書畫見聞錄》，上海：《新民報（晚刊）》，1948 年 12 月 3 日第 2 版。

大千返滬後，託由劉植源君作中以黃金十一條價講妥，卷付叔平。余並主張寧收一件精品，不收若干件普通之品。俟故宮博物院開理事會，議決以法幣兩千四百萬元，共收購五件，為宋高宗書、馬和之畫《閔予小子之什》卷、宋人《斲琴圖》卷、盛懋昭《老子授經圖》卷、李東陽自書各體詩卷、文徵明書《盧鴻草堂十志》冊。蓋叔平以為積壓馬巨（霽）川之書畫四十餘日，致其占本背息，若有負於彼者，誠所謂「君子可欺以其方」矣。至范卷，胡適之、陳援庵理事等，以價昂退回，蓋胡於此實無知耳。余於急景殘年，鬻物舉債以收之，為余齋中重器。後又經審查者：明人《西山勝景》書畫合冊，雖見《墨緣彙觀》著錄，但不佳。又五代李贊華《射鹿圖》卷、明王守仁自書詩帖卷、明夏㫤《竹泉春雨圖》卷、米芾尺牘卷、唐國詮寫《善見律》卷五件，余以去滬未參加審查。故宮博物院收購米芾尺牘、唐國詮寫《善見律》兩件。續審查者：宋趙孟頫《水仙》卷，紙本，不真；宋白玉蟾尺牘卷，紙本，不真。後為粵人張谷雛購去。三十六年八月十五日，審查唐吳彩鸞寫《唐韻》卷一件，紙本，卷為旋風裝，有宋徽宗宣和、政和小璽，明宋濂跋，載《石渠寶笈》上等，當為晚唐人書，極有學術上之價值，以法幣一億元收購之。總計故宮博物院收購之書畫，此為精品，餘皆在可收可不收之列。時行政院撥來法幣二億四千萬元，為作于思泊君捐贈銅器酬金者，以事作罷。故宮博物院請移作收購書畫之用，未准，此後故宮博物院更無收購書畫之款。以迄今日，而散失東北書畫之來源，亦已斷絕矣。[1]

十二月十七日，《新民報（晚刊）》副刊《造型》刊登先生所寫《故宮散佚書畫見聞錄（七）》之「陸續所見聞之書畫（上）」：

> 晉王羲之《破羌帖》卷，不真，載《石渠寶笈》次等；《鵝群》草書冊，偽蹟；顧愷之《洛神圖》卷，載《石渠寶笈》上等，絹本着色，偽作，後虞集題乃倪雲林題衛明鉉九鼎《洛神圖》詩，可知題亦偽，為廠商合購得；唐閻立本《步輦圖》卷，絹本，着色，不真，載《石渠寶笈》次等；張旭四帖卷，不真，載《石渠寶笈》次等；孫虔禮草書《景福殿賦》卷，紙本，載《石渠寶笈》上等，墨色黯淡，不及刻帖精神，不真，為廠商

---

① 張伯駒：《故宮散佚書畫見聞錄》，上海：《新民報（晚刊）》，1948 年 12 月 10 日第 2 版。

合購得；《唐明皇賜毛應佺知恤詔》卷，不真，載《石渠寶笈》次等；李思訓《海天落照圖》卷，絹本，着色不真，載《石渠寶笈》次等；周昉《宮人調鸚鵡圖》卷，絹本，着色不真，載《石渠寶笈》上等；陸曜《六逸圖》卷，絹本，着色，偽作不堪；孫位《高逸圖》卷，絹本着色，真，載《石渠寶笈》上等；唐臨《黃庭經》卷，紙本，真，載《墨緣彙觀》，為墨寶齋購得；五代楊凝式《韭花帖》卷，紙本，不真；五代人《別院春山圖》卷，絹本，着色，載《石渠寶笈》次等，真，勾勒無皴的為北宋以上筆，為王文伯君所得；董源《瀟湘圖》卷，絹本，墨筆，人物着色，載《墨緣彙觀》，為真精之蹟，由估客攜至滬港，竟無人識，為張大千君所得，戊子暮秋，大千北遊，特攜以為余觀，適余南去，比余北返，則大千南歸，遇於故都機場，重啟箱鑰，持出展觀，深為感幸；董源《溪山雪積圖》卷，絹本，真精；《重溪烟靄圖》卷，絹本，墨筆不真，載《石渠寶笈》次等。[1]

十二月，《燕京學報》學術消息一欄刊登容媛女士的文章，介紹先生在貝公樓書畫展的部分藏品，附文如下：

張伯駒氏書畫展覽會

張伯駒氏，河南項城人，嗜書畫，喜收藏，精鑒賞，所藏歷代名畫，品類之富，冠絕一時，尤以晉陸機《平復帖》及展子虔《遊春圖》，據冊籍所載，為國內最古之真蹟。

本年十二月二日，張氏應本市文化界之請，特假燕京大學貝公樓，將其所藏書畫名蹟，選出精品四十五件陳列，琳琅滿目，美不勝收，堪稱最近書畫展覽之一盛世。茲錄目錄如下：1、晉陸機《平復帖》卷，2、展子虔《遊春圖》卷，3、唐李白《上陽臺帖》卷，4、宋范仲淹《道服贊帖》卷，5、宋蔡襄《自書詩帖》冊，6、宋黃庭堅《諸上座帖》卷，7、宋王詵《烟江疊嶂圖》卷，8、宋徽宗《雪江歸棹圖》卷，9、宋米友仁《姚山秋霽圖》卷，10、宋高宗書、馬和之畫《節南山之什》卷，11、宋朱勝非《暨宋人書札》冊，12、宋吳琚《雜書詩帖》，13 宋趙孟堅畫《水仙並自書詩》卷，14、宋錢舜舉《山居圖》卷，15、元趙孟頫《章草千

字文》卷，16、元顏輝《煮茶圖》卷，17、元方從義《雲林鍾秀圖》卷，18、《五元人畫》卷，19、元俞穌《臨趙孟頫常清靜經》軸，20、明陳叔起、王紱合畫《瀟湘秋意圖》卷，21、明沈周山水長卷，22、明唐寅《孟蜀宮妓圖》軸，23、明文徵明《三友圖》卷，24、明文徵明《閩荔吳栽圖》卷，25、明文徵明《桃園別鏡圖》卷，26、明周之冕《百花圖》卷，27、明董其昌山水卷，28、明項元汴《桂枝香圓圖》軸，29、明林良《枯木寒鴉圖》軸，30、明來復草書軸，31、明陳繼儒《雲過雨過圖》軸，32、清項聖謨花卉冊，33、清吳歷《興福庵感舊圖》卷，34、清王翬《觀梅圖》卷，35、清樊圻《柳村漁樂圖》卷，36、清陳鵠《紫雲出浴圖》卷，37—40、清黃瓚、張淑、禹之鼎、沈宗敬、陸濼、戴本孝、嚴繩孫、惲壽平、程義等《棟亭圖》四卷，41、清禹之鼎《納蘭性德像》軸，42、清蔣廷錫《瑞蔬圖軸》，43、清金廷標《接梅圖》軸，44、鄒一桂《芙蓉鷺鷥圖》軸，45、清華嵒青綠山水軸。

按張氏所藏名品，聞有著錄，茲摘錄如下，以資參考：

1、晉陸機《平復帖》：紙本，共八十四字，卷前後有宋徽宗金字標箋，雙龍圖璽，宣和、政和諸璽。卷後隔水有明董其昌跋，宋倭錦套，外成親王書白絹箋，是帖為宋御府所藏，見宋徽宗《宣和書畫譜》，至明萬曆時見於宗伯學士韓世能家；清歸梁清標、安儀周藏，後歸內府。乾隆時賜成親王，嗣傳於恭親王。按《宣和書畫譜》，是帖作於晉武帝初年，早於王羲之《蘭亭序》約百有餘年，當為中國墨蹟最古之帖。

2、隋展子虔《遊春圖》卷：絹本，青綠，重着色，人物五分許，山巒樹石空鉤無皴，渲染山頭小樹，以花青作大點如苔，甚為奇古，始開唐李將軍一派。卷前黃絹隔水，宋徽宗墨筆標書，上鈐雙龍方璽，下鈐宣和連珠大璽，中鈐朱文舊印。圖後上角，有元「大長公主皇姊圖書」朱文大印，又有宋賈似道「封」字大印。後紙有元馮子振、趙巖、張珪等題詩。前黃絹隔水，有明宋濂和馮子振題詩。再前隔水有乾隆和馮子振詩御題。卷末明董其昌題。是卷與陸機《平復帖》同為其館師韓宗伯所藏。見宋徽宗《宣和書譜》，及《清河書畫舫》、《黔山堂書畫記》、《鐵網珊瑚》、《佩文齋書畫譜》、《式古堂書考》、《大觀錄》、《墨緣彙觀》、

《石渠寶笈二編》、《石渠隨筆》諸著錄。自宣和以迄元、明、清流傳有緒；世無晉顧愷之真蹟，此當為中國最古之畫。

3、唐李白《上陽臺帖》卷：紙本，卷前後有瘦金書題字，引首清高宗題，卷後有清高宗釋文，及元人諸跋。卷前後有宋趙孟堅、賈似道，元張晏，明項子京，清安儀周、梁清標諸印。此帖為清內府所藏，見《石渠寶笈》著錄。太白真蹟，此為孤本。

4、宋范仲淹《道服贊》卷：紙本，楷書，後有宋文同、戴蒙，元柳貫、胡助，明劉魁、戴仁、司馬聖、吳寬、盧濬、王世貞等跋。前後有「壽國公圖書」，宋官印。清梁標為清內府藏刻三希堂法帖，見《石渠寶笈》及安儀周《墨緣彙觀》等錄。

8、宋徽宗《雪江歸棹圖》卷：絹本，墨筆，卷前上方徽宗自題「雪江歸棹圖」，上鈐雙龍方璽，卷後書「宣和殿製清」，上鈐御書葫蘆小璽，下書御押。引首乾隆題字，前隔水有內府編號半字，卷前後有宋宣和、政和小璽，清卞永譽「書畫備考」印，梁清標諸印，乾隆、宣統諸璽，及「太上皇八徵耄念」大璽，卷中有乾隆題詩，後紙有「宋內府圖書」印宋楚國公蔡京跋，明王世貞、王世懋、董其昌跋；備見《弇州續稿》、《大觀錄》、《清河書畫舫》、《東圖玄覽》、《式古堂書畫備考》、《鐵網珊瑚》、《石渠隨筆》著錄，稱為第一。宋徽宗書，王世懋跋，內云：「此卷以古錦為標，羊脂玉為籤，兩魚膽清為軸，宋緙絲袞龍為引首，延吳人湯翰裝池。」現只存緙絲龍袞包首，至為精美。明詹景鳳《東圖玄覽》稱：「韓宗伯藏鍾繇摹正考父鼎銘卷首，古錦一幅，長四尺餘，青地色，花闌中橫一金龍魚，極鮮美，曾見王敬美徽廟《雪江歸棹》卷，亦有如此錦一幅，生平見古錦如此二而矣。」考之周公謹《雲烟過眼錄》云：「是宣和法錦，是此緙絲龍袞在明代已屬稀見。」按《雪江歸棹》卷尚有一贋作，尺寸題跋均相同，前隔水無宋內府編號字，無宣和、政和小璽，無乾隆題詩，後紙無「宋內府圖書」大印，而卷前後鈐以項子京諸偽印，後題跋字句無異，而鈐印不同。董其昌跋原本為行草，而贋者為行楷，且「遇」字誤為「過」字，似為清初人所偽託者。是贋卷曾為龐萊臣收去，後歸日人，現歸英國某收藏家，有珂羅版本行世。

10、宋高宗書、馬和之畫《詩經·節南山之什圖》卷：絹本，書畫相

間，共十段。引首乾隆御題，卷前後有乾隆、宣統諸璽，清梁清標諸印。紙鈐「乾隆學詩堂」大璽，及乾隆御題。見《大觀錄》、《墨緣彙觀》著錄。

15、元趙孟頫《章草千字文》卷：紙本，烏絲格，全文前後有清乾隆諸璽，安儀周藏印，後紙之柳貫草書跋。見《墨緣彙觀》著錄，為文敏晚年之筆。

16、元顏輝《煮茶圖》卷：宋箋紙本，白描，寫唐陸羽煮茶圖。卷前後有乾隆、嘉慶、宣統諸璽，後藏經紙自書唐韓愈詩並跋語，為清內府藏。按顏輝書不多見，畫尤罕睹。

17、元方從義《雲林鍾秀圖》卷：紙本，墨筆，前後有乾隆、嘉慶、宣統諸璽，後紙明沈周跋，清高士奇題詩。見高士奇《江邨消夏錄》著錄，稱為神品，為其晚年之筆。

20、明陳叔起、王紱合畫《瀟湘秋意圖》卷：紙本，墨筆，無款，前為陳畫，自「平沙落雁」以後為王畫，見後黃思恭跋中。前引首乾隆題字，卷前後有耿昭忠、李之赤、梁清標諸印，及乾隆、宣統諸璽。見《石渠寶笈》著錄。

22、明唐寅《孟蜀宮妓圖》軸：絹本，着色，五代蜀主孟昶令宮妓多衣道服，絹簪蓮花冠，施脂夾粉，名曰醉妝，此寫其圖。絹素清潔，氣色鮮妍，人面傅粉用唐三白法。右上首自題詩並跋，為清安岐所藏，《墨緣彙觀》等著錄，稱為精品。

26、明周之冕《百花圖》卷。紙本，墨筆，寫雜花牡丹、玉梅花三十種，自題款。明張鳳翼、王穉登、陳繼儒、文葆光、杜大綬、文震孟、錢允治、陳元素等，各間題五七言詩，每種均有乾隆題詩。引首乾隆御題，卷中前後有乾隆、嘉慶諸多璽；又有「烟雨樓」大璽，頗罕見。為清恭親王藏，有貝勒載瀅印，係受賜內府者。

29、明林良《枯木寒鴉圖》軸：絹本，墨筆，寫竹石枯木，上棲寒鴉六七，瞑目凍縮，筆法遒勁生動，若有寒風蕭瑟之意。左下題款署林良二字。

36、清陳鵠《紫雲出浴圖》卷：紙本，着色，象（像）可三寸許，着水碧衫，支頤坐石上，右置洞簫一，髮鬖鬖然，臉際輕紅，凝睇若有所思。卷中及卷後題咏，自張綱孫、陳維岳、吳兆寬、冒襄、王士祿、

王士禛、崔不凋、尤侗、毛奇齡、宋犖等七十四人，詩一百五十三首，詞一首，清末以後題者不計。是圖蓋寫陳其年眷冒辟疆（襄）家伶徐九青故事之一，在當時已膾炙人口；雍正間圖為吳青原所得，乾隆間有一摹本，為羅兩峰畫，陳曼生手錄題咏；清末是圖歸端午橋，摹本迄未發現。

容媛 [1]

是年，與鄧韻綺解除婚約。

是年，徵得母親的同意後，將所珍藏晉陸機《平復帖》、唐李白《上陽臺帖》、宋范仲淹《道服贊》、宋蔡襄《自書詩帖》、宋黃庭堅《諸上座帖》、宋吳琚《雜書詩》、元趙孟頫書《章書千字文》、元俞和臨《趙孟頫書常清淨經》等八件歷代墨寶贈予夫人潘素，先生母親按了手印，朋友張雲川、彭岳漁簽字見證。

是年，中國民主同盟會成立北平市民盟臨時工作委員會，先生任委員。

是年，生活困頓的表兄袁克定投奔先生。

---

① 容媛：《張伯駒氏書畫展覽會》，北平：《燕京學報》，1948 年 12 月第 35 期第 289-294 頁。

卷四

沁園春

（一九四九——一九五七）

一九四九年（中華人民共和國成立　己丑）　五十二歲

一月七日，《新民報（晚刊）》副刊《造型》刊登先生所寫《故宮散佚書畫見聞錄》之「陸續所見聞之書畫（上之二）」，全文如下：

北宋孫知微《江山行旅圖》卷，紙本，載《石渠寶笈》上等，不真，為廠商墨寶齋所收；李公麟《西園雅集圖》卷，不真，載《石渠寶笈》次等；《華嶽變相圖》卷名蹟，聞為某軍人所得，始終未見；《九歌圖》卷，不真，載《石渠寶笈》次等；《丹霞訪龐居士圖》卷，不真，載《石渠寶笈》次等；《豳風圖》卷，舊仿，見高士奇《秘錄》，歸王文伯君；《演教圖》，偽作不堪，為滬估徐士達所收；喬仲常《後赤壁圖》卷，紙本墨筆，載《石渠寶笈》上等，真蹟，筆法非畫院派，應為當時書家畫，後跋已失，歸王文伯君；郭熙《長江萬里圖》卷，絹本，不真；燕文貴《仿王維江山雪霽》卷，載《石渠寶笈》次等；《秋山蕭寺圖》，絹本墨筆，真蹟，殘破不堪，後為廠商重裱，截去後幅；司馬光《通鑑稿》卷，書東晉紀事一段，備見著錄，真蹟名品，為譚君所得；《韓琦尺牘》，備見著錄，真蹟名品，為劉某所得；蘇軾《春帖子詞》卷，紙本鈎摹；《御書頌》卷，紙本大楷，載《石渠寶笈》上等，後有倪瓚跋，不真，為廠商寶石齋所收；黃庭堅《書李白憶遊詩》卷，不真；米芾《書茗溪詩》卷，真蹟；蔡襄《茶錄》卷，載《石渠寶笈》次等；遼陳及之《貞觀便橋會盟圖》卷，紙本真蹟，精，載《石渠寶笈》上等，歸王文伯君；劉松年《香山九老圖》，有二卷，一載《石渠寶笈》上等，一載次等；勾龍爽《西成民樂圖》卷，不真；梁師閔《蘆汀密雪》卷，有二卷，一卷為余協中所得，真蹟精品；江貫道《千巖萬壑》卷，紙本墨筆，不佳；許道寧《秋日山居圖》、《雲山清嘯圖》卷，不真；張擇端《清明上河圖》卷，有二卷，均係臨本；

高克明《溪山雪意圖》，絹本墨筆，有宣和鈐璽，真蹟精品，歸王文伯君；《宋徽宗柳鴉蘆雁》卷，南唐澄清堂紙，以李廷珪墨畫，溥雪齋君曾見於清內府，云為精絕之品，今迄未發見；《雪江歸棹圖》卷，絹本墨筆，微着色，後有蔡襄跋，明王世貞、世懋跋，董其昌跋，前後鈐印宣和、政和小璽，後紙鈐內府圖書大印，備見著錄，譽為徽宗第一之作，外宋刻絲龍衮包首，見於明詹景鳳《東圖玄覽》，魚膽青軸則已佚，是卷為予所得；另一卷真蹟，圖跋全仿原本，惟鈐以項子京偽印，無宣、政小璽，及內府圖書大印，董原跋為行書，贗作則為楷書，並錯一字，初為龐萊臣君所有，後流於日本，有影印行世，現歸倫敦某收藏家，廠商曾見影印本，不知孰為真者，故得歸予。¹

一月十四日，《新民報（晚刊）》副刊《造型》又刊登先生所寫《故宮散佚書畫見聞錄》之「陸續所見聞之書畫（上之三）」：

> 金英《秋禽圖》卷，載《石渠寶笈》次等；王僑《觀馬圖》卷，載《石渠寶笈》次等，有二卷，書《後赤壁賦》卷，偽作；王希孟《千里江山圖》卷，青綠，後有蔡京跋，聞極精，惜未之見；趙令穰《湖莊清夏圖》卷，載《石渠寶笈》次等；趙伯駒《仙山樓閣圖》卷，載《石渠寶笈》次等，有三件；宋高宗書、馬和之畫《唐風圖》卷，偽作，載高士奇《秘錄》進字號；《豳風圖》卷，此卷當係真蹟，因見蘇州有一卷紙本，係偽作，在滬估孫伯淵處；《小雅·南有嘉魚之什六篇圖》，絹本着色，真蹟，後有文徵明跋；《小雅·節南山之什圖》卷，絹本着色，共十篇，真蹟，《大觀錄》、《墨緣彙觀》著錄，為余收；宋孝宗《賜周必大手敕》卷，載《石渠寶笈》，次等；米友仁《雲山圖》卷，紙本墨筆，偽作，後有鮮于樞、郭天錫、方勉、宋拯等跋，載《西清札記》，為滬估徐士達所收；《五州烟雨圖》卷，名蹟，未經發見；李唐《長夏江寺圖》卷，絹本青綠，極精，惜過於殘破，卷後上有宋高宗書李唐可比唐李思訓，予還價未妥，現不知何在；《晉文公復國圖》卷，真蹟，載《石渠寶笈》上等，為某強吏所得，進於極權；李嵩《錢塘觀潮圖》卷，絹本着色，載《石渠寶笈》上等，不佳；《白玉蟾尺牘》卷，紙本，係明人偽作，為粵人張穀離所收。文天

---

① 張伯駒：《故宮散佚書畫見聞錄》，上海：《新民報（晚刊）》，1949 年 1 月 7 日第 2 版。

祥書《木雞序》，載《石渠寶笈》次等；趙孟頫《水仙》卷，紙本墨筆，不真；宋人《睢陽五老圖》卷，絹本着色，分五幅，為祁國公杜衍、禮部侍郎王渙、司農卿畢世長、兵部郎中朱貫、駕部郎中馮平畫像，後有吳寬、胡纘宗、文徵明跋，真，載《西清札記》。宋《牧牛圖》卷，載《石渠寶笈》次等；宋人《溪山無盡圖》卷，絹本墨筆，後有元人等跋，真精；宋人《胡笳十八拍圖》卷，聞甚佳，惜未見；元趙孟頫《常清淨經》卷，康里子山跋，真精。為余協中所收，俞和有臨本；《法蓮華經》卷，紙本小楷。真蹟。[1]

一月二十一日，《新民報（晚刊）》副刊《造型》刊登先生所寫《故宮散佚書畫見聞錄》之「陸續所見聞之書畫（中之一）」：

《千字文》卷，載《石渠寶笈》次等；《秋郊飲馬圖》卷，絹本着色，真，原存天津張園，為故宮博物院收回；管道昇《碧琅圖》卷，紙本墨筆，載《石渠寶笈》上等，不真，為廠商韻古齋所收；黃公望《溪山雨意圖》卷，載《石渠寶笈》次等，共有三件；《沙磧圖》卷，載《石渠寶笈》次等；《溪山無盡圖》卷，載《石渠寶笈》次等；吳鎮《山水》卷，紙本墨筆，後有姚公綬跋，不真，為溥雪齋君所收；《畫竹譜》卷，載《石渠寶笈》次等；吳鎮《漁父圖》卷，真精，歸吳湖帆君，為廢帝在張園時流失；《萬峰幽壑》卷，載《石渠寶笈》次等。王蒙《芝蘭寶圖》卷，紙本墨筆，不真，載《石渠寶笈》次等。倪瓚《獅子林圖》卷，名蹟，聞在東北發見；《墨筆山水失群》冊頁，真，為高名凱君收；錢選《觀鵝圖》卷，紙本着色，真，為廠商玉池山房所收；《楊妃上馬圖》卷，紙本着色，真精，後跋已失，為廠商靳伯聲所收，後歸大千，又轉手，聞已出國；《四明桃源圖》卷，紙本青綠，真精；《荔支圖》卷，載《石渠寶笈》次等；《觀梅圖》卷，紙本着色，不精，原存天津張園，為故宮博物院收回；《元五家合裝卷》，紙本墨筆，分五幅，趙雍、朱德潤、張觀、方從義山水、王冕梅花，真精，為予所收；倪驤《茗□溪山圖》卷，紙本墨筆，真精，為周林廉所收；朱德潤《秀野軒圖》卷，紙本名蹟，備見著錄，為譚君所收。[2]

①　張伯駒：《故宮散佚書畫見聞錄》，上海：《新民報（晚刊）》，1949 年 1 月 14 日第 2 版。

②　張伯駒：《故宮散佚書畫見聞錄》，上海：《新民報（晚刊）》，1949 年 1 月 21 日第 2 版。

一月二十八日，《新民報（晚刊）》副刊《造型》刊登先生所寫《故宮散佚書畫見聞錄》之「陸續所見聞之書畫（中之二）」：

　　陸居仁書《茗之水詩》，紙本，真精。為廠商墨寶齋所收，現不知歸何人；顏輝《煮茶圖》卷，紙本墨筆，後自書韓詩，真精，為予收；張雨書《臺仙閣記》卷，綾本，真；馬琬《幽居圖》卷，見高士奇《秘錄》，注：舊臨本；三元人書詩詞卷，內有楊維楨書，真精，為周叔廉所收；鮮于樞《御史箴》卷，載《石渠寶笈》次等；宋克書陶潛詩並畫竹石小景卷，不精；王振鵬《伯牙鼓琴圖》卷，載《石渠寶笈》次等；《龍舟競渡圖》卷，絹本着色，真精，稍殘破，歸王文伯君；《丹臺春曉圖》卷，不真；張珪《神龜圖》卷，載《石渠寶笈》次等。歐陽玄《春暉記》卷，紙本，真精；張羽《懷友詩圖合璧》卷，紙本，墨筆，真；任仁發《出圉圖》卷，紙本，墨筆，真精；元人《大駕鹵簿圖》長卷，絹本着色，載《石渠寶笈》次等，為廠商靳伯聲所收；元人《支遁洗馬圖》卷，載《石渠寶笈》次等，元人《□女圖》卷，載《石渠寶笈》次等。[1]

二月四日，《新民報（晚刊）》副刊《造型》刊登先生所寫《故宮散佚書畫見聞錄》之「陸續所見聞之書畫（下之一）」，全文如下：

　　盛子昭山水，紙本着色失群冊，真，為高名凱君所收；姚廷美《有餘閒圖》卷，紙本墨筆，後題跋甚多，真，為大千收；明陳叔起、王紱合作，《瀟湘秋意圖》卷，紙本墨筆，真精，為予收；夏昶《湘江遇雨圖》卷，不精；周砥《宜興小景》、沈周《銅宮秋色合》卷，紙本墨筆，真精，為大千收，後轉讓人；沈周《遊西山圖》卷，紙本墨筆，真，前後殘缺，為王文伯君收；《大夫松圖》卷，載《石渠寶笈》次等；《邃菴圖》卷，載《石渠寶笈》次等；《秋窗客話圖》卷，載《石渠寶笈》次等；《山水》卷，紙本着色，不真；另聞有《富春大嶺圖》卷，極精，在東北發現，不在故宮已佚書畫目錄內；文徵明《遊西山詩並繪圖》卷，載《石渠寶笈》次等；《存菊圖》卷，載《石渠寶笈》次等；《桃源問津圖》卷，真；《人日詩畫》卷，紙本墨筆短卷，後自書詩，並明人和詩跋，真精；《真賞齋圖》卷，名蹟，備見著錄，在東北發現；《唐寅琢雲圖》卷，名蹟，聞在

---

① 張伯駒：《故宮散佚書畫見聞錄》，上海：《新民報（晚刊）》，1949 年 1 月 28 日第 2 版。

東北發現；吳偉《仿李公麟洗兵圖》卷，紙本白描不精，載《石渠寶笈》次等。[1]

二月十一日，《新民報（晚刊）》副刊《造型》刊登先生所寫《故宮散佚書畫見聞錄》之「陸續所見聞之書畫（下之二）」：

《陸治寫生冊》，紙本着色，為周叔廉收；吳彬《山陰道上圖》卷，紙本着色，長卷，真精，為張興之收；《迎春圖》卷，真；錢穀《冰葉齋圖》卷，載《石渠寶笈》次等；周天球《叢蘭竹圖》卷，紙本墨筆，真。《王穀祥摹趙孟堅水仙》卷，紙本，真精；楊文驄《蘭石卷》，紙本墨筆，不真，載《石渠寶笈》，次等；《姚綬雜畫》卷，紙本，不真；周臣《長江萬里圖》卷，絹本，墨筆，真；解縉《自書雜詩》卷，紙本真精；孫枝《五湖釣叟圖》卷，絹本，着色，真；文俶畫《戲蝶》卷，紙本，着色，真。以上書畫，謹就余所見聞，及非真蹟者列出。其清代書畫及備見著錄名蹟，未經發現者，不更列舉。廠商去東北收購，多逕至滬出售，並東北官吏軍人所收，多所不悉，俟諸異日訪問續錄。（本節完）[2]

二月十八日，《新民報（晚刊）》副刊《造型》刊登先生所寫《故宮散佚書畫見聞錄》之「結論（上）」。全文如下：

人類之欲望，為不可遏止者，內包含欣賞性與享受性。其他動物偶有享受性外，絕無欣賞性。未見鵝鴨賞花卉，亦未見羊豕玩山水。蜀犬見日而吠，不知其朝旭夕暉之好；吳牛望月而喘，不知其增華揚彩之佳。惟人類能發其天性，合其自然，隨其取捨，與類無爭而相賞以臻於大同。故知欣賞之結果為和平，享受之結果為戰爭，人類應引導其欲望納於欣賞，培養其性善，消滅其性惡，以求長久之安定。故孔子以遊於藝，與依於仁，據於德，志於道而並重。吾國美術，包括金石、書畫、陶瓷三大部分，而書畫又為文人學士性靈之所託，自晉唐以迄於今，帝王以至士大夫，珍藏流傳，備見譜錄。而作者亦代有其人，遞遭發揚，後先輝映，不惟為藝術上之價值，且代表一個時代之治亂。[3]

① 張伯駒：《故宮散佚書畫見聞錄》，上海：《新民報（晚刊）》，1949 年 2 月 4 日第 2 版。

② 張伯駒：《故宮散佚書畫見聞錄》，上海：《新民報（晚刊）》，1949 年 2 月 11 日第 2 版。

③ 張伯駒：《故宮散佚書畫見聞錄》，上海：《新民報（晚刊）》，1949 年 2 月 18 日第 2 版。

二月二十五日，《新民報（晚刊）》副刊《造型》刊登先生所撰《故宮散佚書畫錄》系列之「結論（下）」。附文如下：

自來英雄主義者，因時之勢，乘人之危，以武力譎詐達其成功，亦即人民塗炭，文物毀墮之階段。至亡國之君，雖文弱屭削，固無害於民，無損於藝。如李後主之風流自賞，三千里地不見干戈，士民富庶閭閻安堵，及卒於汴宋，江南百姓相與流涕，其臥榻之旁，不容他人鼾睡者，蓋宋太祖之作俑耳。然則吾人應接於千載之下，氣息相通，隔世如一，又何有宋太祖？幸有其後嗣徽宗，不能不謂其能為趙宋爭光。吾當論史謂創業之主，不過如是，亡國之君，未可厚非。似李後主、宋徽宗者，在家族上言，固有罪於祖宗；在民族上言，實有功於子孫。其以馬上得之，而於馬上失之者，則不足言矣。今世之變亂，不過幾十年耳，而一切慘惡之現象，在歷史上未之前見。得非上下爭使其欲望趨於享受之所致。今後應如何善後與復興，吾以為須返求其本，以為潛移默化。如用任何政治經濟而不問其質，譬如朽木不可為雕，糞土不可為圬也。則書畫之保存研究，似非小道，或謂為玩物喪志，或謂為宜作烟雲過眼觀，是皆懦夫市儈之語，謬哉！用敢就教於賢者。[1]

是春，應郭則澐弟子詞人楊秀先（號蓼廠）之囑，在黃賓虹所繪之《芍藥殿春圖》上題《宴清都·咏瓶花移瓶中芍藥詞》一闋：

開落身如幻。春無幾，剩紅殘粉猶戀。鈎簾坐對，添香護取，墮鬟休怨。東風縱肯還留，怎奈是、蜂慵蝶倦。向畫筵、怕說將離，芳尊貯淚深淺。　　家家舊日池臺，闌干倚處，曾記栽遍。濃香隔霧，晴光映日，恁時庭院。如今夢醒揚州，卻不道、繁華暗換。算只有、書記清狂，相看醉眼。

款識：蓼廠詞兄屬錄。己丑春，叢碧張伯駒補作。

鈐印：京兆（朱文）、雪江樓（白文）[2]

除先生題跋之外，楊秀先、黃孝紓、郭則澐、傅嶽棻、黃君坦、夏枝巢、壽石工等京中詞家一一題跋，附錄如下，以紀其盛：

① 張伯駒：《故宮散佚書畫見聞錄》，上海：《新民報（晚刊）》，1949 年 2 月 25 日第 2 版。
② 上海鴻海商品拍賣有限公司 2008 冬季藝術品拍賣會之「古調今韻·中國傳統書畫專場」第 0227 號拍品，拍賣日期：2009-01-06。

淚粉痕猶泫。屏山曲，露華瑩映潮臉。宮黃玉膩，襟紅麝發，強支嬌倦。東風幾戀歡叢，尚留得、芳菲一剪。料稱意、畫扇輕衫，流光暗裏摧換。　　悄悄靜掩鬟雲，殘鵑喚客，羈緒難遣。晶瓶約恨，雕闌怨別，綺懷傷晚。迴腸自溫詞夢，惱醉纈、清尊漫勸。怕茜窗、妒損春人，羞鬟未展。

款識：《宴清都‧瓶花簃詞集賦瓶中芍藥》，因倩黃賓虹先生作圖，以志鴻泥。乙酉孟夏蓼厂楊秀先並記。

鈐印：秀先（陰文）、楊（陽文）、肖形印

蝶夢迷清曉。冰奩側，數枝凝露紅笑。霓裳倦舞，宮衣半脫，倩魂嬌小。憑誰錦幄安排，獲繡幕、餘寒料峭。黯淚著、一片燕支，依依怨別懷裊。　　溫尋婪尾光会，沉吟璽栗，憑檻人悄。鬟雲一剪，屏山幾曲，願春長好。東風未忺拘束，但目送、西牕晚照。泛豔尊、為酌歡叢，紅酣翠窈。

款識：瓶花簃分咏瓶中芍藥，調寄《宴清都》。碧憲黃頵士。

鈐印：頵士長壽、黃中子、長樂

障蠟餘寒淺。芳情託，漢宮春後歸燕。瑛盤罷舞，墧壺悄熨，曉鬢初剪。吹香怨隔珊闌，倦舊色、東風半面。敞畫閣、遂唱飛來，偎屏笑靨如展。　　青樽翠管長閒，遊蓬紫曲，懼緒天遠。愁漪淚迭，離烟思冷，綺情傷晚。憑誰為歌金縷，祇點入、悲花倦眼。撿夢痕、惜取瓊枝，啼紅灑徧。

款識：瓶花簃詞集咏瓶中芍藥，限《宴清都》調，蓼厂仁弟詞社屬錄，則澐。

鈐印：蟄雲六十以後作

繡幕籠春住。芳壺漬，綺叢和露深貯。分來閬苑，衣雲錦疊，紅酣翠舞。十年夢覺揚州，尚未減、當時媚斌。正永日、宇靜幰深，天香盎溢清曙。　　東風漸轉南薰，花君泛別，春事誰主。鑪烟傍冷，壺天恨愗，怨時遲暮。華清未承新賜，漫自理、慵救暗覷。記御階、悄咏紅翻，低回幾度。

款識：娟淨嶽萊補白。

乍濕荼蘼雨。東風惡，帶圍消瘦如許。唾絨暈涴，窺簾夢纈，怨離還住。驚紅巳殿韶光，送默默、斜陽最苦。任手摘、冷露新叢，飄零更向誰訴。　　思量舊譜揚花，金刀響歇，春在何處。釵分一股，奩開半面，者番凝佇。情根賸託銀瓶，淚暗滴、東欄寸土。待細商，粉本王孫，晶宮悄貯。

款識：蓼广社長屬書。二穀山房主人孝平。

記得春風面。沉香北，露鬟烟鬢曾見。量珠辛苦，當時爭說，錦衾偎伴。如今賸得思量，算醉紙、迷金夢淺。聽巷陌、有賣花聲，數錢自覓清艷。　　瓷瓶供養瑤姿，新妝綽約，妒渠飛燕。沉檀炷了，甘泉喚汲，更饒鮮舊。蕭郎未應惆悵，但夢影、飛花過眼。待茜窗、約共留歡，餘春倩殿。

款識：蓼广詞兄屬錄社作。枝巢仁虎。

鈐印：枝巢七十以後作、夔仁虎

夢熟揚州路。屏山曲，暖香羅薦分處。宮衣疊換，行裙濺濕，綺窗人妒。輕撓漫說花移，便一剪、鬟雲認否。眩醉纈、別意迷離，酣春倦客前度。　　蟬揚舊社今情，傳棧珥峰，來共尊俎。歡叢幾換，芳心碎劈，試溫詞緒。紅翻為誰催咏，付片紙、丁寧俊侶。更弄花、十二闌東，年韶未誤。

款識：《宴清都·瓶社第一集賦瓶中芍藥》，蓼广詞兄同社正拍，壽璽寫上。

鈐印：壽鉢、石工、宴清都[1]

暮春，將表兄袁克文所贈袁世凱撰《洹村逸興》詩集影印本一冊，捐贈燕京大學圖書館，先生並在卷前題跋：

袁項城詩為清末退居漳德洹上村時作，己丑暮春。袁大表兄雲臺持贈一冊，因恐遺失，爰轉贈燕京大學圖書館收存，叢碧記。

鈐印：張伯駒印（白文）[2]

是夏，潘素將自己創作的多幅山水畫作品與先生家藏名貴書畫在燕京大學貝公樓展出。

---

① 上海鴻海商品拍賣有限公司 2008 冬季藝術品拍賣會之「古調今韻·中國傳統書畫專場」第 0227 號拍品，拍賣日期：2009-01-06。

② 見北京大學圖書館藏袁世凱撰《洹村逸興》（民國影印本）。

八月十日,以「革新國畫」為宗旨的北平「新國畫研究會」成立。

八月三十一日,當選為鹽業銀行常務董事。

九月二十七日,與高名凱同訪鄧之誠。鄧在日記有載:

> 修綆(堂)書估來信:《翁山文外》未尋得,別以新刻本塞責。固知其妄言也。自校中借《愚庵小集》閱之,仍是初刻本,少詩七十餘首,文十餘首。高名凱、張伯駒來。[1]

十月一日,中華人民共和國成立,定都北平,北平正式改名北京。

十月二十日,民國著名藏書家、版本目錄學家傅增湘在京逝世,先生痛挽:

> 萬家爆竹夜,坐十二重屏華堂,猶記同觀平復帖;
>
> 卅里杏花天,逢兩三點雨寒食,不堪再上倚雲亭。

十一月十九日,接到鹽業銀行公函,當選鹽業銀行常務董事。附函如下:

京行鑒:

> 本年八月卅一日開第六十五次董事會,議決推舉常務董事二人,即推定張伯駒、劉紫銘二位為常務董事,特此通知,茲附上張常務董事函一件,請收即希妥轉函□即頌

公綏

總管理處啟[2]

十一月,文化部成立戲改局,轟轟烈烈的戲改運動由此拉開了帷幕。

是年,舉家從城裏移居西郊展春園,即承澤園。

是年,子張柳溪於輔仁大學畢業,後長期在石家莊工業局工作。

是年,任民盟總部財務委員會委員、文教委員會委員。任燕京大學中文系中國藝術史名譽導師。

一九五○年(庚寅) 五十三歲

一月十三日,訪鄧之誠,兩人談及袁世凱家事。據《鄧之誠文史札

① 鄧之誠著,鄧瑞整理《鄧之誠文史札記》。南京:鳳凰出版社,2016: 484。

② 根據北京市檔案館收藏「1949年11月19日63號」檔案資料整理。

記》載：

晨，研究生來聽講。張伯駒來，約後日午飯，辭之。與閒談袁世凱沒後，子女二十四人，各分二萬元，共不過四十萬元。張，袁之婿也[1]，曰：信有之，即其父鎮芳所主持者。袁克定現與同居（承澤園），窮困日食白薯，年七十三矣。唯老六富有。餘有淪為乞食者。為之慨然。又言袁稱帝受英、德慫恿，歐戰既起，英、德無力東顧，日本乘之，而段、馮因之倒戈。又言宣統復辟，徐世昌謀以孫女為后，而自居輔政，密遣曹汝霖詢日本公使意向，日使言必反對，徐遂袖手。後曹向人言，始知之。然則段祺瑞馬廠誓師，亦受命日本而為之者矣！此與予平昔所言四十年來清之亡及袁、段、吳、張以及今日之蔣，其敗也，皆由外國司之，若合符節。護國軍之起，蔡鍔受日本助款二百萬，則湯薌銘為我言之。中國何時始能獨立自主乎？[2]

一月十五日，在展春園舉辦雅集，遍邀鄧之誠諸好友，《鄧之誠文史札記》載：

午，赴張伯駒招飲，要客座滿，爐火不溫，又來往皆以步，約行五六里，致疝氣上攻，腹痛終日。本不欲往，一時把握不住，遂遭此苦。[3]

二月三日，與好友于省吾到故宮博物院訪院長馬衡。馬衡日記有載：

與邦華等商分院事。于思泊、張伯駒來。邦華、潔平、榮華返分院。工會晚會慶祝解放一周年，余以畏寒不與。[4]

三月九日，訪鄧之誠，《鄧之誠文史札記》載：

張伯駒來，言彼託章士釗向中共建議救濟燕市窮老文人，囑填崇敝承住址、年歲。[5]

是春，啟功作《紫幢寄廬圖》山水圖，先生為題《天香》詞一闋：

① 張伯駒的大姑母嫁給袁世凱同父異母的大哥袁世昌，雖然兩家是姻親，但張伯駒並非是袁世凱的女婿，此處鄧之誠所記有誤。
② 鄧之誠著，鄧瑞整理《鄧之誠文史札記》。南京：鳳凰出版社，2016: 500。
③ 鄧之誠著，鄧瑞整理《鄧之誠文史札記》。南京：鳳凰出版社，2016: 501。
④ 馬衡著，故宮博物院編《馬衡日記手稿》。北京：紫禁城出版社，2005: 113。
⑤ 鄧之誠著，鄧瑞整理《鄧之誠文史札記》。南京：鳳凰出版社，2016: 507。

天香

題啟元白《紫幢寄廬圖》。元白寄寓楊氏趣園，庭有雙楸，二百年物也。頃園易新主，元白寫圖紀之，和君坦韻為題

疏雨桐花，番風楝子，誤他舊日吟館（桐花似楸花而大，楝花似楸花而小，故鄉甚多，北地所無。）。舊舊生烟，涓涓垂露，縹緲霧香吹散。湘簾捲處，輕點入、芸窗几案。濃蔭時妨早起，都因午晴遮黯。　京華俊遊未倦。記鈿車、碾塵尋艷。正是牡丹時節，夕陽梵院（崇效寺楸樹亦乾嘉以上物，牡丹將謝，楸花正開。）。幾度棋枰過眼，看第宅、王侯又新換。最感飄零，烏衣謝燕。[1]

五月二日，與好友高名凱等訪鄧之誠。[2]

五月二十六日，鄧之誠生病，先生和孫錚等人前往鄧宅探望。[3]

五月二十八日，作為發起人，參加北京市文聯第一次會議。

六月二十一日，故宮拒收購唐杜牧《張好好詩》卷。當日故宮博物院院長馬衡在其日記中詳細記載了這件事情：

下午至蔥玉[4]處看杜牧《張好好詩》，乃溥儀賞溥傑物，應當由故宮收購，而西諦[5]謂字卷可以不收，奇哉！[6]

六月二十六日，偶遇梁漱溟，梁漱溟留宿展春園。《梁漱溟日記》載：

午飯後出城訪張東蓀，遇張伯駒，晚宿張伯駒家，荷塘花盛。[7]

是夏，與潘素及黃君坦、馬衡、秦仲文等文友為北大教授章廷謙[8]合繪摺扇一把，先生寫折枝梅花並題：

矛塵兄再正，叢碧。

又書錄和詞人黃君坦詩：

---

① 張伯駒著《張伯駒詞集》。北京：中華書局，1985: 58。

② 鄧之誠著，鄧瑞整理《鄧之誠文史札記》。南京：鳳凰出版社，2016: 515。

③ 鄧之誠著，鄧瑞整理《鄧之誠文史札記》。南京：鳳凰出版社，2016: 517。

④ 即張珩，編者注。

⑤ 即鄭振鐸，時任國家文物局局長。編者注。

⑥ 馬衡著，故宮博物院編《馬衡日記手稿》。北京：紫禁城出版社，2005: 298。

⑦ 梁漱溟撰《梁漱溟日記》。上海：上海人民出版社，2014: 79。

⑧ 章廷謙（1901-1981），浙江上虞人，字矛塵，作家、學者，中國作家協會會員。

夏居圍墅傍池橋，清簟疏簾暑半消。

地遠名傷心易退，天撐尖日勢難驕。

曉涼荷氣看如霧，夜雨蕉聲聽似潮。

便有客來休問主，承陰好種竹瀟瀟。

款識：和君坦賞荷詩，矛塵吾兄正。叢碧。

潘素寫贈淺絳山水，並題：

矛塵先生雅鑒。潘素。

七月二十七日，與好友余敏等訪鄧之誠。[1]

八月九日清晨，民國四公子之一、一代名士、京劇名票、紅豆館主溥侗病逝於上海，享年七十五歲。

九月十八日，梁漱溟來訪。[2]

九月二十四日，倡導成立庚寅詞社，詞屆同仁在稷園結社，先生填《人月圓》詞一組：

人月圓　庚寅八月十三日，詞社同人於稷園作中秋預集

相看座上鬢眉古，我亦鬢成霜。樓臺寂寞，承平回首，莫問霓裳。　金甌依舊，浮雲便有，不礙清光。酒如長滿，人如長聚，老也無妨。

將圓已放圓時彩，更不待團團。芳華豆蔻，娉婷恰似，好好當年。　秋光幾易，貞元人老，殿闕依然。及時須賞，陰晴難定，欲買無錢。

秋光何似春光好，見月易思家。忘年儔侶，青衫白髮，同是天涯。　宮城咫尺，紅牆一水，銀漢微斜。嫦娥不識，人間興廢，幾換繁華。[3]

是秋，夫婦同邀畫家惠孝同、秦仲文、黃君坦諸君雅集展春園，同為書家鄭誦先合繪山水扇面一幀，先生並題舊詞《浣溪沙》一闋：

蕭瑟西風一雁過。遙天渺渺洞庭波。秋心宛轉奈愁何。　獨向霜林傷晚景，聽來落葉已無多。只餘殘照此山河。

款識：戊寅仲秋，集展春園。潘素寫林樹，孝同寫近坡，仲文寫遠

---

① 鄧之誠著，鄧瑞整理《鄧之誠文史札記》。南京：鳳凰出版社，2016：525。

② 梁漱溟撰《梁漱溟日記》。上海：上海人民出版社，2014：79。

③ 張伯駒著《張伯駒詞集》。北京：中華書局，1985：59。

山，君坦補釣舟，叢碧題，以為頌先道兄雅鑒並拈舊詞。

　　鈐印：潘素之印（白文）、中州張大（白文）¹

是秋，畫家秦仲文攜其新收清代畫家王翬的《吳山積雪圖》到訪展春園，先生偕潘素共同鑒賞，時學者陶心如、畫家惠孝同等人同觀，故先生題跋曰：

　　《吳山積雪圖》卷為石谷晚年精絕之作。古人佳構多為絹本，今之事收藏者，必曰：「紙白版新」，直市儈耳。仲文老兄當以予言為然。庚寅秋日中州張伯駒題。武進陶心如同觀。

　　鈐印：張伯駒印（白文）、雙江閣（朱文）

　　同年同日潘素觀於展春園。

　　鈐印：吳郡潘素（朱文）²

十月十九日，在展春園召集許寶蘅等詞友雅集。《許寶蘅日記》記其事：

　　三時同娟淨³赴伯駒約，所居在海淀之西，即慶親王之承澤園也，觀牧之《張好好詩》卷、山谷《諸上座》卷、展子虔《遊春圖》卷，《張好好詩卷》絕佳。八時乘燕京大學汽車歸。⁴

十月二十日，與學者王鍾翰、陸志韋同訪鄧之誠。⁵

十月二十一日，召鄧之誠、張東蓀、高名凱、曾昭掄伉儷、陸志韋等友人雅集於海淀展春園，《鄧之誠文史札記》有載：

　　午赴張伯駒招飲，坐客：陸志韋、張東蓀、高名凱、曾昭掄夫婦，並請男女夾雜。唯盤大棹小，凳子不多，余攜珂兒往，主人婆被擠下席，可笑也。看《杜牧之書張好好詩》，主人近以四千五百萬元得之。聽清唱《打棍出箱》，下大棋，遂盡一日，薄暮歸。⁶

---

① 原作現為香港收藏家珍藏，編者於 2018 年 10 月 22 日收錄於香港集古齋。
② 西泠印社拍賣有限公司 2008 年春季藝術品拍賣會之「中國書畫古代作品專場（清代）」第 0084 號拍品，拍賣時間：2008-06-28。
③ 傅嶽棻，號娟淨。
④ 許寶蘅著，許恪儒整理《許寶蘅日記》。北京：中華書局，2010：1642。
⑤ 鄧之誠著，鄧瑞整理《鄧之誠文史札記》。南京：鳳凰出版社，2016：534。
⑥ 鄧之誠著，鄧瑞整理《鄧之誠文史札記》。南京：鳳凰出版社，2016：535。

十月二十六日，訪鄧之誠。[1]

十月二十七日，再訪鄧之誠。[2]

十一月十一日，再訪鄧之誠。[3]

十一月二十八日，攜陶洙繪畫訪鄧之誠。《鄧之誠文史札記》載：

　　晨，研究生林元漢、李陶欽、王劍英來，鍾翰來。張伯駒以陶洙[4]《牡丹》來，尚佳。[5]

十二月十日，訪鄧之誠。[6]

十二月二十八日，訪鄧之誠。鄧之誠在日記中描摹了先生率意而為的個性：

　　張伯駒來，久不來矣，忽又降臨。此君勤來時，可晝日三接；過門不入，亦可一二月之久矣！無可索解也。[7]

是冬，畫家溥松窗邀約先生與徐石雪、秦仲文、吳鏡汀、汪慎生、啟功、黃君坦等人雅聚，席間協商在北京成立書畫協會組織。

是年，因事出差上海，時陳毅元帥任上海市市長。行前，先生好友、農工民主黨中常委張雲川特擬函，介紹先生到上海謁訪陳毅，適逢陳毅到南京開會，先生遂把張雲川介紹函和一冊《叢碧詞》留下。[8]

是年，先生生母崔氏去世。

是年，出任文化部文物局文物鑒定委員會委員。

是年，在海淀展春園（即承澤園）結「庚寅詞社」，不定期聚會，並預先寄題，交卷後再印送眾人評第，盛況空前，可謂少長咸集，如汪仲虎、夏仁虎、許季湘、陳菿衷等前輩，並邀好倚聲者少年才俊寇夢碧、孫正剛、周汝昌、張牧石等入社。

是年，以五千元人民幣收得唐杜牧《贈張好好詩》卷，欣喜異常，竟癡

① 鄧之誠著，鄧瑞整理《鄧之誠文史札記》。南京：鳳凰出版社，2016: 540。

② 鄧之誠著，鄧瑞整理《鄧之誠文史札記》。南京：鳳凰出版社，2016: 540。

③ 鄧之誠著，鄧瑞整理《鄧之誠文史札記》。南京：鳳凰出版社，2016: 547。

④ 陶洙（1878-1961），字心如，江蘇常州武進區人，著名畫家、藏書家、紅學家。

⑤ 鄧之誠著，鄧瑞整理《鄧之誠文史札記》。南京：鳳凰出版社，2016: 548。

⑥ 鄧之誠著，鄧瑞整理《鄧之誠文史札記》。南京：鳳凰出版社，2016: 549。

⑦ 鄧之誠著，鄧瑞整理《鄧之誠文史札記》。南京：鳳凰出版社，2016: 550。

⑧ 據編者所藏張伯駒撰《回憶陳毅元帥》（張琦翔手錄）一文整理。

至每晚必伴枕而眠，如此數日不改。並填詞《揚州慢》跋語卷尾以述心境：

題杜牧之贈張好好詩墨蹟卷

秋碧傳真，戲鴻留影，黛螺寫出溫柔。喜珊瑚網得，算築屋難酬。早驚見、人間尤物，洛陽重遇，遮面還羞。等天涯遲暮，琵琶溢浦江頭。　　盛元法曲，記當時、詩酒狂遊。想落魄江湖，三生薄幸，一段風流。我亦五陵年少，如今是、夢醒青樓。奈腰纏輸盡，空思騎鶴揚州。[1]

關於收藏《贈張好好詩》卷的價格和經過，先生於《杜牧之贈張好好詩卷》一文中作如下記述：

牧之詩風華蘊藉，贈好好一章與樂天《琵琶行》並為傷感遲暮之作，而特婉麗含蓄。卷於庚寅年（一九五〇年）經琉璃廠論文齋（古玩店）靳伯聲之弟在東北收到，持來北京。秦仲文兄告於余，謂在惠孝同兄手，不使余知。因余知之則必收也。余因問孝同，彼竟未留，已為靳持去上海矣。余急託馬保（寶）山君為追尋此卷，未一月卷回。余以五千數百金收之，為之狂喜。每夜眠置枕旁，如此數日，始藏貯篋中。[2]

另著名書畫鑒定家張珩時任文化部文物局文物處副處長，在其《木雁齋書畫鑒賞筆記》則有另一說法，今錄出此說以存證：

此卷筆法歐韻為多，所用之筆乃一短鋒厚腹紫毫，故其沉着渾厚，得力於工具者，亦良有助焉。今世所傳唐人墨蹟，聊聊可數，如此確然無可置疑者，尤若晨星，況又是自書詩稿，經《宣和書譜》著錄，傳流有緒，真瓌寶也。余少時見其印本，企慕無已，以為此不能入手者，捨之於懷可也。不意，東北一役，國寶流散滿市。此卷入一市人手，以其有經濟之值，懼為人知，埋藏地中，舊裱泡爛，印章皆變黑色，尚幸其紙雖薄，而堅潤瀅滑，絲毫未損。琉璃廠估人得之，秘不示人。余北來後，後間以示予，摩挲愛玩不能釋手，然力不可置，乃介伯駒以黃金五十兩收之。今伯駒捐贈與故宮博物院，重付裝潢，頓還舊觀。雖已歷一刦，尚得幸存，此後可無失墮之虞矣。[3]

---

① 張伯駒著《張伯駒集》。上海：上海古籍出版社，2013: 505-506。

② 張伯駒著《張伯駒集》。上海：上海古籍出版社，2013: 505。

③ 張珩著《木雁齋書畫鑒賞筆記》（書法一·上）。北京：文物出版社，2000: 96-97。

是年，在鄭振鐸的游説下，先生將所藏宋人冊、董其昌畫作捐贈給國家文物局。鄭振鐸在《一年來的文物工作》一文中簡略敍述了有關文物捐獻情況：

> 在這一年裏，捐獻的文物，重要的有劉肅曾捐獻的虢季子白盤，朱桂莘[1]捐獻的岐陽王世家文物，熊述甸捐獻的能原錞，張子厚捐獻的漢石羊，張伯駒捐獻的宋人尺牘、董其昌畫卷，趙世邁捐獻的水利資料，傅忠謨捐獻的宋寫本《洪範政鑒》，百衲本《資治通鑒》和其他宋元明本，常熟瞿氏兄弟捐獻的宋元明刻本及鈔本，翁之憙捐獻的宋金刊本和明清抄校本書等，這些只是舉幾個例子而已。[2]

是年一直到一九五一年，任燕京大學中國藝術史名譽導師，講述中國書法史和中國繪畫史。並熱心參與關賡麟組織的「稊園吟集」。

是年，先生書贈詞友馬士良冊頁一幀：

臨江仙

簾影故家池館，笛聲舊日江城。一春深院少人行。微風花亂落，小雨草叢生。　驛路千山千水，戍樓三點三更。繁華回憶不分明。離尊人自醉，殘燭夢初醒。

風入松

綠楊門巷背河街，燈火舊秦淮。玉鉤羅幕春時夢，記昨宵、故國重回。紅粉飄零有恨，白頭流落堪哀。　江山龍虎氣沉埋，歌舞剩荒臺。前朝多少興亡事，只空城、潮去潮來。燕子不知世改，瓊花獨向人開。

款識：舊作書應籛雲先生雅正。庚寅張伯駒。

鈐印：京兆（白文）、張伯駒印（朱文）、好好先生（朱文）[3]

是年，由詞人關賡麟在京倡導成立詞社「咫社」。

---

① 應為朱桂辛。

② 鄭振鐸著，鄭爾康編《鄭振鐸藝術考古文集》。北京：文物出版社，1988: 575。

③ 中國嘉德國際拍賣有限公司嘉德四季第 41 期之「中國近現代書畫（二）」第 1474 號拍品，拍賣時間：2015-04-02。

一九五一年（辛卯）　五十四歲

三月二十七日，去函梁漱溟。[1]

四月二日，梁漱溟受先生之約，來訪。[2]

四月八日，即辛卯三月三日上巳佳節，廣邀詞友雅集於海淀展春園內，參與者有三十多人，《許寶蘅日記》載：

> 十時，善先來，同乘電車至西直門，換三輪車至承澤園，穎人[3]、伯駒為主人，集者三十餘人，主邠、翠庵八十以上，蔚如、元初、心如、耕木、潛子、蒓衷、穎人、筱牧及余七十以上，共設四席，以姜西溟《祝氏園修禊》詩分韻，拈得當字，午餐畢攝影，三時散。[4]

同日，為南社詞友黃婁生《鬧紅小集》題跋：

> 青山數疊遮恨，明月一船載愁。
>
> 此處偏宜狂士，人生幾度中秋。
>
> 東南多有佳客（士），風月難逢故鄉。
>
> 不放良時過去，留他明日滄桑。
>
> 東華蝶影同夢，南杜鷗盟未寒。
>
> 袖裏詩篇畫本，猶餘湖水湖烟。
>
> 款識：婁生社長兄屬題。辛卯重三日，中州張伯駒。
>
> 鈐印：京兆（朱文）、平復堂印（白文）[5]

四月十二日，書《應長天》詞一闋：

> 五侯故邸，三月令辰，芳遊更趁泉石。盡有客愁兵氣，隨流付潮汐。堂前燕，猶似識，又軟語，說春消息。問哀樂，舊世新人，哪異今昔。　臺榭倚斜陽，一夢承平，歌舞已陳蹟。不見漢宮傳燭，飛花自寒食。長安事，如局弈，曾幾度，眼驚身歷。看無主，隔院嬌紅，遜去相惜。
>
> 予己丑移居展春園，為遜清慶邸承澤園故址。隔院為吳前溪所置。

---

① 梁漱溟撰《梁漱溟日記》。上海：上海人民出版社，2014: 91。

② 梁漱溟撰《梁漱溟日記》。上海：上海人民出版社，2014: 92。

③ 關賡麟（1880-1962），字穎人。廣東南海人。光緒進士。曾赴日留學，學者、詩人，編著有《秵園詩集》（叢書）多種。

④ 許寶蘅著，許恪儒整理《許寶蘅日記》。北京：中華書局，2010: 1664。

⑤ 詩稿為先生弟子周篤文收藏並供稿。

有海棠二株，特大。花時，廣邀賓客宴賞，予曾與焉。今易居新主，侯門難入，而吳蹟遁去。今春咫社、謐園、庚寅三社同人，於此褉集。予分韻得右字，因譜《應天長》一詞，以寄感舊之意。

辛卯重三後四日　叢碧

是春，周汝昌將離京赴四川大學任教，先生組織「庚寅詞社」雅集為其餞行，所限詞牌為《惜餘歡》。彼時展春園內，鴻儒咸集，先生填詞一闋，以表達對詞友遠行的依依不捨之情：

惜餘歡　送敏庵社兄之蜀

棟亭掌故，續金石因緣，脂硯紅漬。文墨乍逢迎，喜膠漆神契。風塵羈旅，山川懷抱，動哀樂、減少年心力。古今同感，恨人多厄，問天何必。　餘歡暫留相惜。奈酒浣征衫，歌斷離席。千里去江陵，聽三峽猿泣。巫雲行幻，灘聲醒夢，勸司馬、莫誤題橋筆。可應追念，延秋展春，舊時花月。

暮春，為周汝昌《鹹水沽舊園》填詞《風入松》一闋：

門前春水長魚蝦，帆影夕陽斜。故家堂構遺基在，尚百年、喬木棲鴉。寂寞詩書事業，沉淪漁釣生涯。　只今地變並人遐，舊夢溯兼葭。名園天下關興廢，算只餘、海浪淘沙。不見當時綠野，也成明日黃花。

五月二十八日，出席北京市文學藝術工作者聯合會成立大會，先生亦是發起人之一。

七月二十九日，中央人民政府政務院文史研究館正式成立，館址由周恩來總理親自選定，設在北海公園內的「靜心齋」。時政務院副總理董必武主持成立儀式並代表中央人民政府講話。

文史研究館聘任毛澤東的老師符定一為第一任館長，葉恭綽、柳亞子、章士釗為副館長。首批中央文史研究館館員之名單如下：

王治昌、田名瑜、邢贊亭、邢端、宋紫珮、志琮、邵章、康同璧、周嵩堯、查安蓀、夏仁虎、唐進、陳雲誥、陳半丁、黃復、葉瑞棻、巢功常、齊白石、齊之彪、劉武、劉契園、潘齡皋、蕭龍友、羅介丘、梁啟勛。

七月三十日，訪鄧之誠，二人談及中央文史館成立之事，先生對之頗有微詞，戲稱為「九老會館」。[1]

---

① 鄧之誠著；鄧瑞整理《鄧之誠文史札記》。南京：鳳凰出版社，2016: 579。

七月，畫家陳半丁寫「秋色平分」扇面一幀，並跋曰：

　　辛卯夏六月寫於竹環齋，半丁老人七十有五。

先生在扇面另一側題《臨江仙》一闋：

　　簾影故家池館，笛聲舊日江城。一春深院少人行。微風花亂落，小
雨草叢生。　　驛路千山千水，戍樓三點三更。繁華回憶不分明。離尊人
自醉，殘燭夢初醒。

　　款識：心平先生正。張伯駒書。

　　鈐印：京兆（朱文）[1]

八月，去天津為抗美援朝舉辦京劇義演，演出劇目為《問樵鬧府》、
《打棍出箱》等劇目。

九月十五日，辛卯中秋，又為周汝昌入蜀治筵惜別。先生再一次填
《人月圓》詞一闋，為故友遠行慨嘆：

人月圓

　　自移居京西與正剛、敏庵三過中秋，今敏庵入蜀執教，於月夕置酒
為別，明歲對月，各在一天矣。

　　清光偏照西風別，且共惜餘歡。三年同賞，故人辭去，蜀道青
天。　　今宵杯酒，便教一醉，可奈離筵。料應明歲，望江樓上，千里團圓。

九月十九日，和好友張東蓀同訪鄧之誠。[2]

是秋，畫家陳半丁寫「三秋圖」成扇，先生亦書錄舊作《惜黃花》、《人
月圓》二首：

　　丹楓霜染，黃花金綻。倚朱樓，近殘秋，夕陽庭院。歌罷斷魂驚，
酒入回腸轉。況又是、月明還滿。　　星稀雲淡，露華向晚。下簾鉤，背
燈愁，夜闌人散。心事自家知，醉也誰來管。恨未有、玉笙傳怨。

　　分明鏡裏樓臺影，夜氣幻山河。清光依舊，年年長好，秋意偏
多。　　前遊休問，相逢客裏，無酒無歌。與君不睡，今宵同賞，明歲如何。

寅秋舊作，辛卯書張伯駒

① 河南金帝拍賣有限公司 2015 中國書畫拍賣會之「藝海集珍——書畫小品專場」第 0051 號拍品，
拍賣時間：2015-11-22。

② 鄧之誠著，鄧瑞整理《鄧之誠文史札記》。南京：鳳凰出版社，2016: 587。

鈐印：京兆（朱文）**¹**

是冬，與陶心如、女畫家吳青霞於上海林若瓢之天禪室雅集，三人合繪《竹石蘭竹圖》，其中吳青霞寫竹石，陶心如寫靈芝，張伯駒寫蘭並題記：

　　辛卯冬，吳青霞寫竹石，陶心如寫靈芝，張伯駒寫蘭並題於天禪室。

鈐印：張伯駒印（朱文）**²**

是年，在陶心如為周汝昌所繪的《楓紅櫨白村圖》上題七言絕句一首：

　　蘆白楓紅水國遙，泥沽豆舫遠通橋。

　　魚鹽市冷佔帆去，只有斜陽送晚潮。

叢碧

鈐印：中州張大（白文）

啟功亦題七絕：

　　荒渠野水荻花秋，秋字沽邊憶舊遊。

　　不使魚洋專勝賞，半江紅樹小揚州。

元白題句

鈐印：啟功（白文）、元白（朱文）**³**

是年，青年學者吳小如到燕京大學任教，舉家遷京，暫無住處，先生遂將承澤園中藏書樓空房兩間借與吳小如，不收分文房租。二人初識於抗戰勝利後，時先生在天津的外甥劉菱洲家中票戲。吳小如是劉菱洲的中學老師，師生都酷愛京劇，遂在那次雅集中結識了先生，兩人友好一生。

是年，為響應抗美援朝，故宮博物院的業餘京劇團發起捐獻武器的義演，應朱家溍之邀，先生參演《青山石》、《打棍出箱》、《摘纓會》、《陽平關》諸劇目。

---

① 香港長風 2007 秋季暨首場拍賣會「中國書畫」專場，第 0152 號拍品，拍賣時間：2007-11-25。

② 北京誠軒拍賣有限公司 2010 年秋季拍賣會「中國書畫（一）」第 0238 號拍品，拍賣時間：2010-11-21。

③ 樓宇棟、鄭重著《中國文博名家畫傳·張伯駒》。北京：文物出版社，2008: 88。

一九五二年（壬辰）　五十五歲

春節前夕，與美術史論家王森然到辟才胡同給國畫大師齊白石拜年。

一月十五日，側室王韻緗向法院遞交訴狀，按新婚姻法正式起訴離婚。

一月二十二日，寫成身世自述長文：

我祖上是由貧農而富農，到我祖父已成了地主，中了舉人。我父親中了進士，由京官到直隸服官，直到民國四年後退休，又創辦銀行，寓居於天津租界內。所以我這個家庭，完全是封建時代由地主而官僚長成的，充分表現驕奢墮落的形象，有很多污濁罪惡。我是在這個家庭裏生長，習染，也不能不有了罪惡。

在我七歲的時候，我父親已與我訂了婚，就是我的原配李氏。她父親這時是候補道，我父親也是候補道，這就是門當戶對的婚姻。到我十九歲結婚，結之後，家庭裏才知道我的原配李氏夙有疾病（是沒有月經），不能生育，並染上鴉片烟癮。封建舊家庭的傳統思想是：不孝有三，無後為大。到我二十四歲，我父親就催促我納妾，是年我與鄧韻綺（在解放北京前與我脫離關係，並一次給予贍養，後鄧韻綺向最高法院訴請再給贍養費，被批駁）同居，次年生一女，不久夭殤。鄧韻綺久不生育，又染上鴉片烟癮。到我二十七歲，我兄弟（我叔父之子）病故，兩門只我一子，我父親催我再納妾，並指示以生育為目的，不論才貌，要身體肥壯。由鹽業銀行副經理朱虞生介紹了王韻緗。本來介紹的有兩人，王韻緗是其中之一，因為朱虞生的同居與王韻緗之母是朋友，那一個就沒叫她與我見面，力促王韻緗與我的成功。是年就與王韻緗實行同居，於我三十一歲時生了一子。這時我叔父的同居楊氏也生一子。一個大家庭共居一處，大家都是享受懶惰，有鴉片烟癮的就有十人之多。

我從三十歲研究文藝，對於這樣的家庭感覺痛苦，尤其厭惡租界，所以我常在北京。到民國二十二年，我父親去世，我父親的同居孫善卿庶母，交給我很多的遺產，但是，還是有不夠這大家庭開支之虞。我看了這時國民黨的政局現象，我又做銀行的事，知道經濟前途不可樂觀，對我的家庭還是這樣排場闊綽下去是沒有辦法。我就將大部分鹽業銀行股票交給王韻緗，使她試驗管理家政，因為兒子是她生的。並且，我對

她說，經濟前途是很危險，股票的利息是靠不住的，必須緊縮開支，家庭要平民化，譬如在樓上由梯子一級一級的下到平地，總比從樓上墜到平地好。但是她不能了解我的話，而且她早已染上鴉片烟癮，每天到下午四點鐘才起床，沒有管理家政的能力。我把股票交給她，是為供給家庭開支，股票的印鑑還在我這裏，不是給她個人的，而她會誤認到兒子是她生的，交給她的股票我不能再拿走。至於這個家庭開支不夠，她沒能力把它節儉下來，還要我想辦法。我到三十九歲，在上海與我的愛人潘素相遇，我們兩方情願結為配偶。[1]我是連香烟都不吸的，他們都吸大烟，我起床的時候是他們睡覺的時候，我睡覺時候是他們打牌吸烟的時候。我感覺到苦悶而有這種舉動。

到民國二十八年，天津發生水災，我家也淹在水中。這時，孫善卿庶母同王韻緗都來北京暫住。我想趁這時候，把天津家庭合併北京一起，計劃在北京宅的空地建一所房，專供孫善卿庶母居住。如果她不來住，我就不擔負天津家庭的開支。我首先徵求王韻緗的意見，她回答她不到北京住，她還要同孫善卿庶母住。在她的心裏，因為多數的遺產在孫善卿庶母手裏，將來孫善卿庶母死後都歸她所有。但是，她了解不到將來的局勢與經濟情形。

在這一年，我的原配李氏去世，所有遺物，首飾、衣服、家具，都由王韻緗接收。這一年年底，我父親的第五同居李氏去世，所遺衣物首飾也由王韻緗、鄧韻綺、劉張家芬（我叔父之女）均分。到民國二十九年，我叔父（即生父）去世。在一年多之內，我家有三回喪事，已經負很多的債，北京的房子又已押出。這時感覺不易維持，在王韻緗那裏拿回股票數萬，交族叔張慕岐經營買賣（一九五一年春，張慕岐曾來京云：所經營的有盈餘股票的款，都交還王韻緗）。

民國三十年，我去上海，在王韻緗那裏拿去股票十萬，交同鄉牛敬亭代經營。我在這年夏，被汪精衛的偽軍綁架，此時都由潘素一人奔走借債營救，拘囚八個月始行釋放。因為還債，把十萬股票賣與牛敬亭。

我同潘素於民國三十一年回到北京。此時，已毫無辦法再擔任天津

---

[1]　張伯駒和潘素於一九三二年結婚，時年先生當為三十五歲，此處記憶有誤。

家庭的開支，而王韻緗手裏還有十幾萬股票也不再拿出來。從此，天津家庭開支才由孫善卿庶母擔負，王韻緗只管她自己的零花錢。我本年由朋友幫助，及潘素賣出首飾，離京去到西安。

民國三十三年，潘素曾去天津，向王韻緗取出股票七萬由王韻緗令其妹隨潘素去上海，賣出三萬的款由其妹取回交王韻緗自用，四萬的款匯西安入秦隴實業公司股。民國三十五年，我又將王韻緗手裏約五萬以上股票的印鑒，交給王韻緗，換成她自己的戶名。以後她陸續賣出。截至現在止，鹽業銀行股本賬內她還剩有一百股股票。

我本來是研究考古的。在日本投降時，偽滿溥儀在清宮攜走的古代書畫，均在東北散失，我為保存國家文物，收買此項書畫，負債七千數百美金。此時又有中國最古之畫發現，我恐被商人買去流到美國，我所以將房子賣出（前已押出，負債約五十萬偽聯幣，日本投降後法幣一兌五贖回）。除還負債及置購現住承澤園住房外，以餘款購收此畫不足，由潘素賣出首飾補貼，始完成此任務。因此，我雖賣出房子，手中還是拮据。

到三十八年和平解放北京，我為工作又負了十八兩黃金的債。直到解放以後，我沒有收入，這一時期沒有辦法再照顧到王韻緗。

一九四九年春，王韻緗來京向我要錢，聲言要字畫，她也說不上名稱，只說要頂值錢的。我收藏這一部分書畫裏面，有潘素貼補的錢，是我與潘素共有的。我們的宗旨是為保存研究國家的文物，不認為是我們換享受的財產或遺產。我們研究工作終了，將來是貢獻於國家的。我寫的有遺囑，並且有朋友證明。王韻緗的思想是與我們背道而馳的。

一九五〇年，王韻緗又向我要錢，我答應她有西安福豫麵粉公司股票給予她，還有我擔任董事每月有麵粉三袋、伕馬費也給她。我寫信給福豫麵粉公司，改換股票戶名，並匯來麵粉折價的款，俟接到回信云「在重估財產之前不能過戶」，麵粉款亦未匯來。我這時忽然明白，我本人在北京，一直沒去西安，而每月還拿伕馬費是不合理的，我於是就辭去董事。還有我投資麵粉公司時，有一些餘款未結清，若按幣制改變則公家損失，所以我又將股票捐於公家。這並不是我對王韻緗食言，因為我的立場，不能不先公而後私。

　　到一九五〇年年底，孫善卿庶母把天津房子賣了，我到天津請孫善卿庶母替我給她（王韻緗）一部分錢。孫善卿庶母給她四十足布，即是孫善卿庶母替我給的，我有過這樣的請求。在一九五一年，王韻緗又收到她的放款本息三百六十萬。她在天津，並無食與住的擔負，在一年之內就用去一千三百多萬。一九五一年八月，我去天津作抗美援朝義演，王韻緗又向我要錢，這時由潘素答應每月設法給她一二十萬元。但是，我的欠債由租房的款還掉，而我的嬸母在一九五一年春故去，辦理喪事又行負債，每月入不敷出，家中生活全由潘素籌措。給了王韻緗一次錢，就不能按月照給。後來王韻緗來信質問潘素，責備「不兌現」。現在她來京說我不負她的責任，我說你可以到北京來住，她說我與她感情不好，平時不同她說話。這是我的習慣，平常說話就少，而我與她思想不同，文化程度不同，往往說好話也會誤會，不如少說話。她又提出分產問題，我答覆她只有向法院去講。

　　總述我舊封建家庭的罪惡，就是我的罪惡，即使我在反蔣革命上有小成績，或是思想有些進步，也是不能遮掩的。在今天一定、而且必須暴露出來，予以洗刷結束，才能在這新時代重新做人。一錯不能再錯，所以我同意王韻緗訴要撫養費的要求。但是我既然是統一戰線上的一個人民，我必須擁護政府婚姻法一夫一妻制的制度。我提請法院判決我與王韻緗終止同居關係，至於撫養費或贍養費的數目，我把我的負債、財產收入、人口生活狀況報告。法院請根據情況及王韻緗一個人生活予以公決。我願意借錢，最遲在兩個月內一次付給她，我再準備賣出房子補還我的債務。我與王韻緗雖說同居，她一直住在天津，我一直住在北京，實際上已有十五年以上沒有同居。她得了贍養費與我脫離同居關係，也可去掉依賴性，去學習勞動。她與我的兒子（大學畢業後已經早有工作，每月有三百斤上下小米待遇），還能照顧她。我若不幸在社會主義未實現前死亡，如果還有私產，他與我的兒子還能繼承遺產，這與王韻緗精神物質上都無損失，而我也可以毫無牽掛的精神能力貢獻於國家。

　　謹呈

　　　　　　　　　　　　　　　　　　　　　　張伯駒呈

　　　　　　　　　　　　　　　　　　　　　　一九五二、一、二十二

　　鈐印：張伯駒印（朱文）[1]

　　三月，北京市文聯新國畫研究會開改選會，選執行委員二十七人，候補五人，大會推舉葉淺予、胡佩衡、惠孝同、陳緣督、王雪濤、徐燕孫、金協中、陸鴻年、陳志濃等九名常委，徐石雪等老畫家被選為執行委員。

　　是春，琉璃廠墨寶齋好友馬寶山來訪，先生取出「側理紙」一幅欣賞。側理紙是我國晉代名紙，據傳是晉代越人以水苔為原料製作而成的紙張，故名「苔紙」或「苔箋」。又因紙面上紋路縱橫交錯，斜側錯落，故稱「側理紙」。馬寶山在「說紙」一文中有如下記述：

　　　　一九五二年春，余曾在張伯駒處得見整體「側理紙」一幅，棉厚數層連疊，揭之成球狀，無端縫，誠為稀見之品。後經我介紹，售與故宮博物院，作價人民幣伍佰元。[2]

　　六月，時任中央人民政府副主席的李濟深召集溥雪齋、徐石雪、溥毅齋、胡佩衡、惠孝同、杜冰坡、鄭卓人、汪振雄、釋巨贊等人，在李宅召開書畫研究會籌備會，由其秘書杜冰坡、鄭卓人記錄。

　　是夏，為畫友惠孝同所藏北宋王詵《漁村小雪圖》作跋：

　　　　三年樓居對西山，日日憑窗看雲烟。

　　　　雨霽雪晴各盡態，生滅幻化隨天然。

　　　　余焉於此悟畫理，若峰由石水由泉。

　　　　錦袍公子王都尉，胸具雲夢吞長川。

　　　　傳鉢直承展李後，下筆迥出荊關前。

　　　　水色潑墨黯遠渚，嵐影浮玉搖空天。

　　　　雪消日暖光盪漾，銀粉金碧相爭妍。

　　　　漁人彷彿在秦世，不知滄海幾桑田。

　　　　君不見，趙家山河小歸烏有，此卷獨留八百年。

　　　　我亦寶藏江烟本，尹邢足稱兩嬋娟。

　　　　有時臥遊一展玩，倦眼相對欲無眠。

① 寓真著《張伯駒身世鉤沉》。太原：三晉出版社，2013: 314-327。

② 馬寶山著《書畫碑帖見聞錄》。北京：北京燕山出版社，1997: 47。

咫尺之間見天地，晷刻以內即神仙。

雖然村雪江烟長，在我塵土，但信夙結三生緣。

燭影搖紅映窗月，遲來庚和玉局篇。

壬辰夏叢碧張伯駒

鈐印：雙江閣（朱文）、京兆（朱文）、平復堂印（白文）[1]

七月三十日，法院判決張伯駒與王韻緗正式解除婚約，王韻緗到石家莊跟隨兒子張柳溪生活。

九月一日，北京書畫研究會正式成立，溥雪齋為理事長、徐石雪為副理事長，于非闇、胡佩衡、張伯駒、潘素、杜冰坡等為常務理事，關松房、吳鏡汀、秦仲文、汪慎生、惠孝同、溥毅齋、汪靄士等為理事。中旬，為慶祝新中國成立三周年，理事會決議合作巨幅國畫獻給毛澤東主席。杜冰坡請徐石雪代刻北京中國書畫研究會章，並確定為毛主席繪製賀壽畫作事。

九月十七日，潘素與關松房、于非闇、溥雪齋、秦仲文、杜冰坡等理事會成員，齊聚琉璃廠西太平巷徐石雪寓所，研究創作《普天同慶圖》，商定由徐石雪畫雙鳳，諸君補景，並請白石老人題字。會後，徐石雪拿出珍藏多年的御製丈二匹宣紙，連夜畫竟雙鳳。

九月十八日，潘素補寫坡草，溥雪齋、關松房補畫蘭、石。

九月十九日，杜冰坡持畫送齊白石處題字並補畫牡丹，白石先生敬題：

普天同慶。恭祝中華人民共和國成立三周年，並向毛主席致以崇高敬禮。

九十二歲齊白石題

九月二十日，杜冰坡去白石老人家取回畫作交付徐石雪，並一同到于非闇處補畫梧桐。隨後汪慎生來到徐石雪寓所補畫竹，胡佩衡補畫水口。

九月二十一日，溥毅齋來徐宅取畫，補畫月季後交惠孝同轉交先生，潘素補畫坡草後又送回惠孝同處。

九月二十二日，裱畫師劉金濤來徐石雪宅詢問裝裱事，徐石雪讓劉金濤從惠孝同宅取走畫作裝裱。《普天同慶圖》的策劃和主創人徐石雪，在

---

① 故宮博物院官網所載王詵《漁村小雪圖》卷。

《石雪齋日記》中詳實記錄了這幅傳世巨作的創作背景和連續五天的創作過程。

九月二十七日下午,徐石雪、溥雪齋、關松房、杜冰坡、汪靄士等同至李府,請李濟深副主席將《普天同慶圖》呈送毛澤東主席以表達崇高敬意,並恭祝中華人民共和國成立三周年。

九月下旬,先生受國家文物局之邀參加十七人書畫鑒定小組,參與收購故宮於民國期間流失東北書畫的鑒定工作。時任國家文物局局長的鄭振鐸在《關於鑒定溥儀所盜書畫的情況報告》一文中寫道:

> 東北文化部於一九五二年九月中,派科長曲瑞琪同志,攜送「五反」中所繳得的書畫經卷一百二十九卷到局。此項書畫,均為溥儀從故宮中盜攜出宮者,每件均有乾隆、嘉慶及溥儀的璽印。當經我局張珩副處長及徐邦達秘書逐件點收,並請徐森玉、張珩、江豐、葉淺予、蔡儀、馬元放、王朝聞、蔡若虹、葉恭綽、張伯駒、啟功、惠孝同、謝稚柳、朱家濟、鄧以蟄、徐邦達、謝元璐等十七人組織鑒定委員會。以徐森玉為主任,張珩為副主任。[1]

九月,潘素與齊白石、徐石雪、于非闇、汪慎生、胡佩衡、溥毅齋、溥雪齋、關松房共九位國畫大家創作了國畫《普天同慶》為毛澤東祝壽。在畫作上的落款為:潘素寫坡草。

十月五日,毛澤東主席給齊白石親筆回信:

白石先生:

> 承贈「普天同慶」繪畫一軸,業已收到,甚為感謝!並向共同創作者徐石雪、于非闇、汪慎生、胡佩衡、溥毅齋、溥雪齋、關松房諸先生致謝意。

毛澤東
一九五二年十月五日

是冬,寫蕙蘭一幀,先生並題:

風蕙圖
壬辰冬,張伯駒。

---

① 鄭重著《中國文博名家畫傳·張珩》。北京:文物出版社,2011: 211-212。

　　鈐印：京兆（朱文）、平復堂（白文）

此畫歸楊紹箕收藏，一九七九年夏楊紹箕再請先生又於裱邊重題：

　　蕭艾齊榮莽路時，孤芳獨抱自披猗。

　　狂非楊柳千條綫，也被東風吹向西。

　　紹箕世講雅屬。己未夏，伯駒再題，時年八十又二。

　　鈐印：張伯駒印（朱文）、好好先生（朱文）、春游（朱文）

後來楊紹箕就此畫作又延請沈裕君、黃君坦、張牧石、俞平伯於裱邊
題跋：

一

九畹流芳

款識：紹箕先生屬題。沈裕君，時年九十六。

鈐印：沈裕君（白文）

二

國香花葉護歡叢，轉蕙韶光趁好風。

一點口脂迴露眼，春心飛動夕陽紅。

款識：馬守貞畫蘭有名夕陽紅者。紹箕仁兄屬題。己未嘉平，牲叟
黃君坦。

鈐印：君坦之印（白文）、下印漫漶不辨識

三

誰植靈根，卻教身世如此。戰秋紅褪金棱袂。凝露泣無聲，絕代感
伶俜，古恨盈盈，太息推挑無計。　　幽谷遐心，空念東風柔細。依舊當
門須忌。雅韻孤標肯捐棄，甘顦顇。袞香寂寞傷春菨。

款識：《倚風嬌近》題碧丈繪風蕙，應紹箕屬。屠維協洽辜月，天津
張牧石題。

鈐印：介翁（朱文）

四

空谷飄香靜者妍，光風蘋轉自年年。

珍留詞彥蕭疏筆，綈錦重題亦勝緣。

款識：紹箕先生屬正。俞平伯。

鈐印：俞平伯（朱文）¹

是年，時任國家文物局長的鄭振鐸向先生提議《遊春圖》，這樣國寶級的藏品最好由國家珍藏，於是先生按購進時的原價折合人民幣三萬元讓與故宮博物院收藏。昔日，《遊春圖》曾有多人願出高價收藏，先生在《春遊瑣談》一書中亦有描述：

> 月餘後，南京政府張群來京，即詢此卷，四五百兩黃金不計也。而卷已歸余有。馬霽川亦頗悔恚。然不如此，則此魯殿僅存之國珍，已不在國內矣。²

關於《遊春圖》是捐是讓，社會上目前有不同看法，先生自己在回憶有關展子虔《遊春圖》時，曾說以原價讓與故宮博物院。而這件書畫中間人，也是重要的見證人馬寶山卻在《書畫碑帖見聞錄》一書明確說《遊春圖》是捐獻給故宮博物院：

> 在「三反」、「五反」運動初期，張伯駒已將展卷等捐獻給故宮博物院。³

潘素在《憶伯駒》一文中有如下記述：

> 一九五二年，鄭振鐸來說如此國寶由國家保管更好，要求伯駒讓給故宮博物院，伯駒慨允，作了捐獻。但國家也回贈了一部分現金。⁴

是年，北京鹽業銀行成立工會，銀行公私合營，先生任公私合營銀行董事。

是年，夫人潘素跟隨中國美術家協會到青島嶗山寫生，畫成《嶗山潮音瀑》。

是年，在何香凝、鄭振鐸動員下，以顧問身份到文化部工作。

是年，組織成立了北京京劇基本藝術研究社，社址即設在李廣橋東街16號先生家。研究社社長是愛新覺羅·載濤，先生任副社長，下設崑曲組、皮黃組、音樂組三個組。

---

① 中國嘉德國際拍賣有限公司 2015 秋季拍賣會「之中國近現代書畫」第 0414 號拍品，拍賣時間：2015-11-14。

② 張伯駒著《張伯駒集》。上海：上海古籍出版社，2013: 489。

③ 見馬寶山著《書畫碑帖見聞錄》。北京：北京燕山出版社，1997: 9。

④ 項城市政協編《張伯駒先生追思集》。北京：紫禁城出版社，2010: 128。

是年，北京棋藝研究社成立，李濟深任理事長，先生任理事兼總幹事。

是年，在燕京大學員公樓大禮堂演出京劇《陽平關》，在劇中飾黃忠。

是年，王世襄被故宮博物院開除公職，自謀職業。

一九五三年（癸巳）　五十六歲

二月十四日，農曆癸巳春節，毛澤東主席為感謝先生伉儷參與創作國畫《普天同慶》為其祝壽，委派秘書拜年，送來酒果等禮物，並帶來中央辦公廳的感謝信。

四月，周恩來總理親自批示，「新國畫研究會」更名為「北京中國畫研究會」，先生任理事，陳半丁、徐石雪、溥雪齋、于非闇、秦仲文、吳鏡汀、徐燕孫、胡佩衡、汪慎生、惠孝同、啟功等原中國畫學研究會的核心成員，分別任執行委員、理事、常務理事、副會長、會長等職務。

是春，成立北京中國畫研究會，先生任理事。

是春，寫蘭蕙條幅一幀，並題：

> 楚澤流芳
>
> 款識：癸巳春張伯駒。
>
> 鈐印：張伯駒（白文）、平復堂印（白文）[1]

七月，中國畫研究會在北海舉辦第一屆國畫展覽會，先生送展紅梅一幅，為外國友人購藏。

七月，應客居青島的詞人黃孝紓之邀，到青島避暑，惠孝同、啟功亦赴青島。黃孝紓在《內九水遊記》一文有載：

> 癸巳夏六月，余約張叢碧伉儷為勞山遊。惠孝同、啟元白自京來會。[2]

九月二十二日，癸巳中秋，適逢濟南著名畫家關友聲來訪，先生填詞《人月圓》以紀：

> 余居郊墅四度中秋。癸巳園易主，中秋夕居城，適濟南關友聲君來小酌，同賞月，因賦。

---

① 長春市金鼎拍賣有限公司 2015 年秋季藝術品拍賣會「雅懷秋韻」專場第 0111 號拍品，拍賣時間：2015-11-22。

② 黃孝紓著，劉懷榮、苑秀麗注《嶗山集校注》。北京：人民出版社，2015: 214。

百年幾換樓臺主，明月自團圓。清輝到處，千門萬戶，不問誰邊。　思家張翰，無家張儉，等是癡顛。但能有酒，又能有客，同賞同歡。[1]

九月，由全國美協主辦的第一屆全國國畫展覽會在北京北海公園漪瀾堂舉辦。

九月，周汝昌研紅處女作《紅樓夢新證》由文懷沙推薦並做序文，在上海棠棣出版社刊行。此書一面世便轟動紅學界，一時洛陽紙貴。遂後，周汝昌旋將此書由成都寄呈先生。

初秋，與潘素以及惠孝同、啟功同遊青島嶗山，由詞人黃孝紓陪同。時秋雨初降，眾人從嶗山北九水暢遊至魚鱗瀑，途中詩詞唱酬，佳詞妙句多多。先生得咏嶗山妙聯一幅：

迎來海外三千履；

望盡齊州九點烟。

黃孝紓和先生詩句多首，今錄其詩文如下以記其遊踪：

癸巳初秋偕同叢碧、慧素、孝同、元白、宏略，雨中遊勞山，自北九水至魚鱗瀑途中書所見。

入山十里帶朝曦，遲我屏顏夾路岐。

久別相看仍嫵媚，浩歌一逞自欹崎。

岡巒不斷天疑近，晴晦無端雨亦宜。

暫憩車輪做磐石，飽餐秀色慰輣飢。

（凌晨入山，小憩北九水。）

五載重過柳樹臺，故家池館委蒿萊。

廢墟壁立俱陳蹟，瘋木天全是不材。

合眼前遊如旦暮，瘝心偏霸在塵埃。

人間代謝尋常事，頭白衰翁不自哀。

（車經柳樹臺，故家亭館無一存者。時見頹垣敗壁，掩抑林莽間，兵燹之蹟觸目皆是。）

① 張伯駒著《張伯駒詞集》。北京：中華書局，1985: 79-80。

急雨隨車滑滑泥，自攜被襖渡前溪。

藤篋佚老無行腳，芒屩尋幽從小奚。

墟曲人聲雜雞犬，平川波影亂鳧鷖。

窮搜九水猶初地，鑿陡山深路轉迷。

（辰抵北九水，由此捨車登山，路益艱，風景益幽，戰前有山輿可以代步，今不復有矣。）

行行逐步換山形，靉霴連空入杳冥。

一徑深林藏虎氣，四天飛瀑帶龍腥。

巖局漠漠雲排闥，簷霤淙淙水瀉瓶。

飽飯科頭雙石屋，泉聲繞砌倚筇聽。

（雙石屋遇雨，小憩農家，飯訖而去。）

玉鱗口外即明霞，臙蓄膏淳水一涯。

石溜有聲爭入世，雲山相迓大排衙。

年資白蛻盤根樹，秋色黃添小蒨花。

濯足滄浪寒徹骨，林阰鼓吹亂鳴蛙。

（距靛缸灣不百步，兩山壁立，中通澗水，遊人赤足以涉。村人呼為大小衙門，以狀其險隘也。）

潮音洗耳意無塵，不到山亭近十春。

瀑挾雷聲飛馬尾，峽穿日影閃魚鱗。

枕流石具輪囷相，拔海山皆斧劈皴。

趺坐盤陀閒煮茗，澄潭魚鳥暫相親。

（午抵靛缸灣、勝利亭，潮音瀑舊名馬尾瀑，西流出魚鱗峽匯為北九水。）

彈月橋頭日未趖，歸途流潦惜滂沱。

回看石磴愁猿狄，漸隱雲峰失駱駝。

世閱枯桑飛海水，庵藏蔚竹阻巖阿。

盪胸雲影勞山頂，興盡探奇奈雨何。

（是日以雨阻未攬勞頂之勝，駱駝峰、彈月橋，皆歸途所經也。）

作者招邀恰七人，老餘健步意嶙峋。

初秋窮島收殘暑，一日名山證夙因。

粉本清湘工紀實，紅妝季布妙傳神。

新詞更乞張三影，留與丹青話夢塵。

（是役遊侶六人，增一導遊，恰符作者之數。慧素、元白、孝同並攜畫具，留稿而還，將乞伯駒作詞張之。）[1]

（一）

癸巳秋，偕同元白、孝同、宏略及叢碧、慧素伉儷遊勞山，從北九水入山，越魚鱗峽，直抵靛缸灣。遇雨，溪流湍急，四山飛瀑彌望，晴遊所未觀也。即為紀遊詩八章，意有未盡，更賦長歌以張之。

勞山之奇萃在石，巉巖萬古蒼鐵色。

補天疑是媧皇餘，棄擲東海不復惜。

鼇背塵飛地軸翻，禺貔跋浪鮫人泣。

一朝屏顏出海底，左股蓬萊失復得。

危峰拔地如合圍，群峭去天不盈尺。

磊砢青餘巨象骸，輪囷白蛻老蛟脊。

仄磴千盤鬼見愁，斷崖萬仞神所擘。

我來正值秋霖時，萬木沉沉冒濛霖。

四山彌望飛白龍，垂胡飲澗下絕壁。

奔湍赴海不復停，義和鞭日轟霹靂。

勢挾泥沙相吐吞，聲震林木皆辟易。

泠泠清寒入肺腑，森森氣象動魂魄。

窮探九水越雙衙，直抵靛缸灣未夕。

潮音謀耳夢前遊，嵌壁榜書墨無蹟。

科頭濯足對清泠，列坐盤陀可敷席。

雨遊縱苦勝晴遊，好景當前幾人識。

荊關不作馬夏遙，欲貌靈奇慚筆力。[2]

① 黃孝紓著，劉懷榮、苑秀麗注《嶗山集校注》。北京：人民出版社，2015: 183-187。

② 黃孝紓著，劉懷榮、苑秀麗注《嶗山集校注》。北京：人民出版社，2015: 188。

（二）鶯啼序　內九水紀遊邀叢碧同作，並柬元白、孝同

十年浪遊似夢，指南龍舊路。和松吹、彈月橋邊，嗚咽流水如訴。看人老、婆娑短髮，幾株拂岸垂楊樹。謁山靈，世外相迎，盛情如故。

一水源頭，澗晦塹暝，又山程遇雨。石梁沒、流潦縱橫，捨車偏斷官渡。犯狂飆、寒生被裯，踏溪石、凌波微步。占箬礒，世界清涼，總輸鷗鷺。

鷹窠河畔，彌望飛流，四天掛匹素。午飯向、山家投止，石屋仙去。繞砌泉鳴，檐聲如注。錦帆疊嶂，丹崖飛鳳，單椒出沒雲中影，徑金華、飽領滄州趣。迎眸冷翠，石門峽盡天開，玉龍樹杪飛翥。

危亭茗話，鼓吹悠閒，有怒蛙兩部。世態閱、浮雲今古。偏霸塵埃，樓館山阿，燕歸無主。重來白髮，沙蟲滿地，塵飛看涸蓬萊水，望江關，待續蘭成賦。臨流頓觸禪機，洗耳潮音，頓忘日暮。

（葉遐庵評：長調一氣呵成，不傷於碎。）**¹**

（三）浣溪沙　白雲洞觀海次叢碧韻

眼底滄溟萬頃寬。蒼茫九點俯齊烟。岧嶢高閣出塵寰。　日射岡巒金灼爍，雲沉島嶼白彌漫。天風高處一憑闌。**²**

（四）浣溪沙　鷹窠河道中遇雨次叢碧韻

雨腳霏微不肯晴。飛泉百道樹梢明。風聲獵獵澗中行。　大石臨流狂象據，怒濤趨壑老蛟鳴。天開壯觀若為情。**³**

是秋，女學者冼玉清自廣州來京，拜訪先生並取出其於一九三〇年在北平訪學期間所繪《舊京春色圖》徵題，先生欣然為題《滿庭芳》詞一闋：

命婦凝裝，詞皇寫照，看來真個銷魂。雲車寶馬，猶記踏芳塵。幾日東風過了，回首處、總自傷神。何須問，題詩舊客，僧侶也無存。　卅年都似夢，消殘銀燭，辜負金尊。奈紅顏無主，白髮欺人。難

---

① 黃孝紓著，劉懷榮、苑秀麗注《嶗山集校注》。北京：人民出版社，2015: 106。
② 黃孝紓著，劉懷榮、苑秀麗注《嶗山集校注》。北京：人民出版社，2015: 95。
③ 黃孝紓著，劉懷榮、苑秀麗注《嶗山集校注》。北京：人民出版社，2015: 108。

證三生絮果，繁華去、非幻非真。幸還有，生花妙筆，腕底為留春。（蘭因誤三生）

　　款識：《滿庭芳》。癸巳中秋後題玉清女士《舊京春色圖》，即希正拍。叢碧張伯駒。

　　鈐印：叢碧（朱文）、張伯駒印（白文）、京兆（朱文）

是秋，再為冼玉清所藏吳湖帆繪《琅玕館修史圖》題詞《四園竹》一闋，詞曰：

　　烟疏雨密，野色映窗扉。縹緗四壁，桃李滿門，風入書幃。人意清，秋意淡，幽篁影裏，只應明月先知。　　夢淒其。江山幾換興亡，蒼茫莫問心期。獨有班姬史筆，司馬文章，幼婦新辭。看滿紙，魏國後，才華並世稀。（「滿」字重，易「難盡紙」）

　　款識：《四園竹》。依清真韻，癸巳中秋後為玉清女史雅令。中州張伯駒。

　　鈐印：京兆（朱文）、平復堂印（白文）[1]

是秋，與名為伊與參的友人臨摹《蘭亭序》書法並題跋：

　　蘭亭為中國墨蹟書法之祖，唐宋元大書家皆自蘭亭出。真本雖殉昭陵，然褚、馮摹臨猶在人間。今與參以髫年具此工力，不惟將來為一代書家而多蘭亭面貌，挽中國書法不墮，亦功莫大焉。

　　多下遺留字。

　　款識：癸巳秋，中州張伯駒。

　　鈐印：張伯駒印（白文）、平復堂印（白文）、京兆（朱文）[2]

　　是年，在先生與管平湖、溥雪齋、查阜西、汪孟舒等著名琴家倡導下，原北平古琴會開始恢復雅集活動，廣泛聯繫琴友，定期組織藝術交流。

　　是年，國家文物局把先生舊藏的隋展子虔《遊春圖》；宋高宗書馬和之畫《詩經·節南山之什》；元趙雍、王晃、朱德潤、張觀、方從義合繪卷；明唐寅《孟蜀宮妓圖》；明文徵明《三友圖》；明周之冕《百花圖》；清吳歷《興福庵感舊圖》；清禹之鼎《納蘭性德侍衛小像》軸撥交故宮博物院。

---

① 楊權著《琅玕館修史圖題咏箋釋》。廣州：廣東人民出版社，2016: 127。
② 中國嘉德 2017 春季拍賣會之「中國近現代書畫」第 1290 號拍品，拍賣時間：2017-06-20。

是年，把宋人朱勝非《書札》冊捐贈給國家。

是年，與京崑名票包丹庭等人雅集於後海南沿二十六號院，時青年票友李濱聲在座，並目睹雅集盛況。[1]

是年，將居住多年的展春園出讓於北京大學。

是年，鹽業銀行公私合營後，重估財產完畢，在重選董事時，先生以個人無股票不能再任董事為由，退出公私合營銀行。

是年，通過中央統戰部副部長徐冰，將唐代大詩人李白唯一存世真蹟《上陽臺帖》贈送給毛澤東主席。中央辦公廳回函致謝，並附贈一萬元人民幣。後毛澤東主席經中辦將此帖轉贈國家文物局，文物局撥交故宮博物院收藏。[2]

年底，故宮博物院繪畫館開館，館內陳列自隋展子虔以迄晚清吳昌碩的作品共五百餘件。展子虔的《遊春圖》卷、張擇端的《清明上河圖》卷、王希孟的《江山萬里圖》卷、衛賢的《高士圖》軸、顧閎中的《韓熙載夜宴圖》卷等名畫，均為存世孤本，充分體現了中國繪畫的悠久傳承歷史。

年末，杜冰坡上書毛澤東請求政府撥款成立保護傳統文化藝術基金，張伯駒簽名支持。同時簽名的文化名人還有梅蘭芳、梁漱溟等人。

一九五四年（甲午）　五十七歲

二月五日，畫家惠孝同為同道秦仲文所藏王翬山水長卷《吳山積雪》題跋，跋中憶及四年前在先生展春園（承澤園）雅集一事，頗多感慨：

> 憶仲文[3]得此卷時，余時得其《仿燕文貴溪山行旅圖》卷，同在承澤園，展對者竟日。今忽忽又四年有餘，展卷重觀前遊，有同昨日，而名園易主，又已經年。仲文年已六旬，余亦五十有三，特為題記，以志鴻

---

① 2017 年 10 月 25 日下午 4 時，編者於北京匯晨老年公寓採訪李濱聲。

② 據榮宏君編注《張伯駒牛棚雜記》。香港：中華書局（香港）有限公司，2018: 96。載：五三年（一九五三年）我將所藏唐李白「上陽臺」真蹟呈獻給毛主席，因為李白書法渾厚雄壯，正合乎毛主席的氣概。據中央文史館所藏「張伯駒生平資料」亦説一九五三年將此帖贈與毛澤東。另，樓宇棟所撰「張伯駒生平簡表」則記述贈送時間為一九五六年。見張伯駒著《張伯駒集》，上海：上海古籍出版社，2013: 684。

③ 畫家秦仲文。

爪。甲午正月初三日孝同。**¹**

二月二十四日，適逢先生生日，時在杭州西湖的先生乘興填《瑞鶴仙》詞一闋：

瑞鶴仙　生日在西湖

　　洛陽張好好，也遲暮飄零，琵琶羞抱。清波倚欄照，似依稀相認，者般人老。風流側帽，算空憶、承平年少。問前遊、幾換東風，白髮亂生春草。　　休惱。梅花候我，勒住春寒，殘妝猶俏。來遲去早，愁遮住斷橋道。看百年、往事湖山無恙，只是春婆夢杳。又回頭、人海長安，債塵未了。**²**

二月，偕潘素同遊杭州西湖，之後又至湖南衡山寫生。

三月，為紅學家周汝昌所著《紅樓夢新證》填詞《瀟湘夜雨》一闋並書贈：

　　絲藕縈心，硯冰滴淚，脂紅寫盡酸辛。可憐兒女此天真。生死誤、多情種子，身世似、亡國詞人。江南夢，楝花落處，已是殘春。　　千年哀史，曲終不見，絃斷猶聞。有庾郎才筆，獨為傳神。辭絕妙、還猜幼婦，文摛閣、更起新軍。看壇坫、聲華籍甚，鷹隼出風塵。

　　「庾郎」一作「掃眉」，以敏庵所居近枇杷門巷故也。

　　《瀟湘夜雨》。題敏庵兄著《紅樓夢新證》。

甲午二月叢碧

　　鈐印：雙江閣（朱文）、京兆（朱文）、平復堂印（白文）、張伯駒印（白文）**³**

是春，擬赴蘇州作鄧尉探梅遊，諸詞老相餞，即席賦詞，依梅溪韻。

瑞鶴仙

　　座中誰綠鬢，借酒上顏紅，暫生潮潤。回顧事猶近，算枉拋心力，空能傳恨。斜陽隱隱，看又送、輕帆去穩。怕行程、羈旅江南，誤了幾番芳信。　　休問。梅花無恙，笑我全非，十年前俊。柔腸寸寸，愁未

---

① 西泠印社拍賣有限公司 2008 年春季藝術品拍賣會之「中國書畫古代作品專場（清代）」第 0084 號拍品，拍賣時間：2008-06-28。

② 張伯駒著《張伯駒詞集》。北京：中華書局，1985: 81。

③ 張伯駒著《張伯駒詞集》。北京：文物出版社，2008。（彩頁）

了，意難盡。奈徘徊、雙影片時相對，夢似羅浮易醒。盼歸來、勒住春風，北枝未損。[1]

七月五日，原「北平古琴會」更名為「北京古琴研究會」，並向北京市民政局申請籌備登記。

九月十一日，甲午中秋，周汝昌自成都奉調返京，先生與孫正剛、周汝昌三人雅聚，舊雨重逢，望月有感，回家後，乘興填《人月圓》一闋：

　　甲午中秋，敏庵舉家自蜀返，而正剛去津。余聚後歸家，更獨賞月，有作。

　　恆河沙數星辰繞，一月在中天。婆娑無影，山河不動，萬象清寒。　蠶叢客返，津橋人去，各自團圓。我身彈指，光明長在，盈昃隨緣。[2]

九月，先生寫《紅梅圖》，潘素寫《遠帆圖》，全賀毛澤東主席六十一歲壽。[3]

十月十日，北京古琴研究會由民族音樂研究所楊蔭瀏副所長主導開籌備會，並通過會章，選出查阜西、溥雪齋、汪孟舒、張伯駒、許健為理事，蔣鳳之、薛志章為候補理事。同日召開第一次理事會，按照會章推選出琴家、畫家溥雪齋為理事長，查阜西為副理事長，又草訂理事會組織章程和演出規則。

是年，為組建北京中國書法研究社一事，先生與徐石雪、溥雪齋多次會晤，他們又邀約惠孝同、溥毅齋、關松房等人具體商談，以爭取獲得更大的支持和更多的人參與。溥雪齋同徐石雪先後與文化部、民政局聯繫相關事宜，又約先生至民政局申辦，並在民政局聲明「只辦書法」。因成立書會組織在新中國之初還沒有先例，故民政局遲遲未作明確答覆。

是年，著名學者、書法家潘伯鷹撰文《張伯駒夫婦》，詳細介紹先生的書畫收藏以及潘素的繪畫。這應當是新中國成立後第一篇專門介紹夫婦二人藝術收藏的文章。附文如下：

---

①　張伯駒著《張伯駒詞集》。北京：中華書局，1985：79-80。

②　張伯駒著《張伯駒詞集》。北京：中華書局，1985：86。

③　中央檔案館編《毛澤東藏畫精品選》。北京：中央檔案館出版社，2013：92、95。

張伯駒夫婦

在舊中國知道張伯駒的人也不少，但大家只看他是一個世家公子、票友大王。今天人民政府注重民族文化的優良傳統，因之賞鑒家如張伯駒者，在新社會中，不但有地位，更受人重視。

以我們中國這樣一個歷史悠久的大國，其文物的遺留真是不可勝數的。張伯駒先生在我國收藏家之中，還不算最富的收藏家，但他卻不愧為最精的收藏家。以書畫而論，他藏有遠在王羲之以前的西晉陸機《平復帖》真蹟；他藏有遠在唐畫以前的隋朝展子虔的《遊春圖》真蹟；他藏有宋徽宗趙佶的《雪江歸棹圖》真蹟。單憑這三件已經沒有任何私人書畫收藏家，可以與他相敵了。

唐朝詩人杜牧，曾經寫過一首長詩贈與當時的著名歌者張好好，這件事如同一段悲艷的小說。這首詩名叫《張好好詩》，真蹟也在張伯駒家裏。宋朝四大書家之一的蔡襄寫了一本自己的詩冊子，這冊子當時是送請大文學家歐陽修去看的，所以寫得非常精工，冊子上還有歐陽修手批的字，這冊子也在張伯駒家裏。宋朝四大書家之一的黃庭堅大草書《諸上座帖》，是一個極有名的大手卷，也在張伯駒的家裏。宋朝趙孟堅（趙孟頫子昂的哥哥）畫水仙和大字自畫詩卷，也在張伯駒的家裏。其餘元明以下的法書名畫，也不必再談了。

他自己是一位詞人，愛文藝愛朋友。作為一個收藏家，他也不是關起門來的，而是樂與人共同研究欣賞。他的夫人潘慧素女士，是一位好山水畫手，她沒有舊社會的女畫家纖巧習氣，她的畫氣魄神韻兩樣都好，而且下筆都是畫六尺或八尺或一丈的大幅山水。她是北京畫會的會員之一。

她同張伯駒為了實地打畫稿子，有志遍遊名山，中國的五嶽他們已遊其三，今年春間他們從北京去遊西湖，然後轉到湖南的衡山（南嶽）去住一些時候。他們立意要從實際的山水中，畫出五嶽真形，而其筆墨則純乎用民族形式的優良傳統，這在新中國許多畫派中，也代表一種畫派的理想。[1]

是年，將一九二七年至一九五四年間所作之詞集為《叢碧詞》。

---

① 潘伯鷹著《潘伯鷹文存之一：小滄桑記》。上海：上海辭書出版社，2013: 84-85。

一九五五年（乙未）　五十八歲

三月二十六日，農曆上巳佳節，先生與詩人許寶蘅、畫家郭鳳惠、名醫蕭龍友等人應藝菊名家劉文嘉之邀，到北京新街口北大街路西的潔園（即今天的徐悲鴻紀念館，編者注）賞晚菊和早蘭，先生乘興留有詩作。

四月二十二日，與溥雪齋、徐石雪相聚，商談成立書法研究社事宜。徐石雪日記有載：

> 一九五五年四月二十二日，至雪齋，為書會事晤伯駒，甚消極。[1]

四月二十六日，中國人民政治協商會議北京市第一屆委員會第一次會議在中山公園中山堂召開，正式成立中國人民政治協商會議北京市委員會。第一屆市政協委員二百三十五名，先生為其中之一。

四月，徐石雪代擬「北京中國書法研究社計劃概要」文稿，提出書社組織暫分研究、傳習、服務三組，研究組「將中國書法古今論述切合實際者編為輯要，將最優秀的各種碑刻精選編為簡目，每年展覽古今名人法書一次」，傳習組「每月理論一次、傳習四次，凡本社會員及社外人士業餘願學習書法者均可傳習，並說明不能來社者，可用函授法行之」，服務組「凡重要牌匾、碑誌及宣傳文字等，有採取中國書法者，本社極願為大眾竭誠服務」。此後數月間，先生與溥雪齋、惠孝同、溥毅齋、關松房等人多次到徐石雪宅商談書會事，並討論擬定書會章程、書會表等文件。

七月四日，就北京中國書法研究社成立一事訪拜全國人大常委會副委員長李濟深。李濟深對書會成立事給予關注、贊許和支持。李濟深致徐石雪信中寫道：

石雪先生：

> 違別茲久，思咏不忘。日昨伯駒過我，欣聞老健勝常，兼知近為書法研究會事，倍著賢勞，彌切佩慰。溽暑初臨，扇葉忽貽，撥抄墨之餘，若清風之本。敢不拜嘉本意之雅耳！薄言申謝，順請時安！

> 　　　　　　　　　　　李濟深　一九五五、七月五日[2]

九月十四日，書法家徐石雪到訪，適逢先生外出，由潘素接待。徐石

---

① 關瑞之：《憶張伯駒先生》，北京：《收藏家》，2013 年第 6 期第 12 頁。
② 關瑞之：《憶張伯駒先生》，北京：《收藏家》，2013 年第 6 期第 13 頁。

雪日記有載：

  午至史館（中央文史館），贊（邢贊亭副館長）老主席，散後至伯
駒未晤，晤其夫人，其寓甚雅靜適用。[1]

十一月十六日，北京市民政局批准成立北京中國書法研究社。

十一月十九日，北京中國書法研究社召開第一次籌備會全體會議，先
生與籌備委員溥雪齋、徐石雪、惠孝同、秦仲文、關松房、黃婁生、鄭卓
人、魏長青、尹石青等十人到會，推舉溥雪齋為籌備會主席，先生與徐石
雪為副主席，推徐石雪和關松房共同起草擬細則及計劃書，並推尹石青為
幹事。為便於書社開展工作，十位籌備委員共捐出一百元，這筆善款就成
為北京中國書法研究社的第一筆活動經費。

十一月二十一日，先生與溥雪齋、徐石雪同赴北京市文化局，晤文化
科邢以春科長，交閱民政局批覆，又送呈書會章程及計劃書二份。

十二月中旬，溥雪齋、惠孝同、關松房、黃婁生、胡佩衡、曹家麒、
秦仲文等人，到徐石雪寓所開會，決定先成立領導機關。後來，徐石雪同
溥雪齋再次到文化局，邢科長傳達文化局領導意見「經營無着可與畫會合
併」[2]。「與畫會合併」，並不是創辦書社的初衷，以後數月籌備會反覆研究
提案、辦法，先生與溥雪齋、徐石雪三位更是不顧年事已高，多次去文化
局協商，均無進展。

是年，國家文物局把先生舊藏的元錢選《幽居圖》和清樊圻《柳村漁
樂圖》撥交給故宮博物院。

是年，著名金石書法家鄧散木由上海遷居北京，經朋友介紹與先生相
識，遂為好友。

是年，將與余叔巖和著之舊作《亂彈音韻輯要》重題名為《近代劇韻》
出版。

是年，在中國京劇院小劇場，與朱家溍合演《祥梅寺》。因為錢寶森
突然患病，朱家溍替演黃巢，王福山飾演了空，先生飾演四將葛從周，劉
曾復飾演孟覺海，金惠飾演朱溫，王玉珏飾演班方臘。

① 關瑞之：《憶張伯駒先生》，北京：《收藏家》，2013 年第 6 期第 15 頁。
② 指「新國畫研究會」。

是年，表兄袁克定去世，享年七十七歲，先生為其料理後事。

一九五六年（丙申）　五十九歲

四月二十五日，毛澤東主席在中國共產黨中央政治局擴大會議上作了《論十大關係》的講話，提出了「百花齊放，百家爭鳴」的口號，這就是著名的「雙百方針」。

四月，與溥雪齋、徐石雪再次開會商談北京中國書法研究社一事，決定致函文化部，當晚，由徐石雪擬就草稿：

> 本市中國書家為保存發揚民族書法，組織北京中國書法研究社。經呈請北京市民政局，准予籌備在案，但缺乏辦事經費及尚無有關方面輔導不易進行。前與北京市文化局接洽，文化局主張與北京中國畫研究會合併，惟合併後是否改定名稱及經費如何分配亦有問題，應如何進行之處，懇請您部予以指示以便尊辦。[1]

隨後，先生與溥雪齋、徐石雪到文化部藝術管理局，晤朱丹局長並遞交請示函，答覆應將具體辦法來一函再辦。當晚，徐石雪起草具體辦法函件，次日交由先生遞交文化部。

五月，毛澤東主席在最高國務會議上提出「百花齊放、百家爭鳴」的方針。政協北京市委員會積極響應，邀請先生與陳雲誥、溥雪齋、徐石雪等人到中山公園政協座談會上談書法藝術。

同月，先生與夫人潘素共同決定，將所寶藏的八件法書捐獻給國家。這八件書法作品分別是：晉陸機《平復帖》、唐杜牧《贈張好好詩》、宋蔡襄《自書詩帖》、宋范仲淹《道服贊》、宋黃庭堅《諸上座帖》、宋吳琚《雜書詩帖》、元趙孟頫《草書千字文》、元俞和臨《趙孟頫書常清淨經》，文化部擬獎勵人民幣二十萬元，先生婉拒。

先生曾在一篇《收藏西晉陸機〈平復帖〉經過》手稿中詳細敍述了捐贈的前後：

---

① 徐國昱文：「北京書社成立始末」//31 中 61 屆高三四校友的博客 http: //blog.sina.com.cn/u/1973897357//2012-12-10//18: 54: 20。

北京解放後，五五年北京市民政局發動勸買公債，聯繫人為邢贊庭，徐冰之兄邀我出席，我聲明將所藏古代法書賣給文物局，全部款購買公債。後我與文物局張珩同志商，按我原買價二十萬以下十萬以上作價。時張雲川聞之此事，〔說〕購買公債不如逕將法書捐獻給國家，室人潘素首先同意，我遂告知張珩同志，將晉陸機《平復帖》，唐李白《上陽臺帖》，唐杜牧《贈張好好詩》，宋范仲淹《書道服贊》，宋蔡襄《自書詩帖》，宋黃庭堅《諸上座帖》，宋吳琚《雜書詩》，元趙孟頫《章草千字文》，一併捐獻於國家，一面寫信報告給毛主席，由徐冰同志轉呈。[1]

六月十二日，文化部將由先生與溥雪齋、徐石雪等人發起成立北京書法研究社的報告批轉給北京市文化局，《胡蠻與中國美術》一書有載：

閱文化局來件：關於北京書法研究社的成立問題，附發起人張伯駒、溥雪齋和徐石雪呈文化部申請書、會章。經費一百二十元，房子問題文化部批由局解決。胡蠻即和趙楓川談了。[2]

六月，詞人關賡麟被聘為中央文史館館員。

是夏，先生伉儷去青島避暑，在黃孝紓的引領下同遊白雲洞。黃孝紓在遊記《白雲洞》中寫道：

白雲洞在勞山，山勢自滑溜口奔騰東煮，怒風阻海，突起天半，如屏屏障。洞在山巔，傳有道士田白雲誅茅其間，洞因以名。丙申夏，余偕張子叢碧遊焉。[3]

白雲洞遊後，黃孝紓填詞《寶鼎現》以紀：

寶鼎現　白雲洞與叢碧同遊

屏顏天半，鳳煮籠護，奇峰突起。望不斷、重岑疊嶂，暄日姓嵐烘暖翠。松如海、捲怒濤巖底，颯颯風聲盈耳。引竹杖、蹁躚翠羽，一徑逍遙林際（逍遙徑為入山孔道）。

開軒目極雕龍嘴。海漫漫、空水相倚。環島嶼、青螺數粒，滉漾金

---

① 北京私人藏張伯駒書《收藏西晉陸機〈平復帖〉經過》手稿。

② 胡蠻著，康樂編《胡蠻與新中國美術》。北京：中國書店，2014: 102。

③ 黃孝紓著，劉懷榮、苑秀麗注《嶗山集校注》。北京：人民出版社，2015: 215。

天霞散綺。鴉萬點、帶殘陽明滅。雲樹天邊若薺。看往來、漁舟收網，薄暮金烏西墜。

　　話舊尚有黃冠，銀杏老、玉蘭花萎。念前遊、雙鑒人歸，繞迴廊難逝（壁間觀丙子年傅藏園周養庵邢冕之題壁詩）。剩翠蓋、亭亭閲世（洞後有松曰華蓋，鱗鬣飛動如虯龍）。商略誅茅計。洞天悄、謾有心期，擾擾塵緣夢裏。

　　（龍籜公（榆生）評：蔥蒨奇肆，無垂不縮，倚聲家之絕技，豈特狀難寫之景如在目前而已耶！）**1**

是夏，韻文學會籌備主席團葉恭綽、朱光潛到後海南沿二十六號張宅，與先生商討有關學會籌備工作。

七月十八日，北京京劇基本藝術研究社舉行第三屆社員大會，先生當選副主任委員兼編研組長。

七月，政協北京市委員會邀請在京的部分國畫家，座談有關國畫發展的問題，會上展開了關於國畫創新與繼承等問題的討論。

七月，「第二屆全國國畫展覽會」在北京帥府園美術展覽館舉辦。

七月，文化部部長沈雁冰頒發褒獎狀：

　　張伯駒、潘素先生將所藏晉陸機《平復帖》卷，唐杜牧之《張好好詩》卷，宋范仲淹《道服贊》卷，蔡襄《自書詩》冊，黃庭堅《草書》卷等珍貴法書共八件捐獻國家，化私為公，足資楷式，特予褒揚。

部長　沈雁冰

一九五六年七月 **2**

八月二十六日，徐石雪收到文化局批准成立北京中國書法研究社的批覆函，並轉送給先生和溥雪齋。

九月初，北京中國書法研究社籌備會在先生寓所——北京後海南沿二十六號召開全體會，協商理事十九人，輔導員不限，並定於當月十九日召開成立大會選理事事宜。

九月五日，先生給北京市人民委員會去信，反映保護傳統書籍木刻印

---

① 黃孝紓著，劉懷榮、苑秀麗注《嶗山集校注》。北京：人民出版社，2015: 101。
② 樓宇棟、鄭重著《中國文博名家畫傳・張伯駒》。北京：文物出版社，2008: 103。

刷問題，北京市委將信轉給北京市文化局，文化局又轉給古籍出版社，並要求將研究處置意見回覆先生。附先生反映問題函：

> 自一九五四年底，我曾託大眾出版社印我所作的詞，直至現在才印畢。中間屢經校對，但至印好，還是錯字累累。這個原因是由於工人不常印古典文學的書籍，所以就常常發生錯誤，還有書的樣式也不美術。詩詞還是屬於藝術的字體與書式應當好看，因而我想到了木刻書籍。過去中國木刻書籍有宋板、元板、明板、清殿板及各私家板。木刻書籍成了歷史，傳下來的專門藝術板本的考證也成了專門學問，到民國距現在十幾年前還有私家刻書的，如傳增湘、董康等，是自解放後此事變成了絕響。如文楷齋的刻書工匠，都已星散，有些人到榮寶齋做木刻畫，有些人到農村去了。我的意見認為歷史都有木刻書籍，不應當在社會主義時代這種工藝就斷絕了。我建議把這些工人從速組織起來，從前的手藝多年不做，還需要練習一個時期。

張伯駒

五六年九月五日 [1]

九月十六日，北京中國書法研究社在北京中山公園來今雨軒召開成立大會，先生與書社創始人陳雲誥、章士釗、郭風惠、許寶蘅、趙質伯、葉恭綽、溥雪齋、徐石雪、鄭誦先、鄧散木等人共同主持大會。在成立大會上，選舉陳雲誥為主席，先生與溥雪齋、徐石雪為副主席；秘書長鄭誦先；選出理事二十一人（增加篆刻部二人），其中先生與陳雲誥、溥雪齋、徐石雪、黃婁生、胡佩衡、趙楓川、董壽平、張葱玉等九人為常務理事，秦仲文、惠孝同、關松房、溥毅齋、孫墨佛、鄭誦先、蕭勞、郭風惠、吳兆璜、王傳恭、金禹民、劉博琴等十二人為理事。當晚徐石雪書就「北京中國書法研究社」社牌，辦公地點就設在北京後海南沿二十六號院先生家的西屋，主要由鄭誦先主持日常工作。

北京中國書法研究社是新中國成立後第一個群眾性書法組織和重要的文化社團，書社致力於繼承和弘揚祖國優秀傳統文化，在對外文化交流

---

① 孔夫子拍賣網「小雅觀心──學人手蹟專場」民國四公子之一、大收藏家張伯駒 1956 年致北京市文化局信札一頁」，拍品編號，23596498，拍賣時間：2016-09-13。

中，傳播我國古老的書法藝術，大力推動了中國書法藝術走向世界，在國際上為新中國樹立了良好的形象，也為中國書法家協會的成立奠定了學術和理論上的基礎。書社還教育、培養了許多承上啟下的著名書法家，使得中國書法這門古老的藝術薪火相傳、代不乏人。

比如，中國書法家協會原主席啟功曾在《鄭誦先先生法書遺墨彙編跋》一文中深情回憶書社秘書長鄭誦先：

> 解放後，功於張伯駒先生課座上，得瞻道範。每為拈韻，常呈先生座前，必獲承藹然相接。閱所習作，未嘗批抹，但見矚目沉吟時，自知必有疵累。進而請益，所獲良多。數年後，文苑老宿，次第凋謝，惟先生與張伯駒先生、黃君坦諸先生主持壇坫。[1]

中國書法家協會原副主席劉炳森曾是北京中國書法研究社中最為年輕的社員，一九八六年，他給當年同在書社的學長王任作了一首五十賀壽詩，回憶當年在書社進德修業之往事：

> 書社當年二小童，今朝忽已半成翁。
>
> 丹青事業多歧路，翰墨生涯盡苦衷。
>
> 屬風淒雨聊舊話，光天霽日展新程。
>
> 吾儕日後尤加勉，傴僂相攜是弟兄。[2]

十月一日，上海《文匯報》「筆會」復刊。報社按形勢要求恢復並擴大作者陣容，先生與施蟄存等均被邀為「筆會」的作者。

十月，學者許寶蘅被聘為中央文史館館員。

十月，適逢出版界元老張元濟九十壽誕，商務印書館同仁發起邀請文化界和社會知名人士李維漢、沈鈞儒、沈雁冰、邵力子、胡愈之、馬敍倫、馬寅初、郭沫若、黃炎培、張伯駒、顧頡剛等人，為其撰寫祝詞、賦詩、繪畫，以為祝壽。先後徵集到詩文、書畫作品一百十二篇（幅），精工裝裱成《張菊生先生九十生日紀念冊》兩冊，作為壽禮呈獻張元濟。先生特填詞《壽星明》一闋祝壽：

> 運際昌期，年臻大耋，見此張蒼。念德稱騤騤，榜登龍虎。兩京詞

---

[1] 鄭誦先著《鄭誦先書法集》。北京：榮寶齋出版社，1998: 3。

[2] 參見劉春聲博客 // 吾師王任（http://blog.sina.com.cn/u/1233112337//2012-12-15//19: 37: 09）

賦，萬丈光芒。玉步將移，金甌漸缺。堪羨知幾，威鳳翔曼時切嘆。干將鬱，鬱黨錮皇皇。　　狂瀾誰與，宣防算只有，新知舊學，長便櫜鞬重，澤典墳參校，作人械樸，濟世津梁。允遂高懷，終成盛業，老圃黃花晚節香。今何幸，喜通家忝附，小子稱殤。

　　款識：調寄《壽星明》祝菊翁年伯九十壽。年愚侄張伯駒拜稿。

　　鈐印：張伯駒印（白文）、平復堂印（白文）[1]

十一月，北京中國書法研究社召開常務理事會，並致函文化部推薦惠孝同等五人參加北京中國畫院籌委會。

十二月，作為北京市人民委員會代表視察故宮博物院，並提出了七項內容詳實的建議，涉及故宮博物院的性質定位、藏品保管、陳列、出版以及故宮古建築的完整保護等多個方面。他認為，「故宮是具有國際意義，全國最大的博物館」，其範圍和性質應當是古與中；應盡速整理院藏戲曲資料，並成立專室供人研究；為繼承和發揚中國書法藝術，應設立銘刻墨蹟館；南京博物院之南薰殿舊藏歷代帝后像應歸還故宮，以保持此批文物的完整性；應早日組織法書、名畫的複製與編輯出版刊物，以適應各地研究參考。同時，他強調故宮博物院必須保持它的完整體系，不得內設其他無關機構；院內部隊及眷屬，應早為遷出。

是年，參與創辦「中國詩詞研究社」，擬定章士釗為社長、先生與書家郭風惠為副社長，郭風惠並兼秘書長。後因「反右運動」突發，「中國詩詞研究社」遂停辦。

是年，加入中國國民黨革命委員會。

是年，到羅隆基家幫助其鑒定字畫，羅隆基就先生所捐歷代書畫發表看法：

　　你認為所藏這些古代法書珍貴的了不得，共產黨看了不在乎，毛主席每天接信豈止一萬封，還記着你的信！你如果想要一個位置，由我們推薦就行了，無需多此一舉。[2]

是年，搬家至後海南沿二十六號，原京崑名票包丹庭舊宅。這是先生

---

① 張伯駒等著《張菊生先生九十生日紀念冊》。北京：商務印書館：2017。

② 榮宏君編注《張伯駒牛棚雜記》。香港：中華書局（香港）有限公司，2018: 83。

在北京的最後一處住所。每月邀請章士釗等友好在家中雅集，進行「打詩鐘」及對聯創作活動。

　　是年，與好友章士釗、葉恭綽等人聯名上書周恩來總理，倡議成立韻文學會，以弘揚傳統詩詞文化。該倡議得到周恩來的關注和肯定，不久「反右運動」開始，遂被擱置。

一九五七年（丁酉）　六十歲

　　一月二十七日，《文物參考雜誌》第一期刊登先生所撰《談晉代的書法》一文。同期登王世襄所撰《西晉陸機〈平復帖〉流傳考略》一文。附先生《談晉代的書法》一文如下：

　　　　中國書法是一方面向實用發展，一方面向藝術發展的。例如秦代為施於徒隸而由篆變隸，漢代為通於奏章而由隸變草，這都是在實用上的發展，而在書法的技巧方面也同時向藝術發展。到了晉代，在藝術上草書已脫離了由隸變草的橋梁時代，並且在實用上發展到行書、楷書，所以晉代的書法，在書法史上是一個鼎盛時代，也是為後世所宗法的時代。今就我們所見的晉人法書來研究一下。

　　　　一、西晉陸機的書法，《平復帖》草書，現藏故宮博物院。安儀周《墨緣彙觀》記云：「草書九行，字大五分許，相傳平原精於章草，然此帖大非章草，運筆猶存篆法，其文苦不盡識。」安儀周所謂的章草，乃宋、元時代的章草，而不是漢、晉時代的章草。按六朝宋王愔曰：「漢元帝時史游作《急就章》，解散隸體而粗書之，漢俗簡墮，漸以行之，此乃存字之梗概，損隸之規矩，縱任奔逸，赴俗急就，因草創之義，謂之草書。」所以章草有起於寫《急就章》及通於奏章兩說。本來漢人於粗書之字但稱槀書、草書，其加章字，那是在今草既行之後，為了區別於今草，後人加上去的。其實章草應當叫初草，也就是由隸變草時之草書。《平復帖》的草書與西北發現漢晉木簡相同，也正是那時代的初草書體。安儀周沒有見過漢晉木簡，所以他疑惑「此帖大非章草，用筆猶存篆法」。

　　　　二、東晉王羲之的書法。王羲之的書法在藝術上已登峰造極，為後

世的宗法,《蘭亭》一帖,妙入神品,唐、宋、元、明書家無不於《蘭亭》中出,但其真蹟久已無存。我們所見的唐人鉤摹,有《快雪時晴帖》「草書」,此帖尚非唐摹之精者。因為趙子昂與王穉登的跋語認為是真蹟,清乾隆也認為是希世之珍,作為《三希堂法帖》的第一希。此是帖「草書」,這個帖載《宣和書譜》,後為金章宗藏,明歸嚴嵩藏,至近代歸書家張伯英藏。此帖較《快雪時晴帖》還覺得生動一些。《雨後帖》「草書」,現藏故宮博物院。《曹娥碑》「楷書」,宋趙構跋語謂是晉人書,此帖似非唐人鉤摹,而為隋唐以上人所書。《蘭亭》精者有馮承素摹本,又唐人摹二本。其見於《三希堂法帖》中的有書鍾太尉《千文》「行書」,《行穰帖》「草書」,《袁生帖》「草書」,皆為唐摹之精者。《遊目帖》「草書」,《瞻近帖》「草書」,《二謝帖》「行草」及《七月一日》、《得都下九日書》二帖「草書」等,姑舉一斑,雖非右草原蹟,亦可見當時鳳翥龍翔之精神與面貌。

三、王獻之的書法。獻之與父並稱二王,《墨池璱談》黃山谷謂右軍字似《左傳》,大令字似莊周,亦猶東坡以杜子美比司馬遷,以江瑤柱比荔支。獻之書自宋迄今,可考的只有《送梨》、《東山》、《鴨頭丸》、《中秋》四帖,較唐摹右軍傳世者尤少。《中秋帖》「草書」,現藏故宮博物院,為清三希堂之第二希。《書畫舫》云:獻之《中秋帖》卷藏於檇李項氏子京,自為跋,細看乃唐人臨本,非真蹟也。《大觀錄》云:此蹟書法古厚,墨彩氣韻鮮潤,但大似肥婢,雖非鉤填,恐是宋人臨仿。此帖曾見於米氏《書史》,自為元章所臨無疑。《送梨帖》「草書」見《三希堂法帖》。《大觀錄》云《送梨帖》唐宋諸公題蹟惟文與可的真,餘否,當出唐人所模。《東山帖》,《墨緣彙觀》謂孫退谷評是米蹟,與《鴨頭丸帖》現均不知所在,但就《中秋》、《送梨》兩帖來看,亦可見獻之書法的丰度。

四、王珣的書法。《伯遠帖》「行草」,現藏故宮博物院,為清三希堂之第三希。董其昌跋云:長安所見墨蹟,此為尤物。三希中此為真蹟,筆法逾逸,東晉風流,猶然在眼。

其他晉賢的法書,不惟原蹟,即臨模本今已不見,但是猶存陸王諸帖,雖屬吉光片羽,還能見晉代的宗風。

西晉的書法,還是接漢魂之緒,諸體雖備,而尚未大變。例如陸

機《平復帖》的草書，猶是「初草」，變化發展，則在東晉。因為當時中原淪陷，士夫南遷，觸故國之思，睹江山之美，志輕軒冕，俗尚清談，向翰墨發抒其情緒，書法一道，乃至父子爭勝，兄弟競美，所以蔚成大觀，冠絕後代。但是還有論者謂晉代人物多是丰神疏逸，姿度蕭朗，書亦如其人，雖然極工極盛，而漢魏古厚渾樸之風，亦不可再見。

　　晉代書家雖盛，王氏父子實為代表人物。宋齊之時，推重獻之，梁陳以迄隋唐，則又推重右軍，如蕭子雲、庾肩吾、智永、虞世南、歐陽詢、褚遂良、馮承素、陸柬之、鍾紹京，皆為右軍嫡系。又如唐明皇《鶺鴒頌》、孫過庭《書譜》、杜牧《張好好詩》，原蹟猶在，更可見是宗法右軍。至於顏真卿、柳公權之擘窠體，張旭、懷素之狂草體，雖有變化，仍承來源。至五代楊凝式筆勢馳放，一脫唐法的拘束，胎息出於獻之。宋四大家蔡襄純出《蘭亭》，米芾專師大令，蘇軾、黃庭堅之行書極近王詢《伯遠帖》之風度，元趙孟頫則師承右軍，掌握元一代的書法。以至明清的書家，除金石篆隸外，莫不衣缽相承，雖然是各有各的創作變化，但是基礎未動，風格未改。所以研究中國書法，晉代應當是一個最重要的時代。[1]

一月二十八日，清華大學與北京大學在清華大學禮堂聯合主辦崑曲專場演出，先生出演《別母亂箭》中的周遇吉一角，京劇名丑王福山反串周夫人，朱家溍飾馬童，劉曾復飾闖將，錢寶森飾一支虎。[2]

一月，北京中國書法研究社應中國人民保衛世界和平委員會之邀，社員精心創作書法作品，主旨即為促進世界和平，增進世界文化交流，進而把中華書法藝術展示給世界。

同月，北京中國書法研究社篆刻部成立，選出理事九人、常務理事五人，通過了章程。篆刻部是北京中國書法研究社的重要分支機構，甯斧成、頓立夫、劉博琴、金禹民、徐之謙和孫竹等篆刻名家均為重要組成社員。

二月十七日，高名凱訪鄧之誠，兩人談及張伯駒典屋捐畫之事，《鄧之誠文史札記》有載：

---

① 張伯駒：《談晉代的書法》，北京：《文物參考資料》，1957 年第 1 期第 15-16 頁。
② 倪曉建主編《菊苑留痕》。北京：學苑出版社，2012: 104。

　　高名凱來，言：張伯駒海淀之屋早已賣去，所餘書畫僅一真三假，真者宋徽宗《雪江歸棹圖》，假者米友仁、方方壺、趙子昂三卷，餘皆捐獻，然後博得市政協百二十元，恃為月給，此人將來必以窮死。[1]

　　三月十三日，北京中國書法研究社第一次書法展覽會在北海公園悅心殿舉行。

　　是春，在參觀全國美協展覽時遇到老友章伯鈞，遂去章宅拜訪，章伯鈞留吃午飯。

　　是春，與北京美術出版社簽訂出版《中國書法欣賞》一書，書之內容從甲骨、殷商陶器墨書、周帛書、漢簡、三國晉寫到清代，主要對歷代書法發展沿革做出簡要說明。為此北京美術出版社預付先生稿費二百元。

　　四月十日晚，由北京京劇基本藝術研究社主辦，北京市京劇一團在長安戲院演出《鐵弓緣》和《黃巢》兩劇。

　　四月二十四日，周有光夫人張允和在《崑曲日記》一書中記錄了數件有關先生的往事。張允和說：

　　　　接到俞太太的電話，說昨晚上徐惠如大發牢騷，先說那兩位錄音同志不恭敬他，後來又扯到設立的工作，李、許的輩分高，不做什麼事。張伯駒給他一百二十元，什麼事都不叫他做，以後曲社同期、彩排他都不參加了。真是叫一波未平、一波又起。[2]

　　四月二十七日，中共中央公布「關於整風運動的指示」，決定在全黨進行一次以正確處理人民內部矛盾為主題的整風運動。

　　四月二十九日，先生以北京市政協委員的身份到北京人民美術工作室視察，《胡蠻與新中國美術》載：

　　　　九時一刻，市人民政協委員張伯駒先生（民盟）來室視察工作。在資料室談話。參加者：胡蠻、趙楓川、孫冶、古一舟。胡蠻首先把文化局打印的美工室簡介最後一行的錯字「指導」中國畫研究會字樣改為「聯繫」，隨即把簡介作了補充說明，着重談了目前工作情況，要求張先生指導。張將接受遺產問題寄託在青年身上。他指出國畫界對遺產也重視不

① 鄧之誠著，鄧瑞整理《鄧之誠文史札記》。南京：鳳凰出版社，2016：998。

② 張允和著，歐陽啟明編《崑曲日記》。北京：中央編譯出版社，2012：60。

夠，並指出古代繪畫有倒影。對青年美展他指出上海比北京新鮮活潑、有創造，而北京比較保守。接着，請他參觀工作，和畫家們見面。在樓下和蕭玉明、鵬程、王守木等談了，並看了他們的習字和繪畫習作、連環畫稿等。到樓上畫室看了張文新正作的《工程列車》（油畫）及其習作、汪刃鋒正起草在畫布上的在苗族區的士兵和在苗族家裏吹笛娛樂及其他苗族和漢族的人像習作、田零的《戎冠秀救護八路軍傷兵》（油畫及其習作）、蕭肅正作的《支援攻堅戰》（油畫）及其習作。下樓後又經說明：樓上現只有五六張油畫架，作年畫的尚有四五人在家裏或借地方畫（辛莽在辛寺畫），畫室不夠用。張問：美協市分會問題如何？問題何在？為何不快成立？亦據實以對。要求他向王崑崙副市長商談。王對美術行政管理工作如何辦問題、對美工室改美協有顧慮。胡蠻把只有成立美協分會，依靠美術家及其協會才能開展工作，包括行政管理工作，現在美工室機構不能適應形勢和方針的要求等向他談了。

關於書法研究會要由美協分會幫助開展書法活動問題，胡蠻答覆：可請書法研究會參加美協分會，由書法家領導。他允向市人委反映展覽場所問題、藝術展覽館建築問題（國家收購問題）、美協分會成立問題等。午飯後去。[1]

五月四日，文化部召集在京的七個藝術團體：北京京劇基本研究會、古琴會、中國畫研究會、書法研究會、韻文研究會、崑曲研習社、棋藝研究會等團體，就「百家爭鳴，百花齊放」政策展開討論，張允和在其《崑曲日記》一書中詳細記錄了先生的發言：

百家爭鳴，百花齊放，社會團體是力量，內中有很多內行。這次視察中提出，應重視社會團體。用座談方式，先了解情況。

崑曲研習社的情況由許寶騄、張允和報告；京劇研習社由張琦翔報告；一九五一年京劇藝人、愛好者組織團體訓練班、抗美援朝義演。成立研究會、音樂組。一九五四年研究整理工作。一九五六年補助後有新計劃，四組中有崑曲組，編《京劇概論》（音韻、流派），挖掘崑曲、京戲劇目，記錄名演員舞臺藝術等。

---

① 胡蠻著，康樂編《胡蠻與新中國美術》。北京：中國書店，2014: 116-117。

　　張伯駒最後總結：青年繼承問題，活動地址問題。建議，文聯大樓可以讓各團體放在一起演出。經費問題多少不均，市文化局沒有通盤計劃。加強聯繫輔導，再仔細研究。[1]

　　五月八日晚，在京劇名家筱翠花收徒的儀式上，先生發布了擬於十二日上演《馬思遠》的消息。

　　五月十日，《北京日報》刊登了《馬思遠》復演的消息。當天下午，京劇基本研究會接到北京市文化局的電話，說此戲是文化部明令禁止的，現在尚未解禁，所以暫時還不允許公開演出。先生並沒有接受北京市文化局的命令，開始呼籲《馬思遠》公演。

　　五月十二日，為呼籲公演京劇《馬思遠》，先生帶着京劇武丑演員王福山在和平賓館舉行記者招待會。將自己所寫的呼籲文章交給記者。

　　五月十四日，北京中國畫院成立。先生作為北京中國書法研究社的主要創始人與溥雪齋、郭風惠、葉恭綽、鄭誦先等副社長應邀出席成立大會，並與周恩來、李濟深、邵力子、陸定一、周揚、茅盾、夏衍、郭沫若等文化界人士合影留念。

　　五月十六日，七家藝術團體繼續就「百家爭鳴，百花齊放」政策展開討論，張允和在《崑曲日記》裏記述了先生的發言：

　　　　張伯駒：「家家收拾起，戶戶不提防」是流行的。那是在五十年前。現在衰退，如書法研究會。崑曲在文學史上有地位，應成立崑劇院，多與群眾見面。韻文學會與崑曲亦有關係，崑曲是韻文承上啟下的。挖掘舊的，要寫新的劇本。劇本完全開放，請大家大膽鳴放。

　　　　張伯駒：（1）中外不公──外國好中國不好；（2）新舊不公──舊的不好，新的好；（3）老少不公──對年青的好，對年老的不好（年青的喜歡反映，老師的反映領導不在意）。

　　　　張伯駒：關於徐惠如問題，可以加入文化局編導委員。[2]

　　《俞平伯年譜》也記錄了這次大會：

　　　　戲劇家協會在文聯大樓會議室舉行首都崑曲座談會，俞平伯與張伯

① 張允和著，歐陽啟明編《崑曲日記》。北京：北京中央編譯出版社，2012: 65。

② 張允和著，歐陽啟明編《崑曲日記》。北京：北京中央編譯出版社，2012: 65-71。

駒、韓世昌、白雲生、錢一羽、袁敏萱、金紫光、張允和等應邀出席。[1]

五月，河南安陽市豫劇團在著名豫劇旦角演員崔蘭田帶領下第一次晉京演出。崔蘭田，女，山東曹縣人。歷任安陽市豫劇院院長、中國戲劇家協會理事、河南省戲劇家協會副主席，是豫劇五大名旦之一，中國豫劇功勛杯獲得者。這次晉京演出的主要劇目為《桃花庵》和《對花槍》。先生應同鄉之邀觀看了演出，並即興譜《風入松》詞一闋。在先生《春遊瑣談》一書中有載：

　　　　前數年河南安陽豫劇團到京演唱，有同鄉約往觀，並請為詞。其劇目《桃花庵》與《對花槍》最獨擅，因譜《風入松》云：「孩時憶看趙玄郎，風度自昂藏。至今都念中州韻，更何分、北曲南腔。豈畏金元氣焰，猶存宣政文章。　桃花庵與對花槍，無獨亦無雙。喜聞千里鄉親到，是安陽、不是錢塘。正在百花齊放，好須歌舞逢場。」上詞言元時之《中州全韻》、《中原音韻》，以中州中原為名，仍是根據北宋之音韻，以迄於今而無變。即元曲中任雜以他族之語，亦不能消滅漢民族之音韻。[2]

六月七日，在先生的呼籲下，文化部開放禁戲，允許《馬思遠》公演。該晚，筱翠花（于連泉）領銜，馬福山、于永利等京劇名角在北京吉祥戲院聯合演出該劇。[3]

六月八日，中共中央發出《關於組織力量準備反擊右派分子進攻的指示》，當日，《人民日報》也發表了《這是為什麼？》的社論。從此，開始了大規模的反擊右派的鬥爭。

六月二十六日晚，由北京市京劇基本藝術研究社主辦，由京劇大家侯喜瑞、李洪春、姜妙香、李萬春、王福山等人聯合老藝人名演員合作演出重新挖掘的傳統劇目，如《打嚴嵩》、《秦瓊表功》、《飛虎山》、《青石山》等戲在北京中和劇院做專場演出。演出由中國京劇院助演，北京市京劇一團協助。在正戲開演前，北京郊區十番樂團首先演奏了先生費多年心血挖

① 俞平伯著，孫玉蓉編纂《俞平伯年譜》。天津：天津人民出版社，2006: 306-307。

② 張伯駒著《張伯駒集》。上海：上海古籍出版社，2013: 553-554。

③ 倪曉建主編《菊苑留痕》。北京：學苑出版社，2012: 115。

掘整理的古樂《喜遇元宵》。[1]

　　是夏，在北海公園組織舉辦「明清書畫作品展覽會」和「現代書法展覽會」，又相繼在濟南、青島舉辦現代書法展覽，同時在北海舉辦北京中學生書展。陳毅元帥應邀參觀了「明清書畫作品展覽會」。第二天，先生遂到北京東交民巷陳毅府上拜訪。見面後，陳毅說：「在上海沒見到面，你的詞我看到了，很有北宋風度。」又說：「昨天看明清書法展覽，很豐富。你將所藏的古代法書都獻給國家了，對保護國家文物很有功。」先生答道：

　　　　向來收藏家珍藏的東西沒有保存至兩代的，而往往因致散失，這些有歷史價值的東西，還是歸國家保存為是。[2]

　　是夏，先生伉儷在青島度假，在老友黃孝紓的帶領下遊鷹窠道遇雨，後又參訪華嚴寺藏經樓等景觀。黃孝紓皆有詞紀遊：

浣溪沙　鷹窠河道中遇雨次叢碧韻

雨腳霏微不肯晴。飛泉百道樹樹明。風聲獵獵澗中行。　　大石臨流狂象據，怒濤趨壑老蛟鳴。天開壯觀若為情。[3]

蘭陵王

華嚴寺建自明季，藏經樓風景最勝。丁酉夏日與叢碧同遊。

　　亂蟬寂，雨過涼飆習習。修篁路，窈窱翠雲，鳳尾翛翛拂衣碧。風爐裊殿脊，柴立浮屠候客。婆娑樹，閱盡歲華，龍漢天荒歷千劫。

　　經樓冷雲積。憶說法憨山，曾此飛錫。開軒縱目青無極。湧列岫林表，玉簪螺髻，松風排闥晚更急，放飛燕吹入。

　　心惻，勌行役。證白社因緣，同禮金佛。罍天悄夢尋陳蹟。且命酒高歌，醉題留壁。逍遙忘返，又紺海，盪暮色。

　　（龍榆生評：奇麗駘蕩，周柳所無。）[4]

　　八月二十四日，北京人民美術工作室就先生視察時所提出的問題和建議作出書面答覆，《胡藝與新中國美術》載：

---

① 倪曉建主編《菊苑留痕》。北京：學苑出版社，2012: 119。

② 根據編者所藏張伯駒先生撰《回憶陳毅元帥》（張琦翔手錄）一文整理。

③ 黃孝紓著，劉懷榮、苑秀麗注《嶗山集校注》。北京：人民出版社，2015: 108。

④ 黃孝紓著，劉懷榮、苑秀麗注《嶗山集校注》。北京：人民出版社，2015: 108-109。

　　關於答覆政協張伯駒意見，即備文化局轉人委。1. 關於成立美協市分會問題，目前條件尚未成熟。須候市委、市人委和中央商妥決定。2. 關於美工室培養幹部接受民族繪畫遺產問題，我們已於去年起，從藝術思想上開始重視，並且還準備在藝術實踐上逐步加強。[1]

　　八月三十日、三十一日，戲劇界、國畫界連續兩天舉行「張伯駒批判大會」，深挖痛批由先生所整理發掘的傳統劇目《寧武關》和《祥梅寺》。張中行在《張伯駒》一文中記錄了反右時的一些情況：

　　　　張伯駒多方面有興趣，也必致多方面有牽連。這使他有所得，也有所失。一種大的所失是一九五七年整風時期，不知因為說了什麼話，頭上戴了「右派」的帽子。有了這頂帽子照例要受批判。也是蔡君告訴我，一次是戲劇界開會批判張伯駒，他參加了。戲劇界的大名人幾乎都來了，陸續起立發言，張坐着，低頭用筆記。發言的有馬連良、譚富英、于連泉（筱翠花）、王福山等。譚富英的發言中有一句話說得近乎尖刻，說張學老生，自以為了不得，其實是「蚊子老生」。[2]

　　九月二日，《人民日報》刊文《強迫筱翠花演壞戲〈馬思遠〉，張伯駒是文化藝術界的絆腳石》：

　　　　〔本報訊〕嚴重破壞和危害人民藝術事業的右派分子張伯駒，在 8 月 30 和 31 日兩天戲曲和藝術界舉行的反右派大會上，他的一系列的反共反社會主義活動已被徹底揭穿。

　　　　在鳴放期間，張伯駒到處放火。不僅在戲曲界放了大火，在國畫界、書法界也進行了許多活動。特別是戲曲界這場大火，殃及許多城市——前一個時期各地一度上演壞戲，使劇目混亂的禍根就是張伯駒。

　　　　在鳴放期間，僅在京劇一團內，他就開過七次老藝人座談會，進行放火。大力攻擊文化部的戲改政策，硬說過去禁的一部分戲禁錯了。他利用他把持的「京劇基本藝術研究會」組織，主張復古，組織演出壞戲。最惡劣的是：他強迫筱翠花上演壞戲《馬思遠》。當筱翠花以為這是禁戲，並有二十年沒有演出了，既無服裝，又無人，不肯演時，張伯駒卻從中

---

① 胡蠻著，康樂編《胡蠻與新中國美術》。北京：中國書店，2014: 121。
② 張中行著《柴門清話》。西安：陝西師範大學出版社，2008: 128。

硬拉，說一切由他負責，謊稱他已經和文化部門接洽好了；而對文化部門說，不讓筱翠花演《馬思遠》，筱有情緒，兩頭扯謊。

張伯駒在國畫界也進行放火。張伯駒積極參與了國畫界右派分子徐燕蓀、王雪濤等六月間在北京榮寶齋召開的向共產黨進攻的座談會，企圖和他的同謀者篡奪黨在國畫方面的領導權。他們這些活動曾接受章伯鈞、李伯球的指使。在書法界他也發起組織座談會放火。

程硯秋等揭發張伯駒在一九五二年盜用齊白石、梅蘭芳、程硯秋等近百位藝術家的名義，聯名上書中央負責人，假借「發揚國粹」的幌子，對文化部大加攻擊，並要脅中央負責人支持他成立京劇、書畫等組織。當時，他的陰謀企圖未能實現，就拉攏老藝人組成北京京劇基本藝術研究會，用「團結新委員」、「發掘和研究老戲」等名義，積極發展組織，以極卑鄙的欺騙手段，籠絡北京戲曲界的老藝人。在這些組織中，他散布流言蜚語，破壞國家藝術政策。章伯鈞、羅隆基、黃紹竑、張雲川等，都是這些組織的贊助人。民盟北京市委負責人揭發，在鳴放期間，張伯駒參加過章伯鈞在文化俱樂部召集的秘密會議，並去羅隆基家密談。

張伯駒在大會上被揭露後，態度仍然十分惡劣，引起了大家的憤怒。會議還要繼續進行。[1]

九月十六日，人民畫家齊白石在京逝世，享年九十四歲。

是秋，為老友黃孝紓《勞山紀遊集》題詞：

接崑崙、渡海拄膠東，何世問洪荒。看滄波萬里，齊烟九點，足下微茫。遠送童男五百，昔日誤秦皇。甚神山縹緲，空望扶桑。　艷說花妖木魅，留仙真結事，未算荒唐。尚珠林梵宇，不見花王。剩耐冬一樹，猶自倚紅妝。我曾來、三遊三宿，有佳人、相伴女河陽。丹青筆，寫靈山照，都付詩囊。

《八聲甘州》，丁酉秋日中州張伯駒叢碧[2]

十月二十六日，《戲劇報》第二十期重點刊發戲劇評論家范鈞宏批判

---

① 《強迫筱翠花演壞戲〈馬思遠〉，張伯駒是文化藝術界的絆腳石》，北京：《人民日報》，1957年9月2日第2版。

② 黃孝紓著，劉懷榮、苑秀麗注《嶗山集校注》。北京：人民出版社，2015: 121。

張伯駒的文章《斥張伯駒『新舊並存』的謬論》。

　　有一個相當長的時期，京劇界傳播着一種所謂「新舊並存」的謬論。謬論出於右派分子張伯駒之口。在他所組織的「京劇基本藝術研究社」裏，在許多有老藝人參加的座談會上，在一切可以散布流言蜚語的場合中，張伯駒盡力宣傳着這種謬論，凡是解放後創作的新戲、整理的老戲，或是在藝術上有所改進的演出，都被他目之為「新」，並一口否定為「不是傳統」，甚至說：「那是給外國人看的！」什麼是傳統呢？只有把「舊」的東西（包括劇目、表演和舞臺形象）搬出來，那才是「傳統藝術京劇正宗」。他曾經說過：「新的就應該完全是新的，傳統藝術應該由舊文藝工作者來做。」很明顯，按照張伯駒的意思，新的就是另起爐灶；舊的就是原封不動。「他們搞新的，咱們搞舊的」，這就是張伯駒的新舊並存論。甚至反右派鬥爭展開以後，他在「京劇基本藝術研究社」布置退卻時，依然堅持這種謬論，硬說「新舊並存」完全符合百花齊放的精神。

　　　　　　　　　　　　　　　　　　　　　　　　　　　一

　　駁斥張伯駒的謬論，首先要把接受遺產與發揚傳統的問題談一談；

　　魯迅先生在一篇題名「拿來主義」的雜文中，告訴我們怎樣對待遺產的態度：既不要做「徘徊不敢走進門」的「孱頭」；也不要做「放一把火燒光」的「昏蛋」；更不要做「欣欣然的蹩進臥室，大吸剩下的鴉片」的「廢物」；而首先是「拿來！」魯迅先生所說的「拿來主義」就是先「占有」後「挑選」，經過分析批判，然後決定取捨；把沒用的變成有用；叫有用的發揮更大的作用；有百害而無一利的，也只好請它「毀滅」。我們對待戲曲遺產的態度，就是「拿來主義」；而張伯駒卻不然，他不僅僅是「欣欣然的蹩進臥室」，「大吸剩下的鴉片」，甚至老早就在那裏噴雲吐霧，看見有人進來，還舉起烟槍讓大家也吸上幾口！

　　毛主席指示我們「剔除糟粕，吸取精華，並將精華部分發揚光大」的原則，正是正確地解決了繼承遺產和發揚傳統問題。什麼是糟粕呢？鼓吹封建奴隸道德、鼓吹野蠻恐怖或猥褻淫毒行為、醜化與侮辱勞動人民的就是糟粕。什麼是精華呢？宣傳反抗侵略、反抗壓迫、愛祖國、愛自由、愛勞動、表揚人民正義及其善良性格以及在藝術上給人以美的感受的就是精華。這些精華部分正是我們應當繼承和發展的現實主義傳統；

而張伯駒卻把「隨意小便；到處吐痰」之類的壞習慣當做「好傳統」，把封建糟粕當做精華，主張原封不動。

這就是我們和張伯駒在對待傳統上根本不同的態度！

二

如果在舊社會，張伯駒的主張當然要占上風。甚至糟粕越多越好，精華越少越妙。今天則不然。演戲是為廣大人民服務的，不是為資產階級服務的。如果把這些遺產無條件地承繼下來，原封不動地拿出去，不但黨不允許，人民也不能答應。不同的政治立場決定了戲曲藝術不同的發展方向，我們今天必須在黨的領導下，根據「百花齊放、推陳出新」的方針進行戲曲改革工作，其道理在於此；而張伯駒反對戲曲改革，其道理也在於此。

戲曲改革是以內容為中心，右派分子們反對這麼做，但是不敢說出來；他們有一個共同的特點：不談內容，只談形式；或是先從內容上肯定了你，然後再從形式上狠狠給你一棍子！吳祖光如此，張伯駒更是如此。既然從形式上下手，最好就以「傳統」做為描箭牌。於是就出現了所謂「京劇形式已然登峰造極」、「京劇形式非常凝固」之類的濫調。總而言之，不能動，動一動就要脫離傳統！

所謂「京劇藝術形式已然登峰造極」云云，不能不說是相當荒謬！誰都知道，京劇從形成到壯大以至於今天，一直是在發展着的。如果說它「登峰造極」再也不能前進一步，那就無異宣告它即將死亡。右派分子說這話是別有用心的，可是有一些「偏愛」京劇的人，也在隨聲附和，自我陶醉，現在總該從新考慮一下了吧！至於說「京劇形式凝固」，也可以，但凝固並不等於不能動，更不能認為動一動就要脫離傳統。誰都知道在所謂各種戲曲中，形式凝固，格律嚴謹的再也超不過崑曲，可是誰都知道經過整理的《十五貫》，從內容到形式起了那麼大的變化，而演出卻又是那樣成功！可見得即或是崑曲也可以動，而且還可以大動；只要動得對，改得好，就不會脫離傳統。由此也就得出結論：在黨的領導下，有了正確的戲曲改革方針，對於任何凝固的形式，應當是「攻無不取，戰無不勝」；只要摸準了它的規律，所謂「不能動」或是「動不好」的說法，根本就不存在！

三

　　一般的說，我們並不反對把京劇藝術改革工作（從內容到形式）稱之為「新」；但這決不等於張伯駒所謂「另起爐灶」的「新」；而是「百花齊放、推陳出新」的「新」，是繼承、發揚民族戲曲傳統所產生的「新」。「另起爐灶」之所以極其惡毒，就在於它不僅是用一頂「脫離傳統」的大帽子污衊了戲改工作，而且還要把我們所進行的工作一腳踢出京劇範圍之外！

　　也許張伯駒會說：不是我要你們另起爐灶，是你們自己在另起爐灶；不是我說你們脫離傳統，是你們自己在脫離傳統；不是我要把你們踢出京劇圈子，而是你們故意跳出圈子之外。

　　是不是另起爐灶？是不是脫離傳統？這是我們和張伯駒辨明大是大非的一個關鍵。

　　的確，幾年以來由於進行戲曲改革工作，京劇藝術有了很大變化。以整理傳統劇目來說，有毒的消了毒，沒毒的增加了營養；壞戲變成好戲；好戲成為更好的戲；許多好壞不分的戲，壞的部分也被取消了；少數最好的戲，好的地方得到了正確的評價。儘管在整理工作上還有一些缺點，但總的說來，起死回生、錦上添花、化腐朽為神奇的情況，卻是層出不窮。有的戲，改了內容，自然就難免改動表演，但這決不等於另起爐灶脫離傳統，相反地，如果安排適當，恰足以發展傳統，梅蘭芳先生整理的「貴妃醉酒」不就是一個典型的例子嗎？

　　也許有人認為所謂「脫離傳統」是指着解放後排演的新劇而言，那麼就從這方面看一看：比起「老路子」來，許多新劇的藝術形式的確是有點「變」了。但是否脫離傳統，不在於變，而在於怎樣的變。如果它發展了傳統，就應當歡迎這種「變」。譬如，京劇舞臺上的《金山寺》和《斷橋》，傳統形式是崑曲，而田漢同志所寫的《白蛇傳》通場都是皮黃，講藝術性，兩者之間各有千秋，講思想性《白蛇傳》就比「老路子」好的多。做為一個完整的演出，應當承認這一個很大的變化從劇本到表演都是發展了傳統而不是脫離傳統。再如《猛虎記》中的顧大嫂，按照劇本賦予她的形象，說不出她應當屬於旦角裏面的哪一「行」——既不是潑辣旦，又不是花旦，更不是武旦，既都有一點，又都缺一點。把有的

東西提出來，把缺的東西添進去，這就是雲燕銘同志在舞臺上創造的顧
大嫂。從表演上講，這不是脫離傳統而是發展了傳統。又如《柳蔭記》，
全劇唱詞幾乎都用長短句組成，這似乎並不合乎京劇的傳統規律，然而
這種長短句的「戲曲語言」，卻也有利於唱腔創造的一面，於是王瑤卿先
生就一字不動地創造了新腔，既沒有離開京劇曲調規律，聽起來又是那
麼別致動人。從唱腔創造上講，這不是脫離傳統而是發展了傳統。再如
《人面桃花》，做為一個抒情詩劇，裝設了適當的布景，就把劇本描寫的
環境烘托得更為優美。如果說，有布景就是脫離京劇傳統，那麼就無妨
和傳統演法的《御碑亭》對此一下：請問是在劇中人物活動中，時而把
亭子搭上、時而把亭子拆掉好呢？還是今天的舞臺設計好呢？這樣做是
脫離傳統呢？還是發展傳統呢？再如《雁蕩山》，把許多武打套子和舞蹈
動作連結在一起，融會貫通，變化無窮，表現了各種不同的戰鬥環境，
既有技術，又有生活，比起「傳統」套子的「打連環」，難道這不是發展
了傳統而反說是脫離傳統嗎？從以上幾個例子中，可以看出無論劇本、
表演、唱腔、布景、武打等等方面的變化，都是在傳統的基礎上進行創
造，有所發展的。這些創造又都和導演分不開，而導演這個名詞在傳統
上卻又找不到，從老一套排戲方法變為正規化的導演制度，這又不是「傳
統」，但它發展了傳統！

　　當然，劇團的條件不同，「變」的情況也不同，但一般地說，舞臺形
象基本上都在變了。那些恐怖的、猥褻的、醜惡的表演沒有了；面帶菜
色、心不在焉的龍套沒有了；劇中人物「死而復活」自己走進後臺的滑稽
現象沒有了；正當表演一個精彩的歷史片段之時，一位「現代人物」——
撿場的走過來扔個椅墊、遞把茶壺的怪現象沒有了。正由於這些張伯駒
之所謂「傳統」而我們之所謂「糟粕」的東西沒有了，然後舞臺上出現
了前所未有的新面貌。張伯駒污衊我們的京劇，說「只能給外國人看」，
我也無妨引用一位外國人——著名電影藝術家卓別林先生的話說給他
聽，卓別林說：「三十年前看過中國戲，感覺是珠玉夾雜在糞土之中，而
今天所看到的京劇，糞土已被洗淨，珠玉露出光輝來了！」這一個正確
的評價，正說明我們的「新」是「百花齊放、推陳出新」的「新」，是繼
承、發揚傳統的「新」，決不是什麼另起爐灶的「新」！

四

現在，再談一談張伯駒所提倡的「舊」，那就是：舞臺形象不變、藝術形式不動、思想內容不管——一切原封不動。既然如此，則珠玉和糞土自仍夾雜一起，這麼做雖不得謂之脫離傳統，而傳統永遠停滯不前，也就無異於斷送了傳統。這是從藝術上看。再從政治上看，原封不動就是把一切消極的和積極的，落後的和進步的、反動的和革命的東西兼容並包，實質上這就是取消了毛主席指示我們的政治標準。

張伯駒企圖取消社會主義的政治標準，並不等於他自己沒有政治標準。這個問題可以從他提倡的劇目中得到說明。我們把周遇吉當做階級敵人，因而反對演出《寧武關》；張伯駒把周遇言當做「忠臣孝子」，因而提倡演出《寧武關》。我們反對宣揚宿命論觀點誣衊黃巢起義的《祥梅寺》，張伯駒就提倡它。我們反對宣揚色情兇殺的《馬思遠》，張伯駒又提倡它。這種反動的政治傾向不是非常鮮明嗎？

既然張伯駒的政治標準和社會主義的政治標準具有根本性的矛盾，他就不能不為保護自己的階級利益而努力；既然還不敢公開喊出戲曲藝術要為資產階級服務的口號，他就不得不尋找藉口另打主意。這就是張伯駒之所以打着一個「研究京劇基本藝術」的幌子，只談表演技術不談思想內容、只談保存傳統不談藝術改革的道理所在。我們要修改內容，他就以不能破壞表演為借口來反對；我們要藝術改革，他就以不能脫離傳統為借口來反對。既然表演技術和藝術形式不能動一動，則思想內容也就無從動起。因此所謂原封不動，實際上就是要內容服從形式，說的更徹底些，也就是用形式來保護內容——那些反動的內容。過去許多人認為張伯駒是京劇藝術的保守主義或是宗派主義者，他自己好像也並不反對這種說法，應當指出，這正是他用以迷惑人的極其狡滑的手段！

張伯駒提倡《寧武關》、《祥梅寺》之類的壞戲，他的藉口是「保存特技」。有人反對這些壞戲，他就大喊「扼殺特技」。對於戲曲特技，黨和政府一向是非常重視的，過去和現在的許多措施（如中國戲曲研究院舉辦多次演員講習會與電影局拍攝蓋叫天舞臺藝術影片等等）都足以說明這個問題。但是戲曲中的特技並不能孤立存在，它服務於一定的思想內容。有的戲既有特技而內容又很健康，這就值得提倡；有的戲雖有特

技但內容反動，這就必須考慮。能修改的修改，改不了的就不宜公開演出，這樣做並不等於不提倡特技。有的戲可做內部觀摩；有的技術可以做為片段表演教材；有的技術可以結合基本的訓練；另外也有些技術本身就是毒草（譬如繪聲繪色的思春表演、恐怖殘酷的兇殺表演等等），公開演出會毒害觀眾，做教材會影響學生。把這些「特技」乾脆丟掉也不能負「扼殺」的罪名。用「保存特技」的幌子來提倡壞戲，正是所謂掛羊頭賣狗肉，是用形式來保護內容的另一種表現！

五

　　在傳統藝術領域內，新與舊是一種繼承和發展的矛盾統一的關係。而張伯駒的「新舊並存」卻把這種正確的關係一刀兩斷，並進而製造對立。其實，所謂「另起爐灶」的「新」既不存在，而「原封不動」的「舊」又不應當存在，那麼，「新舊並存」也就不可能存在。而這種謬論之所以出現，也只能說明製造者——張伯駒是別有用心罷了！

　　原來張伯駒雖然一直在提倡《祥梅寺》、《寧武關》之類的壞戲，但在一九五五年以前，他還有一些顧慮，演《祥梅寺》就不得不改動一點；演《寧武關》就不得不用偷天換日的手段改名《象山城》。只能暗地走私，不能公開販毒，這對於張伯駒來說，真是極大的苦憎。他終於乘「鳴放」的機會提倡「原封不動」，主張「新舊並存」，明目張膽地演出了《寧武關》和《祥梅寺》，又把《馬思遠》搬上舞臺。在他的支持下，右派分子李萬春也大肆活動，並以發掘傳統藝術形式為名，把幾十年前舞臺上的舊東西原封不動地搬了上去，用「恢復檢場」來破壞幾年來澄清舞臺形象的成就，用「跳加官」、「跳財神」、「天官賜福」之類的節目宣揚封建思想。影響所及，造成了當時上演劇目的混亂現象。「新舊並存」在戲曲界就起了這麼大的破壞作用！

　　張伯駒主張「新舊並存」，實際上否定了所有的「新」，我們反對「新舊並存」，但並不抹煞一切的「舊」。我們歡迎上演新劇，但同時更在大力挖掘整理傳統劇目；我們提倡藝術改革，但同時也在積極學習優秀的傳統形式。說田漢同志的《白蛇傳》好，並不等於抹煞崑曲《金山寺》、《斷橋》的藝術成就。這兩種完全不同的演法，不僅可以並存，而且可以互相競賽，但這和張伯駒的「新舊並存」卻有根本性的區別，其區別在

於我們有一個統一的政治標準：有益於人民的政治標準；有一個統一的政治基礎：社會主義的政治基礎。只有在這個基礎上，鼓勵不同的藝術流派、不同的形式風格互相競賽，活躍演出，才能有利於「百花齊放」。而張伯駒所提倡的「新舊並存」，其政治傾向恰恰與我們相反。他在這個提法下，把「新」與「舊」割裂起來，對立起來，不但極其惡毒地否定了戲改工作的一切成就，而且企圖用保存傳統的幌子，取消我們的政治標準，為《寧武關》、《祥梅寺》、《馬思遠》之類毒草的存在尋找「合理」的藉口，甚至公開與黨的戲曲政策對抗，妄想達到把戲曲事業引向脫離黨的領導、為資產階級服務的目的。這謬論本身就是一棵毒草，和「百花齊放」的精神水火不能相容，因而必須堅決把它除掉！[1]

是年，張伯駒積極投入文化部組織的傳統劇目整理工作，並將老藝人們組織起來，成立了「老藝人演出委員會」。

是年，因為時局原因，北京京劇基本藝術研究社活動被迫停止。「文革」期間，先生被關在牛棚並向組織交代：

五二年我成立了京劇基本藝術研究社，完全是搞的帝王將相、佳人才子劇目，保存過去老藝人流派一成不變，並且支持舊藝人演出壞戲，增加舊藝人保守思想，阻礙了京劇改革進程。[2]

是年，正在北京藝術學院美術系中國畫山水科讀書的天津籍青年學生劉炳森，參訪常設於先生家中的北京中國書法研究社，因其書法傳統功底超眾，年僅十九歲的劉炳森因被「中國書法研究社」破格吸收為當時最為年輕的社員。

是年，在整風運動中，終因京劇《馬思遠》事件，被劃為「反黨反社會主義的右派分子」。

是年，王世襄亦被打為右派。

---

① 范鈞宏：《斥張伯駒「新舊並存」的謬論》，北京：《戲劇報》，1957 年第 20 期第 22-24 頁。

② 榮宏君編注《張伯駒牛棚雜記》。香港：中華書局（香港）有限公司，2018: 101。

卷五

謫仙怨

（一九五八—一九七六）

一九五八年（戊戌） 六十一歲

四月，為自己所藏的《馬雄鎮彙草辨疑稿本冊》尾題跋：

馬雄鎮字錫蕃，號坦公，山東蓬萊人。順治間授工部副主事，官累遷廣西巡撫。吳三桂叛清，全家殉難。諡文毅。其父名佩，官江南總督，見沈荃書其墓誌銘。

《雪橋詩話》：吾鄉馬文毅公次祁陽，謁魯公祠句云：「聖哲餘能點畫精」。故汪桐石《彙草辨疑》歌云：「君不見魯公忠烈垂不朽，筆如修椽字如斗。聖哲餘能語豈誣，醉公敢用張顛酒。」公字錫蕃，蒙難時穴牆，遣長子世濟間道請援，繪《桂陽泣別圖》者凡六人，高徵遠為撰《殉難記》，又有《扶風忠節錄》，徐健庵為之序。後復訂為《扶風世澤錄》。文毅祖復所公，天啟辛酉殉難，一家四十餘人，蔣莘畬考之最詳。謝章鋌《賭棋山莊詞話》：吳逆之亂，廣西巡撫馬文毅公雄鎮死之初，吳逆欲文毅降，囚之土室四年，作《彙草辨疑》十二卷，妾顧氏按字為之旁訓。後顧氏亦死，死者凡四十餘人。蔣莘畬填桂林霜院本，記之。按冊中旁注小楷真書即顧氏筆。

戊戌三月中州張伯駒識

鈐印：京兆（朱文）、好好先生（朱文）[1]

五月三日，新中國第一任中央人民政府政務院文史研究館館長符定一逝世於北京。

五月七日，家中所植牡丹藕荷裳花期已過，先生在花下撿得牡丹花片

---

① 《馬雄鎮彙草辨疑稿本冊》現藏國家博物館，所錄先生題跋文字，由國家博物館海國林研究員提供。

數枚，遂拾筆在一枚花瓣上題記：

> 戊戌三月十九日拾牡丹花片，花名藕荷裳，名種也。[1]

是年，故宮博物院擬收購先生舊藏宋徽宗《雪江歸棹圖》，時該畫正在北京琉璃廠榮寶齋複製，先生立刻寫信給榮寶齋，讓故宮工作人員持函直接從榮寶齋將原作取走，故宮回贈二萬元。

是年，中央人民政府主席辦公室把唐李白《上陽臺帖》撥交給故宮博物院。

是年，為北京美術出版社編寫完成《中國書法欣賞》一書，並將書稿交付出版社。

是年，北京琉璃廠寶古齋從東北購得北宋楊婕好《百花圖》卷，故宮博物院沒有購留，遂為先生收藏，並云：

> 余所藏晉唐宋元名蹟盡歸公家，此卷欲自怡，以娛老景。余《瑞鷓鴣》詞結句「白頭贏得對楊花」即指此卷也。[2]

一九五九年（己亥）　六十二歲

九月十日，政協北京市第二屆委員會第一次會議召開，先生因右派身份，被市政協除名，法學家王鐵崖亦被除名，啟功則避過此劫。[3]

是秋，為老友張效彬藏董其昌《仿米友仁筆雲山烟雨》圖題籤：

> 董玄宰春山欲雨圖精品。伯駒墨戲。
>
> 鈐印：叢碧（白文）[4]

先生並在畫後做長跋：

> 玄宰欲執藝苑牛耳，於書畫必刻意求好，以折服他人。比至晚年，

---

① 該牡丹花瓣現陳列於吉林省博物院「張伯駒館」。

② 張伯駒著《烟雲過眼》。北京：中華書局，2014: 46。

③ 鄧之誠著，鄧瑞整理《鄧之誠文史札記》。南京：鳳凰出版社，2016: 1184。

④ 此卷曾為先生舊藏，在其所著《叢碧書畫錄》中錄有「明董其昌春山欲雨圖卷」一文：絹本，墨筆。上署款並題詩云：「七十二高峰微茫或見之。南宮與北苑，都在捲簾時。」另紙李復堂跋，謂「有書卷氣，又有筆法，春山欲雨，至今墨氣未乾」。後又一跋，文雖盡而失款，當係後紙脫落。按是卷為玄宰六十一歲所作，玄宰於當時欲執藝壇牛耳，於書畫必刻意求好，以折服他人。比至晚年，功竟名歸，遂由絢爛而入於平淡。或有謂玄宰非晚年書體，皆為趙左代筆，亦不盡然，此卷雖有筆有墨，尚有迹象可尋，其題詩亦係其自鳴得意語，正是其刻意求好之作，似非趙左所代者。（張伯駒著《張伯駒集》。上海：上海古籍出版社，2013: 610。）

功竟名歸，遂由絢爛而入於平淡。此卷為玄宰六十歲時所作，觀其題詩云：「南宮與北苑，都在捲簾時。」是亦自甚鳴得意。誠如復堂所云「有筆有墨」，但仍不無迹象可尋耳。人或謂玄宰非晚年〔筆〕皆為趙文度所代，則不盡然。後復堂書亦佳。另跋無款，或經遺落，無礙於畫之本身也。「年」下落「筆」字。

己亥秋日，中州張伯駒識。

鈐印：張伯駒印（白文）、平復堂印（白文）[1]

十月，著名學者章士釗繼任政務院文史研究館第二任館長，又增聘各地名流徐森玉、陳寅恪、沈尹默、邢贊亭、謝無量、商衍鎏為副館長。

是冬，章伯鈞、李健生夫婦到訪，與先生協商，想讓正在讀高一的女兒章詒和拜師潘素學習繪畫。時章伯鈞已被打成右派，他向張伯駒感嘆政治的險惡：

政治的事情不能做了，今日座上客，明日階下囚。[2]

是年年底，書畫鑒定家楊仁愷從瀋陽來京，通過畫家周懷民向潘素借閱先生所藏之楊婕妤《百花圖》卷。楊仁愷在其書畫筆記中有載：

南宋楊婕妤《百花圖》卷

絹本，設色花卉山水。《石渠寶笈初編》（三二・一一六）。張伯駒

此卷早已聞之，惟迄未見及。一九五九年梢去京，始聞此卷曾送故宮博物院，經鑒定不真退回，旋賣與張伯駒。通過周懷民向張妻潘素求看，細觀卷中一詩一畫，畫上花卉均有題名，同時書甲子，多至三個，不解何故。後面山水設色，風格為馬夏一流，而花卉（粉已反鉛）則迥非院體，反而有民間之風，此當是故宮博物院不收之根據歟？卷後明人題為楊妹子作。梁清標舊物。[3]

是年，先生把宋趙孟堅《行書自書詩》讓於故宮博物院。

是年，開始每周一次去北京市民盟學習，一直延續到一九六一年。

是年，天津十八歲的青年楊紹箕雅好詩詞京劇，在京劇名票從鴻達的

---

① 保利香港 2016 年春季拍賣會「中國古代書畫專場」第 0760 號拍品，拍賣時間：2016-04-04。

② 榮宏君編注《張伯駒牛棚雜記》。香港：中華書局（香港）有限公司，2018: 84。

③ 遼海出版社馬千里提供楊仁愷手稿。

介紹下得識先生，開始跟隨先生學習詩詞、戲曲，先生囑其先讀《廣事類賦》。

一九六〇年（庚子） 六十三歲

是年，自費油印私刊《叢碧書畫錄》一書。先生在書中對自己的收藏品去向做出簡要說明：

> 是錄自壬申至己亥年寫畢，其間重要之蹟，多半捐贈或讓售於公家。雖屬明日黃花，然於畫者流傳著錄上亦可有此一錄耳。

叢碧識 [1]

是秋，為自己收藏的明曾鯨繪《侯朝宗像》題跋《摸魚兒》詞一闋：

> 覓仙源、洞迷無處，逃秦空有漁父。斜陽紅到芙蓉岸，秋老白門官渡。江上浦，看楊柳蕭疏，都是傷心樹。乘風放艫，問萬里波濤，寒潮來去，淘盡客愁否。　山河在，忍見降旌又舉，新亭回首非故。腰間長劍終何用？龍氣斗牛光污。揮淚雨，恁懊惱、當時我亦聰明誤。凋翎墜羽，嘆壯不如人，老翻成悔，失足恨千古。

《摸魚兒》，庚子秋鄉後學張伯駒步原韻拜題。

鈐印：京兆（朱文）、張伯駒印（白文）[2]

是秋，再跋馬雄鎮《彙草辨疑》稿本冊：

> 燃脂餘韻，蔣心餘桂林雙傳奇釋帖一折，馬文毅側室顧荃，字兮若，直隸豐潤人，擅書，工寫梅竹。康熙甲寅馬文毅巡撫廣西，吳三桂反，以兵劫文毅並家屬，囚於土室，越二年被害。文毅被囚時，集漢晉而下各家草書碑帖仿宣城楳氏字彙體例，別類分門排為二十二卷，題曰「彙草辨疑」，荃逐字為加旁訓，心餘釋帖一折本此。

庚子秋日中州張伯駒錄記。

鈐印：平復堂印（白文）[3]

---

① 張伯駒著《張伯駒集》。上海：上海古籍出版社，2013: 621。

② 編者於 2018 年 5 月 6 日下午 2 時，抄錄於北京故宮博物院「張伯駒誕辰 120 周年紀念展」之曾鯨繪《侯朝宗像》。

③ 此段文字由國家博物館研究員海國林提供。

一九六一年（辛丑）　六十四歲

三月三十日，先生伉儷與好友梁漱溟、張雲川及郭大中、黃艮庸、李淵庭諸人同遊西山暘臺山、大覺寺，《梁漱溟日記》有載：

> 張雲川及張伯駒夫婦已先候於車站，大中、艮庸、淵庭繼至，共七人通搭車到溫泉，散步至大覺寺去看杏花，漫遍山麓數十里，又似梅花。在寺內休息進食，時寺內清淨少人，憩息甚適。一時散步回溫泉，登車回城。[1]

是春，應邀參加詞友關賡麟（穎人）在北京展春園主持「稊園詞社」雅集，命題填詞《玉樓春》，分得「杜」韻，時展春園已易主八載，舊地重遊，感慨係之：

玉樓春　辛丑稊園展春禊，分韻得杜字

> 展春舊地誰為主？流水斜陽飛亂絮。華筵歲歲泛霞觴，白髮年年添雪縷。　　垂楊綠遍傷心樹，都是前遊曾到處。當時爭自識生張，今日何人憐小杜。[2]

七月，填詞《鶯啼序》一闋，慶祝中國共產黨建黨四十周年。

九月四日，學者黃君坦被中央文史館聘為館員。

九月下旬，吉林省駐京辦事處蘇明（藝專總務處長）送電報到先生家邀他們夫婦同去長春，張伯駒答應十天後動身，行前給故友陳毅副總理去一信告辭：

> 我五七與公見一面至今未忘，承黨不以衰朽見棄，約去吉林教課，不日成行，特函告辭。[3]

二日後，陳毅邀請張伯駒夫婦到中南海做客。在先生於一九六八年所寫的《牛棚雜記》裏詳細記錄了這次見面：

> 二日後陳總派車接我到中南海見面，陳總問我：
>
> 到吉林教什麼課？
>
> 我說：

---

① 梁漱溟撰《梁漱溟日記》。上海：上海人民出版社，2014: 308。

② 張伯駒著《張伯駒詞集》。北京：中華書局，1985: 96-97。

③ 根據編者收藏張伯駒撰《回憶陳毅元帥》一文整理。

到藝專教書法史、繪畫史、詩詞等。

陳總說：

這是你的專長。

又問我：

右派帽子摘掉了沒有？

我說：

還沒有摘掉。

陳總說：

你是舊文人，難免性情孤僻，新事物知道又少或為人所不諒。你的一生所藏的書法精品都捐給國家了，你還會反黨嗎？我同他們說給你改一改好了。（原話「改一改」，摘掉帽子的意思。）

我說：

我受到教育，對於我很有好處。

陳總說：

你這樣說很好，我謝謝你。

又說：

你到吉林，我對那方面關照一下。

最後勉勵：

要忠於毛主席，忠於社會主義，這是人頭落地的事情（原四川話），我跟毛主席幾十年了，都聽毛主席的話。

我告辭時並說：

有什麼事隨時通信。[1]

隨後，陳毅告知吉林省政府關照老友張伯駒、潘素夫婦。

九月，吉林藝專美術系副主任史怡公和國畫教師卜孝懷到北京先生家裏邀約潘素去吉林教國畫，潘素以先生年老不能離開為辭，史怡公再邀先生同往。

十月初，將赴長春有感，填詞《浣溪沙》：

---

① 榮宏君編注《張伯駒牛棚雜記》。香港：中華書局（香港）有限公司，2018: 27-28。

浣溪沙　將有雞塞之行，題《秋風別意圖》

野草閒花半夕陽。舊時人散鬱金堂。如今只剩燕雙雙。　　明月仍留桃葉渡，春風不過牡丹江。夜來有夢怕還鄉。

馬後馬前判暖寒。一重關似百重關。雪花飛不到長安。　　極目塞榆連渤海，回頭亭杏望燕山。歸心爭羨雁先還。

自把金尊勸酒頻。驪歌一曲鎮銷魂。回思萬事亂紛紛。　　鏡裏相看仍故我，人間那信有長春。柳綿如雪對朝雲。

時盼南雲到雁鴻。還將離恨寄重重。孟婆何日轉東風。　　萬里邊關雞塞遠，百年世事蜃樓空。天涯人影月明中。[1]

十月二十日，先生夫婦乘火車來到長春，暫住省人委招待所。受陳毅之託，中共吉林省委宣傳部部長宋振庭力邀先生至吉林省博物館工作，潘素仍然安排到吉林藝專教課。

十月二十九日，《人民日報》闢專版，由郭沫若題詞，介紹了鄭誦先、章士釗、陳雲誥、郭風惠、陳半丁、溥雪齋、甯斧成、王傳恭、陳文無及沈尹默等十位北京中國書法研究社主要成員的作品。

十一月初，在吉林戲校演出京劇《問樵》。

十一月上旬，與吉林省博物館副館長王承禮和館員鄭國一同去瀋陽參觀遼寧省博物館法書展覽，並參觀瀋陽故宮，回長春後移居吉林藝專南湖宿舍。

十一月十七日，由鄭國陪同，一起到北京為吉林省博物館購畫。

十一月二十七日，在畫家溥雪齋家中為吉林省博物館收得一批老紙老墨：

清香直節墨壹盒（一塊）　20.00

程公瑜墨壹盒（兩塊）　55.00

萬年青墨壹盒（兩塊）　20.00

明葉靖公墨壹盒（一塊）　40.00

竹薌製墨壹盒（兩塊）　30.00

御咏牡丹墨壹袋（一塊）　20.00

---

① 張伯駒著《張伯駒詞集》。北京：中華書局，1985: 96。

歸昌葉瑞墨壹袋（一塊） 25.00

舊墨壹盒（三塊） 30.00

程公瑜墨壹盒（一塊） 40.00

蔣性父侍御墨（一塊）

天文地質墨（一塊）

乾隆貢牋（一張） 30.00

舊宣紙（兩張） 20.00

宋拓化度寺碑帖（一件） 20.00

藏經紙（兩張） 30.00

宋紙（兩張） 30.00

乾隆描金牋（一張） 15.00

　　共計 805.00 元

附：所購書畫作品及所花費費用如下：

順治《達摩》卷軸壹件

周之冕《梅花》卷壹件

果親王金字軸壹件

　　共計三件　價 1300.00 元

毛奇齡行書軸壹件　70.00 元

八大山人《梅鵲圖》軸壹件　700.00

張詩齡字對 2 件　4.00

錢南園字對 2 件　40.00

　　共計陸件　價 814.00 元

明陳洪綬人物軸壹件

嚴繩蓀《西園雅集》軸壹件

方士庶山水軸壹件

沈銓鶴鹿軸壹件

　　畫軸四件

董其昌山水扇面 1 件

傅雯指畫山水扇面 1 件

塞翁山水扇面 1 件

米汗雯山水扇面 1 件

胡靖蘆葦扇面 1 件

雪山山水扇面 1 件

震翱遊騎扇面 1 件

鄒近魯山水扇 1 件

施餘澤山水扇面 1 件

趙嗣美山水扇面 1 件

王嘉山水扇面 1 件

沈廷弼山水扇面 1 件

褚篆山水扇面 1 件

袁瑛山水扇面 1 件

張照梅花扇面 1 件

昌緒桂花扇面 1 件

顧西梅山水人物扇面 1 件

袁沛山水扇面 1 件

捻祖指畫山水扇面 1 件

秦儀山水扇面 1 件

張敔指畫牛歸扇面 1 件

瑤華道人山水扇面 1 件

朱鶴年山水扇面 1 件

宋張葆淳鸚鵡扇面 1 件

李梅生松陰煮茶扇面 1 件

朱英白描仕女扇面 1 件

鐵舟灝園林秋興扇面 1 件

　　扇面共計二十七個

　　畫軸四件，扇面二十七件　共計款 3500.00

宋人字卷 1 件

文徵明竹子軸 1 件

陳眉公梅花卷 1 件

　　共三件　計價 2000.00 元

宋元佛像 1 軸　100.00

范榕詩卷 1 件　30.00

董其昌畫冊 1 本　260.00

方竹樓竹蘭冊 1 本　80.00

德林畫冊 1 本　300.00

董字冊 1 本　60.00

余省花鳥軸 1 件　120.00

明人山水（鏡心）1 張　50.00

李文田信札冊 1 本　50.00

　　共計九件　價記 1050.00 元

宋葆淳山水軸壹件

王雲《貓蝶圖》軸壹件

墨軒山水卷壹件

賈全畫《漁隱圖》小卷壹件

方琮畫《秋山圖》小卷壹件

方琮畫《雲壑丹臺圖》小卷壹件

董誥臨宋尺牘小卷壹件

梁國治《臨晉祠銘》小卷壹件

董誥畫花卉小冊壹件

袁瑛畫山水小冊壹件

董誥畫舍暉協序小冊壹件

戴衢亨山水小景冊壹件

劉權之畫花卉冊壹件

弘旿畫山水冊壹件

胡桂畫山水冊壹件

劉墉臨帖冊壹件

　　共計拾六件（軸 2、小卷 5、大卷 1、冊 8 件）　計價 700.00 元整

肖愻山水軸

姚華菊花軸

　　共計兩件　115.00

邊魯花鳥冊 1 本　80.00（可給吉林藝專）

黃小松梅花冊 1 本　80.00

查士標字冊 1 本　60.00

姚鼐字軸 1 件　40.00

惲南田竹梅 1 軸　600.00

吳寬字橫 1 卷　30.00

吳振武畫冊 1 本　30.00

許友字冊 1 本　40.00

查昇字冊 1 本　50.00

　　共計九件　價計 1010.00 元

明成化御筆軸壹件

文徵明手卷壹件

明人書札壹冊

清人書札壹冊

李復堂花卉軸壹件

程邃山水軸壹件

高南阜畫像軸 1 件

　　共計柒件　價 830.00 元

杭世駿山水冊壹本（畫 12 開，字 1 開）

趙文敏《參同契》壹冊

鄭板橋蘭花冊壹本（12 開）

周荃山水冊壹本（9 開）

李兼士字軸壹件

宋犖拜石圖軸壹件

潘連巢畫、王文治題軸壹件

李珩《蠻潘使槎圖》卷壹件

　　共計八件　價 4000.00 元

張道渥字扇面壹件

姜宸英字扇面壹件

嚴繩蓀字扇面壹件

沈謙字扇面壹件

盧見增字扇面壹件

何焯字扇面壹件

鄂弼字扇面壹件

姚鼐字扇面壹件

汪士鋐字扇面壹件

徐松字扇面壹件

查士標行書面壹件

沈德潛行楷面壹件

　　共拾貳件　計價 195.00 元

錢穀山水軸壹件

奚鐵生山水軸壹件

張雪鴻墨筆牡丹軸壹件

　　共計三件　價 900.00 元

王鑒山水軸壹件

董其昌、陳繼儒等五人字卷壹件

奚鐵生像軸壹件

倪元潞（璐）行書扇面壹個

魏大中楷書扇面壹個

高攀龍楷書扇面壹個

冒巢民楷書扇面貳個

董小宛楷書扇面壹個

侯峒曾行書扇面壹個

王寵楷書扇面壹個

　　共計拾壹件　價 1250.00 元

元人山水樓閣軸一件　3000.00 元

明陳洪綬佛像一件　900.00 元

宋蘭山《瑞蘭圖》卷 1 件　120.00

董邦達山水軸 1 件　200.00

　　計兩件　320.00 元

張 109　明　陸治山水扇壹把（代錦盒）

張 110　明　董其昌山水成扇壹把（代錦盒）

張 111　清　王鑑山水成扇壹把（代錦盒）

張 112　清　王原祁山水成扇壹把（代錦盒）

張 114　王子元玉蘭成扇壹把（代錦盒）

清　王樹畦山水成扇壹把（代錦盒）

伊念曾山水成扇壹把

汪洛年山水成扇壹把

吳大澂山水成扇壹把

張映樞金書成扇壹把

秦炳文山水成扇壹把

殷樹柏石梅桂花成扇壹把

吳大澂山水成扇壹把

光緒靈芝蘭花成扇壹把

　　成扇共計十四把　計貳仟伍佰元整　￥2500.00

　共計：25189 元

十二月十八日，先返回長春，助手鄭國因事六天後始回。

是年，友人持北宋米芾的《天馬賦》拜託先生鑒賞題跋，先生發現該卷書法為贋品，但礙於情面不好明説，就做了如下跋語：

宋四家以蔡君謨書看似平易而最難學。蘇黃米皆有迹象可尋，而米尤多面手，極備姿態，故率偽作晉唐之書。然以其善作人之偽，而人亦作其偽耳。[1]

是年，所著《素月樓聯語》一書寫成，並作序文。直到一九九一年才由海上著名書畫鑒定家謝稚柳題寫書名，上海古籍出版社刊行。先生自撰序文：

① 張伯駒編著《春遊瑣談》。鄭州：中州古籍出版社，1984: 126。

　　中國對聯在世界上為獨有之文學藝術。因漢字之獨特構造，我國詩歌自然由古樂府發展到律詩，而對聯即律詩中之腹聯也。至清中葉後，福建盛行詩鐘，亦為對聯之一種。除五、七言外，更有四言、六言、八言，以至近於賦體、詞體之長短句。自來佳製如天造地設，雖鬼斧神工，難窮其妙。清梁章鉅曾撰《楹聯叢話》，民初慈利吳恭亨撰《對聯話》，兩氏之後更無撰者。是篇選錄兩氏所輯及其所未及聞者，共分（一）故事；（二）祠宇、名勝；（三）集句、嵌字、歇後；（四）由字之結構聲韻所生之巧對、諧聯四部。斯道雖屬雕蟲小技，然存其梗概，以便後學，不使成絕響可耳。

辛丑歲中州張伯駒序 [1]

　　是年，女婿樓宇棟響應國家支援大西北號召，調入陝西省考古研究所，夫人張傳綵及子女亦隨調西安。

　　是年，啟功撰《〈平復帖〉説並釋文》（此文又經一九六四年修改後定稿）一稿，對之前的釋文再做進一步完善：

　　　　這一帖是用禿筆寫的草字。《宣和書譜》標為章草，它與二王以來一般所謂的今草固然不同，但與舊題皇象寫的《急就篇》和舊題索靖寫的《月儀帖》一類的所謂章草也不同，而與出土的一部分漢晉簡牘非常相近。」文中又說：「我在前二十年也曾釋過十四字（張丑所識十四字）以外的一些字，但仍不盡準確（近年有的國外出版物也用了那舊釋文，隨之沿誤了一些字）。後得見真蹟，細看剝落所剩的處處殘筆，大致可以讀懂全文。[2]

一九六二年（壬寅）　六十五歲

一月一日，偕潘素在吉林省省委宣傳部部長宋振庭家一起歡度元旦。

二月四日，辛丑除夕，與潘素回京過春節，除夕夜填《定風波》詞一闋：

　　　　定風波　辛丑除夕，與諸詞友守歲

　　遼海歸來雪滿身，相逢容易倍相親。燈外鏡中仍故我，爐火，夜闌

① 張伯駒編著《素月樓聯語》。上海：上海古籍出版社，1991: 2。

② 故宮博物院編《捐獻大家——張伯駒》。北京：紫禁城出版社，2007: 35。

灰盡酒猶溫。　　明歲天涯應更遠，腸斷，春來不是故園春。幾點寒梅還倚傍，才放，也難留住出關人。[1]

春節期間，章伯鈞來拜年，先生回拜，在章宅遇到羅隆基，遂相約第二天去四川飯店小聚。除先生外，參加聚會的有章伯鈞夫婦、羅隆基和陳銘德、鄧季惺夫婦及康有為之女康同璧。章詒和發表在二〇一三年第六期的《張伯駒的文革交代》一文曾作如是回憶：

> 說到與父親章伯鈞的交往，張伯駒便費些筆墨了：「章伯鈞一九五七年春在美協參觀時遇見，他約我到他家午飯。這是第一次去他家。在車上，章伯鈞同我說，有需要他幫忙的事，他可以幫忙。意思是我們是老朋友。說要向政府推薦，我也沒有作答。在一九五九年冬，章伯鈞夫婦到我家去，說政治的事不能做了，今日座上客、明朝階下囚的意思。他女兒再有兩年高中畢業，現在學國畫。他想到潘素最相宜，求收她做徒弟。當時不好意思拒絕。潘素答應教她。第二天，潘素向北京中國畫研究會領導彙報情況。黨領導說，可以教她。所以到春節，章伯鈞必來拜年，我也回拜他。一九六一年十月，我來吉林省工作。六二年春節回到北京，章伯鈞來我家拜年，我又回拜了他，不多時，羅隆基也來了，他與我打招呼後即與章伯鈞談話……我要走時，章伯鈞同我和羅隆基說，我們明晚在四川飯店聚餐。他去訂座，要我明天在家候着。他六點來鐘坐車去接我。第二天晚飯在四川飯店聚餐的，除章伯鈞夫婦、羅隆基和我以外，還有陳□□夫婦（作者注——陳銘德、鄧季惺），一個女的，也是政協委員，不是右派（作者注——康同璧）。六三年春節回北京，章伯鈞女兒去我家拜年，我同她說我不去看你父親了。後來，章伯鈞也來拜年。我存着封建思想，覺得不好意思，又去他家回拜。章伯鈞還約我夫婦在他家吃了一次飯……章伯鈞拿出他的字畫，看了。到前廳，看了他的十幾盆臘梅。這次又到四川飯店聚餐，還是以前的人。事後，我感到犯了錯誤。我是在職人員，章、羅是一九五七年向黨進攻的右派頭頭。這樣與他往來和聚餐是敵我不分。以後再也不到章伯鈞家與其見面。以上的事我沒交代過，現在交代。」這麼一大段「交代」內容，說

---

① 張伯駒著《張伯駒詞集》。北京：中華書局，1985: 101。

的無非是聚餐，拜年；再拜年，再聚餐；且不斷地重複——他說，這是自己「不分敵我」的錯誤，並保證「以後再不到他家了」——但是當他回到北京，聽說章伯鈞去世的消息，馬上偷偷跑到老宅去探望，聽說章家已經搬走，他又四處託朋友打聽新址，是第一個登門慰問我母親的人，而且是和妻子潘素徒步從地安門走到建國門——「交代」歸「交代」，做派歸做派。

二月，北京市民盟宣布給先生摘掉右派帽子。吉林市文化局聘任先生為吉林省博物館副研究員，工資定為一百四十九元五角，從一九六一年十月起發。

二月，北京中國書法研究社主編的碑帖《趙孟頫三門記》由人民美術出版社刊行。

二至三月間，吉林省博物館準備成立「吉林省博物館書畫鑑定委員會」，擬聘于省吾、羅繼祖、單慶麟、裴伯弓、阮鴻儀等人為書畫鑑定委員，博物館書記、副館長王丞禮口頭約定，並未發聘書。

三月十一日，盛邀時在長春的文史大家于省吾、羅繼祖、單慶麟、裴伯弓、阮鴻儀等在吉林省博物館成立「春遊社」，定期雅集，以交流學問，鑑定書畫文物，並出版編印刊物《春遊瑣談》。先生並作序：

> 因名所居園為展春園，自號春遊主人。乃晚歲於役長春，始知「春遊」之號，固不止《遊春圖》也。先後余而來者有于君思泊、羅君繼祖、阮君威伯、裴君伯弓、單君慶麟、惲君公孚，皆春遊中人也。舊雨新雨，相見並歡。爰集議每周一會，談笑之外，無論金石、書畫、考證、詞章、掌故、軼聞、風俗、遊覽，各隨書一則，錄之於冊，則積日成書。他年或有聚散，回覓鴻迹，如更面睹。此非惟為一時趣事，不亦多後人之聞知乎！壬寅春中州張伯駒序。[1]

三月底至四月初，宋振庭邀約在長春的著名學者于省吾、吉林藝專負責人王慶淮等人與先生在吉林省博物館雅集。

三至四月間，吉林省政協召開擴大會議，宋振庭推薦張伯駒列席。同時，加入吉林省文聯，並當選為委員。

---

① 張伯駒編著《春遊瑣談·序》。鄭州：中州古籍出版社，1984。

是春，清明前，長春突降大雪，盼友不至，賦詩並書贈博物館同事蘇興均，詩曰：

樓外陰雲捲未開，遲遲春信尚疑猜。

邊關三月桃花雪，不見東風燕子來。

款識：長春清明前大雪，盼故人公孚、稚鶴未至，因咏。壬寅中州張伯駒。[1]

是春，在北京會晤老友劉海粟，為其《驪山圖》卷題跋：

海粟為悲鴻師，後偶生嫌隙，亦頗似梨園程硯秋與梅蘭芳之事。葉遐翁（恭綽）勸之，海粟盡釋然。余亦曾與悲鴻發生論戰，悲鴻謂：「京畫家只能臨摹，不能創作。又謂其美專學生猶勝王石谷。」余則謂：「臨摹為創作之母，王石谷畫多法度，仍可為後生借鑒。」經友劉鐵華調解，乃復友如初。此兩事為後之畫家所不知，因重記之，以為異日藝苑掌故。[2]

是春，吉林省博物館作歷代書法展，包括甲骨、鐘鼎、漢隸及歷代真草行楷書，並從遼寧省博物館借來宋代書法四件。

五月，東北文史研究所成立，擬調張伯駒去東北文史研究所教課，宋振庭不同意，但允許張伯駒在文研所代課。

同月，任吉林省博物館副館長。

是夏，收到老友、著名書畫鑒定家謝稚柳書信一封，告知正與國家文物局張珩、故宮博物院研究員劉九庵等三人組成的文化部文物鑒定小組在哈爾濱博物館鑒定書畫，下一站將到長春。接到老友來函，先生喜不自勝，作詩一首回寄謝稚柳：

邊荒萬里看名山，暫得忙中數日閒。

忽有飛箋天外至，故人新自到長安。[3]

是夏，參觀集安高句麗古墓，並接待張珩、劉九庵及謝稚柳一行，塞外遇故交，填《瑞鷓鴣》一闋賦興：

① 西泠印社拍賣有限公司 2019 年秋季十五周年拍賣會之「中國書畫近現代名家作品（同一上款）專場（一）」第 4944 號拍品，拍賣時間：2010-12-11。

② 榮宏君著《徐悲鴻與劉海粟》。上海：上海三聯出版社，2013: 95。

③ 樓宇棟、鄭重著《中國文博名家畫傳·張伯駒》。北京：文物出版社，2008: 139。

故人聞說自南來，濟濟冠裳萃眾才。京國物華紛燦爛，夏山雲氣幻崔嵬。　　枕邊早熟黃粱飯，座上長空白酒杯。老去漸於心力懶，不緣客至掃霉苔。[1]

這次老友重逢，先生在《牛棚雜記》中有載：

六二年夏，王承禮到集安縣挖掘高句麗古墓，臨摹墓中壁畫，派李遠□陪我去集安參觀，我去了四天回長春。文化部、文物局副處長張（珩，編者注）及上海博物館研究〔員〕謝稚柳來長春審查古代書畫，由我陪同審查，王承禮約請張珩、謝稚柳去集安參觀古墓，仍由我陪同前去集安參觀二日，王承禮並通知集安縣長接送。[2]

是夏，與潘素到青島消夏，為友人張子厚七十大壽合寫《祝壽圖》，並題曰：

張叢碧寫梅，潘素寫松，黃剛厂補石，黃蘇宇補菊，為子厚道兄七十壽。

中州張伯駒識於琴島天風海濤樓[3]

九月十三日，在長春與潘素想念北京老友，遂填《人月圓》詞以抒懷：

人月圓　壬寅中秋與潘素在長春，寄都中諸友

征人萬里雙雙影，今夜又中秋。一年容易，西風吹雪，五國城頭。　　光輝正滿，清寒特甚，怕上層樓。長安遙望，只生客思，空夢春遊。[4]

九月底，為在東北文史研究所兼課方便，經宋振庭與東北文史研究所協商，先生移居文史研究所宿舍。

國慶節前，吉林省文學藝術界聯合會召開聯歡會，在會上遇到王玉蓉、梁小鸞、毛世來，曲協馬忠翠、花蓮寶[5]以及畫家王慶淮。梅花大鼓演

---

① 鄭重著《中國文博名家畫傳·張珩》。北京：文物出版社，2011：246-247。

② 榮宏君編注《張伯駒牛棚雜記》。香港：中華書局（香港）有限公司，2018：55。

③ 北京長風2010秋季拍賣會「世家元氣第三輯——重要華人藏家藏中國書畫專場」第0368號拍品，拍賣時間：2011-01-20。

④ 張伯駒著《張伯駒詞集》。北京：中華書局，1985：102-103。

⑤ 花蓮寶，1931年生於天津。原名劉淑一，十七歲拜「盧派」（也稱花派）創始人盧成科為師，學習梅花大鼓，是「盧派」梅花大鼓的第一代傳人。在北京拜白鳳巖為師後演出了大批的新梅花調。上世紀五十年代到東北長春曲協工作，「文革」後調到中國曲協，現退休。

員花蓮寶請先生編寫一段梅花大鼓劇詞。

九月，北京中國書法研究社主編的《怎樣學習書法》由人民美術出版社出版。

同月，北京中國書法研究社主編的《各種字體源流淺說》一書，由人民美術出版社刊行。

十月，到吉林市收購碑帖並參觀長蛇山遺址，並填《高陽臺》詞一闋：

高陽臺　輯安懷古

　　鴨綠西流，雞兒南注，四圍水復山環。形勝九都，昇平士女喧填。刀兵一揮繁華夢，看金甌、倏化雲烟。但荒涼，萬塚纍纍，殘照斜川。　　如今換了人間事，聽隔江笑語，共話豐年。到此漁郎，又疑誤入桃源。當時應悔毋丘儉，甚功成、勒石燕然。算空贏，鳥盡弓藏，何處長眠。[1]

同月，北京中國書法研究社主編的《明拓曹全碑》由人民美術出版社刊行。

同月，與潘素、國畫家孫天牧等六人到延邊老嶺、榆樹川寫生。寫生結束後，在延邊藝專舉辦交流筆會，先生繪竹子、蘭草多幅。並應青年畫家姜鵬猷（字子遠）的要求，書《浣溪沙》一闋相贈：

　　四面插天劈斧峰。白雲紅樹潤西東。秋容濃艷勝春榮。　　藍翠長溪拖匹練，炎之疊嶂列屏風。人人都在畫圖中。

　　款識：調寄《浣溪沙》，一九六二年十月來延邊老嶺、榆樹川寫生，子遠正之，中州張伯駒。[2]

十一月，吉林省委宣傳部長宋振庭在北京開會，打電報給先生，令其回京收購字畫。

冬初，在松花江看雪得詞：

鷓鴣天　壬寅冬初，獨立吉林松花江上看雪

　　四望迷蒙暝不開，江流一綫自天來。衰黃敗柳迎風舞，殘綠荒沙委地埋。　　寒悄悄，白皚皚，粉弓彈出玉樓臺。征人情意詩人興，只少梅

① 張伯駒著《張伯駒詞集》。北京：中華書局，1985: 101-102。
② 張伯駒潘素文獻整理編輯委員會編《回憶張伯駒》。北京：中華書局，2013: 164。

花與酒杯。[1]

是冬，吉林省博物館準備出藏畫集，由先生親自選出宋、金、元、明、清歷代館藏作品八十件，並撰寫「吉林省博物館藏畫集序」一文。（一九六三年，吉林省博物館將所拍作品照片送往故宮出版社，因出版社人員下鄉搞「四清」運動而擱置。至六五年，社會氛圍已不容許再出版。）

是年，北京中國書法研究社在北京北海公園畫舫齋舉辦書法作品展，先生與溥雪齋等眾多名家均有作品參展。

是年，寫蘭花一叢，並自題詩句：

湘波渺渺怨靈均，翠竹黃陵是比鄰。

獨抱孤芳空谷裏，任他桃李自生春。

款識：偶寫蘭蕙一叢並自題詩，壬寅中州張伯駒。

鈐印：京兆（朱文）

是年，書對聯一幀：

愁看地色邇空色，

不覺楊家是李家。

款識：飯後詩鐘，集以芳草和隋唐演義為分咏題，因戲集司空圖于山甫為是聯。中州張伯駒集書，時壬寅。

鈐印：張（朱文）、平復堂印（白文）[2]

是年，在吉林市藝專為美術系教師及學生做了兩個小時的書法專題講座。

是年，通過先生介紹，吉林省博物館從著名學者葉恭綽處購得《棟亭夜話圖》。

是年，作紅梅圖並題詞贈好友裘伯弓：

頻年同是客為家，故事流傳記漢槎。歸去待君開酒盞，倚窗新報放梅花。

款識：調寄《小秦王》，來長春得識伯弓，兄忠厚和平，君子人也，相與過從，交契彌篤。今以臘盡回京，甚盼君能拄遊，小窗寒梅正放，當開尊以待，並寫此幅為贈，即乞正之。叢碧記。

---

① 張伯駒著《張伯駒詞集》。北京：中華書局，1985: 103。
② 長春市金鼎拍賣有限公司 2013 年秋季藝術品拍賣會「中國書畫」專場第 0224 號拍品，拍賣時間：2013-09-19。

鈐印：張伯駒印（朱文）、好好先生（朱文）、京兆（朱文）、雙江閣（朱文）[1]

年底，吉林省博物館贈送書畫鑒定委員每人五十元，贈于省吾一百元作為報酬。當日先生與王承禮在吉林省博物館機關食堂宴請各位特聘委員。

一九六三年（癸卯）　六十六歲

年初，蜀友戴亮吉到北京拜訪先生，並持明朝薛素素舊藏脂硯一方示先生，經先生鑒定為真品，當即決定收歸吉林省博物館。關於這方硯臺的原持有者，目前有兩種說法，一是先生自述：

> 硯為端方舊藏，與《紅樓夢》佳本隨身入川。端（方）死後硯流落於蜀人藏硯家方氏手，《紅樓夢》本則不知所在。蜀友戴亮吉君持以示余，因為吉林省博物館以重值收之。[2]

而據紅學家周汝昌在《紅樓夢新證》一書中記述，這方硯臺則是由白堅甫從重慶帶到北京售於先生的：

> 以上，可踪迹者，仍有端方本或在蜀（脂硯即端方舊藏，由重慶白堅甫攜來北京）。[3]

> 附：據重慶晨報（2008年4月3日）報道，脂硯原為一九五五年年末，重慶金石學家黃笑芸在重慶李子壩一舊貨攤上發現，並以二十五元人民幣買下此硯。黃笑芸在購得硯後，非常喜歡，遂自號「後脂硯齋主人」，並寫下《脂硯記》一文。一天，白隆平走訪黃笑芸，恰逢黃外出，白隆平在黃家見到了這塊脂硯後，說要借去欣賞，黃母不許，白隆平就留下五十元押金，把「脂硯」強行借去，後私售於張伯駒先生。

> 下附重慶金石家黃笑芸所作《脂硯記》原文：

> 歲在乙未，十月初吉，偶應友人約，飲於渝之西郊，回途次李子壩，於一舊貨擔上買得小石硯一，貯以朱漆盒，外以錦匣護之。硯石為

① 北京歌德拍賣有限公司2014年秋季藝術品拍賣會「舊日風華——民國四公子書畫專場」第0001號拍品，拍賣時間：2014-12-19。

② 張伯駒編著《春遊瑣談》。鄭州：中州古籍出版社，1984: 49。

③ 周汝昌著《紅樓夢新證》。北京：人民文學出版社，1976: 940。

端溪所產，其色青紫相兼，其質膩潤可人。墨池中有翡翠釘一，可證其為水坑佳石，取材天然，大才盈握，厚不及指。正面因勢作為一桃形，微凹以受墨，上有蒂，柎葉左、右各下垂。製作簡雅，生意宛然，雖吳門顧氏翁媳以善琢硯稱，恐亦不是過也。背面刻句云：「調研浮清影，咀毫玉露滋；芳心在一點，餘潤拂蘭芝。」款署「素卿脂研，王穉登題」。行草書，寫作五行。初不知素卿為何許人，及檢《青樓小名錄》，方知明吳門伎女薛素素別號素卿，嘉興人，以七月七日生，聰慧異常，能詩，善畫蘭竹；又能挾彈走馬，以女俠自命；董其昌未第時，曾手書《心經》遺之；著有《南遊草》，王穉登為之序。王穉登字百穀，太原人，寄居吳門，嘗及文徵明門，詩書均臻逸品，主文壇之盟者幾三十年。今觀此硯所題，詩格清麗，可步玉溪，書法雄秀，直追大令，堪稱雙絕，誠難能也。硯之下側面，橫刻有隸書小字一行，文曰「脂研齋所珍之研其永保」。不獨書法渾厚，刻工亦甚精，當係出之名手。但脂研齋之名驟不可考。偶然憶及清乾隆時曹雪芹所著之《紅樓夢》，最初傳出，為署名曰脂研齋評點之八十回手鈔本，先後有再評三評之本傳出。此外，聞見所及，不復有以脂研名齋者。於是乃恍然大悟曰：此雪芹齋中之故物也。人間尤物，無意得之，喜不自勝。硯盒為脫胎髹漆所製，表裏均作朱色，光澤可鑒。其蓋之裏，有淺刻畫象，刀痕細如游絲，彷彿若一小窗，茜紗雙捲，中一女郎，鬢髮蓬鬆，挽雙鬟，服輕綃，袖手憑闌，作凝眸眺望之狀。左上方刻有小篆一行，文曰「紅顏素心」。右下角刻有長方小印，文曰「杜陵內史」。此象當為素素寫真之縮影。按《吳郡丹青志》，明仇英之女，別號杜陵內史，善人物畫，卓有父風。今觀此畫象，簡靜生動，致足傳神，信不虛也。盒底之陰，刻有楷書款識二行，文曰：「萬曆癸酉，姑蘇吳萬有造。」中填以泥金，猶隱約可見。按癸酉為萬曆元年，吳萬有其人雖不可考，然睹此盒製作之精美，想亦當時髹工之良者。錦匣已破損不堪，上有褪色之桃紅小籤，題曰「素卿脂研」。隸書，甚古樸，而無款識。余初得此硯時，匣中尚存有脂硯之拓片數紙，拓墨甚精。右下角鈐有白文小印，曰「匋齋」。頗似吾家牧甫先生手蹟。按此匋齋，應為清末滿洲人端方之別署。故知此硯曾為所藏，隨身攜入蜀中者。幾歷滄桑，今復流出，幸而獲之。我愧不文，惟摩挲睨玩，徒想象

素心人於畫圖刻鏤之中耳。然而雪芹一編，尚得蚩聲於百世之下，此區區片石未嘗不與有力焉。爰為之記，庶幾並傳於不朽云爾。

乙未、一九五五年[1]

春節，與潘素在京過年。除夕與南社老詞人黃蔞生、書法家蕭勞等一起守歲，填詞「前調」（此處指詞牌《鷓鴣天》）一闋：

前調　壬寅除夕，同蔞生、鍾美、慧遠守歲

不怕黃鶯枝上啼，征人新返自遼西。漏聲夜短情無盡，花信春多老更迷。　欣再見，忍相離，與君一醉醉如泥。今年夢了明年夢，萬事從頭共曙雞。[2]

春節期間，章伯鈞攜女兒章詒和來拜年，先生回拜，並在章宅吃飯。在章伯鈞的組織下，又在四川飯店雅集，參加人員為康同璧、羅隆基和陳銘德、鄧季惺等老友。

一月三十一日，攜帶新得脂硯齋所寶之脂硯訪紅學家周汝昌，周汝昌在其《紅樓夢新證》一書中詳細記述了這次見面的情形以及其對脂硯齋與《紅樓夢》一書淵源的考證。[3]

二月十日，在家中接待紅學家吳恩裕。吳恩裕在其著作《考稗小記》中有述：

> 六三年二月十日，訪張伯駒先生於其什剎後海李廣橋寓舍，承其見示近日以重金購得之脂硯齋所用硯一方。硯極小，長約二寸五，寬二寸許，厚約三分；端石，粗邊，不甚精。背有行草題詩曰：「調研浮清影，咀毫玉露滋；芳心在一點，餘潤拂蘭芝。」邊署「素卿脂硯，王穉登題」。正面邊題隸書字曰：「脂研齋所珍之研其永保。」朱漆盒，背有「萬曆癸酉姑蘇吳萬有造」十字楷書。盒蓋正面無字，蓋內有刻劃極細半身仕女圖一，其一方題「紅顏素心」四字篆文，另一方有篆文「江陵內史」四字。按明名妓薛素素名素，一字素卿，吳郡人，一說北京人。素素聰穎，有詩、畫、樂、射、騎等項「十能」之譽。著有《南遊草》，當時太

① 紅樓夢研究集刊編委會編《紅樓夢研究集刊》（第一輯）。上海：上海古籍出版社，1979: 261-262。

② 張伯駒著《張伯駒詞集》。北京：中華書局，1985: 103。

③ 周汝昌著《紅樓夢新證》。北京：人民文學出版社，1976: 795-797。

原名士王穉登為之序。此硯蓋即素素之故物。王穉登題硯詩中，上款「素卿」即係素素之字，而詩中「餘潤拂蘭芝」，似亦涉馬湘蘭，湘蘭固稱「潤娘」，故為素素硯無疑。入清，此硯為脂硯齋所獲。裕意「脂研齋所珍之研其永保」十字，亦可有三解。一、脂硯齋所自鐫者；二、脂硯齋在世而他人代鐫者；三、脂硯齋已逝世他人所鐫者。若第三解是，則當時藏者已非脂硯齋本人矣。「脂研齋所珍之研」一詞固以不類本人鐫句，而與常見於金文之「其永保」連繫讀之，著一「其」字，更類第三者之口吻。究竟如何，尚待推敲。此外，硯之小如此，又為研「脂」之硯，藏者脂硯齋究竟為何等人物耶？亦不能令人無疑問。[1]

二月十五日到十九日，吉林省博物館舉辦吉林省博物館第一屆學術年會，應邀來參加的有吉林大學、吉林師範大學教授、講師，歷史研究所教授、講師及黑龍江博物館、吉林市博物館、集安縣博物館代表等，還有北京文化部的兩位幹部，分組討論並展出臨摹的高句麗壁畫。吉林省博物館副館長王承禮致開幕詞。後由於王承禮當時正在吉林省黨校學習，所以每日會議均由張伯駒主持，閉幕時亦由先生致閉幕詞，王承禮回來作了總結。在這次學術年會上，先生作了題為《群玉堂法帖考》、《從棟亭夜話談曹家與納蘭容若的關係》（原準備題目為《記歷代書法展覽》）的報告。

二月二十日，在吉林去信周汝昌，再談由脂硯的發現對曹雪芹研究的一些看法，周汝昌在《紅樓夢新證》一書中亦有記述：

> 張伯駒先生在收得脂硯的當年二月二十日，曾有來信提出：「我意此硯發現，似足證明脂硯齋非雪芹之叔。」[2]

二月，著名紅學家吳恩裕來訪，攜來署名「空空道人」的八字篆書「雲山翰墨，冰雪精神」求先生鑒定。在吳恩裕所著的《有關曹雪芹十種》一書中有詳細敍述：

> 得魏君藏「雲山翰墨，冰雪精神」八字篆文，謂為雪芹所書。按篆文並不工。下署「空空道人」，有「松月山房」陰文小印一方，刻技尚佳，色淡朱。「翰」字稍損，「明」字月邊下首有描處。見之者，鄧之誠先生謂

① 吳恩裕著《考稗小記》。香港：中華書局香港分局，1979: 54。
② 周汝昌著《紅樓夢新證》。北京：人民文學出版社，1976: 797。

紙確為乾隆紙，而印泥則不似乾隆時物，蓋乾隆時之印泥色稍黃云云。余謂倘能斷定為乾隆紙，則印泥不成問題。蓋不惟此印泥本即為淺朱，即使為深朱亦不能必其為非乾隆時物。「空空道人」四字尚好。此十二字，果為雪芹所書否，雖不可必，然一九六三年二月晤張伯駒先生，謂「空空道人」四字與其昔年所見雪芹題「海客琴樽圖」之字，「都是那個路子」云。[1]

　　二月，為紀念余叔巖逝世二十周年，吉林長春主辦了「余叔巖逝世二十周年」紀念演出。先生與著名青衣梁小鸞彩妝合演了《梅龍鎮》，並重新修訂與余叔巖在三十年前合著的《亂彈音韻》，更名為《京劇音韻》，以綫裝本重刊。

　　三月二十二日，去函王世襄，告知吉林省博物館願出一千元購藏宋「松風清節」古琴。先生信中寫道：

世襄兄：

　　　來函拜悉！琴事已經評委會決定，今日又特提出增為一千元正數，然兄仍不免吃虧。只有代館感謝而已！脂硯已交吉林省博物館（屬館有），展覽時由館中派人與《棟亭夜話圖》一併送去。紀念會在何時開？上品何時送去為宜？祈一問，苗子兄示知為荷！即頌
春安！

　　　　　　　　　　　　　　　　　　　　　　弟張伯駒頓首
　　　　　　　　　　　　　　　　　　　　　　三、二十二 [2]

　　三月三十一日，覆函王世襄，囑咐收到吉林省博物館收購古琴款項後寫一收據寄回：

世襄兄：

　　　來函奉悉！款收到請寫一收條，逕寄博物館為荷！即請
刻安！

　　　　　　　　　　　　　　　　　　　　　　弟叢碧頓首
　　　　　　　　　　　　　　　　　　　　　　三月卅一 [3]

---

① 吳恩裕著《有關曹雪芹十種》。北京：中華書局，1964: 129。

② 王世襄著《錦灰三堆》。北京：生活‧讀書‧新知三聯書店，2005: 147。

③ 原函由李經國收藏並供稿。

　　三月，阿英所寫《漫談紅樓夢的茶圖和畫冊——紀念曹雪芹逝世二百周年》一文刊登於北京《文物》雜誌第六期。《文物》雜誌同期刊登了啟功所寫（署名少文）的《記棟亭圖咏卷》。

　　是春，在家組織「十番樂」排演，準備為紀念曹雪芹逝世二百周年作特別演出。時紅學家周汝昌和兄長周祜昌到訪北海張宅，對於這次拜訪，周汝昌在《北斗京華——北京生活五十年漫議》一書中做了詳細記錄：

> 　　又有一次，卻是我與家兄祜昌同往的。那是 1963 年，有關部門正籌備紀念曹雪芹逝世 200 周年的盛會，規模宏大。張先生想把一班還能演奏「十番樂」的中華古樂合奏的人聚起來，把眾多的吹、彈、拉、敲……的民族器樂的舊曲恢復起來，以貢獻於紀芹大會——因為《紅樓夢》裏也寫到了十番樂，後人已很難聽到，幾乎是瀕於絕響了。那次天色已略晚，我與家兄一進客廳，就見滿廳都是客人，滿地都是鐘鼓絲竹樂器。張先生一見是我們來了，面現喜色，立刻對那些座客說：「紅學大師來了！請你們特奏一曲，讓他評賞。」於是，大家各自拿起擅長的諸般樂器，眾音齊奏，又有錯綜變化。「此曲只應天上有，人間能得幾回聞？！」如今追想起來，真是一種「天上」仙樂的境界。張先生讓我向籌備會介紹推薦此一「樂班」，並願為大會義務表演，但該會未予重視，張先生的這一願望不曾實現。我想那些十番音樂家，大概也都凋零殆盡了吧？[1]

　　四月，「四清」運動開始，四清運動是指一九六三年至一九六六年間，中共中央在全國城鄉開展的一場社會主義教育運動。運動主要內容是，對農村要求「清工分，清賬目，清倉庫和清財物」，對城鄉總體要求為「清思想，清政治，清組織和清經濟」。運動期間中央領導親自掛帥，有數百萬幹部下到鄉村和工廠，開展四清運動；在城市中是「反貪污行賄，反投機倒把，反鋪張浪費，反分散主義」。為此，先生為館內收購字畫用款亦被清查。

　　五月二十九日至三十一日，連續三晚觀看由長春市群眾藝術館、長春市工人文化宮和長春市人民廣播電台聯合主辦的「一九六三年長春市業餘

---

① 周汝昌著《北斗京華——北京生活五十年漫憶》。北京：中華書局，2007: 314-315。

音樂觀摩演出會」。[1]

六月，何其芳所寫《曹雪芹的貢獻》一文刊發於《文學評論》第六期上。

是夏，去天津與京劇名票從鴻逵、曹世嘉、張金印、季硯農等人雅集於張問漁大夫家，先生與曹世嘉合演《天雷報》，又和季硯農合演《打漁殺家》。夜半聚會散時又與從鴻逵說全段的《法場換子》反二黃，直至第二天凌晨四時。

是夏，受梅花大鼓藝人花蓮寶之託準備撰寫大鼓詞《曹雪芹》，遂寫信給北京的周汝昌，囑其幫忙制定回目，以便編寫。不久先生回到北京，見到周汝昌。二人擬定大鼓詞二十個回目，由兩人分寫。後來，因花蓮寶不再需要，先生就停止編寫。

為了解《紅樓夢》大鼓詞一事，編者曾於二〇一一年秋到北京航天航空大學訪談周汝昌先生女兒周倫苓女士。周女士說：父親年事已高，現在多臥床嗜睡，不便見客。不過答應詢問周老後回覆此事，並贈周汝昌簽字新書《蘭亭秋夜錄》和《千古奇文千字文》於編者。兩日後，周倫苓女士回電，並告知其父清楚地記得此事，只是先生的來函因「文革」抄家已不知去向。有關《紅樓夢》大鼓詞，周汝昌確實有創作。隨後編者便在周汝昌與其子周建臨合著的《紅樓真影》（原書名為《紅樓夢的歷程》，一九八九年由黑龍江人民出版社發行）一書中找到了這段大鼓詞：

周汝昌《燕市悲歌》（大鼓詞）

> 風雨飄蕭黃葉村，
> 西山何處弔詩人？
> 滿徑蓬蒿生茂草，
> 當門野浦聚寒雲；
> 秦淮舊夢人猶在，
> 燕市悲歌酒易醺。
> 絃索含音鼓板動，
> 唱一段萬丈光芒、千古不朽、十年辛苦、一身零落的曹雪芹。
> 自從那雪芹離了宮庭後，

---

① 編者藏有先生出席這次演出的三張演出單。

幸遇得，相府明公聘往做西賓。

人人誇獎，說曹先生才高兼學富，

只可惜，他行為乖僻，言語愛傷人。

論交遊，他不近高門、偏親下賤，

發狂論，異端邪說敢謗聖賢人。

因此上，東家怒惱說「真不成話」！

敗家子，浪蕩胡為辱沒斯文。

逐客令，一聲「請吧」人來傳話，

相府門，趕走了落拓的公子曹雪芹。

霎時間，滿京師傳遍了九城之內，

酒樓茶肆議論紛紛。

從此後，誰還再敢將他招聘，

偌大的北京城竟無寸土容許暫棲身。

無奈何，拂袖離了這京城之地，

出西郊，人迹罕到寄山村。

且喜他，風晨月夕襟懷潤，

且喜他，階柳庭花筆墨新。

飢寒困頓何足論，

賣畫食粥酒數巡。

滿懷的奇氣雲烟落紙，

一腔悲憤血淚成文。

多虧了，有一位夫人為內助，

胭脂磨硯寫朱痕。

他二人，相依為命生死共，

卻不道，人言嘖嘖血口噴。

說什麼「好一個司馬相如充才子。

窩藏個，罪人之女活賽卓文君。

似這等，人倫敗壞全無恥，

不顧世道與人心——這曹家出了個不肖子孫」。

這一日，雪芹脂硯調墨添香相對坐，

談笑風生共論文。

脂硯說，論為人你無愧書中癡公子，

我自問，怎比那光風霽月、侯府千金的史湘雲。

大觀園試才寫得好，

為什麼怡紅小院缺少一副對聯的文？

雪芹連說這有何難，有、有、有，

我說你寫，管教它對仗精工筆意新。

上聯寫，依檻書成春燭展，

下聯配，捲簾花映曉霞勻。

脂硯連呼妙極真是好，

風流文采，全無有一點落俗塵。

更奇者，兩句暗藏一紅一綠，

這才是，蕉棠二景左右分。

正是他，口角含香共將佳句品，

猛聽得，人聲鼎沸亂打門。

這雪芹，大步出迎問是「何事」？

見一夥，橫眉豎目似凶神。

不容分說齊闖進，

翻箱倒篋大搜尋。

說「你每日寫的是何事物？

反書謗語滿紙胡云！

現如今你的熟人告密到官府，

你屋內，筆墨紛紜是證人」。

搶書稿，百餘巨卷不遺片紙，

最可傷，那都是字字珠璣、瀝血與嘔心——動魄驚心書成泣鬼神！

雪芹大罵「好一群惡奴兼走狗，

我誓與爾等周旋到底死生拚」！

又誰知，欺凌逼迫還無已，

那兵役，掀房揭瓦、推牆倒炕、毀灶與抽薪。

眾惡奴，摧殘盡興揚長而去，

這雪芹，悲憤填胸病轉深。

痛書稿，八十回後成灰燼，

「我書亡人逝，書在人存！」

脂硯說：「他們抄走書稿終何礙，

你還有人在心在、手存筆亦存！

從頭再運如椽筆，

更寫新篇續舊文。」

雪芹聞說連稱好、好、好！

這才是，知情知意更知音。

這雪芹，掙扎精神重奮筆，

又誰知，皇城以內另有陰謀藏禍心：

毀真書，續假稿，偷天換日，

冒名惑眾，偽稱「全本」是雪芹。

這一段奇冤冤深似海，

到後來，雪芹心傷淚盡、命逝在荒村。

這一回，文星隕落西山震，

人神共憤，流恨滿乾坤！

幸而今，中華文史光重顯，

掃烏烟、驅濁霧，皓月捲浮雲。[1]

　　七月，在長春居所撰寫有關展子虔《遊春圖》的考證文章。

　　八月十一日，國務院副總理陳毅在阿英、黃苗子、劉世德等人的陪同下，參觀了「曹雪芹逝世二百周年紀念展覽會」預展，並出席了座談會，與沈雁冰、王崑崙、邵荃麟、丁聰人等一起座談。他說，《紅樓夢》是那個時代產生的最偉大的作品，它從當時各個方面攝取鏡頭，廣泛反映了當時的社會背景。對今天的讀者來說，是有教育意義的。這樣多的人來研究它，絕不是偶然。[2]

　　八月十七日，遵照周恩來總理指示，由國家文化部、中國文聯、中作

---

① 周汝昌、周建臨著《紅樓真影》。濟南：山東畫報出版社，2009: 182-185。

② 劉世德著《紅學探索：劉世德論紅樓夢》。北京：文化藝術出版社，2006: 421。

家協會和故宮博物院聯合主辦的「曹雪芹逝世二百周年紀念展覽會」，在北京故宮文華殿舉行。會上，展出了有關曹雪芹生平的大量資料和文物，先生為吉林省博物館收得之「脂硯」以及由其捐贈給吉林省博物館的薛素素墨蘭圖，一併作為相關《紅樓夢》的重要文物參展。展覽會從曹雪芹的生平、家世到《紅樓夢》的各種版本、著述，到《紅樓夢》時代的參考文物，以及康、雍、乾時代的服飾、器物、書畫美術作品和園林建築等等，其設六個展室，二千四百件展品，琳琅滿目，洋洋大觀，吸引觀眾二十一萬人次，盛況堪稱空前。

時青年學生周篤文正就讀於北京師範大學，在課堂上聽到老師劉盼遂介紹，説在這次「曹雪芹逝世二百周年紀念展覽會」上，他認為「脂硯」是曹雪芹最為可靠的傳世文物，並聽聞這件文物是先生從一個沒落的官僚家中得到。周篤文參觀了這次展覽，並目睹「脂硯」真容。[1]

十二月二日，曹雪芹逝世二百周年展覽會在故宮博物院順利閉幕。

十二月，沈雁冰所寫《關於曹雪芹》一文發表在《文藝報》第十二期。

年底，寫信辭副館長一職，去宋振庭家親自面交，宋振庭以「你的職務大家商量定的，你還（要）好好地幹下去」為由，請先生留任。

是冬，先生夫婦在長春寓所合繪《秋窗風雨圖》並題《多麗》詞一闋：

> 鎮消閒，苔痕寂寞庭前。有芭蕉、結愁弄影，秋聲只在窗邊。動招邀、涼風徒倚，做多少、夜雨纏綿。翠扇飄搖，青旗舒捲，蕭蕭與共竹生寒。任赤日，炎薰燄熱，不許到人間。須相伴，疏簾清簟，奇石幽泉。　　抱虛懷，一庵自隱；笑鶯巢，肯學喬遷；寄封緘，中心輾轉；消棋局，長晝留連。書聖臨池，詩禪畫雪，總傳韻事記當年。待晴午，綠蔭遮滿，眼外更無天。看高臥，夢餘覆鹿，一枕翛然。

款識：調寄《多麗》和種梅主人咏芭蕉韻題潘素畫《秋窗風雨圖》。癸卯冬中州張伯駒在長春。[2]

鈐印：潘素（白文）、京兆（朱文）、平復堂印（白文）

是冬，為揚州諫果軒主人趙芝山書《風入松》詞一闋：

---

① 2017 年 12 月 12 日中午 1 時，編者在北京泰豐樓採訪先生弟子周篤文。

② 張伯駒潘素文獻整理編輯委員會編《張伯駒潘素書畫集》。北京：中華書局，2013: 81。

風入松　題諫果軒聽琴圖

　　枝垂橄欖小軒楹，百卉結芳盟。聽來琴弄波三疊，似廣陵、八月潮生。明月一林竹影，清風萬壑松聲。　　玉鉤金粉盡飄零，忍更說傾城。烟花已覺揚州夢，算空贏、薄幸詩名。遺韻流音罷響，隔江山色猶青。

　　款識：癸卯冬中州張伯駒。

　　鈐印：張大其詞（朱文）、好好先生（朱文）[1]

　　是年，好友、原琉璃廠悅古齋掌櫃韓博文著成《鑒定古今山水畫入門》一書，書中將自己對古代書畫鑒定的心得體會及多年書畫經驗總結的鑒定方法進行了詳細的闡述。晚年，韓博文將這部書稿交付先生審校，先生仔細增刪，並親寫序文，以期早日刊行。附先生序文如下：

　　　　鑒定古代書畫，殊非易事。作家具有各體，又有早、中、晚年之分別。如畫家有大寫、工寫、工筆，書家有大草、行草、工楷。曾見黃山谷及祝希哲草書，而其行楷則工整秀逸。又曾見王晉卿《烟江疊嶂圖》、《漁村小雪圖》，兩圖筆法不同。又顏輝人物畫多大寫，然亦有工筆人物畫《煮茶圖》。早、中、晚年之分，如王石谷四十歲左右之畫與其晚年之畫完全不同。又有偽書畫真跋，如鍾太傅《薦季直表》，當初唐摹，而後跋，皆真。王晉卿《烟江疊嶂圖》，後東坡題詩，因當時進呈將東坡詩割去，而將東坡題詩配於偽畫後。更有同一時代之仿製，高江邨《秘錄》載，沈石田畫一卷即為明代所仿。又有紙絹時代，明人亦可用宋紙，元人亦可用宋絹，故以紙絹而斷定真偽，亦不準確，故鑒定古代書畫必須多學多見。年代較遠之品應依據前人，如宋徽（宗）、金章宗、賈似道，明之項子京、清之梁清標、安儀周等，從其筆墨氣韻上，心目並用，多事研究，積長時間之經驗，而後可一望而知，為某一時代某家之作品。韓博文自幼年從事鑒定書畫，成立悅古齋，經手過目者多矣！積四五十年之功夫，晚歲成此一書，浼余為序。余以為博文此書頗益於後之鑒定古代書畫者，可借鑒，因為之序。

中州張伯駒

---

① 顧一平編《見過軒聽琴圖詠》。揚州：揚州市揚大印刷廠（私刊本），2013: 34。

　　鈐印：張伯駒印（朱文）[1]

　　是年，將所藏清初馬雄鎮《彙草辨疑》未刊稿四冊及宋代側理紙一張，捐贈中國歷史博物館（今中國國家博物館）。馬雄鎮，字錫蕃，山東蓬萊人，官至廣西巡撫。《清史稿·列傳三十九》載，吳三桂叛清，「雄鎮被禁三年，日著書賦詩，既死，客孫成、陳文煥乘間脫走，抵蒼梧，以（雄鎮）所著《擎笏樓遺稿》及《彙草辨疑》歸世濟（馬雄鎮長子）。」康熙十六年（一六七七年）三月被殺。後追授兵部尚書、太子太傅，諡文毅。《彙草辨疑》為馬雄鎮被拘期間所撰寫的稿本，共計十二冊，內容為輯各家草書鉤填而成，是一部清初時期的草書字典，惜並未刊行。該冊冊首有李蔚撰《馬雄鎮傳》，末冊則為先生長跋。此冊在中國書法史上具有重要的史料價值。[2]

　　是年，北京中國書法研究社在北海公園畫舫齋舉辦以毛澤東詩詞為惟一內容的大型創作筆會。

　　是年，《春遊瑣談》第一集由先生自費私刊油印出版。

　　是年，為名為守治的友人書《賀新涼·題樂安樓詞隱圖》詞一闋：

　　　　老矣此間樂。笑等閒、浮雲萬事，空中樓閣。綠筆豈貪千氣象，任對江山揮霍。嘆壇坫、斯文不作。自古東南多佳士，主騷盟、賴有陽春腳。開三徑，專一壑。　　蓬門未算堪羅雀。看時來、二三知己，論交攻錯。北轍南轅半天下，曾是平生夙約。但尚空、貯詩囊橐。九曲山靈如招我，應休辭、飛去遼東鶴。相吟唱，互斟酌。

　　　　款識：《賀新涼》題樂安樓詞隱圖，守治社兄正之。癸卯中州張伯駒。

　　　　鈐印：張（朱文）、叢碧（朱文）[3]

　　是年，在北京編寫祝毛澤東七十大壽曲藝劇詞，寄贈長春花蓮寶。

　　是年，在吉林政校學習一個月，後政校組織晚會，會上演出了三場京劇：吳伯賢演《捉放曹》，梁小鸞演《玉堂春》，先生演《打漁殺家》。

　　是年，根據吉林省委宣傳部部長宋振庭建議，到長春市廣播電台錄製

① 王紅著《積墨解頤——悅古宅的百年往事》。北京：北京聯合出版公司，2017。（彩頁）
② 史樹青主編《中國歷史博物館藏捐贈文物集萃》。北京：長城出版社，1999：172。
③ 中國嘉德國際拍賣有限公司2019秋季拍賣會之「筆墨文章——信札寫本專場」第2195號拍品，拍賣時間：2019-11-18。

京劇《二進宮》與《洪羊洞》兩齣戲的唱段。

是年，寫《紅梅圖》並題：

　　一枝初開

　　款識：癸卯張伯駒寫。

　　鈐印：張伯駒印（白文）[1]

是年，京劇名家錢寶森逝世，先生送去賻儀一百元，以示悼念。

是年，吉林省美術家協會開會，特邀先生做書法專題講座。

是年，與京劇名角梁小鸞在長春同臺演出《遊龍戲鳳》，先生飾正德帝，梁小鸞飾李鳳姐。

是年，曹雪芹誕辰二百年，周汝昌邀潘素繪製了一幅《黃葉村著書圖》，先生專為之填寫《風入松·題黃葉村著書圖》詞一闋：

　　斜陽衰草暮雲昏，黃葉舊時村。東風一了繁華事，忍回頭、紫陌紅塵。硯水滴殘心血，筆花幻出靈魂。　　非烟似霰總無痕，知己幾釵鈿。是真是假都疑夢，借後身、來說前身。剩有未乾眼淚，癡迷多少情人。[2]

附：周汝昌在《黃葉山村入畫圖》一文中對此事有詳細的敍述，但其所錄張伯駒先生《風入松·題黃葉村著書圖》一詞稍有出入，特錄如下：

　　記得歲在癸卯（一九六三），其時正在舉辦紀念曹雪芹逝世二百周年的盛大典禮活動。我特請她為紀念雪芹曹公子而繪《黃葉村著書圖》以創佳界，開新生面，亦可為藝林留下一佳話。蒙她欣諾，很快畫成惠來。展示，則紙本着色，方幅，略近元人平遠小景而兼現西山蔚秀之深致。

　　張先生緣此亦一時興起，遍邀海宇諸詩家詞客，為之題咏，積為一帙，頗多佳作。

風入松·題《黃葉村著書圖》

叢碧

　　斜陽衰草暮雲昏，黃葉舊時村。東風一昫繁華事，忍回頭、紫陌紅塵。硯水滴殘心血，胭脂研盡酸辛。　　落花如霰總留痕，知己幾釵鈿。

---

① 張伯駒潘素文獻整理編輯委員會編《張伯駒潘素書畫集》。北京：中華書局，2013: 55。

② 張伯駒著《張伯駒詞集》。北京：文物出版社，2008。（彩頁）

是真是幻都疑夢，借後身、來說前身。剩有未乾眼淚，癡迷多少情人。[1]

一九六四年（甲辰） 六十七歲

一月一日，宋振庭到長春先生家中祝賀元旦，先生贈送宋振庭一軸明董其昌青綠山水《翠岫丹楓圖》。

一月，為南社詞友黃婁生《鬧紅小集》題《玲瓏玉》詞一闋，詞云：

佳士東南，盡驚看、載筆能文。春華夢短，消磨惟有清樽。蠹裏風流已歇，憶年時明月，湖水如盆。愴神，眼前人、誰是舊人。　再聚殘宵燭影，便開筵西閣，愁吐車茵。恨網重重，換當時、流水行雲。沉吟余生蛇尾，算今日、噴瓜炙艾，滯絮沾塵。莽邊塞，望征鴻，何處弔君。

款識：《玲瓏玉》題鬧紅遺集。癸卯臘月，中州張伯駒。

鈐印：張伯駒印（白文）[2]

二月十二日，癸卯除夕，先生填《鷓鴣天》一闋：

鷓鴣天　癸卯除夕

雨雪霏霏隔歲深。百年此夕促光陰。飽經世事夢催夢，癡望人情心換心。　詩共咏，酒重斟。一時一刻亦千金。浮生不必分真假，似醉如醒直到今。[3]

二月二十三日，先生赴天津訪友，晤談詞友孫正剛，贈《春遊詞》拓藍本手稿一部，並親題：「春遊詞，叢碧署。」孫正剛並題《水龍吟》詞一闋於其上。

甲辰正月十一日叢碧主人來津晤談之餘，以春遊詞稿見貽，敬題此解。

少時歌舞昇平，老來一縱春遊轡。新邦絕域，熱腸冷眼，怎生料理。忍續離騷，休膚孤憤，且從賓戲。儘瘦金書聖，秋茄怨客，論倜儻，須難似。　十載人間睥睨，喜重逢、倍增豪氣。中唐以降，聲家八代，餘衷誰起。動我清吟，添君舊稿，朝飢頓已。待遼東塵倦，京華夢

---

① 周汝昌：《黃葉山村入畫圖——紀念曹雪芹逝世二百周年》，北京：《中國書畫》，2003 年第 10 期第 100-101 頁。

② 詩稿由周篤文供稿。

③ 張伯駒著《張伯駒詞集》。北京：中華書局，1985: 114。

穩，主耆英會。[1]

三月十一日，去信紅學家周汝昌，為《春遊瑣談》一書約稿：

玉言弟臺：

　　《春遊瑣談》第二集已付印，第三集擬提前於六七月間付印，稿希能早賜，即祈提筆賜寄為荷！專此即頌

春祺！

叢碧頓首

三、十一[2]

　　是春，將傾盡最後心血搜求的國寶級文物宋代楊妹子的《百花圖》卷以及南宋《趙伯驌白雲仙嶠圖》卷、宋拓《九成宮醴泉銘》冊、元代仇遠的《自書詩》卷、元顏輝《煮茶圖》卷、明代薛素素的《墨蘭圖》軸、明曾鯨《侯朝宗像》軸、明來復草書軸以及明楊廷和書冊等六十餘件法書、繪畫作品和一批古書讓與吉林省博物館。

　　暮春，填《鷓鴣天》一闋：

鷓鴣天

　　暮春已過，獨處一室，對瓶花攤破書，殊無聊賴。案上有酒，自斟飲一杯，百感頓生，賦此二闋。

　　一角小樓映遠林。攤書時復自沉吟。花香坐久通禪意，酒氣聞多起俠心。　惜慘切，事侵尋。飛鴻天外斷來音。深情卻當離愁剪，如此人間欲焚琴。[3]

　　五月，西北大學歷史系教授陳直應東北文史研究所之邀，來到長春講學，在長春由于省吾介紹結識先生。先生遂邀請組織「春遊社」雅集，並為《春遊瑣記》約稿，陳直寫下《記〈明詩賞奇〉》、《記西安傳世兩漢名人之遺物》、《記丹陽吉曾甫先生之博學》、《曹魏倉慈手寫〈佛說五王經〉跋》等文錄入《春遊瑣談》。

---

① 北京泰和嘉成拍賣有限公司之 2013 年春季藝術品拍賣會「古籍文獻‧碑版法書（一）」第 0778 號拍品，拍賣時間：2013-05-26。

② 孫旭光主編《紀念周汝昌先生逝世三周年》（自印本）。文化部恭王府管理中心印製，2015: 37。

③ 中國嘉德國際拍賣有限公司 2019 秋季拍賣會之「筆墨文章──信札寫本專場」第 2197 號拍品，拍賣時間：2019-11-18。

六月十四日，寫信給紅學家周汝昌，談《春遊瑣談》付印情況：

敏厂（庵）弟臺：

　　《春遊瑣談》三集已付印，四集在寫稿，八月付清，弟再寫一則賜下如荷？四集印好後，是否再續，看大家意思再定。二集已印好，書交到後當即寄上一本也，如要並祈示知！七月中或能回京一見，到時當相訪。尊此即請

夏祺！

叢碧頓首
六、十四[1]

是夏，回北京小住一個月。

八月十四日，七夕節，填《鵲橋仙》兩首：

鵲橋仙　七夕，和淮海

　　已安鳩拙，何求蛛巧，佳夕良辰虛度。多勞月老繫紅絲，也錯配、姻緣無數。　　相莊梁孟，綢繆裴魏，直到黃泉歸路。人間豈有久長情，羨天上、年朝歲暮。

　　金風吹怨，銀河添淚，未阻雙星同度。相逢一夕萬千年，早抵得、人間無數。　　連枝比翼，今生他世，漫說藍橋有路。白頭到老不分離，問能幾、來朝去暮。[2]

九月六日，在長春講學的陳直去函蘇州的柴德賡，信中言及到長春後與先生的交往，附函如下：

青峰先生著席：

　　春初曾奉惠箋，嗣以有長春短期講課之行，匆匆未及裁答，歉甚。近以一年中無課，擬將舊著再整理一番。在長兩月餘，與于省吾、張伯駒二氏常常晤談，尚不寂寞。

　　長市面積廣闊，建築精美，亦東北一大都會。樂郊雖美，究非吾土，弟已二十年不到江南，每頌邱遲「雜花生樹，群鶯亂飛」，不禁神

---

① 孫旭光主編《紀念周汝昌先生逝世三周年》（自印本）。文化部恭王府管理中心印製，2015: 37。

② 張伯駒著《張伯駒詞集》。北京：中華書局，1985: 271-272。

往。別來一歲有餘，吾兄有新著否？便乞見示。附奉廣東《學術研究》刊載小文一篇，敬祈教正為荷。嵩此奉候，並頌
著安

弟陳直拜啟
九月七日[1]

是秋，偶爾從福建寄來的《樂安詞刊》上看到了署名「胡芸娘女史」的詞作，頗為作者才情吸引，遂與「胡芸娘女史」詩詞唱和，數年間竟有又得知音之感，直至多年後方知胡芸娘乃一鬚眉男子化名。為此事，先生天津詞友寇夢碧君曾填詞《沁園春》紀其經過，附詞如下：

沁園春

甲辰秋，張伯駒丈於福建樂安詞壇得見胡蘋秋女史詞，清新婉麗，曾投函於胡，倍致傾慕。雙方遂相唱和，情意纏綿，積稿四巨冊，名之《秋碧詞》。實則胡固一丈夫，早歲工為荀派青衫，博學多通，其易弁為釵者，特詞人跌宕不羈，故弄狡獪而已。陳宗樞兄曾為編崑戲《秋碧詞傳奇》，余為之序。結語云：霓裳此日，舉世驚鼙鼓之聲；粉墨他年，一笑墮滄桑之淚。孰意時逢河清，丈遽而下世，此戲遂亦成《廣陵散》絕矣。

三千世界，十二辰蟲，作如是觀。甚忽南忽北，兔能營窟，時釵時弁，狐竟通天。宛轉秋心，嘗騰春思，蘋末風生井底瀾。千秋恨，枉惠齋才調，一例蒙冤。　　也曾饗演梨園，奈生旦相逢各暮年。笑優孟場中，虛調琴瑟，叔虞祠畔，浪配姻緣。紙上嬌花，床頭病骨，打碎葫蘆定爽然。憑誰力，待喚醒癡夢，勘破情關。[2]

十一月六至十八日，對外文委將展覽會展品稍作調整，改名為《紅樓夢展覽會》，由日中文化交流協會與《朝日新聞社》共同主辦，於一九六四年十一月六日至十八日在日本東京展出，展覽受到廣泛熱烈的歡迎，其接待觀眾一點四萬人次，為中國傳統文化對外交流做出了貢獻。

是年，以京劇《奇雙會》和表兄袁寒雲為題做對聯：

①　柴念東編注《柴德賡來往書信集》。北京：商務印書館，2018：170。
②　寇夢碧著《夕秀詞》。合肥：黃山書社，2009: 56。

　　襃城家住馬頭村，

　　洹上詞留蛇尾集。

　　是年，手書《春遊詞》一冊，寄贈詞友胡蘋秋。先生《自書春遊詞》全冊四十九頁，中空九頁，實書三十九頁，共九十五題一百四十首，前有先生手錄詞友孫正剛、胡芸（即胡蘋秋）、陳器伯題詞四首，並有陳器伯作跋語。一九八四年由中州古籍出版社刊行的《張伯駒詞集》一書中的「春遊詞」共收四十題六十五首，只保留張伯駒自序。[1]

　　是年，做聯語遣懷：

　　玉樓序勝滕王閣，筋股斑生舜王祠。

　　拍按酒邊思趙叟，曲成天上憶梅郎。

　　書帶不除生夏綠，苔枝長在伴冬青。

　　一對姻緣由後母，雙聲詞曲敵前人。

　　差如柳絮因風雪，不用蓮花貼地金。

　　是年，故宮重新裱褙宋蔡襄《自書詩帖》，將原冊頁改裝為手卷。

　　是年，北京中國書法研究社秘書長鄭誦先與該社主要成員郭風惠、溥雪齋、劉博琴等聯袂在北京電視台（中央電視台前身）創辦的電視書法講座專題節目上授課，開了中國電視書法講座之先河。

　　是年，文化部批評各地博物館集中到北京搶購古書畫一事，先生作為吉林省副館長被點名批評。

　　是年，主持吉林省博物館館藏書畫分級工作。

一九六五年（乙巳）　六十八歲

一月九日，和胡喬木《水龍吟》七闋：

　　　　水龍吟　步胡喬木同志詞七首

　　遽醒沉睡雄獅，雞聲唱徹人間曉。霞光現彩，祝融峰聳，朝陽普照。鏟盡崎嶇，填平缺陷，塵氛一掃。有射潮強弩，擎天支柱，中流

---

① 楊嘉仁撰：《張伯駒及其〈自書春遊詞冊〉──紀念叢碧詞人逝世三十周年》，湘潭：《中國韻文學刊》，2012 年第 26 卷第 3 期第 93-95 頁。

挽，狂瀾倒。　十五年來締造，看扶搖、雲程飛耀。東風領袖，南針方向，滄桑正道。萬里江山，百年字弟，樂憂懷抱。喜舊人新世，春光沾沐，愧涓涘報。

一聲平地春雷，五洲動盪風雲變。成城眾志，人謀在己，立杆影見。手縛蒼龍，心驚紙虎，氣凌霄漢。看落日揮戈，橫流作障，推歷史，車輪轉。　刮目應重相看，露今朝、匡廬真面。前鋒後浪，挾山超海，豪情何限。保衛和平，奠安世界，知操左券。敢擲來孤注，投桃報李，定天山箭。

從來真偽分明，周公豈懼流言謗。同邱狐貉，沐猴冠帶，是何心臟。舊藥新湯，新瓶舊酒，葫蘆依樣。甚前車已覆，後車重蹈，一篇看，糊塗帳。　遠祖和戎魏絳，笑稱兒稱臣無狀。青苗乏種，黃金失價，已窮伎倆。與汝偕亡，國人皆曰，時日曷喪。算謀皮向虎，充飢畫餅，只非非想。

西風一葉知秋，江河日下無回轉。天高地迥，笨車折軸，孤鳶斷線。敢批龍鱗，輕誇螳臂，石前投卵。只愁眉苦目，難啼難笑，向泥淖，深深陷。　霖雨蒼生屬願，指旌麾奔雷飛電。東風當今，潮流激盪，烟雲舒捲。瞎馬臨池，罔知進退，無珠有眼。待黔驢技盡，心空樹倒，看猢猻散。

世間萬物生成，自然由一分為二。兩儀四象，陰陽矛盾，古今無異。木鐸晨鐘，天經地緯，高山仰止。笑吠堯桀犬，狂言謬論，混魚目，亂朱紫。　終有是非真理，任紛紜、百家諸子。一知半解，未經滄海，潢污自喜。撲滅邪風，拔除異幟，扶持正氣。如燃犀照怪，除根斬草，試干將利。

春燈燕子桃花，江山血污誰為主。腥羶遍地，烟塵胡馬，華堂夜午。滄海桑田，人間已換，新天舊土。看佳人才子，王侯將相，還都是，髑髏舞。　紅日東方正曙，數今朝、風流儔侶。豐功偉績，開先啟後，生龍活虎。惟大英雄，是真名士，可歌可賦。甚中間人物，豈堪抬舉，肯周即顧。

何來丈六金身，馱經白馬空餘寺。諫迎佛骨，潮陽夕貶，昌黎前事。甚藥還魂，班禪達賴，生生世世。豈人民衽席，猶留王國，供牛馬，長奴隸。　當日強鄰窺覦，矢遙天西南屏蔽。作倀為虎，劃分政教，闔牆禍起。唯有紅旗，高峰插上，冰天雪地。看人間狴獄，今成樂土，在桃源裏。

張伯駒草　六五年一月九日[1]

春節，回北京過年，十天後返回長春。

是春，將一九六一年至一九六五年的詞作結集為《春遊詞》，並自作序文：

余昔因隋展子虔《遊春圖》，自號「春遊主人」，集詞友結「展春詞社」。晚歲於役長春，更作《春遊瑣談》、《春遊詞》，乃知余一生半在春遊中，何巧合耶。詞人先我而來者，有道君皇帝、吳漢槎。窮邊絕塞，地有山川，時無春夏。恨士流人，易生離別之思，友情之感，亦有助於詞境。彼者或生還，或死而未歸，余則無可無不可。滄桑陵谷，世換而境遷，情同而事異。人生如夢，大地皆春，人人皆在夢中，皆在遊中，無分爾我，何問主客，以是為詞，隨其自然而已。萬物逆旅，盡作如是觀。

詞始辛丑，乙巳春序。中州張伯駒。[2]

四月，回北京，到北海賞玉蘭，並留影紀念。

是夏，女婿樓宇棟、女兒張傳綵攜幼子樓開肇赴長春，全家同遊長春勝利公園並留影紀念。

是夏，在畫家傅耕叟梅花遺作題句：

春風上雨初疑酒，

晴雪融肌始見花。

款識：乙巳夏日，士周老兄屬題，耕叟寫梅，張伯駒。

鈐印：張伯駒印（朱文）、京兆（朱文）[3]

---

① 中國嘉德國際拍賣有限公司 2019 秋季拍賣會之《筆墨文章——信札寫本專場》第 2196 號拍品，拍賣時間：2019-11-18。

② 張伯駒著《張伯駒詞集》。北京：中華書局，1985: 95。

③ 廣東崇正拍賣有限公司 2018 年秋季拍賣會之「同氣並香‧張伯駒、潘素的朋友圈」第 850 號拍品，拍賣時間：2018-12-13。

是秋，為天津詞友陳機鋒寫菊花一幀並題：

乙巳重陽後偶寫菊一枝，為機峰詞家政。

款識：春遊。

鈐印：張（朱文）

並於畫上再題《浣溪沙》一首：

欲寄青書雁也難。一重關又一重關。斜陽望處是長安。　紅葉醉霜箋上淚，黃花喋雨酒邊顏。客心銷盡晚風前。

款識：叢碧。

鈐印：張（朱文）、平復堂（白文）[1]

是冬，天津張牧石贈先生玉狸一對，後雄貓走失，張牧石有詞「前調」（此處詞牌為《浣溪沙》）紀之：

乙巳冬以所畜玉狸一雙贈碧丈，未幾雄者走失，兩地緘札往還為之悵然者累日。

親狎經年未忍離。婆娑繞膝故依依。爐邊帳底幾然疑。　魚雁勞書嗟兩地，鴛鴦分冀悵孤棲。此情唯許有情知。[2]

是冬，為吉林友人作紅梅一幀，並題：

乙巳冬於雪花飛舞中寫紅梅一枝，為杜兄正之。

款識：中州張伯駒。

鈐印：張伯駒印（朱文）、好好先生（朱文）

又補題《小秦王》一闋：

五國城頭雪亂飛，因風作絮撲人衣。可能送我歸鞍去，點上梅花蕊更肥。

冬至前大雪，將歸京，未知雪花能一路相送否，因題小秦王一闋。叢碧。

鈐印：叢碧（朱文）[3]

是冬，為友人名昔非者書自作詞《六洲歌頭》一闋：

---

① 張伯駒潘素文獻整理編輯委員會編《張伯駒潘素書畫集》。北京：中華書局，2013: 51。

② 張牧石著《張牧石詩詞集三種》（夢邊詞續）。北京：北京聯合出版公司，2018: 11-12。

③ 長春市金鼎拍賣有限公司 2013 年秋季藝術品拍賣會「中國書畫」專場第 0120 號拍品，拍賣時間：2013-09-19。

五洲傾洞，倒海氾狂洪。牛馬供，歧人種。逞頑兇，肆機鋒。妄恃軸公從，蕭牆閧，徒作個，鷸蚌諷，猶思痛，啟兵戎。歷史車輪，推動飛鞭控，賴有英雄。瞻朝陽騰湧，直照大旗紅，燦爛霞烘，祝融峯。　看星辰拱，浪潮擁，鳴丹鳳，縛蒼龍。經萬總，補千孔，警晨鐘，貯藥籠。整頓金甌重，不旋踵，奏豐功。時所寵，群所奉，主人翁。喚醒睡獅一夢，眾稱頌、瞻岱呼嵩。使江河九貢，萬匯盡朝宗，齊向東風。

《六州歌頭》，用平仄換叶體慶祝七一賦。昔非先生正之。乙巳初冬中州張伯駒。

鈐印：張（朱文）、平復堂印（白文）[1]

是年，詞人蕭勞七十大壽，先生填《金縷曲》一闋祝壽：

金縷曲　壽鍾美兄七十

遙祝君杯酒。正相逢，小陽節序，梅前菊後。詞客二三晨星似，更念天涯朋友。算半世、滿身塵垢。頃刻幾經朝市換，一枰棋、未罷皆成叟。空四大，吾何有。　故鄉日暫他鄉久。夢雪月、梁園陳蹟，河聲東走。門外蕭郎無人問，那管十分僝僽。我亦願、歸來蓬牖。寧是窮途遭白眼，莫周旋、覆雨翻雲手。論知己，惟蟂首。[2]

是年，寫紅梅一幀，並題詩曰：

春風上雨初疑酒，晴雪融肌始見花。

款識：乙巳夏日，中州張伯駒。

鈐印：張伯駒印（朱文）、好好先生（朱文）、雙江閣（朱文）[3]

是年，潘素為張牧石繪《夢邊填詞圖》山水一幀。張牧石自題《石州慢》詞，並延請先生以及著名詞家吳玉如、夏承燾、唐圭璋、龍榆生、周汝昌、黃君坦、啟功等為題，並將其裝裱成冊，四川大學教授向迪琮為題籤，頗極一時之勝。先生為填《金縷曲》一闋：

---

① 中國人民政治協商會議項城市委員會編印《項城文史資料第十三輯——張伯駒先生追思集》（內部發行）。2008.54。

② 張伯駒著《張伯駒詞集》。北京：中華書局，1985: 152-153。

③ 北京匡時國際拍賣有限公司2015夏季拍賣會「近現代及當代書畫專場」第652號拍品，拍賣時間：2015-10-17。

題《夢邊填詞圖》

　　為問誰非夢？看芸芸，今來古往，汗牛充棟。螞蟻穴槐蕉覆鹿，等是黃粱炊甕。但難息、詞心源湧。五色尚存生花筆，向人間、風月相吟弄。吹簫管，引鸞鳳。　　前身應是梁江總，肯輸他，枝頭紅鬧，當年小宋。一曲歌殘揚州慢，十萬腰纏都送。君不見、江湖潁洞。得失何關文章事，枉雕瓊鏤玉，終何用。樵柯爛，劫猶關。[1]

先生填《南鄉子》一組再和張牧石：

和夢碧，再題《夢邊填詞圖》

　　紅淚斂，翠眉開，心花簇簇結重臺。愁殺郎君天不管，風光滅，蝴蝶飛來簾自捲。

　　星轉斗，月沉江，家人貪睡罵鴛鴦。午夜闌干聲續斷，催銀箭，眼看燭灰燒一半。

　　濃綠酒，小紅詞，少年容貌入金卮。莫道夢華容易去，人間路，恨海能填天可補。

　　隨柳徑，繞花蹊，不知門外有藩籬。下筆猶驚鸚鵡賦，纏綿語，萬點落紅曾立處。

　　天與恨，自成癡，愁來借枕與支持。不識硃砂紅土賤，空餘典，桃李更無春買讁。

　　如此夜，奈何天，情猶未盡不能閒。幻影迷離何有寄，南柯蟻，只可夢邊尋寸地。[2]

啟功題《十六字令》：

十六字令

　　牧石先生以夢邊填詞圖徵題，敬拈十六字令二首就正

詞，七寶樓臺玉樹枝，心所慕，異代若同時。

---

① 張牧石著《張牧石詩詞集三種》(填詞圖題咏輯存)。北京：北京聯合出版公司，2018: 4。

② 張牧石著《張牧石詩詞集三種》(填詞圖題咏輯存)。北京：北京聯合出版公司，2018: 4-5。

詞，理屈而窮我自知，一個字，拈斷數莖髭。[1]

是年，國務院動員年老有病人員退休，先生再次向吉林省文化局申請退休，依然沒有通過。

年底，回北京治牙疾。

一九六六年（丙午）　六十九歲

三月二十六日，去函蘇興均：

> 興鈞同志：
>
> 　　匯款如數收到，知近來工作積極，甚佩慰。現我已拔去七牙，尚須拔去六個，情形良好，血壓亦不太高。知念並聞京中無甚好畫，寶古齋亦無東西，無後門，寶聚等文物店皆以（已）撤去，只寶古一家收售古書畫。前曾同宋部長參觀友人蘇君書畫，但彼不出讓，而我館在京收購私人藏品，亦須考慮也。有事請隨時通信。即頌
>
> 春綏
>
> 伯駒書
> 三、廿六

三月，宋振庭到北京治病，先生時在北京，再與宋振庭商談有關自己退休事宜，宋振庭勸先生再幹一兩年，並告知，之前所購書畫均已通過復查，且《春遊瑣談》也經過調查。

是春，受吉林省政協文史委之託請，先生到天津撰寫有關鹽業銀行民國史。

是春，在天津向詞友張牧石推薦吉林大學圖書館詞人王鑄，鼓勵彼此通信唱和。

六月二十二日，《鹽業銀行與北洋政府和國民黨政權》一文在天津完稿並裝訂成冊。

七月十六日，七十二歲的毛澤東在武漢暢游長江，歷時一小時零五分鐘。毛澤東橫渡長江時指出：「游泳是同大自然做鬥爭的一種運動，你們

---

① 張牧石著《張牧石詩詞集三種》（填詞圖題詠輯存）。北京：北京聯合出版公司，2018: 6。

應該到大江大河去鍛煉。」

七月二十六日，寫《毛主席橫渡長江》一文並賦詩四首以感懷：

毛主席橫渡長江

毛主席以七十幾歲高齡，歷一時餘橫渡長江三十餘華里，是歷史上空前絕後之事，不能以言辭形容讚頌。唯有主席《沁園春》詞「數風流人物，旦看今朝」一語，足以盡之。尤其是主席健康，是中國人民和世界革命人民的幸福，美帝國主義聞之最為震驚，他哀嘆在毛主席的時代，他的命運要完了，中國人民和世界革命人民最為興奮，可以在毛主席時代看到美帝國主義滅亡。

附詩四首：

手撐日月伏狂潮，水底蛟龍敢怒號。

人物風流誰得似，五千年後看今朝。

連環鐵鏈鎖艟艨，橫槊真羞一世雄。

只惜周郎生較晚，不知今日盡東風。

狂風暴雨始開花，無畏精神屬我華。

唯是雄心淘不盡，江流空白浪淘沙。

已無天塹限長江，兩岸紅旗接武昌。

滾滾波濤何足恃，乘風直到太平洋。

張伯駒　7.26[1]

七月，自天津回到長春。

八月二十七日，吉林省省直文化系統的造反派在長春市體育館召開批鬥省文化局機關黨組書記金樹然大會，先生被揪陪鬥。同月，北京家被抄。彼時年輕的大學生張一虹剛剛大學畢業，從北京分配到長春工作，親歷了這次批判大會。他曾撰文《文革中我兩次見到的張伯駒》，刊登在二○一三年第九期的《炎黃春秋》雜誌上，文中寫道：

一九六六年八月二十七日，吉林省省直文化系統的造反派，在長春

---

① 中國嘉德國際拍賣有限公司 2019 秋季拍賣會之「筆墨文章——信札寫本專場」第 2197 號拍品，拍賣時間：2019-11-18。

市體育館召開批鬥省文化局機關黨組書記金樹然大會。在押解金書記入場時，他昂首挺胸，正氣凜然，頗有許雲峰赴刑場時的悲壯架勢。在有偉大領袖所支持的革命造反派面前，又豈能容忍這等囂張氣焰？於是便呼啦啦地撲上幾個人來，立即將其打翻在地，然後就迫使他跪在偌大的體育館中央。一浪高過一浪「打倒」的口號聲，如海嘯般地掠過，讓在場的人都感到心驚肉跳。所以批鬥會從一開始就鋪墊出了十分恐怖的氣氛。

這自然就促使在此後各單位代表的發言中，每提到某個當權派或某個人的「罪行」時，便有人跟着起鬨：「把他揪出來！」「讓他下去跪着！」於是在全場與會者的應和下，被點了名的人，就得乖乖地跪在金樹然書記的一旁，隨即便會有人立即上前去給他（她）剪髮剃「鬼頭」。隨着發言者的不斷增加，跪在那裏的「牛鬼蛇神」也就在逐漸地增多。更出人意料的是，有個人在喊「毛主席萬歲」時，因沒有舉左手，而是舉了右手，也立即被揪出跪在了下邊。由於我擔心自己也可能會舉錯了胳膊，從而引出飛來之禍，所以就將右手緊緊地纏到挎在肩上的書包帶子上，使其不能輕舉妄動。

就在如此人人自危的氣氛中，省博物館造反派的代表上臺發言了。當他在控訴省委宣傳部長宋振庭招降納叛的「罪行」時，突然拉着長聲喊出了一個人的名字——大右派張—伯—駒！

然而就在發言者對這段批判的內容尚未終止，會場裏還沒來得及響起「把他揪出來」的喊聲時，只見在離我們不遠處看臺上的最後一排，立即站起位穿着白襯衣的長者，然後便匆匆擠出身子，順着看臺的過道，一路小跑着奔了下去。我注意到在整個批鬥會期間，他跪在那兒始終是低着頭，從未側臉旁視過一眼。

因為我是此前一年從學校畢業，剛剛由北京來到長春，然後就下鄉參加「社教」運動，所以不僅對本系統的一切情況不熟悉，對這位叫張伯駒的，就更不知他是何許人也了！「此人很壞——袁世凱當年搞復辟要當皇帝，就是他資助的。」坐在我身旁的一位同事，低聲對我說。無知的我，當時就在心裏嘀咕道：「這樣的人，才是應當清除的歷史垃圾呢！」當批判發言結束時，想不到會場裏竟掀起了一個更大的高潮：有人勒令那幾十個「牛鬼蛇神」，沿着橢圓形的跑道，爬着向全體與會者示眾——

於是整個體育館又是一陣騷動、驚呼……

伴着這支由省文化局機關黨委書記領銜向前爬行的隊伍，是震耳欲聾的、有節奏的口號聲。漸漸地，有些年老體弱的人，向前蠕動的速度有些放慢了，落後了。當他們爬行了一圈之後，示眾者中間年齡最大的張伯駒，竟完全被甩在了最後面，以至於距離越來越遠，直到他的兩隻胳膊再也不能伸屈，終於停在那裏一動不動了……

全場的「觀眾」都將目光集中到他那裏，禁不住讓人擔起心來：是體力不支呢，還是突發了心腦血管疾病？面對着此情此景，是否有人會趁機把他拉出去，讓其停止爬行，或者可能還會引來一頓拳腳？

人們正在心裏這樣嘀咕着的時候，突然看到一個彪形大漢快步奔了過去，彎腰就拽住了張伯駒的衣領——於是，此人就如同拖着一具屍體，或者是一件什麼沉重的東西，迅速地跟在了那個爬行隊伍的後面，向前奔去……

此時此刻，我不知道當一個人被拖拉着與地面摩擦時，是一種什麼感受，更不知道這位老者若是真的犯了病，經過這樣的折騰，那後果又將如何？

示眾「表演」在繼續着，可不知是什麼原因，原先那呼喊的口號聲，卻漸漸地低沉，又逐漸地稀稀落落，直到後來，似乎又都全部消失了。

在這突然的寂靜裏，人們似乎只能聽到那艱難的爬行聲和被拖拉時的「嚓嚓」聲……

終於，又示眾了一圈之後，這漫長的爬行總算是停止了。

在眾目睽睽之下，張伯駒靜靜地躺在那裏……

九月，給陳毅寫信反映北京家被抄之事。

是年，由先生為吉林省博物館收得的「脂硯」在結束了朝鮮、日本、柬埔寨的系列國際展覽後回到北京，彼時「文革」興起，展品被堆在對外文委辦公樓的走廊裏，無人過問，以致這塊曾經見證過《紅樓夢》誕生的「脂硯」離奇失蹤，至今下落不明。對脂硯等一批文物的神秘消失，曾經親身參與籌備「曹雪芹逝世二百周年展覽會」的紅學家劉世德曾做過詳細的記述：

萬萬想不到的是，從國外運回展品之時，正值「文化大革命」風暴

初起。一箱箱展品，放置在對外文委辦公樓的走廊裏，沒有人過問。在那動亂的年代，它們的最終命運可想而知。當別人告訴我，那頂紫金冠以及另外一些珍貴文物的展品已不翼而飛。我欲哭無淚，除了一聲「可氣、可恨」之外，還能說什麼呢？[1]

七十年代，先生退休回京後，還寫信給蘇興均，信中亦談起脂硯丟失一事。附函如下：

興鈞同志：

館藏《棟亭夜話圖》三人夜話，一為張見陽；一為施世綸；一為曹□，是否為曹棟亭？後題詩跋語均望抄錄（包括年月）寄來為荷。又脂硯失去，仍無下落。館內有照片，希望洗兩份寄來。專此，即問

近好！館中同仁均此。

張伯駒拜

八、二

是年，吉林市美協開會，先生作中國書法講座。

是年，集毛澤東詩詞句填成《八聲甘州》一闋：

八聲甘州

莽崑崙、越事幾千年，賴以拄其間。向蒼茫大地，風雲突變，知在誰邊。收拾金甌一片，裝點此關山。只把春來報，換了人間。　屈指行程二萬，當年鏖戰急，魏武揮鞭。更中流擊水，過後盡開顏。起宏圖、只爭朝夕，看詩人、興會更無前。齊聲喚，東方欲曉，日月新天。

毛主席詩詞句　叢碧集譜[2]

是年，張牧石自天津來信問常寄給王鑄信是否相宜，因彼時「文革」武鬥已開始，先生便讓張牧石以後將信寄到潘素工作的吉林藝術專科學校。

一九六七年（丁未）七十歲

一月十九日至二十日，陳毅、葉劍英、徐向前、聶榮臻等老帥在懷仁

---

① 劉世德著《紅學探索：劉世德論紅樓夢》。北京：文化藝術出版社，2006: 469。

② 中國嘉德國際拍賣有限公司 2019 秋季拍賣會之「筆墨文章——信札寫本專場」第 2197 號拍品，拍賣時間：2019-11-18。

堂召開的兩次政治局碰頭會上，對「文化大革命」的錯誤做法提出強烈的批評，當時被污為「二月逆流」，陳毅元帥等人被打倒。

一月二十七日，先生寫下自述，就家事和個人經歷做了詳細交代。該資料現存中央文史館。

一月，吉林省博物館撤銷張伯駒副館長職務。

二月八日，丙午除夕，填詞《鷓鴣天·丙午除夕》兩闋，後被「文革」造反派定性為反動詩詞。附詞如下：

> 泡影電光七十年，回頭萬事夢中看。餘生身似難回水，已死心如不動山。　殘爆竹，剩爐烟。雞聲又是到明天。眼前去住皆無礙，一任人間換海田。
>
> 未了纏綿春復春，佛聲卻似喚真真。情如常在翻成恨，死不能休為報恩。　唯夢見，與神親。此生竟做負心人。他年若是營香墓，誰認題碑淚血痕。

二月，吉林省、市文化單位組織全市批鬥，先生被揪批鬥。他曾在一九六九年一月二十七日所寫的《經歷自述》中詳細記錄這次批鬥：

> 六七年二月，革命群眾對我和其他人鬥爭，鬥爭的形式是掛牌子、跪凳子，會後，敲鑼打鼓遊街。

三月，繼續被批判，張一虹在《文革中我兩次見到的張伯駒》一文中回憶了當年的一幕：

> 一九六七年三月，中央「文革」將長春市幾個造反派組織定為「反革命組織」。我被臨時抽調到吉林省博物館去參與籌備《四個反革命組織展覽》。因為該展覽的工作人員都是在另一個樓裏獨立活動，與博物館基本不發生什麼聯繫，因此並沒有機會能見到張伯駒。可是有一天早晨，因事我到博物館的主樓去，剛推開門進入前廳，突然發現該單位那位造反派頭頭，女解說員××，正向站在她面前的一位老者在訓話。仔細一打量，我不禁一怔：此人不就是那位張伯駒嗎？
>
> 只見他光着頭，身着一件棕色的對襟小棉襖，腳上是一雙矮腰的布棉鞋，顯得還算整潔；他站在那裏紋絲不動，並將頭偏向一側；眼皮下垂着，似乎是在認真聆聽，又似乎是在似睡非睡。突然，我發現有一絲鼻液從他的一隻鼻孔裏流了出來，是越流越長。而他卻像是根本就未發覺似的，始終就沒去理會它……

我每天都能從安在樓外的大喇叭裏，聽到這位女頭頭所播出的，打派性的文章，那真可謂是鏗鏘有力。而此時的訓斥，當然也是明快、清脆。可就在她將要結束訓話之時，一個讓我意想不到的事情又發生了：她將一面小銅鑼和一個敲鑼的錘子遞了過去：「去！到人民廣場轉一圈再回來。邊走邊敲，嘴裏也別閒着。要念叨：我是大右派，我是牛鬼蛇神……聽着沒有？」

「嗯嗯！」張伯駒十分痛快地答應着，眼睛也陡然睜開了。凝固的身子也立即動了起來，然後就接過那個家什，竟沒看對方一眼，就腳步輕快地奔向門外。

六月，給陳毅副總理去函，詢問撤職後可否回京養病，陳毅時因「二月逆流」事件亦在京受到批判，信未覆。

十月，吉林大學圖書館工作人員王鑄來訪，告知吉大武鬥事。

十一月，王鑄再訪先生，帶來《孽海花續編》一書，又告知吉林大學楊公驥和孫常敍二位教授被批鬥事。

是年，寫大字報，反擊對《春遊瑣談》的攻擊。在牛棚中曾為此檢討：

> 六七年曾寫對革命群眾、對《春遊瑣談》的大字報，我寫注釋一部分，這是翻案風，我寫了檢討，這說明我不相信群眾。[1]

是年，出於對時局的極度憤慨，寫下了《金縷曲》一闋。不久，即被扣上八項罪名，遭受批鬥。附詞如下：

> 塵劫何能躲？奈升沉，紛紜此世，其中有我。但使淤泥蓮不染，微笑點頭也可。舉目盡、煩煩瑣瑣。覆雨翻雲成與敗，在旁觀、只是鄉人儺。論功罪，互因果。　　池魚殃及城門火。更娥妁、牝雉鐘室，居心叵測。富貴豈堪安樂共，未許客星犯座。寧披髮、佯狂衽左。換骨脫胎非易事，算螟蛉、終竟難成蝶。且爭看，一剎那。

一九六八年（戊申）七十一歲

九月二十一日，被關進「牛棚」，美其名曰「專政思想學習班」，先

---

① 榮宏君編注《張伯駒牛棚雜記》。香港：中華書局（香港）有限公司，2018: 104。

生被分到吉林省「省市文化系統毛澤東思想學習班」第四大隊。

十月十五日，參加集體學習「毛主席最新指示」。

十一月九日，在「牛棚」學習八屆（擴大）十二中全會公報。

十二月二十一日，依然被關在牛棚中學習改造。先生在「牛棚」被關八個月，進「牛棚」時，每一位被改造者發筆記本一個，被命令向「組織」交心。先生就在這個筆記本上，認真回憶了民國以來的坎坷人生。[1]

一九六九年（己酉） 七十二歲

一月二十七日，寫自述一份，詳細敍述了家世及重要人生經歷。[2]

十月，王世襄被下放到湖北咸寧「五七」幹校，接受勞動改造。

十二月二日，再次向吉林省博物館書面提出退職申請。

是年，填詞《風入松·紙老虎》一闋：

風入松　紙老虎詞

推輪歷史不留停，人類要和平。鯨吞蠶食歸泡影，還敢來、黷武窮兵。戰艦但鳴禮炮，飛機只放風箏。　　紙為皮肉墨為睛，魂魄卻無靈。最愁雨打風吹破，一霎時、現出原形。若再張牙舞爪，定遭掃穴犁庭。[3]

是年，作詩「紙老虎」：

紙老虎

虎視眈眈似，原來是紙糊。

有牙終甚用，無目欲何圖。

只怕風吹破，還愁雨打酥。

若教逢武二，一命即嗚呼。[4]

---

① 該日記已於 2018 年 10 月由中華書局（香港）有限公司整理出版。

② 項城市政協編《張伯駒先生追思集》。北京：紫禁城出版社，2010: 82-85。

③ 中國嘉德國際拍賣有限公司 2019 秋季拍賣會之「筆墨文章——信札寫本專場」第 2197 號拍品，拍賣時間：2019-11-18。

④ 中國嘉德國際拍賣有限公司 2019 秋季拍賣會之「筆墨文章——信札寫本專場」第 2197 號拍品，拍賣時間：2019-11-18。

一九七〇年（庚戌）　七十三歲

一月七日，吉林省革委會政治部對先生問題做了「敵我矛盾，按人民內部矛盾處理」結論，擬將先生夫婦送往吉林省舒蘭縣朝陽公社勞動改造。

三月十八日，吉林省博物館對先生做出同意一次性退職決定，退職費和補發工資共四千三百元整。同時先生將自己最後珍藏的一批文物無償捐贈給吉林省博物館，這批文物計有：

> 元趙孟頫篆書千字文一卷；
>
> 明王穀祥花鳥一卷（皆故宮佚失精品）；
>
> 明楊廷和書札一冊；
>
> 唐人寫經一卷；
>
> 又寫經一冊；
>
> 宋拓《聖教序》一冊；
>
> 明董其昌、趙宧光、張瑞圖，清陳洪綬、周亮工對聯六件；
>
> 明陳古白蘭花一卷；
>
> 明文震孟圖章一方；
>
> 舊墨一匣及書籍等。

三月二十五日，與潘素被送往舒蘭縣朝陽公社雙安大隊第三生產隊插隊。當地以不符合插隊規定，拒收落戶。[1]

三月二十六日，先生夫婦即乘車先赴天津，在站臺見到楊紹箕，相敍劫後之苦。後楊紹箕有詩以紀：

> 叢碧世丈自榆塞還京，車過津門，亟謁之，堅執余手，相對默然。
>
> 鼕鼓聲中一老來，衣塵未掃夢雲開。
>
> 萬千涕淚無從墮，三兩頭顱似可哀。
>
> 座上詩分秋影瘦，燭邊思逐夜風迴。
>
> 相逢隔世疑相識，冷月遙呼證淺杯。[2]

同日，因無證明，不能買到去北京的車票，只得在天津詞友張牧石家

---

[1] 先生外孫樓開肇於 2017 年春節拜訪宋振庭夫人，據宋夫人回憶，先生夫婦當在舒蘭縣停留一星期才返回北京。

[2] 楊紹箕著《悔堂詩賸》第 3 頁，私刊本。

先住下來。後通過購買到三家店的車票，才艱難地偷偷返回故地北京。張牧石的父親張少良是先生的京劇票友。牧石少年才俊，詩詞書畫、戲曲皆善，深得先生喜愛，尤其是先生晚年，二人書信唱和不斷。

三月，為天津詞家張牧石詞集《夢邊集》作序：

夢邊詞序

牧石為詞初學夢窗，繼宗北宋、南唐，中年後，別謀自樹，矻矻二十五年，得詞數百闋。戊申己酉間，幾經汰蕪，僅存八十四闋，哀錄成帖，語余曰：東澤宿債，亦當自此償盡。矧倚聲一道，必先有情先有境而後有詞情，既了境既悟則如入定之禪，雖欲言而無言，故江郎有才盡之時。既東坡、稼軒，猶覺其爛也。夢邊詞能入於情，入於境，而又出於情，出於境，不必再有文字語言，此八十四闋，已足傳世，何事淮陰將兵多多益善耶！

庚戌二月中州張叢碧序 [1]

是春，同在長春工作的詞友裘伯弓將退休回湖北宜昌定居，先生填《浣溪沙》詞一組辭別：

浣溪沙

伯弓乞休，將卜居宜昌，贈詩為別。余亦作去計。或流寓關中，賦此為答。

春短冬長不計年，光陰一霎憶留連，秋笳皂帽各雲烟。　　老馬歸槽知汗盡，蠹魚食字慎軀捐，且辭雪地與冰天。

又

借酒猶難面變紅，靈丹那又老還童，興亡閱盡大夫松。　　自願將離吟芍藥，敢希異遇主芙蓉，不成雲雨剩孤峰。

又

醉買胭脂擲萬錢，五陵裘馬記翩翩，風流早自減當年。　　行澤只宜蘭作佩，入泥可得藕為船，一身是夢也悠然。

---

① 張牧石著《張牧石詩詞集三種》（夢邊詞序）。北京：北京聯合出版公司，2018。

又

回首春遊夢一場，論交年歲各相忘，餘暉且與駐斜陽。　　巴嶺雲連秦嶺遠，漢江水接大江長，心隨西雁到宜昌。[1]

是春，到天津與張牧石訪西沽某詩人。昔袁克文墓曾葬於此地，欲往憑弔，得知袁克文墓已被其家人遷走，不知移葬何處，悵然而歸。先生有詩紀云：

悲歌對酒各天涯，涕淚新亭日又斜。

卻恨故人成宿草，不曾沽上弔桃花。

寒雲沒於某歲正月，余去天津至其家拜年，相見一面，回京不數日，寒雲即逝矣。余挽於聯云「天涯落拓，故國荒涼，有酒且高歌，誰憐舊日王孫，新亭涕淚；芳草淒迷，斜陽黯淡，逢春復傷逝，忍對無邊風月，如此江山。」寒雲葬西沽，大方為書碣。西沽以桃花名。庚戌春，余與張牧石往訪西沽某詩人，問寒雲墓，欲往一弔，云寒雲墓已為其家人遷去，不知移葬何處，為之惘然。[2]

是春，張牧石委婉告訴先生，詞人胡芸娘實為鬚眉男子，其本名叫胡蘋秋，已五十多歲。

五月，向吉林省博物館革委會寫信，要求改變插隊安排，允許留京。

是夏，去函張牧石：

長河《木蘭花慢》詞下闋易為：「匆匆瞥眼霸圖，空陳蹟，付冥鴻。似鄴臺殘硯，黏泥涴土，雀也銷銅。六龍。翠華重幸，甚樓船竟廢漢時功。試問昆明池水，千年幾見艟艨。」持示兩詞於孤桐、君坦，均以為佳作，此後可多作，有數十闋成一詞集，謝、沈不能望項背，迂叟更無論矣。（上闋「廢苑」易「舊苑」，因與下闋「廢」字重，且「螢火」「廢苑」為隋事，苑已荒。）

在津所作詩鐘再經打磨如下：南唐後主、樣板：金粉萬家春有腳，秋砧一片夜無聲。霜杵無鳴寒洗練，燭花不放夜懸珠。

又《鷓鴣天·登驪山》（後略改易）：贏步猶能直上顛，歸來五嶽小群

① 張伯駒著《張伯駒詞集》。北京：中華書局，1985: 158。

② 劉成禺、張伯駒著《洪憲紀事詩三種》。上海：上海古籍出版社，1983: 337-338。

山。遙看雲氣連秦嶺，多有詩情到輞川。　　分棣萼，墮釵鈿。忍聽鼕鼓夢當年。一生久慣驚烽火，只少褒姬笑我前。（或「愁棣萼，泣釵鈿」）

　　　　　　　　　　　　　　　　　　　　　　　　　　牧石詞家，碧。

　　機峰大筆希能於陽曆年竣功，陽曆除夕當去津相敍，作守歲之歡。昨夜夢中忽得一聯：「好是湖山歸管領，可當風月與商量」。白日未想到。《夢華雙棲圖》俟畫好，及君坦、鍾美題好寄去。[1]

　　七月十一日，梁漱溟午飯後到北海讀書，偶遇先生夫婦。[2]

　　十月十八日，潘素為天津張牧石伉儷銀婚繪《夢邊雙棲圖》相慶，先生為題《臨江仙》一闋：

臨江仙　題《夢邊雙棲圖》

　　翠柳黃鸝百囀，杏花紫燕雙棲。人間旖旎好春時。風臨愁裏影，雲過夢邊詞。　　英氣難憑酒借，柔情惟有燈知。湘絃夜月歲華遲。驚來鸚鵡筆，飛上鳳凰枝。[3]

張牧石亦有唱和：

鷓鴣天

　　庚戌九月十九日結褵二十五年，西俗所謂銀婚紀念，倩潘素夫人寫夢邊雙棲圖，題此述感。

　　檢點滄歷廿五年，怱怱消得幾悲歡。棲春乍斂穿花翼，偎病還交荷露肩。　　驚幕覆，惜巢安，禁他風雨滿西園。斜陽紅燼人間世，互向微涼到夢邊。[4]

　　十月二十三日，去函天津張牧石：

牧石詞家：

　　敏厂題《夢邊雙棲圖》，茲寄上。紹箕蝌硯行意好，但詞句及用典仍不免生硬，非其佳作詞。小令中長調詩律古皆不宜生硬，尤其結句。如江河歸總用典必須人懂。不易（宜）做注，如關穎詩多注，唐人詩絕無

① 廣東崇正拍賣有限公司 2018 年秋季拍賣會之「同氣並香・張伯駒、潘素的朋友圈」第 811 號拍品，拍賣時間：2018-12-13。
② 梁漱溟撰《梁漱溟日記》。上海：上海人民出版社，2014: 552。
③ 張伯駒著《張伯駒詞集》。北京：中華書局，1985: 172。
④ 張牧石著《張牧石詩詞集三種》（夢邊詞）。北京：北京聯合出版公司，2018: 16-17。

注者，因其不用僻典也。紹箕詩詞只此一關，能打破則又到一意境矣！
邦達來談雲夢邊，如來京時願一晤。匆此即頌
刻祺

碧頓首
十月二十三日

此次去河南無詩詞。

鈐印：京兆（白文）、叢碧八十後印（朱文）[1]

十月二十五日，去函張牧石：

牧石詞家：

《夢邊雙棲圖》畫就，尚雅麗，窗前杏花一樹，左高枝上有雙燕。鍾美賀銀婚詞及余與君坦賀銀婚並題排雲殿殘磚瓦詞並奉上。又余及君坦近唱和詞附錄，奉諸君一粲。機峰《傳奇》希能於陽曆年前告成，便往取。因春節前去西安，此後來京津當在夏間。來亦小作勾留，離多會少也。專此，即頌
近祺。

碧拜，夏曆十月廿五

鈐印：張大（白文）

眼兒媚　和君坦同去香山看紅葉

浮雲來去變陰陽，經過幾秋光。衰顏試比，岸楓江冷，籬菊霜黃。　山川猶是明霞綺，不改舊時裝。眼中似見，赤城巒嶂，紅柳村莊。

臨江仙　和君坦同遊香山

落木舊交風後數，一回一日蕭疏。龍山欲上少人扶。離離原草，且莫問榮枯。　過眼豪華何處去，空思鬥富珊瑚。西來秋色滿平蕪。斜陽無語，酒醒雁聲初。

臨江仙　和君坦遊香山即事

千里太行峰不斷，互爭高下嶙峋。偶然有客到山門。鬖眉奇古，惹得小童嗔。　金穴回思當日夢，擲錢難買閒身。春華應醒夢中人。觀棋袖手，一着已輸君。

---

① 私人藏。

臨江仙　和君坦香山玉華山莊松下啜茗

　　一世千塵迷霧海，頑癡還又貪嗔。秋風落葉痛車茵。看花賭酒，只剩夢邊痕。　　時有陰晴無定準，尋常莫問原因。茶香舌味老松身。夕陽相對，俱是百年人。

　　鈐印：伯駒（朱文）[1]

十二月七日，接天津張牧石函，填詞《渭城曲》、《一剪梅》：

渭城曲

　　庚戌大雪節無雪，憶梅。津牧石詞家來書極謂《小秦王》應為《渭城曲》，平仄應皆遵依。余則謂《小秦王》詞應包括唐七絕詩，《渭城曲》可單為調，如太白之《清平調》、元微之之《欸乃曲》。因依右丞《渭城曲》律賦此闋。

　　歲回葭管待春光，臘近都無雪一場。睡容褪盡頰邊粉，消息遲看梅上妝。

　　凍雲天外幕低垂，不見因風柳絮飛。傍梅便有鶴相守，難愜空山高臥時。

一剪梅　庚戌大雪節無雪

　　日短日長一綫差。晝也風沙，夜也風沙，謝娘咏絮減才華。柳未飛花，梨未開花。　　縱不征途阻客車。何處天涯？到處天涯，空枝繞樹似寒鴉。道是歸家，還是無家。[2]

是冬，去函張牧石，書贈《渭城曲》詞一組：

渭城曲

　　寄廬花木多摧折，今冬相對無梅，見肆間有小盆梅，初花欲買，囊空無錢，賦此四闋。

　　肆間初見小梅姿，風韻嫣然似舊時。畫圖願買折枝寫，無奈囊空惟剩詩。

---

① 廣東崇正拍賣有限公司 2018 年秋季拍賣會之「同氣並香‧張伯駒、潘素的朋友圈」第 810 號拍品，拍賣時間：2018-12-13。

② 張伯駒著《張伯駒詞集》。北京：中華書局，1985: 174。

記從林下弔花魂，只見湖光不見春。況今已是白頭叟，羞作空山相對人。

羨他何遜在揚州，東閣風流孰與儔。恨來擊碎缺壺口，金谷荒涼憐墜樓。

去年明月去年風，雪意冰心一夢中。賦詩便有惜人老，團扇誰家圖放翁。

此後為七絕詞，能偶有自然之句，則按律為《渭城曲》。無自然之句，則依唐絕為《小秦王》。定陽曆除夕午車去津歡聚，並願睹機峰新作。附君坦詞。

碧叩

鈐印：張大（白文）[1]

是冬，赴西安女兒張傳綵家。重遊大雁塔、灞橋、華清池，過杜工部祠，登驪山，遊秦始皇陵，每遊一處必留詞作，最終結集為《秦遊詞》，並為詞集自作序文：

自序

余少年從戎入秦，寶馬金鞭，雕冠劍佩，意氣何其豪橫。中年避寇，再居關中，兵火之餘，僅存書畫，託蹟商賈，聊共菽薪。暮歲東出榆關，追步道君、秋笳，鎩羽歸來，疾病窮苦，乃更入秦依女兒以了殘年。老馬知途，不諳終南捷徑；朱門鼎食，復味首陽蕨薇。此一生如四時，飽經風雨陰晴之變，而心亦安之。時則重到舊遊地，作小詞，亦不計工拙。蓋為殘雪剩爪，隨筆之所至，幸方家視之，勿以詞品相衡量也。庚戌初冬，中州叢碧序。[2]

是年，去函張牧石，訴說居京之困頓：

牧石詞家：

小貓甚佻皮，終日上房，但亦頗靈。因現於後日（星期六）去西安，

---

① 西泠印社拍賣有限公司 2010 年秋季藝術品拍賣會之「近現代名人手蹟專場」第 0084 號拍品，拍賣時間：2010-12-11。

② 張伯駒著《張伯駒詞集》。北京：中華書局，1985: 157。

交親戚家代養。在西安或住兩個月，中秋當登雁塔望月，屆時可有一詞。北京疏散人口，各皆填表，疏散地點為順義縣某公社。我以後究在北京疏散地區或依女兒能在西安落戶，到西安後看情況再定。按經濟條件在西安節省，可多支持幾年。在北京郊區則不免追步雪芹後塵。惟現事各聽天，不須為計也。西安通信地址：雁塔路陝西省考古研究所樓宇棟同志轉。即問

近好！

夢、機 **1** 詞家統此不另。

碧叩

廿八 **2**

是年，畫家卜孝懷去世，享年六十一歲。

是年，遇到當年購藏《遊春圖》的保人馬寶山，言及當年《遊春圖》欠尾款一事。馬寶山在其著作《書畫碑帖見聞錄》一書中有述：

過了幾年，「三反」、「五反」運動結束。張伯駒自吉林返京，我到他家去看望。他問我：「展子虔畫卷欠款怎麼辦？」我說：「這幾年變化很大，馬霽川等都完了，你也完了，我也完了，咱們都算完了。」我二人大笑一場，乃設圍棋為戲。**3**

一九七一年（辛亥）　七十四歲

一月一日，與潘素到天津訪友。

一月四日，去函天津張牧石：

沽上歡聚極暢，歸來百感交集。曾於寄廬，手植梧桐一株，後成樹，高過屋。二年前，樹忽裂為二而萎，已兆京不可久居，故鄉歸又未得。欲臘半去西安，而老妻、外孫、狸奴皆暫留不能無戀，故行期稍緩。此後漂泊何處，雖不能知，但異日必卜葬西山玉溪。「他生未卜此生

---

① 指天津詞家寇夢碧和陳機鋒。

② 張金聲博客文之張伯駒致張牧石信札，公布於 2013-05-03。

③ 馬寶山著《書畫碑帖見聞錄》。北京：北京燕山出版社，1997: 9。

休」，不啻為我咏也。因賦《小秦王》四闋：

十年漂泊玉關賒，道是歸家未有家。手植梧桐今不見，只餘殘柳亂棲鴉。

巷陌銅駝是故鄉，一回一望斷人腸。牡丹遭遇身猶羨，那有金輪貶洛陽。

催人風雪又殘年，梁廡無能貰一椽。西去長安行未定，遙憐兒女憶燈前。

六十年來夢似雲，風流孽障劇銷魂。但留血淚殘碑在，猶勝荒蕪黃葉村。

夢碧云機峰傳奇須有題詞，因預作《小秦王》四闋：

恨無雲雨到巫陽，地老天荒此一場。月是有情全在缺，畫蛇應笑續西廂。

陳郎才氣逼迦陵，下筆非惟鸚鵡驚。三絕於今成鼎峙，桃花扇與牡丹亭。

只今顧曲少周郎，彩筆飛揮枉自狂。紅粉三千泉路下，相憐卻願作搊場。（機峰之作，今少知者，若在唐宋名姝妙妓，必付之歌唱引用。雪芹詩亦極揄揚之意。）

孽海能教陸竟沉，還留焦尾識琴音。千年贏得情人淚，地下詞靈感不盡。

津詞友亦希先作能獲快覩，又蜚語一折須加入，謝稼庵謂秋詞為一般，余詞亦非大家，自詡為拙重大。（此為真事乃潘素訪彼問秋，彼所說者。）下為梅醋，疑男又酬唱，下應為伴嗔，可參看甲集《兜上鞋兒》及《南歌子》詞，後為問病，參看水調歌頭沽上集，或在問病一折中引出津詞人，為後驚變張本。夢邊為主角，與機峰商酌之。即問
冬祺

碧叩

臘八後一日

　　鈐印：張大（白文）**1**

一月五日，接到天津張牧石來信，遂覆函：

　　　　　　　生查子　臘八日和君坦

　　還鄉信寄鴻，換歲年逢豕。冰弦月上初，葭管陽生始。　　法筵臘鼓中，寶粥香廚裏。救苦佛慈悲，莫啜蓮心蕊。

　　　　　　　點絳唇　入臘後夜常有大風，圍爐尚不覺暖，和君坦

　　垂柳亭前，寒流何日消圖九。春如蝌蚪，未到成蛙候。　　禪榻維摩，病可天花佑。殘燈豆，爐溫不穀，風挾濤聲走。

　　回京後臘八，次日接君坦詞，和闋亦屬尋常，與題機峰傳奇詞未可同日而語，題傳奇詞，希即示機峰助其佳興，下筆當如春花亂發也。（計尚有佯嗔、問梅、梅醋、疑男、三約、驚變六折。）君坦近詞纖功轉入晦澀，多用生韻癖典，是以稍乏趣味，如蚪韻和語，尚覺稍勝於原語，但此韻實不宜入詞也。又如《生查子》，三四日馭兩句，乃說拉練，後人費解矣。是以彊邨以落葉咏珍妃為佳。

　　鈐印：張大（白文）**2**

二月二十一日，致函天津張牧石：

　　因潘素不能陪去津，自又腿腳難步履，人年負海棠矣！潘素在謀工作，為不能去津之原因。如成功，生活穩定，中秋前必同去津相聚也。即頌

　　牧石詞家清吉

　　　　　　　　　　　　　　　　　　　　　　　　　叢碧拜

　　　　　　　　　　　　　　　　　　　　　　　　　二、廿一

　　是春，北京後海南沿舊居已被居委會、房管所分占，夫婦二人只好租賃原屬自己的房產北屋兩間。小院中原種有牡丹三株，一名大紅剪絨，一名藕荷裳，時僅有藕荷裳苟活於敗壁亂石旁。春來花開，先生感傷無比，遂填《瑞鷓鴣》一闋：

① 西泠印社拍賣有限公司 2010 年秋季藝術品拍賣會之「近現代名人手蹟專場」第 0084 號拍品，拍賣時間：2010-12-11。

② 中國嘉德國際拍賣有限公司 2016 春季拍賣會之中國近現代書畫（一）第 0542 號拍品，拍賣時間：2016-05-14。

瑞鷓鴣

賃居原有牡丹三株,一大紅剪絨,二藕荷裳。歸京後,只餘藕荷裳一株在敗壁亂石旁,因和君坦十笏園看牡丹,為其寫照。

不見剪絨簇簇紅,金鈴誰復護芳叢。可憐薄命依荒宅,那忍深恩夢故宮。　歌舞曾回當日佩,飄零轉似此身蓬。繁華彈指參空色,願是休遲付雨風。[1]

四月二十二日,去函天津詞家陳宗樞(字機鋒),詢問劇本《秋碧傳奇》進展情況:

機鋒老弟臺:

穀雨節前到津,未得晤面,曷勝悵惘!昔懇為《秋碧傳奇》,題綱於去歲寄牧石,此事非弟莫屬!以交誼論亦不能不著筆。昔如孔尚任之為《桃花扇》,以不負其手筆而獵取事蹟,今有事蹟,更應不負此手筆!當以紛紛擾擾而興趣為減耳,但興趣是天真,紛擾是人偽,應不存人偽而失大真,此亦達觀之一道。茲重懇老弟臺,即時著筆,每成一折,隨時寄示。期以三個月竣事如何?並乞賜覆為感。專請

春祺!

叢碧百拜

穀雨後一日

鈐印:張大(白文)、伯駒(朱文)[2]

是夏,為詞家吳則虞《百卷圖》填詞《百字令》一闋:

恆河沙數,驚過眼、多少興亡人物。茅屋三間,書百卷、是我江山半壁。黃絹辭情,白蓮禪意,自有胸中雪。金荃玉局,看來才算豪傑。　今古得失文章,勢分潮海,筆底花爭發。青史循環,成與敗、不抵窗燈明滅。人世云何,吾生如此,似繫千鈞髮。澄潭無滓,止心還印天月。

款識:調寄《百字令》依東坡韻,為則虞詞兄題《百卷圖》。中州叢碧。

鈐印:好好先生(朱文)、張伯駒印(朱文)

---

① 張伯駒著《張伯駒詞集》。北京:中華書局,1985: 184。

② 原函為李經國收藏並供稿。

潘素亦為繪《百卷圖》山水一幀並題：

安吳吳則虞先生著書已寫定者有《荀子纂疏》廿卷，《諸子校議》廿卷，《晉書證異》六卷，《晉會要》四十卷，《續藏書記事詩》十二卷，《曼楡館詞》二卷，都凡六種百卷，因寫百卷圖寄意。

款識：辛亥夏吳郡潘素。

鈐印：潘素之印（白文）[1]

是秋，為史樹青所藏郭則澐遺著《紅樓真夢傳奇》稿本題詩：

豈願緇衣換錦衣，當時負卻首陽薇。

雪芹眼淚梅村恨，付與旁人說是非。

款識：樹青先生藏蟄園《紅樓真夢傳奇》原稿，與雪芹原意大相徑庭，煞風景矣。但亦存續作之一流。昔在蟄園律社作擊鉢吟，題為「題紅樓真夢」，余前作一絕，以後結句評列榜首，今已三十餘年，回首亦一夢也。辛亥秋中州叢碧。[2]

十月二十六日，為把戶口從長春遷回北京，先生呈周恩來總理一函，託中央文史館館長章士釗轉致周總理。信中言及自己一生愛國，並請求中央解決夫婦二人在北京落戶和生活困難等問題：

周總理鈞鑒：

敬啟者伯駒自清末寓居北京已六十年。一九六一年夏，吉林省委宣傳部約我夫婦去吉林藝專講授國畫，原擬三個月或半年即歸，至則留作長期工作。室人潘素在藝專任教，我任省博物館副館長，並促遷移戶口。經回京與居民區派出所商量，以為可以遷去，並云將來遷回，亦無問題。六九年冬，吉林省動員部份幹部插隊落戶，年老有病者，退休退職。七〇年春，我夫婦奉准退職，聽從組織安排至舒蘭縣朝陽公社插隊。按照吉林省插隊辦法，一律攜帶工資及組織關係戶口等。至則大隊以我夫婦均已退職，即非幹部，且我年逾七旬，身邊又無子女，生活無人照料，不合插隊規定，不予落戶。於是折回北京，於原居住區所租房屋作臨時戶口。我有一女，在西安教小學，欲往投奔。小女夫婦月入甚

---

① 吳則虞撰，吳受琚增補，余震、曾敏整理《續藏書紀事詩》。北京：國家圖書館出版社，2016: 彩頁。

② 林東海著《師友風誼》。北京：人民文學出版社，2010: 42。

微，有子女四人（二人上中學一上小學一甫三歲），無以安排其父母，戶口至今仍未解決。溥溥大地，錐無可立，伏乞能飭屬准予報入戶口，實為至感。

伯駒一生收蓄古代書畫，過去甚至鬻產舉債，以事爭購，皆在不使民族主要書畫珍品流入外國。在國民黨時期，曾對家人潘素立有遺囑，謂我所藏主要珍品，遇人民愛戴、政治修明之政府，應不以自私，捐歸公有。解放後正逢所願。五二年冬，聽到總理團結知識分子報告後，遂將所藏晉陸機《平復帖》，唐杜牧《贈張好好詩》，宋范仲淹《道服贊》、蔡襄《自書詩》，黃庭堅《諸上座帖》，吳琚《雜書詩》，元趙孟頫《千字文草書》，俞和《楷書》等件捐獻於國家。唐李白《上陽臺帖》，則先於五三年呈獻給毛主席。文化大革命時，又將三國魏敦煌太守《倉慈寫經》，及元明清人繪畫等件，交給故宮博物院。在吉林退職後，將隋人寫經，宋拓碑帖，元明清人書畫對聯等贈給吉林省博物館。京寓書籍衣物，在破四舊時，蕩然無存。我夫婦所得退職金，經過一年半之費用，即將有告罄之虞。

值此盛世，自恨筋力已衰，但愛國之忱，不敢後人。所學雖皆封建遺產，遵循毛主席批判接受不割斷歷史之教導，對於歷史文物鑒定整理有所需用，自當忘老忘病，勉貢薄知，以報效國家。

室人潘素，早歲習畫，曾臨摹隋唐宋元名蹟。解放後蒙黨教育培植，其作品被選入全國婦女美術選集、首都國畫選集，出國到瑞士等國巡迴展覽。前月獲觀「光輝歷程圖片」，衷心激動，發奮繪製革命聖地，及毛主席詩詞大幅畫冊，意圖宣傳革命路綫之偉大勝利，體現古為今用之藝術方向，但居住及生活未定，以亦有所不安。

黨內老輩，我惟識陳毅先生，五七年、六一年兩次晤談，最後皆以諄諄以忠於毛主席相囑。並云彼跟隨毛主席幾十年，皆聽從毛主席之話，知陳毅先生確為毛主席之忠實朋友。陳先生知我為澤，文化大革命期間，曾致函託其於將來代安排我之生活，現未能見到陳先生，聞其身體欠安，每以為念。

章行嚴（士釗）先生卓著風儀，篤念舊交，因託其轉呈此函。毛主席對知識分子政策，不使其無生活出路，不使有棄物棄材，用敢上陳下

情，不勝屏營之至。函此　謹致

崇高敬禮！

張伯駒謹上

七一、十、二十六 [1]

十一月二十四日，章士釗致函周恩來總理，提議聘請先生為中央文史研究館館員，並轉呈先生信函。

張伯駒有函呈公，求為代陳，事具函內，不加觀縷，釗認為伯駒先生事緊迫，公如許允中央文史館員，即時發表，可免除該館員其他一切困難。乞酌！張函附呈。[2]

十二月九日，陳毅元帥長子陳昊蘇和仲子陳丹淮同日舉辦婚禮，先生書寫賀聯，通過好友童第周轉致。病重的陳毅元帥再次囑咐夫人張茜關注老友的生活問題。

同日，周總理就章士釗函做出批示：

張伯駒先生可否安置為文史館員，望與文史館主事者一商。[3]

十二月二十九日，中央文史研究館向國務院有關部門呈交聘任先生為館員的「請示」報告，國務院有關部門負責同志批示：

同意張伯駒為中央文史研究館館員。

十二月，填詞《鷓鴣天·祝毛主席七十晉八壽》：

祖國山河換舊封，今朝始做主人翁。甲兵百萬藏胸內，世界三千在掌中。　光日月，破鴻蒙，不惟馬上是英雄。五洲飄盪紅旗裏，壽域無邊濟大同。

是年，天津楊紹箕赴京看望先生，是晚宿後海張宅，後有詩紀之：

輾轉入都，宿碧丈銀錠橋故居，感賦。

蹐促城南五尺天，舠棱殘影接華巔。

一燈萬里歸搖夢，四壁千瘡補學禪。

---

① 中國人民政治協商會議項城市委員會主編《項城文史資料》總第十三輯之《張伯駒先生追思集》。項城：政協項城市委員會（內部印刷），2008: 422-424。

② 張恩嶺著《張伯駒傳》。鄭州：河南人民出版社，2018: 240。

③ 張恩嶺著《張伯駒傳》。鄭州：河南人民出版社，2018: 241。

傷足且歌桑海外，視身都在有無前。

黃金買得花間老，舞袖平生避綺筵。[1]

是年，始知福建詞友胡芸娘乃為一男士胡蘋秋化名，天津詞家陳宗樞（字機鋒）根據這段詞壇雅事編成崑曲《秋碧詞傳奇》行世，知道真相後的先生曾賦詩感慨：

三絕於今成鼎峙，

桃花扇與牡丹亭。

是年，去函張牧石，談《秋碧詞傳奇》事：

《秋碧傳奇詩詞序》外篇收到，惟《傳奇前夢》一折後段缺廿八、廿九兩頁。請機峰查其他各本是否亦缺，或係裝訂之誤。據正剛來信索和《沁園春》詞，有三翁（黃、蕭、我）三友（寇、牧、克昌），此君新聞名，未知其詞如何？君和詞希寄來一讀。我和詞皆用禪語，已寄去，正剛當以相示也。[2]

是年，周篤文經尚可喜後人尚養中介紹，初識先生。

是年，章士釗所著《柳文指要》由中華書局出版，章士釗贈書於先生。

是年，為詞友黃君坦七十大壽填詞《金縷曲》：

金縷曲　祝君坦七十壽

庾嶺梅開候。小陽春，灰吹律管，鶴飛曲奏。七十年來華胥夢，惟剩晨星舊友。甚近日、身情偏懶。江夏當時無雙譽，望嶗峰、黯淡雲封岫。樓外暝，海濤走。　休嗤畫虎翻成狗（君生壬寅，我生戊戌）。問重看，菱花鏡裏，知誰妍醜。爭劫長安殘棋局，早自旁觀袖手。論得失、何羞牛後。生意縱嫌蛇添足，但天憐、偏使人長壽。聊盡此，一杯酒。[3]

是年，去函張牧石並書贈《臨江仙‧和行老杏花詞》。

君坦送來答謝贈為治印詩，後問景軒為壽石工所治印。壽朱文印頗有佳者，此甦字印能與伯仲。日來天頗熱，除於沿河樹林中觀棋外，偶到則虞家談。前幾日陳垣逝世，予謂此人只配角中之帶圓紗翅者，一

---

① 楊紹箕著《悔堂詩賸》第 27 頁，私刊本。

② 廣東崇正拍賣有限公司 2018 年秋季拍賣會之「同氣並香‧張伯駒、潘素的朋友圈」第 821 號拍品，拍賣時間：2018-12-13。

③ 張伯駒著《張伯駒詞集》。北京：中華書局，1985: 1。

生不能作劇中之主角及主要配角，生死亦無所謂矣。則虞為章太炎之弟子。太炎之子現在工場，問題尚未解決，不能回家與通信。此為下面一般現象。太炎夫人欲煩孤桐為向周（指周恩來總理，編者注）轉函，為孤桐未肯。為是亦原為旦角而不能正生戲者，此與前懇其為弟題籤，而問及政治面貌同是。以予與孤桐雖偶相唱和，而終無同聲之感也。又近與則虞常談到佛學文學造詣，至終一定通禪，如小晏、東坡是。《瑣談》六集、《叢碧詞》收到，已交則虞。

碧頓首

附贈書法：

臨江仙　和行老杏花詞

二月暘臺寒食近，沾衣細雨如絲。東風吹上出牆枝。倚雲亭不見，忍對剩胭脂。　九十春光才過半，還嫌燕子來遲。玉樓人醉馬頻嘶。尚書頭已白，記喚小名時。

孤桐小名名杏，後半闋切其人及壽鐘題諸弟詞作寄示。碧拜。

鈐印：張大（白文）[1]

附：張伯駒先生與章士釗多有詩歌唱酬往來，曾見先生和章士釗詩兩首：

步和桐公詩

胸無壁壘病何有，懸壺未知誰國手。

病來不醫得天醫，多事笑彼虎畫狗。

雖無節杖相扶持，自有陽春腳能走。

一躓絕倒看玉山，飄如楊柳風斜受。

吉人敢與病相爭，險崖已偷陰平渡。

何言吃藥全勝飯（賈島詩嘗言：「吃藥全勝飯」），仍事揮毫快飛肘。

詩中味正比醇醪，醉翁之意非關酒。

君不見，本色猶是舊書生，懵然不覺過耄耇。

即使託迹在烟波，豈當堂開錦衣畫。

---

① 中國嘉德國際拍賣有限公司 2016 春季拍賣會之「中國近現代書畫（一）」第 0541 號拍品，拍賣時間：2016-05-14。

我充濫竽許側坐，文章夙昔仰奎斗。

祥麟威鳳此儀型，巍巍靈光天所佑。

叢碧草

再和桐公詩

一生心住天小有，戲劇逢場共拍手。

瞥眼滄海幾風雲，只今不見龍虎狗。

議政當年聊小試，自抑過河卒能走。

曾是回天事醫國，卻為人醫甘順受。

喜收晚景娛桑榆，猶堪趕上斜陽渡。

不願苦口藥利病，但笑拈髭墨濡肘。

公詩不病疲與寒，醉人元意濃於酒。

噫吁戲，天生德予病，如何自然百歲過耇耇。

明年花開又逢辰，燈市光華鬧如晝。

進觴若使詩不成，應予金谷罰一斗。

座客皆許壽同登，我亦追陪神能佑。

叢碧草[1]

一九七二年（壬子） 七十五歲

一月五日，中央文史研究館擬就聘任張伯駒為館員的聘書，待發。

一月六日，陳毅元帥逝世，臨終前囑咐家人將自己心愛之物一副玉質圍棋送與先生永念。

一月九日晚九時，先生好友、著名詞人吳則虞之女吳受璩持墨汁匆忙來到先生家，囑為陳毅元帥寫一副挽聯，先生當即成下聯：

　　仗劍如雲作干城，忠心不易。軍聲在淮海，遺愛在江南，萬庶盡銜哀。回望大好河山，永離赤縣；

　　揮戈挽日接樽俎，豪氣猶存。無愧於平生，有功於天下，九原應含

---

① 北京匡時國際拍賣有限公司 2017 秋季藝術品拍賣會之「古雪今存——名人手稿信札專場」第 660 號拍品，拍賣時間：2017-12-03。

笑。佇看重新世界，遍樹紅旗。[1]

關於先生為陳毅元帥所送挽聯一事，河南項城文史學者張恩嶺以為另有所託，在其為伯駒先生所製《張伯駒年譜》一文中認為：一月六日，陳毅元帥逝世，臨終前囑咐家人將自己心愛之物——玉質圍棋送與張伯駒先生永念。張託來送圍棋的秦力生帶回敬題之挽聯。[2]

張伯駒先生弟子周篤文則說：「伯駒先生在陳毅元帥去世的第二天，手書挽聯，由夫人潘素和吳則虞夫人李應祿一同送至中南海西門傳達室，託其轉送陳府。」[3]

一月十日，毛澤東主席在參加陳毅元帥追悼會時看到先生所送的挽聯，問及陳毅夫人張茜，才略知先生近況，囑周總理關照先生的工作和生活。先生在《回憶陳毅元帥》一文中有如下描述：

開追悼會這一天，毛主席、周總理、董老（指董必武，編者注）、葉帥（指葉劍英，編者注）同看到這一挽聯，毛主席說：「這一挽聯好。」問我與陳帥的關係，張茜夫人說：「與陳是老朋友，從東北回來，還沒有工作和戶口。」毛主席對總理說：「趕快給他安排一下。」[4]

另張伯駒先生在其《五十年來我的情況》一文中有相同的敍述。[5]

一月二十一日，收到聘書，先生被聘任為中央文史研究館館員，並正式落戶北京。

二月二十九日，夫人潘素生日，先生邀飲於西郊並填《小秦王》詞以賀：

小秦王　壬子上元潘素生日於西郊同飲賦

白頭猶覺似青春，共進交杯酒一巡。喜是團圓今夜月，年年偏照有情人。

馬龍車水記喧填，曾過昇平幾上元。火樹銀花皆夢裏，寒窗相對一燈前。

---

① 根據編者所藏張琦翔手錄張伯駒先生所撰《回憶陳毅元帥》手稿整理。

② 項城市政協編《張伯駒先生追思集》。北京：紫禁城出版社，2010: 108。

③ 2018 年 7 月 30 日午，編者通過電話採訪周篤文。

④ 根據編者所藏張琦翔手錄張伯駒先生所撰《回憶陳毅元帥》手稿整理。

⑤ 項城市政協編《張伯駒先生追思集》。北京：紫禁城出版社，2010: 81。

春雪飄搖凍一城，東風吹到喜新晴。去年載得長安月，猶是今宵分外明。

勝朝堂墅半成田，垂老重遊貝子園。柙虎樊熊終一世，雙飛應亦羨青天。[1]

二月，關於晉職中央文史館館員一事，編者曾見到先生於一九七二年二月寫給友人的一封信中談及此事，世態炎涼，躍然紙上。今轉錄所見部分內容如下，以了解一代文化大家彼時彼地處境之艱難，並希以此昭示來者：

……余咏史、咏事，雜詞，有一聯：

好友感承青眼看，

老妻喜到白頭盟。

上語所指即沽上三詞友及都中則虞（吳則虞）、童第周、鍾美也。上次去津，弟已知我為落魄者，乃更加照護，歸京即言於則虞，則虞對弟甚加贊許，謂真是讀書人。甦宇（黃君坦）不同於我輩之交，其人頗多機心，不能不對其加以戒備。

此次入史館經過：

九月二十五日，寫致周公函，交孤桐（即章士釗），託其轉送。孤桐於十一月中旬始轉遞，多日杳無消息。後文史館主事者告孤桐秘書云：

周公交下孤桐信曾去東北調查我夫婦，得退職金及退回所扣工資有四千三百元，足夠五六年生活，不能入館，予以閒置。

君坦亦謂我入館所無希望。其實所得退職金經過兩年生活及購置，現僅餘六百多元。時陳毅先生自以病重，為其兩子同日結婚，其長子女家為科學院秘書長秦君（指秦力生，編者注）之女，與則虞住同院，余送一賀聯，陳毅先生見余賀聯，謂其夫人張茜，余為彼之老友，令詢我之情況如何。經秦君及則虞傳達我之情況，陳公囑張茜找周公要對我照顧。陳公逝世，我送一挽聯，張茜夫人令勿懸掛，教送家中保存，當場說我回京後尚未落上戶口，時葉劍英在旁說：「北京也有博物館，年老也

---

① 張伯駒著《張伯駒詞集》。北京：中華書局，1985: 191。

可聘為顧問。」張茜夫人為我兩面進行，文史館先薦表，君坦謂必尚有其它人，迂叟（指吳玉如）一定在內，實只我一人。前兩日，則虞遇甦宇於館中，甦宇問潘素是否無活動工作，則虞云：

潘素年力未衰，且有專長，理應工作。

蘇宇云：

北京女畫家也不止潘素一人。

則虞背後責甦宇：

對多年朋友既已落魄無援助之意，而尚存忌妒之心，殊不可解。

當時孤桐推薦甦宇入館，數月未薦表，後經則虞面託齊燕銘，始得薦表。按：世態炎涼，文人相忌之，事理之常。如真讀書人乃鳳毛麟角，不能一例論也。童第周君今歲始相識，則虞與談我之景況，彼云到我無辦法時，彼願出八百元供給我一年生活費。前數日彼特訪則虞云已到春節，彼欲先送二百元過年。適文史館已薦表，似此雪裏送炭，情殊可感。彼對注韓居裱工不出費，有所不安。余謂：「皆係讀書人，出費反不好。」彼遂釋然。余云弟能飲酒，彼擬候余去津或有人去津，帶贈佳釀兩瓶，此一雅事也。以上情況詳述三詞家知。迂叟、紹箕不可以相告。

挽陳毅聯：

仗劍從雲作干城，忠心不易，軍聲在淮海，遺愛在江南，萬庶盡銜哀，回望大好山河，永離赤縣；

揮戈挽日接尊俎，豪氣猶存，無愧於平生，有功於天下，九原應含笑，佇看重新世界，遍樹紅旗。

題海思圖四首　圖為陳毅將軍北戴河觀海遺影

痛我長城壞，寒天落大星。

遺言猶感激，老淚忽縱橫。

日暗旌旗色，江沉鼓角聲。

東南餘壁壘，忍過亞夫營。

凶問驚前夜，烝黎各叱喑。

殊榮存國體，公論見人心。

謀略珠槃重，歸思玉壘深。

車書窮九有，傳乘起商音。

一舉平淮海，人尊上將功，

大名垂宇宙，巨浪送英雄。

捧日心猶在，歌風願莫從。

九原靈不泯，長護祝融峰。

怕唱雍門曲，西州事可悲。

霜筠憐故劍，露薤泣靈旗。

國續褒忠藎，人尋墮淚碑。

音容圖畫裏，剩寄海天思。

鷓鴣天　辛亥除夕預作

生也有涯了有餘，花明柳暗識長途。琢殘白玉難成器，散盡黃金更讀書。　　梅蕊綻，柳枝舒，故吾鏡裏看新吾。眼前無限春光好，又寫人間一畫圖。

機鋒小影詞俟晤則虞、蘇宇、鍾美，請其和題。

碧拜　即頌　三詞家春祺

鈐印：張大（白文）、伯駒（朱文）[1]

是春，《秦遊詞》完成，先生自作跋語：

余自遼西入關，本定再入秦依女兒而居。辛亥冬，受聘入文史館，復能居京，或可終老。人事之變靡常，余除夕詞所謂花明柳暗識長途也。但詞仍以秦遊名。淵明桃花源記在晉時源內猶是秦人。又，歐洲語音稱中國為秦，尤古於美利堅謂中國人居住區為唐人街者。故中國率土之濱，皆為秦地，亦無不可。蓋秦為強國，是則又一義矣。

壬子春，叢碧跋。[2]

是春，去函天津諸詞友：

---

① 六朝鈞衡的博客 //http://blog.sina.com.cn/u/1992481481「尺素留真 -6 往事如烟否　張伯駒 1972 年書札」//2013-01-30 08：41：34。

② 張伯駒著《張伯駒詞集》。北京：中華書局，1985: 198。

　　昨歸京，值大雪。惜無吟侶聯句，晚自飲酒一杯。今晨接吳則虞兄書，云昨謁高齋，觸我往事，賦《一萼紅》詞一闋呈博誨正：

　　冒螻蛸。綴遊塵飛絮，猶掛戶檐高。繞屋螿聲，通簾草色，年年曾此魂銷。甚判教，今鄰昨主，怕吟夜、誤了把門敲。三宿桑悲，半規桂缺，兩成迢迢。　我是華堂昔燕，蹴春泥殘壘，權當新巢。重理琴尊，量移圖史，芳燈初記元宵。迥天地、一壺同縮，更何如、人盡化鷦鷯。分咐玲瓏舊月，莫過牆腰。

　　此詞甚佳，都中得一新友，可喜，更知迂叟殊忝乃祖矣。彼函後並候吾弟。機峰大作，日內攜與觀，彼必稱賞，因知之者必知之也。津聯句宜為一集，亦可為後日回看鴻雪之迹，我即未參與，亦可寄和。（俟向榮寶齋買兩本白紙本寄去，便錄存聯句。）前夜《鷓鴣天》詞可為「藕孔藏身十丈蓮，鷗吟共結夢邊緣。陌頭依戀尋芳地，樓外淒迷釀雪天。　追往事，惜餘歡。鶯聲燕語轉新年。莫愁酒盡春寒重，廿四番風到眼前。」

　　又前夜夢碧倡自度曲，未聯成，尚記起語，「雪意留梅，風情到柳，嬌春半禁寒暖」，前半闋已成，後闋希聚時成之。《傳奇》已完璧，原可不再補一折，但機峰《哨遍》一曲大佳，不可遺珠，故必須加一折矣。寫成後即錄寄為荷。

　　草此，即頌

春祺。

碧草，初六日

　　鈐印：張大（白文）、伯駒（朱文）[1]

　　四月十八日，詞家吳則虞來函，向先生介紹青年詞人周篤文，後先生將此函轉交周篤文。函中說道：

　　昨日周竺文[2]兄見訪，此人軒昂佳氣也，文字骨肉之交，通乎性靈。弟有句云「一生低首拜湘人」，又見斯人矣。弟無他長，幼年所聞徽州多出讀經之法，薄有所知，擬體氣稍好，為說：

---

① 廣東崇正拍賣有限公司 2018 年秋季拍賣會之「同氣並香・張伯駒、潘素的朋友圈」第 809 號拍品，拍賣時間：2018-12-13。

② 即周篤文。

《十三經注疏》讀法（三十年前即以此教蜀湘各大學），以《詩經》為例如何？

劉申叔（師培）治學方法，以荀子為例。

但希望能覓一小室，但求乾燥一點。此等話旁人不能聽也。有便可略述石遺先生 [1] 宋詩法門。周先生或不為謬，我再不述後世無傳焉。

同屋某醫院院長住院，忽回云：數人合居一室，甚苦甚苦！故弟有此懼。

虞

十八日

又：可先言明，中秋節出院，決無難色，統乞代籌。百拜百感！ [2]

是夏，贈弟子周篤文蠟板刻本《秦遊詞》，並在書後題長跋以述該書稿成書之前後事。先生跋曰：

原本為一陳姓者鈔寫，錯落不可勝計。乃另列勘誤表，使另一人鈔寫。而此人對勘誤表不解，原本錯者仍錯，不錯者亦錯；且不知詞之上下句音韻，即《囉嗊曲》、《小秦王》、《鷓鴣天》、《浣溪沙》如詩之調，亦不能句讀。如詞《囉嗊曲》、《浣溪沙》每調之四闋者，則連寫下去。屢經改易粘補，裝訂時復將跋語置於序前，鈔訂竣事費一月之時間。昔見毛子晉汲古閣鈔本，書價值不下於宋刊本。此寫本則實令人可恨、可笑！其鈔寫者為誰？乃項城洪憲皇帝袁世凱之重長孫也！生愚蠢、愯戾、疑忌，處家庭不睦，交朋友多猜，受箴規不服，對事接物不知分寸。年已不惑，娶妻生子女各一，旋離異，無職業。欲鈔書給食，然既無學而又自信，教之不能領悟而即忘。其父母姊妹謂其有精神病，恐是。若項城帝制成，彼當為第四世皇帝，如清之乾隆者。但袁氏之菁英盡萃於項城與寒雲之身。使此子果為帝，必亡國覆宗。是項城帝制不成，實袁氏之福矣！袁氏先世餘德，有以致之！觀清順、康、雍、乾之世，武功文治，昭垂一時。比載灃、載洵、載濤、溥儁、溥儀、溥傑一輩，非紈綺子弟即庸人懦夫，國祚何得不易！非惟近世往史亦然，信氣數之終，不可以人力挽也。

---

① 即福建籍學者陳石遺。

② 函由周篤文供稿。

壬子夏叢碧記，目疾日劇書不成字。[1]

八月，郭沫若在《文物》雜誌第二期刊發《新疆新出土的晉人寫本〈三國志〉殘卷》一文，認為新疆鄯善縣所出土《三國志》殘卷字體「筆捺極重，隸書氣味很濃」，所以，他認為一九六五年期間曾熱烈辯論過的《蘭亭序》真偽問題已有定論，進一步論證王羲之《蘭亭序》為偽作。所謂「蘭亭論辯」，肇始於一九六五年，郭沫若根據南京所出土的「王興之夫婦墓」撰文《由王謝墓誌的出土論到蘭亭的真偽》，並刊載於一九六五年五月二十二日的《光明日報》，《文物》雜誌同年第六期轉載。這篇文章郭沫若主要表明「《蘭亭序》是依托的，它既不是王羲之的原文，更不是王羲之筆蹟。」由此掀起了中國書法界一場有關《蘭亭序》真偽的大論爭。先生顯然不同意郭沫若的觀點，欲倩周汝昌代寫一篇論文，並寄呈周恩來總理，以表明自己的主張。周汝昌在《蘭亭秋夜錄》有載：

第三位是張伯駒先生（指不同意郭沫若觀點者，編者注），他對郭說十分反感，卻因不善撰寫論文，要我「捉刀」，他要向周總理反映意見。我應囑代寫了一份上書於總理的意見文字；但我心裏明白：恐怕不會有什麼用處，周總理怎能對這種問題表態？更不能對郭氏有什麼指示。後來張先生似乎也沒得到他所希望的結果。[2]

八月，著名崑曲演員白雲生去世，擬挽聯痛悼：

玉笛空吹，舊曲不堪歌白紵；

霓裳同詠，名園猶憶舞紅氍。

九月，邀黃君坦、張牧石遊香山看紅葉，歸而填詞《臨江仙》一闋書贈周篤文：

臨江仙　重九後同君坦牧石西山看紅葉，和君坦韻

風雨年年愁裏過，幾番辜負佳辰。棲霞山影夢梁陳。雁歸千里訊，人入亂峰群。　就菊插萸當日事，眼前更有誰存。秋光猶似舊時人。飄零身世感，一葉墜紅塵。[3]

---

① 《秦遊詞》一書手抄本，原為先生贈送周篤文者，現存周篤文宅，這段題跋亦為周篤文供稿。

② 周汝昌著、周倫苓編《蘭亭秋夜錄》。桂林：廣西師範大學出版社，2012: 132。

③ 原詩稿為周篤文珍藏。

九月二十二日，壬子中秋，先生在天津填《人月圓》一闋並書贈周篤文：

人月圓　壬子中秋在天津

南斜街裏鬓齡事，回首夢當年。焚香祝酒，聽歌丹桂，看舞天仙。　離鄉辭土，一身萍梗，滿目烽烟。依然此世，青春不再，明月還圓。[1]

十月，書錄新詞三闋贈張牧石：

人月圓　壬子中秋在天津

南斜街裏鬓齡事，回首憶當年。焚香祝酒，聽歌丹桂，看舞天仙。　離家辭土，一身梗絮，滿目烽烟。依然此世，青春不再，明月還圓。

鷓鴣天　壬子重九未作山遊

柳色漸疏菊蕊稠，昨宵風雨已深秋。勸人綠酒傾杯酒，邀我青山到杖頭。　紅葉醉，白雲愁，年年都作畫中遊。殘軀雖健心情懶，今日登高只上樓。

浣溪沙　和君坦重九韻

落帽登高少舊人。丹楓空自染霜痕。滿城風雨又佳辰。　門柳漸疏鴉帶影，鄉書久斷雁驚魂。年年作客滯征塵。[2]

十月十五日，填詞《鷓鴣天》一闋並書贈周篤文：

鷓鴣天　壬子重陽未作遊

門柳添黃菊蕊稠，昨宵風雨已深秋。勸人綠酒傾杯底，邀我青山到杖頭。　紅葉醉，白雲愁，年年都作畫中遊。殘軀雖健心情懶，今日登高只上樓。[3]

一九七三年（癸丑）　七十六歲

一月五日，逢壬子小寒節，與潘素為楊紹箕合寫《歲朝圖》：

---

① 原詩稿為周篤文珍藏。
② 廣東崇正拍賣有限公司 2018 年秋季拍賣會之「同氣並香‧張伯駒、潘素的朋友圈」第 812 號拍品，拍賣時間：2018-12-13。
③ 原詩稿存周篤文處。

勁竹寒松各有神，紅梅數點見天真。

憑將京兆畫自筆，寫出人間浩蕩春。

款識：壬子小寒節，與潘素合寫《歲朝圖》，為紹箕世講雅鑒。中州叢碧。

鈐印：伯駒（白文）、潘素（朱文）、春游（朱文）、女河陽（朱文）[1]

一月，書錄《小秦王》一紙：

小秦王書近日事

舊居猶是傍西涯，獨坐南窗日又斜。節近大寒寒不覺，迎春先放兩三花。

胭脂曾看染烽烟，世事長安又百年。不見白頭宮女在，已無人更說開元。

客來過午到燈青，落子聲聲一劫爭。已解輸贏天下事，貓兒何用亂棋枰。

金屋猶能剩一椽，鴛鴦浪裏自年年。看他洗手晨炊畢，又畫青山換酒錢。

一、今冬不寒，室內迎春放花。

二、文史館員容齡去世。

三、客來對弈，自午至晚，貓兒臥案上旁觀。

四、歲將盡，潘素趕畫換錢買酒食。

叢碧

此寫近日事，不必存，請酌。[2]

同月，書錄《西子妝》一闋贈張牧石：

西子妝　壬子小寒後過天津南斜街舊居，和牧石韻

雲凍天垂，雪飛地舞，乍覺斜街寒冱。堂前燕子是誰家？幾滄桑，不堪重顧。年華未數。人笑問、客來何處？記當時，勝六郎顏

---

① 中國嘉德國際拍賣有限公司 2015 秋季拍賣會「之中國近現代書畫」第 0413 號拍品，拍賣時間：2015-11-14。

② 廣東崇正拍賣有限公司 2018 年秋季拍賣會之「同氣並香・張伯駒、潘素的朋友圈」第 803 號拍品，拍賣時間：2018-12-13。

色，蓮花難補。　曾相覷。縹緲驚鴻，一賦陳王句。宮鄰天后近蓬萊，擬凌波、洛川輕步。明珰翠羽。猶想像、靈風流緒。奈春來、那更長飄夢雨。

碧草 [1]

二月初，書錄《鷓鴣天·壬子除夕預作》贈張牧石：

鷓鴣天　壬子除夕預作

　　百感獨多是此宵，一身回看更蕭條。殘燈意到原頭火，沸水聲來世上潮。　居燕幕，寄鳩巢，餘生且自作逋逃。但知白髮年年老，豈望青雲步步高。

　　今夕明朝歲歲同，不知歲歲換顏容。一身漂泊如風裏，萬事迷離似霧中。　餘敝帚，剩焦桐，秋花難比老來紅。天羅地網人間世，何羨高飛避弋鴻。

叢碧

　　二首選一。「過南斜街」和韻，可不存。首闋結句易「逢春莫濺花開淚，留看風雲幻海濤」。前「看」字易「憶」。[2]

二月一日，去函張牧石：

　　三印精彩之至，寄上書詞。請鈐上寄回，即付裝裱。煥塘聯容書好再寄，即頌，

牧石印人清吉。

叢碧拜
立春前三日 [3]

二月二日，壬子除夕，先生填《鷓鴣天》一闋抒懷：

鷓鴣天　壬子除夕

　　百感獨多是此宵，老年景象更蕭條。殘燈意到原頭火，沸水聲來世

---

① 廣東崇正拍賣有限公司 2018 年秋季拍賣會之「同氣並香·張伯駒、潘素的朋友圈」第 814 號拍品，拍賣時間：2018-12-13。

② 廣東崇正拍賣有限公司 2018 年秋季拍賣會之「同氣並香·張伯駒、潘素的朋友圈」第 815 號拍品，拍賣時間：2018-12-13。

③ 廣東崇正拍賣有限公司 2018 年秋季拍賣會之「同氣並香·張伯駒、潘素的朋友圈」第 815 號拍品，拍賣時間：2018-12-13。

上潮。　　尋燕壘，寄鳩巢，餘生心外作逋逃。逢春已少花間淚，眼霧迷離幻海濤。**1**

二月三日，癸丑春節，先生弟子周篤文在「文革」中被前妻劃清界綫，掃地出門，惟一女兒跟隨身邊，父女形影相弔。先生惜其困苦，特邀至家中一起過年，並作《梅花圖》卷，題詩贈之，詩曰：

> 顧曲當年夢影迷，周郎心事少人知。
>
> 小桃已向東風嫁，只對寒梅喚作妻。
>
> 款識：篤文賢契雅尚，癸丑張伯駒。
>
> 鈐印：春游（朱文）、張伯駒印（朱文）、好好先生（朱文）**2**

二月十七日，填《人月圓》一闋：

> 人月圓　癸丑元宵，時患目疾
>
> 烟中霧外銀蟾影，還射到雙瞳。上元佳節，踏歌聲裏，只唱盲翁。　　江山錦繡，樓臺燈火，望處朦朧。春光便好，萬紅千紫，負了東風。**3**

二月二十六日，去函張牧石：

> 三印極佳，可以工部贈太白詩「清新庾開府，俊逸鮑參軍」喻之。煥墉冊下星期即着手畫。《臨江仙》**4** 詞甚清雅，惟前後重一「到」字，前可易「秋入梧桐院落」。又「臺」字出韻，或易「亭池」。「燈火樓臺」現成，「亭池」上用何兩字？「風露」、「荷芰」、「楊柳」皆不如「燈火樓臺」。請酌。即頌
>
> 刻祺！
>
> 　　　　　　　　　　　　　　　　　碧頓首
>
> 　　　　　　　　　　　　　　　　　廿六 **5**

　　印溫春燕如陽曆年來京，託其帶來。彼寓河北南路 235 號財政局內，離晉齋處不遠。

---

① 張伯駒著《張伯駒詞集》。北京：中華書局，1985: 198。

② 2017 年 10 月 24 日在宣武門採訪周篤文，原件為其本人收藏。

③ 張伯駒著《張伯駒詞集》。北京：中華書局，1985: 204。

④ 王煥墉作《臨江仙》：秋到梧桐院落，人歸燈火樓臺。笙歌散後漏聲遲。吟香銷篆影，拂軫動簾漪。　　還是舊時月色，肯留夢裏清輝。一枝一葉總堪疑。此心同蠟炬，到曉盡成灰。

⑤ 廣東崇正拍賣有限公司 2018 年秋季拍賣會之「同氣並香．張伯駒、潘素的朋友圈」第 820 號拍品，拍賣時間：2018-12-13。

是春，同周篤文等人到故宮賞牡丹，先生填詞《瑞鷓鴣》一闋：

瑞鷓鴣　故宮看牡丹

艷色濃香玉砌前，興衰幾換不知年。飄零敢怨芳時晚，恩寵猶思盛日全。　彩仗曾叨春步輦，珠燈回夢夜張筵。只今都了傾城恨，迸淚相看亦惘然。[1]

弟子周篤文亦有和詩《故宮賞牡丹和叢碧丈》：

聞道花開玉砌前，也攜殘酒送流年。

色酣粉面春魂媚，香涴檀心蜜意圓。

休遣游絲驚綺夢，從教飛絮舞瓊筵。

憑欄我亦蹉跎久，每對東風總悵然。[2]

是春，與天津張牧石寫信，抄錄《瑞鷓鴣·故宮看牡丹》一闋：

故宮看牡丹

艷色濃香玉砌前，興衰幾換不知年。飄零敢怨芳時晚，恩寵猶思盛日全。　綠仗曾叨春步輦，珠燈回夢夜張筵。只今都了傾城恨，迸淚相看一惘然。

棲鳳小築俟周君來為扶紙，書好寄去。即問諸詞家春祺，碧頓首。[3]

四月五日，癸丑清明，同廖同、李大千、周篤文、潘素同遊大覺寺，填《小秦王》一組：

老年人在霧中行，無限光陰讓後生。耳畔喜聞春到了，杏花時節又清明。

舊雨無多新雨來，看花今又踏青苔。年年便是春長好，開落能知有幾回。

夾道松陰石徑斜，行行直似入雲霞。杏花恰對斜陽看，更着詩人與畫家。

① 張伯駒著《張伯駒詞集》。北京：中華書局，1985: 206。
② 周篤文著《影珠書屋吟稿》。北京：中國文聯出版社，2010: 8。
③ 廣東崇正拍賣有限公司 2018 年秋季拍賣會之「同氣並香·張伯駒、潘素的朋友圈」第 803 號拍品，拍賣時間：2018-12-13。

折來羞對杏枝妍，回首衰年夢少年。只合玉蘭花下立，白頭相映各成顛。**¹**

四月二十日，天津詞家張牧石偕夫人來先生宅中賞牡丹，惜經三日花未放。回津接先生函，告知宅中牡丹已放。張牧石有詩紀之：

> 癸丑穀雨偕内子晉京看牡丹，歷三日花猶未放，歸後得碧丈書，告翌日即開，走筆為答。
>
> 半拆新苞泡暮烟，花邊幾日待春妍。
> 番風廿四偏無信，不見花開穀雨天。
> 縱使花間有逸馨，也應不是舊娉婷。
> 從來未與花相妒，避面何緣似尹邢。
> 此身本乏金銀器，何事來看富貴花。
> 莫怪春風太無賴，故教一日勒芳華。**²**

五月一日，去函張牧石：

> 牧石詞家：
>
> 函奉悉。《春遊瑣談》五集、《春遊詞》俱在日内寄紹箕轉交。鼻烟壺墨林製時壺口製一小勺，因我尚有鼻烟兩瓶可以聞也。正剛既忙且亂，多為無益之事，以負有涯之生。前曾來信問李大千治印、廖同作畫事，我覆信云此瑣碎之事，我腦子裏一概沒有，問我反誤事，應直接去信問篤文。現彼問廖同畫，答覆仍此兩語。對此瑣碎之事，正剛須保證不再問我。否則，以後對彼來信恕不拆封，原信退回，一笑。李大千印、廖同畫，有亦可，不有亦可，對此牽掛心神，甚無謂也。前此在君家見到一治印者，一印上刻幾十字，此亦為正剛座上客。則知正剛之看法當與我不同矣。
>
> 即頌
>
> 刻祺！
>
> 碧叩　五一**³**

七月一日，正在香港探親的中央文史館館長章士釗因病去世，享年

---

① 張伯駒著《張伯駒詞集》。北京：中華書局，1985: 205。
② 張牧石著《張牧石詩詞集三種》（待盡堂詩·卷二）。北京：北京聯合出版公司，2018: 8-9。
③ 廣東崇正拍賣有限公司 2018 年秋季拍賣會之「同氣並香·張伯駒、潘素的朋友圈」第 824 號拍品，拍賣時間：2018-12-13。

九十二歲。章士釗去世後，先生填《瑞鷓鴣》一闋挽孤桐：

　　　　雲霄萬里作神遊，晤別緣慳不少留。座上光風忝驥尾，天南星宿望龍頭。　　捧觴壽滿圖猶在，擊鉢聲沉燭亦休。此去九原應一笑，佇看完璧整金甌。[1]

七月八日，畫家劉海粟致函周穎南，信中談及先生及章士釗，附函如下：

穎南賢兄如晤：

　　　手教稠疊，快若晤談，各位友好一再討論關於印畫集事，盛意感謝！尤其是您滿腔熱誠，令人感動。此事以各位收藏家為主，作者沒有什麼意見，決定以葆芳畫集為依據，大小尺寸，很相宜，能集畫五十幅，彩色版二十幅更妙。出版費不成問題，最重要的要選得精，印得好。囊商務、中華出版的國畫集、油畫集及叢刊，一直到一九五七年尚有不少版稅。解放後上海人美所印《群牛圖》、富春江、嚴陵瀨、虎跑泉、太湖風景等畫，發行數量更大。畫片社所印大着色沒骨山水，印六十萬張。諸公蓋思周匝，想碩畫早經洞澈也。弟畫了《迎客松》後，又有美籍友人回祖國觀光，屬畫巨幅《黃山圖》，畫成心力交瘁，足腫手僵，殊憔悴。迫於耄（耄）年，氣血不足，最近檢查身體，醫囑靜養，不動墨，不見客，致遲遲覆書為歉。病況至今尚未脫然。前談香港中國名家書畫展覽會，不是古董商或什麼商人藝術公司辦的。最近南方友人來說起春季又展出中國近今名畫，評價很高，老人有一幀山水畫由日人以數萬元收購云云。家耀兄來函亦云，齊畫一大幅日人亦以五萬元購去。中國名畫在世界美術史上有很高地位，有優秀的傳統，近今畫家推陳出新的傑作，應該有很高的評價。聞畢加索死後，一張作品賣給美國值一百餘萬美金。東方日本戰後經濟發展很快，日人有錢，又能欣賞，近來大量收購中國近今名畫，相比之下，還是很便宜云云。他說得很對。就余所知，二十世紀世界最有名的畫家畢加索，於四月八日去世，終年九十一歲。畢加索和他四十六歲的妻子在法國里維埃拉過着城堡式的隱居生活，他一直作畫到死。畢加索八十八歲畫了三百四十張石版畫，是生平的傑

───────────

① 張伯駒著《張伯駒詞集》。北京：文物出版社，2008: 254-255。

作，開創了一個新的時代，精製了五十套，由他親自簽名，為各國博物館定購一空，得值一千萬美元。世界工業愈發達，經濟愈發展，名畫價值愈高，這是一定的規律。每一個世紀不是一定能夠產生幾個偉大傑出的藝術家。您說得好，不能拿藝術品當作商品，但藝術品自有它不朽的一定的評價。總之，畫絕不是為生活而應付的東西。

　　吾兄雅好文藝，精於鑒賞，來函云星洲有人有如此談論，隔壁聽聲，置之不足道也。竹老文孫何松六月中旬南來晤談，少年英俊，矯矯不群，交閱祖父給他的信，辟頭就說：「我很高興得到四十餘年未通消息老友國畫大師劉海粟兄，寄信到新加坡紗廠朋友周穎南處，對我極其懷念，知我健在而高興，並要我約見他在港的女兒，他當日與徐悲鴻齊名，任美專校長，我家裏還懸掛一巨幅《蒼鷹圖》是他的傑作，他致周函、影給我看到，文是太好，字寫顏真卿亦太妙了。云云。」並錄示行老、王益知、張伯駒、潘國渠、陳廉仲諸公賀竹老七十四歲壽辰詩。注曰：此詩由小孫何松謁呈劉海粟公公，並代表敬叩劉公公起居，致以深切問候，並影印致行老函一通。披瀝血誠，讀之感涕。何松前日遊黃山回滬，又來看我。他說黃山山洪暴發，他不顧艱險，經一線天登玉屏峰，看到雲海奇景。又上蓮花溝到清涼臺觀日出。何松機智勇敢，弟愛之。寫到這裏，讀報驚悉行老在香港傾逝，不勝悲痛，哲人遽萎，損失無可彌補。行老一生精研文史，著述甚富，中外欽仰。為祖國的統一和富強作了不懈的努力。關心祖國社會主義建設事業，為謀求祖國的統一，不憚辛勞，愛國精神，人人敬仰。

　　遐公既去，而行老繼之，用是情懷甚惡，臂愈顫，眼益花矣。凄然回憶，獨夜隕涕，以是知兄與潘、保二老之不能堪也。涉筆潦草，不盡依馳。敬頌

大安！

弟海粟力疾書
一九七三年七月八日[1]

七月二十九日，與張牧石去函：

① 周穎南、劉海粟著《周穎南文庫》卷九‧《劉海粟周穎南通信集》。北京：北京師範大學出版社，2006: 53-54。

　　清人筆記詩似為嘉道後之作，不擬和。前數日接所謂詩霸者周采泉[1]來書，索為作書畫，附近作《題石谿上人牡仙墨牡丹詩》兩絕、《題方密之夢遊羅浮圖》兩絕。但因目疾加劇，案上詩詞信件堆積零亂，無法整理，已找不到，只記一首結句為「義熙而後餘僧臘，漫寫唐花薦歲朝」，二首結句為紅韻，羅浮詩一首結句為「夢騎蝴蝶訪南山」，首二句為「月光獨照舊山河，平生點點英雄淚，應與梅花一樣多」，此人詩是較有工夫之宋詩，則虞專論宋詩法門，其詩尚不及此人。余和韻如次：

　　飄零身世等浮瓢，留枕凌波願可超。天遣生來風雨妒，最堪憐日是花朝。

　　春華一瞬太匆匆，碧盡成朱夢亦空。敢怨東風狂似虎，白頭不許對朝紅。

　　次題：

　　蒼茫天地竟何之，槐國興亡事已移。欲向冬青同一哭，梅花猶自放南枝。

　　夢裏啁啾翠羽過，醒來已換此山河。感時一濺花間淚，應比紅妝額點多。

　　津詞家亦可一和。

　　目疾日壞，欲書贈津詞家各嵌寫一聯。文已有，須星期日有人來照料[2]，乘興書之，以留鴻爪。老年情境如此，生亦累也。但誦佛候之耳。牧石詞家、諸詞家清吉！

碧拜
夏曆六月卅[3]

七月，去函張牧石，談及陳瘦愚為章士釗所寫挽聯事：

　　陳瘦愚來信，挽章孤桐《洞仙歌》一闋，託轉文史館辦公室。解放

---

① 周采泉（1911-1999），原名周湜，筆名為稀翁，室名學老齋，浙江鄞縣人。建國前，在上海工商界任秘書、協理。中華人民共和國成立後，由著名學者、浙江圖書館館長張宗祥汲引，入杭州大學圖書館任職，並兼杭州大學教授，擔任古籍編目工作及中文系漢語大詞典編輯。1985 年被聘為浙江省文史館特約館員。

② 此處說有人來照料，應指周篤文。

③ 廣東崇正拍賣有限公司 2018 年秋季拍賣會之「同氣並香‧張伯駒、潘素的朋友圈」第 805 號拍品，拍賣時間：2018-12-13。

臺灣等語，皆入詞中，裘秀才革命前途真廣闊，外交原則不通融，不能專美於前，沈仰放復生，亦當遜一籌。[1]

九月十三日，著名數學家何魯因心肌梗塞病逝。

九月二十日，何魯追悼會在京舉行。先生與何魯是詞友，親自出席追悼會，並為其擬挽聯哀悼：

此間樂可思蜀乎，玉壘金沙猶在望；

世上事皆是數耳，洛書義象早成名。

九月二十一日，去函張牧石，並書錄黃君坦詞作《渡江雲》及其和作，以及《人月圓》詞。附函如下：

渡江雲
君坦

朝來聞鵲喜，鳳城鼓角，晴日上霞旌。十年春夢短，過眼風花，亂落總無情。前歡密誓，背裏燈、嬌繫香纓。曾幾日、猰兒亂局，又了一棋枰。　　鐘鳴□□奩展，猩色屏開，□□□□□重愁。□□□、隔簾彈雀，密坐調鸚，蠻方八□拋□樂，啟綺窗、青鳥逢迎。新寵齋，么環飛占紅英。

渡江雲　和君坦

西來秋氣滿，霜天雁陣，落日照斜旌。春華回首夢，嫁了東風，桃李總關情。盈門賀客，會八方、列作簪纓。筵席散、燈花夜半，斂子剩棋枰。　　□鳴□鶯歌燕，袍笏登場，再甋甌重整。還隔座、聯吟簫鳳，對語籠鸚。峰青鼓罷湘靈瑟，又曲終、波送了迎。隨逝水，浮萍飄逐沉英。

人月圓　癸丑中秋晴夜，陰不見月

輕陰釀雨雲遮幕，奩鏡半塵凝。無花無酒，更無客到，且早休燈。　　何須求缺，人生元是，易缺難盈。不勞相照，心田意境，自有光明。

卻教不動思鄉意，一霎幻陰晴。舉杯邀飲，三人獨我，影失中庭。　　桂華暗裏，天香猶覺，落子無聲。明年元夕，張筵待看，雪打花燈。

近日目疾加劇，君坦來詞，一星期後有友人來，求為另鈔大字，以放

① 廣東崇正拍賣有限公司 2018 年秋季拍賣會之「同氣並香・張伯駒、潘素的朋友圈」第 822 號拍品，拍賣時間：2018-12-13。

大鏡視之始悉。和詞不過半小時，年來書以字，非用放大鏡亦不能辨，請再重寫。寄來字□□去書再稍大一些，以放大鏡視之，始不□□刀。

何魯已故去，昨日參加其追悼會，挽以聯云：

此間樂可思蜀乎，玉壘金沙猶在邑；

世上事皆是數耳，洛書義象早成名。

以其為蜀數學家也！為治印尚存我家，未來取，俟有人帶津，磨去為我重刻。即頌

日祺

碧頓首

八月廿四 **1**

信不重寫，寄亦可。星期日周君 **2** 來，□其讀。再來書須寫大字，敬請了此為荷。**3**

九月，袁克文長子、國際上著名的美籍物理學家袁家騮、吳健雄夫婦回國探親，聲明要看望表叔張伯駒。因先生在後海南沿二十六號的小院「文革」中被充公，搬進多家居民，居住條件極差，國務院辦公室準備給安排一個新的住處。先生回答：「我是這個樣子。就是這樣。何必換地方。」**4** 後雙方在北京飯店相見。

是秋，步周汝昌韻填詞《風入松》咏三六橋舊藏紅樓夢三十回本。詞曰：

咏三六橋藏紅樓夢三十回本。此本流落東瀛。步汝昌韻。

艷傳愛食口脂紅，白首夢非空（史湘雲後嫁寶玉）。無端嫁得金龜婿（探春嫁外藩），判天堂、地獄迷踪（寶玉曾入獄）。更惜鳳巢折散，西施不潔塵蒙（王熙鳳被休棄）。　此生緣斷破驚風，再世願相逢（薛寶釵以難產死）。落花玉碎香猶在（妙玉流落風塵），剩招來、魂返青松（總括紅樓夢）。多少未乾血淚，後人難為彈窮（指後之紅

---

① 指陰曆 8 月 24 日。

② 指周篤文。

③ 中國嘉德國際拍賣有限公司 2019 秋季拍賣會之《筆墨文章・信札寫本專場》第 2198 號拍品，拍賣時間：2019-11-18。

④ 張伯駒潘素文獻整理編輯委員會編《回憶張伯駒》。北京：中華書局，2013：114。

學者）。[1]

十月四日，先生獨自去陶然亭賞秋，並填《浣溪沙》詞兩闋：

浣溪沙　癸丑重陽獨登陶然亭

　　老眼迷離不見山。江亭獨自倚闌干。霜風淒緊雁南還。　舊雨都隨衰葦盡，小塘猶剩敗荷錢。香魂鸚鵡兩無言。

　　連袂重來少舊人，空飄紅葉染霞痕，只多愁病過佳辰。　寒露成霜蟲不語，西風亂陣雁迷魂，斜陽西下萬山昏。[2]

十月四日，寫信於齊白石弟子、遼寧海城王漱石。信文如下：

漱石同志：

　　華翰拜悉種種。中央文史館係研究單位，而北京出版社沒有熟人。可否直接與各出版機構函商？僕年來患白內障目疾，過一時期擬到醫院動手術，俟復明後當執筆覆命。內子邇來忙於外貿作畫任務，終日無暇，一俟稍有時間，定當繪竣寄上。特此布覆！順頌

撰祺！

張伯駒拜覆
七三年十月四日 [3]

十月十一日，去函張牧石，談詞人胡蘋秋一事：

　　以目疾加劇，艱於書字，故久未通訊。家務事了否？為念。近來身體不適，現少見痊，尚待恢復。

　　蘋秋之謎已揭破，彼即為荀派青衣。《北洋畫報》登其劇照者，與胡仲丞為一人。過去以弁託釵遍與唱和詩詞。九月我曾致其一函，謂前事已成過去，佛法不黏不脫，此後偶通信亦可，不通信亦可。他日去秦，或過并（並）作半日勾留相晤，亦須視機緣如何。彼覆信云：彼實係弁而釵者，現尚未解放。附履歷曾為東北軍何柱國之少將秘書長。今年六十二歲。託我致函極峰，為其求情。我覆函無此力，不宜向上反

---

① 張伯駒著《張伯駒詞集》。北京：中華書局，1985: 217。
② 張伯駒著《張伯駒詞集》。北京：中華書局，1985: 217。
③ 吉林市久翔拍賣有限責任公司 2012 年首屆中國書畫精品拍賣會「醉石齋書畫保真專場」第 0295 號拍品，拍賣時間：2012-04-28。

映，亦必無效。後又致彼信，示以佛法謂懺悔為大功德，覺悟為大智慧，須於懺悔中求覺悟。彼覆信不悟，反述及彼三十歲即膺少將職，與名演員各地會演，男作女裝，乘火車以紅巾掩口，及遍與名流唱和詩詞等，猶眷戀餘榮故艷。則知此人實係小有才而大無品者。但此一揭破，大解我之癥結。我原以既不能負潘素，又不能負彼，糾纏于心，今則與潘素患難白首，以終餘年，易簀之時，心安神定矣。年來我誦佛頗精進，有無感應在不可思議與自然之間。老弟前云日誦佛，甚善，不可中斷。胡來信，皆存周篤文世講處，來信亦可逕寄：和平里中醫學院周篤文。因以目疾，來往信均由其代讀代覆也。近作有「香山看紅葉」《渡江雲》一闋，字多不欲再書，可函篤文索寄。即頌
牧石詞家清吉！

碧頓首

十月十一[1]

十二月二十六日，毛澤東主席八十正壽，先生填《鶯啼序》詞一闋祝賀，潘素繪《日升松茂圖》全賀。附先生《鶯啼序》原詞：

東方正騰嶢日，照千門萬戶。看陶冶、消長乘除，送卻秦楚朝暮。祝融聳、靈鍾間氣，大椿長茂神州樹。算舊時、青史都成，水花泥絮。

傀儡逢場，載筆執戟，甚龍雲豹霧。世間事、正道滄桑，升沉原有田素。夢繁華、六朝五代，商女□，歌殘金縷。戴雲霄、鶴鵬搏，俯視汀鷺。

旌旗電閃，鼓鼙雷鳴，師干縮虎旅兵。氣化、音樽玉帛，放牧桃林，萬國衣冠，八方風雨。鮮明鎧甲；森嚴壁壘，試看飛將龍城在。總難教、胡馬陰山度。珠聯璧合，金湯錦繡江山版圖，永固吾土。

千間廣廈，衣被蒼生，更庇寒裘苧。喜此日、舜堯重見，攘攘熙熙，薄海歡騰，色飛眉舞。同登壽域，更開新紀，潮頭何足當弩射，障狂瀾、獨有中流柱。數來多少英雄，過眼興亡，問猶在否？

---

[1] 廣東崇正拍賣有限公司 2018 年秋季拍賣會之「同氣並香・張伯駒、潘素的朋友圈」第 806 號拍品，拍賣時間：2018-12-13。

款識：調寄《鶯啼序》依吳夢窗韻，祝毛主席八十壽辰詞。中州張伯駒。

鈐印：伯駒長壽（白文）、叢碧八十後印（朱文）、京兆（朱文）[1]

是年，為許姬傳所藏梅蘭芳繪《雙鴿圖》題詩：

小秦王　題梅蘭芳畫白鴿

行雲響過繫金鈴，知到青霄第幾層。飛去曾傳人日鳥，已終王氣十三陵。

款識：癸丑張伯駒[2]。

是年，寫紅梅一枝，並題詩句：

十年征戍客遼陽，卻憶寒梅夢故鄉。

一蕊一花生意在，回春猶有返魂香。

款識：玉塞歸來盆梅猶在，一花一蕊憔悴可憐，因題以詩，並寫其貌。中州張伯駒，時年七十有六。溫平詞兄雅鑒！

鈐印：春游（朱文）、張伯駒印（朱文）、好好先生（朱文）

是年，過錄詞家黃君坦為先生所作詞四首：

竹枝婀娜柳枝濃，幾日烟條映碧叢。只惜芳菲歌板歇，斜陽閒坐對盲翁。

蠻腰一搦嫁時妝，長記班雕繫陸郎。殘月曉風詞客老，化萍遮莫覓秋娘。

包明月曲不堪聽，湖上人家柳色青。料得歸來雙燕子，天涯芳草訴飄零。（梁宮人包明月有《花溪歌》。叢碧寓廬為曲家包丹庭故居。）

樹猶如此我何堪，〔銀〕錠金絲水一灣。賸與鷗波商畫稿，亂柴斧劈補青山。

右君坦詞，皆寫我本事。[3]

是年，為新加坡華裔學者周穎南寫紅梅一幀並題：

---

① 北京中招國際拍賣有限公司 2011 秋季拍賣會之「古今翰墨——名家楹聯書法專場」第 0103 號拍品，拍賣時間：2011-12-16。

② 許姬傳著《許姬傳藝壇漫錄》。北京：中華書局，1994: 517。

③ 廣東崇正拍賣有限公司 2018 年秋季拍賣會之「同氣並香·張伯駒、潘素的朋友圈」第 808 號拍品，拍賣時間：2018-12-13。

春風上面初疑酒，晴雪融肌始見花。

猶憶西湖蘇小墓，香魂常是傍林家。[1]

款識：穎南詞兄雅政，癸丑中州張伯駒寫紅梅並題。

鈐印：春游（朱文）、張伯駒印（朱文）、好好先生（朱文）[2]

是年，與友人寫函：

來書今日接到，《機峰傳奇》、《秋碧詞五集》，自仍可存，亦離奇惝
恍之一軼事。《柳文旨要》適值友人借去，俟還後寄來。廖先生名同印石
印款式早已捎至天津，諒不久即可收到。又及。[3]

是年，為天津楊紹箕作嵌名聯：

紹興剩水殘山留趙家半壁，

箕子三韓萬姓存殷氏一支。

款識：紹箕世講雅屬。癸丑叢碧，時年七十有六。

鈐印：張伯駒印（朱文）、好好先生（朱文）[4]

是年，應老友許姬傳之情，先生與沈裕君、徐邦達為其所藏畫家糜耕
雲之工筆青綠山水題跋，其中先生題七絕一首：

平臺高歌傍湖塘，竹樹參差夏日涼。

漁笛一聲醒午夢，玉壺心共水雲長。[5]

是年，應文友周采泉之請，為其友林乾良作小幀水墨山水，因眼疾未
能題款，在畫的右下角謹鈐印「好好先生」一枚。周采泉特在畫上做長跋
以述經過：

此為中州張叢碧伯駒先生手寫之山水小景，先生收藏之富甲於海
內，與余為文字交。林君乾良慕其廣譽，囑為代求墨寶，俾資藏弄。時

① 曾見伯駒先生類似詩作，與上詩略有改動：「春風上面初疑酒，晴雪溶肌始見花。八寶樓臺尋不到，
竹籬茅舍在林家。」見「春風上面，晴雪溶肌」http://blog.sina.com.cn/wenrenmokeh//2007-06-21。

② 北京保利國際拍賣有限公司北京十二周年秋季拍賣會「百年風雲——世界名人字札」第13016號拍
品，拍賣時間：2017-12-17。

③ 廣東崇正拍賣有限公司2018年秋季拍賣會之「同氣並香·張伯駒、潘素的朋友圈」第807號拍
品，拍賣時間：2018-12-13。

④ 中國嘉德國際拍賣有限公司2015秋季拍賣會之「中國近現代書畫」第0411號拍品，拍賣時間：
2015-11-14。

⑤ 許姬傳著《許姬傳藝壇漫錄·插圖》。北京：中華書局，1994。

先生年已七十有七，以病目不能作小楷，畫成謹鈐一「好好先生」印，不及題上下款，特為補述此畫經過，以告來者。蓋先生前時曾藏唐詩人杜牧之《贈張好好詩》真蹟，故鎬此印留念，藉以知此一好好先生具有來歷，非尋常鄉愿之所能冒濫也。

款識：乾良我兄之囑。癸丑仲冬，采泉周湜識。

是年，與友人打詩鐘得聯書贈「溫平詞兄」：

上顏春意朝酣酒，

到耳秋聲夜讀書。

款識：溫平詞兄雅政，與友為詩鐘，限籠紗格，色、樹二字。上句用牡丹詩意，下句歐陽六一秋聲賦，得此聯。中州張伯駒，時年七十有六。

鈐印：張伯駒印（朱文）、好好先生（朱文）[1]

是年，書贈詞家周采泉《小秦王》詞四首：

和題石谿上人《水仙墨牡丹》卷

飄零身世等浮瓢，留枕凌波願可超。天譴生乘風雨妒，最堪憐日是花朝。

春華一瞬太匆匆，碧盡成朱夢亦空。敢怨東風狂似虎，白頭不許對胡紅。

和題方密之先生《夢遊羅浮圖》

蒼茫天地竟何之，槐國興亡事已移。欲向冬青同一哭，梅花猶有放南枝。

夢裏啁啾翠羽過，醒來已換此山河。感時一濺花間淚，應比紅妝額點多。

款識：采泉詩家正是。癸丑，中州叢碧。

鈐印：張伯駒印（朱文）、好好先生（朱文）[2]

---

① 中國嘉德國際拍賣有限公司嘉德四季第 37 期之「中國近現代書畫（二）」第 1962 號拍品，拍賣時間：2014-03-24。

② 北京匡時國際拍賣有限公司 2010 春季藝術品拍賣會之「近現代書畫專場（一）」第 0077 號拍品，拍賣時間：2010-06-04。

是年，再書「和題石谿上人《水仙墨牡丹卷》」及「和題方密之先生《夢遊羅浮圖》」二詩贈友人大澤。

是年，為友人作嵌名聯：

　　靜從貝葉參菩提，

　　宜對梅花守歲寒。

　　款識：淨宜弟夫人雅鑒。癸丑叢碧，時年七十有六。

是年，潘素為天津詞友王煥墉繪製《秋梧選韻圖》一幅，先生並題「前調」（此處詞牌為《小秦王》）詞一組：

前調　題王煥墉秋梧選韻圖

　　解悟心燈一室明，琳琅擲地韻天成。西風金井雙梧老，不廢清鳴雛鳳聲。

　　棲鳳裁圭事已休，琴心猶有韻悠悠。也知消盡元龍氣，不到悲秋不上樓。

　　秋到人間一葉知，窗燈明滅自吟詩。風流猶記雷州夢，蠟炬成堆唱柘枝。

　　久罷題詩少好懷，生張熟魏各塵埃。眼中我已無餘子，又見王郎斫地哀。[1]

是年，因患白內障眼疾，赴西安治療，年底返京。

是年，將癸丑年所填之詞結集為《霧中詞》，並作序：

　　杜工部詩云：「老年花似霧中看。」余則以為人生萬事無不在霧中，故不止花也。余之一生所見山川壯麗，人物風流，駿馬名花，法書寶繪，如烟雲過眼，回頭視之果何在哉，而不知當時皆在霧中也。比年，余患目疾，而值春秋佳日，仍作看花遊山。遙岑遠水，迷離略辨其色光，花則暗聞其香，必攀枝近目始見其瓣。情來興至，更復為詞，癸丑一年得百餘闋。余已在霧中，而如不知在霧中，即在霧中，而又如不在霧中。佛云：非空非色，即空即色，近之矣。余霧中人也，詞亦當為霧

---

① 張伯駒著《張伯駒詞集》。北京：中華書局，1985: 213。

中詞，因以名余集。

中州張伯駒自序 1

一九七四年（甲寅） 七十七歲

二月二日，寄天津張牧石詩一首：

後身即是只慚才，可向當壚醉一杯。

惟有相憐同病渴，也驚風雨茂陵來。

和牧石詞家為治印作邊跋詩。

煥墉圖已繪好，君坦亦題就，現付周敏庵題。清明後十日去津，當攜去。即頌

春祺！

碧拜
二月二日

鈐印：伯駒（朱文）2

二月六日，甲寅元宵，適逢夫人潘素生日，先生填詞以賀，詞曰：

人月圓　甲寅元宵，室人潘素六十壽，賦此為祝

一年月與人同好，湧出玉輪高。清光照到，花燈立處，喜上梅梢。　交杯換盞，三人成五，對影相邀。白頭百歲，未來還有，四十元宵。3

三月二十日，陳毅元帥夫人張茜因病去逝，先生擬挽聯以悼：

儲才育鳳，佐命從龍，報國持家雙戰士；

西閣畫眉，金山桴鼓，聯珠合璧一夫人。

三月，梅蘭芳夫人福芝芳七十大壽，先生將「福芝芳」三字作嵌字聯：

松筠有壽方為福，

芝草無人亦自芳。

四月五日，甲寅清明，先生填詞《瑞鷓鴣》一闋懷念老友、中央文史

---

① 張伯駒著《張伯駒詞集》。北京：中華書局，1985: 201。

② 西泠印社拍賣有限公司 2010 年秋季藝術品拍賣會之「近現代名人手蹟專場」第 0084 號拍品，拍賣時間：2010-12-11。

③ 張伯駒著《張伯駒詞集》。北京：中華書局，1985: 226。

館館長章士釗：

瑞鷓鴣　甲寅清明遙祭孤桐

　　東華夢影舊同群，碩果於今獨剩君。風勢欲收山外雨，花光猶戀日邊雲。　堂空深柳鶯仍在，樓倚高桐鳳不聞。難挽客星天上去，垂綸終古幾人文。[1]

　　穀雨前後，宅中所種牡丹盛開，先生盛邀好友賞花，並即興填詞《小秦王》一組：

前調　甲寅穀雨後，寄廬牡丹開六十餘朵，招友小飲賞花

　　庭院午晴日未移，遊蜂爭繞牡丹枝。白頭吟侶無多少，小飲花開正及時。（近年來，小飲賞花亦難能可貴之事。）

又

　　多病不疏有故人，看花酌酒過佳辰。扶筇且下維摩榻，莫負芳菲夢裏春。（君坦病中扶筇，由益知相伴，亦來。）

又

　　牡丹時節艷陽天，有酒今朝老更顛。人壽對花花更好，紅顏白髮共華年。（沈老[2]年近百齡，能飲酒，老而益壯。）

又

　　吟咏王郎有霸才，筆花開向國花開。倘能相贈端端句，應是千金換不來。（王益知不能飲，須罰其為詩。）

又

　　華筵高敞對花王，豪興猶思舊夢狂。今日周郎休顧誤，金尊檀板少排場。（昔余中年盛時，牡丹時節每設筵邀詩詞老輩賞花，自開至謝。趙劍秋進士曰：此真三日一小宴，五日一大宴也。夜懸紗燈，或彈琵琶、唱崑曲，酒闌人散已子夜矣。周子篤文未及趕上此時。）

---

① 張伯駒著《張伯駒詞集》。北京：中華書局，1985: 234。

② 指中央文史館館員沈裕君。

又

　　竹作闌干石作屏，更無結網繫金鈴。好花須看不須折，相贈惟能酒半瓶。（沈老歸去，以半瓶酒贈之。）

又

　　花邊小坐醉扶頭，心逐狂蜂浪蝶遊。走馬匆匆年少事，老來猶未減風流。（客去覺微醉，扶頭坐花邊，不知今日為何日也。）

又

　　社稷壇中鑼鼓嘩，紅旗搖曳捲楊花。宣南寺廢煤山閉，春色誰知在我家。（牡丹昔以崇效寺盛，今以景山盛。寺廢，而景山未開。社稷壇則遊人喧雜，殊礙賞花。余家中一株春色自滿，不更遊園。）

又

　　明歲能當百朵開，詩朋酒友盼重來。年年花不嫌人老，更向東風醉一回。（明歲花開或能百朵，當再作飲賞。人雖皆老，而花則不嫌也。）[1]

六月二十日，給開封老友高靖侯去信：

靖侯老弟：

　　孟伯同志囑書直幅，因目疾始癒，書一詞亦須百餘字，頗吃力，故書嵌字聯兩付，請轉寄為荷，即頌

日祈！

伯駒拜
六、廿二[2]

是夏，給周恩來總理寫信。

八月二十四日（甲寅七夕），先生在西安女兒家治眼疾，填《鵲橋仙》詞一闋：

鵲橋仙　甲寅七夕在西安，和淮海咏明皇貴妃事

　　霓裳舞破，釵鈿誓毀，難比雙星共度。長生殿裏淚偏多，也抵得、

---

① 張伯駒著《張伯駒詞集》。北京：中華書局，1985: 240-241。

② 廣東小雅齋拍賣有限公司 2016 年秋季藝術品拍賣會之「民國政要‧文人書畫專場」第 0301 號拍品，拍賣時間：2016-11-25。

露華無數。　　漁陽驚變，馬嵬埋玉，西幸郎當蜀路。夜聞閣上雨霖鈴，忍更憶、開天朝暮。[1]

九月三十日（甲寅中秋），先生到訪天津，於張牧石家中雅集。應白姓詞友之請，先生乘興據夏承燾咏荷詞意寫荷花一幀，並題：

年年一枕西湖雨，

未聽秋聲意已涼。

款識：甲寅中秋，叢碧。

鈐印：張（朱文）、伯駒（白文）

張牧石亦在畫上留題《鷓鴣天》詞一闋：

灧灧金波漾暮香，一簾幽夢到銀塘。仙姿照影呈丹頰，倩影臨風舞翠裳。　　花外露，鏡中霜，禁他秋色不回腸。愁來每憶承恩貌，紙上鈐紅認六郎。

款識：《鷓鴣天》，甲寅秋碧丈來津，諸友小集寒齋。頃白先生索畫，時談及夏瞿禪丈咏荷句，碧丈因畫此幅，復命余題此，或他日詞林一掌故也。張牧石依聲並題。

鈐印：張牧石（朱文）[2]

十月二十四日，先生登香山，訪香山慈幼院。往事歷歷在目，遂填《臨江仙》一闋抒懷：

臨江仙

甲寅重陽後一日，登香山。昔先君捐資建香山慈幼院，余每歲往遊，今衰老再至，追憶前景，感慨係之。

駒影百年身近，鵬圖萬里程過。不堪重看舊山河。夢隨歸雁遠，淚似落霞多。　　應笑浮生尷尬，休誇老子婆娑。含羞未醉也顏酡。新天開眼界，古井止心波。[3]

十月二十六日，回憶在吉林省被強制安置插隊和北京家中文物被抄的情況，該資料現存中央文史館，其中關於家中被抄文物如何處置，先生說：

① 張伯駒著《張伯駒詞集》。北京：中華書局，1985: 250。

② 廣東崇正拍賣有限公司 2018 年秋季拍賣會之「同氣並香．張伯駒、潘素的朋友圈」第 851 號拍品，拍賣時間：2018-12-13。

③ 張伯駒著《張伯駒詞集》。北京：中華書局，1985: 256-257。

　　文化大革命期間被抄文物書籍原存故宮博物院，後經北京市文物組運走。我的意見：文物應收歸國故宮博物院。善本書籍應歸北京圖書館。五六年，我們將所藏晉陸機《平復帖》、唐杜牧《書贈張好好詩》、宋范仲淹《道服贊》、宋蔡襄《自書詩帖》、宋黃庭堅《諸上座帖》、宋吳琚《雜書詩》、元趙孟頫《章草千字文》、元俞和楷書捐獻國家。以上被抄去文物仍願捐獻與國家，不要發還，更不能要任何代價。至於我生活艱窘，應有我的單位或我的愛人潘素工作安置上處理。[1]

十月三十日，給杭州詞人周采泉去函，全文如下：

采泉詩家：

　　大札贈詩尊影均收到，佩謝。以眼鏡未製就，作書尚吃力，遲覆為歉。君影猶似少年。寄上我夫婦今春合影一張，老態龍鍾，無復當年風流。和詩一首，錄次乞正。

　　層樓更上目難窮，山色迷離日色曨。

　　晶鏡帶來明月滿，金篦刮去翳雲濃。

　　九輪事盡觀身外，一可君惟在眼中。（引用寒雲贈我聯「十有九輪天下事，百無一可眼中人」語。）

　　佳士東，南聞已久，論交豈是有私公。

　　所詢事，書我所知如次：

　　一、籌安會六君子傳說不同，昨晤友裴伯弓（今年八十三歲），詢之。彼云為楊度、孫毓筠、劉師培、胡瑛、李燮和、嚴幾道。但我所知為楊度、孫毓筠、顧鼇、薛大可、劉師培、胡瑛（或李燮和），無嚴幾道。我記得當時有謔聯：顧鼇薛大可，以對潘驢鄧小閒。我以為仍以為我所知為是。伯弓並云及嚴氏當時曾受警察保護。按當時名被強列入籌安會之人甚多。我先父不贊成項城稱帝，曾對項城面勸，故有一時期與項城頗隔閡，但名亦列入籌安會，只開會不去，亦不能聲明非籌安會之人。嚴氏情況亦當如是。惟其與項城之關係與先父不同，由警察保護應是事實。由此證明可知嚴氏為反對項城帝制者。又稿內「從祖至己知其

① 中國人民政治協商會議項城市委員會主編《項城文史資料》總第十三輯之《張伯駒先生追思集》。項城：政協項城市委員會（內部印刷），2008: 92。

為奸雄矣」一段，余以為非事實，應削。一、按嚴氏為直隸候補道，即項城任直隸總督時。前清總督體制不能出訪任何一個候補道。其出門時乘坐輪或馬車，前後人馬護衛一百幾十人。如訪一個候補道，必至引起全城議論揣測，故斷無此事。我七歲即在天津居，當時所見，故能詳知。二、當時人對項城之不諒，乃為奉光緒帝秘告密一事。余所寫《續洪憲紀事》已言之。項城必與王、段、馮密議，奉召既不能斷，必於壓召又不能，只有告密之一法，蓋為自保而非叛清。嚴氏不能即識項城蓄異志，知其為奸雄也。三、以嚴氏之道德學問論，彼處世當出於平淡，心不易志不移，對項城既不迎合。對項城既不迎亦不拒絕，「傲慢少假顏色」一語，似不合嚴氏之丰度。又籌安會中堅人物皆任參政院參政，帝制撤銷皆予以免職（楊度先有辭呈）。我先父及梁士詒亦在免職之列。我先父曾云：「我向來反對帝制，卻也被免職。」此余親耳所聞者。此為項撤銷帝制而仍總統之時。籌安會即告結束，黎、黃任總統通緝籌安會首魁，並無其事。昨又晤黃君坦（閩人，文史館員）詢嚴氏事，彼云嚴氏與項城交好甚篤，項城派人說其勸進，彼不能拒。與伯弓之言稍異。我以為當時反對項城帝制者有兩種人：一、與項城交誼素深，對項城極忠愛者，恐其身敗名裂，如我家先父及嚴範孫皆曾面勸項城勿為帝制。二、素惡項城之為人者。嚴氏總不能出此兩途，自當為反帝制者。

　　二、攝政王載灃懦弱無能，見人每有含羞狀，囁嚅不能言。有大臣以國事請旨，不能答，則曰：「你看怎麼辦。」傳嶽芬曾言及一事：辛亥武昌失守，瑞澂逃回京，載灃聞之對人云「瑞老大還不快走，都老爺要參他拉」。當時應將瑞澂逮捕付刑，以整綱紀，尚可稍有振。乃出此語，可見其無能。袁項城以西太后之忠臣光緒帝之叛臣而開缺。康、梁以西太后之叛臣光緒帝之忠〔臣〕應正當時令，載灃絕不會出此一語。且復時康南海任弼德院院長，梁任公即任學部尚書，亦無問題。故此傳說全非事實。項城任總統時，英德兩國恐日本獨占中國利益，敦促項城為帝制，兩國願作支持，英國大使朱爾典為項城好多所襄贊。項城泥於遠交近攻策，以國內統一軍隊皆所掌握，又有兩大強國之支持，帝制絕無問題，此洪憲帝制產生之根本原因。日本則大恨。不意歐戰發生，英

德成交〔戰〕國，無能再支持項城。日本乃出而壓迫，而有二十一條之事。段祺瑞之鵝毛扇為徐樹錚，徐為日本軍官留學生，為段策略，與日本聯繫。段遂投入日本懷中。後馮國璋亦隨之。項城之班底一散而垮臺。此時梁任〔公〕亦知段與日本之關係，奔走段、馮之間，作倒袁活動。俟後段與國會之爭，實為黎、段之爭。進而為北洋派與黎之爭。督軍團通電反黎，由吉林省督軍孟恩遠領銜。後即開徐州會議，各督軍親到者外，皆派代表出席。徐世昌、段祺瑞各有代表，譚延闓亦有代表出席。非督軍參加者，為先父及雷震春。決議復辟，皆簽字贊成。並草擬公造稿，由徐、段代表帶回北京交徐、段親閱。徐並於稿上改易兩句送回徐州。督軍團還有一個總部組織，設立在天津河北中州會館。先父任總秘書長，雷震春任總參謀長。張勛北上先至天津，兩日後與先父及雷震春先後入京，此時徐樹錚又向日本探詢意旨。日本表示對復辟堅決反對。段遂不露面，徐世昌原欲任國務總理，並要求以其女為宣統后。後令曹汝霖去日本使館探詢意見，日本大使（記為芳澤）云：「我國堅決反對。」徐遂亦不露面。張勛入都，以決議已定，毫無疑慮，即宣布復辟。我記先父〔任〕議政大臣、度支部尚書。我對先父說，不殺段祺瑞，復辟不能成功。先父曰：「小孩子知道什麼，毫無問題。」蓋張勛及先父皆不〔知〕段與日本之陰謀也。日本要段推倒復辟，段乃派人到馬廠對李長泰說明日本情況，並給予大量軍餉。李乃率師入京，復辟遂告失敗。此時梁氏已知段與日本之策略，始終未露面。段起兵並非梁之所勸。康南海自清亡後保持節操，始終不出。梁則於政治多所活動，軍閥時一任教育總長，應為投機者。對於其師亦自不能無汗顏耳。

　　三、林文忠受毒事久有傳聞。舊人皆知文忠以雅（鴉）片烟事，清廷懦弱，懼外求和，將文忠遣戍伊黎，乃大學士穆彰阿之所使。洪、楊難發，起用為廣西巡撫，入嘉峪關後卒於中途，未至京師。傳言仍為穆彰阿之所伎。恐文忠到任，烟（恐）雅（鴉）烟事翻案，對其不利。此一傳說與先正事明清史稿不同，須更詳考。即頌
時祺！

叢碧頓首　重陽後五日

　　《續洪憲紀事詩瑣談》六集均收到 [1]

　　是秋，為天津楊紹箕《悔堂詩賸》詞集題寫書名。

　　十一月六日，毛筆手書與毛澤東交往材料，記述與潘素談同毛澤東交往的情況：

　　　　五三年張伯駒將所藏唐李白《上陽臺》真蹟，（經）文物局呈獻給主席，賜收後，命辦公廳回信致謝。

　　　　主席五旬晉九大壽，潘素與北京老〔畫家〕畫冊頁呈祝，春節，蒙主席賞賜食品。

　　　　七〇年回京後，七一、七二，主席壽日，張伯駒、潘素皆寫詞作畫呈祝。七三年，主席八旬正壽，張伯駒寫《鶯啼序》詞，潘素繪《日升松茂圖》呈祝，皆蒙賞收。

　　　　被抄古代字畫書籍，經北京市文物組由故宮博物院運去，現在府學胡同保管。

　　　　　　　　　　　　　　　　張伯駒　潘素　一九七四、十一、六 [2]

　　初冬，《紅氍紀夢詩注》書成。先是，先生因眼疾白內障初癒，居家休養，回憶自七歲以來所觀亂彈崑曲和其他地方戲，並戲曲佚聞故事，成七絕一百七十七首，後又補遺絕句二十二首，命名《紅氍紀夢詩注》。先生親作序文：

　　　　甲寅，余年七十有七，患白內障目疾，不出門，閒坐無聊，因回憶自七歲以來，所觀亂彈崑曲、其他地方戲，以及余所演之崑亂戲，並戲曲之軼聞故事，拉雜寫七言絕句一百七十七首，更補注，名《紅氍紀夢詩注》。其內容不屬歷史，無關政治，只為自以遣時。但後人視之，則如入五里霧中；同時同好者視之，則似重覽日記，如在目前。於茶餘酒後，聊破岑寂，以待面談可也。

　　　　甲寅初冬，中州張伯駒序。 [3]

① 中國嘉德國際拍賣有限公司 2017 春季拍賣會之「中國近現代書畫」第 1289 號拍品，拍賣時間：2017-06-20。

② 中國人民政治協商會議項城市委員會主編《項城文史資料》總第十三輯之《張伯駒先生追思集》。項城：政協項城市委員會（內部印刷），2008: 93。

③ 張伯駒著《紅氍紀夢詩注》。香港：中華書局香港分局，1978: 6。

是冬，為歷史學家謝興堯所藏清末軍機章京及侍郎郭春榆之《過隙駒日記》題跋：

> 一夢渾如去柴臺，四十年事剩潮來。
>
> 東風只見新桃李，明日黃花亦可哀。
>
> ——題郭春榆侍郎鈔本日記

款識：甲寅冬，中州張伯駒。[1]

是年，潘素畫竹，先生題《浣溪沙》詞：

> 風掃庭除月印窗。干霄直上勢昂藏。淚斑遺恨滿瀟湘。　　不罄南山為簡冊，願從北里作笙簧。龍吟鳳噦韻悠揚。

款識：題潘素畫竹，甲寅張伯駒。

鈐印：張伯駒印（白文）、平復堂印（白文）、京兆（朱文）、春游主人（朱文）[2]

是年，鄧小平復出，使深陷「文革」泥淖中的人們看到了希望，先生特意到榮寶齋買來丈二匹老宣紙，與潘素合繪《大木頌圖》，並寫五言排律詩以頌頂風雨、撐天地的鄧林大木，託陳其通轉呈鄧公。誰知形勢忽轉，批鄧之風驟起，陳其通詢「還送不送？」先生不懂情勢，表示一定要送。

周篤文在《藝林呵護人——張伯駒先生瑣憶》一文詳細敍述了這段往事：

> 一九七四年鄧小平復出。儘管他當時處境困難，但卻為之興奮，認為國家有希望了。他特意到榮寶齋買了丈二匹老宣，與夫人合作了《大木頌圖》，畫了一棵氣勢參天的老柏，並連夜趕寫了一首五言排律，熱情讚美這株頂風雨、撐天地的鄧林大木，精心裝裱後交給陳其通轉呈小平同志。可是，就在此時，形勢陡變，批鄧風起。陳問：「現在你還送不送？」伯老堅定地說：「我十分尊重鄧先生，不管發生什麼情況，請你一定送給他，表示我的敬意。」伯老這種凜然節概，使我們這些在場的人深受感動。[3]

---

① 葉祖孚著《葉祖孚文史散文集》。北京：北京出版社，2002: 30。

② 廣東崇正拍賣有限公司 2018 年秋季拍賣會之「同氣並香‧張伯駒、潘素的朋友圈」第 831 號拍品，拍賣時間：2018-12-13。

③ 周篤文著《周篤文詩詞論叢》。北京：人民出版社，2014: 235。

是年，為友人常君實[1]作嵌名聯並書贈：

　　常山名以子龍著，

　　君治實由司馬傳。

　　款識：君實仁兄雅屬，張伯駒時年七十有七。

　　鈐印：平復堂（白文）、大朗私印（朱文）、叢碧老人像（肖像印）[2]

是年，潘素寫竹一幀，先生補石並題《浣溪沙》一闋：

　　風掃庭除月印窗。干霄直上勢昂藏。淚斑遺恨滿瀟湘。　　不罄南山為簡冊，願教北里作笙簧。龍吟鳳噦韻悠揚。

　　款識：題潘素畫竹，甲寅張伯駒。

　　鈐印：張伯駒印（白文）、平復堂印（白文）、京兆（朱文）、春游主人（朱文）

該詞在《張伯駒詞集》中略作改動：

　　風掃庭除月印窗。青霄直上勢昂藏。淚斑遺恨滿瀟湘。　　肯罄南山為簡冊，願教北里作笙簧。龍吟鳳噦韻悠揚。

是年，得詞二百餘首，命名為《無名詞》。

一九七五年（乙卯）　七十八歲

二月六日，給開封高靖侯去函，信中說道：

靖侯弟臺：

　　函悉，去河南須潘素有工作，生活穩定後才能去，或在秋冬間，家駿在鄭州開封情形如何？與李女婚事能否成？希來信告知。即問

　　近好。

　　　　　　　　　　　　　　　　　　　　　　　伯駒

　　　　　　　　　　　　　　　　　　　　　　　二、六[3]

---

① 常君實（1920-2016），筆名石橋、黃河。河南原陽人。1940年前後在西北師範學院學習。曾任重慶《工商導報》、南京《中央日報》、北京《新民報》、人民出版社等編輯、記者，中國社科院文學所中華文學史料學學會顧問。參考中國作家網中國作協會員詞典，人民出版社羅少強先生亦提供資料。

② 榮寶齋（南京）拍賣有限公司2017年秋季藝術品拍賣會之「中國書畫（二）」第0571號拍品，拍賣時間：2018-01-05。

③ 廣東小雅齋拍賣有限公司2016年秋季藝術品拍賣會之「民國政要·文人書畫專場」第0301號拍品，拍賣時間：2016-11-25。

二月十日，甲寅除夕，先生填詞《鷓鴣天》兩闋：

　　問是無名是有名，身非白玉琢難成。花翁高步登雲氣，詞少長吟擲地聲。　裝舊酒，換新瓶。風流一世論生平。春蠶未到絲全盡，不作飛蛾不了情。

　　往事回頭一嘆嗟，夢中已盡筆生花。銅山掘穴空餘石，江水掏金只剩沙。　身畫虎，足添蛇。何時可為了風華。沉哀縱有心難死，直到黃河才是家。[1]

雅興未已，遂又與潘素合寫《蘭石圖》並題詩：

　　炫天烘地正艷陽，夭桃冶李鬧春光。

　　幽蘭生長在空谷，不到東風亦自芳。

　　白頭梁孟老猶妍，歲曆陰陽又兩年。

　　京兆河陽雙彩筆，燈前對影寫蘭荃。

　　款識：甲寅冬至後二九第一日值陽除夕，共守歲，偶興，至於燈前寫蘭，潘素補陂石、芳草，因題詩記之，以志一時鴻雪可也。「炫地」誤，誤「玄天」，「陰陽」亦匆匆落「曆」字。中州張伯駒、姑蘇潘素。

　　鈐印：京兆（白文）、女河陽（朱文）、吳郡潘素（朱文）、張伯駒印（朱文）、平復堂印（白文）、秋笳老人七十七小像（肖形印）[2]

二月十五日，與天津詞家張牧石去函：

牧石詞家：

　　治印收到，極佳。前題《秋梧選韻圖》，下鈐「京兆」、「平復堂」兩印，有人見之甚推譽，足見行家自能知也。潘素畫青綠山水，本月內當寄上。因平日操作時間太少，一日只能爭取兩小時作畫。海棠時節必去津。今年節序早，預計一個半月後當可聚晤矣！除夕作《鷓鴣天》詞兩闋錄上，詞意欲停，為詞但不作馮婦亦頗難也！即頌

雙鬘！

　　　　　　　　　　　　　　　　　　　　　　　　　　　碧頓首

　　　　　　　　　　　　　　　　　　　　　　　　　　　初五日

① 張伯駒著《張伯駒詞集》。北京：中華書局，1985: 265。
② 張伯駒潘素文獻整理編輯委員會編《張伯駒潘素書畫集》。北京：中華書局，2013: 67。

問是無名是有名，身非白玉琢難成。花翁高步登雲氣，詞少長吟擲地聲。　裝舊酒，換新瓶。風流一世論生平。春蠶未到絲全盡，不作飛蛾不了情。

往事回頭一嘆嗟，夢中已盡筆生花。銅山掘穴空餘石，江水掏金只剩沙。　身畫虎，足添蛇。何時可為了風華。沉哀縱有心難死，直到黃河才是家。

叢碧草

鈐印：張大（白文）[1]

二月二十七日，去函「西單皮褲胡同皮褲樓二門四零一號」常君實：

君實兄：

溫平不覆信，情有可疑，不知吾兄香港有友人否？或函託其面問。兄無友，我港有友人，希函示溫平香港住址，我函託友向其面問，以了一事。匆此，即叩

春祺！

叢碧拜，正月廿八 [2]

三月十二日，去函周篤文：

篤文詞家：

本月十六日（星期日）上午十一時，請代定河南飯座（莊）菜，同上次相同，主要糖醋魚、鐵鍋蛋、烤鴨、芙蓉雞片、肘子等。座客沈老三人、潘絜茲、周雷、馮統一和您夫婦，坐談我出版事。專此

　　即頌

刻祺！

碧拜
三、十二

是春，院中所種牡丹盛開，邀友人沈裕君、黃君坦、周篤文等人來宅

---

① 西泠印社拍賣有限公司 2010 年秋季藝術品拍賣會之「近現代名人手蹟專場」第 0084 號拍品，拍賣時間：2010-12-11。

② 北京保利國際拍賣有限公司十二周年秋季拍賣會「古事——生活藝術Ⅲ」第 1725 號拍品，拍賣時間 2017-12-16。本年譜所引錄先生致常君實信札皆出自同一場拍賣會之第 1719-1727 號拍品，以下引用不再一一標出。

中賞花雅集，並填「前調」（此處詞牌為《小秦王》）詞一組：

前調　邀裕君、君坦、益知、篤文小酌，賞牡丹

盛日恩榮少十全，還斟薄酒對殘筵。可憐花與人同老，白首東風又一年。

荒庭瓦礫舊西涯，雕佩荷裳過夢華。珠履當時觴咏地，斜陽猶傍太平花。

戎馬倉皇恨別離，故人相念寄題詩。丹青貌寫端端好，忍憶常州老畫師。

小醉日多酒入唇，沈郎回憶鎮丰神。壽星明共春長在，百朵花迎百歲人。

開半須看莫到全，春風早趁敞華筵。女兒十五容顏好，豆蔻初逢待字年。

春短春長亦有涯，千金肯為負曇華。暫時富貴邯鄲夢，不待重陽就菊花。

番風次第到將離，珍重春光合有詩。莫待飄花飛絮盡，蘭陵王唱李師師。（李師師當時號白牡丹。）

柳棉歌少破朱唇，八斗才無賦洛神。忍見飄零容貌改，還憐避面李夫人。[1]

是春，去天津看海棠，作《李氏園看海棠》四首：

離鄉同是在天涯，都轉署中帶雨斜。

七十年來猶故我，天留老眼更看花。

占取韶華一段春，流脂濯錦向紅塵。

吹來為有東風便，每到芳時憶故囗。

---

① 張伯駒著《張伯駒詞集》。北京：中華書局，1985: 274。

萃錦展春夢已殘，東風猶自倚闌干。

石家金屋今何在，剩與尋常百姓看。

紅顏一代劫中身，怕向餘年看到春。

莫把無詩怨工部，風流盡有後來人。[1]

是春，為天津楊紹箕書錄袁克文聯語一幅：

十有九輸天下事，

百無一可眼中人。

款識：紹箕世講雅屬。袁項城諸子余與寒雲交最厚，同好詞曲書畫。寒雲自書此聯贈余，余何敢當聯語，故櫝藏而未懸也。今聯已失，因重書以志余與寒雲之交情。乙卯春，中州張伯駒，時年七十有八。

鈐印：文園後身（白文）、茂陵同渴（朱文）[2]

四月五日，偕夫人潘素，由周篤文、李今等人陪同遊大覺寺，填詞《小秦王》一組：

　　　小秦王　乙卯清明，偕潘素同篤文、李今遊大覺寺

歲歲清明能幾回，玉蘭開又杏花開。重尋四十年前夢，惟有松風到耳來。

鴻雪因緣憶舊遊，縱羞潘鬢尚風流。同來寄語諸年少，自可看花到白頭。

長流清水自潺湲，斷碣模糊莫問年。塵土滿身難滌去，我來愧對在山泉。

餘年尚可幾逢春，猶望前塵接後塵。便是徘徊何忍去，無情殘照不

---

① 該詞收入先生所著《張伯駒詞集》一書中，但已做較大改動：

　　　　　小秦王·乙卯春，天津故李氏園看海棠

離鄉同是在天涯。都轉署中帶雨斜。七十年來猶戀故我，還留老眼為看花。

無雨無風正艷陽。瞳曨曉日照晨妝。冶容絕代真驚目，怕是銷魂更有香。

萃錦展春夢已殘。東風猶自倚闌干。石家金屋今何在，剩與尋常百姓看。

占取韶華一段春。流脂濯錦向紅塵。吹來為有東風便，每到芳時憶故人。

（見張伯駒著《張伯駒詞集》。北京：中華書局，1985：273。）

② 中國嘉德國際拍賣有限公司 2015 秋季拍賣會之「中國近現代書畫」第 0412 號拍品，拍賣時間：2015-11-14。

留人。[1]

又賦《臨江仙》一闋：

臨江仙　遊暘臺山，登鷲峰

舊侶半為宿草，新歡盡是豪英。老年行共少年行。詩箋書彩素，畫筆寫丹青。　金縷綠楊織就，綺羅紅杏裁成。鷲峰豀目一川平。花光回晚照，春色過長城。[2]

四月十八日，去函常君實：

君實兄：

廣交會已開幕，未知溫平兄有無消息來京，暇時祈示。即頌

刻祺！

碧叩，四、十八

四月，文史學者鄭逸梅以「陶拙庵」的筆名在香港大華出版社出版了《辛丙密苑皇二子袁寒雲》一書。

五月初，參加國務院組織的中央文史館館員赴天津調研活動，寫成《天津參觀紀事詩》十六首。

五月十一日，去函常君實：

君實兄：

頃由天津參觀後回京。前兩日，葉林雄來云，溫平同志已到京，我於下星期三（十七日）即又去河南參觀，約兩星期回來，相晤以十六日以前為宜，亦未悉溫兄能住京多久也？即問

日祺！

碧頓首，十一

六月二十日，繼續參加國務院組織的中央文史館館員赴河南調研活動，先後走訪了林縣、輝縣、新鄉、鄭州、洛陽等地，遊紅旗渠，沐黃河水，詩情高漲，遂成《河南參觀紀事詩》四十三首。

暮夏為清鄭板橋所書濰坊《城隍廟碑》拓片題跋：

揚州八家之書畫各有其體，各有其韻，板橋此碑書在楷隸（間），

---

① 張伯駒著《張伯駒詞集》。北京：中華書局，1985: 271-272。

② 張伯駒著《張伯駒詞集》。北京：中華書局，1985: 272。

別具風致，文亦佻脫不羈。原碑或不存，此當為初拓，可珍也。（隸下落間字。）

款識：乙卯暮夏，中州張伯駒題。

鈐印：京兆（朱文）、叢碧私印（朱文）、文園後身（白文）

是夏，寫菊花一幀，並作三段題記：

其一：乙卯夏，見陳半丁老畫家為慧蘭女士寫菊絕筆，余題詩紀念云：白雁催霜信，黃花憶故人。龍山空有會，風雨負佳辰。其筆老蒼橫逸，余欲仿之而不能得其一二也！

叢碧記

其二：昔有人倩余為妓菊卿者作聯語，余為聯云：「待到九日秋霜還來就菊；吹皺一池春水底事干卿。」聯，名演員余叔巖書之，今人與聯已不知何在矣！

乙卯秋偶寫菊附記　中州叢碧

其三：邦達謂余此幅寫菊勝半丁，蓋半丁太會畫，手熟；余不會畫，手生，乃別有風致。昔見明清人畫竹冊，獨項子京為佳，因其所見者多，所畫者少，一着筆便韻多於法耳！

叢碧再記

七月二十七日，去函鄭逸梅：

逸梅詞兄：

俸大札為慰！撰《寒雲事略》、《辛丙秘苑》合刊丞願一讀，《洹上詞》曾為油印，尚存矣，俟寄上。□痕已做古，舊雨無幾矣！日內即去青島月餘，回京後當多通魚雁。匆此即頌

日祺！

弟張伯駒拜
七月二十七日

八月一日午，著名詞人夏承燾從杭州來到北京小住，當天下午，時在中國中醫藥大學任教的周篤文即去探望。後在先生的示意下，周篤文設法為夏承燾連續開取病假條，以便定居北京。

八月十三日，農曆乙卯七夕節，和黃君坦詞一闋：

　　　　鵲橋仙　和君坦乙卯七夕閱長生殿曲本

　　銀河倒瀉，金風直下，鵝鵲填橋無力。鈿釵密誓共長生，已早露、馬嵬消息。　鉛華淨洗，蛾眉淡掃，誰問楊家貴戚。可憐一曲咏霓裳，也竟似、湘靈瑟寂。[1]

九月二十日，乙卯中秋，先生和黃君坦詞《虞美人》兩闋：

　　　　虞美人　和君坦乙卯中秋

　　銀河繞過雙星節，又見當頭月。此身不管似飛蓬，依舊風流馳騁百年中。　婆娑桂影銀蟾伴，邀醉頻相勸。金甌萬里鏡奩收，且莫登樓一望更悲秋。

　　水晶簾外垂冰練，雲翳天街散。清輝此夕最盈盈，照到大千物我盡光明。　天香桂子霜華路，搗藥奩中兔。倒山崩雪萬潮來，林下懸燈驚鳥費疑猜。[2]

九月二十八日，去函張牧石書贈和夏承燾《臨江仙》詞：

　　慚無好句答蘇楊，鏡閣書床月子黃。知欠西湖詩幾首，攜家來傍水仙王。（予住西湖平湖秋月西，鄰近水仙王祠古址。東坡、誠齋皆有水仙王詩。）

　　落了梅花才放晴，樓頭柳色已縱橫。春歸南陌無多日，我住西湖過半生。（承慧素畫家示四季柳法繪，率題。）

　　右瞿禪詩，無七律。又瞿禪有贈篤文《臨江仙》詞，只記其韻，和以贈之：

　　自有藏書笥腹，獨留閱歲松身。湖山臥看不關門。筆飛驚落鶩，詞唱遍行雲。　家在鶯啼柳外，人如鶴立雞群。梅花長對喜為神。一生清地望，半世住天恩。

　　杭州詩「皇恩只許住三年」，不記為樂天或東坡詩，瞿禪詩「我住西湖過半生」，故結句以天恩為喻。「清地望」見義山詩。瞿禪自以為草率，實清空自然。七絕詩必不能生硬費解，必須使人一看即懂，應使紹

---

① 張伯駒著《張伯駒詞集》。北京：中華書局，1985: 275-276。
② 張伯駒著《張伯駒詞集》。北京：中華書局，1985: 277-278。

箕看悟之。即問

刻祺！

碧草

九、廿八 [1]

正剛又來「人月圓中秋」兩首，故態復萌，所謂返道難也。絕不和。

初秋，為甲寅這一年所填之《無名詞》集作序，序曰：

某歲月，蟄園律社詩課，題為春草，韻九佳。余有句云：「爭如有意年年發，多半無名處處皆。」郭蟄雲太史大激賞之。而余亦無名者也，然無名而好名。自三十歲學為詞，至庚寅後二十幾年，有集《叢碧詞》。周玉言君跋云：詞以李後主始，而以余為殿。此語一出，詞老皆驚，余亦汗顏，而心未嘗不感玉言也。此即好名之心，而自以為有名者矣。老子曰：道無名，有名非道也。六祖慧能偈云：「菩提亦非樹，明鏡亦非臺。本來無一物，何處著塵埃。」本無名而有名，是非道矣，本無名而有名，是着塵埃矣。繼《叢碧詞》二十幾年，又有《春遊詞》、《秦遊詞》、《霧中詞》。自是非道者，着塵埃者，而迄不自知也。甲寅一年，復有詞二百數十闋，因思何以名集。余即將八旬，以誦佛所得，以為文采風流皆是罪障。悟及此，才一年間耳，正針對余之無名而有名。甲寅年詞，即以「無名」名之。蓋為知止而止，此後不再為詞，無詞即無名矣。使余心如止水，如死灰，盡忘一生之事；於余一身未了將了之前，先入此境界。其可乎？

乙卯初秋，中州張伯駒序。[2]

是秋，與夏承燾再訪香山「曹雪芹故居」，填《減字木蘭花》詞一闋：

　　減字木蘭花　和瞿禪同遊西山，並訪曹雪芹故居

西來秋氣，雁影霜痕黃葉裏。情意酸辛，夢覓紅樓弔恨人。　　碧天如浣，衰草連天天更遠。南望湖山，銷也無金去也難。[3]

是秋，齊白石弟子王漱石從吉林來京拜訪，夫人潘素寫山水一幀相

---

① 廣東崇正拍賣有限公司 2018 年秋季拍賣會之「同氣並香·張伯駒、潘素的朋友圈」第 827 號拍品，拍賣時間：2018-12-13。

② 張伯駒著《張伯駒詞集》。北京：中華書局，1985: 225。

③ 張伯駒著《張伯駒詞集》。北京：中華書局，1985: 282。

贈，先生題詞：

　　　江天帆影

　　　漱石先生屬

　　　款識：潘素畫，張伯駒題。

　　　鈐印：潘素（朱文）、張伯駒印（朱文）

先生又抄錄新詞《浣溪沙‧訪西山曹雪芹故居》相贈：

　　　秋氣蕭森黃葉村。疏親遠友處長貧。後人來為覽前塵。　　刻風雕龍
門尚在，忘蟬臥兔硯猶存。疑真疑幻費評論。

　　　象鼻山西有小村。荒涼矮屋掩柴門。舊時居處出傳聞。　　天外飛霞
思血淚，風前落木想神魂。傷心來弔可憐人。

　　　調寄《浣溪沙》訪西山曹雪芹故居。漱石先生雅屬。乙卯秋中州張伯駒。

　　　鈐印：京兆（朱文）、平復堂印（白文）[1]

十月四日，攜夫人潘素及夏承燾、周汝昌、鍾敬文、周篤文等詞友到
訪京西香山腳下、臥佛寺南正白旗三十九號——傳說中的曹雪芹故居。歸
而填詞《浣溪沙》兩闋紀念：

　　　秋氣蕭森黃葉村。疏親遠友處長貧。後人來為覽前塵。　　刻鳳雕龍
門尚在，望蟬臥兔硯猶存。疑真疑幻費評論。

　　　補記：乙卯八月晦日，往訪西郊正白旗傳為曹雪芹故居。北屋四
間牆壁上發現書聯、書扇面詩，更有玉兔硯一方。東室有雕刻之格扇。
余非研究紅樓夢者，只研究書畫文物以考證歷史。按發現之書體詩格，
及所存兔硯，斷為乾隆時代無疑。聯語、扇詩又為寫潦倒破落之情況，
東室雕刻格扇亦非一般農人之家所有。但不能以此即斷定必為曹雪芹之
故居，然無任何證據而武斷必非曹雪芹之故居，亦不足以服人耳。是日
同遊者有蕭鍾美、夏瞿禪、鍾敬文、周汝昌、周篤文、李今及室人潘素
等。時西風漸緊，黃葉初飄。

　　　　　　　　　　　　又

　　　象鼻山西有小村。荒涼矮屋掩柴門。舊時居處出傳聞。　　天外飛霞

思血淚，風前落木想神魂。傷心來弔可憐人。

村在象鼻山之西。曹雪芹居處雖出於傳聞，而思及雪芹之身世，對景顧影，殊可憐也。[1]

十月十三日，和孫正剛詞《念奴嬌》一闋：

念奴嬌　和正剛乙卯重陽

浮雲看慣，待重陽還採、東籬霜菊。破帽戀頭終不去，落葉心情相逐。歧路新亭，愁城舊壘，對酒當歌哭。龍山回憶，插茱憐剩人獨。　慚作炙艾噴瓜，浮沉海粟，踪迹輸麋鹿。過眼繁華春夢了，一枕黃粱難續。檻少憑高，坡多就下，空望峰巒矗。郊遊應羨，隱棲身退無谷。

同日，寄贈周篤文《鷓鴣天》一闋：

鷓鴣天　乙卯重陽

羞把茱萸插白頭，風流往事去悠悠。身非紅葉長如醉，老比黃花更易秋。　斟薄酒，壓清愁，夢中俛仰看神州。江河日下餘年歲，步步登高懶上樓。

蕭、夏、吳、周、李詞家[2]

叢碧未是草

十月二十五日，獨自到香山賞紅葉，填詞《浣溪沙》一首：

浣溪沙　乙卯霜降後一日，獨上香山賞紅葉

孤鶩殘霞共一天。秋光裝點舊山川。霜紅晚映夕陽妍。　搖落盡隨心緒外，飄零半在淚痕邊。胭脂坡上幾經年。[3]

十月二十六日，與周篤文函：

劉海粟之夫人[4]日內將回上海，乞夏老[5]和水龍吟。希於星期二以前送，如尚未和好，不和亦可，因彼此並不相識也。畫菊幅，寫一小令，

---

① 張伯駒著《張伯駒詞集》。北京：中華書局，1985: 281-282。

② 各位詞家分別為蕭勞、夏承燾、夏承燾夫人吳聞、周篤文、李今。

③ 張伯駒著《張伯駒詞集》。北京：中華書局，1985: 285。

④ 即指夏伊喬（1918-2912），祖籍浙江，1918 年 6 月生於上海。幼學油畫，1940 年在印度尼西亞學習繪畫與書法，1944 年與劉海粟結婚。歷任上海市美術家協會會員，上海市書法家協會會員，上海市文史研究館館員。

⑤ 指夏承燾。

或五七言絕句皆可，不作詩〔詩〕詞，題一兩句話亦可，希並取回郊遊題詞，如荷。每相左，不能晤面，甚不快也。

　　即頌

篤文詞家清吉

碧頓首
霜降後二日

十一月五日，去函常君實：

君實兄：

　　前葉然索書，久未報命，今始書近作詞一首塞責，唯其住址不詳，請轉交為荷駕即頌

日祺！

叢碧拜
十一、五

十一月八日，乙卯立冬，應友人之邀，到北京密雲黑龍潭賞紅葉，並訪海淀白家疃，填詞《臨江仙》兩闋：

臨江仙

立冬日，董意適邀遊黑龍潭看紅葉，並訪白家疃，傳說曹雪芹故居。

西北重巒疊嶂，東南沃野平川。九城闤闠隱雲烟。寒鴉殘照影，霜葉晚秋天。　　斯地或非或是，其人疑佛疑仙。癡情千古總纏綿。心花生夢筆，脂硯寫啼箋。

前調　再疊前韻

圖記亭依棟子（余昔藏《棟亭圖》四卷），影傳壁拓邗川。一場春夢散如烟。綺羅吳郡地，金粉秣陵天。　　側帽休疑殿侍，簪花應是宮仙。瀟湘斑淚恨綿綿。梅村憐炙艾，濤井艷題箋。（余題蟄園《紅樓真夢》云：雪芹眼淚梅村恨，說與旁人論是非。）[1]

十一月二十二，去函常君實：

---

① 張伯駒著《張伯駒詞集》。北京：中華書局，1985: 286。

君實兄：

《春遊瑣談》六集，擬付複寫，希送回。前兩三星期有友約在江蘇餐廳晚飯，看見溫平同志，因其不願見我，故我裝看不見，未向其打招呼，溫同志想是不買畫不好見我。買畫問題應根據其業務需要與否而定，業務不需要又不好帶出，當然不應當買。而我不應當勉強要他買，但朋友之道，不能因為買畫才是朋友，不買畫就不是朋友。還有一事，溫同志去香港，我曾寫給袁家騮一信，託其（從）香港寄美國，內容是請袁匯給我美金兩三千元，匯香港溫同志轉匯給我。這一信或不知袁住美地址未寄，或已寄未回信，皆無下文。我想就是寄去就是匯來錢，溫同志也不會中飽私囊，但是不見面總是一件未了之事，反使人相疑，自不如見面為是也。即問

近佳！

碧拜

十一、廿二

十二月八日，填詞《憶王孫》一闋和詞友黃君坦：

憶王孫　大雪節前夜初雪，晨晴，和君坦

窗燈爐火夜寒浸，初雪成花飄滿林，殘迹晴時無處尋。濕庭心，屐齒泥黏人少臨。[1]

是年，為友人鑒定齊白石佚款《蝦蟹圖》題跋：

此幅畫佚失款識，筆墨橫逸，余斷為齊白石之作。

款識：乙卯中州張伯駒識。

鈐印：平復堂印（白文）[2]

是年，為石志廉書嵌名聯：

志飛燕雀程當遠，

廉到風花意更貪。

款識：志廉先生雅屬。中州張伯駒，時年七十又八。

---

① 張伯駒著《張伯駒詞集》。北京：中華書局，1985: 289。

② 詩人、書法家沈鵬於 1989 年為該畫作題寫詩塘：「塘裏無魚蝦自奇，也從葉底戲東西。寫生我懶求形似，不壓名聲到老低。白石題畫詩。此白石老人真蹟也，叢碧先生法眼，己巳沈鵬題。」

是秋，和劉海粟寫《鐵骨紅梅》所譜《水龍吟》一闋：

臘殘凍雪全消，孤寒不把冬心換。朱砂點染，胭脂浥注，東風吹暖。疏影橫斜，美人林下，月明星轉。羨壽陽貌寫，品流標格，神來筆，驚飛腕。　乍見南枝先綻，倚銀瓶、繡帷眠坦。冰盤宴喜，和羹調鼎，香隨波泛。映上紅旗，日升騰海，霞天同燦。看春回大地，百花齊放，滿今朝願。[1]

附劉海粟於一九七二年所作《水龍吟》原詞：

直教身歷冰霜，看來凡骨經全換。凍蛟危立，珊瑚冷卦，絳雲烘暖。勁足神完，英華內蘊，風光流轉。愛琅玕石鼓，毫端鬱勃，斂元氣，奔吾腕。　迅見山花齊綻，翠瓊卮、襟懷舒坦。乾坤縱覽，朱顏共慶，異香同泛。三五添籌，騰天照海，六洲紅燦。正芳枝並倚，陽和轉播，稱生平願。[2]

是年，為梅蘭芳贈弟子鄒慧蘭《紅梅圖》題《小秦王》一闋：

題梅畹華為鄒慧蘭女士畫紅梅幅。慧蘭為畹華弟子，曾授其崑曲《喬醋》一劇。

雪滿空山夜月寒，猶聞紙上氣如蘭。樓頭玉笛吹初罷，結子當同喬醋酸。[3]

是年，和夏承燾贈周篤文詞韻，填《臨江仙》一闋：

臨江仙　夏瞿禪詞家贈篤文詞，依其韻贈瞿禪

自有藏書笥腹，長留閱歲松身。湖山臥看不關門。筆飛驚落鶩，詞唱過行雲。　家在鶯聞柳浪，人如鶴立雞群。梅花更對喜為神。一時清地望，半世住天恩。（義山詩「苟陳地望清」，樂天杭州詩「皇恩只許住三年」，瞿禪詩「我住西湖過半生」，視樂天誠天恩矣。）[4]

是年，為友人書條幅《小秦王・題金盞菊水仙花》：

---

① 周穎南、劉海粟著《周穎南文庫》卷九・《劉海粟周穎南通信集》。北京：北京師範大學出版社，2006：122。

② 周穎南、劉海粟著《周穎南文庫》卷九・《劉海粟周穎南通信集》。北京：北京師範大學出版社，2006：121-122。

③ 張伯駒著《張伯駒詞集》。北京：中華書局，1985：279。

④ 詩稿現藏周篤文宅。詞見張伯駒著《張伯駒詞集》。北京：中華書局，1985：279。

方圓經寸未如盤，開到陶家滿地錢。可似窮人身乍富，不知金穴與銅山。

空思留枕魏王才，喜見驚鴻咏玉臺。閩海三千行役路，紅塵疑並荔枝來。

款識：調寄《小秦王》題金盞菊水仙花，應寶森詞家雅屬。中州張伯駒，時年七十又八。

是年，將新詞集名為《續斷詞》。

是年，為新加坡周穎南所藏章士釗詩作「前調」（此處詞牌為《小秦王》）一組：

題周穎南詩家藏孤桐贈詩書幅，和君坦。

嚴灘五月尚披裘，洗耳流泉作枕頭。潔白一身標格在，清風人慕愛蓮周。

長沙今古幾人才，獨剩靈光魯殿開。老有雄心思萬里，欲收山雨滿樓來。

文思長與助波瀾，潤色曾無雨露乾。更繼柳州封建論，揮毫不獨振詩壇。

紅杏先開廿四風，清聲鳴鳳倚高桐。蒲輪不至陶弘景，人識山中老相公。

霜華未許駐秋顏，萬事紛紜付等閒。猶記暮春天氣好，曾隨戎馬看殘山。[1]

年底，夏承燾聽說先生生活拮据，託周篤文送五百元過年。

一九七六年（丙辰）　七十九歲

一月八日，周恩來總理逝世。先生敬撰挽聯以緬：

---

① 張伯駒著《張伯駒詞集》。北京：中華書局，1985: 280。

莫山河於磐石，登人民於衽席，反殖反霸反帝反修，勞瘁一生當大任；

建社會以繁榮，措政治以修明，不怠不驕不卑不亢，勛名千古仰先知。

後又填詞《滿江紅》追念：

滿江紅　追悼周總理

白日銷光，看四洲、慘雲垂墨。寒夜迥、大星驚墜，棟摧梁折。世界三千同震動，人民億兆齊啼泣。慟迷航、駭浪涉長風，南針失。　　陰謀伏，形勢迫；山雨驟，塵氛集。縱匹夫孺婦，也憂家國。誓向紅羊消末劫，須從青史追先德。繼愚公、遺志化悲哀，揮全力。[1]

一月三十日，農曆乙卯除夕，先生為《續斷詞》作序：

佛云，入人世即苦境，故為出世法。而人不知也。一生得失升沉，爭逐馳騁，果何所謂？比老之已至，一回首皆明日黃花，戚友凋零，妻孥纖弱，身如獨夫，而耳之所聞，目之所見，又都不如意。是當歸不歸，而猶作續斷，其不更苦乎？然佛法萬事隨緣，當歸而歸，亦自然隨緣而歸；當歸不歸，亦自然隨緣耳作續斷。此即即有即無，不黏不脫。佛有出世而在世者，人亦有在世而出世者，只在此心，心即佛即緣也。余甲寅詞名《無名詞》，意在知止而止，不以無名而求名好名，此後不再為詞。但乙卯一年間，逢節令春秋佳日，看花遊山，及友人徵題徵和，仍復有作，已過百闋。其不大背「無名詞」之旨。余何以自剖，蓋如上言。緣之未了，情之尚在，當歸不歸，亦自然隨緣而作續斷，余亦不自知也。余乙卯年為詞，不事推敲，不計工拙，於余昔年詞工力大差。只是當歸不歸，自然隨緣而暫作續斷耳，不能以詞論也。故名余乙卯詞為續斷詞。

乙卯除夕，中州張伯駒序。[2]

除夕夜，與夫人潘素作畫守歲，並填詞以紀：

浣溪沙　題為正剛預合畫乙卯除夕《餞歲五清圖》

其一，余畫梅蘭，潘素竹枝爆竹山茶水仙

一歲到頭又送窮。酒愁詩夢過匆匆。寒消六九轉春風。　　爆竹掛於

---

① 中國嘉德國際拍賣有限公司 2012 春季拍賣會「文心磊落——中國近當代文人書畫集韻」第 1036 號拍品，拍賣時間：2012-05-13。

② 張伯駒著《張伯駒詞集》。北京：中華書局，1985: 269。

庭竹上，梅花開向雪花中。蘭缸明待曉時鐘。

　　不放宵寒凍水仙。小紅爐火苦茶煎。爐灰爐處已明天。　　昨日古人今日我，新時春節舊時年。回頭萬事又雲烟。

　　　　　　其二，余畫梅蘭，潘素畫白牡丹松枝水仙
　　彷彿驚鴻遇洛仙。夜光浮玉照崑山。松枝煮酒醉梅邊。　　殘燭影搖紅到曉，幽蘭香泛碧於烟。聲停爆竹換新年。

　　開到梅花數點心。寒宵一刻抵千金。今來昨去感應深。　　迷眼前途還摸索，回頭往事漫追尋。且將殘酒帶春斟。[1]

一月三十一日，丙辰正月初一，為同鄉常君實書錄和夏承燾詞《平韻滿江紅》一闋：

　　雄魄忠魂，死不泯、長依九霄。今猶是、宋朝丞相，豈畏胡驕。彌漫乾坤存正氣，光芒星月射寒霄。決殘棋、一擲此山河，身並拋。　　黃冠換，安可逃。忍更見，敗陳陶。共厓州兩傑，萬古名高。半斂晴明天不碧，全終運數海無濤。算只餘、柴市起怨歌，神鬼號。

　　調寄平韻《滿江紅》，和夏瞿禪詞人謁文信國公祠[2]，書應君實鄉兄正拍。
　　丙辰元日，張伯駒時年七十又九。
　　鈐印：京兆（朱文）、叢碧私印（朱文）、平復堂印（白文）[3]

二月十三日，去函周篤文，令其轉告詞人夏承燾，倡議恢復「打詩鐘」的活動：此次詩鐘歡迎夏老同作。於十日內交卷，以便抄寄評選。並附上《滿江紅》詞：

　　殘照金臺，鳳池夢、重逢禊三。南窗暖、庭除漸綠，草長宜男。春色長城關不住，居庸空鎖一丸函。好消磨、漫問杞天憂，同笑談。　　山凝翠，波漲藍；開野寺，擁晴嵐。記因緣鴻雪，曾過龍潭。梳柳無心風自到，潤花有意雨時瞞。莫匆匆、歸去望西湖，思掛帆。[4]

① 張伯駒著《張伯駒詞集》。北京：中華書局，1985: 287-288。
② 即文天祥祠。
③ 北京保利國際拍賣有限公司 2016 年秋季拍賣會「中國書畫」第 1175 號拍品，拍賣時間：2016-12-04。
④ 周篤文：《張伯駒先生與北京的詩鐘活動》，吉林：《學問》2003 年第 10 期第 26 頁。

三月一日，去函周篤文：

　　詩鐘請即評取元、眼、花、臚、錄、斗寄來，擬於本星期六或下星期四在家午餐同觀，並祈示以本星期六、下星期四何日為宜？君坦尚須君招護來舍。除君坦外，坐（座）上有鍾美、邦達。即叩

清吉並即覆書

篤文詞家

　　　　　　　　　　　　　　　　　　　　　　　　碧叩　星一[1]

三月八日，去函周篤文：

　　今晨又去頤和園，輕陰小雨，玉蘭半開，正是好時。擬放花前攝一影，想李今君必有照像機，希彼能於明日（星二）晨八時到我家，同去頤和園，為我拍一照，未知能請半日假否？昨詩六首，擬再賦四首，祈令小青晚間將昨日稿送來為荷！

篤文詞家

　　　　　　　　　　　　　　　　　　　　　　　　碧拜

　　　　　　　　　　　　　　　　　　　　　　　　即日

三月十七日，去函周篤文：

　　和夏老[2]詞，請轉天津寄來。夏老、史樹青、篤文、李今圖章，希來取！

篤文詞家。

　　　　　　　　　　　　　　　　　　　　　　　　碧頓首

　　　　　　　　　　　　　　　　　　　　　　　　十七

　　是春，與鍾敬文、周汝昌、夏承燾、蕭鍾美、吳聞、陳秋帆（鍾敬文夫人）、周篤文等詞友雅集香山農舍，並留影為念。

　　是春，為王世襄舅父金西崖《刻竹小言》一書出版題七絕兩首：

　　　　　　　　其一

　　　　法書寶繪出窮奇，竹解虛心是我師。

　　　　應笑封侯班定遠，不知鐵筆勝毛錐。

---

① 本年譜所引錄先生致周篤文函皆為先生弟子周篤文收藏並供稿，以下引用不再一一標注出處。

② 夏承燾。

其二

平居最愛碧琅玕,別有風神點劃間。

削刻羞為刀筆吏,肯教書罪罄南山。

款識:丙辰春題暢安詞兄《刻竹小言》。中州張伯駒,時年七十又九。

鈐印:春游(朱文)、京兆(朱文)、平復堂印(白文)[1]

四月二日,把杭州詞友周采泉來函轉寄周篤文,並在信上批注三個字:「看後面」。附函如下:

叢碧詞丈侍史:(看後面)[2]

盥誦

大翰,欣知清興不淺,以為忭慰!前奉詩鐘,匆促屬稿,殊不稱意。日前略作修改,小周后及李師師兩條皆用公家故事,並有新製,乞賜政!唯此次吾題人物均為亡國之主,未知命意所在,尚希異時以尊作見示,以資揣摩!

尊撰挽周揆聯亦極盼一讀,專此奉覆。

祇頌

儷福

晚周采泉叩上

三月三十日

南方市肆往往有傳統之兼業,如瓷器店賣草席,棉花舖售春餅。想京市當亦有此種情況,此實詩鐘之絕好題材,希今後措意於此,倘亦今人所謂實用主義耶?聊一笑。

篤文兄晤及時,希促其將拙稿如願船即寄為盼。

四月四日,清明,《戰地》雜誌刊登先生詩詞三首:

丙辰清明所感

紙灰飛出又逢春,天下誰家涕淚頻。

縱使衰年留老眼,看花確是劫中人。

---

① 金西崖著,王世襄整理《刻竹小言》。北京:人民大學出版社,2003: 245-246。

② 先生墨蹟。

盼到東風大地回，再將愁緒上暘臺。

千紅萬紫雖依舊，都似無情血染來。

暘臺山大覺寺，遼代為金水寺。自黑龍潭至鷲峰，杏花雲蒸霞蔚，迤邐三十里。每歲清明後，余必往遊看花。一九七六年清明，革命人民於天安門外追悼周總理，聲討四人幫，遭到逮捕毆擊，血流塗地。余又遊大覺寺，雖春光爛縵而意緒惘然。昔讀駱賓王討武氏檄，不意又見於今日，壯氣豪文，古今輝映，因賦詩記之。

　　天安門事件英雄得到平反感賦

鞠躬盡瘁念周公，羽檄齊飛討四凶。

萬里千秋留壯氣，人心民意是英雄。[1]

四月五日，去函周篤文：

篤文詞家：

　　大覺寺春遊是否還去？或借不到車？我九日去天津。如不去即不候矣！即頌

日祺！

　　　　　　　　　　　　　　　　　　　　　　　　　　　碧拜

　　　　　　　　　　　　　　　　　　　　　　　　　　　四、五

四月十三日，贈老友馬寶山《西晉陸士衡平復帖真蹟》一冊，並題：

　　寶山先生存覽，張伯駒贈。丙辰三月十四。

　　鈐印：張伯駒印（朱文）[2]

五月十九日，先生老友、著名戲劇評論家許姬傳給上海朋友寫信，主要談及有關沈京似欲邀先生重遊上海的相關事宜。附函如下：

京似老兄足下：

　　別來忽忽二十數年矣！每於滬友通問中藉審尊況為慰。昨沈裕老持示來函，關於約伯駒兄遊滬下榻尊齋一事，弟近因瑣事栗六，未見駒兄，故前意未達，展期一節可不提。專此奉告，希釋念！

① 張伯駒：「詩三首」，北京：《戰地增刊》，1979年第1期第24頁。

② 北京泰和嘉成拍賣有限公司2016年常規拍賣會「古籍文獻專場」第0610號拍品，拍賣時間：2016-04-10。

弟近況依然，炊事如蒸飯、煮粥、燉肉，弟可以對付，炒菜則需鄰嫂幫忙，蓋不能動鏟刀也！匆匆即候

興居不一！

弟許姬傳頓首 [1]

七月二十八日，河北省唐山市突發強度為里氏七點八級大地震，這次大地震造成重大人員傷亡，並波及到北京等周圍地區。北京市群眾一時人心惶惶，紛紛到外地投親訪友，以避震災。先生亦赴西安女兒家避災。

八月三日，先生夫婦離京，到西安女兒家。

八月六日，去函周篤文：

篤文詞家：

平安到此，眠食皆佳。又得詞兩闋，錄上：

平韻滿江紅　重登雁塔

簪杏瓊林，身未得、題名上頭。還不羨、玉堂金馬，學士瀛洲。一箭穿雲雙雁落，解鞍醉臥酒家樓。有路人、爭說少將軍，關內侯。　牛女會，河漢流。分秋色，到秦州。更舊時明月，兩度中秋。濁渭清涇天際遠，周原唐殿夢邊遊。指山河、破碎望幽燕，雲外浮。

平韻滿江紅　與潘素重浴驪山華清貴妃池

重浴華清，誰意到、人來范陽。渾不是、聲聲鼉鼓，打破霓裳。雙影並窺成四影，六郎已老似三郎。算凝脂、一水到如今，猶姓楊。　周唐事，都渺茫。芙蓉艷，荔枝香。看長生殿圮、烽火臺荒。忽落梁泥驚燕子（指地震），還遊蓮葉戲鴛鴦。繼（願）莫愁、洛下有盧家，同命長。

想北京近日稍平靜，潘素月半回，我或稍遲。即頌

雙祺

碧拜
八，六

八月八日，去函周篤文：

---

① 孔夫子拍賣網大眾拍賣專區之「墨箋樓」線上專場拍賣第 1761 期「戲曲改進之路專場」第 31885329 號拍品，拍賣時間：2018-05-17。

篤文詞家：

前函諒達，在此眠食外無事，日到雁塔茶飲小坐，瞿禪、君坦各作平韻《滿江紅》十首，余擬作二十首，詞本上已有十四首，在此作六首已完，至歸京閏中秋為止。瞿禪詞可函洛陽索寄，以便油印二十餘份，亦是一小掌故也。六首次序如下：

平韻滿江紅　離京經太原至西安

輦下朝辭，夕千里、重過太原。河東走、風陵渡口，形勢天然。靉靆殘雲歸華嶽，瞳曨曉日射潼關。展黃圖、兩輔作神京，稱壯觀。　承甘露，仙掌盤。池凝碧，夢開元。甚漁陽鼙鼓，落葉長安。子弟梨園成白髮，參軍蓮幕憶朱顏（指余少年時任陝西督軍署參議）。問眼前、景物可無殊，唐漢年。

又　登雁塔

簪杏瓊林，身未得、題名上頭。還不羨、玉堂金馬，學士瀛洲。一箭穿雲雙雁落，解鞍醉臥酒家樓。有路人、爭說少將軍，關內侯。

（余於十六歲時以簡任職，分發陝西任用軍職，為陸軍少將銜騎兵上校，任陝西督軍公署參議、鎮嵩軍總司令部參議，佩二等文虎章、二等大綬嘉禾章、二等寶光嘉禾章。督軍兼鎮嵩軍總司令為先君舊部，兩師長及鎮嵩軍統領等見余尤以少帥相稱。時康南海來陝，余往謁南海，曰：「世兄在此甚好，皆尊人舊部。」當時寶馬金鞭，朱顏綠鬢，豪橫無比！今重思成夢寐矣！）

牛女會，河漢流。分秋色，到秦州。更閭閻井井，禾黍油油。濁渭清涇天際遠，周原唐殿夢中遊。指山河、破碎望幽燕，雲外浮。

又　重過灞橋

亭短亭長，唱二疊、陽關斷魂。離腸淚、不隨波去，還自沾巾。楊柳看垂青白眼，輪蹄帶殘古今塵。更漫天、風雪動詩情，驢背人。　逢醉尉，休畏嗔。誰尚識，故將軍。等迎來送往，鏡裏功勳。十里筵開傷祖別，一杯酒進勸殷勤。問此橋、何似鵲填橋，佳會辰。

又　與潘素重浴驪山華清貴妃池

重浴華清，誰意到、人來范陽。渾不是、聲聲鼙鼓，打破霓裳。雙

影並窺成四影，六郎已老似三郎。算凝脂、一水到如今，猶姓楊。　　唐漢事，都渺茫。芙蓉艷，荔枝香。看長生殿圮、烽火臺荒。忽落梁泥驚燕子（指地震），還遊蓮葉戲鴛鴦。願〔繼〕莫愁、洛下有盧家，同命長。

又　歸京

燕子雙飛，雙飛去、雙飛又回。巢未覆，猶依王謝、舊日樓臺。朱雀橋邊花草滿，烏衣巷口夕陽催。共歲寒、染廡似空山，高臥才。　　華清浴，蓮蕊開。登雁塔，共徘徊。記勝遊豪興，囊載詩材。張閣畫眉名士譽，潘車擲果素娥猜。喜雙圓、人月兩中秋，歸去來。

又　閏中秋

人月雙圓、十分滿，重攜上樓。今夕想、千家萬里，滅燭歡遊。攀桂曾思登閬苑，吹簫又似到揚州。便難盈、易缺缺還盈，何用求。　　開綺席，添酒籌。歌白紵，囀珠喉。迓王孫歸去，多照盧溝。客舍疑霜宵不寐，胡天飛雪地先秋。寄征衣、閨夢北庭寒，愁更愁。

北京近況如何？希示，便考慮歸京。即問
雙安！

叢碧拜

八月八日

來時潘素曾託劉志學買票，交其七十元，買的是五日的票，因為君已買好三日的票，我們就動身，五日的就退票，錢匯來。但截至今日還未見匯到。我們打算月半回京，待款。後海南沿二號（銀錠橋南），志學的侄子住在那裏，請去問一下。如已匯來，很好。如未匯來，請其速匯為盼。

碧又及

八月二十四日，先生自西安返京。

八月二十五日，去函周篤文：

篤文詞家，昨日回京，希來一談，即頌
刻祺

碧拜　廿五

八月二十八日，去函周篤文：

篤文詞家：

一、因寫日記，《平韻滿江紅》有兩首不記憶，請將詞本送來為荷！

二、聞誦先[1]、鍾美皆不在京，《平韻滿江紅唱和集》彼之詞不須加入，如由綫君[2]複寫或油印，請將夏[3]、黃[4]、我詞皆交彼，並希綫君來舍一晤，我意最晚總以十日內完成為宜。即頌

雙祺！

碧拜

廿八日

八月三十日，弟子周篤文與張靜結婚。婚禮在莫斯科餐廳舉行，先生為主婚人，參加婚禮者還有潘素、黃君坦、徐邦達、林鍇、馮統一等文化界友人。先生親繪《蘭蕙齊芳圖》，並填《平韻滿江紅》一闋以賀新婚：

碣石言旋，遇坤軸、山傾路迷。還轉道、盧龍磊帳，孤竹宮墀。秋戍心皆歸似箭，春閨夢已亂如棋。乍相逢、卻又喜成悲，雙袖攜。　明月朗，羅幕垂。金波滿，醉交杯。便嫦娥也羨，目比眉齊。菡萏花香開並蒂，合歡樹好結連枝。祝天長地久永團圓，無盡期。

調寄平韻《滿江紅》並寫蘭蕙以賀

篤文詞家、張靜女史結褵嘉禮。

丙辰，中州張伯駒，時年七十又九。

鈐印：京兆（朱文）、平復堂印（白文）、春游（朱文）[5]

八月，填《平韻滿江紅》一闋：

平韻滿江紅　地震後東天津詞家

廿四番風，年年信、頻經歲華。還飯後、鐘聲擊鉢，酒夢看花。金屋無存棠睡嬾，空繞銀鐲對紅紗。剩樓臺、一片盡荒涼，飛燕斜。　炊少甑，行少車。輸蟻穴，羨蜂衙。向天邊悵望，地逈人遐。難願構堂生鳥雀，怕教沉陸化蟲沙。倘劉郎、前度又重來，何處家。

---

① 鄭誦先。

② 綫之名，北京人，曾任輔仁大學圖書館館長，著名詞人書家。本條由中國書法家協會主席蘇士澍提供。

③ 夏承燾。

④ 黃君坦。

⑤ 原畫作現為周篤文收藏，內容由周篤文、張靜伉儷於 2018 年 4 月 4 日供稿。

自入關後，每歲去天津，與詞侶賞海棠，作詩鐘戲。經此劫，明〔歲〕年再去，不知何處宿矣！

此首抄在祝篤文詞人與張靜女士結褵之前，共二十六首。[1]

九月一日，去函周篤文：

《滿江紅》詞歸即和好，今晨寫完，請寄送夏老。後跋多落字，向來作書必落字，雖自責亦不能改。二百年後如有人收我文字者落字者乃真蹟，不落字者乃贗品也！

篤文詞家清吉

碧頓首

九、初一

附：《平韻滿江紅·地震感賦》：

平韻滿〔江〕紅　地震感賦

覆地翻天，人世事、原非濫觴。曾相遇、壺公有術，能縮長房。豈更耽心憂杞士，莫因袖手怨媧皇。怕康回、怒觸不周山，形又狂。　　樓摧棟，橋折梁。河漫溢，雨淋浪。看四維兩戒，瞬幻滄桑。母德失調坤六（亦）斷，商聲逢閏月重光。笑一身、早已立無錐，神未忙。

瞿禪、蘇宇、曉川詞家正和

叢碧草

九月六日，去函新加坡友人周穎南，信中說道：

自西安回京後接到西安女兒寄到尊惠，謝謝。北京地震尚未結束，緊張時再去蘇州親戚家暫居。現一切平安，請釋念。即頌

穎南詞兄　文祺

弟叢碧拜

一九七六年九月六日[2]

九月九日，毛澤東主席逝世。先生撰寫挽聯：

覆地翻天，紀元重開新史；

空前絕後，人物且看今朝。

---

① 詩稿現存周篤文宅。
② 劉小巖編《周穎南文庫》卷十·《翰墨情緣》。北京：北京師範大學出版社，2006: 8。

九月十五日，去函周篤文：

篤文詞家：

《平韻滿江紅》[1] 只抄五份，夏[2]、黃[3]、周[4] 各一份，我要兩份，不外傳，今日益知來車接我到文史館。新華社訪問沈裕君[5]、鄒蘊真[6] 和我三人。沈為館內年最高者；鄒，湖南人，年八十四，係與毛主席在湖南師範學校同班同學。去人大會堂瞻仰遺容弔唁者，館內為我與鄒君兩人。或明日，或後日夜間。九點多鐘通知，天明四點多鐘來車接。此兩日須早食眠，幸感冒已癒，身體可以應付。星期日不去沈老家下棋，因是娛樂，不宜。希到舍談，詞本希帶來。即頌

雙安

碧頓首

十五晚

九月二十日，去函周篤文：

篤文詞家：

昨星期，候終日駕未臨。我詞鈐印與否均可，如未鈐印即停止。黃、夏兩君詞，希寄給兩份，一份亦可。一份亦無，即不寄。我詞本，望即寄來，勿擱置為感！

昨君坦之世兄，來賀婚禮小山水畫一幅，因有鏡框，不便郵寄，並聞即頌

日祺

碧拜

九、二十

九月二十七日，去函周篤文：

---

① 指先生和夏承燾《滿江紅·頌文天祥》一詞。

② 夏承燾。

③ 黃君坦。

④ 周汝昌。

⑤ 沈裕君（1882-1982），浙江桐鄉烏鎮人，字待翁，號承寬，清縣學附生，中央文史館館員，久居北京，工書法精篆刻，與先生友好。

⑥ 鄒蘊真（1893-1985），湖南常德人，湖南省第一師範畢業，在省立一師學習期間，與毛澤東是同班同學。新中國成立後，暨 1956 年被聘為中央文史館館員。

篤文詞家：

　　現有人願代印我之《續洪憲紀事詩補注》作內部參考材料，請即函長沙陳君[1]，將原稿速寄回為要。即頌

雙安

碧拜

九、廿七

　　是秋，文物鑒定家史樹青與夏玫雲新婚，二人拜訪後海南沿二十六號張宅，先生伉儷在家中熱情接待。編者據史樹青夫人夏玫雲的敍述，記錄了這次拜訪：

　　　師母夏玫雲和史樹青先生於一九七六年結婚，新婚後史先生曾偕夫人去拜訪張伯駒先生。據夏師母回憶，當時還處在「文革」後期，後海張伯駒先生家的四合院早已被分割成了一個大雜院，院子裏住着各色人等。而這座小院原來的主人卻被擠得只剩下兩間北屋。到了張先生家，得到他與夫人潘素的熱情接待，落座後張伯駒先生便讓夫人潘素倒茶取糖果。夏師母記得非常清楚，潘素去裏屋好長時間才出來，手中拿着幾塊巧克力糖，一看那種包裝就知道是友人從國外給他們帶來的禮品。這時潘素熱情地把巧克力糖放進夏師母的手裏，夏師母隨手打開一顆，正準備送入口中，卻發現巧克力上生滿了小蟲。顯然在物資匱乏時期，友人從海外帶來的巧克力糖是稀罕之物，風雅好客的主人不捨得吃而留下來招待客人，以致日久壞掉，酸楚之情不由使人唏噓再三。外人很難理解，他曾經富甲一方；他曾經是赫赫有名的「民國四公子」之一；他曾經過慣了錦衣玉食的生活；他曾經將價值連城的書法珍品無償捐贈給國家，新中國成立後卻由於政治原因頻遭人生的大起大落，曾被放長春十年，「文革」開始後已屆古稀的老人又受盡了屈辱。年輕時可謂享盡了世間尊榮的張伯駒，誰能想到晚歲竟落得如此淒涼境地！他在《遊春詞》一書的自序中曾說：「人生如夢，大地皆春，人人皆在夢中，何問主客，

---

① 即陳雲章（1911-2004），學者，實業家，愛國民主人士。畢業於湖南大學，歷任省湖南省議員，南京水利學院、湖南大學土木工程系教授，四、五、六屆湖南省政協常委，湖南省文史研究館名譽館長。根據周篤文講述整理。

以是為詞，隨其自然而已。」是的，張伯駒對待人生境遇皆採取隨其自然的態度，他生來就是一個文人，他生活的內容無非是琴、棋、書、畫，人生的內涵他彷彿早已參透，對於個人的遭遇也從不怨天尤人，富不驕，貧亦能安。忽然想起明人的一副對聯：寵辱不驚看庭前花開花落，去留無意望天上雲捲雲舒。這不正是對伯駒老人一生的最好寫照嗎？ [1]

十一月九日，去函史樹青：

樹青兄：

　　茲託篤文老弟送上對聯一付，小條一幅，暨潘素畫《攀登世界最高峰》畫一軸，是否可參加赴日展覽？請聯繫酌定為荷。即頌

日祺

叢碧拜

十一、九 [2]

十一月二十日，欣聞「四人幫」倒臺，填《八聲甘州》詞一闋祝賀：

八聲甘州　擁護華國鋒同志為首黨中央、聲討四人幫篡黨奪權罪行

　　甚城狐社鼠、太猖狂，一掌欲遮天。蓄陰謀詭計，妄圖分裂，爭位爭權。到處煽風點火，作浪起波瀾。賣國崇洋夢，斷送江山。　　惟是航行舵手，早照妖有鏡，識破凶頑。預宏謨遠畫，付託得英賢。笑蜉蝣、朝生夕滅，四害除、薄海盡騰歡。承遺志，祝光榮黨，億萬千年！ [3]

同日，去函天津詞友張牧石：

　　紹箕索瞿禪書謁文信國祠詞想寄去，但瞿禪未見到紹箕和詞，因寄於我，故彼見不到也！應直接通信，或致函篤文。近凡事皆忘，如託我轉，則石沉大海矣！

牧石詞家清吉！

碧頓首

十一、廿 [4]

---

① 榮宏君著《文博大家史樹青》。上海：上海三聯書店出版社，2014: 19。
② 該函現為周篤文收藏並供稿。
③ 詩稿現存周篤文宅。
④ 該函由北京李經國收藏並供稿。

十一月二十八日，去函周篤文：

　　沈老[1]書奉上，惲老[2]家頭髮胡同十九號，以路遠，步履不便，請逕往訪。《紅毹紀夢詩注》，吳君[3]看後有何意見相示？欲介王病庵（今日不去）同志往訪夏老，地震緩和，可暫不去湘矣[4]。即頌

篤文詞家日祺！

碧拜
廿八

十一月三十日，去函張牧石：

　　金縷曲　明年余八十歲，君坦贈詞預祝，和原韻

　　蒼狗浮雲外。幾經看，升沉榮辱，離奇古怪。百歲光陰餘廿歲，身豈金剛不壞。登彼岸、回頭觀海。粉墨逢場歌舞夢，算還留、好好先生在。猶老去，風流賣。　　江山依舊朱顏改。待明年，元宵人月，雙圓同屆。白首糟糠堂上坐，兒女燈前下拜。追往事、只多感慨。鐵網珊瑚空一世，借房名、欠了鴻詞債。今叢碧，昔龐塏。

　　君坦原詞：放浪形骸外。概平生、逍遙狂客，歸〔奇〕顧怪。金谷墨林過眼盡，破甑不嗔撞壞。算贏得、豪情湖海。八十光陰駒過罅，伴詞人、老去鷗波在。閒寫幅，青山賣。　　春燈燕子風流改。憶華〔年〕、調絃錦瑟，芳辰初屆。一曲空城驚四座，白髮梨園羅拜。剩對酒、當歌慷慨。好好先生家四壁，譜紅牙、了卻烟花債。休錯認，今龐塏。

　　預徵津詞家贈詞，限調不限韻。並乞老弟臺為刻一印「叢碧八旬以後之印」。

叢碧拜
十月初十日[5]

---

① 指沈裕君。

② 惲寶惠（1885-1979），常州人，光緒進士惲毓鼎長子，清末授陸軍軍部主事、秘書科長、禁衞軍秘書處長等職。北洋政府時任國務院秘書長、蒙藏院副總裁。偽滿洲政府時曾任內務府部長，1948年，總纂成《毗陵惲氏家乘》32卷，解放後任職於北京故宮博物院，曾任全國政協文史館員。

③ 即著名導演、劇作家吳祖光，先生《紅毹紀夢詩注》一書即經吳祖光介紹，於1978年6月在香港中華書局刊行。

④ 1976年9月唐山大地震，為避震，詞人夏承燾在弟子周篤文的關懷下，遠赴湖南長沙避震。

⑤ 廣東崇正拍賣有限公司2018年秋季拍賣會之「同氣並香‧張伯駒、潘素的朋友圈」第826號拍品，拍賣時間：2018-12-13。

十二月六日，去函周篤文：

我有與余叔巖合像戲裝相片一張，向未示人，《紅毹紀夢詩注》是否付印？此照片是否需要，請一詢祖光[1]。另寫有《京劇音韻》一本贈祖光兄，希來時取去。即頌

篤文詞家日祺！

碧拜

十二、六

十二月十八日，去函吉林省舊友郝幼權：

幼權兄：

前函早收到，因患感冒始癒，故遲覆為歉！又累同志作古至為悼惜，忠厚誠篤之人，於今少見。北京地震情況緩和正式傳達，謂今冬明春有強烈地震乃係謠言，天安門挖出藏金事不確。潘素事以後可以解決，但非由吉林藝校退職，而需另起爐灶，幫忙人不少，對聯暇時書好寄去，春暖有暇希能來京一遊！即頌

日祺！

叢碧拜

十二月二十八日[2]

是年，夫人潘素為天津楊紹箕繪成山水《孤植小築圖》。

是年，為齊白石弟子、海城王漱石《憫農詩畫》一書題詞：

民以食為本勤勞憫老農，

淋漓揮大筆詩並畫同工。

款識：題憫農詩畫。丙辰，中州張伯駒，時年七十又九。

鈐印：春游（朱文）、京兆（朱文）、平復堂印（白文）[3]

是年，為楊紹箕詩集題「悔堂詩剩」書名。

是年，為新加坡周穎南書《滿江紅》一闋：

玉樹瓊枝，都換了、樓臺金碧。看崦岁、群峰高聳，砌成銀壁。紅葉霜容猶絢爛，白蘆秋意多蕭瑟。接水天、一色互澄瑩，無分別。　　彤

---

① 吳祖光。

② 吉林省檔案館收藏。

③ 王漱石編著《憫農詩畫》自刊本，編者藏。

雲凍，寒風積。烏雀盡，烟塵絕。只騎驢人瘦，小橋泥滑。花縣自揮潘氏筆，潼關重畫楊家雪。寄南溟、且當訪山陰，心懷切。

　　款識：調寄《滿江紅》。昔見董玄宰仿唐楊昇沒骨青綠山水《潼關蒲雪圖》，蓋寫初冬雪景，山猶積翠，蘆蒲未衰。設色鮮潤，允稱神品。室人潘素曾複製二本，由老畫家陶心如仿治印，畫家祁景西仿書題，今一本猶存篋中。丙辰初夏，潘素重師其意，為穎南仁兄寫江南初冬雪景山水《吳山初雪圖》，紅葉秋容，着雪更艷，或別有風致。想南溟無雪，彼邦人士當見以為異。余題書《滿江紅》詞，以寄聊當山陰之遊，蓋意在戴而不在雪也。即

　　乞穎南仁兄粲正。中州張伯駒，時年七十又九。

　　鈐印：京兆（朱文）、平復堂印（白文）、春游（朱文）**1**

是年，為嘉興書家江蔚雲（號印舸）題贈「陽波閣」匾額並書贈嵌名聯一幅：

　　印多博古能成癖，

　　舸小隨波不載愁。

是年，為名克昌者作嵌名聯：

　　克身自有三肱驗，

　　昌族人傳五世名。

　　款識：克昌先生雅屬。丙辰，中州張伯駒，時年七十又九。

　　鈐印：平復堂印（白文）**2**

是年，為史樹青書贈嵌名聯一副：

　　樹木新栽休斧伐，

　　青山長在有柴燒。

　　款識：樹青詞兄雅囑。中州張伯駒，時年七十又九。

　　鈐印：京兆（朱文）、平復堂印（白文）**3**

① 中國嘉德國際拍賣有限公司 2019 秋季拍賣會之「繽紛集——聚焦私人收藏」第 0058 號拍品，拍賣時間：2019-11-17。

② 廣東小雅齋拍賣有限公司 2016 年春季拍賣會六「民國政要、文人書畫」專場第 0281 號拍品，拍賣時間：2016-06-11。

③ 榮宏君著《文博大家史樹青》。上海：上海三聯書店出版社，2014: 17。

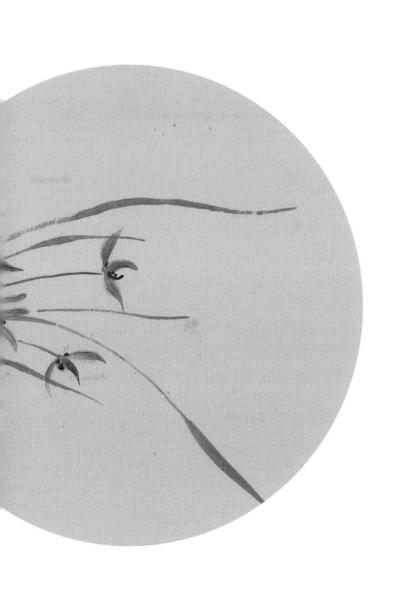

卷六 人月圓

（一九七七—一九八二）

一九七七年（丁巳） 八十歲

一月一日，元旦，書錄四絕句贈上海施蟄存：

> 丁巳元旦口號七絕句四首

> 光陰過眼問何如，爆竹聲中白盡鬚。
> 老去自知貧是雅，歲除沽酒賣殘書。

> 岸柳欲舒凍潮開，小庭不見雪皚皚。
> 盆梅未落迎春放，知是今年暖早來。

> 朝來喜鵲鬧簷牙，道是家貧尚有家。
> 簾捲不教妨日入，晴窗好曬水仙花。

> 早失廬山面目真，轅駒猶復戀風塵。
> 當年看擲潘安果，百醜圖中一現身。

款識：丁巳元旦口號七絕句四首。蟄存詞長雅屬。中州張伯駒，時年八十。

鈐印：伯駒（朱文）、平復堂印（白文）、京兆（朱文）[1]

同月，劉海粟步韻《金縷曲》和先生丁巳上元八十壽。

> 浪迹天河外。數風流，非同小可，人稱一怪。青埂峰前奇石古，歷劫巍然不壞。從入世、曾經滄海。京洛緇塵衣盡染，逞才華、賴有通靈在。憑一字，千金賣。　江山無恙園林改。喜相看，朱顏綠鬢，八旬同居。小別於今過念稔，猶記米顛下拜。憶往事、何須增慨。筆墨淋漓吾

---

① 上海嘉禾 2017 春季藝術品拍賣會之「《四海集珍》中國近現代書畫作品專場」第 152 號拍品，拍賣時間：2017-07-02。

豈老，苦難償、不盡丹青債。身幸健，志高塏。

叢碧詞兄

劉海粟

一月，夏承燾、吳聞伉儷同步韻《金縷曲》為先生伉儷祝壽。

雁語來天外。落江城，幾行醉墨，燈前光怪。詞苑長城千百仞，兀立金剛不壞。欲俯視、高樓湖海。紅萼一枝人並倚，鬧元宵、燈燭春長在。酒可飲，畫休賣。　風儀如舊流光改。看鷗波、霜眉照影，耄期初屆。百曲霞觴賡金縷，想像衣冠羅拜。更不必、尊前寄慨。五嶽歸來燕關坐，算平生、已了看山債。臨湖好，勝登塏。

叢碧先生、慧素夫人八秩雙壽。夏承燾吳聞同祝。

二月十六日，與詞友戈革號拜菊者去函：

拜菊詞人：

大作收到，與各詞家詞共置一處，昨日檢出排列次序，擬付裝裱，君詞竟佚失，自午至晚遍尋不見，極自恨自責。茲寄紙，請即重書寄下！本月十七日（夏曆）京各詞家□觀余已八旬，衰象日見，精神不佳，事每多遺忘。來日無可留戀，惟承各詞家賜詞留一圖咏，為他日掌故，此生亦不虛矣！專此謝佚失君詞之罪，並頌

春祺！

叢碧百拜
正月初十

鈐印：叢碧八十後印（朱文）[1]

三月四日，上元節，先生去函詞友馬士良：

士良詞兄：

大作收到，謝！夏曆本月十八日星期一上午十一時在西郊展覽館餐廳侯餐，請早臨！即頌

日祺

叢碧拜
正月十五

---

① 北京泰和嘉成拍賣有限公司 2014 秋拍之「箋影留痕」第 584 號拍品，拍賣時間：2014-11-30。

附馬士良致壽詞：

法曲獻仙音　祝張叢碧先生八十雙壽

燈火元宵，海濱喬木，此日詞人山斗。已去遼天，又回燕市，雙雙月圓人壽。待日暖風清候，同依御河柳。　　八旬友，憶前藏、陸機平復，還有那、隋展子遊春束。外此僕難言，數多能、辭曲棋酒。無不當行，女蓮巢、層峰疊皺。是人間雙美，畫舫難忘張丑。

三月十一日，農曆正月二十二日，適逢先生八十大壽，盛邀在京諸友好聚餐於莫斯科餐廳，朱家溍擬聯並倩戲劇家許姬傳手書為先生祝壽：

几淨閒臨寶晉帖，

窗明靜展遊春圖。[1]

三月，年前詞家周采泉自杭州寄來水仙兩頭，正月間盛開，經夫婦二人生日而不謝，遂填詞《金縷曲》一闋：

齊著東風力。看盈盈、漢皋環佩，凌波北適。學賦洛神才不敵，欲覓飛鴻無迹。等一樣、梅妻豐格。正是月圓花也放，下瑤臺、依傍狂詞客。同寒歲，休浪擲。　　氤氳氣似飄安息。更依稀，金卮泛酒，銀燈照席。千里傳來青鳥使，夢到西湖咫尺。但閉戶、慰人孤癖。室小心清香自妙，玉壺冰、中可藏魂魄。仙姑射，塵世謫。

款識：調寄《金縷曲》和采泉詞家韻。丙辰歲冬，北京花肆無水仙可買，采泉詞家自杭州寄來兩頭。丁巳元旦花放，元宵我夫婦生日花盛開，一□十朵，而采泉詞亦到，即和之，以志喜。此亦詞林中一小掌故也。中州張伯駒，時年八十。

鈐印：京兆（朱文）、花好月圓時節（朱文）、伯駒長壽（白文）、叢碧八十後印（朱文）[2]

三月，為天津詞友張牧石壽五十歲生日作嵌名聯：

牧野鷹揚開地闊，

石頭虎踞望天低。

是春，為友人名陳強者寫芙蓉圖，並題詩：

---

① 鄭重著《收藏大家》。上海：上海書店出版社，2007: 370。

② 張伯駒著《張伯駒詞集》。北京：文物出版社，2008。（彩頁）。

傲霜一樣比梅花，簾捲兩番雁陣斜。

子鶴猶嫌妻是號，林家不到到陶家。

丁巳春叢碧題。

再題：

陳強世講雅屬。張伯駒時年八十。

鈐印：伯駒長壽（朱文）、叢碧八十後印（朱文）、張伯駒印（朱文）、好好先生（朱文）、平復堂印（白文）

是春，為詞友戈革書「訪曹雪芹故居」詞：

象鼻山西有小村。荒涼矮屋掩篷門。舊時居處出傳聞。　天外飛霞思血淚，風前落木想神魂。傷心來弔可憐人。

秋氣蕭森黃葉村。疏親遠友處長貧。後人來為覽前塵。　刻鳳雕龍門尚在，望蟬臥兔硯猶存。疑真疑幻費評論。

款識：調寄《浣溪沙》訪西山曹雪芹故居。丁巳春書似拜菊詞人雅囑。張伯駒是年八十。

鈐印：京兆（朱文）、平復堂印（白文）[1]

四月，《陳毅詩詞選》由人民文學出版社公開發行，先生得到消息後，親自到新華書店購買，並時常把《陳毅詩詞選》放在枕邊閱讀，以懷念與陳毅元帥的深厚友誼。

五月四日，梁漱溟來訪後海南沿二十六號。當晚，梁漱溟在日記中記下對先生的印象：

訪張伯駒，似禪淨兼修，但文人習氣，務為詩詞。[2]

六月下旬，寄贈周篤文壽葉劍英元帥八十壽辰詩，附詩如下：

昨談為葉帥祝壽，君去後即賦七律一首如次。

杖朝杖國仰群黎，百歲韶華壽域躋。

早有功名揮日返，猶多英氣望天低。

---

① 保利香港拍賣有限公司 2016 年秋季拍賣會「舊日烟雲——王伯群珍藏中國書畫暨文人翰墨專場」第 0774 號拍品，拍賣時間：2016-10-03。

② 梁漱溟口述，白吉安撰著《梁漱溟訪談錄》。北京：人民出版社，2007: 239。

　　陰山不度空胡馬，漢社全清除牝雞。

　　霜葉滿林秋更好，明霞燦爛映紅旗。[1]

初夏，為劉海粟所作《清奇古怪圖》卷題詩：

　　蟠地撐天各有姿，後凋千古歲寒時。

　　人生不到司徒廟，爐冶何知造化奇。

　　不因爭長向高峰，古怪清奇看老龍。

　　獨與梅花同臥雪，秦封猶小大夫松。

　　款識：昔偕室人潘素遊鄧尉香雪海，至司徒廟觀漢柏，曾譜詞題壁。今見海粟詞兄為四柏寫照，氣勢磅礴，使人目驚，不禁似重遊之感。因題二絕句，幸即乞正之。中州張伯駒，時在丁巳初夏。

是夏，受周穎南之託，先生為劉海粟所作《松壑鳴泉圖》題跋：

　　千籟答松響，萬壑匯泉鳴。耳邊水激風颮，不是世間聲。聳欲接天一握，回欲轉帆九面。螺髻影青青。看到有無處，疑雨又疑晴。　　揮大筆，爭血戰，氣縱橫。苦瓜地下，應恨低首也心驚。行腳芒鞋踏遍，手撥烟雲直上，五嶽昔曾登。未可小天下，起我臥遊情。

　　調寄《水調歌頭》，應穎南先生屬題。海粟先生屬題。海粟大師《松壑鳴泉圖》。

　　款識：中州張伯駒，時年八十。

　　鈐印：伯駒長壽（白文）、叢碧八十後印（朱文）、京兆（朱文）[2]

七月三日，去函周篤文：

篤文詞家：

　　前詩「漢社全清」改為「漢祚重興」。夏老壽葉[3]《浣溪沙》詞，請鈔寄給我。即頌

刻祺！

　　　　　　　　　　　　　　　　　　　　　　　　碧拜

　　　　　　　　　　　　　　　　　　　　　　　　七、三

---

① 原詩稿為周篤文收藏並供稿。

② 中國嘉德國際拍賣有限公司 2019 秋季拍賣會之「大觀——中國書畫珍品之夜・近現代」第 0891號拍品，拍賣時間：2019-11-18。

③ 指葉劍英元帥。

「猶多英氣」句指老而不衰，如易則重「山」字，函收到，「霜葉紅於二月花」題不妥，甚當。

重山字

七月五號，去函周篤文：

篤文詞家：

　　請將劉海粟託題嚴慶祥八十壽及周穎南託題《松壑鳴泉圖》我及夏老、君坦、邦達、益知詩詞，就近交益知帶來。如夏老詞未脫稿，可後交。因往往會零亂遺失，如我及君坦、鍾美題楊紹箕《孤枝小築圖》，即被夏老遺失。兩題均需由我寄故也。即頌

刻祺！

碧拜

七月九日，去函周篤文，談及為陳毅元帥集體創作繪畫一事，函曰：

　　日前老尚[1]來，云有人（陳毅部下與葉帥相識）要找畫家畫十開或十二開畫，要找詩詞家對題，他已要潘素畫一開，要惲公字，蕭鍾美和我各找各寫。畫家還找誰，詩詞家還找誰，我沒問他，他亦未說，匆忙而去。詩詞比畫家更少，只有君坦、瞿禪、敏厂、曉川、益知、邦達。若十開，尚差一人；十二開，尚差三人。應找老尚再來，我要他和君相商，我只負寫一詞、潘素繪一畫責任，其餘找人，紙張大小各事，我都不管，因近來精神欠佳故也。即頌

篤文詞家日祺！

碧拜　八日

　　昨日信寫完未發，今晨老尚同劉貫一來（劉是陳毅之秘書長，山西省書記，因反對江青免職被扣押），畫書冊定十開可，如夏老詞即出十開內，可直達，我另作一詞，畫家由我寫信，由君及老尚分別去找，如何？見面一談為宜！

九日

九月十八日，給時任吉林省委宣傳部副部長高葉去長函，要求給自己在「文革」中遭受的不公待遇平反，並請求給予夫人潘素退休待遇。附函如下：

---

① 尚可喜後人尚養中。

高業同志：

多年未見，祝工作順利身體健康。

啟者：六六年文化大革命，當時我認為江青勾結林彪，迫害跟隨毛主席的革命老幹部。寫了一首詞，指江青為呂后，謀害漢高帝功臣。這首詞被博物館造反派抄去，謂我攻擊江青，即是攻擊無產階級司令部，是現行反革命，後結論以敵我矛盾按人民內部矛盾處理，予以教育。以我工齡不夠准予退職，我愛人潘素隨我退職，各給一年工資退職金。我將我存於博物館的字畫書籍等均捐獻給博物館，按我原買價比給我一年工資退職金要多。博物館又派人把我夫婦送往舒蘭縣朝陽公社第三大隊插隊落戶，大隊主任以我們係退職人員，不合插隊落戶規定，不予落戶，我們遂回到北京。陳毅元帥逝世，我送一副挽聯，毛主席看到，問及張茜夫人，夫人答是陳毅元帥的老朋友，從吉林回京，還無工作戶口。主席囑周總理辦理，總理聘任我為中央文史研究館館員。我愛人潘素迄無工作，一人收入，生活拮据。我曾寫信給王淮湘和文化局，申請將潘素退職改為退休，並云中央機關已有先例，但皆無答覆。關於我的問題，現已證明在文化大革命期間江青勾結林彪迫害跟隨毛主席革命老幹部的事實，當時我的看法寫詞攻擊江青是否屬於敵我矛盾。英明的毛主席和黨中央，一舉粉碎「四人幫」陰謀政變，我們應共同徹底向「四人幫」批鬥。又對潘素的處理亦非毛主席對知識分子的政策，毛主席是每一個人都要給予出路的。所以我現在寫給省王恩茂主任，申請省博物館對我之處理予以澄清，以恢復我之名譽，對潘素仍請將其退職改為退休。我與潘素在長春的情況，您與宋部長盡知其詳，請與宋部長相商，向王主任反映幫助，實為至感。專此即致

敬禮！

張伯駒拜啟　七七、九、十八 [1]

九月二十四日，去函周篤文：

---

① 見松江一帆博客「散如作文之十九《懷念張伯駒》」。

篤文詞家：

　　施蟄存詞刊迄未寄來，又韻文[1]進行如何？即問
近好！

碧叩　廿四日

九月二十七日，和詞友黃君坦詞三闋：

南樓令　丁巳中秋和君坦三闋

　　扶醉一登樓，捲簾不下鈎。在天涯、難是無愁。今夜雙圓人與月，長願見，更當頭。　　白露誚寒秋，鄉關望裏收。悔嫦娥、卻負綢繆。辛苦循環盈又昃，偏有意，對金甌。

　　雁影過西樓，開簾掛玉鈎。又無情、添上閒愁。歲歲年年當此夕，渾不覺，白人頭。　　春去剩悲秋，風流夢裏收。老鴛鴦、羞更綢繆。相對團圓明月好，空負卻，酒盈甌。

　　筋力懶登樓，心情曲似鈎。看東流、江水如愁。明月依然來照我，堪比白、雪盈頭。　　意緒冷於秋，繁華過夢收。縱團圓、也負綢繆。離合悲歡千古恨，寒露和，淚凝甌。

　　詞收到，明春海棠時定去津，腿疾入秋，畏寒，已着棉褲不出門。重陽不能再去西山看紅葉矣。夢碧、毅然、機峰、牧石詞家清吉。

叢碧拜
八月廿五

　　鈐印：張大（白文）、伯駒（朱文）[2]

　　是秋，夫人潘素與姜毅然為天津友人顧傾百合寫《菊石圖》，先生題記：

　　傾百詞兄屬正。丁巳秋中州張伯駒內子畫菊，毅然兄補石。

　　是秋，為楊陽書杜牧詩一首：

　　長安回首繡成堆，山頂千門次第開。

　　一騎紅塵妃子笑，無人知是荔枝來。

---

① 即指《中國韻文大會》推動成立狀況一事。

② 西泠印社拍賣有限公司 2010 年秋季藝術品拍賣會之「近現代名人手蹟專場」第 0084 號拍品，拍賣時間：2010-12-11。

款識：唐杜牧之詩咏楊貴妃喜食荔枝事。《唐書》貴妃生於蜀，好荔枝。南海荔枝勝於蜀，必欲生致之，乃置驛傳馳載，七日夜至京，人馬俱斃於路，百姓苦之。然方暑而熟，經宿輒敗。按韓昌黎詩云：「一封朝奏九重天，夕貶潮陽路八千。」自長安至廣州即云路四千，一日夜行四百里，亦非七日可到，而到亦腐爛矣！吾謂貴妃所食之荔枝乃係蜀產，《蜀志》曰：唐天寶中，取涪州荔枝，自子午谷路進入，可以證之。

楊陽小妹一粲。丁巳秋，中州張伯駒時年八十。

鈐印：伯駒（朱文）[1]

十月十六日，去函周篤文：

篤文詞家：

上海有人來，海粟託題畫卷，二十日即回滬。敏庵壽其《水調歌頭》詞已寄來，邦達及尊詞請於十九日前能寄到，以便交來人帶滬。聞畫以後尚能賣，但辦法未定，則稿費以後或仍能有，曾詢問否？即頌

刻祺

碧拜

十六日

十月十八日，去函周篤文：

篤文詞家：

上海有人帶來劉大師為君所繪之畫，希即來取，並帶來夏老處我所題畫馬詩。即頌

刻祺！

碧拜

十八

十月二十七日，欣聞浙江紹興重修蘭亭古蹟，即興和鑒定家徐邦達《慶春澤》詞一闋：

慶春澤　重修蘭亭和邦達

金谷園荒，銅駝巷寂，東南惟剩蘭亭。舊郡山陰，猶瞻禹穴高

① 廣東小雅齋拍賣有限公司 2016 年秋季藝術品拍賣會之「民國政要·文人書畫專場」第 0299 號拍品，拍賣時間：2016-11-25。

坰，三三春禊群賢集，有激湍、曲水流聲。數歡情，一觴一咏，坐對忘形。　　於今勝地重輪煥，正欣逢盛世，海晏河清。還待優遊，丹青欲畫難成。後人癸丑長相繼，似閒花、多半無名。渺吾懷，彭殤同例，生死何驚。

叢碧（草）[1]

十月三十一日，書《金縷曲·和黃君坦詞兄預祝余八十壽詞》贈畫家陸儼少：

蒼狗浮雲外。幾經看，紛紜擾攘，離奇古怪。百歲光陰餘廿歲，身豈金剛不壞。登彼岸、回頭觀海。粉墨逢場歌舞夢，算還留、好好先生在。猶老去，風流賣。　　江山依舊朱顏改。待明年、元宵人月，雙圓同屆。白首糟糠堂上坐，兒女燈前下拜。追往事、只多感慨。鐵網珊瑚空一夢，借房名、欠了鴻詞債。今叢碧，昔龐塏。

回首黇毿外。浪贏名，四家公子，中州一怪。往事盡多淚多恨，欲把唾壺擊壞。算夢醒、花開尊海。春草榮枯燒難盡，尚餘生、幾換滄桑在。紅土作，朱砂賣。　　休教老夫風流改。願長逢，團圓事夕，百年同屆。有女河陽丹青手，且向石榴裙拜。莫對此、江山增慨。五嶽登觀天下小，早歸來、了卻烟霞債。身猶似，峰高塏。

過眼雲烟外。溯平生，多聞多見，司空不怪。紈綺儒冠皆誤我，披上袈裟衣壞。任幻化、紅桑碧海。世事百年如弈局，看興亡、幾換山河在。緊依樣，葫蘆賣。　　韶華無限隨時改。又南窗、梅花積雪，春光重屆。獺祭一床書畫滿，燃燭焚香下拜。莫對酒、怨歌慷慨。福分風流都占盡，算今生、還了前生債。催夢醒，天明塏。

世路崎嶇外。幾經過，翻雲覆雨，搜神志怪。沉陸也曾陵谷變，惟有虛空不壞。算只可、皈依佛海。自笑先生窮措大，問銅山、金穴今何在？蠹相弔，殘書賣。　　新來舊去年年改。憶當時、兒童竹馬，八旬忽屆。明月團團元夕始，白首雙雙對拜。還共與、回頭一慨。因果他生休更卜，待華胥、夢醒身無債。地蒼蒼，莽高塏。

---

① 詩稿由周篤文收藏並供稿。

《金縷曲》，和黃君坦詞兄預祝八十壽詞。

款識：丁巳展重陽[1] 書應儼少先生正拍，中州張伯駒時年八十。

鈐印：伯駒長壽（白文）、叢碧八十後作（朱文）、京兆（朱文）、花好月圓人長壽（朱文）[2]

同日，去函周篤文：

篤文詞家，此一張是南京的，或由夏老致唐圭璋一信，南京尚有何人請簽？上海俞振飛是曲請其簽名。即請

刻祺！

碧頓首

卅一

十一月十四日，去函張牧石：

《孤植小築圖》引首畫詩詞宜卷不宜冊，潘素畫寄去後可分別徵題咏。君坦畏地震，尚在邢臺未歸，其通信地址為：邢臺長征汽車廠設備動力科黃為健轉。地震情況緩和，云北京此後無震。津詞家《金縷曲》興到之作，潘素畫小卷當於年前裱存，成一掌故矣。即頌

刻祺！

碧拜　十一、廿四[3]

十一月十六日，詞友吳則虞在京逝世。

十一月二十九日，去函楊紹箕：

紹箕世講：

崑曲會演出在十二月廿日，有《夜奔》、《斷橋》、《擲戟》、《挑滑車》等。《擲戟》由姜濤飾演董卓。我去津以下月（十二月）八、九日為宜，十五、六日前回京。一切面敘。即問

近好！

碧拜　十一、廿九

---

① 展重陽是指陰曆九月十九日，肇始於唐開成時期，謂不失重陽之意。編者注。

② 西泠印社拍賣有限公司 2009 年春季藝術品拍賣會之「文房清玩：名家篆刻及陸儼少自用文房雅具專場」第 0473 號拍品，拍賣時間：2009-06-19。

③ 廣東崇正拍賣有限公司 2018 年秋季拍賣會之「同氣並香‧張伯駒、潘素的朋友圈」第 820 號拍品，拍賣時間：2018-12-13。

十二月二十五日，周篤文為編寫醫古文教材赴杭州寫提綱、再到昆明組稿，經兩月餘。其間先生寫信給周篤文：

篤文詞家：

函詞奉悉，壯遊堪羨！昔余數至西湖，兩遊莫干山，一遊東西天目、天台、黃山，抗日時曾由香港飛河內，入昆明，登大觀樓，遊西山，觀滇海，黑龍潭賞唐梅，九華宮賞茶花，皆成隔世矣！入冬感冒，服藥已癒，足不出戶，春暖能去大覺寺亦幸也！君坦希帶宣化火腿，恐難。余則希帶菌類罐頭一筒，或名雞菌，不記憶，未知有否。即頌

旅祺！

碧拜

十二、廿五日

是冬，夫人潘素與李苦禪合寫《梅石圖》，潘素寫石，張伯駒題詩曰：

筆底能生萬象春，高枝低傍石嶙峋。

歲登定卜豐年慶，瑞雪飄時對喜神。

丁巳初冬，中州張伯駒題，時年八十。

是冬，為李一氓藏袁克文夫人劉梅真影寫本《于湖居士文集》題跋：

寒雲表兄逝世後，與方大先生訪梅真表嫂，索寒雲詞稿，謀付之梓。嫂手寫畀余，當時蓋不知其工吟咏，善書法。昔曾見汲古閣毛鈔陶淵明詩，精彩奪目，不下宋刊。今見嫂景寫此書，較毛鈔尤可貴，為之驚嘆。風流文采，粹美一時，寒雲、梅真兄嫂與此書長存矣。暮歲獲觀，不惟感慨係之，亦慶有識者，而此書永寶於人間也！

款識：丁巳冬張伯駒題記。時年八十。

鈐印：京兆（朱文）、叢碧八十後印（朱文）、伯駒長壽（白文）[1]

是年，收到新加坡周穎南自費為畫家劉海粟編輯出版的《海粟老人近作》畫集一冊。周穎南在致劉海粟信函有載：

北京張伯駒先生已收到精裝本一冊。王益知先生因客觀情況所限，

---

① 何方：《劉梅真影寫宋刻〈于湖居士文集〉題跋考》，北京：《中國典籍與文化》，2018 第 1 期（總第 104 期）第 31 頁。

聞讓其退回，卻是惋惜的事。[1]

是年，詞人黃君坦為預祝來年先生八十壽辰填《金縷曲》一闋，隨後趙樸初、徐邦達、周汝昌、周篤文等詞壇俊友紛紛步韻唱和。先生遂將五十二首《金縷曲》油印成冊，分贈友好。[2]

是年，為葉劍英元帥八十壽辰創作詩詞一事，致函周篤文：

> 報發表葉帥補祝正及時，但潘素及君並老尚對文藝皆係外行，紙張大小不問，橫寫豎寫不管。我今天試寫一張，詞稍長，字亦大，還寫不完。如夏老《浣溪沙》一詞小令，如此大之紙，如何寫法？我說明我只寫一詞，其他紙張、裝裱、找人皆不過問。畫家由林樹芳找八人（尹、林以外八人，潘素除外，共十人，如李可染等曾為葉畫者不找）。老尚來，可笑者由彼找惲、蕭寫，連紙也不要，橫寫、豎寫更不論矣！

> 冊頁對開，右邊是畫，左邊是字。試問這一冊頁有多大？潘素有現成冊頁可看，一切問題請與潘素共商。《臨江仙》詞附上作廢。

曉川詞家

> 碧

是年，去函周篤文：

> 日來大病，兩手麻木，左腿腳漲酸，重感冒，眠食不好，痰喘不止。是以任何事皆不能辦，而且急躁，抑制不住。以病如有態度不好之處，請諒。

> 畫家皆由林樹芳同志去找，當與君聯繫，書畫紙皆橫寫。即頌

刻祺！

> 碧頓首

> 十八

是年，為天津王煥墉書贈嵌名聯：

煥夜素娥明貝闕，

墉城金母治崑崙。

款識：煥墉詞家雅屬。中州張伯駒，時年八十。

---

① 周穎南、劉海粟著《周穎南文庫（卷九）‧劉海粟周穎南通信集》。北京：北京師範大學出版社，2006: 197。

② 見周篤文舊藏《金縷曲：張伯駒先生八十壽誕唱和集》油印冊。

　　　鈐印：伯駒長壽（白文）、叢碧八十後印（朱文）[1]

　　是年，為天津詞家張牧石書《小秦王》條幅一幀：

　　　小秦王丁巳清明後，遊大覺寺看花，以無車遲去，杏花、玉蘭但已
殘謝，因感賦八闋：

　　　柳色門前綠已深，通明難為乞輕陰。偏因遲暮偏珍惜，一寸春光一
寸金。

　　　野店風吹舞酒帘，當時曾憶醉金鞭。休嫌駒隙光陰短，已是看花
五十年。

　　　杜宇聲中幾斷腸，故人宿草對斜陽。杏花依舊雙亭圮，回首春遊夢
一場。

　　　大好山河大好春，我遊今又踏輕塵。年年紅杏暘臺路，不換花光只
換人。

　　　春光九十半烟消，玉樹庭前晚寂寥，花亦如人垂暮日，猶留殘瓣待
風飄。

　　　臥地殘陽一綠紅，佛堂僧盡不聞鐘。花光山色但無見，只有泉聲到
耳中。

　　　好春無耐（奈）出無車，一陳飛紅夕照斜。莫怨晴催風日暖，老年
只可看殘花。

　　　幾換滄桑夢蟻槐，年年猶是到暘臺。天留老眼休辜負，明歲還須早
日來。

　　　牧石詞家老弟臺正拍。

　　　　中州叢碧老人，時年八十。

　　　鈐印：伯駒長壽（白文）[2]

---

① 著名詩詞家王煥墉：詩詞的清通不是像白水一樣寡淡 // 天津美術網 // www.022meishu.com
//2015-12-18。

② 上海嘉泰拍賣有限公司 2008 春季藝術品拍賣會之「古籍善本」專場，第 0289 號拍品，拍賣時間：
2008-06-23。

　　是年，冒鶴亭三子冒舒諲請先生在其父所書《盤山遊草》詩卷題跋，
先生遂題《小秦王》詞三闋：

　　　　滄桑陵谷幾經春，紅杏青松事記真。一自當時題咏後，薊門山色屬
詩人。

　　　　羅浮蛺蝶是新知，晚節經霜傲菊枝。疑問京華存掌故，廣和居裏壁
題詩。

　　　　交期兩代話科場，白髮青衫歲各忘。更有因緣傳艷事，圖藏出浴憶
雲郎。

　　　款識：舒諲世丈屬題。中州張伯駒，時年八十。
　　　鈐印：京兆（白文）、叢碧八十後印（朱文）、伯駒長壽（白文）[1]
　　是年，為楊紹箕修改其所做《水調歌頭》：

　　　　海粟翁八秩晉二大慶。叢碧世丈書來命填此闋。因步○○翁原韻奉
和（羅慷烈教授）。

　　　　遙祝此春酒，仙路隔雲虹。華箋吉語珍重，浩浩藉天風。好是脫巾
濡墨，又復驅山奔海，情趣未成翁。得失偶然耳，一笑萬緣空。　詩百
篇，畫千軸，酒三鍾。高山會許仰止，曾憶篆鈐紅（余曾於牧石先生處
見缶翁為公治印鈐痕）。攝取九洲精爽，融合大江奇麗，沔水（叢碧改：
九派）看朝宗。仁者自多壽，何必夢遊嵩。

　　　此稿改後即祈寄下俾另寫。
　　　叢碧批：皆妥照寫。
　　是年，為楊紹箕《孤植小築圖》題《浣溪沙》一闋：

　　　　一木曾傳大廈支。書空爭長向天枝。龍飛破壁點睛時。　守拙無巢
鳩不接，知危有幕燕還疑。且從立地笑毛錐。

　　　《浣溪沙》題楊紹箕世講《孤植小築圖》。中州張伯駒，時年八十。
　　　鈐印：京兆（朱文）、花好月圓時節（朱文）、伯駒長壽（白文）、
叢碧八十後印（朱文）
　　是年，去函楊紹箕：

---

① 冒佳騵：《張伯駒、啟功題冒鶴亭〈盤山詩卷〉》，上海：《文匯報》，2017年1月26日第12版。

　　圖寄給牧石，請與商量題在何處為宜。寄來紙只四張，《虞美人》寫不完，不擬再寫。即問

近好！

碧拜
九日

隨函附《虞美人》墨蹟：

虞美人

　　徐李厂繪贈孫正剛《春愁圖》，並用龍川《春愁詞》韻相唱和。正剛書來索和，謂余花韻必用「商女隔江猶唱後庭花」句。按此調為小令，又有李後主詞在前，必須依花間體，俗語生字概應摒去，未可率意而為，因賦十闋示之。

　　樓前柳色垂金縷，愁怯闌干雨。天涯芳草夢先歸，無奈杜鵑啼苦鷓鴣飛。　　落紅滿地苔痕繡，人到春來瘦。夕陽影裏散宮鴉，飄泊干戈、猶對太平花。

　　爐香簾幙穿烟縷，才住絲絲雨。王孫去後可當歸，乍見兩三喜鵲傍簷飛。　　池波照影紋如繡，人比前時瘦。綠雲掠鬢髻盤鴉，手自簪來長命翦宮花。

　　悽悽別恨歌金縷，淚似天多雨。去時先問幾時歸，莫誤枝頭紅杏燕雙飛。　　枕衾猶是駕鴦繡，只覺龐兒瘦。曉來盡自噪棲鴉，□蕚深深不醒夢中花。

　　悲秋愁緒縈千縷，況是多風雨。鄉心長逐雁南歸，夢影悠揚夜繞短檠飛。　　斷霞殘照天如繡，雲淡山容瘦。孤村流水帶寒鴉，霜葉紅於及第鬢邊花。

　　空搖柳色牽青縷，卻少留人雨。何時身自玉關歸，倒轉東風只盼向西飛。　　窮荒寒磧無苔繡，草折飢鷹瘦。雪天漠漠陣盤鴉，不見馬前馬後有桃花。

　　彤雲黯黯難成縷，霰碎還為雨。朔風一夜夢魂歸，漠漠胡天作陣雁南飛。　　吳棉蜀錦芙蓉繡，衾重知身瘦。寒枝瑟縮凍棲鴉，曉看濛濛滿

院舞楊花。

　　凍雲初散多成縷，又住霏霏雨。踏泥屐印有人歸，層疊炊烟時向屋簷飛。　　小庭盡沒苔痕繡，草映裙腰瘦。鬧枝喜鵲醒眠鴉，日暖一天、晴雪曬梅花。

　　秦淮一水流愁縷，大小長干雨。似曾相識燕重歸。……（未完）[1]
是年，為天津楊紹箕書條幅：

　　兩地風光接一塵，今年卻負海棠春。自看張顛身已老，非因避面李夫人。

　　還願今年似去年，名花相待耐風妍。也知走馬先鞭着，卻少囊中買路錢。

　　暄風暖日妒春陽，空乞輕陰護海棠。更是藏嬌金屋坵，無能燒燭照紅妝。

　　柘枝記自唱離筵，只剩灰堆蠟炬殘。知否故人慳一面，年年長憶李家園。

　　款識：《小秦王》。今歲晴旱，風多雨少，花皆早放。海棠時節或不能去津，悵惘何似。因感賦四闋。紹箕詞家世講正拍。首闋兩句顛倒，隔誤接。丁巳春，叢碧老人時年八十。

　　鈐印：伯駒長壽（白文）、叢碧八十後印（朱文）、京兆（朱文）、花好月圓人壽（朱文）[2]

　　（二〇一五年秋，北京嘉德拍賣公司從張伯駒先生故交楊紹箕處徵得先生生前贈其書畫作品十幅，以「叢碧流芳」為題作專題拍賣，這批作品來路清晰，且均為先生用心之作。作品中八件均標明創作年代，還有兩條幅未注年款，今附錄如下：

---

① 詞未寫完，依原文錄出。
② 中國嘉德國際拍賣有限公司 2015 秋季拍賣會「之中國近現代書畫」第 0417 號拍品，拍賣時間：2015-11-14。

　　水調歌頭　和紹箕丁巳重陽詞。叢碧草，重陽後一日。

　　世事逐前浪，歲月少回波。刻意悲秋懷遠，欲盡淚滂沱。舊雨半凋風木，回首龍山落帽，有酒獨高歌。無限夕陽好，日下就江河。　　開黃菊，飄紅葉，近如何。南雲鄉里，遙望霜滿雁聲多。空說桃源別境，不許漁郎重問，難夢到羲和。三徑任荒廢，老子尚婆娑。

　　漢宮春　和鍾美戊午歲朝詞。叢碧草。

　　蛇尾余生，看馬頭前路，更履春冰。應憐獨珍敝帚，猶坐書城。愁思往事，攪沉眠、夢醒鐘聲。來朝知、夜醉時，誰與心傾。　　回首江山無恙，又滄桑換世，舊歲新生。年年燈花開落，送盡吟朋。千紅萬紫，縱繽紛、不到幽檻。攜斗酒、聽鶯亂囀，自還守口如瓶。

　　鈐印：伯駒長壽（白文）[1]

是年，寫對聯：

　　二我鏡中原是汝，
　　集靈囿內只餘君。

　　款識：戲為分詠詩鐘，以照像館、龜為題。清末北京觀音寺「二我照像館」最著名；袁世凱為總統時，國務院位集靈囿內，熊希齡為代總理，王湘綺入京往見之，曰「今日集靈囿內只餘君矣」，蓋不見龍鳳麟，指其為龜也，一時傳為笑柄。中州張伯駒，時年八十。

是年，作聯：

　　心是主人身是客，
　　詩家才子酒家仙。

　　款識：戲為分詠格詩鐘以會館李白為題，集白居易、趙嘏詩得此聯。中州張伯駒，是年八十。

是年，給天津詞友楊紹箕去函：

　　虞美人　和龍川《春愁詞》韻
　　　　　　徐邦達

年時憶攬黃金縷，相伴紅闌雨。多情無緒總歡歸，黯黯天涯只道燕

①　中國嘉德國際拍賣有限公司 2015 秋季拍賣會之「中國近現代書畫」第 0415 號和 0416 號拍品，拍賣時間：2015-11-14。

雙飛。　春衫留疊縈文繡，曾識伊人瘦。畫廊苔院又驚鴉，想象月明影裏怯梨花。

叢碧評：此闋在正剛視之，當極拜服。

前調　李厂為補寫《春愁圖》答和來詞報謝。正剛

詩魂畫魄俱如縷，素髮飄紅雨。古樓深巷踏青歸，寫着燈兒逸興轉遄飛。　江山文藻勞君繡，卻道東陽瘦。曉寒啼煞後棲鴉，忍念阿房宮闕上林花。

叢碧評：拙劣之至，直不是詞。

叢碧評：正剛寄來兩詞屬和，並云結句余必用商女「隔江猶唱後庭花」句。似別無花韻可押。余和十首只一首用商女句，為研究詞作法，將其兩首寄去加以評論。按《虞美人》為小調，更有李後主在前，題又為春愁，作法必須依花間體，不能有生硬字、生硬句、俗句，但兩首皆不免，而正剛詞更是胡扯一氣，似此以不作為是，何必費心力而貽笑也。

第一首：縷韻不知說什麼，歸韻既多情又無緒自相矛盾，繡韻句生硬，鴉韻「畫廊苔院」重疊，花韻「想象」二字生硬，五代、北宋必不用此二字。第二首：縷韻「詩魂畫魄」整句俗極，雨韻「素髮」是什麼，怎麼飄雨？歸韻「踏青」應當在陌上，古樓深巷怎麼能踏青？且四字亦重疊。飛韻整句俗，繡韻「勞君」二字俗，瘦韻我不懂，鴉韻費力費解，甚笨。花韻胡天胡地忽然跑到阿房宮，誰也想不到。但牧之《阿房宮賦》一字也沒提到上林花。如漢唐宮苑可說上林花，而牽不到阿房宮上。又加上「忍念」二字，真使人絕倒。以上是我之評論，作詞必不可隨意下字下句，更不可胡扯。須有前後章法，起承轉合，風神意旨。如正剛此生已矣。

我和十首可向正剛要看。即頌
紹箕世講清吉！

叢碧頓首
星期日

是年，書七言對聯：

聞歌任見烏江去，
寄柬疑從赤壁來。

款識：與詞友戲為分咏格詩鐘，以戲馬臺紅燒鯉魚為題得此聯。中州張伯駒，時年八十。

是年，書七言對聯：

老馬為駒程不識，

鳴鸞朝鳳賀方回。

款識：詩鐘有居易格須內嵌古人名，曾與津詞友戲為之，得此聯。中州張伯駒，時年八十。

是年，為劉海粟《臨石濤松壑鳴泉圖》題《水調歌頭》一闋：

千籟答松響，萬壑匯泉鳴。耳邊水激風盪，不是世間聲。聳欲接天一握，回欲轉帆九面，螺鬘影青青。看到有無處，疑雨又疑晴。　挥大筆，爭血戰，氣縱橫。苦瓜地下，應恨低首也心驚。行腳芒鞋踏遍，手撥烟雲直上，五嶽昔嘗登。未可小天下，起我臥遊情。

款識：中州張伯駒，時方八十。

是年，書七言對聯：

難下八珍何晏箸，

誤輕一局謝安棋。

款識：戲為分咏格詩鐘，以西菜館、符堅為題得此聯。中州張伯駒，時年八十。

是年，書七言對聯：

古董先生誰似我，

落花時節又逢君。

款識：戲為分咏詩鐘以文物商店、李龜年為題，集桃花扇柳敬亭白、杜工部詩得此聯。中州張伯駒，時年八十。

是年，書七言對聯：

詞人駙馬白蓮社，

兒女英雄紅柳村。

款識：與友為分咏格詩鐘，以王詵、檉花為題，昔見晉卿畫《白蓮社圖》卷，後皆宋人題。檉花一名紅柳兒，在《英雄傳》鄧九公家為紅柳村。中州張伯駒，年八十。

是年，書七言對聯：

昨日故人今日我，

　秦時明月漢時關。

　　款識：戲與友人為分咏格詩鐘，以月份牌、古戰場為題得此聯。中州張伯駒，時年八十。

是年，書七言對聯：

　揮來玉軫牛無誤，

　扶上雕鞍馬不堪。

　　款識：與友戲為分咏格詩鐘，以琴、胖人為題得此聯。中州張伯駒，時年八十。

是年，書七言對聯：

　人面不知何處去，

　狂心宜擬折來看。

　　款識：與詞友為分咏格詩鐘，以連鬢胡子、牡丹為題，余集崔護咏桃花詩、方幹咏牡丹詩得此聯。中州張伯駒，時年八十。

是年，書七言對聯：

　清波近映金絲套，

　英氣長留玉壘關。

　　款識：與友為分咏詩鐘，以銀錠橋、諸葛亮為題，銀錠橋南有大小金絲套兩胡同。玉壘關在四川成都北灌縣，杜工部詩「玉壘浮雲變古今」即其記。中州張伯駒時年八十。

是年，書七言對聯：

　聽來遠近三更鼓，

　飛入尋常百姓家。

　　款識：與詞友戲為分咏格詩鐘，以夜半燕為題得此聯。中州張伯駒，時年八十。

是年，書七言對聯：

　燕尾風如刀筆吏

　虎牢關似粉牆兒

　　款識：戲為分咏詩鐘，以剪子、張飛為題，燕尾如剪，古詩「春風似剪刀」，蓋謂其刻削如刀筆吏也！崑曲《蘆花蕩》張桓侯劇詞：「那虎

牢關似粉牆兒也，是這般樣的矮。」中州張伯駒，時年八十。

是年，劉海粟與夫人夏伊喬來訪後海南沿二十六號張宅，先生攜外孫女樓朋竹與劉海粟合影留念。

是年，書七言對聯：

> 比貌應如長樂老，
>
> 將身好為後來人。

> 款識：與詞友戲為分咏格詩鐘，以不倒翁、結婚為題得此聯。中州張伯駒，時年八十。

一九七八年（戊午）　八十一歲

一月一日，為紅學家馮其庸作嵌名聯：

> 其魚有便書能達，
>
> 庸鹿無為福自藏。

> 款識：馮其庸先生雅囑。戊午元旦，張伯駒時年八十有一。

之後，先生又書贈馮其庸自擬聯一幅：

> 古董先生誰似我，
>
> 落花時節又逢君。

一月五日，寫便函於著名紅學家周雷：

> 有暇希蒞舍一晤。

> 伯駒
>
> 一月五日

二月五日，出席由國務院辦公室主辦的國務院參事和中央文史館館員春節招待會。這是粉碎「四人幫」後首度恢復春節聚會的慣例。

二月二十一日，去函天津張牧石：

> 函奉到，希望賢伉儷能清明時來，同去大覺寺看杏花、玉蘭，再同去津看海棠。再近有人為《近代印人傳》，請君為一自小傳（生年月、何地人、印宗何家），連拓印得意作及我印「京兆」、「平復堂」諸印寄香港《大公報・藝林周刊》登。《大公報・藝林周刊》登我之聯語並出版成書。又我所寫之《續洪憲紀事詩補注》、《紅毹紀夢詩注》均由香港出版，

乃係中華書局所聯繫者。「春遊」、「秦遊」、「霧中」、「無名」、「續斷」等詞,吉林省宣傳部為我複寫選印,身後事可了矣!

紹箕來詞祝我壽,甚清空,惟「身累清如前殿柳,心源澄似在山泉」一聯「累」字嫌生硬,「前」字宜用動詞,或易「身世老如眠殿柳」,未知如何?

今元夕偶為一詞,錄下:

人月圓　戊午元夕與潘素圍爐小飲

無邊積雪瓊瑤界,一白看乾坤。華燈火樹,紅爐綠螘,寒夜猶溫。　珠聯璧合,回頭年少雙樽。月圓花好,人間天上,夢裏同春。

即頌

牧石詞家賢伉儷雙祺!

碧拜,戊午元夕

鈐印:張大(白文)、伯駒(朱文)[1]

三月六日,與天津楊紹箕去函:

來作較前有進境。知唐七絕轉合結句之妙,始可言詩。王漁洋詩主神韻,即言七絕,故其詞亦佳。余作書必落字,鈐印必歪。如一百年後見我書不落字、印不歪,則非真蹟也。

紹箕世講日祺!

碧拜
星期三

(二)漢宮春

鍾美原作

冬去移時,問冬歸何處,迹認殘冰。東風乍吹凍解,撼醒春城。今朝昨夜,聒無眠、爆竹聲聲。傷老大、迎新餞故,醉人濁酒須傾。　好景從頭記取,又離離原上,芳草旋生。遙知萬花供眼,四海詩朋。長安閉戶,喜韶光、自入疏櫺。梅早放、宮黃染就,一枝尚占銅瓶。

詞如何,并(並)我詞給牧石看。尊友來訪潘素,可相晤談。陽曆

1　西泠印社拍賣有限公司 2017 年春季拍賣會「中外名人手蹟專場」第 2694 號拍品,拍賣時間:2017-07-16。

三月初，廣交會之畫可完。休息一個時間，續畫秋季廣交會之畫。約牧石杏花開時同遊大覺寺，並同去津看海棠。

正剛有《水龍吟》詞，祝我八十一生日，已和。可向正剛索觀，希亦和一闋。

碧頓首
正月廿日

三月十六日，去函天津張牧石：

才士後身敢自稱，文章聲價總無憑。李夫人病相如渴，千古風流是茂陵。

兩印跋照來書甚好，孫華兩君聯去津時，帶去或寄去。去津總在杏花開後七日，海棠始開，當先看花，即不至誤花期也。即頌，
牧石詞家清吉。

碧拜，
二，初八

鈐印：張大（白文）

前後共有五詩，是否皆刻，抑只刻兩三首？

鈐印：牧石心賞（朱文）[1]

三月十九日，吉林省博物館工作人員鄭國、宋玉蘭來京，告知吉林省委宣傳部已為先生「攻擊江青」一事平反。[2]

四月九日，晨，先生夫婦與黃君坦、徐邦達、周汝昌、周篤文、馮統一等詞友驅車前往大覺寺踏青。

四月十四日，去天津賞海棠，適逢張牧石五十一歲生日，先生即興口占《卜算子》書贈張牧石壽：

節到海棠天，有客迎三徑。酒淺能教意更深，樂事添清興。　恰是半開時，向晚風初是。春色無邊去又來，人與花同命。

款識：戊午暮春初八日，李氏園看海棠正半開，值牧石詞家五十晉

---

① 西泠印社拍賣有限公司 2017 年春季拍賣會「中外名人手蹟專場」第 2694 號拍品，拍賣時間：2017-07-16。

② 任鳳霞著《一代名士張伯駒》。北京：當代中國出版社，2007：274。

一壽，可謂花與人並勝，因賦此闋為祝，即乞正拍。

　　鈐印：京兆（朱文）、花好月圓人壽（朱文）、叢碧八十後印（朱文）[1]

　　四月，紅學家周汝昌六十甲子壽，先生盛邀黃君坦、啟功、朱家溍、徐邦達、周篤文等人聚餐於北京鼓樓湖南飯莊。席後，眾人雅興不減，又來到先生宅暢談。周汝昌追記曰：

　　　我六十周歲那年的生日，卻蒙幾位忘年交老友記憶清楚，到了那日，定要在鼓樓前的湖南飯莊為我祝壽。這次聚會，年紀最高的是張先生、朱家溍、徐邦達三位專家名流。席間，張先生展示了特為我寫作的新詞的墨幅，對我堅持研《紅》，不畏艱難，倍加獎讚。徐先生畫了一幅翠竹橫捲——他的畫非常名貴，向來是不肯輕為人作的。朱老也有絕句見贈。

　　　席後，回到叢碧小院聚談——進烟袋斜街，過銀錠橋，循湖岸，拂絲竹，緩步談笑而行……此情此景，如在目前，而那早已是二十一年前之事，張先生已然謝世十六年之久了。念及此，曷勝感切。[2]

先生並為周汝昌填詞《八聲甘州》賀壽：

　　　憶前遊、勺水米家園，遭逢話燕京。算書城學海，春風桃李，有夢如醒。回首金湯無恙，朝市換公卿。掩映西山路，柳暗花明。　　周甲添籌忽屆，看上頭雪滿，皴面池凝。寫紅樓情境，意致想平生。任長教、江河浩蕩，但石堅、玉碎總相仍。交期論，在形骸外，心酒同傾。

周汝昌為感謝諸好友的盛意，亦一一寫詩回贈：

　　　揭響甘州繼柳郎，難尋鼓板唱蒼涼。

　　　書城學海吾何有，贏得人憐鬢早霜。

　　　　　　　　　　　　　　　　　　——贈張伯駒

　　　筆下峰巒擁翠鬟，精能六法女荊關。

　　　著書卻傍芹溪水，黃葉丹林照四山。

　　　　　　　　　　　　　　　　　　——贈潘素

① 張牧石：《張伯駒在天津的書畫》，天津：《今晚報》，2004 年 3 月 21 日第 10 版。
② 周汝昌著《北斗京華——北京生活五十年漫憶》。北京：中華書局，2007：315。

蘭成老筆足風華，俊句翩翩嘆復嗟。
韓段漫從誇巧思，三都賦手認名家。

——贈黃君坦

翠竹亭亭與石鄰，豈因清瘦減豐神。
不知老可忙何事，解道瀟瀟為寫真。

——贈徐邦達

杜老詩中似識君，相逢把臂快論文。
談紅不為常人語，蘭臭芹香久自聞。

——贈朱家溍

小乘深巷病維摩，四海書名孰比多。
舊雨不來增悵望，遙知枕手想攏鵝。

——贈啟功

漫擬微之與牧之，當年英發見雄姿。
吟懷日日追高遠，一飲醇醪已醉時。

——贈周篤文[1]

四月二十六日，院內牡丹藕荷裳盛開，先生興致極佳，遂抱愛貓花前留影。[2]

五月十九日，參加國務院參事室組織的文史研究館參觀團，赴南昌、井岡山、長沙、韶山參觀。

五月三十日，給天津楊紹箕去函：

紹箕世講：

八月一日去青島，與劉海粟約（他去大連）在烟臺晤面。九月十日前同回北京，當與黃鎮部長面談，要其約張文涓十月間到京出演（為慶祝卅周年為辭），那時當再去津出演，我同去，時間較從容。如彼不到京

---

① 周篤文著《周篤文詩詞論叢》。北京：人民出版社，2014: 235。
② 任鳳霞著《一代名士張伯駒》。北京：當代中國出版社，2007: 274。

演出（到京演出為多），我則於十月下旬去津。即問

刻祺！

碧拜

卅日 [1]

五月，完成《宋詞韻與京劇韻》一文，並於同月二十一日寄交中央文史館。

六月五日，隨中央文史館參訪團回到北京。

是夏，夫人潘素寫工筆白牡丹一幅，李苦禪補山石，王雪濤補蛺蝶，先生題詩：

奇石依玲瓏，花光和露濃。

雙雙蝴蝶影，常住綺羅叢。

款識：中州張伯駒題，時年八十又一，戊午夏日。

啟功步先生韻補題：

國艷色玲瓏，蒼苔石上穠。

飛來雙蛺蝶，徒依護珍叢。

款識：次叢碧韻一首，啟功。

另有潘素、王雪濤、李苦禪、蕭勞題跋：

潘素寫白牡丹。雪濤畫蝶。苦禪補石。

鈐印：潘素（白文）、女河陽（朱文）、老雪（白文）、李氏苦禪（朱文）、京兆（朱文）、伯駒長壽（白文）、叢碧八十後印（朱文）、樂琴書以消夏（朱文）、唯吾知足（朱文）、啟功（白文）、元白（朱文） [2]

七月五日，寫信給紅學家周雷、胡文彬，信中說：

周雷、文彬同志：

我十五日去青島，陳毅元帥《海思圖》已否拍照？希我行前拍好送來，以便還陳世兄 [3] 為要。專此即頌

---

① 本年譜所引錄先生致楊紹萁函皆出自中國嘉德 2016 秋季拍賣會「叢碧函翰餘：1977-1982」第 491-545 號拍品，拍賣時間：2016-11-12。以下所引信札出處不再一一標出。

② 中貿聖佳國際拍賣有限公司 2014 春季精品拍賣會「中國近現代書畫專場」第 0105 號拍品，拍賣時間：2014-06-01。

③ 即陳毅元帥長子陳昊蘇。

日祺！

張伯駒拜

七、五[1]

隨信附先生所寫《回憶陳毅元帥》一文，後該文刊發於《社會科學戰綫》雜誌：

全國解放一年冬，余在上海，曾趨謁陳帥，值其去南京，未晤。五七年夏始相晤於北京，坐接春風。陳帥如冬日可愛，平易近人，言談爽快直截，全出於誠。六一年余於役吉林，又相晤。二次最後皆以要忠於毛主席相囑（見本期圖版四《海思圖》題詩注）。文化大革命期間，陳帥受「四人幫」迫害，余寫詞指江青為呂后，謀害漢高帝功臣。七〇年余回北京，陳帥以病重住醫院，未獲相晤。旋大星遽沉，余挽以聯云：

仗劍從雲作干城，忠心不易，軍聲在淮海，遺愛在江南，萬庶盡銜哀，回望大好山河，永離赤縣；

揮戈挽日接尊俎，豪氣猶存，無愧於平生，有功於天下，九原應合笑，佇看重新世界，遍樹紅旗。

陳帥有北戴河觀海攝影，因屬室人潘素作《海思圖》，余題詩以志悼念。今年國務院參事室文史館去井岡山參觀。毛主席率領秋收起義部隊進駐井岡，朱德總司令、陳帥率領南昌起義保存下來的部隊到井岡山會師，成立紅軍第四軍。毛主席任政委，朱總任軍長，陳帥任軍委書記。經瞻仰中國紅軍第四軍軍部舊址，對毛主席、朱總、陳帥艱苦卓絕，大無畏革命精神及建設中國豐功偉績，深受感動。陳帥為余平生知己，然懷念不盡之意而在於公，不僅在於私也。[2]

按：《社會科學戰綫》所刊發先生《回憶陳毅元帥》僅為節錄稿，今將編者所藏北京文史學者張琦翔手抄先生原稿附錄如下：

回憶陳毅元帥

解放後的第二年，我因事去上海，當時陳毅同志任上海市長。張雲

---

① 廣東崇正拍賣有限公司 2015 春季拍賣會之「古逸清芬・信札、古籍、善本」第 1058 號拍品，拍賣時間 2015-06-19。

② 張伯駒：《回憶陳毅元帥》，北京：《社會科學戰綫》，1979 年第 1 期第 25 頁。

川同志寫了一封致陳毅同志的信，介紹我前往謁候，適值陳毅同志去南京開會，未能遇見。我遂將雲川同志的信和我所著《叢碧詞》一本留給了陳帥，返回北京。

五七年時，我主持北京書法研究社，在北海畫舫齋舉辦明清書法展覽，陳帥往觀，當時我未在場，後展覽會秘書告我此事，並云應回訪陳帥一下。即由秘書致電話請示趨謁日期，得陳帥回電話，約於次晨八時晤面。

陳帥時任外交部長，當時外交部址在東交民巷，陳帥住宅在外交部西隔壁，見面後，陳帥首先說：「在上海沒見到面，你的詞我看到了，很有北宋風度。」又說：「昨天看明清書法展，很豐富。你將所藏的古代法書都獻給國家了，對保護國家文物很有功。」我說：「向來收藏家珍藏的東西沒有保存至兩代的，而往往因致散失，這些有歷史價值的東西，還是歸國家保存為是。」

關於我捐獻所藏法書的事是這樣：解放前一年，在我將參加北平和平解放運動之前，得我母親同意，將我所藏珍貴法書陸機《平復帖》、唐李白《上陽臺帖》、杜牧《贈張好好詩》、宋范仲淹書《道服贊》、蔡襄《自書詩帖》、黃庭堅《諸上座帖》、吳琚《雜書詩》、元趙孟頫書《章草千字文》，給予了室人潘素，母親打了手印，並由友人張雲川、彭岳漁簽字做證。

五六年底，北京市民政局發動購買公債，開會邀我出席，我答應向文物局賣出我所藏法書，以之購買公債。經與文物局商量，按原買價以十五萬元至二十萬元作價。後張雲川提議以之購買公債，不如捐獻給國家。我當時寫了一信，由統戰部徐冰同志呈報於毛主席。

捐獻的事，政府接受了，並由文化部給我和室人潘素予表揚狀。陳帥知道了這件事，所以在這次和我會面時，對我提出了獎勵。並勸勉我說：「我向國家政府推薦你為國家工作。」並說：「自己跟隨毛主席幾十年，聽毛主席的話，擁護社會主義。」以之勉勵我。最後說：「明天將去北戴河，回來後，可時常見面，有事找我來談。」這次見面，時間雖不長，而給我的印象卻很深，覺得陳帥為人直率誠懇，藹然可親。

就在這以後不久，由於我所組織的京劇藝術研究社，妨礙了江青壟斷藝壇，影響他所提倡的樣板戲。我被列入右派，自此我退出了所有參

加的社會團體，在家閉門不出。陳帥知道了我的這種情況，曾對章士釗先生說：「張伯駒是個讀書人，不應給他戴上右派帽子。」聽到了這話，給我以莫大的激勸和鼓勵。

一九六一年夏，吉林省藝術專科學校約我愛人潘素前去教授國畫，我愛人因我年老需要人照顧，不肯應聘。九月初吉林藝專來信答應我夫婦可以同去。臨行前，我致陳帥一函云：「五七年一見，覺公如冬日之可愛，至今耿耿難忘。現受聘將去吉林，擬趨謁辭行。」陳帥接信後，派車接我到中南海相見。

和陳帥見了面，陳帥首先問我去吉林什麼單位，我說：「省藝專（約）我愛人教國畫，我可能教書法、詩詞。」陳帥說：「這正是你當行的事。」接着又問：「你右派的事為什麼事先不同我說呀？」我說：「我事先也沒想到，不過受教育也是好的。」陳帥說：「你這樣說法，我代表黨謝謝你了。你把你一生所收藏的文物都捐獻給國家，你會反黨嗎，我通知他們為你改正一下。」陳帥又說：「我寫信給吉林省，對你兩位老人好好照顧，有事隨時與我通信。我們的幹部不是全對的呀。」最後勉勵我擁護社會主義，擁護黨，擁護毛主席。

我自吉林回京度春節時，給陳帥帶來幾瓶鹿茸酒和兩盒人參糖，陳帥約我酒敘，並讓我代邀幾個人去，我約了中央文史館館員陳雲誥、黃婁生，吉林文史研究所研究員惲寶惠，吉林省藝專音樂教師李廷松四人，席間還有齊燕銘同志，賓主暢談，盡歡而散。

「文化大革命」期間，所有吉林省文化部門領導一網打盡，都被衝擊。我是省博物館第一副館長（省博當時無館長），戴的帽子很多，其中有一頂帽子是「陳大炮的死黨」。於是追查我和陳帥的關係。我嚴正拒絕，隻字未吐。後來，我聽說陳帥也被鬥了，乃寫了兩闋《金縷曲》。

一首是批判江青迫害老革命幹部的，詞曰：

塵劫何能躲？奈浮沉，紛紜此世，其中有我。但使污泥蓮不染，微笑點頭也可。觸目盡、煩煩瑣瑣。虎擲龍拏成與敗，在旁觀、只似鄉人儺。論功罪，互因果。　　池魚殃及城門火。更娥姁（呂后小名）、牝雄鐘室，居心叵測。富貴豈堪安樂共，不許客星犯座。寧披髮、佯狂徉左。換骨脫胎非易事，算螟蛉、終竟難成蝶。且爭看，一剎那。

一首是批判林彪四人幫迫害知識分子的，詞曰：

好自求多福。古今來，美人名士，不祥之物。當路芳蘭須鋤去，那計惡烏及屋。士可殺、也還可辱。席上且休珍敝帚，看秦原、尚有坑儒谷。悲弔蠹，憐賦鵬。　詭雲譎雨憑翻覆。論分捨，交情生死，世無鮑叔。耳食相過殊多事，悔現廬山面目。莫但認、張生魏熟。沆瀣原為同丘貉，到頭時、點鬼名登錄。攀龍首，畫蛇足。

以上兩闋詞，被造反派抄去，當然我是犯了彌天大罪，被狠批狠鬥。另外，由於我在這幾年內，和長春、北京、上海、天津的一些老朋友，交流寫作，內容包括甲骨、史料、詩詞、書畫、戲曲、版本、軼聞、故事等，彙成了六集，刻印出版，無價贈送，並未正式發行，此集名為《春遊瑣談》。造反派遂捏造出來一個「春遊社」，說這個社是全國性的反黨集團，並說凡與我認識的人都是春遊社社員。在吉林鑄成了軒然大波，更是批鬥追查不休。

我聽說了陳帥被鬥情況，寫了一封信給他，內云：「我公功在國家，尚且被辱，我何足道。所指我之罪名，皆是莫須有之事，只可一笑置之。」

造反派謂我攻擊江青，即是攻擊無產階級司令部，將我定為現行反革命，送公安局。公安局未收，於是將我定為專政對象，隔離審查八個月。到七〇年時，做結論：「定位敵我矛盾，按人民內部矛盾處理」。令我夫婦退職，給予一年退職金，送往吉林省舒蘭縣朝陽公社大隊插隊落戶。我們持證明向大隊落戶時，大隊負責人說：「博物館來人說有兩位老人來這裏插隊落戶，並沒說你們是退職人員，這不符合四帶的規定，你們退職金用完，誰養活你們？在這裏暫住，糧食可以給你們，但是不能落戶。」這樣，無法，我們就回到了北京。回到北京以後，在舊住所住了下來，但在北京連戶口也沒有。

我們回到北京以後，就打聽陳帥的消息，最初打聽不著，後來有人問到陳帥的長兄，才知道陳帥在住醫院，因病不能見客。

後來陳帥病重了，為其兩公子舉行婚禮，其長子的愛人，是科學院副秘書長秦力生同志的女兒，我的朋友吳則虞，是科學院哲學研究員，與秦力生同志住同院，我與秦亦時常過從。其女結婚，託我愛人畫了一幅畫，我題詞一闋作為禮品，但並未題明我的名字。陳帥次公子結婚，

也由我愛人畫了一幅畫，我題上一副對聯，後面題上了我的名姓，送去了。陳帥見到我的這幅賀聯，才知道我在北京，聽說陳帥把畫置於病床枕邊，摩娑觀賞。並向人詢問我的近況，還對夫人張茜同志說：「這是我的好朋友。」要請周總理對我予以照顧。這時，我欲去醫院前往探視，醫生云，怕傳染，須俟病情稍好，始能相見。孰料噩耗傳來，陳帥竟於七二年一月六日逝世，終成永訣，未得一面，其痛何如。

在八寶山開追悼會的前一天晚九時，吳則虞同志女公子受璩，持墨汁來我家，囑寫一挽聯，我當即寫聯云：

仗劍從雲，作干城，忠心不易，軍聲在淮海，遺愛在江南，萬庶盡銜哀，回望大好山河，永離赤縣；

揮戈映日，接樽俎，豪氣猶存，無愧於平生，有功於天下，九原應含笑，佇看重新世界，遍樹紅旗。

開追悼會這一天，毛主席、周總理、董老、葉帥同看到這一挽聯，毛主席說：「這一挽聯很好。」問我與陳帥的關係，張茜夫人說：「與陳帥是老朋友，從東北回來，還沒有工作和戶口。」毛主席對周總理說：「趕快給他安排一下。」

我原來回到北京後，曾寫一信給周總理，申請參加中央文史館，俾使老有所歸，病有所養。信是由章士釗館長轉去的，文史辦公室到吉林省調查，以攻擊江青有案，擱置不敢辦。至是，又由張茜同志給總理寫一報告，總理批示，聘我為中央文史研究館館員。

為紀念陳毅元帥，由我愛人潘素畫了張陳帥在北戴河觀海像，名為「海思圖」。我題詩其上，詩云：

痛我長城壞，寒天落大星。
遺言猶感激，老淚忽縱橫。
日暗旌旗色，江沉鼓角聲。
東南餘壁壘，忍過亞夫營。

凶問驚前夜，蒸（烝）黎各叱喑。
殊榮存國體，公論見人心。
謀略珠槃重，歸思玉壘深。
車書窮九有，傳乘起商音。

一舉平淮海，人尊上將功。

大名垂宇宙，巨浪送英雄。

捧日心猶在，歌風願莫從。

九原靈不泯，長護祝融峰。

怕唱雍門曲，西州事可悲。

霜筠憐故劍，露薤泣靈旗。

國續褒忠藎，人尋墮淚碑。

音容圖畫裏，剩寄海天思。

　　畫贈予張茜夫人，夫人將陳帥圍棋盤、棋子贈我，以作紀念，當永保篋中。

　　張茜夫人於陳帥病中陪侍照顧，備極勞疲，已染肺癌。陳帥逝世後，於病中整理陳帥詩詞稿，編成選集，付印出版，又著辛勞，以病重入院，遂至不起，我挽一聯云：

儲才育鳳，佐命從龍，報國持家雙戰士；

西閣畫眉，金山桴鼓，聯珠合璧一夫人。

　　陳昊蘇世兄編寫了獻給陳毅元帥一書，近代史研究所要編寫陳帥的一生，陳帥忠於國家、人民，忠於黨，忠於毛主席，待人接物，光明磊落，功垂宇宙，革命典範，我為國家民族痛惜斯人，不僅以私情而追懷痛悼也。[1]

七月十五日，先生伉儷去青島避暑。

七月二十四日，去信詞友張牧石：

牧石詞家：

　　久未通信，陽曆五月十九日乘飛機去南昌，至井崗山、長沙韶山等地參觀。六月五日回京。經過稍長時期休息，身體現比較好轉。潘素參加春季廣交，繪畫六張，得稿費五百六十元。我參加畫梅蘭一張，寫唐詩直幅一張，對聯兩付，得稿費二百十五元。還了債一部分。現廣交會又要秋季書畫，我交梅、蘭、竹、菊四幅直幅，字兩件，對聯三付；潘素畫交十二

---

① 根據編者收藏張琦翔手錄張伯駒先生所撰《回憶陳毅元帥》手稿整理。

張。廣交會還要潘素再畫些張。如果能賣出，債可以還完有餘。又吉林省藝專已為潘素平反，將退職改為退休，下月派人來京，為辦手續。如此，生活可以解決。就身體與生活方面看，明年海棠時期仍可去津。

曹長河、王煥墉考研究生問題如何？因夢碧曾來信相託也。又擬請為刻兩印，一「光緒秀才」，一「宣統蔭生」，皆朱文方印。「光緒秀才」為沈老師，「宣統蔭生」為我印，皆用於書畫者，秀才、蔭生至今日已為魯殿靈光矣。即頌

日祺！紹箕統此不另。

> 碧拜
>
> 七月廿四日

鈐印：張大（白文）[1]

七月，在北京釣魚臺與老友劉海粟、夏伊喬伉儷相見。

同月，所著《紅毹紀夢詩注》一書在著名學者、劇作家吳祖光的斡旋下由香港中華書局出版。

同月，先生夫婦與劉海粟、夏伊喬伉儷及黃君坦、夏承燾、吳聞雅集並留影紀念。

九月十七日，戊午中秋，去函劉海粟，信中說：

海老吾兄：

頃自青島歸京，兄尚未回，茲有青島畫家姜毅然兄白描花卉畫稿，擬期大筆賜題！特作介紹，希允賜書為感！即請

雙安！

> 弟張伯駒拜
>
> 戊午中秋

鈐印：伯駒（朱文）

九月二十日，致函天津詞家張牧石：

牧石詞家：

十五日來到青島，屬（住）函谷關路七號第二招待所，地屬風

---

① 西泠印社拍賣有限公司 2010 年秋季藝術品拍賣會之「近現代名人手蹟專場」第 0084 號拍品，拍賣時間：2010-12-11。

景療養區，極花木之盛，幽靜雅潔，南離海濱浴場不及半里，步行七分鐘。北離公園一站，園內花房有蘭花數百盆、桂花數百盆，其地花木並多。每日下午至海一行，但不敢下水，以腿疾一浪即可打翻也。回京期約九月上旬，本擬過津下車，以車早六時到京，則車到天津當在夜四時，且不到北站。東站甚不方便，回京再專去津，擬觀戲校排演。又所書嵌字聯一本子，見（現）連找四五日無下落，不知看到此本否？餘再敘。即頌

刻祺

碧頓首

九月二十日

隨信並書贈新詞五闋：

附君坦和作《鷓鴣天》

剪燭西窗作上元，新詞牴唱鷓鴣天。金杯勸酒花含笑，繡幄薰香玉辟寒。　簫鼓夕，彩雲間，鷗波小影狎滄田。歸裝攜得長安月，雙照清輝分外圓。

前作「捲席多風」捲字易撲字。

鷓鴣天　再和君坦重陽內嵌故人名倒押樓字韻

筋力雖衰也上樓，病中酒羨說青州。驚鴻音杳人傷別，飛雁身輕馬不愁。　尋舊夢，賞新秋，浮雲過眼意悠悠。重陽莫問多風雨，還為登高強出頭。

南鄉子　和邦達贈故宮女裱畫師

北勝與南強（裱畫師為北人，學自蘇州。），一樣神工出內房。福地幾生修得到，琅嬛（童時見書齋對聯：修到琅嬛原是福，獨於山水不能廉。未知何人作。），檀墨長留指甲香。　故國兩詞皇，明月燕山只暗傷。前後女中文學士，雙雙，劉氏夫人馬氏娘。（掌書畫文寶，李後主時為馬昭儀，宋高宗時為劉夫人。）

邦達昨日來訪，出示《南鄉子》詞，即和並託詢君坦，夢碧長河詞收到，圖章尚未見。

碧拜　九月十四和浣溪沙詞佳

小秦王　暑日和君坦

嚴灘縮地即西涯，陋室流臨暫卜家。秋意欲來炎氣過，牽牛初放露中花。

一雨窗前草不除，舊時亭榭半荒蕪。展春園裏雙鴛夢，猶憶荷盤露走珠。

半世浮生浪打萍，一時冷熱付天聽。雞聲不待催人老，夢到天明亦自醒。

又連日酷熱以誦佛，消暑答和君坦

蓮花日乞孕來身，偷活翻嫌記歲旬。渭水嚴灘垂釣客，笑他猶是世間人。

心清自覺妙聞香，鬧熱場中境亦涼。身外但尋乾淨土，人間何處不他鄉。

渭城曲　庚戌大雪無雪

歲回葭管待春光，臘近都無雪一場。睡容褪淨（盡）頰邊粉，消息遲看梅上妝。

凍雲天外幕低垂，不見因風柳絮飛。傍梅便有鵲相守，難負空山高臥時。

去聲字、去上字、入平上、去平字，悉依原作，原擬入聲字，亦依惟員字，難易耳，柳絮則可易為絮雪，此大雪節無雪題題，尚好希同作。[1]

九月十七日，去函天津張牧石：

承治兩印甚佳，十三日回京。此行遊烟臺、威海，登蓬萊閣，各處招待維極周到，但甚忙碌！曾寫嵌字聯三四十付，潘素則每日作畫供不應求。休息數日，中秋後仍開始動筆。劉海粟君〔在〕大連，尚未回京，茲作介紹一函，可逕與通訊。擬本月內去津，總在早星三晚車或星四午

---

① 中國嘉德國際拍賣有限公司 2015 秋季拍賣會之《筆墨文章——信札寫本專場》第 2380 號拍品，拍賣時間：2015-11-14。

車。在津住至星二回京，到時去信相告。戲校可於星五現在排演《空城計》、《打漁殺家》兩劇，觀後為作指點。餘俟面敘。即問

牧石詞家清吉！

叢碧拜　中秋節 [1]

九月二十五日，與天津楊紹箕寫信：

紹箕世講：

　　十月一日前後皆有事，準十月十一日星期三下午車，或十二日星期四上午車去津，準十一、二日。〔於七、八號〕當去信，國慶日仍歡迎來京。即問

日祺！

　　轉告牧石。

碧拜
九、廿五

九月，中共吉林省委宣傳部批准吉林省文物局上報對張伯駒的複查結論，予以平反，恢復名譽。

同月，寫信給著名紅學家周雷：

周雷同志：

　　宋部長是否來京？吳景錄同志給他去信寄宣傳能否收到？陳毅元帥《海思圖》借到否？茲送上袁寒雲手鈔所藏《宋刊書詳記》一本、葉仰曦談九宮大成稿一件、張牧石治印一件、曹辛之刻拓陳毅元帥滿庭芳詞一件，借作季刊資料（季刊何日出刊）。袁寒雲手抄《宋刊詳記》是孤本，注意勿失！此手抄《宋刊書詳記》和張牧石治印亦可寄《大公報》，請酌！即頌

刻祺！

伯駒拜
（十七號文藝研究所）[2]

---

① 周篤文供稿。

② 廣東崇正拍賣有限公司 2015 春季拍賣會之「古逸清芬‧信札、古籍、善本」第 1058 號拍品，拍賣時間 2015-06-19。

是秋，參觀烟臺張裕葡萄酒公司並為題詩紀念：

　　八十年來名久垂，葡萄一醉夜光杯。

　　只今玉帛無征戰，不用琵琶馬上催。

　　款識：烟臺葡萄酒已馳名八十餘年，李太白詩云：「葡萄美酒夜光杯，欲飲琵琶馬上催。醉臥沙場君莫笑，古來征戰幾人回。」[1] 今世界和平，玉帛相交，醉飲葡萄美酒不復琵琶馬上相催矣！

　　戊午秋參觀烟臺釀酒公司題此留念。中州張伯駒，時年八十一。

是秋，為蘇南海教授書杜詩：

　　長安回望繡成堆，山頂千門次第開。

　　一騎紅塵妃子笑，無人知是荔枝來。

　　款識：唐杜牧之詩咏楊貴妃喜食荔枝事。蘇南海教授雅囑。戊午秋，中州張伯駒，時年八十又一。

是秋，經馮統一從中斡旋，先生為作家姚雪垠助手俞汝捷重書一九三六年為其父俞萊山所繪《蘭花》扇面詩二首之一：

　　紫莖綠葉自披猗，幽谷春風到每遲。

　　蕭艾齊榮當路草，無人芳馥又何為？

　　款識：題自畫蘭詩，戊午初秋書應汝捷先生雅囑。中州張伯駒，時年八十又一。

　　鈐印：伯駒長壽（白文）、叢碧八十後印（朱文）、京兆（朱文）[2]

是秋，以文徵明筆意寫蘭花兩叢，並題詩：

　　一花一葉自披猗，幽谷春風到每遲。

　　蕭艾齊榮當路草，無人芳馥又何為？

　　款識：戊午秋，張伯駒偶寫蘭並題，時年八十又一。

　　鈐印：伯駒長壽（白文）、叢碧八十後印（朱文）、京兆（朱文）、平復堂印（白文）

先生曾為畫家周懷民冊頁寫蘭一幀，年月不詳，亦題咏蘭詩，只是用詞稍有不同，今錄出以補證：

---

① 此處為誤記，乃王翰詞。

② 俞汝捷：《周谷城、張伯駒先生為我重書詩詞》，上海：《世紀》，2013 年第 3 期第 73 頁。

翠莖綠葉自披猗，幽谷春風每到遲。

蕭艾齊榮當路草，無人芳馥更何為。

款識：多「春」字，懷民道兄雅正。叢碧。

十月五日，寫墨菊一叢，並題天津詞家張牧石句：

只合金英傲晚榮，爭教異色正其名。

素衣縱許淄塵浣，依舊芳心共月明。

款識：牧石詞家句，戊午重陽前五日，中州張伯駒，時年八十又一。

鈐印：張伯駒（朱文）[1]

十月二十九日，給北京理工大學大三學生、時兼任北理工書畫社社長的盛自強去函，就盛自強所提出的三個問題「一、明清書法臺閣體；二、繼承與創新；三、書法藝術與群眾基礎」一一作出解答，附函如下：

一、明清書法臺閣體

臺閣體乃產生於八股文。明清以八股文開科取士，至廷試時詩文皆已交卷，最後專寫策問（即「臣對」「臣聞之」千篇一律，無一定方式），書法專重工整圓潤，即可取仲（中）翰林。明清制度，非翰林出身者不得任大學士（文華殿、武英殿、華蓋、東閣、文淵閣），如清左宗棠任大學〔士〕先賞給翰林院庶吉士。故其書法非從思想、感情、意境出發，只是照格式寫工整而已。故譏之者謂之奴書。

二、繼承與創作問題

（一）有繼承就有創作，能繼承就能創作，例如唐褚遂良、歐陽詢、馮承素都是臨摹《蘭亭》、繼承王右軍書法，經過長久時間功夫融合了右軍之氣韻、法度而成其自己面貌，這就是創作。宋蘇黃米蔡，東坡之書法是宗法晉王珣《伯遠帖》，並非獨創一體；山谷行楷亦是宗法王珣《伯遠帖》，草書則宗法張旭、懷素；蔡書是宗法王右軍；米書是宗法王獻之，後成其自己之面貌。

（二）創作由於環境之變化，而產生思想感情之變化，文體亦隨之發生急劇之變化。如王右軍經五胡亂華、晉室東遷，感中原禾黍之悲，

① 上海馳翰拍賣有限公司 2011 年秋季大型藝術品拍賣會之「辛亥百年」第 313 號拍品，拍賣時間：2011-11-02。

見東南江山之美，思想感情發生變化，蘭亭序文自「夫人之相與」一段可以見之。其書遂由漢魏隸體而變為行草體，其可貴者正是出於思想感情，而其書天然有其氣韻法度，非摹擬者一時可能到。

　　至南宋多學東坡、元章兩體，行楷多東坡體，行草元章體。如趙孟堅、張即之皆元章體，而孟堅筆猶挺勁。趙子昂則已開元代之書法，而非宋代之書法。其書圓潤秀嫵，肉多骨少，在其人品降元後無故國之念，故其書亦無堅勁挺拔之勢，何可能過右軍！

　　清乾隆最重趙字，他之三希堂法帖，以右軍《快雪時晴帖》為首，乾隆最寶視此帖。按此帖非唐摹之佳者，因後有趙子昂一跋，乾隆倍重視之，一生臨寫此帖，張照當然呈上意之所好，亦寫此帖。又科考廷試亦皆寫趙字，以圖仲（中）翰林，乾隆時遂成書法衰落時期，所謂「取得乎中，僅得乎下」，此時乃出現碑派書家與碑派畫家。

　　三、書法藝術與群眾基礎問題

　　我的意見書法家應走在群眾之先，來提高群眾欣賞書法藝術的文化水平，不可迎合文化水平不高的群眾。古云「陽春白雪，和者皆難；巴人下里，人人能歌」。俞伯牙彈琴，知者只遇到鍾子期一人，這是造詣越高，懂者越少。但是不能以懂者越少，就在樹幟中別出心裁，提不高群眾文化水平，而自己的文化水〔平〕也降低了。

　　右簡答

　　盛自強同志提出的問題

張伯駒　十、廿九[1]

十一月十一日，去函張牧石：

　　寄上《京劇音韻》四本，青年演員尚須為其講解。紹箕在香港買到《紅氍紀夢詩注》否？昨日接到港中華書局信，謂書出版後反應熱烈，甚獲好評，讀者很多提意見，希望再版內附戲裝照片。茲擬寄去照片數張，並再寫《關於白口問題》。《詩注》後附叔巖六出《白口戲唱念全詞》，可以等再版再寄贈《空城計》。則昭交後，紹箕早寄來，以便寄青島早日複製，以免孤本遺失。匆此即頌

---

① 盛自強：《張伯駒論書札》，北京：《中國書畫》，2010 年第 8 期第 127 頁。

日祺！

碧拜

十一、一[1]

十一月，農曆己未《紅樓夢圖咏》月曆，由吉林人民出版社出版，該月曆由畫家劉旦宅繪圖，並邀請先生與茅盾、姚雪垠、吳世昌、周汝昌等人題詩。先生題詩兩首，分別在八月份和十月份上：

咏菊

黃花滿地可銷愁，翠管金箋試共謳。

只是西風非解事，一場春夢不宜秋。

款識：張伯駒。

鈐印：京兆（朱文）、平復堂印（白文）

描園

描來畫筆大觀園，樓閣參差抵列藩。

幻影艷情吹唇氣，門前獅子亦無言。

款識：張伯駒。

鈐印：京兆（朱文）、平復堂印（白文）[2]

十一月，北京書學研究會成立，趙樸初當選為會長，先生及李一氓、啟功、舒同等人當選為副會長。《書法》雜誌在一九七九年第二期專門刊登了消息：

北京書學研究會成立

首都老一代書法家和青年一代的書法愛好者懷着十分高興的心情，恢復了書法組織，已於去年十一月建立了「北京書學研究會」，選出了會長趙樸初，副會長張伯駒、李一氓、張愛萍、郭化若、舒同、于立群、魏傳統、陳叔亮、李長路、啟功、趙楓川。並同時在北京中山公園舉辦了「天安門詩抄」書法展覽，共展出作品二百四十餘幅。「天安門詩抄」書法展覽，是書學研究會成立後的第一個活動。這個組

① 廣東崇正拍賣有限公司 2018 年秋季拍賣會之「同氣並香・張伯駒、潘素的朋友圈」第 820 號拍品，拍賣時間：2018-12-13。

② 社會科學戰綫雜誌社編《紅樓夢圖咏（農曆己未年）》。吉林：吉林人民出版社，1978。

織一成立，立即得到市美協和有關方面的支持。首都的書法作者將在書學研究會的推動下，不斷提高書藝，將會使書法藝術園地呈現出一片繁榮的景象。**1**

十二月二日，去函張牧石：

牧石詞家：

《空城計》本，某教授詞均收到。《紅毹紀夢詩》紹箕在香港買到否？接香港中華書局信，須再版，並附戲裝照片。又續寫一萬數千字並戲裝系（似為照，編者注）片寄去。書我一本也無，等再版向其多要幾本。紹箕要提前致其姑母信，一遇出版，早買，晚恐買不到。

又，吉林省宣傳部長宋振庭聞我言，北方治印家惟君第一，欲得弟臺治印二方。此人雅為黨人，乃我道中人，與我交好甚篤。治印二方：一、「宋振庭印」；一、「長白山氏」。名為白文，號為朱文，必然得心應手也。

春節後定正月十日左右去津，但居住以找一旅舍，宜如□順德、國民飯店皆可，可由屆時託文化局預定。即頌

日祺！

碧拜

十二月二日 **2**

鈐印：張大（白文）

十二月二十日，與天津楊紹箕去函：

紹箕世講：

函悉，書收到。能在南大幫助為佳。工人不易轉幹部，乃四人幫時代之框框，現應當人用其才，官僚主義必須極予克服。韻文學會上面甚重視，下面都不敢接承，但已批准，勢在必行。寄來《紅毹紀夢》本，在牧石處將二年，但錯字一字未改，可見其懶。牧石五十餘歲，未著一本書，可謂虛度半生。寄來其詩約十首，《韻文彙刊》為近代詩詞選，目錄以出處為斷代，以年齡為先後。如康有為即屬清人，梁啟超即屬近代人；樊樊山即屬清人，易實甫即屬近代人。年齡袁世凱、徐世昌當在前，

① 《北京書學研究會成立》，上海：《書法》（雙月刊），1979年3月第2期第24頁。
② 肖谷：《張伯駒致張牧石手札》，上海：《東方早報》，2012年10月8日第B06版。

尚有許多科甲中人而出仕民國者。我無詩可選，詞當在寒雲之後。牧石詩現寄來，豈能列在創刊袁世凱之後乎？我致其信，乃使其準備能寫論文，或能搜羅其他現代之詩。詩詞與否以定能否聘為編委耳，非要其詩詞也。他日要時，亦須由多人評定。清《國朝別裁詩》有例，豈能疏忽。正剛如能著杜詩集評或文文山集、杜詩及其他人集杜詩亦可聘為編委，不妨問之。近日甚忙，事情日繁，身體日壞，其回光返照乎？明年正月十五一過，十七、八日即行去香港，陽曆年能來京一遊否。即問
日祺！

碧頓首
十二月廿日

是冬，先生伉儷將一幅由潘素精心臨摹的青綠山水展子虔《遊春圖》捐贈山東青島市博物館，先生並題詩堂，詳細考證展子虔和他的《遊春圖》：

> 隋展子虔歷北齊、北周至隋文帝開皇九年，入隋為朝散大夫、帳內都督。各畫史載，子虔善畫馬、龍，工樓閣、江山、人物，遠近咫尺，千里人物神采如生。中國山水畫在漢魏時代只具模型，於壁畫和石刻中可以看到，僅為人物畫之陪襯背景。至五胡亂華，晉室東遷，士大夫感中原禾黍之悲，覿東南江山之美，在藝術上乃發生一大變化，由顧愷之成立中國山水畫。展子虔《遊春圖》描寫仕女遊樂，翠袖蔥蘢，春波盪漾，房屋橋梁之位置，人馬之姿態，青綠鉤填法、點（染）法皆來自東晉六朝至隋。此一時代中國山水畫之發展成就上，顧愷之為之繼，下為李思訓、昭道父子之師。
>
> 圖經宋徽宗藏，有徽宗題籤，鈐雙龍璽及政和、宣和璽。南宋經賈似道藏，元經大長公主藏，明經韓世能藏，清經安岐藏，後入內府。卷後元馮子振、張珪、趙巖題詩，明宋濂題詩，董其昌跋。
>
> 圖見《宣和畫譜》、《南陽名畫表》、《珊瑚網》、《清河書畫舫》、《大觀錄》、《墨緣彙觀》及余之《叢碧書畫錄》著錄，為存世中國最古之畫。
>
> 廢帝溥儀出宮前，以賞溥傑為名，盡將內府書畫移運至其外邸。後成立滿洲國，書畫亦隨攜去。偽滿覆滅，書畫盡散於吉林省一帶。此圖為北京古董商人所收，解放前一年夏，余以重價向古董商人購得，遂未

致流失國外，歸故宮博物院保藏。曾由室人臨一副本，茲更重臨一卷，以贈青島市博物館。

第七行點字下落「染」字，第十八行物字下落「院」字。

款識：戊午冬，中州張伯駒題記，時年八十又一。

鈐印：京兆（朱文）、平復堂印（白文）、伯駒長壽（白文）、叢碧八十後印（朱文）[1]

是年，書贈新加坡華人周穎南《風入松》詞一闋：

綠楊門巷背河街，燈火舊秦淮。玉鉤羅幕春時夢，記昨宵、故國重回。紅粉飄零有恨，白頭流落堪哀。　　江山龍虎氣沉埋，歌舞剩荒臺。前朝多少興亡事，只空城、潮去潮來。燕子不知世改，瓊花猶向人開。

款識：調寄《風入松》題《金陵枝巢夢影圖》。中州張伯駒，時年八十又一。

鈐印：伯駒長壽（白文）、叢碧八十後印（朱文）、京兆（朱文）、花好月圓人壽（朱文）[2]

是年，去函天津詞友：

至今未見回信。南開某教授示姓名亦可，無《天津日報》，不必找。不知其姓名，可問鄭天挺。華萃深《空城計》本早日寄青島複印，以免孤本遺失，豈不是好？何必扣留不放。即頌

刻祺！

碧拜

九日

《紅毹紀夢詩注》將再版，續寫補遺甚忙。

鍾美倡作詩鐘，現有五題。一：袁安、感冒。二：吳三桂、牽牛花。三：洪秀全、無雪。四：白貓、手電棒。五：五清餞歲圖、圍棋。請夢碧、機峰、正剛、牧石、紹箕、煥墉同作，兩星期交。照前例付鈔互評。正剛必須同作，否則以後再來詞，恕不答和。即頌，

---

① 原作現藏於青島市博物館，圖片由青島市《半島都市報》劉宜慶、張文艷於 2018 年 3 月 15 日提供。

② 中國嘉德國際拍賣有限公司 2019 秋季拍賣會之「繽紛集——聚焦私人收藏」第 0059 號拍品，拍賣時間：2019-11-17。

津詞人清吉

叢碧拜 [1]

是年，為天津畫家姜毅然題《人月圓》一闋：

　　千紅萬紫春何處，一瞬鏡中看。曇花了悟，幻情夢影，天上人間。　　澄潭相印，無遮無滓，水月清寒。生花筆底，非空非色，有鏡皆禪。

　　款識：調寄《人月圓》，毅然畫師白描花卉。戊午中州張伯駒，時年八十又一。

　　鈐印：春游（朱文）、平復堂印（白文）

是年，為名玉成者作嵌名聯：

　　玉壘形高雲自變，

　　成城志眾國當強。

　　款識：玉成先生雅屬。中州張伯駒，時年八十又一。

　　鈐印：伯駒長壽（白文）、叢碧八十後印（朱文）[2]

是年，先生繪《同氣並香》國畫一幀，並題：

　　朱鳥南天淑氣長，羅浮迤邐接瀟湘。

　　東風吹到人間世，幽谷空山各自芳。

　　款識：中州張伯駒寫梅蘭並題，時年八十又一。

　　鈐印：伯駒長壽（白文）、叢碧八十後印（朱文）、京兆（朱文）[3]

是年，先生夫婦為名昆祥之友人合寫《四君子圖》一幀，先生並題曰：

　　菊秀蘭芳各一時，梅為妻更竹為師。

　　書眉且試吾家筆，寫得心情自不知。

　　款識：昆祥先生雅屬。潘素寫竹菊，張伯駒寫梅蘭並題。

　　鈐印：京兆（朱文）、潘素（朱文）、張伯駒印（白文）、好好先生（朱

---

① 廣東崇正拍賣有限公司 2018 年秋季拍賣會之「同氣並香‧張伯駒、潘素的朋友圈」第 819 號拍品，拍賣時間：2018-12-13。

② 廣東崇正拍賣有限公司 2018 年秋季拍賣會之「同氣並香‧張伯駒、潘素的朋友圈」第 837 號拍品，拍賣時間：2018-12-13。

③ 廣東崇正拍賣有限公司 2018 年秋季拍賣會之「同氣並香‧張伯駒、潘素的朋友圈」第 802 號拍品，拍賣時間：2018-12-13。

文）、六朗私印（肖像印）**1**

沈君裕、蕭勞題亦在畫作上題跋。

是年，為友人蓀燕女君題書贈嵌名聯一幅，聯曰：

　　蓀荃詞祖推溫李，

　　燕雀生成笑鵠鴻。

　　款識：詞始自唐，至五代為盛。以李太白《憶秦娥》、溫飛卿《菩薩蠻》兩闋為詞之祖。杜工部詩云「簷前燕雀半生成」，蓋謂燕雀生成自樂其天，不羨鴻鵠之志也。蓀燕賢嫂雅屬。中州張伯駒，時年八十又一。**2**

　　鈐印：伯駒長壽（白文）、叢碧八十後印（朱文）

是年，為友人遲賓**3**填嵌名聯一幅，並書贈：

　　遲眠早起為花月，

　　賓至朋來宜酒詩。

　　款識：遲賓兄雅屬。中州張伯駒，時年八十又一。

　　鈐印：平復堂印（白文）、伯駒長壽（白文）、叢碧八十後印（朱文）**4**

是年，為桂林榕湖賓館繪梅蘭圖一幅，並題：

　　朱鳥南天淑氣長，羅浮迤邐接瀟湘。

　　東風吹到人間世，幽谷空山各自芳。

　　款識：中州張伯駒寫梅蘭並題，時年八十又一。

　　鈐印：張（朱文）、繪事後素（朱文）**5**

是年，為徐春龍作嵌名聯一幅：

　　春瘴冬溫隨雪化，

　　龍蟠虎踞望天低。

① 中國嘉德國際拍賣有限公司 1998 秋季拍賣會「中國近現代書畫」第 0367 號拍品，拍賣時間：1998-10-27。

② 廣東小雅齋拍賣有限公司 2014 年首屆藝術品拍賣會之「名家翰墨」專場第 0116 號拍品，拍賣時間：2014-12-11。

③ 遲賓（1914-2001），別名賓秋，山東文登人。畢業於曲阜師範藝術科，後在北平藝專和上海美專學習。出版有《遲賓的藝術生涯》。

④ 中國嘉德國際拍賣有限公司「嘉德四季第 50 期．迎春拍賣會遺珠拾珀——中國近現代書畫」第 0070 號拍品，拍賣時間：2018-01-13。

⑤ 北京榮寶拍賣有限公司 2016 年春季藝術品拍賣會之「近代書畫．榕湖賓館舊藏專題」第 0310 號拍品，拍賣時間：2016-06-05。

　　　款識：春龍先生雅屬。中州張伯駒，時年八十又一。

是年，去函天津楊紹箕：

紹箕世講：

款收到。準十二日星期四上午八時四十分車去津。約十時余到，希接。

即頌

刻祺！

碧拜

九日

　　是年，訪好友、山水畫家關松房，關松房出示所珍明代畫家吳偉舊藏老紙一張，見先生亦厚愛此紙，關松房便將紙一分為二，慨然相贈。關松房文孫關瑞之在《憶張伯駒先生》一文中有詳細描述：

　　　一九七八年我爺爺的一位學生來家講：聽說關老存有幾張老紙，某位著名國畫家非常仰慕託他來問可否買一張。我爺爺聽後怒斥這位學生：你告訴他我不是賣紙的。的確老紙對畫家來講是彌足珍貴的宅藏。之後數日，張伯駒來關宅探訪，我爺爺和張老談起紙性並出示了自己珍藏的明朝畫狀元吳偉（小仙）的藏紙。張老聽得很投入，可能是「文革」中長期沒有見到好東西了，最後張伯駒讓祖父把這張畫狀元吳偉的藏紙讓給他，並表示已經離不開了。祖父告訴張伯駒他也不能沒有這張紙了，最後在中間裁了一刀讓張老帶走了另一半，張伯駒非常高興臨走時連連拱手道謝。因為上次祖父怒斥前來談紙的學生，我猜測這一次一定會傷心數日。令我完全沒有想到的是：這件事竟然讓祖父高興了好多天，臉上洋溢着幸福。祖父告訴我：他（伯老）能看上的東西不多，沒想到他這麼喜歡。[1]

是年，書對聯一幀：

　　評花無賴事，

　　美酒奈何天。

　　款識：中州張伯駒，時年八十又一。

---

① 關瑞之：《憶張伯駒先生》，北京：《收藏家》，2013 年第 6 期第 14 頁。

　　鈐印：平復堂印（白文）、京兆（朱文）[1]

是年，為一九七〇年於天津張牧石宅所繪朱竹補題：

　　東坡居士始寫朱竹，後人多效之。庚戌秋於津揚齋與諸詞友小聚詩及之，牧石索予為繪。予素不工此，今勉為之，或亦他日詞林一掌故也。

　　款識：中州張伯駒，時年八十又一補題。

是年為劉海粟《劉海粟黃山紀遊》畫冊題《六州歌頭》詞一闋為序：

　　擎天拔地，聲勢走雷霆。俯臺蕩，睨衡岱，摘辰星，接通明。造化融元氣，鍾神秀，東南坼，撐半壁，排瘴霧，劃昏暝。蒼莽無邊無際，四天外，極望煮溟。看雲瀾翻滾，風捲亂潮青。嚴螯齊鳴，暗魂驚。　　又劉郎到，漸江筆，石濤墨，合梅清。收宇宙，歸神照，谿澄瑩，幻陰晴。人在烟霞裏，花夢入，竹胸成。今用古，中用外，影隨形。老去奇情壯采，破長浪、滄海曾經。立雙峰峰頂，萬象眼前生，呼起山靈。

　　調寄《六州歌頭》題海粟大師黃山圖，戊午冬弟張伯駒拜稿。

是年，吳德鐸向上海古籍出版社提出整理、出版《洪憲紀事詩》，張伯駒得知後，寄去《續洪憲紀事詩補注》一稿。一九八三年七月，由吳德鐸點校並作前言的《洪憲紀事詩三種》由上海古籍出版社刊行，惜叢碧老人已往生一年半有餘。

是年，繼續撰寫《唐五代宋元明清詞選集評》，並繼續整理關於文史方面的資料。

是年，為友人雲五作嵌名聯：

　　雲閣功臣傳畫像，

　　五臺佛子事參禪。

　　款識：雲五同志雅屬。中州張伯駒，時年八十又一。

是年，寫素心蘭一叢，並題詩：

　　予懷渺渺或清芬，獨抱幽香世不聞。

　　作佩勿忘當路戒，素心花對素心人。

　　款識：張伯駒寫素心蘭並題，時戊午秋，年八十又一。

---

① 北京匡時國際拍賣有限公司 2010 春季藝術品拍賣會之「近現代書畫專場（一）」第 0075 號拍品，拍賣時間：2010-06-04。

鈐印：伯駒長壽（白文）、叢碧八十後印（朱文）、京兆（朱文）[1]

一九七九年（己未）　八十二歲

一月七日，約京中詞友黃君坦、王益知等人在河南飯店設宴，共慶俞平伯八十上壽之禧。[2]

一月，《北方論叢》雜誌刊登先生《脂硯齋所藏薛素素脂硯》一文。[3]

二月二日，先生夫婦在北京家中與劉海粟、夏伊喬伉儷合寫《芭蕉櫻桃圖》，先生題記：

伯駒自賞。

劉海粟題：

流光容易把人拋，紅了櫻桃，綠了芭蕉。

款識：一九七九年二月十二日，張伯駒、劉海粟合作於平復堂。潘素、夏伊喬觀畫。

鈐印：張伯駒（白文）、叢碧八十後印（朱文）、劉海粟（白文）、曾經滄海（朱文）[4]

二月五日，與楊紹箕、張牧石函：

牧石、紹箕詞家：

京聚餐已延至正月十八日，且現患感冒，津行因須延至正月廿四五日。至準那天那次車，當再函告。毅然白描冊徵劉題，劉畫多係找我代作詩詞，已為其作《水調歌頭》、《六州歌頭》、《金縷曲》、《臨江仙》，七絕等多首，請將毅然紙寄來我為其作五言一絕，由其書之可也。劉兩星期內即返滬。匆此，即頌

春祺！

碧叩

---

① 榮寶齋（濟南）拍賣有限公司 2015 年春季藝術品拍賣會之「榮寶齋畫廊珍藏專場」第 0073 號拍品，拍賣時間：2015-06-12。

② 俞平伯著，孫玉蓉編纂《俞平伯年譜》。天津：天津人民出版社，2006: 415。

③ 張伯駒：《脂硯齋所藏薛素素脂硯》，哈爾濱：《北方論叢》，1979 年第 1 期第 88-89 頁。

④ 張伯駒潘素文獻整理編輯委員會編《張伯駒潘素書畫集》。北京：中華書局，2013: 63。

　　　　附:《紅毹紀夢詩注》香港何時出版,紹箕可函詢多購,屆時贈我之本,必不敷分贈。

二月八日,去函周篤文:

曉川詞家:

　　　　昨談詞社事,似以先約青年詞家及對詞勇為者先座談一次,如何來辦?有一人名錢世明,在木偶劇團工作,又黃經生(君坦知此人住址),再鍾美可能知一些青年作者,有四五人,先談談辦法,再進行為宜。即頌

日祺!

　　　　(此間有書學研究室章程可參看。)

二月二十日,給韋佳寫信,探討有關夫妻二人聯合舉辦畫展事宜,信中說道:

韋佳同志:

　　　　本年準備舉辦張伯駒、潘素夫婦書畫聯合展覽。潘素有存畫三十件,內有一丈二大幅三張,另擬再畫二十件;張伯駒有書法二十件,另作畫十件,足夠展覽之用。可在六月份展出,您文化館考慮是否由您文化館主辦。您館不辦則由北海或美術館辦。你們商量回示為荷!即頌

刻祺!

張伯駒　潘素　啟　二、二十[1]

二月二十日,先生夫婦與劉海粟、李苦禪合寫《怪石松鷹圖》,其中潘素寫石,李苦禪補白色蒼鷹,劉海粟畫古松,先生題詩句:

怪石瘦於名士骨,古松禿似老僧頭。

雄鷹勢欲摩天去,下俯荒原萬里秋。

款識:張伯駒,時年八十又二。[2]

二月二十五日,與天津楊紹箕函:

　　　　香港寄來戲裝照片,《紅毹紀夢詩注》再版即將出版,但仍不在國內出售。經三聯書店與財政部商酌,財政部認為換取外匯,不同意在國內

---

① 北京孔夫子舊書網「張伯駒潘素伉儷致韋佳信札」,拍賣時間:2018-4-25。

② 張伯駒潘素文獻整理編輯委員會編《張伯駒潘素書畫集》。北京:中華書局,2013: 75。

出售，必須經國務院副總理批准，始能在國內出售。如《續洪憲紀事詩補注》，則在國內香港兩地出版。《紅氍紀夢詩注》紹箕可託其令親在港多買寄來。要者再問紹箕買。贈我之書，則絕不夠分贈。近日極忙，索文稿、書畫及題詞者太多，海棠開時指日可到，相晤非遙。即頌

日祺！

碧拜

正月廿九日

二月二十七日，接到葉劍英元帥回信，信中說：

伯駒先生：

接讀挽陳毅同志詩，及張夫人《海思圖》，足見多年友誼，情見乎詞。茲因事冗，至今才奉還，乞諒！順致

儷安！

葉劍英

二月二十七日[1]

二月，《脂硯齋所藏薛素素脂硯》一文刊登於由遼寧省社會科學院主辦的《社會科學輯刊》雜誌第一期，署名叢碧：

珊瑚紅漆盒，製作精緻。清乾隆尺寬一寸九分，高二寸二分。盒底小楷書款：萬曆癸酉，姑蘇吳萬有造。盒上蓋內刻細暗花紋，薛素素像憑闌立帷前，筆極纖雅。右上篆「紅顏素心」四字，左下「杜陵內史」小方印，為仇十洲之女仇珠所畫者。硯質甚細，微有胭脂暈及魚腦文，寬一寸五分許高一寸九分許。硯周邊鑴柳枝舊脂猶存。背刻王稚登行草書五絕云：「調研浮清影，咀毫玉露滋。芳心在一點，餘潤拂蘭芝。」後題「素卿脂硯王稚登題」。按，萬曆癸酉，百穀年三十九歲。硯下邊刻隸書小字「脂研齋所珍之研其永保」十字。依此始知脂硯齋命名之所由。硯為端方舊藏，與《紅樓夢》佳本隨身入川。端死後硯流落於蜀人藏硯家方氏手，紅樓夢本則不知所在。今歲癸卯元旦，蜀友戴亮吉君持以示余，因為吉林省博物館以重值收之。近日紅樓夢學者對脂硯齋其人各執一詞，或者謂為曹雪芹之族叔，或者謂為雪芹之堂兄弟，或者謂即雪芹

---

① 樓宇棟、鄭重著《中國名家畫傳·張伯駒》，北京：文物出版社，2008：148。

本人，或者謂為史湘雲。余意珍藏此硯必應文采風流如王百穀其人者，絕非默默然無聞之流，否則為女子藏女子硯，庶幾近是。[1]

三月二日，北京市政府撤銷其「右派」錯誤稱號，予以平反，恢復名譽。附平反文件如下：

附（一）

北京市文化局《關於張伯駒先生右派問題複查結論的請示》

（79）京文人字 089 號

市委文化出版部：

張伯駒，男，79 歲，河南項城人，家庭出身軍閥，本人成份官僚資本家，解放後曾任公私合營銀行聯合會董事會董事、北京京劇基本藝術研究社副主任、北京市政協委員、民盟總部文教、財務委員會委員。一九五八年由北京市戲曲界整風聯合辦公室定為右派分子，按四類處理，撤銷京劇基本藝術研究社副主任、市政協委員。一九六二年一月經陳毅同志建議，中央統戰部徐冰、平傑三、薛子正同志同意，市委處理右派工作領導小組批准，摘掉右派帽子，現任中央文史研究館館員。

經複查，張伯駒先生在北京解放前夕及解放後的表現是愛國的，對國家、對人民做過有益的事情，組織京劇基本藝術研究社和該社所組織的業務活動，是在黨和政府領導下進行的正常活動，與章、羅聯盟沒有關係，不應劃為右派分子，應予改正，根據中共中央（78）55 號文件精神，決定撤銷原結論，恢復其政治名譽。

北京市文化局黨的領導小組

1979. 3. 2[2]

附（二）

中共北京市委員會文化出版部（批覆）

（79）文出字 24 號

市文化局黨的領導小組：

同意關於張伯駒先生右派問題複查結論的意見。

---

① 張伯駒：《脂硯齋所藏薛素素脂硯》，瀋陽：《社會科學輯刊》，1979 年第 1 期第 160 頁。
② 項城市政協編《張伯駒先生追思集》。北京：紫禁城出版社，2011：118。

　　張伯駒先生在北京解放前夕及解放後的表現是愛國的，對國家、對人民做過有益的事情，組織京劇基本藝術研究社和該社所組織的業務活動，是在黨和政府領導下進行的正常活動，與章、羅聯盟沒有關係，不應劃為右派分子，應予改正，根據中共中央（1978）55 號文件精神，決定撤銷原結論，恢復其政治名譽。

　　此覆

中共北京市委文化出版部
1979. 3. 191

　　三月二十六，致函吉林省博物館，索要於一九六六年所撰寫《鹽業銀行與北洋政府和國民黨政權》手稿。附函如下：

省館負責同志：

　　二月二十三日《參考消息》載美國發現溥儀的文物瓷器價值美金五六十萬元，此瓷器為鹽業銀行沒收溥儀借款之抵押物品，由鹽業銀行運送美國存放者，應為我國家財產。我知其詳，曾將此事函致王任重副總理，經批交外交部，昨日全國工商聯派人來問其詳細情況，已告之。我寫有鹽業銀行史一本 **2**，內載有此事，存館專案組。曾致函賈士金同志，請撿出寄還於我，後未見覆信。現仍請能撿出寄來，以便交全國政協、工商聯查對為荷。專此即致

敬禮

　　（士金同志統此不另）

張伯駒拜啟　七九、三、廿六

　　三月，由上海書畫出版社主編的《書法》雜誌第二期，刊登先生「宋四書家」一文。附文如下：

宋四書家

　　宋蔡君謨、蘇東坡、黃山谷、米元章四書家，東坡謂蔡書為本朝第一。按次序應為蔡、蘇、黃、米，普遍讀者為「蘇黃米蔡」，以陰陽平上

---

① 項城市政協編《張伯駒先生追思集》。北京：紫禁城出版社，2011: 119。

② 先生信中所說「鹽業銀行史一本」即為《鹽業銀行與北洋政府和國民黨政權》，編者於 2009 年從長春一收藏者手中購得。2017 年 2 月，「張伯駒潘素文化發展基金會」成立時，於人民大會堂將此手稿捐贈於基金會。

去順口，遂成習慣。蔡書全師右軍；米書則師從大令；蘇書則出自王珣《伯遠帖》；黃書大草師張旭、懷素，行楷亦出自《伯遠帖》。蔡書最平易，看似易學而最難學，其三家則有迹象可尋。米書則多面手，晉唐以來法書多有為米做，如大令《中秋帖》即是。曾有友持元章書《天馬賦》來索跋，視之偽蹟也，拒之不可，余題有云：「宋四書家獨元章多面手，能作人之偽，然人亦能作其偽。」此一語已說明元章此書《天馬賦》為偽蹟，知者自知之。至南宋，書家多宗：一、東坡體；二、元章體。行楷多東坡體，如所見岳武穆行楷即東坡體，如宋高宗書即近元章體，趙孟堅、張即之書即元章體。又余曾收仇遠自書詩帖，初視不似元人書，以為偽蹟，後細審乃知余之誤。蓋山村為南宋人，其書法宗元章，近於張即之，以入元曾為溧陽儒學教授，遂列入元人。至趙孟頫，宋書法始全變，而成為元人體矣。[1]

三月，京劇老生泰斗馬連良追悼會，先生擬挽聯：

　　媲美齊周郎，綽有名傳稱北馬；

　　推陳出貫派，更無人演借東風。

是春，先生夫婦與劉海粟、夏伊喬伉儷合寫《四君子圖》，贈科學家童第周。

先生並題詩：

　　菊秀蘭芳共一時，梅為妻更竹為師。

　　畫家各有生花筆，寫得心情自不知。

　　款識：第周道兄雅屬。己未春，張伯駒時年八十又二。

畫中，先生寫蘭草，潘素補菊；夏伊喬畫竹，劉海粟寫梅並跋：

　　翩淡靜以綽約，年方八十四。

時年已九十六歲高齡的中央文史館館長沈裕君先生用篆隸體補題：

　　四君子圖

四月九日，清明節，周篤文要車，盛邀先生及夏承燾、蕭鍾美等人遊西山大覺寺，周汝昌因事未到。是日春遊，眾人乘興而來，興盡而歸。

同日，去函天津張牧石、楊紹箕，談擬赴天津事：

---

① 張伯駒：《宋四家書》，上海：《書法》，1979 年 3 月第 2 期第 32 頁。

牧石、紹箕詞家：

　　定於星期四十二日上午直達車去天津，約十二時前後到。如有變動，十一日前當電告，不去電即無變動。請去接，只一人去，住國民飯店或牧石家皆可（但為大便方便或宜住飯店）。匆此，即頌

刻祺！

　　　　　　　　　　　　　　　　　　　　　　　　碧拜

　　　　　　　　　　　　　　　　　　　　　　　　星期一

四月十二日，到天津看海棠。

四月十八日，去函天津張牧石、楊紹箕二人：

牧石、紹箕詞家：

　　回京晚飯後早眠，次日仍休息，午飯後睡兩小時半。晚間山東外貿即來要畫，潘素自昨夜至今晚須畫四張墨筆山水。我於今日繼續寫作及應付外事。據傳黨中央即將在杭州開會，會完後再準備開人大，約在五月半後。石油、外貿、旅遊、民生皆不壓縮。人大後，知識分子工資當調整，補發工資亦有可能，當在第二步。是以則昭離開天津至為不宜，應耐心等候，可轉告。我去戲校講學，從時間上計算：

　　一、五月三日、四日去，住六日至七日。

　　二、六月去，可由文化局或戲校酌定，擬講三次。一音韻、二身段、三京劇源流探討。

　　香港前後寄來談張文涓事兩則，當然是捧張的人所寫。張文涓在香港、上海也稍有小名，所寫有的是事實，有的不是事實。如毛遂自薦即不是事實，是她來信請求。但是她暑假寒假都趕來京學，也算不錯。如《文昭關》，我何能教此戲。兩則附上一覽。覽後寄回，暫存紹箕處亦可。毅生（然）信已發，俟接其回信如何再函。即問

刻祺！

　　　　　　　　　　　　　　　　　　　　　　　　碧叩

　　　　　　　　　　　　　　　　　　　　　　　　星三

　　　附：

　　此不須傳則昭看，下次去我當予以開導。則昭藝已入晉齋體，不如周篤文詞。

不自知即無鑒，迎合無文化水準觀眾，離開正途，將來欲返而不能，何況身段毫無一點基礎。張文涓向我學，唱念、身段尚不能接受。彼較之張文涓還差了不少，且已自認大角，前途未可樂觀。蘇承龍、安玉崑多用工，可能比則昭希望較多，下次去津，聽我講後，為其說說切音及起霸。[1]

四月二十六日，接鄭天挺函：

伯駒先生：

水上海棠盛開，而未見駕到，甚以為念。適奉手書，快何如之。《歷史辭典》為社會科學院歷史研究所任務之一，以京中房屋少設在天津，弟遂承其名。承示有淵雅博學共襄盛舉，即請開示，當為轉達歷史所負責同志也。匆覆，即頌

道祺。

弟鄭天挺再拜上

1979.4.26[2]

四月二十八日，去函常君實：

又善於分咏詩鐘，如：

「蘇秦」、「西藥」云：東齊鬼谷曾師事，上古神農未自嘗。

「杖」、「戚夫人」云：不愁蜀道腰身健，無奈商山羽翼成。

「紀信」、「蠟梅」云：取義身先種室死，欲言口似磬房間。

「湘水」、「劉備」云：屈賈有才皆不達，關張無命復何如。

「西菜館」、「苻堅」云：難下八珍何晏箸，誤輕一局謝安棋。

「范仲淹」、「春宮」：家國憂樂天下任，陰陽爕理此中求。

「耶律楚材」、「五大夫松」云：名兆降元歸晉用，身因小魯受秦封。

「樊樓」、「葡萄酒」云：燈火鼇頭元夕市，琵琶馬上夜光杯。

「戲馬臺」、「紅燒鯉魚」云：聞歌忍見吳江去，寄柬疑從赤壁來。

「鷹」、「鬼」云：架臂待追先去犬，到頭都是未來人。

---

① 中國嘉德國際拍賣有限公司 2016 年秋季拍賣會之「叢碧函醹餘：1977-1982」專場，第 0505 號拍品，拍賣時間：2016-11-12。

② 廣東崇正拍賣有限公司 2018 年秋季拍賣會之「同氣並香‧張伯駒、潘素的朋友圈」第 821 號拍品，拍賣時間：2018-12-13。

「月份牌」、「古戰場」云：昨日古人今日我，秦時明月漢時關。

「仕途」、「女生殖器」云：處處皆行歧路上，人人皆出此門中。

「夜半」、「燕」云：聽來遠近三更鼓，飛入尋常百姓家。

集唐詩「周穆王」、「痔瘡」云：何處更尋回日馭，豈宜重問後庭花。（李商隱）

「連鬢胡子」、「牡丹」云：人面不知何處去（崔護），狂心直擬折來香（方干）。

「醫生」、「八字」云：新鬼煩冤舊鬼哭（杜甫），他生未卜此生休（李商隱）。

「老年娶妾」、「水田」：陽精欲落陰精出（韓偓），黃鳥時兼白鳥飛（杜甫）。

「病夫」、「神女」云：常言吃藥全勝飯（賈島），盡日靈風不滿旗（李商隱）。

又多為人書嵌字對聯，如：

「福芝芳」云：松筠不老方為福，芝草無人亦自芳。

「吳子健」：吳門風月多才子，建業江山屬美人。

「紹箕」云：紹興剩水殘山，留趙家半壁；箕子三韓萬姓，存殷氏一支。

「裕君」：裕於後，光於前，室家昌矣；君為輕，民為重，社稷次之。

「公純」：公道世間唯白髮，純良腹內是丹心。

「雪波」云：雪鬢柳添風起絮，波心月點衣明珠。

「牧石」云：牧野鷹揚開地闊，石頭虎踞望天低。

「夢碧」云：夢來有覺天方曉，碧到無情海亦枯。

「無可」云：無能事記長千百，可與人言只二三。

「卿雲」：卿如琥珀我如芥，雲想衣裳花想容。

「文濤」：文意湧時隨筆下，濤聲捲處挾船行。

「李時」：李天桃冶東風嫁，時去年來北斗移。

「志光」：志氣不隨榮瘁異，光陰長在古今同。

「天牧」云：天女散花心有誤，牧童吹笛口無腔。

「益知」云：清風掃徑來三益，黑夜辭金守四知。

「鳳雲」云：妾似桐花郎似鳳，眉如柳葉鬢如雲。

「菊卿」云：待逢九日秋霜，還來就菊；吹皺一池春水，底事干卿。

君實兄香港問我嵌字對聯，附錄分咏詩鐘及嵌字聯多則，請斟酌採用。

駒叩

四月，去函周篤文，並填《金縷曲》一闋書贈：

金縷曲　己未清明後與新詞侶大覺寺看杏花

又到清明也。憶前時，青帘沽酒，金鞭走馬。雁塔題名非吾分，何羨瓊林宴罷。但玉勒、雕弓騎射。底事封侯香衾負，悔閨中、少婦登樓怕。知應惹、伊人罵。　　滄桑幾換新陳謝。只春光，依然未改，紅嫣紫姹。舊雨不來來今雨，重結白蓮詞社。算老去、閒身堪假。天許長留看花眼，更遊歸、一醉酕醄架。綠窗滿，初臨夏。

前賦《小秦王》四闋，曉川詞家囑再譜長調，因賦此曲，並乞諸詞家正和！

叢碧草

前序「杏花十里」應改「卅里」。自溫泉以西南山起，北折至大工管家嶺，皆杏花，計三十里。「玉蘭」應改為……（缺文，編者注）。乾隆下江南，由太監攜歸兩盆景，種於寺。僧云由峨眉山移，非是。

四月，錄天津賞海棠詩，書贈上海施蟄存：

霏霏小雨霧中天，紅濕流光分外妍。

金屋無存人又老，不堪重夢展春園。

上面酒波玉欲傾，醉肌銷骨此娉婷。

來遲惶恐花零落，一陣風沙又滿城。

歸來無句貯詩囊，冒雪衝風鬧一場。

淡白嬌紅俱可愛，海棠未看看丁香。

已是銷魂怕有香，詩情酒意費評量。

紅顏白髮來相對，也是梅花聘海棠。

開筵題壁事成塵，老去猶餘自在身。

明歲看花何處好，春光不負有情人。

海棠寒勒未成妝，莫乞春陰奏綠章。

南國佳人應不見，雪花飛共柳花狂。

款識：己未清明後五日，大雪，到津看海棠，以寒尚未綴蕊。謝道韞咏雪句云：「未若柳絮因風起。」雪花與柳花同飛，南國佳人尚未之見，昔居展春園，有海棠二十餘株，值雨，流光紅濕，一片迷蒙。後園易

主，更建樓，花亦鏟去，回思如一夢矣。蟄存詞長正指，中州張伯駒，時年八十又二。

　　鈐印：伯駒長壽（白文）、叢碧八十後印（白文）、花好月圓人壽（朱文）、京兆（朱文）[1]

四月，《文物》雜誌刊登先生所寫《關於展子虔〈遊春圖〉年代的一點淺見》一文，針對鑒定家傅熹年質疑《遊春圖》真偽問題一一作答，附全文如下：

　　關於鑒定祖國文物，我一向不敢執筆為文，蓋出發於愛護祖國文物立場，除公認偽蹟者外，對傳世文物，素持謹慎將事之態度。當然應各抒己見，百家爭鳴，多所啟發，但因各人之性情不同，又囿於才識之疏，只好多學少說。頃讀《文物》1978 年第 11 期傅熹年同志《關於展子虔〈遊春圖〉年代的探討》一文，廣列佐證，洋洋大觀。然我仍有不同意見不能已於言者，惜以年老體衰，未能羅列文獻資料，只可簡略言之。

　　一、襆頭：在一時代之中，冠中有多種樣式，視其人之身份而異，例如後漢郭林宗折角巾，人多效之，此當為文人巾之一種，當然還有其他樣式之巾。墓俑多為武士僕隸，即為官吏，屬大型塑像，亦等於人物畫，冠服衣帶俱備。《遊春圖》之人物，則屬於山水畫之人物，只是點寫，著錄中亦云人馬如豆，不能專畫冠服，以襆頭斷為非隋畫，我還存疑。（壁畫有牆壁、絹素，與工匠畫、文人畫之不同，姑不具論。）

　　二、建築：在一時代之中，江河流域，東西南北，各有不同形式之建築，城市與農鄉與山林，亦有不同。余河南舊居樓一棟，居已四世。余曾到山西，尚存有明代及清初不少的建築，與余舊居樓之形式完全不同。《遊春圖》之地區，是在江南，還是在中原，疑莫能決，且又非山水界畫，以描繪完整壁畫之建築，來作僅盈寸之建築比擬，以為畫非隋畫之佐證，仍可存疑。

　　三、《江帆樓閣圖》與《遊春圖》同出於晚唐底本而傳摹複製的，這

個底本的原本是否為隋畫，按傳摹複製應當傳真逼似，何必要摻入後代畫法形象？又晉至六朝作畫時，當橫几席地，所畫必係卷子，晚唐已有坐具，所畫方有直幅（又證明《江帆樓閣圖》是四扇屏風的最末一幅，再晚點是否有四扇屏風，亦是疑問）。余曾見黃庭堅四扇屏風草書、岳飛對聯，此偽品不待考證。《遊春圖》簡單質樸，是畫之發展尚未成就時期，《江帆樓閣圖》華麗繁複，是畫之發展已將成就時期，只能說展子虔向李思訓發展，不能說李思訓向展子虔發展，先後倒置，以《江帆樓閣畫》來作《遊春圖》非隋畫之佐證，似亦可商。

四、歷代宮廷所收古代之畫，當然有偽蹟，如清乾隆時曾經過鑑定，《石渠寶笈》有「上上」、「上」、「中」等級。溥儀攜走之書畫，在未出宮前，亦經袁勵準等人鑑定，真精者鈐「宣統精鑒璽」。宋趙佶《宣和書譜畫譜》中之品，是經過趙佶及其侍從之臣的鑑定，其情況今日不得而知。

五、在畫前趙佶題「展子虔遊春圖」六字，不著朝代。從《大觀錄》記載看，唐五代以前之畫，如閻立本《職貢圖》、王維《雪霽捕漁圖》、王齊翰《勘書圖》，趙佶題籤皆不著朝代，是否皆為傳摹複製之畫，對照研究，始能得出論斷。

六、我們鑑定年代較遠的古書畫，只有依憑前人，因為他們年代近，見者多，例如周密比文嘉等人要早三百年左右，其意見比文嘉、詹景鳳等更有份量，更值得我們認真考慮。而趙佶比周密又要早二百年左右，他的份量也值得我們認真考慮，而且他又是畫家。

七、我們鑑定明、清畫的真偽，比較有把握。由初明永樂至今，約五百七十多年，由趙佶至初唐貞觀，約五百年，是否趙佶鑑定隋唐畫的真偽就毫無把握？如畫為北宋中期所摹，距趙佶不過六七十年，等於我們鑑定清同、光時之畫，更易辨識。如為宣和畫院所摹，即在當時，金章宗題趙佶畫《天水摹虢國夫人遊春圖》、《天水摹張萱搗練圖》宣和畫院摹本，是否應有臣某敬摹進呈款，這裏趙佶不書摹字，而逕書展子虔《遊春圖》，亦難解釋。

以上余簡略之言，不敢斷定圖非隋畫，或必為隋畫，只對傅同志之文，表示存疑而已。但是我以多年來酷愛文物，除公認為偽蹟者外，對傳世文物之鑑別，素以慎重為旨，尚希傅同志諒之。以吾國歷史之久，

文化之先，而隋以前之畫，竟無一件傳世，亦良可慨嘆。

文物局原有鑒定委員會組織，古代書畫經審定收購後，歸庫保存，審定者即無所事事。我建議文物局恢復此組織，邀多數人參加，集體討論研究爭議，確定古代書畫真偽，以及存疑之品，不以一人之言為斷，俾使後之鑒定研究者有軌迹可循，未知當否。[1]

四月，書錄天津賞海棠詞贈友人名玉崑者：

海棠寒勒未成妝，莫乞春陰奏綠章。南國佳人應不見，雪花飛共柳花狂。

（己未清明後五日大雪，到津看海棠，以寒尚未做蕊。謝道韞咏雪句云「未若柳絮因風起」，雪花與柳花同飛，南國佳人當未之見。）

凝碧池頭事已賒，餘音猶復按紅牙。不聽江上湘靈瑟，大地春回放百花。

（凝碧池頭已成往蹟，歌舞昇平將成絕響。湘靈鼓瑟，人渺曲終，今又百花齊放矣。）

老來猶唱大江東，吹到梅花玉笛風。縱少知音休曲誤，肯教瓦缶毀黃鐘。

（看花雖未果，但與諸弟子度曲論韻。余諄諄以勿離開正途為訓，不可以知音者少而迎合無文學水平之觀眾，效瓦缶而毀黃鐘。）

今年辜負海棠開，暈面空餘酒一杯。猶有番風花信在，牡丹時節更重來。

（海棠雖負番風，猶續花事未了。牡丹時節，當更重來。）

款識：調寄《小秦王》，書似玉崑世講屬。中州張伯駒，時年八十又二。

鈐印：伯駒長壽（白文）、叢碧八十後印（朱文）、京兆（朱文）、平復堂印（白文）[2]

---

① 張伯駒：《關於展子虔〈遊春圖〉年代的一點淺見》，北京：《文物》，1979 年第 4 期第 83-84 頁。
② 上海泓盛拍賣有限公司 2016 年秋拍賣會「中國書畫二——書法墨蹟暨古代繪畫專場」第 5614 號拍品，拍賣時間：2016-12-20。

五月二十二日，致函楊紹箕：

紹箕世講：

　　函悉，無劇本想不起場子，也想不到白口，更談不到身段。現患感冒，又額後起一粉包，須要動刀，近日精神不佳。我向不能辦瑣事，覓劇本亦是瑣事，有人辦則可，我自不能辦。寫身段非易事，我只能說，由別人寫記。但無起霸工夫、把子工夫也不易寫記。且非一兩日之事，如能一天能寫記一齣戲，也就算快了。凡事皆有機，機一過去，即行蹉跎。如我說五月十日前後，或六月間去津為戲校講演即是機。七月、八月去青島、烟臺，回來須休息，而書畫債務又到，入冬不出。擬明春去香港展出書畫，去否現尚不能定。如去當是正月底，居留當須兩個月，則海棠時不能去津矣。日月推移，年歲衰老，事皆在不能知之數。明年之行動，須看明年之情況，只看機如何而已。來信所列崑曲尚少兩齣：一、《卸甲封王》（又名《滿堂紅》），唐代宗穿紅蟒，兩朝官紗帽紅官衣，大太監紅繡褶子，四太監紅龍套，郭子儀紅靠，後換紅蟒。舊時代喜壽堂會必此戲。余曾演出兩次。二、《王允議劍》，唱念、身段全排過，以無曹操配角，未演出。今日開始寫信，寫後即須睡眠，尚有三四封信須寫。即問近祺！

碧叩
廿二

　　（又）身段恐非一人所能記，應包括打鼓老及內行。

六月六日，致函楊紹箕：

紹箕世講：

　　校對《京劇源流探討》，南大整理的還不錯，有些錯字改一下就可以了。京劇音（書）無，你那一本給程正泰，牧石那一本給了丁至雲。另行趕印再給你和牧石。你要程正泰聽《連營寨》、《定軍山》、《陽平關》、《斷臂說書》、《問樵出箱》錄〔音〕，我到津後專說身段。即頌刻祺！

碧啟
六、六

六月二十六日，去函楊紹箕：

紹箕世講：

　　來信倆悉。七月即暫不去津，行前八月或去津一行。《京劇音韻與身段》一文仍由南開打印後寄來多份為宜。即頌

日祺！

碧頓首
六、廿六

六月二十九日，去函楊紹箕：

紹箕世講：

　　近日腹泄較輕，唯腿腳腫脹，步履比病前稍差，仍在休養服藥。七月底仍須去青島。給朋竹來信已收到。即問

近好！

碧拜
六、廿九

附沈裕君致楊紹箕函，信中沈裕君談及想晤先生事：

紹箕先生左右：

　　六日手書奉悉，過承謙飾，愧不敢當。來紙我不會寫，以另紙集坡老「斬蛟刺虎老無力，飲酒食肉自得仙」兩句，篆一聯勉應尊命。目昏筆敚，不計工拙。總算交卷而已。即日隨函付郵呈教。順頌

秋祺！

沈裕君手肅
十月十六日

　　（又）張伯老遊津想晤及矣。

是夏，先生夫婦與畫家王雪濤合繪《石瘦梅清圖》並題：

　　石瘦梅清

　　款識：玉琪世講雅屬。潘素寫石，張伯駒寫梅並題。己未夏時年八十又二。雪濤補苔草（王雪濤題）。

　　鈐印：伯駒長壽（白文）、叢碧八十後印（朱文）、京兆（朱文）、潘素（白文）[1]

---

① 廣東崇正拍賣有限公司 2018 年秋季拍賣會之「同氣並香·張伯駒、潘素的朋友圈」第 834 號拍品，拍賣時間：2018-12-13。

七月四日，去函楊紹箕：

紹箕世講：

今日張永祿來舍，彼云他可離開北京藝校，願回津戲校。此人會戲不少，且能崑曲。津校宜爭取其回津校。你可與華粹深先生及鴻逵一談。現師資不容易找，不可放過。我本月底去青島，因潘素必須去，我無人照護，那裏招待條件好，且可避暑。近日腹泄見好，惟腿腳仍腫漲耳。即問日祺！

碧頓首
七、四

七月十二日，去函楊紹箕，隨信一併寄上七月九日所寫之兩函：

紹箕世講：

函悉，病後精神尚差，且天熱來人多，又室無居處，錄音道白一日只能一齣，至多二齣。須六七日始完，不如作以下安排：一、自青島九月上旬回，至天津下車，停五、六日。如張永祿入戲校，與曹世家（嘉）幫助，可以講身段。二、張文涓在滬演出云頗轟動一時，許姬傳、吳祖光曾在滬觀其演出皆云不錯。以余視之，此地無朱砂，紅土即為貴耳。當然要比王則昭為好。寒假時，文化部要其來京演出，計有《搜孤》、《捉放》、《空城計》、《定軍山》四齣，到時我要其去津演出，事先排戲，演後休息。當有十日耽閣，這時錄音講身段更好。如何？即問近好！

碧書
七月九日

紹箕世講：

還有《搜孤救孤》末場最後一句「奸賊仲（中）了我的巧計行」，叔巖唱是「巧計行」，孟小冬唱是「巧計生」，是個錯誤。現在一般皆宗孟小冬，張文涓也如此。「巧計行」是屠岸賈已中計，我的計已經行了，「巧計生」是才定計，誰能知道屠岸賈中計不中。上次寫的踢腿彈腿，都是指的起霸。小生不是踢腿彈腿，是走正步，也要亮靴底。但劇中人物不同，如《群英會》周瑜、《監酒令》的朱虛侯，又與《九龍山》的楊再興不同。旦角則只能走步，不能抬腿，所以如《打漁殺家》不拉下亮住，

桂英只能亮高相。

碧書

紹箕世講：

　　英、血都不是上口字，關羽念「英」字庚青韻本音，血尖音，一場血戰，心血用盡，均音屑。《單刀會》血改用團音，音穴。「畜」、「孺」是上口字，《潭州》《連營寨》都不念上口字。本音、尖團、上口字、陰陽平，皆需分清。

碧書
七、十二

七月二十二日，去函楊紹箕：

紹箕世講：

　　本月至八月二日去青島，九月初旬回去津，仍以在戲校講演為主，一日講音韻、一日講身段、一日講京劇源流。再教三齣戲。一崑曲《卸甲封王》，二文戲（看要求何戲），三靠背戲（《戰樊城》或《定軍山》）。現文化部成立文學藝術研究院，內有《紅樓夢》組、出版室、崑曲組、京劇組。崑曲組正約俞平伯主持（原崑曲研習社）。京劇由前京劇院吳某主持，彼已來家，請我在家錄音或有時參加他們座談會。我以不即不離之態度處之。因為身體關係，只能作一客位。張永祿事你可找魯陽（戲校副校長），如不認識他，可託人，又可找則昭和文化局王局長，說是我的意見，有用的人應當抓緊用。對戲劇傳統藝術應當搶救，我看到天津戲劇後輩學習情緒很好，所以我很關心。即問

近好！

碧頓首　七、廿二

　　張永祿如不早抓會被北崑找去。

七月二十五日，去函楊紹箕：

紹箕世講：

　　近詞大有進益，少易數字即成完璧。牧石寄來小傳印拓。小傳太古老，使人見之不宜，別號何必如此之多。余大為刪節，已交人轉《大公報》。別號只留「邱園」，餘皆刪。「學優不仕」刪去，「鼎革」二字刪去，「閉門養痾久未事教」刪去，下為「治印宗秦漢」、「千紐」

兩句刪，下為「風格近黃……」。寫小傳宜注意簡單最好，不可為時
所忌。即問

刻祺！

碧拜
三、五

七月二十六日，去函北京三聯書店總編范用：

范用兄：

　　香港中華書局存我《紅毹紀夢詩注》（附照片準備再版）、《京劇音
韻》、《續洪憲記事詩補注》、《中國對聯話》、《春遊瑣談》五種，希兄致
函港方同志能早日出版。因河南省圖書館同志來京相晤，見到我之文稿，
為我是河南人，凡我之文稿彼皆願予以出版，但我仍希港方出版。如此五
種港方同志有不擬出版者，可退由河南省圖書館出版。又馮統一同志轉到
紅樓夢工作，我不甚同意，因出版為長期事業，《紅樓夢》依我看不過數年
即無話可說，我勸其仍回出版方面工作，彼已願意，請兄裁奪。如有需要
即致函統一，命其回復工作。當然出版方面事務比較繁重，而青年正宜從
繁重中鍛煉也。本月卅一日去青島，俟回京後再作良晤。即頌

日祺！

張伯駒　拜
七、廿六 [1]

七月二十七日，去函楊紹箕：

紹箕世講：

　　張永祿住址不詳，只有問津戲校或可知之。八月二日去青島，去年
由青島回，即擬在津下車，但車夜三時餘到津，於西站停，不至東站，
是以未能下車。今年何時至津，尚未知，如有不便，則只有俟張文涓寒
假去津演戲同去也。即問

刻祺！

碧頓首　廿七

八月二日，先生伉儷赴青島度假，下榻青島華僑飯店。

---

① 范用編《存牘輯覽》。北京：生活‧讀書‧新知三聯書店，2015: 7。

八月三十一日，先生夫婦自青島度假返京。

九月五日，「文革」中含冤去世的歷史學者鄧拓平反，其追悼會將在八寶山舉行，先生遂擬挽聯以悼：

> 浩氣鍾閩海，卻因與古為鄰，以忠獲罪；
>
> 直言話燕山，大似罵曹擊鼓，照怪燃犀。

九月二十一日，去函楊紹箕：

紹箕世講：

八月卅一日回京過津，仍係夜三時餘停西站，故難下車。俟海粟由大連回，對張文涓來京演戲事作問詢，如不能來，當於十一月間去津。匆此，即問

近佳！

碧叩　九、廿一

九月二十二日，去函周篤文：

篤文詞家：

附紙一張，壽劉海粟《水調歌頭》詞請題上，並請邦達、敏庵亦和題為如荷。即頌

刻祺！

碧拜

九，廿二

九月，含冤死於「文革」的原北京市副市長、著名明史學家吳晗追悼會舉辦，先生送挽聯：

> 鐘寶何存？於今不倒三家店；
>
> 舞臺試看，終古長傳一曲歌。

是秋，書杜牧詩：

> 長安回首繡成堆，山頂千門次第開。
>
> 一騎紅塵妃子笑，無人知是荔枝來。

款識：唐杜牧之詩咏楊貴妃喜食荔枝事。《唐書》貴妃生於蜀，好荔枝。南海荔枝勝於蜀，必欲生致之，乃置驛傳馳載，七日夜至京，人馬俱斃於路，百姓苦之。然方暑而熟，經宿輒敗。按韓昌黎詩云：「一封朝奏九重天，夕貶潮陽路八千。」自長安至廣州即云路四千，一日夜

行四百里，亦凡七日可到，而到亦腐爛矣！吾謂貴妃所食之荔枝仍係蜀產，《蜀志》曰：唐天寶中，取涪州荔枝，自子午谷路進入，可以證之。蘇東坡詩曰：「日啖荔枝三百顆，不辭長作嶺南人。」以食荔枝故而願常作謫官。今遠在燕都，亦能食到嶺南新鮮荔枝，惜東坡不生於今日也！

己未秋中，中州張伯駒，時年八十有二。

鈐印：伯駒長壽（白文）、叢碧八十後印（朱文）、京兆（朱文）、平復堂印（白文）[1]

十月一日，繪紅梅一幅，慶祝中華人民共和國建國三十周年，並集句毛澤東詩詞填《八聲甘州》一闋題於畫上：

看今朝、正道是滄桑，往事越千年。問蒼茫大地，風雲突變，知在誰邊。收拾金甌一片，裝點此關山。只把春來報，換了人間。　屈指行程二萬，當年鏖戰急，魏武揮鞭。到中流擊水，過後盡開顏。起宏圖、只爭朝夕，數風流人物，更無前。齊聲喚，東方欲曉，日月新天。

款識：調寄《八聲甘州》。集毛主席詩詞句，慶祝建國三十周年。

中州張伯駒寫紅梅並題，時年八十有二。

鈐印：伯駒長壽（白文）、叢碧八十後印（朱文）、京兆（朱文）、六郎私印（朱文）[2]

十月二十八日，致函楊紹箕：

紹箕世講：

一、張永祿自山東回。此人藝當不及王福山，但京劇角色已無硃砂，即紅土也不多，我因津曹、蘇、安諸子皆好學，所以關心。從搶救京劇出發，是以多事。張永祿津戲校要否，一言決定，不要有他處要。即回答。

二、劉海粟先生關〔心〕張文涓來京演出事。海粟與我擬致信黃部長（現在國外不日即回）推薦，十一月半當有消息。

三、如張文涓不來京，十一月我去津戲校講演事，須看戲校有無需

① 北京匡時國際拍賣有限公司 2008 春季藝術品拍賣會之「近現代書畫專場」第 0844 號拍品，拍賣時間：2008-05-22。

② 上海匡時拍賣有限公司 2018 春季拍賣會之「中國書畫專場」第 17 號拍品，拍賣時間：2018-4-30。

要。我不能求戲校我要去講演。近日忽悟，只在家中寫自己文稿，不多事。即問

近好！

碧拜　夏曆九、六

十月三十日，致函楊紹箕：

紹箕世講：

　　張文涓參加文代會已來京。文代會自十一月一日起十五日止。文涓為特約代表。上海文匯報又有文相捧。十一月下旬可使其去津演出。擬使演《定軍山》、《搜孤》、《奇冤報》（《捉放》或《空城計》）。可由國劇學會學員江濤（錢派嫡傳）飾夏侯淵。及《奇冤報跳判》（上海宣傳部長陳沂亦可能去）。定後當去函通知。擬為文涓錄《天雷報》、《汾河灣》兩劇，劇本希即寄來，十一月五日以後，星期六亦可來京一行。即問

近好！

碧頓首　十月三十日

　　（又）文涓由於好學尊師，其不敢胡唱，雖非硃砂，屬紅土，乃成紅角。

十月三十一日，致函楊紹箕：

紹箕世講：

　　昨函諒悉。如能星期六（十一月十日）來京，想敲一個小竹槓，要你請一次客，為張文涓、歐陽忠實（研究余派戲者）、張琪翔（原京劇基本藝術研究社秘書）、江濤、崔某（國劇學會學員）、你和我三口共九人。準來與否，來信告知，先為定座（或在星期六晚或在星期日午），以在星期日午為宜，可在家多談，星期一請半天假，如何？即頌

刻祺！

碧拜

十一月十七日，致函楊紹箕：

紹箕世講：

　　來信悉。文代會文涓即將於二、三日後回滬，去津演出俟寒假，如津方約演，再行北來。我可於廿四、五日後去津，但十二月初即須回

京。因北京書法研究會及北京崑曲研習社要開成立會，我須參加。特此奉達，即問

近好！

碧啟　十一、十七

十一月二十四日，致函楊紹箕：

紹箕世講：

　　來函悉，延至十二月去津，甚好。因日來寫稿頗倦，在十二月十日前或十五日後為宜，到時再為通信定準。即問

近好！

碧拜　廿四

十一月二十七日，致函周篤文：

篤文詞家：

　　香港所登我之劇話及題畫馬二絕句，祈寄下！李今同志畫皆帶走否？昨聞稿費已定，由十月起每千字最高七角，畫每平方三元、五元、七元、十元，最高十五元，以後即靠賣畫吃飯矣！即頌

刻祺！

碧拜　廿七

十二月十九日，致函楊紹箕：

紹箕世講：

　　函悉。現兩外孫女皆來，並有媺母一人。室無住處，且客人不斷。錄音以在津旅館為便。約在正月十二日前去津。潘素能去否未定，以其索畫者太多（主要是公家），或難脫身，當攜一外孫招護。旅館當以國民飯店為宜，立順德恐房間貴，且不易定也。準何日那一次車，屆時再函告。即頌

冬祺！

碧拜
十二月十九

十二月二十二日，致函楊紹箕：

紹箕世講：

　　年假來京，望將《空城計研究》帶來有所用，並望帶四五個煎餅果

子。即問

近好！

碧頓首

十二、廿二

十二月二十七日，致函楊紹箕：

　　　　詞書好即寄來。

　　紹箕世講近好。

碧拜

同信寄回楊紹箕來函請教修改詞一闋（括弧內為先生批改，編者注）：

叢碧世丈座右：

　　比惟動止攸宜，慰如所頌。毅然畫師繪菊，牧石先生命填《霜花腴》一解，紹箕勉成之，未能自信。鈔呈左右刪正擲下，俾照寫。耑此，敬請著安！

世晚楊紹箕百拜　十二月四日

　　叢碧批：

　　賦高寂寞，剩楚吟，西風未落峨（作意吹）冠（登高者是騷人逸士，不戴峨冠）。甲帶金澄（詞忌生硬字，忌生硬句，忌僻典，忌旁注。此句四忌皆有。改「觴滿金浮」），袖盈香（黃巢詩句）暗，芳叢（前遊記）也嘆才（都）難（芳叢句難解也，嘆二字須同上）。罅秋（光影）倘寬。共夕暉，黃綴尊（秋）前。望攸攸、淺醉扶人，暮雲遮斷遠山寒。　　冷霜訊更休輕，卜傍疏籬老，圍領略（亂曳）鳴蟬。狂客新簪，幽居舊（曾，此字須平）采，無詩轉惜花箋。觸虛（搖櫓，生硬）漏（畫）船。載（剩）酒痕，流夢娟娟。駐花魂、不語（自寫，此二字須去上）丹青，故人相對看。「故人」結語好。「故」字不用上聲或可，如故字必須用上聲，則只好改「晚來」，一問牧石。《霜花腴‧奉題黃花圖》。

　　寄上素箋，祈書虞美人十首，鈐紅賜下，將永寶之。又啟。

　　（原圖由潘素補楓樹再寄去，宜書直行在君坦之左。）

十二月二十七日，致函楊紹箕：

紹箕世講：

　　函悉。令親想非文藝界人士，故對文藝方面隔膜，其實一問《大公

報》即知在何處買。該書一出版已賣完，現將再版，但出版後贈我十本，不夠分配。你可致香港向中華書局預購，晚則恐買不到。中華書局地址：中環域多利皇后街十號中商大廈九樓中華書局海外辦事處。近甚忙，正月初一後定去津日期。即頌

刻祺！

碧拜　十二、廿七

十二月二十八日，致函楊紹箕：

紹箕世講：

　　我夫婦書畫展提前於舊曆十二月中旬在北海畫舫齋展出。我所畫《風蕙》請帶來，到時展覽，因現再畫不能矣。即問

近祺！

碧頓首　十二、廿八

十二月三十一日，致函楊紹箕：

紹箕世講：

　　陽曆二月一日在北海畫舫齋展出書畫，展期半月，只供參觀，概不出售。二月二日為預展，值星期六，正可來京也。即頌

年祺！

碧拜　十二、卅一

十二月，原張學良秘書王益知被聘為中央文史館館員。

是年，為署名「良福」者書冠名聯：

　　良醫不拒能除病；

　　福將如臨可退戎。

　　款識：良福先生雅屬。《荀子》：「良醫之門多病人。」柳宗元文：「俞扁之門不拒病夫。」《東軒雜錄》：「宋真宗次澶淵，虜騎未退，議守天雄軍魏公曰：智將不如福將。乃命王欽若危坐七日，虜退。」中州張伯駒，時年八十又二。

　　鈐印：伯駒長壽（白文）、叢碧八十後印（朱文）、平復堂印（白文）[1]

---

① 中國嘉德國際拍賣有限公司 2016 年春季拍賣會之「中國近現代書畫（一）」第 0544 號拍品，拍賣時間：2016-05-14。

是年，為夏衍繪《蕙蘭圖》一幅，並題詩：

　　一花一葉自披猗，幽谷春風到每遲。

　　蕭艾齊榮當路草，無人芳馥又何為。

　　款識：夏衍先生雅屬。中州張伯駒寫蘭並題，時年八十又二。

　　鈐印：伯駒長壽（白文）、叢碧八十後作（朱文）、京兆（朱文）、平復堂印（白文）**1**

是年，書《憶秦娥》詞一闋：

　　簫聲咽，秦娥夢斷秦樓月。秦樓月，年年柳色，霸陵傷別。　　樂遊原上清秋節，咸陽古道音塵絕。音塵絕，西風殘照，漢家陵闕。

　　款識：《樂府紀聞》曰：相傳文宗宮妓沈翹翹，舞《河滿子》詞。文宗曰：浮雲蔽白日，此《文選》中念君臣值奸邪所蔽，正是今日。乃賜金玉環。翹翹泣曰：妾本吳元濟女，投入掖庭，本藝方響。因奏《梁州》，音節殊妙。文宗選金吾秦誠聘之出宮。誠後使日本，翹翹製曲曰《憶秦郎》，即《憶秦娥》也。

　　中州張伯駒，時年八十又二。

　　鈐印：伯駒長壽（白文）、叢碧八十後印（朱文）、京兆（朱文）、平復堂（白文）**2**

是年，先生夫婦為北京「又一順」飯莊名廚馬景海合寫梅蘭竹菊《四君子圖》，先生並題：

　　景海先生雅屬。

　　款識：中州張伯駒、潘素合寫並題，己未夏時年八十又二。

　　鈐印：張伯駒印（白文）、平復堂印（白文）**3**

是年，去函楊紹箕：

　　馬玉琪之姊今春曾來京，以後何年回國不得而知。馬玉琪二十二號

① 中國嘉德國際拍賣有限公司 2016 年春季拍賣會之「中國近現代書畫（一）」第 0546 號拍品，拍賣時間：2016-05-14。
② 北京東方大觀國際拍賣有限公司 2015 年秋季拍賣會之「中國近現代書畫」第 0086 號拍品，拍賣時間：2015-11-17。
③ 廣東崇正拍賣有限公司 2018 年秋季拍賣會之「同氣並香·張伯駒、潘素的朋友圈」第 833 號拍品，拍賣時間：2018-12-13。

來京，二十四、五號即去香港，在香港過春節。馬玉琪之姊名關柳紅，住香港，地址不詳。由於潘素不將所有來往者地址寫在本子上，所以不知。俟馬玉琪來，問其地址，以後可與直接通信，屬於瑣事均不能記憶，故以直接通信為宜也。信封上地址。即頌

春祺。

　　　　　　　　　　　　　　　　　　　　　　　　　　　碧拜

　　　　　　　　　　　　　　　　　　　　　　　　　　　廿日

是年，為友人名板平者寫國畫牽牛花《人與秋月共歲寒》一幅，並題詩：

　　秋雨連綿不肯晴，牽牛葉展竹風清。

　　聽來窗寒蟲語[1]，各有生機各自鳴。

　　款識：板平兄雅屬。中州張伯駒並題，時年八十有一。

　　鈐印：張伯駒印（白文）、平復堂印（白文）、京兆（朱文）、雙江閣（朱文）[2]

是年，為楊紹箕書條幅：

　　到遲只怕誤芳期，卻又春寒雨雪霏。

　　即使人來花未見，多情仍是我同伊。

　　光搖銀燭夜沉沉，金屋無人照睡深。

　　羯鼓願催花早發，乞晴不更乞輕陰。

　　上面酒波玉欲傾，醉肌銷骨此娉婷。

　　來遲惟恐花零落，一陣風沙又滿城。

　　已是銷魂怕有香，詩情經意費評量。

　　紅顏白髮來相對，也似梅花聘海棠。

　　歸來無句貯詩囊，冒雪衝風鬧一場。

　　淡白嬌紅俱可愛，海棠未看看丁香。

　　霏霏小雨霧中天，紅濕流光分外妍。

　　金屋無存人又老，不堪重夢展春園。

　　劉郎已是隔天涯，銀錠波餘照影斜。

・

---

① 此句缺一字。

② 浙江長樂拍賣有限公司 2010 年春季拍賣會「中國書畫藝術品（下）·名人書法對聯專場」第 0435 號拍品，拍賣時間 2010-07-25。

衡相連才咫尺，一家花憶兩家花。

開筵題壁事成塵，老去猶餘自在身。

明歲看花何處好，春光不負有情人。

款識：第七闋多「花」字，「衡」字下落「宇」字，第八闋「不」字為「肯」字之誤。和紹箕韻，後意有未盡，因續作四闋。己未清明後五日去沽上看海棠，以大雪春寒，花未做蕊。歸京後家丁香一樹盛開，未見海棠而見丁香，亦自怡情。昔居展春園有海棠二十餘株，值雨流光紅濕，一片迷濛。後園易主，更建樓，花亦鏟去。回思如一夢矣。劉紫銘君居銀錠橋南，家有海棠兩樹，余家與其家衡宇相連，盛開時，余每日必去其家，相賞一家之花，不啻兩家之。今則花萎矣。余自九歲隨父居長蘆都轉署，始看到海棠。至今計已七十三年。三十歲後，居西城，家有海棠七株，開時每宴客。盧溝橋事變去西安，歸京於極樂寺看海棠，題壁有句云：「只今傾國傾城事，不是名花與美人。」今俱成陳蹟，不堪重問明春看花又在何處，知春光總不負我也。「不啻兩家之」本落一「花」，「今則」下落「人亡」二字。紹箕世講雅屬。中州張伯駒，時年八十又二。

鈐印：伯駒長壽（白文）、叢碧八十後印（朱文）、京兆（朱文）、六郎私印（朱文）[1]

是年，為朋友傅克書藏頭聯一副：

傅子著書關久治，

克家述德振先聲。

款識：晉傅玄所撰書，皆關切治道，闡啟儒風，精意名言，往往而在。克家謂能任治家事也。《易經》「子克家」因謂子之能繼先業者，為克家子。

傅克先生雅屬。中州張伯駒，時年八十又二。

鈐印：伯駒長壽（白文）、叢碧八十後印（朱文）、平復堂印（白文）[2]

---

① 中國嘉德國際拍賣有限公司 2015 秋季拍賣會之「中國近現代書畫」第 0420 號拍品，拍賣時間：2015-11-14。

② 北京翰海拍賣有限公司 2016 春季拍賣會之「寶聚集珍──寶聚齋中國書畫」第 0101 號拍品，拍賣時間：2016-06-03。

是年，為天津詞家寇夢碧繪《四君子圖》，並題：

四君子圖

夢碧詞兄雅屬。中州張伯駒，時年八十二。

鈐印：伯駒長壽（白文）、叢碧八十後印（朱文）、京兆（朱文）[1]

是年，先生夫婦與畫家土雪濤、許麟廬、李苦禪為新加坡周穎南台繪《愛蓮圖》，沈裕君題卷首，先生補畫水草並題詩：

一池水滿長魚蝦，上下蜻蜓對舞斜。

太液託根泥不染，清風初放白蓮花。

款識：穎南詞兄雅屬花。中州張伯駒，時年八十有二。

鈐印：宣統蔭生（朱文）、京兆（白文）、六郎私印（肖形印）、張伯駒印（朱文）、好好先生（朱文）[2]

是年，為名子玉者題寫匾額：

長生樓

款識：子玉先生正。中州張伯駒，時年八十又二。

鈐印：伯駒長壽（白文）、叢碧八十後作（朱文）、京兆（朱文）[3]

是年，潘素為名秋雨者繪山水一幅，先生題詞：

星垂平野闊，

江入大荒流。

款識：秋雨世講雅屬。潘素寫山水，張伯駒題，時年八十又二。

鈐印：潘素之印（白文）、張伯駒印（朱文）、好好先生（朱文）、平復堂印（白文）、京兆（朱文）[4]

是年，為同鄉馮嶺安題嵌名聯：

嶺寒勁傲風霽月，

安意呈祥彩霞飛。

① 中國嘉德國際拍賣有限公司 2018 秋季拍賣會之「中國近現代書畫」第 0702 號拍品，拍賣時間：2018-11-21。

② 中國嘉德國際拍賣有限公司 2019 秋季拍賣會之「繽紛集——聚焦私人收藏」第 0060 號拍品，拍賣時間：2019-11-17。

③ 香港蘇富比拍賣有限公司 2016 秋季拍賣會之「中國書畫」第 1365 號拍品，拍賣時間：2016-10-04。

④ 廣東小雅齋拍賣有限公司 2015 年秋季藝術品拍賣會之「百年風雅」專場第 0516 號拍品，拍賣時間：2015-11-12。

款識：嶺安先生雅屬。中州張伯駒，時年八十又二。

鈐印：伯駒長壽（白文）、叢碧八十後印（朱文）、平復堂印（白文）

是年，為懷念陳毅元帥，潘素根據陳毅元帥在北戴河所拍攝的《觀海圖》照片為原型，繪製了青綠山水《海思圖》，先生作悼詩四首題其上以奠：

其一

痛我長城壞，寒天落大星。

遺言猶感激，老淚忽縱橫。

日暗旌旗色，江沉鼓角聲。

東南餘壁壘，忍過亞夫營。

其二

凶問驚前夜，蒸（烝）黎各叱喑。

殊榮存國體，公論見人心。

謀慮珠槃重，歸思玉壘深。

車書窮九有，傳乘起商音。

其三

一舉平淮海，人稱上將功。

大名垂宇宙，巨浪送英雄。

捧日心猶在，歌風願莫從。

九原靈不泯，長護祝融峰。

其四

怕唱雍門曲，西州事可悲。

霜筠憐故劍，露薤泣靈旗。

國續褒忠錄，人尋墮淚碑。

音容圖畫裏，剩寄海天思。

款識：右題潘素為陳毅元帥繪《海思圖》。中州張伯駒，時年八十又二。

鈐印：潘素（白文）、伯駒長壽（白文）、叢碧八十後印（朱文）[1]

---

① 張伯駒潘素文獻整理編輯委員會編《張伯駒潘素書畫集》。北京：中華書局，2013: 84。

　　是年，張大千託香港好友徐伯郊邀請先生、潘素伉儷同到香港一晤，並預備在港舉辦潘素畫展，後因審批手續繁瑣，未能成行。張大千在信中説：

　　伯駒吾兄左右：

　　　別三十年，想念不可言。故人情重，不遺在遠，先後賜書，喜極而泣，極思！一接清言，無如蒲柳之質，望秋先零，不得遠行。企盼惠臨香江，以慰飢渴。倘蒙愈允，乞賜示敝友徐伯郊兄。謹呈往復機票兩張，乞偕潘夫人南來，並望夫人多帶大作，在港展出，至為盼切。望即賜覆，專肅

　　儷喜。

　　　　　　　　　　　　　　　　　弟　大千爰，頓首頓首 **2**

　　是年，集李白、杜甫詩為聯：

　　　星垂平野闊，

　　　江入大荒流。

　　　款識：杜工部《旅夜書懷》詩句，李太白《渡荊門送別》詩句。中州張伯駒，時年八十又二。

　　　鈐印：伯駒長壽（白文）、叢碧八十後印（朱文）、平復堂印（白文）**2**

　　是年，集唐人詩句，為谷牧副總理書聯：

　　　白日依山盡，

　　　輕風生浪遲。

　　　款識：谷牧同志囑書。中州張伯駒，時年八十又二。

　　是年，為吉林省博物館寫梅一幀並題：

　　　三尺空山凍雪裏，撐持傲骨待春來。

　　　東風吹上胭脂面，又向百花頭上開。

　　　款識：中州張伯駒寫紅梅並題，時年八十又二。

②　中國嘉德國際拍賣有限公司 2013 年秋季拍賣會「至愛親朋——名家逸士的丹青寄意」第 0511 號拍品，拍賣時間：2013-11-16。

②　廣東崇正拍賣有限公司 2018 年秋季拍賣會之「同氣並香·張伯駒、潘素的朋友圈」第 840 號拍品，拍賣時間：2018-12-13。

鈐印：京兆（朱文）、伯駒長壽（白文）、叢碧八十後印（朱文）**1**

是年，為吉林省博物館寫蘭一幀，並題：

鄭氏流風豈更論，清芬猶或楚騷魂。

長看吾土金甌滿，不畫無根畫有根。

款識：張伯駒寫蘭並題，時年八十又二。

鈐印：京兆（朱文）、伯駒長壽（白文）、叢碧八十後印（朱文）**2**

是年，書贈吉林省博物館對聯四副，分別為：

　　其一

世界和平功最大，

江山美滿步難量。

款識：余偶為詩鐘分咏，以中國自衛反擊越寇及地圖為題。吾國自衛反擊越寇，挽救東南亞各國，揭露北極紙熊，打破越寇自稱為第三強國戰無不勝之神話，教訓美國綏靖主義之錯誤，於世界和平功莫大焉。吾國地圖表現四維兩戒，金甌永滿，玉軸長堅。一寸山河一寸金，非可以尺度量也。中州張伯駒，時年八十又二。

鈐印：伯駒長壽（白文）、叢碧八十後印（朱文）

　　其二

二我鏡中原是汝，

集靈囿內只餘君。

款識：余戲為分咏詩鐘，以照相館及龜為題。清末前門觀音寺二我照相館最著名。袁世凱任總統時，國務院設於中南海集靈囿，時熊希齡代總理，會王闓運來京往訪之，謂曰：「今日集靈囿內只餘君矣。」蓋譏其龍鱗鳳俱無，而只餘龜也。中州張伯駒，時年八十又二。

鈐印：伯駒長壽（白文）、叢碧八十後印（朱文）

① 王舒羽：《撐持傲骨待春來・吉林省博物院藏張伯駒書畫欣賞》，北京：《收藏家》，2011年第6期第39-40頁。
② 長春市政協書畫院編《長春市政協書畫》。長春：長春出版社，2000: 2。

其三

鶯啼燕語皆朋友，

石鑠金堅到子孫。

款識：美籍華人牛滿江教授贈余電視機一架，晚間開視，值唱歌。朱熹詩云：「好鳥枝頭皆朋友，正於咏唱歌為宜。」是日，更值中日友好和平條約簽定，兩國一衣帶水，同種同文。從此兩國友誼石鑠金堅，子子孫孫世代相傳，而且為世界和平共同努力做出貢獻。因為分咏詩鐘，以志欣慰之情。中州張伯駒，時年八十有二。

鈐印：伯駒長壽（白文）、叢碧八十後印（朱文）

其四

射虎斬蛟三害盡，

房謀杜斷兩心同。

款識：張之洞督鄂時宴客為詩鐘，咏限四唱「蛟」、「斷」二字。候補道蔡乃煌得是聯，張大為激賞，即函至袁世凱，袁言於奕劻，得補授上海關道。蓋當時政局奕劻、袁世凱、張之洞為一系；瞿鴻磯、岑春萱、盛宣懷為一系。西太后那拉氏以奕劻貪婪欲易以瞿鴻磯為領班大學士，一日面告於瞿，瞿歸家言於其妻，其妻又言於其姪女，其姪女與英公使館有識者熟之，為英公使所知會。西太后宴各國使節，英使遽前問曰：「貴國有易首揆之事乎？」后愕然答曰：「無之。」乃大疑，以只面告瞿，何以英公使知。事聞於袁世凱，乃挽侍讀講學士惲毓鼎拜摺劾瞿，許以銀一萬兩外，外任河南布政使。惲遞摺上後，西太后即予開去瞿鴻磯大學士缺，岑、盛亦皆罷職。但瞿賞有清望。一時物議沸騰，銀七千兩不敢再付，河南布政使之命亦不再下。蔡乃煌上聯「三害盡」蓋指瞿、岑、盛，下聯「兩心同」蓋指袁、張也。此當為詩鐘之史料矣。中州張伯駒，時年八十又二。

鈐印：京兆（朱文）、平復堂印（白文）[1]

是年，以北洋政府為題作聯：

---

[1] 香港學者翰墨軒主人許禮平收藏。

北洋闒茸稱功狗，

西藏川原伴蟄蟲。

款識：以馮國璋、紅花為題作分咏詩鐘北洋派三傑，馮以狗□後繼任總統。

鈐印：伯駒長壽（白文）、叢碧八十後印（朱文）、平復堂印（白文）

是年，為友人寫《蕙蘭圖》一幀並題：

湘靈鼓瑟

款識：娘水先生雅屬。張伯駒時年八十又二。

鈐印：伯駒（白文）、平復堂印（白文）、六郎私印（朱文）、京兆（朱文）

（鑒藏印）：金題之印（白文）[1]

是年，為畫家蔣風白作嵌名聯：

風花作隊酒為主，

白雪爭春梅不降。

款識：風白先生雅囑。中州張伯駒，時年八十又二。

是年，贈畫家蔣風白夫人劉志壯嵌名聯：

志氣不隨榮瘁異，

壯心長共古今同。

款識：志壯女士雅屬。中州張伯駒，時年八十又二。

是年，書張繼《楓橋夜泊》詩一首：

月落烏啼霜滿天，江楓漁火對愁眠。

姑蘇城外寒山寺，夜半鐘聲到客船。

款識：昔遊姑蘇寒山寺，晚更至楓橋，值秋日，江楓漁火一如詩中情景，回首已五十餘年。重尋舊夢渾如隔世矣！己未中州張伯駒，時年八十有二。

（鈐印）京兆（朱文）、平復帖（白文）、伯駒長壽（白文）、叢碧八十後印（朱文）[2]

---

① 上海嘉禾 2017 春季藝術品拍賣會之「《四海集珍》中國近現代書畫作品專場」第 155 號拍品，拍賣時間：2017-07-02。

② 張伯駒潘素文獻整理編輯委員會編《張伯駒潘素書畫集》。北京：中華書局，2013: 33。

　　是年，為詞友、北京石油大學教授戈革（號拜菊）寫蘭草一幀，詩並
跋曰：

　　　　凝碧池頭事已賒，餘音猶復按紅牙。

　　　　不聽江上湘靈瑟，大地春回放百花。

　　　　款識：拜菊詞人雅囑。張伯駒寫蘭並題，時年八十二。

　　　　鈐印：伯駒長壽（白文）、叢碧八十後印（朱文）、京兆（朱文）、
六郎私印（朱文）[1]

　　是年，為老友馬寶山書嵌名聯一幅：

　　　　寶劍只宜酬烈士，

　　　　山珍合應供饞夫。

　　　　款識：寶山先生雅屬。中州張伯駒，時年八十又二。

　　　　鈐印：伯駒長壽（白文）、叢碧八十後印（朱文）、平復堂印（白文）[2]

　　是年，書贈西泠印社社員林乾良書法《生查子》：

　　　　去年相見時，花好銀蟾缺。明月正團圓，又奈人離別。　　相逢復幾
時，還望花如雪。再別再相逢，明鏡生華髮。

　　　　款識：《生查子》，書舊作，乾良先生正拍。中州張伯駒，時年八十又二。

　　是年，夜看電視見歌舞節目得聯語：

　　　　鶯啼燕語皆朋友，

　　　　石鑠金堅到子孫。

　　　　款識：牛滿江教授贈余電視機一架。晚間視值唱歌，宋朱熹詩云「好
鳥枝頭皆朋友」，正用以詠唱歌是日。又道，中日和平友好條約簽定，從
此友誼如石鑠金堅，子子孫孫世代相傳，且為世界和平同作貢獻。因得
此聯以知撫慰之情。中州張伯駒，時年八十又二。

　　是年，書「意在筆先」四字。

　　　　款識：己未初秋中州張伯駒。

　　　　鈐印：張伯駒印（白文）、平復堂印（白文）、京兆（朱文）、春游

---

① 保利香港拍賣有限公司 2016 年秋季拍賣會「舊日烟雲——王伯群珍藏中國書畫暨文人翰墨專場」
　第 0775 號拍品，拍賣時間：2016-10-03。

② 樓宇棟、鄭重著《中國文博名家畫傳·張伯駒》。北京：文物出版社，2008: 77。

主人（朱文）

　　（鑒藏印）：鐵嶺王貴忱章（白文）[1]

是年，書七言對聯：

　　每鋪沙席來眠浪，

　　時上山樓在步雲。

　　款識：中州張伯駒，時年八十又四。

　　鈐印：平復堂印（白文）、伯駒長壽（白文）、叢碧八十後印（朱文）[2]

是年，為友人名建虎者書條幅：

　　孔子曰，三十而立，四十而不惑，五十而知天命，六十而耳順，七十而從心所欲，不逾矩。孔子此數語，為事業、學問必須奉為圭臬，而後「不逾矩」三字尤為緊要，吾輩當共勉之。

　　款識：建虎世講雅屬。中州張伯駒，時年八十又二。

是年，作對聯：

　　丸藥專能醫赤痢，

　　圍棋端不救蒼生。

　　款識：以段祺瑞、霍香為題作分咏詩鐘。袁世凱北洋派三傑，段稱虎，為皖系軍閥之首，好圍棋，而藝並不佳。有高手來對棋閣者，則預囑勿勝，高手則故輸一二子以讓之，而段不知也。乃自以國手，何可以與東山謝太傅比。霍香正氣丸專醫痢疾。中州張伯駒，時年八十又二。

是年，集毛澤東詩詞成聯：

　　山舞銀蛇原馳蠟象，

　　魚翔淺底鷹擊長空。

　　款識：毛主席《沁園春·北國風光》詞句；毛主席《沁園春·橘子洲頭》詞句。中州張伯駒，時年八十有二。

　　鈐印：伯駒長壽（白文）、叢碧八十後印（朱文）[3]

是年，為友人文濤作嵌名聯：

---

① 江蘇滄海拍賣有限公司滄海明珠·2012 春季藝術品拍賣會「中國書畫二」第 0349 號拍品，拍賣時間：2012-05-24。

② 張伯駒潘素文獻整理編輯委員會編《張伯駒潘素書畫集》。北京：中華書局，2013: 15。

③ 樓宇棟、鄭重著《中國文博名家畫傳·張伯駒》。北京：文物出版社，2008: 187。

　　文意湧時隨筆下；

　　濤聲捲處挾船行。

　　款識：文濤先生雅屬。中州張伯駒，時年八十又二。

是年，為署名「友光」者作嵌名聯：

　　友感朋情存義氣，

　　光風霽月看胸懷。

　　款識：友光先生雅囑。中州張伯駒，八十有三。

　　鈐印：伯駒長壽（白文）、叢碧八十後印（朱文）、平復堂印（白文）[1]

是年，林乾良[2]自杭州來訪，先生為其作嵌名聯並書贈：

　　乾象長存綱自正，

　　良醫不拒病能除。

　　款識：乾良先生雅屬。中州張伯駒，時年八十又二。

　　鈐印：平復堂印（白文）、乾良心賞（朱文）、伯駒長壽（白文）、

叢碧八十後印（朱文）[3]

是年，與李苦禪、王雪濤、潘素合寫《秋窗風雨圖》，圖中李苦禪寫

竹，王雪濤寫秋草、秋蟲，潘素寫芭蕉，先生題詩：

　　秋雨連綿不肯晴，芭蕉葉展竹風清。

　　聽來窗外寒蛩語，各有生機各自鳴。

　　款識：己未張伯駒題，時年八十有二。

李苦禪和王雪濤及潘素分題：

　　苦禪補竹。

　　雪濤寫草蟲。

　　潘素寫芭蕉。

　　鈐印：沈裕君（白文）、苦（朱文）、禪（朱文）、王雪濤印（白文）、

張伯駒印（朱文）、好好先生（朱文）、京兆（朱文）、平復堂印（白文）、

---

① 北京私人收藏。

② 林乾良（1932—），福州人。幼學治印，後就讀於浙江醫科大學。從醫之餘酷愛書畫、篆刻，先後
　拜陸維釗、沙孟海等名家為師，亦問學於先生。精通中醫、擅金石書畫。

③ 西泠印社拍賣有限公司 2017 年秋季拍賣會「中外名人手蹟專場暨長言聯書法專題」第 2044 號拍
　品，拍賣時間：2017-12-24。

潘素之印（白文）

九十六歲高齡的中央文史館館員沈裕君題詩堂：

　　秋窗風雨圖 [1]

是年，先生伉儷合寫《歲朝圖》，沈裕君題：

　　歲朝圖

　　款識：張伯駒寫紅梅，潘素寫松竹，沈裕君題時年九十六。

　　（鈐印）沈氏裕君（朱文） [2]

是年，應老友陳英之請，為嶺南畫家關山月所作《紅梅》長卷題詩：

　　寒消珍重待東風，傲骨撐持冬雪中。

　　一瞬人間春又到，萬花紅映大旗紅。

　　款識：陳英同志雅正。中州張伯駒，時年八十又二。 [3]

是年，為友人繪《綠萼梅》一幀，並題詩曰：

　　不教半點着塵埃，疑葉疑花帶雪開。

　　夢醒羅浮鳴翠羽，乍逢仙子下瑤臺。

　　款識：張伯駒寫綠萼梅並題，時年八十有二。

　　鈐印：伯駒長壽（白文）、叢碧八十後印（朱文）、京兆（朱文） [4]

是年，先生夫婦與劉海粟合寫《松石長年》圖，先生寫蘭，潘素寫松石，三人均有題：

先生題：

　　張伯駒寫蘭

　　鈐印：張伯駒印（朱文）、好好先生（朱文）

潘素題：

　　潘素寫松石

　　鈐印：潘素之印（白文）

---

① 中貿聖佳國際拍賣有限公司 2004 秋季藝術品拍賣會「中國近現代書畫專場」第 0900 號拍品。拍賣時間：2004-12-13。

② 張伯駒潘素文獻整理編輯委員會編《張伯駒潘素書畫集》。北京：中華書局，2013: 70。

③ 關山月著，關怡主編《關山月梅花選集》。海口：海南出版社，2000: 24。

④ 北京匡時國際拍賣有限公司 2017 春季拍賣會「近現代及當代書畫專場」第 0082 號拍品，拍賣時間：2017-06-03。

劉海粟題詩並跋：

　　虯幹凌霄根拔地，鬱鬱亭亭竦寒翠。

　　不知宇宙有冬春，那管人間榮與辱。

　　己未孟冬，老友張伯駒潘素畫《松石圖》，劉海粟率題。

　　鈐印：海粟長壽（白文）、侔天閣（朱文）[1]

是年，為友人名方虞者書《臨江仙》詞一闋：

　　簾影故家池館，笛聲舊日江城。一春深院少人行。微風花亂落，小雨草叢生。　　驛路千山千水，戍樓三點三更。繁華回憶不分明。離尊人自醉，殘燭夢初醒。

　　款識：方虞先生雅屬。中州張伯駒，時年八十又二。

　　鈐印：伯駒長壽（白文）、叢碧八十後印（朱文）、京兆（朱文）、平復堂印（白文）[2]

是年，題贈天津京劇老生名家曹世嘉《紅氍紀夢詩注》一冊：

　　世嘉世講存念

　　款識：張伯駒贈，己未春時年八十二。

一九八〇年（庚申）　八十三歲

一月一日，元旦，為畫家祁崑所作《臨唐寅紅蓮錦袖圖》題跋：

　　昔室人潘素摹董玄宰《峒關蒲雪》，由陶心如先生摹印，井西先生摹款識，與原蹟無異。此仿唐解元仕女畫，摹題詩、印章皆逼真，如米南宮摹晉唐書蹟、毛子晉鈔仿宋版書，皆天才絕藝者也。

　　款識：庚申元旦，中州張伯駒題識，時年八十又三。

　　鈐印：張伯駒印（朱文）、好好先生（白文）、京兆（朱文）[3]

一月六日，去函楊紹箕：

---

① 上海朵雲軒拍賣有限公司 2011 秋季藝術品拍賣會之「海派精品專場」第 0288 號拍品，拍賣時間：2011-12-14。

② 上海嘉禾拍賣有限公司 2015 春季拍賣會「雙鶴居珍藏──雙鶴居藏近代名人」書法專場，拍賣時間：2015-05-08。

③ 中國嘉德國際拍賣有限公司嘉德四季第 39 期之「中國近現代書畫（三）」第 1510 號拍品，拍賣時間：2014-09-22。

紹箕世講：

　　風蕙及直幅字皆須先十五前寄來，以便印展出目錄。內尚有贈人其他之件及合作之件，並在目錄內，他日亦可留作紀念。此頌

近祺！

碧拜
一、六

一月八日，去函周篤文：

曉川詞家：

　　茲檢出《金縷曲》唱和詞，正可寄滬《詞學季刊》，亦算一小掌故。但由楊沛鈔印，或有錯字，須核正之。即頌。

刻祺

一、八

一月十三日，去函張牧石、楊紹箕：

牧石、紹箕詞家：

　　聞正剛逝世，曷勝哀悼，自視轉燭猶於分秒中，爭熱鬧可笑亦復可憐，茲賦二挽聯如下：

　　兩地念交遊，花好聚吟棲鳳築；

　　卅年餘夢想，月明同步展春園。

　　前數歲去津看海棠，正剛約聚其家酒賦詞，夢碧、機峰、牧石、紹箕皆與焉。其女名鳳，室號棲鳳小築，今樓空人〔去〕矣。卅年前中秋正剛、汝昌同於展春園踏月，回思已如隔世。

　　秦璽又何存，莫問曾名千印長；

　　曉鐘空自響，不堪〔再〕憶五清圖。

　　下月廿五日前去香港，四月初回，必到津看海棠，來日非多，人與花自當多見為宜！匆此即頌

日祺

　　夢碧、機峰皆代問！

　　正剛是致何病？

碧頓首
一、十三

一月二十九日，梅蘭芳夫人福芝芳在北京去世。

二月一日，就北京語言學院擬編纂戲劇、電影、藝術家大辭典事宜致書張文涓，同信別函令轉交《文匯報》記者謝蔚明：

文涓女弟：

現北京語言學院編輯戲劇、電影、藝術家人辭典，我名在文學家和戲劇家大辭典內。你可寫一小傳，包括籍貫、出生年月、職業，學戲、演戲經過。余派老生現無傳人，內容應予着重。你可口述，由謝蔚明同志給你寫，寫好即寄來，我交給語言學院。即此問近好。

駒書二月一日

下以交蔚明兄！

今歲春，梅蘭芳之夫人福芝芳女士為祝許姬傳兄八十壽辰，在江蘇餐廳聚飲，約沈裕君老及我夫婦作陪。歸家於似夢非夢中，忽得挽芝芳女士一聯，即起而記之，聯內嵌畹華优儷姓名，且典故現成，自覺頗工巧。然余已八十有二，只有人以挽聯贈我，我又何能挽芝芳夫人？乃芝芳夫人竟於今年一月二十九日逝世，此聯竟用得上，亦所不解者。聯云：

芷氣同芳，入室芝蘭成眷屬；

還珠合鏡，升天梅福是神仙。

畹華优儷自足千古，而我之聯，得隨畹華优儷以傳，而我亦千古矣！[1]

二月一日至十五日，由中國美術家協會北京分會主辦，在北海畫舫齋舉行張伯駒和潘素优儷書畫聯展，共展出作品五十六幅。老友宋振庭撰文介紹張伯駒、潘素夫婦的繪畫藝術，隨後這篇文章刊登於《北京日報》。附文如下：

題張伯駒、潘素夫婦書畫聯展

宋振庭

我同張伯駒、潘素兩位先生相識已有二十多年了。二十年來，人事滄桑，大波迭起，張潘兩先生在飽經憂患之後，仍保持着旺盛的創作力，創作出大量書畫作品，開了如此多彩多姿的展覽會，實在值得欽佩，值得慶賀。

---

① 謝蔚明著《那些人那些事》。上海：上海遠東出版社，2013: 126。

　　張伯駒先生是當代知名詞人和書法家，同時又是知名的文物收藏家和鑒賞家，他不僅具有極為廣博的書畫知識，並且對保存我國重要文物做出過突出貢獻。如我國傳世最古之法書——西晉陸機的《平復帖》以及傳世最古之繪畫——隋展子虔的《遊春圖》，都可稱為稀世之珍，解放前隨時都有流失海外的危險。張潘兩先生為保存這些文物，不惜傾家蕩產，收購下來，保存到解放後捐獻給國家。同時獻給國家的還有唐杜牧的《贈張好好詩》，宋范仲淹的《書道服贊》、蔡襄的《自書詩》等多件。他們這種精心保護民族文化遺產的無私行為，受到黨和政府的褒揚和人們的稱讚。張先生的書法原學王右軍的《十七帖》，晚年乃自成一格。張先生的詞，纖細與拙重具備，識之者，謂有納蘭之風。所著《叢碧書畫錄》、《叢碧詞話》、《紅毹紀夢詩注》、《中國對聯話》等書，頗得海內外學人稱賞。

　　潘素先生為知名女畫家，自幼即習國畫，多見歷代名畫真蹟，採擷傳統精華，加以自己長期實踐、探索，自成一家畫風。多年來，她時無論冬夏，處無論南北，總是手不離筆，案不空紙，孜孜不倦地沉浸在創作活動中，即使在林彪、「四人幫」猖狂為害期間，在凌辱迫害紛至沓來之際，亦從未間輟。由於她長期鍥而不捨地努力，藝術上多有創獲，作品被選入《全國婦女美術作品選集》、《北京中國畫選集》、《廣西桂林山水畫選集》，並送到國外展出。

　　在張先生任吉林省博物館副館長和潘先生任吉林藝專教師期間，我們過從較多。他們於六十年代初離開北京到吉林工作，原是陳毅元帥推薦的。陳毅同志還囑咐吉林省的同志要團結和照顧好這兩位先生。在以後的交往中，我發現兩位先生雖是從舊社會過來的人，但始終保持着中國知識分子的好的傳統，講求道德操守，為人鯁直正派。直到文化革命，我們之間過從一直很頻繁。

　　文化革命一來，兩位先生被當做「牛鬼蛇神」拉去遊鬥，我則被戴上「牛鬼蛇神保護傘」的荊冠關進「牛棚」。當時「造反派」多次逼令交待我們之間的「黑」關係，但無論張潘兩先生或者我，都沒有道出陳毅同志推薦和囑託的事。此事現在可以公開講了，然而在當時是不應該講也沒必要講的。之後，他們夫婦被遣送到吉林農村勞動，我則被發往幹

校「贖罪」，一直到粉碎「四人幫」才在北京重獲見面。十年闊別，執手話舊，感慨多矣。

　　近幾年來，他們夫婦的書畫創作已進入一個新的旺盛時期，這次聯展的多數作品都是近年創作的。確如有的同志說，粉碎「四人幫」，使兩位老書畫家重新煥發了藝術青春。這次聯展是兩位先生書畫創作的一次重要總結，今後必定會有更多的好作品問世，我們高興地期待着。[1]

二月五日，張文涓去函《文匯報》記者謝蔚明，並隨函將二月一日先生寫給謝蔚明的短札轉交。附張文涓函如下：

謝先生：

　　多日未晤，甚念！昨接張伯駒先生來函，並留言致您，請收信後抽空來一電話，再談。

　　聞梅太不幸病逝，甚哀！

　　順頌

冬安！

張文涓

二月五日[2]

二月七日，去函周篤文：

篤文詞家：

　　沈本千[3]同志的稿費已匯來多日，請即來舍代收。正值度歲，當可供用。即頌

刻祺！

碧拜

七日

二月十五日，庚申除夕，給楊紹箕寫信：

---

① 宋振庭：「題張伯駒、潘素夫婦書畫聯展」，北京：《北京日報》，1980 年 2 月 7 日第三版。

② 原函由私人收藏。

③ 沈本千（1903-1991），自幼學習書畫、詩文，1918 年入浙江第一範學校，曾得經亨頤、李叔同教授。1923 年入上海美術專科學校。擅畫山水、墨梅，亦工書法、印學，工詩詞，多次舉辦個人書畫展。曾任浙江省文史研究館館員，浙江省錢塘書畫研究社副社長等職。

紹箕世講：

　　書畫展已結束，尚很成功。今年活動很多，還不知都到何處。香港大學擬約去講學，並展覽書畫，已去信商量日期。如得到回信，在上半年可能正月廿日左右去津一行。北京語言學院編輯戲曲電影藝術家辭典，我建議列入曲藝家。他們已同意，則劉寶全、金萬昌（梅花大鼓）必應列入。何人能寫其傳，曲藝方面我知者少，未知還有何人我可介紹。茲寄去宋振庭兄題書畫展一文。小彩舞與宋頗接近，並與潘素見過面。即問

春祺！

碧叩

除夕

　　三月一日，先生夫婦出席頤和園元宵筆會，夫婦二人興致很高，分別創作書畫作品多幅。

　　是日，書《鷓鴣天》詞一闋：

　　老去猶餘未了緣，鳥如同命並相憐。龍拏虎擲看當世，燕舞鶯歌轉好年。　揮畫筆，整詩箋，金吾不禁有晴天。飛光又到元宵夜，對影重吟人月圓。

　　款識：調寄《鷓鴣天》，庚申上元，中州張伯駒，時年八十又三。

　　鈐印：伯駒長壽（白文）、叢碧八十後印（朱文）、京兆（朱文）、平復堂印（白文）[1]

　　三月二日，去函楊紹箕：

紹箕世講：

　　去港手續尚未接到通知，亦不知三月內能成行否。中官僚主義甚為嚴重，去港後當早回，必帶回一部錄（音）機。如複錄我的唱片，是否向令尊處取用？即祈示知為盼。專此，即頌

日祺

碧拜　三月二日

　　三月，北京古琴研究會復會，由著名琴家吳景略擔任會長，先生擬聯

---

① 榮寶齋（濟南）拍賣有限公司 2015 年春季藝術品拍賣會之「榮寶齋畫廊珍藏專場」第 0105 號拍品，拍賣時間：2015-06-12。

書賀：

　　　玉軫金徽傳失響，

　　　高山流水聚知音。

四月七日，去函周篤文：

　　今晨去頤和園看山桃、玉蘭，初有蕊，預計星期三可初放，星期四可半開，星期五、六、星期〔日〕可全開。星期日去大覺寺，杏花、玉蘭正盛開。史樹青之一鬧，反倒塞翁失馬。又劉海粟夫人十一日回上海，夏老題詩即交送邦達題，並請於七日送給我，八日晨我與劉夫人見，給他為要。即頌

篤文詞家清吉

　　　　　　　　　　　　　　　　　　　　　碧拜　星一

四月八日，去函天津張牧石和楊紹箕：

牧石、紹箕詞家：

　　今晨初晴，杏花始放。本擬十日去津，因有友約去頤和園看杏花、玉蘭，須住二日，準十三日去津。買票幾次車，再為電告，當不誤賞海棠。或多住兩三日，〔或住八日〕。君坦今寄來咏至雲女士演《貴妃醉酒》三絕句，甚佳。京詞家有任二北，夏瞿禪則由其室人代筆。此外則蕭鍾美、周敏庵，許姬傳詩，由舊簾子胡同十九號梅宅轉可達。即頌

日祺

　　　　　　　　　　　　　　　　　　　　　碧叩　四、八[1]

　　四月十三日，香港《大公報》刊登藝術史家常任俠的文章《談張伯駒潘素夫婦書畫》。

　　四月十三日至五月二十八日，由日本奈良唐招提寺、日中文化交流協會和朝日放送社聯合舉辦的「鑒真和尚像中國展」先後在江蘇揚州和北京展出。先生為鑒真大師作嵌名聯：

　　　鑒寐永思存本草，

　　　真如普渡到扶桑。[2]

---

① 張伯駒著《張伯駒詞集》。北京：文物出版社，2008。（彩頁）

② 周篤文著《周篤文詩詞論叢》。北京：人民出版社，2014: 232。

　　四月十八日，去天津，此行是應天津市文化局戲劇研究室之邀請，赴津為京劇演員及京劇研究者作專題講座。講座內容包括京劇的起源和演變的基本理論以及「京朝派」和「外江派」的不同等問題。遂又應天津市古典小說戲曲研究室邀請，作關於京劇理論的講座，並寫了名為《京劇音韻與身段概論》的長文：

　　　　一九八〇年四月十八日，張伯駒先生受邀在天津市古典小說戲曲研究會和南開大學中文系古典戲曲小說研究室聯合舉辦的學術報告會上作此篇報告。報告結束後，南開大學中文系研究生許祥麟根據先生在會上的報告並參考文稿，整理後油印出版，作為內部資料，以供參考。

京劇源流探討

　　京劇原名「亂彈」，亦簡稱「彈戲」。內容包括很多種，吹腔、梆子腔，如《打麵缸》、《打櫻桃》、《小上墳》、《探親家》、《販馬計》、《百草山》、《小放牛》、《鳳陽花鼓》、《蕩湖船》之類，不止皮黃。湘南、四川、廣西不認識彈戲為京劇，以為評劇是京劇（評劇是由東北二人轉發展的，名為蹦蹦戲）。其實曲藝，京韻大鼓、梅花大鼓是真正的京劇。在乾隆以前就有彈戲，自成為京劇，發展遍及全國，在國際則馳譽世界，是應當有一部京劇史的。但是在源流與發展上是極不簡單的事。單就源流來說，既無書籍記載，亦無物資考證。內行老先生只知道四大徽班，研究戲劇史料者亦只說到清乾隆間雅部與花部之分（雅即崑曲，花包括秦腔、梆子腔、高腔、皮黃等）。京劇的源流究竟在何時代，不能準確肯定。現為探討京劇的源流，只有經驗上的感覺及地方的傳說來作問題的提出，以供研究而已。

在音韻上推測京劇的源流

　　京劇音韻的十三轍，是與宋詞韻大部相同的，宋詞人用韻真軫、庚梗、侵寢之互通，與寒阮、覃感韻之互通，即是京劇韻中之人辰轍、言前轍。京劇韻的姑蘇、爺茄、灰堆轍是河南的語音，這三轍當然不是京劇經過河南而成立的，而很久就有（京劇四大徽班直到北京，未到過河南）。又我原籍是河南項城，在我六七歲時，聽到老人唱由安徽壽州傳來西皮《火焚紀信》（唱詞：生為漢家臣，死為漢家鬼，三魂渺渺，七魄茫茫，把我的漢王駕來隨），用的是灰堆韻，是從何而來的？崑曲也有爺茄

韻（彈詞破不□），又是從何來的？另外陰陽平上去入的用法，宋詞京劇也是相同的。宋《中州音韻》之後，至元有《中原音韻》，「中原」二字，為「中州」二字之變相，京劇韻用的《中州音韻》，而不是《明洪武正韻》，由此推測，京劇應當是初明劇種。

京劇與高腔、崑曲之關係

京劇的音韻與高腔、崑曲完全相同。而在江西、湖南、廣西、四川的地方戲，這三種戲都在一個班社。而就演出的高腔、崑曲的歷史，當然與京劇歷史有關。周詒白的《中國戲劇史》，根據汲修主人《嘯亭雜錄》秦腔條說法「惟弋腔不知起於何時，其鐃鈸喧闐，唱口囂雜，實難供雅人之耳目」。據此，當時京中高腔即屬明代其調喧雜的弋陽腔。弋腔據徐文長《南詞敘錄》說：「今唱家稱弋陽腔者，江西、兩京、湖南、閩廣用之」。在那時流行區域很廣，自必有相當的歷史。崑曲一般說始於明嘉靖、隆慶間崑山魏良輔，而祝允明《猥談》裏說：「數十年來，南戲盛行，更為無端妄名，以餘姚腔、海陽腔、弋陽腔、崑山腔之類，變易喉舌，抑揚趁逐，杜撰百端。」允明卒在嘉靖五年（與魏良輔相隔四十年）（又前數十年當在成化時），在他的筆錄裏已經看到崑腔的流行。所謂崑曲始於魏良輔之說，乃是崑曲經過魏良輔的打磨，後人誤會崑曲由魏良輔而盛，為魏良輔而始。更依據常德湘劇的史料，在明永樂二年，即有華勝班（高腔）、瑞凝班（彈腔）的組織。依以上幾說，這三個劇種至少應當都是初明時代的劇種。

南宋亡後戲劇流散的路綫與元曲的興起

南宋亡，元軍挾帝后北走，杭州成為兵革之地，戲劇向外地流散。其路綫為：一、由臨安、於潛、淳安而至徽州。二、由衢州、江山而至弋陽。三、由紹興而至溫州。四、由衢州仙霞嶺而至福建，由嘉興而至崑山。依此推測，可能南宋戲劇流亡到各地，有的經過一度變遷而成了各地的劇種。除了溫州、福建的語音方面不知其劇種外，流散在弋陽、崑山、徽州的那就是後〔來〕的弋腔、崑腔、彈腔。

北方成了政治重心後，一般熱中的文人都在找進身之〔階〕，可是元朝主子不知道什麼四書五經來開科取士，可是卻喜歡我們華夏民族的俳優娛樂。這些文〔人〕也就轉換方向，以編俳優戲文來作其稻粱之

謀。新聲出現，作者愈多，就產生了天才，後元曲竟占了中國文學史上重要地位。至元曲的唱法，今日雖不能知，但其所用音韻仍是《中州音韻》。

從河南戲來看京劇

過去戲劇班社皆以老生，河南班社演出，觀眾必先問老生為何人，而老生不說是老生，而說是紅臉。紅臉並不是關羽，而是趙匡胤。一場戲必須有趙匡胤的戲，才能得到觀眾的歡迎。抗日時，我離北京去西安，路過河南周家口，止宿旅舍不遠，有一戲園，乃往觀。為南陽曲子，戲演二女子受地主惡霸迫害凌辱。霸之父在〔朝〕為權官，二女子去縣衙告狀，縣官畏勢，不予審理，二女子乃去北京，攔輿喊冤。一日，二女子遇一官，攔輿呈狀。適某惡霸父之友，將二女子毆打〔驅〕逐。一日，二女子又遇一乘馬武官，呈狀。武官曰：我為武官，不理民事，最好你告到劉墉那裏，可以給你們申冤，但是要先問官的姓名，果是劉墉，再遞狀紙。一日，二女子攔輿喊冤，果遇劉墉，劉索閱狀紙，二女子問官姓名，劉墉唱曰：你老爺行不更名，坐不改姓，你老爺是清〔官〕，我叫劉墉，我保過康熙和雍正，又保過二主爺，他名叫趙乾隆。此戲詞一何可笑，但是意義重大。河南戲保存民族氣節，抗拒元人，始終奉趙宋正朔，而南宋流亡的劇種，始終用《中州音韻》，亦不例外。

藝術的漸變與突變

凡藝術之發展變化有漸變、突變兩種。漸變是經常不斷地逐漸變化，突變則是突然遇到政局的巨烈變化（例如種族之成敗、改朝換代），而藝術亦隨之變化。但突變之前後，亦皆有漸變。如五胡亂華就是一種突變。晉室東遷後，感中原荊棘禾黍之悲，睹東南風物江山之美，思想感情上發生一大變化，乃產清談。王右軍創立了書法，顧愷之創立了繪畫，以後漸變直至六朝唐宋。元人滅宋，也是一個突變。戲劇的流散當然有所變化，但東晉與南宋之所不同，東晉還占有長江流域的領土，其變化在士大夫間，南宋則寸土皆無。戲劇的遺產及變化，則在藝人與民間。

二黃調的問題

一般說二黃是起自湖北，初盛行於黃陂、黃岡二縣，故名「二黃」。

後更流傳於湖南、廣東、廣西、安徽等處，總名湖廣調。歐陽予倩《中國文學研究》、《小說日報》上說：最初盛行確在從湖北而上傳到湖南、廣西、廣東，下傳到安徽。但《揚州畫舫錄》說：二黃來自安慶。又有人說二黃本於徽調的高撥子，西皮本於秦腔。因為高撥子只有二黃絃，沒有西皮絃，秦腔只有西皮絃，沒有二黃絃。湖廣調最初想當然沒有二黃、西皮之別，以後受了徽調、舊秦腔的影響，才發生變化的。又說高撥子到二黃應當是平板二黃為之過渡。平板二黃屬於弋陽腔之嚨咚調。考之老伶工弋腔入安徽較早，平板二黃是從安徽唱出來的，在二黃之先。二黃在漢調中叫作南路，因為秦腔在北，皖在南。二黃既脫胎於徽調，自然叫作南路。脫胎於秦腔的西皮，所以叫做北路了。二黃是平板二黃改作的，平板二黃雖然脫胎於弋腔，在當時不無受高撥子影響，所以平板二黃是弋腔跟高撥子的產兒。照這樣看來，與其說二黃是本於高撥子，不如說是本於弋腔。周詒白《中國戲劇史》亦謂此說頗為近理。按《美龍鎮》、《烏龍院》以前唱吹腔，如今之川劇《烏龍院》仍用笛子伴唱。四平調似即其過渡。又今之《打櫻桃》、《販馬記》亦仍唱吹腔。《販馬記》一劇即出自徽班。認為高撥子也不妨說是從弋陽腔到平板二黃的過渡。以上兩說，二黃是從安徽到湖北是近理的。還有人說由於譚鑫（培）是黃陂人，黃陂又鄰於黃岡，所以稱二黃。此說更為無稽。按汪桂芬演《文昭關》是直接程大老板。譚老一生未演過《昭關》，可知二黃早在譚老之先。

　　西皮調的問題

　　所有研究中國戲劇史者，公認西皮是脫胎於甘肅調、陝西秦腔的。所根據的記載：一、張亨甫《金臺殘淚》說亂彈即弋陽腔，南方又謂下江調。謂甘肅腔曰西皮調。二、《燕蘭小譜》說秦腔所用的樂器，以胡琴為主，月琴副之。三、《聽春新咏》說秦腔以胡琴為主，助以月琴。四、《懷芳記》說一變為西皮，則秦聲激越，哀怨盈耳。根據這些記載，說西皮明明即是秦聲，而胡琴本不是中國樂器，而是西域的樂器，甘陝兩省歷史上和西方諸國接近最密，那地方採用兩國之樂，也應該最早，所以西皮是陝甘地方傳來，腔調是不會錯到那裏的。又歐陽予倩說西皮本於秦腔，因為秦腔只有西皮絃，沒有二黃絃，又說二黃在漢調中叫作南

路，因為秦在北，皖在南，二黃既脫胎於徽調，自然叫作南路，脫胎於秦腔的西皮，所以就叫作北路了。

我對西皮是從甘肅調與陝西秦腔來的說法，一直在懷疑，我的懷疑有幾點：

一、根據的記載，這些寫筆記的人都是士大夫，專以色旦為對象來玩弄藝人。並不是研究戲劇的。他們筆記的名稱也就代表他的內容是不足為憑的。

二、甘肅在西北，安徽在東南，相隔過遠，怎麼甘肅調就傳播成徽班的西皮，還是徽州到甘肅學的，在什麼時代？

三、我的原籍河南項城縣，是三國魏吳戰爭時，曹魏的糧運後方。我在五六歲時，記得老人能唱《火焚紀信》、《天水關》，很長的數板，都是由徽州、壽州來的，那時叫西皮為徽調。

四、余叔巖的祖父余三勝的本戲是徽調西皮，叔巖還保留着他祖父的《長亭》、《鳳鳴關》、《打金枝》等戲，一段唱都是幾十句的。唱法、音韻上，唱法上與陝西秦腔相隔有風馬牛之勢，與二黃原版與四平調、撥子情況絕對不同。

五、在唱的實驗上講，唱二黃與唱西皮是一樣的嗓子。余叔巖君調嗓子的方法，是先調二黃，從六字調起到硬六字調、六半調、軟宮調、正宮調，再從六字調起調西皮，到硬六字調、六半調、軟宮調到正宮調，然後再調二黃，回到六字調。由低而高再由高而低。這證明二黃、西皮是一個嗓子。如果唱崑曲再唱二黃西皮，嗓子有些別扭，但是還能唱。如果用唱陝西秦腔的嗓子來唱二黃西皮，那是不好唱的。

六、秦腔定絃與西皮關係。溥叔明君說：這不是西皮脫胎於秦腔的佐證，因為二黃用尺合定，西皮用工四定，反二黃用六上定，此為一定的規律。

七、胡琴一般說是與琵琶同出龜茲。引唐岑參《白雪歌》「胡〔琴〕琵琶與羌笛」為證，但〔現〕在的胡琴是不是唐朝的胡琴，也同於現在的崑曲所用的笛是不與羌笛一樣，又說《元史·禮樂志》：胡琴，二絃，用弓折之。弓之絃以馬尾，即今通用之胡琴。蒙古樂用馬尾是對的，但是沒有說明所蒙的皮是牛皮還是馬皮。我以為京劇所用的胡琴，正是長江

流域的樂器，因為他有絲有竹，有蛇蟒皮，有松香，他本不姓胡，或者形式上似胡樂。當時的人就叫他胡琴，而且中間還隔着三絃與笛的遞變。

八、常德湘劇的史料。明永樂二年的瑞凝班彈戲，這時是不□有西皮調。

九、湖南祁陽劇的《空城計》是　齣傳統很長的戲，唱法用低音，伴奏用三絃。據傳以前還用過古琴伴奏。明朝的琴曲都是低音，當時士大夫家宴會演劇是在廳堂之上，當然可以唱低音。依據祁陽劇《空城計》以及樂器的伴奏，可以說在明代彈腔裏就有西皮調，那與魏長生乾隆乙亥入京帶來秦腔時間相隔甚遠。（乾隆乙亥為乾隆二十年，乾隆在位六十年。）

十、安徽右牌調已失傳，是不是與西皮有關係，是不是徽州高撥子是南路，相城右牌調是北路。或者弋陽腔是南路，徽州腔是北〔路〕。

以上說我的看〔法〕，二黃不是產生於湖北，西皮不是傳自甘肅調。與秦腔可以考慮到南宋戲劇流亡之路綫及藝術突變與漸變的問題。宋戲劇的形式與唱法不得而知。按《宋樂志》：大觀三年五月詔，「今學校所用不過春秋釋奠，如賜宴辟雍，乃用鄭衛之音，雜以俳優之戲，非所以示多士其自用雅樂。」又《宋樂志》：「笛以一管而兼律呂，眾〔樂〕由焉。」又宋陳去非詞云：「杏花疏影裏，吹笛到天明。」姜白石詞云：「舊時明月（應為「月色」，編者注），有（應為「算」，編者注）幾番照我，梅邊吹笛……」依此知宋戲劇曾雜用於賜宴辟雍中，以及歌曲伴奏之樂器主要者為笛。

總結起來就是說，現在京劇源流長與短的，就以上諸說推測長可以由初明到元與南宋，就魏長生來京而把秦腔傳入皮黃來說，則短只能不出清代乾隆。

但是一個劇種的存在，並不是太短，即如四大徽班到京，自清嘉慶初年，算起已近一百八十多年。按常德湘劇的史料：明永樂三年就有彈戲，那距南宋末年，不過才九十多年，而且保存在民間當有較長的時間。

最後聲明我所講的不是能斷定京〔劇〕源流的，而是拋磚引玉，提出問題來供同志們參考。

- 常德瑞凝班彈戲、祁陽劇《空城計》、梅蘭芳所藏明代臉譜
- 肯定的問題：一、弋、崑、亂同時有。二、最遲在初明。三、不

是傳至秦腔。

　　● 不肯定的問題：是否南宋流亡經過突變而成的劇種。

　　毛奇齡《西河詞話》：古歌舞不相合，歌者不舞，舞者不歌，即舞曲中，詞亦不必與舞者搬演照應。唐皆多七絕詩，例如《旗亭賭唱》，又如杜詩《江南遇李龜年》詩及「此曲只宜天上有」詩。至宋則唱詞如柳永、周清（真）、辛棄疾、姜白石等。

　　南宋安定郡王趙令時始作商調。鼓子詞譜《西廂傳奇》，則純以事實譜詞曲，間然猶無演白也。至金章宗朝，董解元不知何人實作《西廂記》彈詞，則有白有曲，專以一人撥彈，並念唱之。嗣後仿遼時大樂之制，有所謂連廂詞者則帶演，以司唱一人、琵琶一人、笙一人、笛一人列坐，唱詞而復。以男名末泥，女名旦兒者，並雜色人等，入勾〔欄〕扮演，隨唱詞作舉止，謂之連廂。唱連廂至元始歌舞合一。

　　●《四郎探母》「適才過關盤查緊」一場應當帶劍翻吊毛。由小番抱劍就使臺下知道要翻吊毛了。走小圓場應起小雲手，向前加馬再向左走，唱至「刀槍」二字，把劍換到前胸。「見娘親」三鞭翻吊毛落在板上。此一段寫在斷背一段之後。

　　● 思想文學結合唱念身段，內心表現。崑曲《瘋僧掃秦》。秦檜在靈隱寺拜佛，要顯示出害岳飛，罪業深重，懺悔、恐懼之勢。《借東風》要顯示是作假，武侯本知天文，如現在氣象臺有天氣預報，武侯並非妖道。[1]

四月，梅蘭芳女弟子丁至雲重新上演梅派名劇《貴妃醉酒》，丁至雲並作七絕《重演貴妃醉酒感而有作》一首，先生欣然唱和：

　　　和至雲女史詩

　　天香國色未飄零，醉態猶餘酒意馨；

　　一曲霓裳翻別調，宮商細按在荷亭。[2]

---

① 中國嘉德國際拍賣有限公司 2015 秋季拍賣會之「中國近現代書畫」第 0418 號拍品，拍賣時間：2015-11-14。注：一九八〇年四月十八日，先生受邀在天津市古典小說戲曲研究會和南開大學中文系古典戲曲小說研究室聯合舉辦的學術報告會上作此篇報告。報告結束後，南開大學中文系研究生許祥麟根據先生在會上的報告並參考文稿，整理後油印出版，作為內部資料，以供參考。

② 張牧石著《張牧石詩詞集三種》（附錄：重演醉酒唱和集）。北京：北京聯合出版公司，2018: 1-2。

附丁至雲原詩：

　　清芬蘭畹未凋零，劫後猶堪獲半馨。

　　醒醉端知同幻耳，沉香亭是百花亭。[1]

同月，張牧石作《至雲女史演貴妃醉酒率句為贈》七律一首，先生步其韻成《讚至雲女史演貴妃醉酒和牧石韻》一首：

　　綴玉軒中舊夢長，甌甤又是幾滄桑。

　　金莖盤滿承甘露，羯鼓樓高掛夕陽。（用東坡驪山詩韻）

　　望去渾如楊柳舞，酣來猶帶荔枝香。

　　海棠命婦堪相比，向曉嚴妝步出堂。[2]

附張牧石原詩：

　　　至雲女史演貴妃醉酒率句為贈

　　分明鞠部夢初長，卻道須臾海又桑。

　　入破霓裳說天寶，驚心鼙鼓憶漁陽。

　　舞裙慣倚嬌醒態，歌箋輕搖玉醁香。

　　別苑春榮憑鬥艷，小軒綴玉自堂堂。[3]

四月，先生伉儷邀好友宋振庭赴頤和園賞玉蘭，並留影存念。

五月十一日，去函楊紹箕：

紹箕世講：

　　馬玉琪十九日回港，天津戲劇報道稿及照片速寄來，以便帶香港登報。專此，即頌

刻祺！

　　　　　　　　　　　　　　　　　　　　　　　　　　　碧書

　　　　　　　　　　　　　　　　　　　　　　　　　　　五、十一

五月二十一日，去函楊紹箕：

紹箕世講：

　　一、《紅氍紀夢詩注》是否天津要出版。《空城計》、《蠟廟》劇照皆

---

① 張牧石著《張牧石詩詞集三種》（附錄：重演醉酒唱和集）。北京：北京聯合出版公司，2018: 1。

② 張牧石著《張牧石詩詞集三種》（附錄：重演醉酒唱和集）。北京：北京聯合出版公司，2018: 2。

③ 張牧石著《張牧石詩詞集三種》（附錄：重演醉酒唱和集）。北京：北京聯合出版公司，2018: 2。

在安玉崑處，須加入。

　　二、京劇源流他們整理完否，鈔寄一份，有遺漏處我來改正。即頌
刻祺！

碧啟

五、廿一

五月二十四日，荀慧生追悼會和骨灰安葬儀式在北京八寶山革命烈士
公墓禮堂舉行，先生痛挽老友：

歌舞全休，舊夢重尋無舊雨；

塵寰永隔，留香猶在不留香。

五月二十七日，黨和國家領導人華國鋒到日本進行正式國事訪問，將
潘素所臨摹的隋展子虔《遊春圖》贈送日本天皇。

五月二十八日，去函楊紹箕：

紹箕世講：

　　七日來京太遲，我作風萬事提前不推後，必須於星期六（卅一日）
來京，星期四可以看到潘素電視排演。京劇源流原稿沒有不要緊，我記
得不對的地方，我可以改，但須於星期六帶來，萬勿推遲。自你回津
後，事紛至沓來，非常之忙。七日來此正值忙時，所不宜也。即頌
刻祺！

碧頓首

廿八日

六月十四日，就中國韻文學會徵求簽名一事，先生去函上海畫壇諸友好：

唐雲、屺瞻、海粟、稚柳我兄：

　　茲一些愛好詩曲詞老人倡議組織中國韻文學會，請兄贊助，予以簽
名為荷！專此即頌
日祺！

張伯駒

六、十四 [1]

---

① 上海和潤拍賣有限公司 2012 年秋季大型藝術品拍賣會「中國書畫」第 0237 號拍品，拍賣時間：
2012-12-13。

六月十四日，去函楊紹箕：

紹箕世講：

　　去津可能推遲至七月初。因為香港大學六月廿四日以前來邀請信，須報中央。去津時帶姜濤同去，為戲校學生可教《花蕩》、《火判》。如學生願學，可先向機峰拍曲，如有願學《卸甲封王》，願學者亦須向機峰先拍曲，我可教身段。又，南開古典小說戲曲組整理所講不錯，《京劇音韻與身段》亦希由其整理油印為荷。即問

刻祺！

碧頓首

六、十四

六月二十一日，戲劇家馬少波來訪。

同日，去函楊紹箕：

紹箕世講：

　　連次來信未有回覆，不知忙些什麼，近諸事如下：

　　一、今日接香港大學來信，邀請我去講學，及我及潘素書畫展覽在九月下旬展出。又香港文藝中心（等於我們文聯）邀我講戲劇，即須寫文稿寄港翻成英文。潘素尚有外交部等五張畫，畫完後即畫到港酬應畫，時間甚為緊張。

　　二、北京恢復戲曲研究所，馬少波為所長。今日來訪，要聘我為顧問。我從港回後，還要錄像。《紅氈紀夢詩注》及照片均交其出版。據以上情況，今年青島不能前去，但去津不能失信。在七月間仍去津住十日左右，為他們說戲。《京劇音韻與身段》一文，希整理出寄來為荷！即問

近好！

碧拜

六、廿一

　　是夏，家鄉河南省二輕局在京召集張伯駒、潘素伉儷和畫家關松房、啟功等人在頤和園雅集，時關松房文孫關瑞之在側作陪。二〇一三年，先生誕辰一百一十五周年之際，關瑞之撰文回憶了這次活動。

　　一九八〇年夏天，河南二輕局來了一輛面包車接幾位老人遊頤和

園，最後一家是接我祖父。臨上車時發現多出一個座位就讓我也上去了，為的是給老人們臨時幫個忙。記得當時除了我祖父、張伯駒還有老中醫魏龍驤和啟元白等。在頤和園遊玩時河南二輕局的領導問我祖父和張伯駒兩位老人：當今很多名人都在考慮建博物館、灌唱片將自己的藝術作品傳世，您們是不是也有考慮？張老回答：「我的東西都在故宮裏，不用操心了。」張老的回答令在場的所有人無不對其肅然起敬，這是張伯駒一九八二年過世前對個人收藏的一次公開感言。[1]

七月十一日，去函楊紹箕：

紹箕世講：

　　所寫《京劇音韻》，閱讀一遍，應根據京劇音韻來寫，少說廢話。現不急用，可續寫身段。即問

近好！

碧頓首
七、十一

七月二十一日，去函楊紹箕：

紹箕世講：

　　一星期來，各方來訪並電視、拍照甚忙。是否已去信說《搜孤》「那奸賊中了我的巧計行」一段，已不能記憶。寫《京劇音韻與身段》，照中國式須直寫由右向左，並必須寫繁體字，否則被香港恥笑。能於八月初旬寫來為宜。八月中旬或能去津。即頌

刻祺！

碧頓首
七、廿一

七月，先生尪儸在北京家中接受香港《美術家》雜誌記者王澤慶的專訪，之後王澤慶寫成《訪張伯駒、潘素夫婦》一文刊發於《美術家》（雙月刊）雜誌第十七期。

八月十六日，去函老友劉海粟，為其匡正詩詞：

---

① 關瑞之：《憶張伯駒先生》，北京：《收藏家》，2013 年第 6 期第 15 頁。

海粟、伊喬兄嫂：

　　奉到大札，知七遊黃嶽，神體俱旺，不勝欣慰。大作《雲谷晴翠》、《百丈泉》、《桃溪野墅眺天都蓮花峰》、《始信峰畫松林》、《古松歌》、《漢宮春》都不用更動。《題蓮花峰特寫》：

芙蓉削出迷襪華，七度攀登弄紫霞。

架壑有松皆翡翠，凌霄無石不蓮花。

《滿庭芳·七上黃山》：

雲海浮遊，玉屏攀倚，天都插遍芙蓉。山靈狂喜，迎客喚蒼松。七度重來無恙，記往年、積霧沉峰。補天手，旋鈞轉軸，旭日又當中。　　憑高先一笑，青烟點點，鬱鬱葱葱。正不知費卻，多少天工。無限筇邊佳興，都化作、飛灑從容。龍蛇舞，丹砂杯底，照我發春紅。

　　只改「齊烟九點」一句，因係山東事。因香港大學學生會邀弟去講學並展覽書畫，現中央機關尚未批下。俟批下後，將在九月中旬左右去香港。屆時，我兄當已來京，貯待晤敘也。匆此，即頌

雙安！

弟伯駒拜，潘素附草問候
八月十六日 [1]

　　張伯駒先生生前與劉海粟多有書信往還，編者還曾見到過先生為天津詞友孫正剛代求書法致劉海粟函一通，創作年月不詳：

海粟大師我兄：

　　津友孫正剛託求我兄法書，祈大筆一揮為就。久別念甚，入冬或能到滬相晤也。匆此，即請

雙安。

弟張伯駒頓首 [2]

　　八月十八日，去函楊紹箕：

---

① 榮寶齋（上海）拍賣有限公司 2014 秋季拍賣會「近現代名人手蹟專場」第 1872 號拍品，拍賣時間：2014-12-14。

② 深圳市聯合拍賣有限責任公司 2010 冬季藝術品拍賣會「中國書畫（二）」第 0401 號拍品，拍賣時間：2010-12-22。

紹箕世講：

　　函悉。南大印能於九月初六日前寄下即可。武生張下無缺文，即淨大張武生，雖張而不是大張之意，如說微張即又不對。即問

近好！

碧拜
十八日

　　八月，河南《中原文物》雜誌發表署名弦聲的文章《關於展子虔及其〈遊春圖〉》。附文如下：

關於展子虔及其《遊春圖》

弦聲

　　一九八〇年五月二十七日華國鋒同志到日本進行正式訪問時，贈給日本天皇的禮品中，有一幅中國現代女畫家臨摹的隋朝畫家展子虔的《遊春圖》。

　　《遊春圖》是我國傳世最古的繪畫精品，堪稱稀世之珍。作者展子虔，渤海人，歷北齊北周至隋文帝開皇九年入隋，為朝散大夫帳內都督。他以畫道釋人物見長。畫法工細，尤善以色暈的筆法描繪人物面部，很有神采，被認為是唐代繪畫之祖。他畫的馬，或臥或立，均有騰驤起躍之勢。他畫的山水，氣勢宏大，遠近布局一絲不苟，於尺之帛可見千里河山。《遊春圖》是描繪士女春天遊樂的場面。畫面上青山蔥蘢，綠波瀲灩，房舍橋梁錯落有致，人馬姿態栩栩如生。其青綠鉤填、草木點染的筆法，皆可為東晉六朝至隋一代山水畫畫風的代表。

　　此畫經宋徽宗藏，歷代均見於著錄。清代入於內府，後流失在東北。一九四六年被一古董商人弄到手，擬以高價轉售國外。當時在故宮博物院工作的張伯駒先生聞訊後，為了保存這一寶貴文物，便毅然售出所居房屋，以重金將此畫收購下來，妥善保管。一九五六年，張伯駒夫婦將這一藝術珍品和我國最早的法帖——晉陸機《平復帖》，捐獻給國家。同時獻給國家的還有唐李白《上陽臺帖》、杜牧《贈張好好詩》、宋范仲淹《書道服贊》等十餘件文物。受到中央文化部的嘉獎。

　　張伯駒先生是我省項城人，現在中央文史館工作，為我國知名的文物收藏鑒賞家，也是知名的詞人和書法家。夫婦二人均善丹青。這次華

總理贈給日本天皇的摹本《遊春圖》，就是張伯駒的夫人，我國現代女畫家潘素先生臨摹的。摹本後有張先生的題跋。他們夫婦雖然年事已高，但仍保持着旺盛的創作熱情，刻意描繪四化建設的新圖景。張伯駒潘素夫婦書畫聯展繼八〇年二月份在北京展出後，又於四月份開始在香港展出，海內外人士為之傾服。

張伯駒先生編著的隨筆文集《春遊瑣談》（將由我省中州書畫社出版），即因所得《遊春圖》而名之。書中對展子虔及其《遊春圖》等古代書畫作了考證介紹。[1]

九月四日，去函天津張牧石、楊紹箕：

牧石、紹箕詞家：

現在正辦去港手續，因為人大開會，各部門都列席，恐稍遲。此時期不能離京。如手續辦好，二十日前即須起行，否可能推遲至九月底十月初。此時如不能去津，即須自港回後，再為去津較為從容。紹箕《風蕙》在展覽目錄，是否可借展，所有展品概不標出售，原品帶回無誤。詩鐘亦祈寄來，或紹箕於星期六（或十三日）來京一晤帶來。即祈酌行，即頌

刻祺！

碧頓首

九、四

九月十二日，去函楊紹箕：

紹箕世講：

來信悉。現在去港推遲，內容須面談。去津亦可遲去，要看他們的需要。北京文化局恢復了以前戲曲研究所，馬少波為所長，我被聘為研究員。《紅毹紀夢詩注》交該所明年出版。京劇現代化乃出於周揚之一句話，且看其如何改革。以《詩經》、《離騷》為例，《詩》、《騷》如何改革乎？見面後詳談。即問

日祺！

碧頓首

十一日

---

① 弦聲：《關於展子虔及其〈遊春圖〉》，鄭州：《中原文物》，1980 年第 4 期。

　　是秋，先生伉儷與宋振庭合寫《黃菊花開蟹正肥圖》，先生題字。

　　十月十二日，由張伯駒倡導，夏承燾、張伯駒、周汝昌就成立中國韻文學會聯名致函文化部黃鎮部長（中國韻文學會於一九八四年在長沙正式成立）。先生執筆的原信為：

黃鎮部長：

　　　　同人等為使中國古典詩詞、歌曲不致中斷，擬由一些學者、作家及業餘研究中作者，發行韻文叢刊，以供大、高、中學校及社會參考研究。但發行刊物須有學會組織，經呈中宣部申請成立中國韻文學會，聞已批交貴部。擬向您面陳梗概，乞示，公暇時日，以便趨謁，至為感荷。專此，即致

敬禮！

夏承燾　張伯駒　周汝昌同上

八零、十、十二[1]

　　十一月十二日，北京中山書畫社正式成立，王崑崙任名譽社長，張伯駒任社長，陸鴻年、王遐舉、孫墨佛為副社長，黃翔、黃苗子、邵恆秋為顧問。

　　十一月一日至三十日，由北京菊花協會、市園林局在北海經濟植物園內共同舉辦第一屆北京市菊花展覽。菊展期間公園邀請了張伯駒、潘素夫婦等數十位著名畫家、書法家來園賞菊、作畫、賦詩、題字。先生伉儷合寫了一幅《菊石圖》，先生並題詠菊詩：

　　　　疏星數點雁南回，時待白衣送酒來。

　　　　不問西風凋萬木，黃花晚節傲霜開。

　　十二月一日，香港《美術家》雜誌第十七期刊登王澤慶《訪張伯駒、潘素夫婦》一文，並附刊潘素畫、先生題《海思圖》及潘素畫《灕江春晴》、臨吳歷《玉峰圖》等五幅作品。附文如下：

訪張伯駒、潘素夫婦

王澤慶

　　張伯駒、潘素夫婦是兩位芳馨遠揚的書畫家。他們二位幾十年的藝

---

① 原函為周篤文收藏並供稿。

術生涯和生活經歷，受到各方面的尊重。

七月正是首都北京的炎夏，萬木蔥榮、百花盛開。一個夏夜，我去拜訪張、潘二老。張老在聚精會神地看電視上他喜愛的京劇節目，潘老在俯案作畫。屋裏牆壁、書架上滿掛書畫新作，進入八十年代以後兩位老人顯得更精神更青春了。

張伯駒先生今年八十有三，河南省項城縣人。為當代知名的收藏家、詩詞家、書法家。現任中央文史館館員，並任北京市書法研究會副會長。多年來，為了搜求民族傳統書畫名蹟，到處奔走，不遺餘力。中國傳世最古之法書，西晉陸機《平復帖》，傳世最古之山水畫，隋展子虔《遊春圖》，張先生以賣字收入，竭力搶收，使其未被貿利之徒盜賣海外。五十年代後，張、潘夫婦將這兩件傳世墨寶，及唐杜牧《張好好詩》、宋范仲淹《書道服贊》、宋蔡襄《自書詩》等八件珍貴文物捐贈國家，現藏北京故宮博物院。又將唐李白《上陽臺帖》贈送當局，這一著名法書現藏故宮。

張先生喜好京劇，對余派尤多研究，並寫有京劇音韻專著。解放後為了整理民族文化，在北京與同好組織了京劇、書法、古琴等多種研究會，為傳統文化做出貢獻。

六十年代初，張先生去長春，任吉林省博物館副館長。在吉林省博物館工作期間，廣事搜求書畫等傳世文物，並培養書畫鑒賞人才。主編《吉林省博物館藏畫集》（待出），並著有《春遊瑣談》等書，與國內學者名流廣事學術交流。

張先生書法上規魏晉，初學王右軍《十七帖》，晚年自成一家，風格飄逸，如春蠶吐絲，並能作水墨花卉。他的詞也是當代名家，人稱「詞有納蘭之風」，沉雄灑脫，雅俗共賞。「四害」除後，年事雖高，青春煥發，為祖國文藝復興著史作書精強不息。刊有《叢碧書畫錄》、《叢碧詞話》、《紅毹紀夢詩注》、《中國對聯話》等書。

潘素先生，為國內著名青綠山水畫家。原籍江蘇省蘇州市人，現年六十四歲。早年妙擅音律、大琴、琵琶。

健在的我國老一輩女畫家中，專攻國畫山水者不多，擅青綠山水者更少。潘素先生早年遍臨隋、唐、元、明、清真蹟，從中吸收不少營

養，熟練地掌握了傳統山水技法，加之畫家多次到全國名山大川旅行寫生，足蹟遍及大江南北，把國畫傳統與現實結合，創作了一批金碧輝煌的傳統山水畫，得到許多名家的讚賞。

五十年代後，潘先生振奮彩筆，曾任北京中國畫研究會理事。一九五五年全國美協組織畫家胡佩衡、惠孝同、潘素等去桂林遊覽寫生，回京後，潘先生創作青綠山水《灕江春晴》，參加全國第二屆美展，這幅畫許多報紙雜誌選登。今天我從《廣西桂林山水畫選集》、《全國婦女作品選集》等畫冊中尚可看到《灕江春晴》新姿：丹青山水，倒影水中，遊船新村，氣象一新。技法上丹青與綫描巧妙結合，更增添如畫江山靈秀氣韻。

一九五九年又有《錦繡江山》聞世，選入該年出版的《首都中國畫選》一書中。一九六一年潘先生隨張先生遠道東北，任吉林省藝術專科學校國畫教師，致力於培養後一代。

我與張、潘二先生及其學生、家屬告別，漫步什剎海邊，情侶依依，我邊走邊誦出「丹心寄書畫，愛國二老人」的兩句詩句。[1]
十二月六日，去函天津詞友陳機峰、寇夢碧、張牧石等人，信中説：
機峰、夢碧、牧石詞家：

韻文學會已經宣傳部批准成立，俟組織編委員會，三君皆列入，要編近代詩選及近代詞選，凡清人而出仕民國者皆歸此類。有何論文及詩詞可預作準備。

又民革月半展覽，著作《紅毹紀夢詩注》及《京劇音韻》我一本都無，請牧石交朋竹[2]帶來，展覽後寄回無誤。

紹箕講音韻與身段印好否？希寄來。即頌
日祺！

碧拜
十二、六日

---

① 王澤慶：《訪張伯駒、潘素夫婦》，香港：《美術家》（雙月刊），1980 年 12 月第 17 期。

② 即先生外孫女樓朋竹。

附《韻文彙刊》創刊號目錄

另紙：

報道天津戲劇情況：

一：探母照片（劇協）

二：南開天津師院講京劇源流、音韻身段

三：觀看丁[1]演出《一劍仇》、《貴妃醉酒》

十二月十二日，著名紅學家吳恩裕[2]病逝於北京。

十二月二十六日，吳恩裕追悼會在八寶山舉行，先生出席並送挽聯：

育得青年人樹木，

寫來紅淚筆生花。[3]

十二月，張大千之子、作曲家張梟到後海看望先生。

同月，天津市古典小說戲曲研究會、南開大學中文系元明清戲曲小說研究室整理油印刊行張伯駒《京劇音韻身段》一文，標注為內部參閱。[4]

是冬，為謝稚柳《西湖小景》題《小秦王》一闋：

薄遊曾記好春天，湖水拍窗夜不眠。一別滄桑真似夢，皇恩未許住三年。

款識：昔遊西湖，宿於湖濱旅舍，湖水拍窗，夜不能熟寐。今猶記之。白樂天刺杭州，皇恩只許住三年，余遊西湖，未能居及半月者，今見稚柳兄此圖，不禁感慨係之。庚申冬張伯駒題記。

鈐印：京兆（朱文）、平復堂（白文）、伯駒長壽（白文）、叢碧八十後印（朱文）[5]

是年，去函張牧石，談中國書法家協會成立事及有關中國書法的臨摹學習問題：

---

① 即梅派傳人丁至雲。

② 吳恩裕（1909-1979），滿族，著名的政治學家、法學家和紅學家。代表作品有《曹雪芹的生平》、《考稗小記——曹雪芹紅樓夢瑣記》、《有關曹雪芹十種》等。

③ 吳季松著《我的父親吳恩裕教授》。北京：北京科學技術出版社，2010: 114。

④ 中國嘉德國際拍賣有限公司 2015 秋季拍賣會「之中國近現代書畫」第 0418 號拍品，拍賣時間：2015-11-14。

⑤ 鄭重著《烟雲過：張伯駒傳》。北京：中華書局，2016: 6。

牧石詞家：

全國書協將成立，候我簽名，昨日我簽名，簽名者甚多，內有王震、谷牧副總理等。王震副總理還贈送全國書協《三希堂法帖》一套。天津區書會應當改為天津市書會，以便與全協聯繫。主要須加強基本功，唐宋書家皆以《蘭亭》及晉書為主，碑派則書漢魏六朝，不多看多學多臨而創作是胡塗亂抹，必是非驢非馬，須注意及之。即頌，

刻祺！

碧拜

廿五

詩鐘注希即著手，必須於七月完成帶去香港，請與夢碧即商酌。[1]

是年，去函周篤文：

篤文詞家：

韻文啟事重寫兩張，一張寄杭州周采泉，一張寄上海《詞學季刊》某同志，請其儘快簽名寄來，不要有遺漏。上海畫家劉海粟、唐雲、謝稚柳亦能詩。注意明日再寫一張交寄南京。與君聯繫困難，一二日內必須一見。

碧叩

即日

是年，書「射虎」「房謀」聯：

射虎斬蛟三害盡，

房謀杜斷兩心同。

款識：張之洞督鄂時宴客為詩鐘，咏限四唱「蛟、斷」二字。候補道蔡乃煌得是聯，張大為激賞，即函致袁世凱，袁言於奕劻，蔡得補授上海關道。蓋當時政局亦劻、袁世凱、張之洞為一系；瞿鴻磯、岑春萱、盛宣懷為一系。西太后那拉氏以奕劻貪婪，欲易以瞿鴻磯為領班大學士。一日面告於瞿，瞿歸家言於其妻，其妻又言於其姪女，其姪女與英公使館有識者洩之，遂為英公使所知會。西太后宴各國使節，英使邊前問曰：「貴國有無易首揆事乎？」后愕然答曰：「無之」。乃大疑，以只面

① 2018年，12月21日，廣州崇正藝術品拍賣公司戴新偉提供資料。

告瞿，何以英公使知。事聞於袁世凱，乃挽侍讀學士惲毓鼎拜摺劾瞿，許以酬銀一萬兩，先給三千兩，並外任河南布政使。惲摺上後，西太后乃開去瞿鴻禨大學士缺，岑、盛亦皆罷職。然一時物議大嘩，銀七千兩不敢再付，河南布政使之命亦不再下。蔡乃煌上聯「三害盡」蓋指瞿、岑、盛，下聯「兩心同」蓋指袁、張也。此當為詩鐘之史料矣。中州張伯駒，時年八十〔又二〕。

　　鈐印：京兆（朱文）、平復堂印（白文）**¹**

是年，紅學家俞平伯詩詞譜徵題，先生書《八聲甘州》詞一闋為賀：

　　有情天、一刻值千金，依依老駕鴦。恰未西蓮葉，花開並蒂，遊戲銀塘。此日交杯釀醨，對影共重嘗。回首洞房夜，猶是新郎。　我亦畫眉京兆，尚風流願看，點額梅妝。譜枝頭紅鬧，詞妙字還香。更和鳴、氍毹夢裏，白髮新、粉墨試逢場。斜陽駐，舞雙雙燕，無限春光。

　　款識：《八聲甘州》，譜賀平伯詞兄。中州張伯駒。

　　鈐印：好好先生（朱文）、張大其辭（朱文）、六郎私印（朱文）、京兆（朱文）、花好月圓人壽（朱文）**²**

是年，為友人名力勁者題嵌名聯：

　　力耕事織勤為上，

　　勁柏貞松致後凋。

　　款識：力勁賢兄雅屬。中州張伯駒，時年八十又三。

　　鈐印：伯駒長壽（白文）、叢碧八十後印（朱文）、平復堂印（白文）**³**

是年，文化部批覆成立中國韻文學會，先生就協會事致函周篤文，商談協會成立相關事宜。附函如下：

　　一、是否即開成立會，還是先開籌委會。

　　二、先通知各發起人，或通知座談會時通〔知〕發起人。發起人名單須印。

---

① 王舒羽：《撐持傲骨待春來·吉林省博物院藏張伯駒書畫欣賞》，北京：《收藏家》，2011 年第 6 期。

② 廣東崇正拍賣有限公司 2018 年秋季拍賣會之「同氣並香·張伯駒·潘素的朋友圈」第 856 號拍品，拍賣時間：2018-12-13。

③ 上海朵雲軒拍賣有限公司 2015 春季藝術品拍賣會之「近現代書法專場」第 0529 號拍品，拍賣時間：2015-06-18。

三、向胡喬木洽請其當會長事。

四、座談會次序、發言、原稿。

五、座談會地址，包括約新聞記者等事。

六、草擬章程。

七、編制問題，籌委會成立後與師大協商。

八、刻圖章。

九、今年創刊，徵求各發起人寫紀念辛亥革命、孫中山先生詩、詞、曲。[1]

是年，為馬寶山所作山水畫題詩：

　　流泉亂石響丁東，排霧穿雲起疊峰。

　　曾記棲霞山外路，秋光一樹染霜紅。

款識：保山好運筆，頗似苦瓜和尚意，因題詩記之。中州張伯駒，時年八十有二。

鈐印：張伯駒印（朱文）、好好先生（朱文）、京兆（朱文）、平復堂（白文）[2]

是年，去函周篤文，言及為中國韻文學會成立簽名事。附函如下：

篤文詞家：

　　韻文簽名請儘快，簽後即送來。昨晤趙樸初，彼願簽名。還有下月初去美國者亦須先簽，還有南京、滬、杭。我擬六月十日前後能見到任重書記[3]，六月底要去青島，故須儘快為宜。匆此，即頌

刻祺！

　　　　　　　　　　　　　　　　　　　　　　　　碧拜

是年，為張友光題寫冠名聯：

　　友感朋情存義氣；

　　光風霽月看胸懷。

是年，題寫《楊寶森唱腔選》一書書名，該書於一九八二年五月由上海文藝出版社出版發行。

---

① 原稿現存周篤文處。

② 馬寶山著《馬寶山先生畫集》。香港迅達企業公司設計製作，1994: 86。(自印本)

③ 王任重（1917-1992），時任中共中央宣傳部部長、中共中央書記處書記。

是年，去函朱家溍，邀其參加崑曲研習社。附函如下：

季璜兄：

　　請你參加崑曲研習社，後可演《麒麟閣》、《越龍山》及揚派之《夜奔》。即問

近佳

伯駒拜 [1]

是年，作《青綠山水畫論》：

　　南北朝以佛教之興印度，畫法隨之東來。梁張僧繇採取印度佛像背景山水畫法，名為凹凸法，即後世所謂沒骨青綠山水。

　　余所見之青綠山水畫有隋展子虔《遊春圖》、宋王詵《烟江疊嶂圖》、王希孟《千里江山》、趙伯駒《萬松金闕》、元錢選《山居圖》、明仇英《松陰論畫圖》、藍瑛《白雲紅樹》、清王時敏《晴嵐暖翠》、吳歷《興福庵感舊圖》、王翬《山水》、惲壽平《山水》、華嵒《山水》、毛上炱《靈巖讀書圖》等。所見之沒骨青綠山水畫則有明董其昌仿唐楊昇《峒關蒲雪》及《畫錦堂》兩圖而已。

　　《峒關蒲雪》已由室人潘素臨摹兩幅，今尚存篋中。茲再由其臨摹《畫錦堂》圖，以窺玄宰先生之全豹。

　　中國之山水畫以青綠山水始，因五胡亂華晉室東遷，睹東南江山之美而產生青綠山水畫，後有大青綠、小青綠、金碧青綠、沒骨青綠，而余所見之青綠山水畫，嘆觀止矣。

　　款識：中州張伯駒題，時年八十有三。

　　鈐印：張伯駒印（朱文）、好好先生（朱文）、京兆（朱文）、六郎私印（朱文）[2]

是年，為著名作家夏衍作冠名聯：

　　夏夜扇搖深院靜，

　　衍波箋寫曉宮寒。

---

① 西泠印社拍賣有限公司 2009 年秋季拍賣會之「名人手蹟‧碑帖法書專場」第 0463 號拍品，拍賣時間 2009-12-18。

② 張伯駒、潘素著《張伯駒潘素書畫集》。北京：人民美術出版社，1985: 3。

　　款識：夏衍先生雅屬。唐杜牧「輕搖小扇撲流螢」，詩深得夏夜之景。《直方詩話》韋貫（蕭貫）夢至宮中，有婦人授以箋曰：此衍波箋，煩賦《宮中曉寒歌》。

　　中州張伯駒，年八十又三。

　　鈐印：平復堂印（白文）、伯駒長壽（白文）、叢碧八十後印（朱文）**1**

是年，為學者施蟄存作嵌名聯：

　　今雨忽來開益徑，

　　蟄雷重振發春聲。

　　款識：今蟄詞兄雅屬。中州張伯駒，時年八十又三。

　　鈐印：伯駒長壽（白文）、叢碧八十後印（朱文）、京兆（朱文）**2**

是年，擬對書聯贈張大千弟子劉力上、俞致貞伉儷：

　　力耕事織勤為上，

　　勁柏貞松致後凋。

是年，與署名「家強」者作嵌名聯：

　　家世舊傳陳故郡；

　　強臺初上望京山。

　　款識：家強先生雅屬。《唐書·李循傳》，循從子隱林率眾扈行在，德宗見隱林，偉其貌，問家世，答曰：「故范陽節度副使循，從父也。」《國策》楚王登強臺而望京山，今亦謂初入仕途者為強臺初上。中州張伯駒時年八十又三。

是年，書寫聯語：

　　禹貢九州歸一統，

　　堯封萬里慶千春。

　　是年，與詞友黃君坦合編《清詞選》，並在前言中介紹了清詞中浙派與常州派詞風及其影響。

---

① 中貿聖佳國際拍賣有限公司 2010 夏季藝術品拍賣會「中國近現代書畫專場（二）」第 0536 號拍品，拍賣時間：2010-07-17。

② 西泠印社拍賣有限公司 2014 年秋季拍賣會之「近現代名人手蹟專場」第 1734 號，拍賣時間 2014-12-15。

是年，繼續編纂《唐五代宋金元明清詞選集評》，惜因病未能完成。

是年，與李萬春、許姬傳、梅紹武、王金璐、吳小如諸友觀看由朱家溍演出的楊派名劇《麒麟閣》。戲散後，先生到後臺向朱家溍祝賀，笑說：「始望不及此，誰想還能有今天。」

是年，寫紅梅一幀並題《小秦王》詞一闋：

　　刻意含情寫一枝，春風上面酒凝肌。畫梅自有吾家筆，不向佳人借口脂。

款識：調寄《小秦王》，張伯駒寫紅梅並題，時年八十又三。

鈐印：張大其詞（朱文）、好好先生（朱文）、六郎私印（肖形印）、京兆（朱文）、平復堂印（白文）[1]

是年，潘素寫菊，先生再題咏菊七絕：

　　疏星數點雁南回，可有白衣送酒來。

　　不問西風凋萬木，黃花晚節傲霜開。

款識一：題潘素畫菊。中州張伯駒，時年八十又三。

款識二：潘素

鈐印：伯駒長壽（白文）、叢碧八十後印（朱文）、京兆（朱文）、潘素（白文）[2]

是年，為中國書畫研究社題詩：

　　英才廣育樂無涯，不是書家即畫家。

　　絳帳春風長作對，遍開桃李滿城花。

款識：北京中國書畫研究社周年紀念。

中州張伯駒書賀，時年八十又三。

鈐印：伯駒長壽（白文）、叢碧八十後作（朱文）、京兆（朱文）、藝苑芳菲（朱文）、平復堂印（白文）[3]

是年，去天津和丁至雲彩妝演出《打漁殺家》。張伯駒飾蕭恩，丁至

---

① 張伯駒潘素文獻整理編輯委員會編《張伯駒潘素書畫集》。北京：中華書局，2013：49。

② 廣東崇正拍賣有限公司 2018 年秋季拍賣會之「同氣並香‧張伯駒、潘素的朋友圈」第 830 號拍品，拍賣時間：2018-12-13。

③ 北京匡時國際拍賣有限公司 2015 春季拍賣會「百年遺墨——二十世紀名家書法專場」第 1439 號拍品，拍賣時間：2015-06-07。

雲飾蕭桂英。

是年，寫《利市圖》一幅贈著名中醫大家魏龍驤，並題句：

花片散為千點淚，雨絲織得幾多愁。一江烟水上層樓。

款識：龍驤世講雅屬。中州張伯駒，時年八十又三。

鈐印：京兆（朱文）、張伯駒印（朱文）、好好先生（朱文）、平復堂印（白文）[1]

是年，北京榮寶齋成立三十周年，先生擬嵌名聯題賀：

榮光照耀珊瑚網，

寶繪珍藏書畫船。

款識：榮寶齋三十周年紀念，張伯駒拜賀。

是年，先生為友人傅大卣所藏漢磚題跋：

昔先君藏有漢瓦硯，畀余寶之。時芸臺（即袁克定）表兄見而持去，為惋惜不已。今見此磚，其不尤可寶諸！

庚申張伯駒，時年八十有四。[2]

一九八一年（辛酉）　八十四歲

一月十七日，《工人日報》刊登署名呂鵬、胡舒立、陌柳的通訊文章《藝術在人民之中——記工人美術收藏家林樹芳》，專題介紹了工人收藏家林樹芳的收藏事蹟，文章一開頭便提到先生的名字：

古今中外，以收藏宏富而聞名者大有人在。中國著名的收藏家張伯駒先生曾不惜傾家蕩產，買下幾乎流失海外的我國西晉書法《平復帖》和傳世古畫《遊春圖》，為世人驚嘆；而林樹芳的收藏卻是沒花一分錢，對這一點，張伯駒先生也為之讚嘆不已！[3]

這是「反右」後，張先生的名字又再出現於報端。

---

① 中國嘉德國際拍賣有限公司嘉德四季第 43 期之「遺珠拾珀——中國近現代書畫（一）」第 0145 號拍品，拍賣時間：2015-09-19。

② 史樹青著，海國林編《史樹青金石拓本題跋選》。廣州：嶺南美術出版社，2002: 15。

③ 呂鵬、胡舒立、陌柳：《藝術在人民之中——記工人美術收藏家林樹芳》。北京：《工人日報》，1981 年 1 月 17 日第 4 版。

　　一月，《紅樓夢學刊》（雙月刊）第一期刊登先生的文章《關於〈棟亭夜話圖〉》一文。

　　同月，《中國畫》復刊號第一期刊登張伯駒《中國雪景山水畫》一文。附文如下：

　　　　中國雪景山水畫是由唐王維創立的。因安史之亂，唐玄宗幸蜀，維扈從不及，為賊所得，迫以偽官。安祿山宴凝碧池，命舊伶工作樂，維聞之悲惻，潛賦詩懷念舊朝。安史亂平，唐肅宗不加罪，仍授以官。維奉佛素食，退朝之後，以誦佛為事。時佛教禪宗興起，維之思想屏絕塵累，與禪宗相合。其創立雪景山水畫乃表示自己之身心如雪色之潔白。故後世之雪景山水畫莫不以王維為宗。

　　　　自唐以來，見於著錄及傳世之雪景山水畫有王維《江山雪霽圖》（原本今無傳，清王時敏有仿本）、《雪溪圖》（宋徽宗題籤董其昌跋）、宋徽宗《雪江歸棹圖》（董其昌跋謂雲峰石色，迥出天機，筆意縱橫，參乎造化，當為天府收藏維畫，而徽宗借名為之）、唐楊昇《霽雪圖》、宋巨然《雪山圖》、李成《雪山行旅圖》、范寬《寒林雪山圖》、高克明《雪霽溪山圖》、趙幹《江行初雪圖》、許道寧《關山密雪圖》、梁師閔《蘆汀密雪》、王詵《漁村小雪》、梁楷《雪景山水》、李唐《雪景山水》、馬遠《雪中水閣》、馬麟《寒江獨釣》、元趙孟頫《臥雪圖》、管仲姬《吳山初雪》、劉貫道《積雪圖》、黃子久《九峰雪霽圖》、錢選《雪霽開山圖》、顏輝《袁安臥雪圖》、曹知白《群峰雪霽》、方從義《山陰雲雪》、唐棣《朔風飄雪》、明謝時臣《破窰風雪》、李在《雪景山水》、王諤《雪嶺風高》、唐寅《函關雪霽》、《陽山積雪圖》、文徵明《關山積雪圖》、朱端《雪景山水》、吳彬《雪景山水》、藍瑛《飛雪千山》、董其昌《峒關蒲雪》、清項聖謨《寒林雪景》、王翬《溪山霽雪》、吳歷《雪山圖》（康熙後雪景山水畫不俱錄）。

　　　　雪景山水畫亦須分天時地域，如江南的雪景，須纖細淡雅。例如宋徽宗《雪江歸棹》，梁師閔《蘆汀密雪》，即是。黃河流域的雪景，須蒼莽渾厚，例如范寬《寒林雪山》即是。如管仲姬《吳山初雪》、董其昌《峒關蒲雪》，乃是春秋的雪景，畫面上還有紅樹。《峒關蒲雪》則是沒骨青綠山水，而又以粉染成雪景。同是雪景，又有差別，故須認真比

較研究。[1]

同月，由先生撰述，胡君素整理的《鹽業銀行與北洋政府和國民黨政權》一文收入由中國人民政治協商會議天津市委員會文史資料委員會編纂、天津人民出版社出版的《天津文史資料選輯》第十三輯。

二月十九日，參加民革和中山書畫社的元宵佳節雅集，適逢黃花崗烈士方聲洞的胞妹、畫家方君璧從美國回國探親，先生即席揮毫，填《調寄浣溪沙》一闋書贈方君璧：

> 玉鏡高懸照大千。今宵始見一年圓。銀花火樹夜喧闐。　　隔海河山同皎潔，鬩牆兄弟得團圓。昇平歌舞咏群仙。[2]

三月一日，應邀出席在北京中山堂舉辦的書畫藝術家雅集，與首都藝術家葉淺予、劉繼卣、管樺、尹瘦石、啟功、陳叔亮、李苦禪、周思聰、秦林雲、許麟廬、胡潔青、黃冑、李燕、李可染、吳作人、肖淑芳共同簽署「敬致臺灣書畫家」書，該信函由秦嶺雲執筆，全信如下：

> 今天是元宵節，我們在北京中山堂相聚，觸景生情，佳節思親，回憶起往年在一起研究祖國書畫藝術，何其歡樂。經大家一致同意，特請各位同道光臨首都重敘舊好，便中舉行各位的作品展覽，共同推動、發展祖國藝術事業！
>
> 盼覆。[3]

三月三日，去函周篤文，再催來代領沈本千稿費：

> 篤文詞家：
>
> 沈本千君稿費匯到，希即來取。即頌
>
> 刻祺！
>
> 碧啟
>
> 三月三日

三月十三日，《北京晚報》刊登先生人物專訪《珍貴字畫獻國家》，這是「文革」後先生的名字第一次獨立見報。

---

① 張伯駒：《中國雪景山水畫》，北京：《中國畫》，1981 年第 1 期第 70 頁。

② 項城市政協編《張伯駒先生追思集》。北京：紫禁城出版社，2010：65。

③ 張伯駒等：《敬致臺灣藝術家》，北京：《美術》，1980 年第 4 期第 11 頁。

珍貴字畫獻國家
——訪「中山書畫社」社長張伯駒

　　在孫中山先生逝世五十六周年到來之前，由民革北京市委員會主辦，成立了一個「中山書畫社」，引起了各方面的關注。

　　八十四歲的張伯駒被推舉擔任社長。他不但在書法和詩詞方面有很深的造詣，而且又是一位著名的收藏家。

　　最近，我們在後海南沿張伯駒那簡樸的家中拜訪了他，聽他和他的夫人潘素給我們講了收藏珍貴文物的經歷。

　　一九三六年，張伯駒寓居上海，有一天，他聽說清宮的人們在北平出賣不少珍貴的字畫，中外奸商爭相搶購，連珍貴的古畫韓幹的《照夜白圖》也賣給了外國人。國寶外流，使張伯駒痛心疾首，他馬上給當時駐防北平的二十九軍軍長宋哲元打電報，請他採取措施。宋哲元派人查訪後，得知這張畫已被外國人買去帶走。張伯駒懷着沉痛的心情，火速趕到北平，找到一位清皇室貴族，勸他以民族自尊為重，不要再將名貴字畫賣給奸商。

　　當時，在這位皇室貴族的家中還藏有一件更為貴重的珍寶——西晉陸機所寫的《平復帖》要賣，這幅墨寶已有近一千六百年的歷史。當時，大戰在即，銀根緊縮，有錢人大都紛紛南逃。為了保存這一稀世之珍，張伯駒四處斂資，並變賣了夫人潘素的首飾，以五萬多銀元的代價，買下了這幅墨寶。不久，有個奸商找到張伯駒，想以五十萬元的高價買走《平復帖》。張伯駒不為所動，輕蔑的說：「我買它不是為了錢，黃金易得，國寶無二，萬一流落海外，我豈不成了千古罪人！」清宮皇族離開故宮後，又將大批珍貴文物出賣。對此，張伯駒憂心如焚，上書國民黨政府，要求速撥專款將這批文物買下。但是他的一片熱心遭到了無情的冷遇。於是，他一面向有關人士大聲疾呼：不要將這些珍寶賣給外國人；一面不惜傾家蕩產，買下了大批古畫，其中包括隋代展子虔的《遊春圖》以及後來的李白、杜牧、黃庭堅、唐伯虎等人的手蹟。

　　在張伯駒的心裏，這些文物比自己的生命還要珍貴。一九四一年，大漢奸汪精衛手下一個師長突然把張伯駒綁架，揚言必須拿一百萬塊錢去贖，過期就要「撕票」（殺人）。就是在這樣危急的情況下，張伯駒

也沒有起過出賣所藏珍貴文物的念頭。他的夫人潘素到處求親告友，借錢，託人把他贖了回來。

解放後，他們夫妻以民族文化復興為重，將珍藏的珍貴文物全部捐獻給國家。十年浩劫中，康生一夥對他進行了殘酷的迫害，但他始終熱愛中國共產黨，熱愛人民，熱愛祖國的文化事業。現在他老人雖年事已高，仍精神振奮，堅持每日著書、作畫，參加社會活動，奮勞不息。

張伯駒老人的這種精神令人感動。他對我們愉快地說：「人民的珍寶，應當還給人民。再珍貴的東西，在私人手裏，很難有傳到兩代以上的。只有交給國家，交到人民手中，才能保存得更好，才能發揮更大的作用。」

劉軍　呂鵬[1]

三月二十八日，在民革北京市委員會會議廳舉辦的「中山書畫社書畫講座之第三講」作「文學、書法與繪畫之關係」的專題講座。

三月三十日，去函楊紹箕：

紹箕世講：

一、去港統戰部、文化部在研究辦理，恐在清明之後數日始定。

二、我與潘素明日移居頤和園藻鑒堂中國國畫研究院創作組，將來恐即在院工作食住，每星六星期可回家。

三、告牧石今年海棠時不能去津，夏日去青島前擬到津一行。

四、你去港來京事，我已告朋竹，但你來京前二日先給她來一信，因為她上班上學，家中無人，她好於你來日把鑰匙交於隔壁鄰居，你們進屋休息。如你們先去港，星期日來京，還能見面，我去港或正在海棠時。

即問

近好！

碧拜
三、卅

同日，去函周篤文：

---

[1]　劉軍、呂鵬：《珍貴字畫獻國家──訪「中山書畫社」社長張伯駒》，北京：《北京晚報》，1981年3月13日第1版。

篤文：

　　由統一[1]去語及琦翔，面約來舍一晤，未見前來。我與潘素明日移居頤和園藻鑒堂中國國畫研究院創作組，每星期六下午可回家，如見面必須星六晚及星期日。韻文事須見面一談。專此，即頌

日祺

碧拜

卅日

是春，書錄《丹鳳吟》贈金陵諸詞友：

丹鳳吟

　　猗旎陽和天氣，旨酒朝酣，香盈芸閣。銀鉤低處，斜掛下垂簾幌。芳期妒雨，轉看飄謝，碎玉埋珠，誰憐輕薄。亂舞顛狂路柳，似雪如霜，飛絮堆滿闌角。　　悵望一年夢，送春倍覺風又惡。杜宇聲聲血，喚東皇回也，腸斷空爍。歡情過了，倏忽翠凋紅落。對影江郎花外立，更彤毫時握。點妝墨素，佳日須畫著。

　　款識：今春花期較早，牡丹開候正柳絮飛時，然以風欺雨妒，花飄謝亦速，感賦此詞，柬金陵諸詞兄正拍。辛酉春，中州張伯駒，時年八十又四。

　　鈐印：張伯駒印（朱文）[2]

是春，為一卷「敦煌鳴沙山石室唐寫經」鑒定並題跋：

　　此唐人寫經殘本，仍可寶也。庚申春張伯駒題。

　　鈐印：張伯駒印（朱文）、好好先生（朱文）[3]

是春，先生伉儷小住頤和園藻鑒堂賞花、作畫。

是春，書《三姝媚》詞贈友人：

　　年年春夢裏，又芳容妖嬈，舊時回思。露濕霞烘，正酒酣生暈，曉妝初試。借得輕陰，還護取、鈴幡重繫。妒雨愁風，殘盞難醒，為伊憔悴。　　深院庭門長閉，但肯薄東風，醉香凝膩。幾日相看，最是銷魂

① 北京生活·讀書·新知三聯書店編輯馮統一。
② 廣東崇正拍賣有限公司 2018 年秋季拍賣會之「同氣並香·張伯駒、潘素的朋友圈」第 829 號拍品，拍賣時間：2018-12-13。
③ 中國嘉德國際拍賣有限公司 1995 秋季拍賣會之古籍善本第 413 號拍品，拍賣時間：1995-5-10。

處，重紅叢翠。更憶當時，奈散了、成都花市。上馬空思，官家西府，啼鵑喚起。

　　款識：余夙有海棠之癖，每居園墅多種之。又天津李氏園、水上園、寧園海棠皆成林，每年余必往觀。今春因與室人潘素居頤和園藻鑒堂作畫，未再去津，而余之園墅久已易主，只有樂壽堂兩株，匆匆往賞而已。回憶亦如花蕊夫人馬上聞鵑，不堪重思西府也。爰感和夢窗《三姝媚》詞以記之，並柬金陵諸詞兄正拍。辛酉暮春，中州張伯駒，時年八十又四。

　　是春，為吉林省博物館王澤慶擬嵌名聯並書贈：

　　澤國迷茫波瀲灔，

　　慶雲爛漫日光華。

　　款識：澤慶先生雅囑。中州張伯駒，時年八十又四。

　　是春，寫彩墨蘭草並題詩：

　　鄭氏流風豈更論，清芬猶或楚騷魂。

　　長看吾土金甌滿，不畫無根畫有根。

　　款識：辛酉春張伯駒寫蘭，時年八十又四。

　　鈐印：伯駒長壽（白文）、叢碧八十後印（朱文）、京兆（朱文）[1]

　　四月，參與起草的「首都書畫家給臺灣書畫家的信」原稿，刊登於由中國美術家協會主辦的《美術》雜誌。

　　四月二十五日，去函常君實：

　　君實兄：

　　詩無存稿，僅就記憶者簡寫一則，請斟酌補。頃見北京語言學院亦出《中國文學家辭典·現代》第一分冊，我以為內容過於雜亂，現在手頭，如兄蒞舍時，可一觀。即頌

　　日祺！

　　　　　　　　　　　　　　　　　　　　　　　　　　　伯駒拜

　　　　　　　　　　　　　　　　　　　　　　　　　　　四、廿五

　　五月一日，北京紫竹院公園水榭問月樓竣工，先生夫婦與李苦禪、許麟廬、肖勞、胡絜青、孫墨佛、劉繼卣、雷圭元、康殷等書畫名家，出席

---

① 張伯駒潘素文獻整理編輯委員會編《張伯駒潘素書畫集》。北京：中華書局，2013: 53。

時為北京最大、堪稱紫竹院公園地標建築的水榭問月樓落成典禮及問月樓書畫展開幕式。先生為公園留下「依綠」、「心曠神怡」兩幅墨寶。先生夫婦二人又與畫家許麟廬合作《石瘦蘭倩梅清圖》，先生題跋：

> 伯駒寫蘭，潘素寫石，麟廬補梅。
>
> 辛酉春於紫竹院問月樓[1]

五月五日至九日，中國書法家第一次代表大會在京舉行，先生與趙樸初、啟功等書法名家一同出席，並當選為中國書法家協會名譽理事。此後，又先後擔任北京中國畫研究會名譽會長、京華藝術學會名譽會長、北京戲曲研究所研究員、北京崑曲研習社顧問、民盟北京市委文史資料委員會委員等職。

六月三日，去函楊紹箕：

> 紹箕世講：
>
> 　　兩信均收到。近日甚忙，故遲覆。原我不同意你去香港，喬梓既已同去，當不能再回國矣。香港如鄭毅生之朋友皆無，金融界友人都已退休，換成新人，文教界皆不識，有到京來訪，亦報紙上聞名者，去後連其姓名即不知矣。如在國內，京津戲劇、文教方面，我都能推薦，在港則無辦法矣。馬玉琪已回港，他住址：銅鑼灣東角道 26 號怡安大廈 F818。你可以去找他，他是做買賣的，相交也要謹慎。他說五月廿六日去港，行前沒來看我。你對他說我未能去港，港方人士難免議論。文化部有人來說準備我秋天去港，我置之不聞不問，看他們如何辦法。現還有日本方面在接洽，是否去還不知道，美國中山畫社也有路子，你對玉琪說現在不要說話。還有「空城計研究本」、「談京劇改革」、「大觀園」在那裏三件。你問他寄來為要。另外對聯一付交給他。還有不少事情，如印書，以後隨時去信。即問
>
> 近好！
>
> 碧拜
> 六月三日

六月四日，與俞平伯、葉聖陶、黃君坦、王益知等好友在三里河河

---

① 董軍梅：《張伯駒情繫紫竹院》，北京：《北京日報》。2016 年 1 月 21 日第 17 版「文化周刊 · 古都」。

南飯莊宴請周穎南伉儷。席間，大家共同鑒賞畫家關良的水墨戲曲人物畫《五醉圖》手卷。[1]

六月十五日，接到中國大百科全書出版社社會科學編輯部邀請函，該函特邀先生為《中國大百科全書·戲曲》分集撰寫「譚鑫培」、「余叔巖」和「紅豆館主」相關條目。

六月二十六日，上海《文匯報》刊登先生伉儷的口述、劉筆整理的文章《友我終歸共一家》。附文如下：

在慶祝中國共產黨誕生六十周年的時候，我們作了一首七律：

萬千年歲遠無涯，海屋才開周甲花。

大地皆鋪金錦繡，普天同慶日光華。

藝文齊下分雙管，友我終歸共一家。

待看五洲新世界，紅旗飄展映朝霞。

我們夫婦都是「民革」的成員，歲入耋耄之年。我們的家曾是舊王朝的豪門大家。伯駒曾從武與（於）曹錕、吳佩孚、張作霖軍中。然而不久，終於看清這些人置兵燹焚生、哀鴻遍野於不顧，是一味權爭利奪的軍閥，由是退出了軍界。對前途的失望，使我們遠棄紅塵，轉入對書畫的研習，幻想在這上面為民族的文化做一點事情。

然而，軍閥連年混戰，使民族寶貴的文化遺產備受侵凌。那時，許多珍貴文物，光天化日之下，竟可在商賈之間、酒肆之中販賣，不少珍品自此遠投海外，飲為千古恨事。盧溝橋事變發生後，這種情況更加嚴重。對此我們只能盡着我們自己的條件，陸續從奸商手裏買進了一些古代的字畫，內中有些是極為珍貴的。買字畫的同時，伯駒曾上書給國民黨政府，希望政府出錢，將這些在市面飄零的珍貴文化遺產盡數買下。但國民黨政府只會一味賣國求和、搞內戰，其它全然不顧。

這一段時期，為了保存中華民族的珍貴文化遺產，我們變賣了房屋、首飾，又借了一些錢，買下了幾乎就要流落海外的國寶——中國傳世最古的手書真蹟、一千六百多年前西晉陸機寫的《平復帖》；中國傳世最古的山水卷軸畫、隋朝展子虔作的《遊春圖》以及其它珍貴文化遺產。

① 俞平伯著，孫玉蓉編纂《俞平伯年譜》。天津：天津人民出版社，2006: 457。

有一次，我們還從一個商人手中賒購了《伯遠帖》與《中秋帖》，言明兩年把錢付清。

此後我們家境有些拮据，不少商人曾找上門來，願以高出我們買時數倍的錢收買我們保存的文物，甚至陳誠也找我們，想用驚人的巨款買《遊春圖》，但都被我們回絕了。十幾年戰亂不平，我們據此重寶，真是憂心忡忡，生怕再生意外。解放後，一切都變樣了！在中國共產黨人身上，我們看到了光明的希望，看到了振興中華的希望。我們看到共產黨對文化事業的重視，僅從人民政府出重價把流落到香港的《中秋帖》買回一事，更使我們看到這與舊政府的霄壤之別。每天，我們都被許許多多新鮮事所觸動。在共產黨的關懷和教育下，我們開始了全新的生活。我們夫婦倆便把這批珍貴的文化遺產——包括《平復帖》、《遊春圖》及李白的《上陽臺》、黃庭堅的《諸上座》、杜牧的《張好好詩》、范仲淹的《道服贊》、蔡襄的《自書詩》等二十二件，捐獻給了國家。

爾後，我們雖又經受了一段曲折和困迫，但是我們並未就此背棄初衷。對共產黨的感情，我們是通過無數事實和反覆比較後一點點建立起來的、深厚起來的，怎會被一時的現象所障目呢？

如今，我們國家已走上歷史中興之路。我們雖已年邁，但還想多為祖國的建設做一點事。為此，一方面我們為人民多做些書畫，增加外匯收入；同時帶授些學生，並著些書。我們還協助發起組織了「中山書畫社」，準備今年秋季在慶祝辛亥革命七十周年時辦一次大型畫展。最近，伯駒早在二十多年前便著手籌備的「中國韻文學會」終於正式成立並開始活動了。

回顧平生，百感交集。前半世我們在黑暗中苦鬥，一事無成。後半生雖經坎坷，卻是在光明中向前。尤其是十一屆三中全會後，黨的諸項政策一一落實，使我們這些民主人士如坐春風，精神抖擻。「友我終歸共一家」，這種局面，怎麼能不叫人激動！[1]

六月，為慶祝中國共產黨成立六十周年作七律一首並書錄：

---

① 張伯駒、潘素口述，劉筆整理：《友我終歸共一家》，上海：《文匯報》，1981 年 6 月 26 日第 4 版。

萬千年歲遠天涯，海屋才開周甲花。

大地皆鋪金錦繡，普天同慶日光華。

藝文齊下分雙管，友我終歸共一家。

待看五洲新世界，紅旗飄展映朝霞。

款識：中國共產黨六十周年誕辰紀念，張伯駒拜祝，時年八十又四。

鈐印：京兆（朱文）、平復帖（白文）、伯駒長壽（白文）、叢碧八十後印（朱文）[1]

是夏，寫紅梅並題《浪淘沙》一闋：

欲放向南枝，華信還遲。冰凝正是歲寒期。消息為爭春意報，先覺先知。　桃李笑芳姿，傲〔骨〕撐持。衝風冒雪自開時。茅舍樓臺都點綴，天地無私。

款識：中州張伯駒寫梅並題，時年八十又四。調寄《浪淘沙》，辛酉夏至後作。〔傲〕字下落〔骨〕字。

鈐印：京兆（朱文）、伯駒長壽（白文）、叢碧八十後印（朱文）[2]

七月十一日，去函楊紹箕：

七月十四日去青島，八月二十日前回，九月底、十月可能去香港。

六月廿四日信寫完即遺失，今日始找到，前發一信未見回信。

七月十三日下午，在家中接待由周篤文作陪的上海學者施蟄存，賓主暢聊，皆大歡喜。是日晚，先生伉儷盛邀夏承燾夫婦、徐邦達、馮統一等人作陪，在北海仿膳宴請施蟄存。

七月二十九日，出席在北京北海公園靜心齋舉行的座談會，隆重慶祝中央文史館建館三十周年。座談會由葉聖陶館長主持，國務院副總理谷牧、楊靜仁，中央統戰部副部長方知達，及全體館員、部分國務院參事出席了座談會。會後，先生與葉聖陶、俞平伯、薄一波等合影留念。

八月二十六日，寫信與文化部領導王任重、賀敬之，陳述韻文學會事：

① 廣東崇正拍賣有限公司 2018 年秋季拍賣會之「同氣並香·張伯駒、潘素的朋友圈」第 843 號拍品，拍賣時間：2018-12-13。

② 張伯駒潘素文獻整理編輯委員會編《張伯駒潘素書畫集》。北京：中華書局，2013: 47。

任重、敬之部長：

　　關於成立中國韻文學會事，經與北京師範大學商洽，彼以人力財力均感困難不敢接受，是以遷延至今。按中國書法家協會已告成立，同人等對黨提倡中國文化均感興奮！韻文亦為中國重要遺產，美國日本皆在研究，而我國自身文化自不應予以擱置。主要工作為發行季刊，宜紮紮實實來做，擬請鈞部決定全會附屬於全國文聯或文學藝術研究院，並早日開一座談會，以便進行。敬候

　　批示！即致

敬禮！

　　　　　　　　　　　　　　　　　　　　　　　　張伯駒拜上

　　　　　　　　　　　　　　　　　　　　　八一年八月二十六 [1]

　　八月二十九日至十月十八日，由中國國民黨革命委員會主辦的紀念辛亥革命七十周年書畫展，在北京中國美術館舉行。參展作品包括書法、繪畫、拓片、篆刻共二百七十五件。其中，先生伉儷均有作品入選：《紅梅圖》和自作詩詞書法作品。在《紅梅圖》上，先生並題《浪淘沙》詞一闋：

　　欲放向南枝，花信還遲。冰凝正是歲寒期。消息為爭春意報，先覺先知。　桃李笑芳姿，傲骨撐持。御風冒雪自開時。茅舍樓臺都點綴，天地無私。

　　款識：中州張伯駒寫梅並題《浪淘沙詞》。

　　鈐印：京兆（朱文）、伯駒長壽（白文）、叢碧八十後印（朱文）[2]

書法作品為伯駒先生書自作詞《八聲甘州》：

　　看中華、胄裔此神州，雄獅睡長濃。數成王敗寇，沐猴冠帶，早見途窮。辜負堯封禹甸，誰是主人翁？佇望聽敲響，暮鼓晨鐘。　唯有斯人蹶起，作一呼振臂，喚醒愚矇。瞬義旗北指，高唱滿江紅。為今朝、鋪平道路，笑舊朝、殘葉付西風。宏圖啟，萬千年歲，天下為公。

　　款識：調寄《八聲甘州》，紀念辛亥革命孫中山先生革命事業。中

---

① 原函為周篤文收藏並供稿。

② 中國國民黨革命委員會中央宣傳部編《紀念辛亥革命七十周年書畫展品集（第 56 號作品）》。北京：文物出版社，1983。

州張伯駒，時年八十又四。

　　鈐印：京兆（朱文）、平復堂印（白文）、伯駒長壽（白文）、叢碧八十後印（朱文）[1]

八月，協夏承燾同去函於周巍峙，陳述韻文學會成立之事。附函如下：

巍峙部長：

　　由京滬等地從事古典詩詞研究和創作的同志聯合發起的韻文學會，年前已報呈中央宣傳部，並且得到了任重部長、周揚、賀敬之同志的關注和支持，心中深受鼓舞。後來遇到困難，組織問題沒能落實。但我們深信，關乎韻體文學這份珍貴遺產的搶救、繼承和發揚的重要事業，是會得到黨和政府的大力支持和扶植的。

　　近日側聞任重同志和您都在積極考慮成立大會的問題，內心感奮，難可言盡，僅將草擬的章程、發起人名單附呈一閱。倘蒙略賜片聞，籍（藉）得面罄一是，尤為感企。如有不便，希指定一二同志，以便聯繫彙報，俾促厥成，仰聞令德，無任馳繫。順致

敬禮

　　　　　　　　　　　　　　　　　　　　張伯駒
　　　　　　　　　　　　　　　　　　　　夏承燾同啟
　　　　　　　　　　　　　　　　　　　　81 年 8 月 [2]

　　八月，先生夫婦赴青島講學，在下榻飯店晤黃苗子、郁風夫婦及老友謝蔚明。

　　九月八日，赴京參加梅蘭芳逝世二十周年的崑曲大家俞振飛，邀請在京的張伯駒、南鐵生、侯喜瑞、李洪春等京劇界元老相聚於已故京劇表演藝術家荀慧生的家中，並合影留念。

　　九月，在青島避暑，偶遇京劇表演藝術家吳素秋，賦詩作書相贈：

　　　　一鳴天下躍朝陽，花甲籌添日更長。

　　　　踏遍齊州烟九點，會登嶗頂望扶桑。

---

① 中國國民黨革命委員會中央宣傳部編《紀念辛亥革命七十周年書畫展品集（第 204 號作品）》。北京：文物出版社，1983。

② 原函由周篤文收藏並供稿。

紛紜世事未銷兵，一白貯看天下明。

嘗膽臥薪須有志，長宵起舞待雞鳴。

款識：素秋女士辛酉八月吉日為五十晉九初度，同遊青島相遇，因賦俚句二首，預祝其明歲花甲之慶。中州張伯駒，時年八十又四。

鈐印：伯駒長壽（白文）、叢碧八十後印（朱文）、京兆（朱文）[1]

十月七日，為表弟李克非《京華感舊錄》一書作序文：

十年浩劫之初，余以填《金縷曲》一闋而開罪四蛇蠍，諸害蕩除之後，祖國大地有如春雪初融，萬象更新。舍表弟克非以其近年來為海外及港澳各報刊所撰之隨筆、散文百餘篇出示，並囑寫序言。

克非弟乃辛亥名流先表叔沈邱李曉東公之哲嗣，髫年就學即聰穎過人，每讀唐人絕句，輒能過目成誦。假日偶隨長輩赴戲園觀劇，登場諸伶，姓氏藝名凡見諸海報者，皆能全記無誤，故自幼深得堂上歡娛。稍長，從桐城何克之（其鞏）先生習書法，後又拜樂至謝無量先生之門，兼臨漢魏各碑，常獲師長褒獎。

盧溝變起，李、張兩家皆避難洛陽、鎬京，余與克非弟為詩文、京劇之同好，時相過從，切磋琢磨。抗戰期間，伊即常撰詩文及劇評發表於豫、陝各報刊，頗為當時讀者所注目。

烏雲盡散，天雨開霽。克非弟於工作之餘整理舊稿，並將近年來在海外及港澳華文報刊所發表之小品文纂集成編，定名為《京華感舊錄》，準備付梓。

《京華感舊錄》所涉範圍甚廣，舉凡歷史掌故、名人軼事、詩詞賞析、梨園舊聞、書畫評介、遊記特寫、風土習俗、名勝古蹟……皆納其中，不啻一雜家之筆墨也。書中文字雅雋，引證廣博，娓娓敘之，頗富情趣，豈讓《東京夢華錄》專美於前。因不揣愚陋，臃贅數語，薦與海內外賢士共賞之。

辛酉重陽次日項城張伯駒於古燕平復堂[2]

---

① 西泠印社拍賣有限公司 2014 年秋季拍賣會之「中國書畫近現代名家作品專場（一）」第 0113 號拍品，拍賣時間：2014-12-13。

② 李克非著《京華感舊錄》。南京：江蘇古籍出版社，1986: 4。

同日，去函楊紹箕：

紹箕世講：

　　早已自青島歸來，何以一信皆無。馬玉琪已回港，可與聯繫，將「空城計研究」、「大觀園」和「京劇改革」稿要回寄來。問其損失情形如何，你在港情形並以詳示。我可十一月半後去港，有消息時再為函告。即頌

日祺！

　　　　　　　　　　　　　　　　　　　　　　　　　　碧叩
　　　　　　　　　　　　　　　　　　　　　　　　十月、五日

十月七日，覆信鄭逸梅，談《春遊瑣談》出版之事：

逸梅詞兄：

　　大札奉悉。《春遊瑣談》共六集，七集未寫完即發生「文化大革命」。現弟處只存一全部，已成孤本，不知上海古籍出版社能重印否？第一、二集尚有數本，三、四、五、六集全無，茲並《洹上詞》各寄去一本。談京劇《紅氍紀夢詩注》香港出版，已售完，弟處一本已無，港方將再版，並多補遺萬餘字，俟出版再為寄。兄著寒雲書未曾讀過，祈寄示一讀，如仍需要，讀後再行寄還。即頌

日祺！

　　　　　　　　　　　　　　　　　　　　　　　　弟張伯駒拜
　　　　　　　　　　　　　　　　　　　　　　　重陽後一日 [1]

　　十月十日，出席辛亥革命七十周年書畫展，並在會展現場與潘素、畫家溥松窗和作《梅石圖》一幅。

　　十一月七日，先生伉儷與劉海粟、夏伊喬夫婦應北京軍區後勤部副政委陳英、金嵐夫婦之邀，到其家中（室號積翠園）做客，合寫《四友圖》，劉海粟題詩：

　　　　松梅竹石稱四友，風霜雨雪貫歲寒。

　　　　只恐人情易翻覆，故教寫入畫圖看。

　　　　款識：一九八一年十一月七日積翠園雅集，潘素、夏伊喬、張伯駒、

① 鄭有慧編《鄭友梅友朋書札手蹟》。北京：中華書局，2015: 63。

劉海粟合作。公孫渾脫舞，只好自己看。

先生亦在《四友圖》上題詩賀之（此詩為先生將畫作帶回家中，題後送回積翠園）：

初冬雪意晚來無，主客言歡共對爐。

比翼分飛南北侶，寫成四友歲寒圖。

款識：辛酉立冬日，陳英先生金嵐女士約聚晚飲，既飽醉後，與室人潘素及海粟兄伊喬嫂夫人合寫是幅。余等比翼南北雙飛，為芝蘭金石之交，海粟兄題詩，名曰「四友圖」。時余年八十有四，海粟兄八十有六，亦為歲寒後凋之松柏，其樂何極！歸家亦夜子時矣，或亦為日後燕京之掌故乎？因賦俚句記之。中州張伯駒題。[1]

十一月九日，去函楊紹箕：

紹箕世講：

　　函悉！「空城計研究」不必寄回，港有願印者，可以付印。去港事這幾日即與文化部接洽。又日本方面亦有人接洽，要我夫婦去展覽書畫。先去港還是先去日，在十二月中總能知道，再為去信告知。即頌

日祺！

碧叩

十一月九日

十一月十七日，去函周篤文：

篤文詞家：

　　文化部通知，韻文學會須於本年十二月內成立，請與統一速即到我家面談，持我信與文化部周部長接洽為要。即頌

日祺！

碧拜

十七

　　星期五、六下午皆在家，星期五為宜。

十一月十七日，去函鍾敬文：

---

① 王楠、張佩茹合著《書畫情緣：陳英金嵐夫婦和他們的積翠園》。北京：解放軍文藝出版社，1997：150-152。

敬文詞兄：

　　承訪，適出門未得少坐傾談為歉！大作已收到，清空流暢，為詞之正宗，佩佩！茲書小聯一付，寄呈粲政。並頌

雙安

張伯駒拜

十一、十七 [1]

十一月廿九日，致函時任上海《文匯周刊》副主編、老友謝蔚明：

蔚明兄：

　　昨函諒達，囑寫《平復帖》、《遊春圖》，日內當寫好，連同圖片寄去。即頌

日祺。

張伯駒拜

十一、廿九

十一月，《叢碧詞話》刊於華東師範大學出版社出版的《詞學》第一輯，並出任《詞學》編委。

十二月二十日，去函周篤文：

篤文詞家：

　　一、十八日統一同志未到，記彼問我瓦當滿意否，我答不滿意，乃對其裱工滿意，對李大千瓦不算滿意，因一生不研究此種古物，希統一勿誤會。

　　二、此次友人所贈以詞為最重，再則以彭君送一盆紹興蘭花，采泉送兩頭水仙為重。

　　三、今日收印枕流大夫贈詩，十八日未約彼餐，應如何辦？或為彼畫一幅梅竹，或約彼在我家小飲，君相陪，請待考慮示知。

　　四、周汝昌傳問老尚名及將北，云：老尚對彼說，要去相訪。當係拉買賣，我甚難回信，只好告知。老尚過去曾當外縣警察局長，否則如生事故，實為不好。即頌

① 廣東崇正拍賣有限公司 2019 年春季拍賣會之「鍾王氣象·鍾敬文、王世襄舊藏」第 1211 號拍品，拍賣時間：2019-5-22。

刻祺！

碧拜

廿日

十二月二十四日，去函天津楊紹箕：

紹箕世講：

去港事經與文化部聯絡公司詢問，據云統戰部、文化部皆同意，只
要有港方單位邀請，即可辦理出境手續。經與香港來京人士黃亞蒙君（其
師賀文略曾在港中文大學任教），最好香港中文大學邀約去講學並展覽書
畫為宜，但現在寒假期間，沒有學生聽課，恐須開學以後才能去。又現日
本方面邀約去日本展覽，日期是陰曆年後，已成定局。去港須自日本回後
矣（在日本居留時期為三星期）。世講與黃亞蒙君可預作布置（黃君要潘
素青綠畫一張，現正在畫中，畫好寄去，請轉告）。又《紅毹紀夢詩注》
已交李觀承君帶去香港，設法出版。現李君無回信，請與李君接洽。能
出版再將照片寄去，不能出版，妥為寄回國內。（為不至遺失，託人帶回
更好。國內可以出版，總想不致遺失辦法。）此一事請注意辦理。即頌
日祺！

碧叩

十二、廿四

十二月，先生仇僼與中央文史館館員王益知等館員雅集。

十二月，應北京市政協文史資料委員會編寫的叢書《京劇談往錄》之
邀請，完成《北京國劇學會成立緣起》一文，此文應為先生最後一篇遺
稿，遲至一九八五年才錄入《京劇談往錄》一書刊行。

初冬，為宋振庭畫作題：

梅清菊秀

款識：素秋女士雅屬，宋振庭畫，張伯駒題，時年辛酉初冬，年
八十四。

鈐印：伯駒長壽（白文）[1]

初冬，為宋振庭所作《秋海棠圖》題詩：

---

① 宋振庭著《宋振庭畫集》。長春：吉林人民出版社，1983：14。

露團前夜已成霜，簾捲西風易斷腸。

金屋藏嬌誰問汝，不燒銀燭照紅妝。

款識：宋振庭寫秋海棠，張伯駒題。[1]

是冬，為劉海粟題《墨松圖》：

耄年猶是氣豪雄，踏遍芒鞋霧海中。

筆底挾來黃嶽勢，如聞萬壑巨濤風。

款識：辛酉冬張伯駒。

是冬，先生伉儷為陳英、金嵐夫婦合寫《梅菊石圖》，潘素寫菊、石，先生寫梅並題詩：

西風簾捲雁南歸，十月初陽庾嶺來。

菊是傲霜梅傲雪，百花頭上並先開。

款識：陳英先生金嵐女士賢伉儷雅屬，潘素寫菊，張伯駒寫梅並題詩，時年八十又四。

鈐印：京兆（朱文）、潘素（白文）、伯駒長壽（白文）、叢碧八十後印（朱文）[2]

又張伯駒先生曾在陳英的積翠園見文徵明所寫《蘭竹圖》卷，為文氏筆墨傾倒，遂借至家中臨習，之後並把所臨摹的得意之作贈予積翠園主人，畫上題詞曰：「師文侍詔墨，殊不能似，慚愧何如。陳英先生正之，中州張伯駒學寫。」[3]

是年，京崑演員侯永奎病逝，先生擬寫挽聯相贈：

夜奔何懼權奸，英風猶見山神廟；

別母能傳忠孝，義氣長流寧武關。

款識：永奎先生，張伯駒拜。

是年作長文《收藏西晉陸機〈平復帖〉、隋展子虔〈遊春圖〉經過》，以毛筆手書寄贈上海謝蔚明：

① 宋振庭著《宋振庭畫集》。長春：吉林人民出版社，1983: 15。

② 王楠、張佩茹合著《書畫情緣：陳英金嵐夫婦和他們的積翠園》。北京：解放軍文藝出版社，1997: 150-152。

③ 王楠、張佩茹合著《書畫情緣：陳英金嵐夫婦和他們的積翠園》。北京：解放軍文藝出版社，1997: 154。

收藏西晉陸機《平復帖》、隋展子虔《遊春圖》經過

張伯駒

　　西晉陸機《平復帖》，余初見於湖北振災書畫展覽會中，晉代真蹟保存至今，為驚嘆者久之。帖為溥心畬所藏。盧溝橋事變前一年余在上海，聞心畬所藏唐韓幹《照夜白圖》為滬估葉某買去，時宋哲元主政北京，余急函宋，聲述此圖文獻價值之重要，請其查詢，勿任出境。比接覆函，已為葉某攜走。後葉某轉售於英國。余恐《平復帖》再為滬估盜買，倩閱古齋韓博文往商於心畬，勿再使《平復帖》流出國外，願讓，余可收；需錢，亦可押。韓回覆云：心畬現不需款，如讓，價須二十萬元。余時無此力，只不過早備一案，不致使滬估先登耳。次年盧溝橋事變起，余以休夏來京，路斷未回滬。年終去天津，除夕前二日回京度歲，車上遇傅沅叔先生，談及心畬遘母喪，需款甚急。時銀行提款復有限制，乃由沅老居間，以三萬三千元於除夕前收歸余有。後有掮客白堅甫謂余，如願出讓日人，可得價三十萬元。余以為保護中國文物非為牟利，拒之。北京淪陷，余蟄居四載，後偕室人潘素入秦，帖藏衣被中，雖經亂離跋涉，未嘗去身。日人降後，余回京，沅老已病不能語，旋逝世。余挽以聯云：「萬家爆竹夜，坐十二重屏華堂，猶憶同觀《平復帖》；十里杏花天，逢兩三點雨寒食，不堪重上倚雲亭。」余與沅老每歲清明，必去大覺寺看杏花，共與寺外花間築二亭，一名「倚雲」，一名「北梅」，時坐其中，聯蓋為紀實。

　　帖書法奇古，蓋為由隸變草之初草，與西陲漢簡相類。收藏自唐宋元明至清雍正，後乾隆生母孝聖憲皇后遺賜於成親王永瑆，後由治王府歸恭王府，而歸於余。溥儀未出宮前以賞溥傑為名，盡將宮內所藏書畫移運其私邸。出宮後由日使館保護隨運至天津日租界張園，後又隨帶去長春。偽滿覆滅，盡散失於吉林省一帶。故宮博物院無經費，而理事胡適、陳垣不知書畫，以收價貴，持異議，乃由北京古董商人組織八公司，出關收購。隋展子虔《遊春圖》為玉池山房馬霽川所得，聲言售價須八百兩黃金，余即走告故宮博物院長馬衡，謂此圖卷必應收歸故宮，但須（故）院方致函古玩商會不准出境，始易議價，至院方經費如有不足，余願代周轉，而馬衡不應。余遂自函廠商，謂此卷有關歷史，

不能出境，以致流出國外。後由墨寶齋馬寶山君出面往返磋商，以黃金二百二十兩定價，時余屢收宋元名蹟，手頭拮据，乃售出所居住房屋及室人潘素首飾付款，將卷收歸。月餘後，南京政府張群來京，即詢此圖卷，四、五百兩黃金不計，但圖卷已先歸余有。解放後，《遊春圖》以原價讓售於故宮博物院，《平復帖》則連同唐李白《上陽臺帖》、唐杜牧《贈張好好詩》、宋范仲淹書《道服贊》、蔡襄《自書詩》、黃庭堅《諸上座帖》、吳琚《雜書詩》、元趙孟頫《章草千字文》，均捐獻於國家。此傳世最古之法書寶繪，未流出國外，則傅沅叔先生與馬寶山君之功，為不可泯沒者。**1**

是年，為畫家諸葛志潤作嵌名聯一幅：

　　志比鯤鵬圖海澥；

　　潤如璧玉出藍田。

　　款識：志潤先生雅屬。中州張伯駒，時年八十又四。

　　鈐印：伯駒長壽（白文）、叢碧八十後印（朱文）、平復堂印（白文）**2**

是年，書錄《風入松·咏三六橋藏紅樓夢》一紙：

　　艷傳愛食口脂紅，白首夢非空。無端嫁得金龜婿，判天堂、地獄迷踪。更惜鳳巢折散，西施不潔塵蒙。　　此生緣斷破驚風，再世願相逢。落花玉碎香猶在，剩招來、魂返青松。多少未乾血淚，後人難為彈窮。

　　款識：調寄《風入松》咏三六橋藏《紅樓夢》詞題二泉宅《紅樓夢》，卻苑與大士欣合作。中州張伯駒，時年八十又四。

　　鈐印：伯駒長壽（白文）、叢碧八十後印（朱文）**3**

是年，應名為書田的朋友之請，為其題寫嵌名聯：

　　書中自有顏如玉，

　　田下應嫌李共瓜。

　　款識：書田先生雅囑。中州張伯駒，時年八十又四。

---

① 張伯駒：《收藏西晉陸機〈平復帖〉、隋展子虔〈遊春圖〉經過》，上海：《書與畫》，2002 年第 11 期第 10 頁。

② 廣東崇正拍賣有限公司 2018 年秋季拍賣會之「同氣並香·張伯駒、潘素的朋友圈」第 836 號拍品，拍賣時間：2018-12-13。

③ 張伯駒著《張伯駒詞集》。北京：文物出版社，2008。（彩頁）

是年，倡導成立了「中國扇子書畫藝術鑒賞會」並任會長。成立初衷有二：一是藉扇與善的諧音，弘揚中華民族傳統的仁、善美德；二是藉扇的造型，寓為橋梁，連接海內外華人，為祖國統一大業做貢獻。先生親自撰寫並用毛筆抄錄了「章程」。該協會得到了萬里、習仲勛、谷牧、雷潔瓊等黨和國家領導人以及蔣兆和、吳作人、劉海粟、啟功、關山月、潘潔茲、黎雄才、關良、亞明、宋文治、侯寶林等百餘位著名藝術家的支持。

是年，去函常君實：

君實兄：

現又想起舊作詩兩首，錄後備採。

一、盧溝橋事變後，北京南京各成立偽組織，當時與遜清翰苑諸老共賦「春草」詩，因藉題以抒感憤。詩云：

憔悴荒叢委凍荄，樂遊原上久沉埋。東皇抬舉還當道，南國芊錦又被厓。風雨銷魂牽別恨，河山入夢捲愁懷。採香涇外蘅蕪滿，莫向吳宮弔館娃。

二、和周汝昌咏舊樂器店幌子，舊樂器店幌子剪布為琵琶形，藍邊白心，內書店名，掛於門外。詩云：

洞庭張樂內橫陳，紫蓋齊飛撲市塵。古董先生誰似我，落花時節又逢君。明妃塞上無歸夢，司馬江州欲斷魂。一樣青簾風外舞，休疑人醉玉樓春。

幼隨父鎮芳在長蘆鹽運使署家塾讀書，九歲初學詩，有夏日即事，詩云：

偶步芳園裏，清涼夏日天。輕風吹竹剪，細雨打荷錢。

塾師將剪字改為葉字，乃呈父曰：兒見竹葉交加如剪刀，正好以對錢字，父以為然。

又父鎮芳以參加徐州會議，清宣復辟，事敗被逮入獄，後以發往前敵效力，獲釋歸項城故鄉。時年二十歲，除夕前有祝父壽詩云：「近日潮流急，紛歧政兩端。黃中飛萬騎，紫纛散千官。舊主伊誰念，同袍竟自殘。唯知君父重，詎畏虎狼幹。泣血思存楚，失身為報韓。苦衷堪共白，素志只餘丹。□緤原非辱，干戈息應難。從戎欣解網，

筮仕懶彈冠。子養求鳩拙，閒居喜燕安。華堂開壽域，麗澤建騷壇。蟻酒香浮菊，鴨爐氣裊檀。鳳元除夏曆，鶴語記堯寒。劫火敬心過，春光放眼觀。河山同百歲，日月跳雙丸。閱歷難中得，興亡夢裏看。有時逢盛世，驢背墜陳摶。」父見「泣血」一聯，批曰：孺子一語，抵人千百。

又蔣介石北伐成功之第二年，章太炎來京，□□有咏秋草詩，內一聯云「已盡餘生還萊道，猶拚垂死待燎原」，意在譏刺國民黨政府，太炎見之，甚激賞。此見其詩之□度，後刻意為詞不為詩，故無存稿。

是年，《人才》雜誌在北京創刊，先生應邀為該刊題詞：

人才薈萃，張伯駒

鈐印：伯駒長壽（白文）[1]

是年，為名興甫者書冊頁一幀：

往事回頭何處尋，鶯聲燕語隔年音。千絲柳裊春風意，數點梅開天地心。　　翻齒少，更情深，醇醪口對酒長斟。餘生未了須珍重，一寸光陰一寸金。

款識：調寄《思佳客》，辛酉元旦立春後賦，《九九消寒圖》云：亭前垂柳，珍重待春風。余之餘生亦如在春風時光。中州張伯駒，八十又四。

鈐印：伯駒長壽（白文）、從碧八十後印（朱文）、京兆（朱文）、平復堂印（白文）[2]

是年，為友人吳江題嵌名聯：

吳楚東南天共遠，

江河日夜水長流。

款識：吳江先生雅屬。中州張伯駒，時年八十又四。

鈐印：平復堂印（白文）、伯駒長壽（白文）、叢碧八十後作（朱文）[3]

是年，為友人名沛煊者題嵌名聯：

① 張伯駒：「人才薈萃」，北京：《人才》，1981 年第 1 期（創刊號）封二。
② 北京嘉寶國際拍賣有限公司 2006 首屆拍賣會「中國書畫」第 0068 號拍品，拍賣時間：2006-01-04。
③ 北京保利國際拍賣有限公司十週年秋季拍賣會「中國近現代書畫（一）」第 1380 號拍品，拍賣時間：2015-12-07。

沛豐子弟皆龍種，

煊赫將軍號虎牙。

款識：沛煊先生雅屬。中州張伯駒，時年八十又四。

鈐印：伯駒長壽（白文）、叢碧八十後印（朱文）、平復堂印（白文）[1]

是年，先生夫婦合寫《梅石圖》並題：

梅石圖

款識：潘素寫石，張伯駒寫梅並題，時年八十又四。[2]

是年，為詞人名君恆者作嵌名聯並書贈：

君子愛蓮泥不染，

恆星煥彩日長懸。

款識：君恆詞兄正。中州張伯駒，時年八十又四。

鈐印：伯駒長壽（白文）、叢碧八十後印（朱文）、平復堂印（白文）[3]

是年，寫《蕙蘭圖》以賀中華書局成立七十周年並題詩：

坐對百城列，無殊南面王。

蘭香和墨氣，入室俱同芳。

款識：中華書局成立七十周年紀念，張伯駒寫賀，時年八十又四。

鈐印：伯駒長壽（白文）、叢碧八十後印（朱文）、京兆（朱文）、平復堂印（白文）[4]

是年，與潘素合繪《梅石圖》以賀中華書局成立七十周年，先生並題：

梅石圖

款識：中華書局成立七十周年紀念，潘素張伯駒合寫並題。

鈐印：京兆（朱文）、伯駒長壽（白文）、叢碧八十後印（朱文）、潘素之印（朱文）[5]

是年，寫《梅蘭圖》並題詩：

---

① 廣東崇正拍賣有限公司 2018 年秋季拍賣會之「同氣並香・張伯駒、潘素的朋友圈」第 839 號拍品，拍賣時間：2018-12-13。

② 張伯駒潘素文獻整理編輯委員會編《張伯駒潘素書畫集》。北京：中華書局，2013：69。

③ 鄒典飛《民國時期的北京書風》。北京：故宮出版社，2014: 343。

④ 張伯駒潘素文獻整理編輯委員會編《張伯駒潘素書畫集》。北京：中華書局，2013: 58-59。

⑤ 張伯駒潘素文獻整理編輯委員會編《張伯駒潘素書畫集》。北京：中華書局，2013: 65。

　　朱鳥南天淑氣長，羅浮迤邐接瀟湘。

　　東風吹到人間世，幽谷空山各自芳。

　　款識：中州張伯駒寫梅蘭並題，時年八十又四。

　　鈐印：京兆（朱文）、張伯駒印（朱文）、好好先生（朱文）、六郎私印（朱文）[1]

是年，為友人名從忠者書嵌名聯：

　　從心繼志為所欲，

　　忠言逆耳利於行。

　　款識：從忠先生雅屬。中州張伯駒，時年八十又四。

　　鈐印：伯駒長壽（白文）、叢碧八十後印（朱文）[2]

是年，與潘素與畫家盧坤鋒、蔣風白合寫《四君子圖》，張伯駒寫蘭，潘素寫菊花，盧坤峰寫梅，蔣風白寫風竹，張伯駒詩並題：

　　菊秀蘭芳共一時，梅為妻更竹為師。

　　畫家各有生花筆，寫得心情自不知。

　　款識：盧坤峰寫梅，蔣風白寫竹，潘素寫菊，張伯駒寫蘭並題，時年八十又四。

是年，為醫生名桂生的友人作嵌名聯：

　　桂心醫士除皮用，

　　生面將軍下筆開。

　　款識：桂生先生雅屬。《本草集解》陳藏器曰：茵桂、牡桂、桂心三色同是一物。桂心即削皮上甲錯取其有味者，杜工部咏曹霸畫馬詩云：將軍下筆開生面。中州張伯駒，時年八十又四。

是年，擬函託友人手遞身居臺灣的老友張大千。

大千賢弟：

　　自戊子握別，至今已三十三載。回首前塵，恍若隔世，兄日夜思念老友。今有室人潘素繪就兩幅芭蕉，請大師擇一善者補寫。

---

① 張伯駒潘素文獻整理編輯委員會編《張伯駒潘素書畫集》。北京：中華書局，2013: 56。

② 北京匡時國際拍賣有限公司 2015 迎春藝術品拍賣會之「百年遺墨專場」第 1070 號拍品，拍賣時間：2015-03-31。

萬望老友多多保重！

伯駒頓首

是年，寫《紅梅圖》並題：

上面春風

款識：中州張伯駒，是年八十又四。

鈐印：伯駒長壽（白文）、叢碧八十後印（朱文）、京兆（朱文）[1]

是年，書錄舊詞《小秦王》贈周篤文，詞曰：

小秦王　己未春清明後遊暘臺大覺寺看花

清明節過喜初晴，詞侶相攜出鳳城。新雨今來思舊雨，不堪重問倚雲亭。

己未清明後二日，與諸詞家同遊大覺寺，憶昔與傅沅叔太史共築兩亭於杏林中，一名倚雲，一名北梅，回思舊雨人亡，亭址不堪重聞矣！

年年歲歲到暘臺，寒暖陰晴也自來。疊嶂風沙遮不住，杏花半似霧中開。

余年年不問陰晴寒暖，必遊暘臺大覺寺，今年風沙特大疊嶂巒，亦難遮住一望，杏花迷離，如在霧中。

月明吹笛夢當年，羸步蹣跚每怕顛。一望已知春意鬧，不須更向眼前看。

宋人詞「杏花疏影裏，吹笛到天明」，其情事當非哀年之境。余五十年前來遊，必步行十餘里，徘徊花叢，今則以腿疾步履蹣跚，每畏顛簸，只能遠望，老境可嘆！

臥遊大覺剩空堂，鴻雪都成夢一場。閱世五朝人尚在，名花也應感滄桑。

相傳乾隆下江南，太監攜玉蘭兩盆景歸，種於寺麟見亭，鴻雪姻緣大覺臥遊一則，半言及，蓋在嘉慶時，尚未成樹也。吾輩自清至今，已閱五朝，而玉蘭一樹花尚好，一樹已枯矣！

---

① 張伯駒潘素文獻整理編輯編輯委員會編《張伯駒潘素書畫集》。北京：中華書局，2013: 45。

　　　四川詞家大號祈示知。

　　　曉川詞家 [1]

是年，為潘素所作金碧山水《雲巒疊彩圖》題詩：

　　　雲濤幻出海茫茫，樓閣參差倚夕陽。

　　　紅葉經霜花比艷，秋光翻覺勝春光。

　　　款識：中州張伯駒，時年八十又四。

　　　鈐印：張伯駒印（朱文）、好好先生（朱文）、京兆（朱文） [2]

是年，書《鷓鴣天·重至香港詞》一首：

　　　觸目風光萬象新，家家俱是太平人。每鋪沙席來眠浪，時上山樓在步雲。　　此樂國，四時春，木棉高樹擁紅雲。太虛何處尋仙境，世外桃源好逼秦。

　　　款識：調寄《鷓鴣天·重至香港感懷》。中州張伯駒，時年八十又四。

　　　鈐印：伯駒長壽（白文）、叢碧八十後印（朱文）、京兆（朱文）、平復堂印（白文） [3]

是年，與潘素合寫《梅石圖》慶祝中華書局成立七十周年並題：

　　　梅石圖

　　　款識：中華書局七十周年紀念，潘素張伯駒合寫並賀。

　　　鈐印：伯駒長壽（白文）、叢碧八十後印（朱文）、潘素之印（朱文）、京兆（朱文） [4]

是年，為中華書局成立七十周年再寫紅梅一幀並題詩以賀：

　　　傳是樓中樂有餘，牙籤鄴架廣珍儲。

　　　何須更立程門雪，細嚼梅花讀漢書。

　　　款識：中華書局成立七十周年，張伯駒寫賀，時年八十又四。

　　　鈐印：京兆（朱文）、平復堂印（白文）、伯駒長壽（白文）、叢碧八十後印（朱文） [5]

---

① 原作為周篤文收藏，一九九八年轉贈友人。周篤文有跋：「此為八一年伯老作贈敝人者，所問四川詞家為任中敏先生，此件持贈馬彥記此請感忠。曉川自識，九八年冬至日記。」

② 張伯駒潘素文獻整理編輯委員會編《張伯駒潘素書畫集》。北京：中華書局，2013: 167。

③ 張伯駒潘素文獻整理編輯委員會編《張伯駒潘素書畫集》。北京：中華書局，2013: 35。

④ 張伯駒潘素文獻整理編輯委員會編《張伯駒潘素書畫集》。北京：中華書局，2013: 64。

⑤ 見中華書局製紀念扇，由中華書局劉宏於 2015 年 10 月 25 日寄贈。

是年，為吳素秋的丈夫、京劇武生演員姜鐵麟作嵌名聯：

鐵心傲歲寒梅勁，

麟趾呈祥奕葉長。

款識：鐵麟先生雅屬。中州張伯駒，時年八十又四。

潘素亦繪《山海奇觀》圖相贈。

是年，與潘素分寫蘭花和牡丹圖贈送友人名世增者：

先生題：

楚澤流芳

款識：世增先生雅囑。張伯駒時年八十有四。

鈐印：伯駒長壽（白文）、叢碧八十後印（朱文）、京兆（朱文）**1**

潘素題：

崑山夜光

款識：世增先生雅囑，潘素。

鈐印：潘素（白文）、女河陽（朱文）**2**

年底，賀著名畫家、中央美院教授王森然之子王兵新婚，作冠名聯：

王佐器材高管晏，

兵書韜略法孫武。

年底，為《工人日報》記者劉軍（筆名呂鵬）書冠名聯：

呂端小事糊塗了，

鵬舉孤忠氣節全。

一九八二年（壬戌）　八十五歲

元旦、當晚，《工人日報》記者劉軍來訪，先生建議擬兩人合作完成一本有關古書畫鑒定的著作，書名暫定「古畫鑒偽談真」。

年初，畫家黃永玉在北京展覽館莫斯科餐廳邂逅張伯駒，一九九二年

---

① 河南鴻遠拍賣有限公司 2011 年首屆藝術品拍賣會「文盛軒藏中國書畫著錄專場」第 0080 號拍品，拍賣時間：2011-04-20。

② 河南鴻遠拍賣有限公司 2011 年首屆藝術品拍賣會「文盛軒藏中國書畫著錄專場」第 0126 號拍品，拍賣時間：2011-04-20。

春日，黃永玉根據當年的印象畫出了名作《大家張伯駒先生印象》，並題
記曰：

> 近日讀海粟先生記張伯駒先生文，有大風海濤、悲愴莫名之感。張
> 先生絕塞生還，事出僥倖，亦是他譴也。余生也晚，然前賢文章軼事，
> 亦有幸涉獵。故於伯駒先生行止極生興趣，乃知今世有如斯大妙人，實
> 千秋江山之福祉也。文化之與文化人，文化人之與家國極大極深之微妙
> 關係存焉。人自幼及長及衰，天道也，既無從迎接，亦無可逃避。血肉
> 之軀，縱一世英明，修養百端，乃至老來語言暗嗟，思路重疊，自勿須
> 愧慚，向人之理因人人皆步此歸途也。豪言壯語已失，拳打腳踢難做，
> 唯一可行者，約三數同齡嚅嚅掌故，回味藥爐經卷，打發日子而已。惜
> 此中動靜尚不諒於少壯，當今內涵風騷當更難得回旋寸尺，恥辱、榮
> 耀、獎賞、懲責，早已顛倒翻轉。張鐵生為金狀元，時傳祥成香元帥。
> 老先生身處風口，自築險境，伯駒先生焉能不倒也？倒也！梁思成、林
> 徽因二位焉能不倒也？倒也！

> 余弱冠即知世上有張伯駒先生。知北京有余叔巖。稍長知故宮有杜
> 牧《張好好卷》、展子虔《遊春圖》稀世名蹟。知中國有鹽業銀行。人事
> 諸般，均與張先生結下美緣瓜葛。大見識、大手筆，博聞風雅，慷慨大
> 方，京華之張伯駒，言之口舌蓮花生矣。

> 「四害」伏法，伯駒先生及碌碌眾生得活。月入八十元與潘素夫人相
> 依為命。某日余偕妻兒赴西郊莫斯科餐廳小作牙祭，忽見伯駒先生蹣跚
> 而來，孤寂索漠，坐於小偏桌旁。餐至紅菜湯一盆，麵包四片，果醬小
> 碟，黃油二小塊。先生緩慢從容品味，紅菜湯畢，小心自口袋取出小手
> 巾一方，將抹上果醬及黃油之四片麵包細心裹就，提小包自人叢緩緩隱
> 去。余目送此莊嚴背影，不忍他移。半月後，驚聞伯駒先生逝世。人生
> 常有如此巧機緣，不足怪也。

> 余曾對小兒女云：張先生一生喜愛人間美好事物，嘗盡世上甜酸苦
> 辣，富不驕，貧能安，臨危不懼，見辱不驚，居然能喝此蹩腳紅菜湯，
> 真大忍人也。老人讀書與今人有別，修德與遊玩亦與今人有別，古法
> 也。余輩他年接觸張先生學問時，當知今日邂逅之意義。

> 夫人國畫家音樂家潘素惜未同行，老人手中麵包，即為其帶回者。

情深若是，發人哀思。[1]

年初，書對聯：

　　壬人在位當妨國，

　　戍削裁衣恰合身。

　　款識：親賢遠佞其國必昌，親佞遠賢其國必亡。《漢書·司馬相如傳》「紛紛裶裶，揚袘戍削」言衣服之裁製寬窄合度也。中州張伯駒，時年八十又五。

　　鈐印：伯駒長壽（白文）、叢碧八十後印（朱文）、平復堂印（白文）[2]

年初，書四言對聯：

　　新壬紀歲，

　　向戌弭兵。

　　款識：今歲為辛酉為雞年，明歲壬為犬年。中州張伯駒，時年八十又五。

　　鈐印：伯駒長壽（白文）、叢碧八十後印（朱文）、平復堂印（白文）[3]

一月六日，為老友宋振庭《赭梅圖》題詩：

　　傲骨何知凍雪埋，初陽庚嶺待春來。

　　東風吹到人間世，更向百花頭上開。

　　款識：振庭寫梅，張伯駒題，是年辛酉臘月十二日。

　　鈐印：伯駒長壽（白文）、叢碧八十後印（朱文）[4]

一月九日，去函周篤文：

篤文詞家：

　　前去函，問韻文學會進行事，及施蟄存詞刊出版否？事未得覆，暇即祈示及為荷。專此，即頌

刻祺！

　　　　　　　　　　　　　　　　　　　　　　　　　碧拜

　　　　　　　　　　　　　　　　　　　　　　　星期六，九日

① 黃永玉著《比我老的老頭》。北京：作家出版社，2003: 52-53。

② 張伯駒、潘素著《張伯駒潘素書畫集》。北京：人民美術出版社，1985: 2。

③ 張伯駒潘素文獻整理編輯委員會編《張伯駒潘素書畫集》。北京：中華書局，2013: 3。

④ 宋振庭著《宋振庭畫集》。長春：吉林人民出版社，1983: 4。

一月十二日，中華書局成立七十周年，先生與潘素應邀出席在人民大會堂舉辦的紀念活動，並作畫留念。

一月十五日，去函楊紹箕：

紹箕世講：

　　函悉。李觀承君我已去信，春節後陰曆二月可能到日本，陽曆六月中山書畫社開紀念鄭成功二百多少年紀念書畫展，北京開後到香港開，可能在此時去港，不待港任何單位邀請矣。春節後有何情形，再行去信。

一月二十二日，去函周篤文：

篤文詞家：

　　函悉！請代函蟄存先生，《叢碧詞話》多要二十本。潘素受日本方面之約，春節後約正月底二月初去日本展覽繪畫。去三星期。回後又準備民革紀念鄭成功收復臺灣展覽。現正忙對日本補畫展品，所有索畫朋友均須俟六月後始能着筆。正月初二日上午十時希來舍一談，藉作來日之聚。琦翔、統一由我另行去信。希準時蒞臨。即頌

春祺！

　　　　　　　　　　　　　　　　　　　　　叢碧拜

　　　　　　　　　　　　　　　　　　　　　一、廿二

一月二十四日，改舊作《思佳客》詞一闋並書：

　　春去春來盡不知，白頭搔處雪成絲。眼猶欲看花催也，口已無言鳥代之。　停飲酒，罷題詩，事如隔世費重思。人間切莫爭長短，即是千年亦一時。

　　款識：調寄《思佳客》，辛酉立春後除夕賦。中州張伯駒，時年八十又四。

　　鈐印：伯駒長壽（白文）、叢碧八十後印（朱文）、京兆（朱文）[1]

二月八日，因感冒住進北大醫院，後感冒轉成肺炎。

二月十一日，弟子周篤文前來探視，並告知賀敬之關於籌建韻文學會將採取掛靠實體學術單位的建議。時先生已不能對話，僅頷首作答。之

---

① 中國嘉德國際拍賣有限公司 2016 春季拍賣會之「中國近現代書畫（一）」第 0542 號拍品，拍賣時間：2016-05-14。

後，在賀敬之的關懷下入住幹部病房。**1**

　　二月二十五日，農曆正月二十二，先生八十五歲生日，適逢老友張大千嫡孫張曉鷹赴美探望祖父，張曉鷹奉祖父之命來醫院探望先生，先生令拍照片帶給張大千。下午《文物天地》主編王禹時筆錄下贈老友張大千的詩詞各一首，詩曰：

　　病居醫院，張大千兄令孫曉鷹赴美，來視並拍照，因寄懷大千兄。

　　　別後瞬經四十年，滄波急注換桑田。

　　　畫圖常看江山好，風物空過歲月圓。

　　　一病翻知思萬事，餘情未可了前緣。

　　　還期早息閱牆夢，莫負人生大自然。

　　詞曰：

　　　　　　鷓鴣天　　病居醫院至誕辰感賦

　　　以將 **2** 干支斗指寅，回頭應自省吾身。莫辜出處人民義，可負生教父母恩。　　儒釋道，任天真，聰明正直即為神。長希以往昇平世，物我同春共萬旬。**3**

　　二月二十六日，上午十時四十三分，先生與世長辭，享年八十五歲。

　　三月二日，《人民日報》刊登先生遺詩「病居醫院，張大千兄令孫曉鷹赴美，來視並拍照，因寄懷大千兄」和「鷓鴣天·病居醫院至誕辰感賦」二首。

　　三月五日，香港《大公報》刊登先生在京病逝的消息，標題為《著名書法家張伯駒在京病逝——夫人潘素料理喪事完畢按原計劃赴日舉行展覽》。

　　三月二十六日，張伯駒先生追悼大會在八寶山舉行。追悼會由中央文史館館長葉聖陶主持，薩空了致悼詞。葉劍英、鄧穎超、王震、谷牧等國家領導人送了花圈。王任重、周揚、賀敬之、程思遠、趙樸初、夏衍、胡愈之及劉海粟等文化界知名人士親赴八寶山送行。

---

① 2018 年 8 月 16 日，編者採訪先生弟子周篤文。

② 「將」字平仄不和，周篤文認為應為「轉」字。2018 年 4 月 4 日上午 11 時，在大覺寺四宜堂訪問周篤文。

③ 張伯駒潘素文獻整理編輯委員會編《回憶張伯駒》。北京：中華書局，2013: 157。

老友宋振庭寫下情真意切的挽聯以痛悼先生：

> 愛國家，愛民族，費盡心血一生為文化，不惜身家性命；
>
> 重道義，重友誼，冰雪肝膽齎志念一統，豪氣萬古凌霄。

黃君坦挽：

> 公子翩翩，空城一曲風流盡；
>
> 先生好文，文采無雙福慧全。

施蟄存挽：

> 春海移桑，閒老京華貴公子；
>
> 塵琴掩瑟，歌殘梁園舊詞人。

吳小如挽：

> 叢菊遺馨，詩紀紅毹真一夢；
>
> 碧紗籠句，詞傳彩筆足千秋。

史樹青挽：

> 書會憶追陪，不忍重看西晉帖；
>
> 春遊成夢寐，何時更到北梅亭。

表弟李克非為先生擬挽聯：

> 憶當年，福全樓館，粉墨登場演臥龍，步叔嚴餘韻，堪稱千古傳絕唱；
>
> 看近歲，叢碧山房，群賢同觀平復帖，附士衡驥尾，無愧萬世留墨香。[1]

先生自挽聯：

> 歷名山大川，對金樽檀板，滿路花綠野堂，舊雨春風，駿馬貂裘，法書寶繪，渺渺浮生，盡烟雲變幻，逐鹿千年何足道，俊才老詞人，濁世佳公子；
>
> 認清冰潔玉，證絮果蘭因，粘天草紅豆樹，離腸望眼，靈旗夢雨，淚帕啼箋，綿綿長恨，留秋碧傳奇，求凰一曲最堪憐，還願為鶼鰈，不羨作神仙。[2]

---

[1] 北京燕山出版社編《古都藝海擷英》。北京：北京燕山出版社，1996: 336。

[2] 先生自挽聯流傳很廣，編者始終沒有查到原始出處。先生弟子周篤文則認為自挽聯非先生手筆，他推斷似為胡蘋秋所作。2018 年 4 月 4 日上午 11 時，在大覺寺四宜堂訪問周篤文。

歐陽中石挽：

　　琴書筆硯作生涯，磊落本無瑕。是真名士渾瀟灑，一代大方家。嗏肝膽，照中華；

　　詩截詞闋筆無花，翰墨真精華。風雲日月須閒煞，賈島嘆才乏。嗏琴碎，有伯牙。

張牧石挽：

一

七十二沽春水鮮，金盤敲韻憶從前。

他年有夢寒山寺，怕聽鐘聲到客船。

二

殘淚依稀濕夢痕，海棠時節又黃昏。

剩春從此應難展，惻惻風光李氏園。[1]

三月二十七日，《人民日報》第四版轉載了新華社消息《中央文史研究館館員張伯駒先生逝世》：

　　〔新華社北京 3 月 26 日電〕中央文史研究館館員張伯駒因病於 1982 年 2 月 26 日在北京逝世，終年八十五歲。張伯駒先生追悼會今天下午在八寶山革命公墓禮堂舉行。葉劍英、鄧穎超、王震、谷牧、錢昌照等同志和中央統戰部、中央宣傳部、國務院辦公廳等有關單位送了花圈。王任重、周揚、賀敬之、鄭思遠等同志參加了追悼會。追悼會由葉聖陶主持，薩空了致悼詞。

　　張伯駒是民盟中央文教科技委員會委員、民革成員，是文物收藏家、中國古典藝術研究家、書畫家、詩人。他熱愛祖國、熱愛中國共產黨，擁護社會主義，為人民做了許多有益的工作。長期以來，他熱心於文化藝術事業，十分珍視祖國古代文物，曾為保存中華民族的文化精粹如《平復帖》、《遊春圖》和李白的《上陽臺帖》等珍貴字畫，做出了寶貴貢獻。張伯駒先生遵循黨的文藝方針，進行古典藝術的研究和講學，對豐富人民的文化生活和繼承、發揚我國的古典文化藝術起到了積極作

---

① 張牧石著《張牧石詩詞集》（待盡堂詩）。北京：北京聯合出版公司，2018：9。

用。張伯駒先生一再表示願為實現祖國統一貢獻自己的力量。他深切懷念在臺灣的故舊，期望海峽兩岸人民為振興中華共同奮鬥。[1]

三月，張伯駒先生和黃君坦共同選編的《清詞選》一書由河南中州書畫社出版。五月，由先生題寫書名、顧平旦與曾保泉合著的《對聯欣賞》一書在北京文化藝術出版社刊行。

五月，由張伯駒先生題寫書名、許錦文選編記譜的《楊寶森唱腔選》一書於上海文藝出版社出版，該書於次年九月第二次印刷。

是年，潘素與李苦禪、孫墨佛等十位畫家再為北京紫竹院公園合作《墨竹圖》。

---

① 《中央文史研究館館員張伯駒先生逝世》，北京：《人民日報》，1982 年 3 月 23 日第 4 版。

卷七 長相思

（一九八三—二〇一八）

一九八三年（癸亥）

一月，由中國人民政治協商會議北京市委員會文史資料委員會所編的《文史資料選編》第十六輯在北京出版社刊行，內收錄張琦翔遺稿《我所知道的張伯駒先生》。

三月，潘素撰寫《憶伯駒》一文，刊登於《團結報》。

七月，由張伯駒先生與劉成禺合著的《洪憲紀事詩三種》由上海古籍出版社刊行。該書於一九八五年九月第二次印刷。

十一月，張伯駒先生遺作《續洪憲記事詩補注》一文刊登於由中國社會科學院近代史研究所近代史資料編輯組編、中國社會科學出版社出版的《近代史資料》第三期。

是年，由宋振庭提名，潘素當選為第六屆全國政協委員。

一九八四年（甲子）

四月，《張伯駒潘素書畫集》由人民美術出版社刊行。

七月，張伯駒先生所著《春遊瑣談》一書，由中州古籍出版社出版。

一九八五年（乙丑）

五月，張伯駒先生所著《張伯駒詞集》由中華書局出版發行。

一九八六年（丙寅）

三月，潘素撰寫《懷念亡友張大千》一文。

六月，由張伯駒先生主編、編著的《春遊瑣談·素月樓聯語》一書由北京出版社出版。

是年，著名書法家劉炳森曾給他的書社學長、北京書畫藝術研究會會長王爾遐先生寫了一首五十賀壽詩，詩中回憶了二人當年在北京書法研究社學習書法的情況：

　　　書社當年二小童，今朝忽已半成翁。
　　　丹青事業多歧路，翰墨生涯盡苦衷。
　　　厲風淒雨聊舊話，光天霽日展新程。
　　　吾儕日後尤加勉，傴僂相攜是弟兄。

是年，由國家撥款修繕北京後海南沿二十六號張伯駒舊宅，擬成立「張伯駒紀念館」，潘素則被短暫安排住進中國畫研究院。

一九八七年（丁卯）

三月，朱經畬整理的《張伯駒生平事略》一文，刊登於天津人民出版社印行的由中國人民政治協商會議天津市委員會文史資料委員會所編《天津文史資料選輯》第三十九輯中。

四月，中國人民政治協商會議北京西城區委員會文史資料委員會所編《文史資料選編》第一期，刊登潘素文章《我將繼續在書畫藝術道路上奮進》，以紀念張伯駒先生逝世五周年。附文如下：

我將繼續在書畫藝術道路上奮進
——紀念伯駒逝世五周年
潘素
（一）

我和伯駒共同生活五十多年，雖經歷了不少動盪艱險，但始終在書畫創作上相互淬礪，共同前進。1982 年 2 月 26 日他在北京去世後，我即以大部分精力去完成他的未竟事業，繼續追求我們的共同志願和目標。1983 年 3 月我在《團結報》上寫過一篇《憶伯駒》的短文，對他畢生事蹟作了回顧與憶念。

伯駒是個古文物鑒定家、收藏家，所藏字畫有《叢碧書畫錄》目

錄。充任故宮博物院專門委員時，曾用巨金將我國珍稀文物從外商手中購回獻給國家。《三希堂法帖》已被賣給美商，經伯駒在報紙上揭露，才得以制止瑰寶外流，當時確起到震聾發聵的作用。伯駒也擅長詩詞楹聯，著有詞集七種，如早期的《叢碧詞》，後期的《秋碧詞》、《秦遊詞》等。陳毅副總理追悼會上，伯駒所作挽聯：「仗劍從雲，做干城，忠心不易，軍聲在淮海，遺愛在江南，萬庶盡銜哀，回望大好山河，永離赤縣；揮戈挽日，接樽俎，豪氣猶存，無愧於平生，有功於天下，九泉應含笑，佇看重新世界，遍樹紅旗。」毛主席曾贊許為佳聯。他又是戲曲愛好者，嘗多次演出，頗為菊界朋友所稱道。張琦翔先生遺稿《我所知道的張伯駒先生》，發表在北京市政協《文史資料選集》第十六期，張老與伯駒交往四十年，彼此極相知，所述很能概括伯駒在各方面的努力和追求。

　　近幾年對伯駒的書畫辦了幾次展覽，如 1980 年中國美術家協會北京分會主辦的《張伯駒潘素夫婦書畫聯展》，在北海公園畫舫齋共展出一百二十多幅，內中包括《紅樓夜泊》（淡彩），《桂林伏波山》（大青綠），《臨吳歷雪山圖》（五十餘人題字淺絳雪景），《萬里江山》（丈二匹金碧）等。1983 年由中國美協、中國畫院、中國美術館等數單位舉辦的張大千畫展，其中有張大千、于非闇、潘素合繪，伯駒題記的山水畫一幅，我畫的南國芭蕉圖兩幅，由張大千分別補繪波斯貓和素妝仕女。大千先生和伯駒都已作古，睹物思人，彌深懷念。

　　1985 年 4 月，人民美術出版社出版了《張伯駒潘素書畫集》，選擇我們一些有代表性的作品，其中有伯駒和我的六十多幅，與別人合作的四十餘幅，還有與張大千、劉海粟諸名家合作並題字的十餘幅，卷首有劉玉山同志寫的作者簡介，有宋振庭同志寫的序文。這個畫集的出刊，得到中央領導的關心支持，得到社會各方面的熱忱幫助，是人民給我們的最高獎賞，更激發我努力書畫藝術事業的熱情。

（二）

　　去年 3 月，聽到大千畫師在臺島去世，曾撰文《懷亡友張大千》以志悼念。全國解放後，大千在臺，海峽雖把我們分開，但交往始終沒斷。他聽到伯駒和我有赴港之行，就寫信來歡迎，並代購飛機票希望能

在港會晤，奈天吝機緣，未克如願。我兩次把作品託他題寫，他都欣然命筆，補畫或題辭。出版的畫集裏，就刊有張伯駒、潘素、齊小集、張大千、于非闇合作的《小幅山水》，我繪畫由大千題字的《臨喬仲常赤壁後遊圖》兩幅。1983 年，我把畫託在港的于新河先生送臺灣，請大千題寫，費了不少周折才輾轉帶回來。聽說臺灣當局知道此事後說：「共產黨真有辦法，把統戰工作做到我們這裏來了。」據送畫的友人說：「為了捎帶你的畫，我險些把命都送了。」可見大千為了友情，是冒着政治風險來補寫波斯貓和素裝仕女兩幅畫的。

（三）

伯駒一向不肯向惡勢力低頭，記得解放前在西安有下述兩件事。1942 年我們在西安創辦秦隴實業公司時，第一戰區司令長官蔣鼎文欲辦一所西北藝術大學，以壯門面。邀伯駒和我為之籌辦，伯駒推辭不就。抗戰勝利我們回到北平，蔣鼎文又在北平親自敦勸，伯駒仍堅辭不去。後來蔣鼎文對別人說：「他倆是否受了共產黨的接濟？」很是憤恨。1944年我在秦隴實業公司，常和西安大華紗廠經理石鳳翔有來往，石的女兒被蔣緯國聘為夫人，結婚典禮我們也去參加，晚會上蔣緯國邀我演奏音樂，我以琴已失修且久未操撫為借口婉辭。蔣又挽陝省主席祝紹周相請，問可否另借別琴演奏，我仍堅辭，惹得蔣緯國和祝紹周很大不滿，認為失了面子。

（四）

近年國家領導人出訪英國，曾選我的創作一幅贈給撒切爾夫人。出訪日本時，曾將我臨摹隋展子虔《遊春圖》，贈給日本天皇。全國婦聯訪問香港，選《天涯長春》一幅贈港總商會。全國人大代表團訪美，將《春山積翠》大青綠一幅，贈美國副總統布什。我一方面感戴領導上的賞識，也竊幸作為一個藝術工作者，能對國家有點貢獻。解放初期我曾與前輩何香凝老大姐合作，為抗美援朝進行過三次義賣，全部獻給國家。伯駒把畢生作品悉數獻給國家，我一定步他的後塵，把全部作品，不論是已畫成的，還是繼續繪製的，也悉數捐獻給國家，請政府處理，絕不自引出賣牟利。

蒙黨和政府的關懷照顧，撥款修建我們什刹海後海南沿的住宅，闢作

「張伯駒紀念館」，動工期間允准我住到北京市中國畫研究院內，地方幽靜，綠樹紅花碧水潋灩，是一個很好的工作和生活環境。現在我擔任了統戰、文藝、美術和文物研究等團體的職務，除參加必要的活動外，就潛心習畫，誓在書畫藝術道路上永不停步。在我國社會主義建設上竭盡微薄力量。

杜彥興整理 [1]

一九八八年（戊辰）

三月，張伯駒先生遺著《紅毹紀夢詩注》一書，由北京寶文堂書店刊印發行。

十二月二十五日，學者朱家溍被聘為中央文史館館員。

是年，潘素再次當選為第七屆全國政協委員。

一九九一年（辛未）

五月，張伯駒遺著《素月樓聯語》一書，由上海古籍出版社刊行。

十月，任鳳霞、遲秀才所著《張伯駒和潘素》一書，由吉林人民出版社發行。

一九九二年（壬申）

二月十日，學者吳小如被聘為中央文史館館員。

三月十三日，畫家史怡公病逝於北京，享年九十五歲。

三月十六日，由北京軍區、中央統戰部、文化部、民盟中央在北京軍區禮堂召開了張伯駒誕辰九十五周年紀念會。

四月十六日，潘素於北京逝世，享年七十七歲。

五月二十三日，《人民日報》轉載新華社刊發的潘素逝世消息：

---

① 中國人民政治協商會議北京西城區委員會文史資料委員會編《文史資料選編》（內部發行），1987年第 1 期第 3-6 頁。

〔新華社北京 5 月 14 日電〕中國人民政治協商會議第七屆全國委員會委員、民革中央監察委員會委員、中國和平統一促進會理事、吉林藝術學院教授、著名畫家潘素同志，因病醫治無效，於 1992 年 4 月 16 日在北京逝世，終年 77 歲。

潘素是江蘇蘇州人，自幼酷愛繪畫。在 50 餘年的繪畫生涯中，創作 1000 餘幅作品。她擅長工筆重彩山水畫，尤悉心鑽研隋唐兩宋工筆重彩畫法，承繼了細密嚴謹、金碧緋映的一派，是我國著名的青綠山水畫家，並在海內外享有盛譽。她在繪畫藝術的道路上不懈地進行着艱辛的藝術追求與探索，在繼承唐代繪畫真諦的基礎上，博採歷代眾家之長，推陳出新、獨樹一幟。我國著名繪畫大師張大千先生曾稱讚潘素的繪畫「神韻高古，直逼唐人，謂為楊昇可也，非五代以後所能望其項背」。

潘素同志不僅是一位蜚聲中外的藝術家，也是一位有着熾烈愛國熱情的愛國人士。她與丈夫張伯駒先生不惜財產甚至生命，為保護國家珍貴文物作出過巨大貢獻。三四十年代，伯駒先生為保護民族文物、不使之流失海外，盡自己全力予以收藏。為不使我國珍貴無比、傳世最古隋展子虔的一幅青綠山水畫《遊春圖》被畫商販至海外，張伯駒和潘素賣掉房產，潘素又將自己的大量首飾賣掉，以重金將畫收藏。他們夫婦先後收藏了李白、杜牧、黃庭堅、唐寅等人的手蹟和其他珍貴文物，視祖國文物比個人生命還貴重。1955 年後，他們夫婦將《平復帖》等珍貴文物陸續捐獻給了國家。文化部沈雁冰部長曾簽署《褒獎狀》表彰他們的愛國之舉，在文物書畫界同仁中傳為佳話。

四月，山東《影視文學》第四期刊登《大收藏家》電影文學劇本，有關方面開始籌拍電視劇。

一九九四年（甲戌）

四月，由林玫、〔泰〕謝沐合著的描寫張伯駒先生保護收藏國寶經歷的《大收藏家》一書，由人民文學出版社出版。

七月五日，學者王世襄、林鍇被聘為中央文史館館員。

　　九月，由張伯駒先生題寫書名的《馬西園書畫》集，由甘肅人民出版社出版發行。馬西園是出生於甘肅的回族書畫家，八十年代初曾來京拜訪先生。

一九九五年（乙亥）

是年，以先生為傳主的電視劇《火綫對峙》拍攝完畢，並向全國公映。

一九九六年（丙子）

十二月，劉軍所著《大收藏家張伯駒》一書，由當代中國出版社出版。

一九九七年（丁丑）

　　八月，王楠、張佩茹所著《書畫情緣——陳英金嵐夫婦和他們的積翠園》，由解放軍文藝出版社出版，內收錄《菊是傲霜梅傲雪——老畫家張伯駒與夫人潘素在陳家作畫》一文。

一九九八年（戊寅）

　　二月，張伯駒先生誕辰一百周年，啟功題寫「前無古人，後無來者。天下民間收藏第一人」。故宮博物院舉辦座談會，啟功出席，做了飽含深情的講話，並為即將出版的捐集題詞：

　　　題叢碧堂張伯駒先生鑒藏捐獻法書名畫紀念冊

　　　書畫光騰錦繡窠，詞人雅好世無多。

　　　陸機短疏三賢問，杜牧長箋一曲歌。

　　　官本遊春傳有緒，御題歸棹鑒非訛。

　　　暮年牖下平安福，懷寶心同勝卞和。[1]

---

① 侯剛、章景懷編著《啟功年譜》。北京：北京師範大學出版社，2013: 300。

三月，張伯駒所著《春遊紀夢》，由遼寧教育出版社出版。

是春，啟功為紀念張伯駒先生誕辰一百周年題詞：

　　前無古人，後無來者。

　　天下民間收藏第一人。

二〇〇一年（辛巳）

《文史春秋》第四期刊登作者李郁的文章《傾家護寶功臣張伯駒傳奇人生》。

二〇〇二年（壬午）

一月二十七日，先生故居西黃城根二十一號「似園」，即昔日之「叢碧山房」被開闢為「文物收藏者之家」，啟功、朱家溍、史樹青、謝辰生等故交舊友齊聚先生舊居，緬懷這位二十世紀著名的愛國收藏家。[1]

二〇〇三年（癸未）

是年，安徽省政協文史資料委員會編《江淮文史》2003 年第 4 期發行，內收錄章詒和撰《君子之交：張伯駒夫婦與我父母交往之疊影（上）》一文。

二〇〇四年（甲申）

一月，張慶軍、潘千葉所著編《京城玩主——張伯駒》，由中國社會科學出版社出版。

四月，孫耀東口述，宋路霞整理的《沉浮萬象》，由上海教育出版社出版。內收錄《「大怪」張伯駒及其被綁票的真相》一文。

是年，安徽省政協文史資料委員會編《江淮文史》2004 年第 1 期發行，內收錄章詒和撰《君子之交——張伯駒夫婦與我父母交往之疊影

---

① 侯剛、章景懷編著《啟功年譜》。北京：北京師範大學出版社，2013: 341。

（中）》一文。

是年，安徽省政協文史資料委員會編《江淮文史》2004 年第 2 期發行，內收錄章詒和撰《君子之交——張伯駒夫婦與我父母交往之疊影（下）》一文。

二〇〇五年（乙酉）

一月，林下風所編《藝海泛舟叢書・張伯駒與京劇》，由中國戲劇出版社出版。

一月，故宮博物院編《捐獻銘記》，由紫禁城出版社出版。

五月五日，上海《文匯報》刊登王世襄所撰《伯駒先生》一文。

二〇〇六年（乙酉）

十一月，任鳳霞所著《一代名士張伯駒》，由當代中國出版社出版。

二〇〇七年（丁亥）

七月，王忠和著《民國四公子》，由團結出版社出版。

七月，邢建榕編著《老上海珍檔秘聞》，由上海辭書出版社出版。內收錄《張伯駒綁架案始末》一文。

七月，故宮博物院編《捐獻大家張伯駒》，由紫禁城出版社出版。

十一月，曾敏之所著《人文紀事》，由江蘇文藝出版社出版，內收錄《張伯駒的挽歌》一文。

二〇〇八年（戊子）

一月，鄭理所著《大藏家張伯駒》，由遼寧萬卷出版公司刊行，史樹青作序：

老友中州張伯駒先生，號「春遊主人」，齋號「叢碧山房」。善詩詞，好書畫，精鑒賞，尤富收藏。嘗憾書畫名蹟外流，不惜傾盡家產斥巨資

以收藏。且為保護名蹟巨製，把生命置之度外。

伯駒先生經三十年精力所聚，藏品蔚然可觀，遂成國內大藏家。其收藏動機，為使國寶「永存吾土，世傳有緒」。故新中國成立後，以所藏陸機《平復帖》（號稱天下第一墨寶）、隋展子虔《遊春圖》（號稱天下第一名畫），及唐杜牧《張好好詩》卷、宋范仲淹《道服贊》卷等數十件國寶，捐獻國家。其化私為公之精神撼動山河，世人無不敬仰，堪稱京華真學老名士，藝苑愛國知名人。

伯駒先生是位大藏家，更是大詞人，堪稱詞壇奇才。不論春日的梅開、鳥啼，夏天蟬鳴、蟲叫，秋初白露、紅葉，冬季霜凍、雪飄，觸景生情，即興吟唱，既合韻律，又十分切題，令人驚訝叫絕。不論是世間的喜怒哀樂，還是冷暖人生，更是情感所至，張口即出，揮毫即來。伯駒先生的《叢碧詞》，得到了毛澤東、郭沫若、陳毅等人的稱讚。

伯駒先生雅好以文會友，詩詞以外，尤善擬聯語，曾為余作一七言藏頭對聯：樹木新栽休斧伐；青山常在有柴燒。「樹青」二字，被巧妙地嵌在上下聯的端首。20世紀50年代初，曾與陳雲浩、蕭勞、王遐舉等，在北京組織「中國書學社」，提倡書法，一時從學甚眾。

伯駒先生，一生作詞甚多，有《叢碧詞》、《春遊詞》、《秦遊詞》、《無名詞》、《續斷詞》，相繼出版。1961年，其在《春遊詞》自序中寫道：「余昔因隨展子虔《遊春圖》，自號『春遊主人』，集詞友結『展春詞社』……人生如夢，大地皆春，人人皆在夢中，何問主客，以是為詞，隨其自然而已。」

我與伯駒先生，相識於20世紀40年代。一天，故宮博物院院長馬叔平先生邀請張伯駒等友人到故宮賞太平花，我也在應邀之列，就在欣賞太平花賦詩作詞中相識了，無分爾我，品味其詞，如味橄欖，如飲甘泉，如月下聞笛，如露中觀荷，馳馬越塞，壯美素美之境，水乳交融，可意會不可言傳，妙哉妙哉！尊為一代大詞人、大藏家，名實相符，必傳千秋。

尤有談者，伯駒先生，經1957年反右及十年動亂，身心重創，1982年逝去。為此，余曾揮淚寫挽聯：「書會憶追陪，不忍重看西晉帖；春遊成夢寐，何時更到北梅亭。」

我不信其死，總以為，伯駒春遊去了。日前正值余病臥醫院，鄭理同志前來探望，談及為應出版社之約，撰寫《大藏家張伯駒》事，書稿已成，囑余作序，聞之甚喜。

鄭理同志告退，余翻閱書稿，徐徐讀來，幾番掩卷，字裏行間，情濃意深，再現伯駒音容笑貌……

日有所思，夜有所夢。見伯駒笑磨朱墨，寫紅梅數點，囑余為題。醒來，淚水不止，眼前紅梅盛開，墨香襲人，笑看殘月在天，竹影拂窗，昏花老眼，似見伯駒與夫人慧素作畫吟詞。老友鄭理，以余與伯駒先生相知甚深，以所著《大藏家張伯駒》囑為撰序，情所發，略書所知，代以小序。

史樹青於北京阜外醫院

二〇〇五年

一月，啟功和袁行霈主編的《綴英集——中央文史研究館館員詩選》由北京綫裝書局刊行，書中收錄先生詩詞三十三首。

一月，張伯駒所著《張伯駒詞集》，由文物出版社出版。

二月，《中華辭賦》刊登周篤文所寫回憶先生的文章《張伯駒先生振興韻文之舉》。

二月，樓宇棟、鄭重著《中國名家畫傳——張伯駒》，由文物出版社出版。

九月，鄭重著《收藏十三家》，由百花文藝出版社出版，內收錄《張伯駒：文人收藏家》一文。

是年，周口市政協學習和文史委員會編《周口文史資料選輯》（2008年第1期，總第七輯）出版，內設「專稿：紀念張伯駒先生誕辰110周年」專欄，共收錄與張伯駒相關文章六篇。

是年，中國人民政治協商會議項城市委員會編《項城文史資料（張伯駒先生追思集）》（2008年第1期，總第十三輯）出版。

二〇〇九年（乙丑）

是年，周口市政協學習和文史委員會編《周口文史資料選輯》（2009

年第 1 期，總第九輯）出版，內收錄《張伯駒紀略》一文。

二〇一〇年（庚寅）

一月，王忠和、榮進所著《生是長穹一抹風：民國公子張伯駒》，由湖北人民出版社出版。

是年，安徽省政協文史資料委員會編《江淮文史》（2010 年第四期，總第 94 期），由江淮文史雜誌社出版，內收錄《張伯駒：我本是臥龍崗散淡的人》一文。

二〇一一年（辛卯）

九月，項城市政協編《張伯駒先生追思集》，由紫禁城出版社出版。

是年，周口市政協學習和文史委員會編《周口文史資料選輯（張伯駒專刊）》（2011 年第 2 期）出版。

二〇一二年（壬辰）

五月三十一日，周汝昌在京去世，享年九十四歲。

二〇一三年（癸巳）

三月，沈寧所著《閒話徐悲鴻》，由新銳文創出版，內收錄《北平美術會成立始末》，文中記載了張伯駒與徐悲鴻的國畫論爭。

七月，張伯駒潘素文獻整理編輯委員會編《回憶張伯駒》，由中華書局出版。

七月，張伯駒潘素文獻整理編輯委員會編《張伯駒潘素書畫集》，由中華書局出版。

二〇一四年（甲午）

三月，張伯駒先生著《烟雲過眼》，由中華書局出版。

二〇一五年（乙未）

一月，中國文物學會主編的《新中國捐獻文物精品全集》，由文津出版社出版。

二〇一七年（丁酉）

二月十八日，張伯駒潘素文化發展基金會在北京人民大會堂成立，基金會隸屬中華人民共和國文化部，基金會理事長為張伯駒先生外孫樓開肇。

五月二十二日至三十一日，中央電視台科教頻道《百家講壇》欄目播出由北京城市學院教授榮宏君主講的《國寶傳奇》張伯駒收藏故事系列講座。

五月，榮宏君編著《國寶傳奇·張伯駒》，由山東人民出版社出版。

二〇一八年（戊戌）

二月，張恩嶺編著的《張伯駒傳》、《張伯駒詞傳》、《張伯駒詞說》由河南人民出版社出版。

四月二日，由故宮博物院、中國國家博物館、吉林省博物院、張伯駒潘素文化發展基金會主辦的「予所收蓄　永存吾土——張伯駒先生誕辰120周年紀念展」在故宮博物院武英殿開幕，展期至5月6日結束。

五月七日，由中國文化和旅遊部、中央文史研究館、中國國家文物局共同主辦的「紀念張伯駒誕辰120周年座談會」在人民大會堂舉行。

十月十七日，由故宮博物院和張伯駒潘素文化發展基金會共同主辦的「繞梁悅目——紀念張伯駒先生誕辰一百二十周年·京劇名家票友公益演出」在故宮博物院暢音閣舉辦。

　　十月二十二日，由香港集古齋主辦、中華書局（香港）有限公司協辦的「紀念張伯駒先生誕辰 120 周年——張伯駒文獻資料展」在香港集古齋舉行。同時由編者做了《張伯駒在長春》的主題演講。

　　十月，由編者編注的《張伯駒牛棚雜記》由中華書局（香港）有限公司出版發行。

　　　　　　　　　2009 年—2018 年 7 月 19 日星期四晚成
　　　　　　　稿於北京品一草堂，時窗外夏雨連綿。
　　　　　　　2018 年 8 月 21 日於蘆林湖修訂。

附錄一：

鹽業銀行與北洋政府和國民黨政權

北京行 岳乾齋

岳乾齋，北京市大郊亭人，當他十五歲時，他的長輩張怡齋介紹在東四牌樓元成錢舖學徒，拜經理邢古香為師。清末辦理洋務著名的張翼（字燕謀）在天津鍋店街開設慶善金店，邢古香就任經理，把滿師後的岳乾齋帶到金店充任外勤第二掌櫃。由於他在天津的活動專門奔走於各衙門，結識了許多權貴，邢常在東家張翼面前稱讚他能幹，得到張翼垂青，逐漸親近，庚子年八國聯軍入侵天津，在炮火的驚嚇和洋兵的參保下，邢古香悸怖而死。岳就繼任為金店經理。一九〇三年（光緒二十九年）冬，侍郎張翼擅售開平煤礦及秦皇島碼頭於外國人，被袁世凱參劾革職。轉年冬，清政府派張赴英倫與胡佛（後任美國總統）對質，交涉開平茲事。岳乘張出國期間對張的私產和金店存款大肆舞弊。張回國後，對他頗多指責，經賠禮、巴結，得以好轉。

一九〇五年（光緒三十一年）倪遠甫任天津大清銀行監督，由倪的關係而任提調。辛亥年後經倪的吹噓，岳任大清銀行理事，大清銀行改組為中國銀行，一度參與清理工作，旋即賦閒，所謂侵占張翼私產，就是天津南市慶善大街的地皮，原為大臭水坑，本為張翼所購置，後為岳所侵占，張家以其一片臭水、無關重要也未介意。清末明初，天津日本租界興建樓房，靠近日界的南市地皮都已漲價。岳和榮源（字鍾泉）、倪遠甫共同組織榮業房地產公司（榮源地皮就是現在天津南市的榮業大街），他即以這些地皮投資，共同組織成為榮業公司，而為股東之一。

當鹽業銀行於一九一四年冬籌備時，張鎮芳向劉紹雲要人組織京津兩行，劉在清末曾任天津志成銀行（天津宮北大街大獅子胡同，民元正月十四日兵變後歇業）總辦，介紹該行經理張松泉為天津鹽業銀行經理，劉是清末任候補道，與慶善金店有交誼，早就與岳乾齋相識，這時不知岳在何處，到前門外西河沿慶善金店打聽岳的住址，劉與岳見後談到張鎮芳成立銀行事，岳說：「現

收股本似乎太少，不夠分布。」並說因天津地面熟悉，移到天津。但天津已決定張松泉〔做經理〕，故岳擔任了北京行經理，並由岳邀財政部庫藏司科員朱虞生為副理，好與財政部打通關係，並約請天津中國銀行營業主任李儁祥為營業主任，遇事得與中國銀行借些力量，其他就以慶善老班底，分別排定各職，至於對外則借重那相，和曾任大清銀行監督的瑞豐、傅夢巖等旗籍老友為之拉攏旗籍舊官僚的存款。布置就緒，便擇吉開張了。同時岳又介紹榮業公司股東倪遠甫（鎮江人）推薦位上海行經理。

北京行開幕後，營業頗為鼎盛，岳乾齋欲由北京行出資金，開設漢口行，天津行見岳已控制了上海，反對他再控制漢口行，經過調整，漢口行資金由京、津兩行共同擔負，另由津行推薦李瑞生為經理。本來鹽業銀行總管理處是個空的，各行各自為政，形成獨立局面，吳鼎昌接收鹽業後才把各行集中起來管理，各種規章初具規模。

北京行主要放款，以北京電燈公司為對象，數目是逐漸擴大，從開始放款，陸續達十二年之久。共計總數達到四百萬元。由於北京電燈公司是官僚組織機構，總辦馮煦（字公度）、史康侯，會辦蔣試惺，其後總辦為朱深（字伯淵），這些人都不善於經營企業，一切由經理人渠祝華經手，代表公司與岳乾齋接洽，以電燈公司股票為押品向鹽業借款，這樣電燈公司仰賴鹽業度日，有時燃料不濟，故北京市民用電照明在一九二六年以前時常一燈如豆、光度極微。岳即放款予電燈公司，就派他的私人王琴軒為電燈公司經濟監督，每天坐地管理收費，借款月息為一分二釐，像這樣長期借款，利息是相當高的。因而電燈公司股東，每年只能得到三釐股息。這時岳乾齋個人在電燈公司股票大落價時，大量購進股票。渠祝華和岳乾齋更復互相勾結，渠則私添股票，到鹽業押款，他們把電燈公司股息故意提高到一分，但公司無力發息，又向鹽業借款，作為發息之用，岳改購存大量股票，這樣就可以得到更多的股息、現金。吳鼎昌知道岳的把戲，堅不答應，說電燈公司經濟情況如此之糟，再發一分股息是不合理的。推翻了電燈公司的決議，不許發息。同時在吳的監督下鹽業未能再借款給電燈公司，這樣拖了兩年，電燈公司本身情況好轉時，才發一分利息。

「七七」事變後，北京成為日本侵華的政治經濟重要基地。日本人決定把北京電燈公司改為日偽官辦所有。渠祝華於一九二六年死時，存在渠家保險箱

內的私填股票，均被鹽業取走，其抬頭渠用「白雲主人」名義刻了二十幾個假章過戶，大約兩百多萬元。連同押借鹽業的電燈公司股票一併由日本人的華北電電公司收回，票面一百元的一律以一百五十元作價，渠的這些私填股票，就成為鹽業賬外紅利股，由大家俵分，計岳乾齋得五十萬元，副理王紹賢得三十萬元，吳鼎昌得十萬元，監理韓誦裳分得三萬元（岳名下分給），餘者分還給當時華北臨時政府委員長王克敏和電燈公司總辦朱深等人。

北京鹽業銀行和岳乾齋個人發財的另一筆押款是關於清室抵押古物時，大約在一九一九年前。這些古物，初有英商匯豐銀行（抵押時間不詳）轉到鹽業和大陸銀行，岳乾齋對這批古物極思染指，經由清室內務府郎中金紹安拿走，把押與大陸的也轉入鹽業，這是與清室內務大臣紹英和榮源勾串一起的，而榮源又與岳有經濟關係，故做成了這批借款，計四十萬元，到溥儀結婚時又押了一批，計二十萬元，先後共計六十萬元，除古物外，內務府還賣給鹽業大批明清兩朝大小銀錠元寶，詳細數目已記不清。這六十萬元的借款，因清室無力贖回，連本帶息達到一百數十萬元。

某年吳鼎昌的母親生日，岳乾齋以北京行名義選出精品康熙瓷器三件作為禮物送於吳母為壽，因為這些押品的詳細賬目，岳初不肯交與吳看，故吳拒而不受。後來吳鼎昌邀我到日租界他的住宅談話，我才知道他和岳因這批古物發生了很大的矛盾，吳要求我以檢查人的身份提出董事會，經過這一質問，岳方把賬簿詳細項目交與吳。押款運轉好幾期，這是又已到期，吳同岳的關係已經搞好，彼此妥協，決定到期不還處理押品。屆時清室太傅陳寶琛曾為這事找我，陳說這批押款物品不能以一般東西看待，這是歷史文物，應該妥為保存，不能以不還款即行處理，陳的話雖然說得冠冕堂皇，但實際企圖仍然希望鹽業再給十幾萬元了事。我把陳的話轉達給岳乾齋，岳與吳商量均不同意，仍然沒收了押品。

押品古物沒收後，處理辦法，先由岳與吳把其中最精品的玉器、瓷器表面上以作價收購，但價格極低，他們兩人就瓜分了一部分。例如有一次，岳乾齋本人要買一部分精品瓷器，只拿出三萬元，倉庫保管主任邢沛農（即邢古香之侄，岳的私人）向副理王紹賢說：

岳經理已經看好那些瓷器。

邢的意思要王點頭，就可運往岳家。王說：

那麼便宜，三萬元，我還要買呢！

這話傳入岳的耳朵，〔把〕行員叫來問：

王副理賬上還欠多少錢？

行員說：

現欠五萬元。

岳就吩咐並下條子，由行撥付王賬上三萬元，減少王的透支，這樣王與岳會心一笑，也就首肯，解決了岳購進這批瓷器。

襄理殷鐵庵精於鑒別，對古董有些研究，時常陪同檢驗押品，殷發現岳曾以家中的贗品，抽換好的押品，暗中報告吳鼎昌。一次吳來檢驗押品，吳對岳說：

怎麼這些東西全是新的。

岳說：

不會錯。

吳說：

然則標籤證件到什麼地方去了？

因為抽換時忘記貼標籤，吳這一問，弄得岳面色難看，非常尷尬。岳後來探知這是殷襄理和他搗蛋，一次，殷要支取二百元作為私用，岳不肯支付，殷（因）而辭職，經行中同人勸解，岳才軟化，說是誤會。這裏充分暴露出錢鬼子岳乾齋的市儈臉譜。

玉器件數不詳，但都是乾隆時期的成品，我曾經看見過如玉碗、玉盤、玉盞、玉杯等類物品，質底極細、極薄，刻工極為精緻，每件價值都在幾千元上，這些貴重東西，在處理押品時都賣與西洋人了。瓷器約計兩千兩百多件，其中包括康熙、乾隆、嘉慶三朝的物品。金器有金塔一對，每個重五百兩，大約半人高，金塔四角，共計七層，每角和門上都鑲嵌珠寶、鑽石，璀璨奪目，作為金塔的裝飾，這些珠鑽究有多少，參觀時無法統計，後來金塔融化，珠鑽也就歸岳乾齋及他有關私人，則無從得知了。另有金印五顆，計前清入關時順治的母親吉特氏的一顆為最大，次為慈禧，隆裕兩顆，另外兩顆金印只有四五成金，不如以上的全是純金，這兩顆印是咸豐皇帝生前託派顧命大臣載垣、端華同肅順（端華的胞弟）於咸豐死後被慈禧賜死，交回大內的金印，因為載垣、端華是世襲親王，他們的印信賜死後都應繳還。

　　屬於金器中的有金冊封二十二頁，這些冊頁是慈禧未冊封為皇后前，她是祥貴妃，當冊封為貴妃時的金冊封只有四頁，冊封後，因生了皇太子載淳（同治）故又冊封為皇后，這個金冊封增加到十二頁，但隆裕皇后因無所出，故金冊封只有六頁。這三種金冊封均是金絲編綫、嵌字的冊頁，大約長一尺五寸，寬七八寸，由岳乾齋命鹽業北京行營業員（跑外，岳的私人）張耀亭賣與廊房頭條幾家金店後拆散融化。處理變賣的金器和一些玉瓷器等古物所得款項，把清室押款的本利全部還清，尚殘存大批玉瓷器，其中精品逐漸抽出，不知去向，唯獨金鐘尚存。這種金鐘就是編鐘，是仿照中國古代音樂的黃鐘大呂，黃鐘有十二個音律，大呂音律又增加四倍，為了調節音韻，各個鐘內都含有不同程度的銅質，可以變音，黃鐘每個計重八百多兩，大呂每個計重六百多兩，合計毛重一萬兩千多兩，折合純金大約四千多兩，這種金鐘和前面所說的金塔都是一七九〇年，乾隆五十五年，清高宗乾隆八十歲壽辰，由各省總督巡撫聚欽集資鑄造的萬壽節的貢品。這些古物和玉瓷器殘品就成為鹽業銀行的賬外財產。一九二七年，岳乾齋派總管理處副科長李素然出國，擬賣出一批古物。李原是清華學生，考取在鹽業銀行總管理處服務。由金城銀行總處稽核，吳延青代為照料，和曾任交通部司長的劉景山（字竹君，外號劉麻子）一同赴美，由鹽業出資，李藉此到美國鍍金，順便交給他攜帶一些古物，計康熙官窯出品豇豆紅瓶八個、東青瓶兩個、藍色筆洗四個，共計十四件。未出國前，據北京古董行專家估價，只東青瓶一對當時國內即估價二十萬元。豇豆紅瓶每個價格在一萬元以上。如果運到美國，一萬元的東西可賣三萬元美金，那麼總算起來，這批古物的價值是相當大的。李素然到紐約後，因討價還價未能洽妥，美國古董商故意勒價，一時未能脫手，便用「興記公司」名義（是在國內擬好的戶頭）寄存在美國花旗銀行保險箱裏，每年由北京行出保險租費美金七百元，但是寄存的保險憑證並未寄交北京行，李等出國時上海行經理是朱虞生，兩年以後李等回國，上海行經理已換為陳介。李本是個招搖撞騙的能手，他眼見鹽業大批古物被吳、岳二人搞到手發財，他就撒謊欺騙岳乾齋不懂洋文，把保險費收據作為寄存憑證長期矇住了岳乾齋，即到一九三二年，日本軍侵上海，發生「一·二八大轟炸」，吳延青被炸死，李就推說，存單收據在吳手裏，這樣瞞天過海，就死無對證了，始終不肯交出。日本投降後，聽說李的女兒李美相嫁於上海某紗廠大王。解放後，他跑到南洋一

帶，管理某紗廠的海外業務，在美國頗為活躍。這十四件古物，他已攫為己有，發了一筆橫財。

北京和上海行王紹賢

王紹賢，河北省寧河縣蘆臺人，一九二五年進鹽業。他之所以進行是因為鹽業北京行自開幕以來，業務日趨發達，經理岳乾齋和副理朱玉生實在忙不過來。為了應付那個殘餘北洋政府的變化，需要一個得力助手，於是吳鼎昌和岳、朱商量，選用了與中國銀行總裁馮耿光有關的中國銀行稽核王紹賢。王任職後除薪水外，每年給以紅利三萬元作為交際活動費用的包乾制副理，這時馮玉祥把溥儀攆出故宮不久，北京市面控制在國民軍手裏。當時擺在鹽業銀行的頭等重要的事，就是清室古物押款問題，怎樣彌縫使其不發生事故。吳、岳、朱都躲在後面由王紹賢出馬，聯絡奔走。王紹賢通過他的好友，與國民軍有關係的段子均（河北省人）從中穿插，由段而結識李煜瀛（字石曾），再由李又結識了南京政府的王寵惠、鄭毓秀等人，即至北伐前後，為了掩飾清室古物押款事，由王紹賢與載濤說好，由載出一證明，說已贖回，以應付當時局勢下的詢問。當李石曾任故宮博物院院長，王紹賢為了接近李，就極力打進李的集團，成為李的近人。例如，李石曾開辦農工銀行，王即代理出謀劃策，奔走組織，李石曾在北平西部溫泉村建築一批房屋，王本人也在溫泉村修建房屋。這些都是迎合李的意圖，作為拉攏的手段。一九二六年，北京那個行副理朱玉生調任上海行經理，王紹賢成為北京行重要角色，其後張作霖盤踞北京時代，王紹賢利用我和奉系的關係，同奉系軍閥來往，拉攏存款。迨至張學良再度進關，王紹賢時常用我出名，請奉系軍人政客在妓院吃花酒，在妓院布置請客，多有當時名畫家陳半丁往來洽辦。至於王紹賢在事後搞些什麼名堂，我就不清楚了。不過據我回憶，那時三四方面軍團部副官長高紀毅，因王紹賢的拉攏，曾介紹北平交際花（即所謂半捲門的「蓋北平」）的嫁與高紀毅，如像這樣的事，都是王紹賢作為一個銀行家進行聯絡的具體活動的事宜。這時他曾與原交通部路政司司長，後任中東路局中國局長劉景山組織合辦東北貿易公司，有王以副理地位，曾透支給這個公司四十萬元，因為做大豆投機生意，這筆借款一直沒有收回，成為呆賬，以後不了了之。

一九三三年，上海行經理陳介離開鹽業，王紹賢調升上海行經理，仍兼

北平行副理，這時王紹賢已成為吳鼎昌的心腹。鹽業銀行總管理處從北方就遷移至上海。盧溝橋事變後，吳鼎昌逃到後方重慶，出任貴州主席。當一九三五年國民黨政權財政部長宋子文採用英國經濟學家李滋羅斯計劃，公布改革幣制，實行白銀國有令，禁止使用銀元。吳鼎昌為了逃避這一禁令，指囑北平行大量購買外匯美金，因為朱玉生生前，他先後任京津滬經副理，已把這三行餘資調集在北平行，因而北平行買進這種實貨。原來王紹賢未到中國銀行以前是北京德華銀行賬房行員，對外匯比較接近，例如以一個月或三個月的遲期匯票做套憑，他是很內行的。他到上海後，一九三九年第二次歐戰初起，王紹賢即掌握了總管理處實權，他並不重視代理董事長兼總經理的任鳳苞，獨行獨斷，認為機會來了，可以大賺一筆錢，他把法幣改革以來鹽業銀行各行集中逃避禁令變成的外匯美金現貨，在美國投機市場大量購進美國債券、股票和法郎，並購進大量橡膠、小麥貨物，不到一個星期，就在這年九月英國首相張伯倫的綏靖政策失敗，向德國宣戰，德軍隨在（即）占領巴黎，所有購進的東西行市慘落、下跌，他急起拋出，但是行市一瀉千里、無法收拾，他就把鹽業銀行多年來榨取中國人民的血汗財富積累的美金現貨三百幾十萬元一股腦的賠光，除此之外尚欠四行儲蓄會墊付的美金三十萬元，幾乎搖動了鹽業銀行的根本生存，原來鹽業銀行的股票年給一分股息（即票面一百元給十元股息），股票市價超出票面，每股加三十元（即一百元票面，需一百三十元才能買到一股），經過王紹賢這次投機失敗，鹽業股票也就不值錢了，王紹賢就因此疾病了。後來經過我和岳乾齋商量，把他接回北平，上海行以副理蕭彥和任經理，維持殘局。迨至日本投降後，這筆爛賬才由吳鼎昌設法由四行儲蓄會，提出美金一百萬元分撥給鹽業、金城、大陸、中南，各行二十五萬元，並由鹽業以這份二十五萬元美金歸墊四行儲蓄會，馬虎了賬。關於王紹賢的事，以後還要談的。

上海行倪遠甫、陳介

倪遠甫，鎮江人，他和岳乾齋、朱玉生都是大清銀行的舊人，在未離開鹽業以前，那時（大約民國十二三年）上海綁票風氣極甚，他遭到綁架。因為他是上海鹽業創辦人，在上海投機市場頗有名氣，故為土匪所覬覦，鹽業銀行曾出現金四萬元把他贖出來。後以經營崇明島、沙田投機失敗，虧欠行款甚

多，於是便想退出鹽業，為了替他自己打算，索性在行裏大撈一把，透支行款四十餘萬元。吳鼎昌到上海和倪遠甫交涉，他把他在天津的榮業房地產公司三分之一的股權交出與吳，是從四行儲蓄會撥款填補了。他在透支、虧空榮業公司股本共計一百五十萬元，他交出的股權相當於伍拾萬元。一九二五年，倪離開鹽業，上海行經理由北京行副理朱玉生繼任。

當時天津榮業公司，是榮、倪、岳合夥經營，各占股本伍拾萬元。至倪交吳的股權，屬於吳個人所有或作為四行儲蓄會投資？我不清楚。自從岳、吳因清室押款處理妥協後，他們想把榮業公司完全控制到手，他們手裏有岳乾齋與榮鍾泉談妥，以鹽業股票掉換榮業股票，因為那時鹽業股票每年可得紅利息一分，而榮業股票只能得息五六釐，於是岳乾齋把榮鍾泉的榮業公司股票拿到手，他們即掌握了榮業公司整個股權。岳乾齋就將榮鍾泉派在榮業公司多年的經理人郭芸夫撤換，改派了吳鼎昌的私人張獻之管理。郭芸夫失掉飯碗，找吳鼎昌算賬，吳推脫說這是岳乾齋辦的，與鹽業銀行無關。於是郭芸夫跑到北京行找岳乾齋拚命，見面時郭說我老失業沒有生路，只有死在你們鹽業銀行裏，說話時全身打顫。岳見狀大驚，知道郭芸夫在天津也小有名氣，是不大好惹的（郭是天津名士趙元禮的內弟），於是送給郭三萬元作為存款，每月以一分利息計算，由於這樣，鹽業銀行或吳、岳個人因榮業公司而經營了房地產（詳情我不明了），以後擴大了在租界和租界周圍許多地產。「盧溝橋」事變後，租界周圍的地皮經天津行經理陳亦侯租與他的溫州同鄉王金標（殷汝耕偽冀東防共政府高級參議，殷、王、陳均甚親密）為日寇改種稻田，地都是屬於這個公司的地畝。

一九二九年經天津行經理王郅卿病故，朱虞生調天津行任經理。上海行由吳鼎昌約邀大陸銀行上海行經理陳介轉任鹽業上海行經理。這裏也順便說一下。

陳介（字蔗青），湖南湘鄉人，日本第一高等學校畢業（相當大學預科）。他的父親是前清湖南縣衙門的書吏。一九〇九年冬，他以滿清政府官費，每月三十六元的留學費轉德國柏林念書，到德國後正在補習德文，尚未考入大學，時值辛亥革命軍興，留學生官費來源斷絕，即束裝回國。在乘輪歸途中，認識一個中國人。這人既不會說德語也不會說英語，每天兀坐在輪船甲板上，狀甚寂寞，因船中只有他倆是中國人，陳介以略通英德語就沿途照料這個不會外國語的人，得到很多方便。又以他善自吹噓，那人甚為器重

他，那人說他是陳其美，要到上海，他也莫名其妙，陳其美究竟是幹什麼的。到上海後不久，陳其美就一躍而為上海革命軍的都督，後加入孫中山先生組織的南京臨時政府，任工商部長，因此陳介被那個同船邂逅的陳其美拉進工商部任司長。南北和議告成，陳介隨同轉入北洋政府工商部任參事，並在北京大學任教授，其後曾任北洋政府的湖北交涉司兼江漢關監督。大約一九三三年前後，國民黨政權的外交次長唐有壬在上海被刺身死（與唐生明爭風吃醋），陳介通過陳其美之侄陳果夫、陳立夫的關係而任外交次長。因為這時蔣介石正在勾結德國希特勒，後以中日關係緊張，他既是日德兩國的留學生，故被任命。其後外放為拉丁美洲某國大使，他本想仍然保留他在鹽業的地位，吳鼎昌未能同意，離開了鹽業銀行。

總稽核黃承恩

黃承恩（字鳳池），湖北人，行四，清末張鎮芳總辦直隸省永七鹽務時，經人介紹辦理文書事宜，頗得張的信任。後轉任長蘆鹽運使，擢他為運使署提調，經張歷次保舉，到光緒末年已成為直隸省候補知府。但他為人小有才敢（幹），卻是攬權怙勢、諂上驕下，極盡舞弊之能事，大家對他均不滿意，多向張鎮芳面前攻擊他。張查出這些情況後，不復重用他。因此辛亥革命後，張鎮芳調任河南省都督，他就不再要他了。後來張創辦鹽業銀行，他擠進來成為一個小股東，張念在故人，就派他為銀行總稽核。他的妹夫許建橋是張勳江西同鄉，由許介紹入張勳幕，他便結納張的左右，復拜張勳之妻為義母。復辟時，張鎮芳任度支部尚書，黃對張勳說：「馨老要他幫忙。」又對張鎮芳說：「紹帥要他伺候老上司。」兩面倒把，於是弄到了度支部侍郎頭銜，他便沾沾自喜，又一次大過紅頂花翎的舊朝官癮。不知何人改唐詩贈給他，詩曰：

　　黃四郎成黃侍郎，頂翎對鏡試新裝。

　　可憐夜半承恩後，才了新張又舊張。

不知出於誰手。復辟失敗後，他自在鹽業銀行供職，但他不甘寂寞，又想發財致富，大辦井陘寶昌煤礦，以致虧累過巨，越陷越深，曾透支鹽業十幾萬元行款，無法歸還，降為稽核。後張錫元（字叚民）任察哈爾都統，張錫元原為河南第一師師長，是張鎮芳的舊部，他便去謁張，說張鎮芳要他到察哈爾聽張差遣。張這時正缺少辦銀行的人，遂委他為察哈爾省銀行行長。我也仿照前改唐

詩以嘲弄他，詩是這樣寫的：

> 黃四先生承帥恩，平明拍馬上衙門。
>
> 卻嫌瘦臉無顏色，濃抹雪花朝蝦民。

因為黃居中年尤喜於洗面後塗抹雪花膏。他在任省銀行長後，挪用行款，彌補寶昌煤礦虧空達數十萬元。張錫元卸任即繼都統，追索他的欠款，曾下通緝令捉他，他逃到大連居住，與前清恭親王溥偉廝混，對鹽業欠款始終未還，也就無人追問了。

天津行陳亦侯

天津行自成立後，張松泉已經七十多歲，但他在天津市面、金融界頗有潛在勢力，佐之以他在志成銀行跑外助手王郅卿為副理。因為志成舊股東都是天津的老財主，如隆昌海貨棧的卞家、八大家的長源楊家、正德店黃家、楊柳青的石家等等，這些老東家都捧張松泉，實際張松泉很少出門，津行一切對內外的經營存放業務都是王郅卿主持。當天津行開幕時，所有銀錢業為天津鹽業銀行堆花，在津行莊倉的存款達到兩千萬元。一時天津的營業發達，超過了北京行，為此張松泉、王郅卿在鹽業的人力股都是六七釐。幾年後張松泉雖不到鹽業辦公，王為張存了四十萬元，送到張家裏。王這樣尊重張，他是在報答張對他多年來的提攜。由於津行業務日趨忙碌，故又拉進張松泉在宮北開設的同義錢鋪副理石松巖為津行襄理。後來張松泉去世，經理由王郅卿繼任，石松巖也就升為副理。一九二九年秋，天津鹽業銀行在法租界由吳鼎昌主持建築了一所富麗堂皇的銀行辦公大廈，只是銀行全部結構頂珠均係由意大利運來的花崗巖，鋪地板也是這種石片，故一進門即光耀照人。這是為了表現鹽業銀行的基礎鞏固，可以利用來招攬更多的存款，在王郅卿那樣純粹商人、小心謹慎，對吳鼎昌的好大喜功本不贊成，但想到每年能賺如此之多的錢，花費一百二十萬元修房也就不在乎了。

一九二九年底，王郅卿死後，吳鼎昌調上海行經理，朱玉生任津行經理。到一九三三年，朱死於北平真武廟齊協民家，按理應由石松巖升任，他也以此自居。時吳鼎昌派北平行副理陳亦侯接津行經理，而石便去找董事長張鎮芳寫信給吳鼎昌保薦他。這時吳大約在上海，北京行的岳乾齋、王紹賢讓我到天津與石商量。結果天津行方面和石等都表示希望我去任經理。吳鼎昌接到張

鎮芳的信，認為難以收回成命，為了維持威信，向張表示要辭去總經理，這時吳又跑到漢口，張鎮芳派我去見吳說：「石松巖想任經理，只是受石的請託才寫這封信，並無一定成見非石不可。」

一九二七年，吳鼎昌任用了當時易通信託公司經理陳亦侯為鹽業銀行總管理處的公債專員，隨後任北京行襄理。易通信託公司是專門代客買賣公債、投機生意的行業。易通公司存有整理六釐公債十一萬元，賣與永增合銀號經理李瀛洲，李認出是假的公債，退還給陳。陳任專員後，利用職權賣與鹽業北京行，京行把這些公債送請交通銀行代為鑒定。交通說恐怕有問題，故北京行拒收陳這些六釐公債，其後事隔多年不知怎樣作為，上海鹽業銀行收購。事後上海行至北京行來信說確是假的，但是已成事實也就無人過問了。

一九三三年五月，日寇進攻華北，黃郛和何應欽與日寇簽訂「塘沽協定」前夕，吳鼎昌實在北平，由於他得到消息較早，日軍將暫時停止前進，就通知津行經理陳亦侯，要他立即打電報給上海行經理陳介說公債看漲，要陳介明早開盤時購進大批公債。於是在開盤時，陳介和陳亦侯就先購進了一批，稍漲後再與鹽業銀行購進，這樣二陳先私後公賺了一筆錢，究竟銀行和他們賺了多少則不詳了。

天津的紡紗廠在一九三六年前後，均受日本棉紗傾銷影響，難以競爭，資金早已涸竭，多向各大銀行借款，維持生產，恆源紗廠也不例外，借鹽業、金城的款，管理權由兩行控制。只是恆源欠鹽業的利上滾利達到一二百萬元，其後恆源的經濟好轉，欲還鹽業、金城欠款，解除監督，這兩行的主管人不同意。經董事長邊守靖以收回各股東的廉價股票，其中以田中玉之妻為最多。邊即以這些股票分送這兩行，作為撤銷管理條件。送金城的由高級行員分享，送鹽業的陳亦侯不分給行員，因而陳獵取了恆源董事，後來成為董事長。當時亦出賣附屬廠的達生紗廠的機器為名，作為向日本軍部「獻鐵」，其中一部分他們下了腰包。這是通過前大連鹽業銀行經理邵昌言（字健亭）因做黃金買賣虧了十六萬元被撤職，在天津行無事可做，為之奔走成功，即賣了氣力，故陳派邵為鹽業銀行東馬路辦事處主任，以為酬勞。

天津行副理石松巖，初對陳亦侯任經理情緒非常抵觸，後彼此妥協，各行其是，也就相安無事了。石則以鹽業存戶抵押的啟新股票和他持有的少數股票與袁六（克桓，字心武）勾結，捧袁為啟新總經理，代表鹽業出席，居然被

選為董事。由於他走張鎮芳內綫門路，代張的四姨太太孫善卿把歷年積存的私儲四十多萬元交後存入行內，但在張鎮芳生前，賬面上即不見這種存款，被石改為他自己開設的和平永濟銀號，而虧蝕終已化為烏有。

張伯駒

上面說的是鹽業銀行內部幾個重要人物，這裏應該談到我自己。在吳鼎昌攫得鹽業銀行後，第一次董事會議，我被選為監事，其後被選為董事。我又曾被任為總稽核，我以檢查人和總稽核身份，曾與（於）一九三三年到北京、天津、上海、漢口各行視察業務和考核賬目，在我發現各行放款中的呆賬以及多行當權者的過分透支，曾建議吳鼎昌加以釐清，他雖表示接受，但終不肯實行。我曾經催問他，他說以後慢慢再說吧。其實由於他的阻礙，也無法再追問下面，從此我對查賬只是當做例行公事、走個場面算了。又例如四行儲蓄會原有四個執行委員，以四行總經理為當然委員，另有四個監察委員，由各行推舉，我是代表鹽業的監察委員，每年輪流，由四行監察委員分赴各地視察業務和考察賬目。當我查鹽業本行的賬目發現弊竇還都沒有下文，那麼我去四行儲蓄會，即使查出問題又有什麼用處呢？故我每到上海、漢口等地去查賬時，只是受到招待出席宴會，蓋了圖章完事。

一九三三年我父親張鎮芳去世，遺有鹽業股票五十萬元，但那時股票已不如以前值錢，我以三十萬元歸天津家用，自己二十萬元去做北平家用。我以這些錢購進了我喜愛的宋元字畫，以後陸續向鹽業透支四十萬元進行收購（在日本投降幣制大貶值時，我輕快的還了鹽業的欠款）。其後物價上漲，生活日緊，我仍需支持家用，因而在一九三五年出任南京鹽業銀行經理，兩年後，我在北平修養。日本軍侵占上海，南京行遷到重慶，名義上雖然還是我任經理，但我未隨着遷移，經理由方振民代理，內部仍是南京行的一班人辦理。

一九三九年春，我經香港乘飛機到河內轉到重慶，我去貴陽訪吳鼎昌，他時任貴州省主席兼滇黔綏靖主任。我見到他時，他穿的是陸軍上將的軍服，多年來我在鹽業行裏見着他都是長袍馬褂，腳穿雙樑鞋，今天他這樣打扮，使我忍俊不已，他問了一些華北淪陷後的情況。隨後談到鹽業銀行今後做法，他說現在原則上應該主守，不要多做生意，保住已有基礎，他要我回去後告訴任

鳳苞、王紹賢、岳乾齋等人。我住了兩天，向他告辭，臨行前他警告我三件事，他說你到重慶後，一、切不可說共產黨好；二、不可說國民黨打不勝；三、不可說蔣介石不好。後來我到峨眉青城遊山玩水，旅行了一些時候，回到上海，到後方悉王紹賢把鹽業銀行的老家當通通賠光，而吳鼎昌要我轉達的話已沒有用處，因而趕到北平與岳乾齋商量，決定把王接回北平，又到天津把王紹賢在上海發生的事告知任鳳苞，陳亦侯他們主張立刻把王紹賢趕出鹽業銀行，我對他們說：「如果把王紹賢撤職，則王紹賢把鹽業銀行的厚成搞光，這個責任就不能由吳鼎昌負了。」因為責任問題，任、陳又不敢擔負，任考慮不敢擔負也就保留了王紹賢。任鳳苞以代理董事長寫了一封信給我，請我以董事名義住上海照料總管理處的業務，於是定居下來。

　　一九四一年，我家居上海法租界亞爾培路，我被土匪綁架，組織這次綁票的駐紮上海的偽軍第十三師師長丁錫三（屬於汪精衛政權的偽軍劉培緒第三軍）。被綁後土匪把握估價過高，遷延了八個月，在此期間，任鳳苞曾主張把我所存字畫賣與任援道、梁鴻志，可以得到現款。在這以前，我曾告訴我妻潘素我所存的字畫是不能動的，所以他不肯這樣做。因而這件事鬧到偽主席汪精衛都知道了，其後日寇要把這批偽軍調走，他們也調查出我沒有錢，急欲結束這事，要潘素拿出四十萬元中儲券（當時這種幣約合現在幣制三四萬元），只是對這一票的開支，事實上他們賠了錢，我家也拿不出來，潘素求救與（於）鹽業銀行，上海行打電話求援與（於）平津兩行。在這緊要關頭，北平行沒有錢，天津行有錢不肯拿，天津行通知上海行，借口說日本人限制申匯，無法可想。但天津行副理石松巖的款卻不斷匯往上海，蕭彥和致函北平行副理韓誦裳，讓天津行倒填年月，一樣可以匯兌，天津行不肯照辦，土匪就要撕票。幸由友人上海市民銀行總理孫耀東（壽州孫多鬷之子，周佛海的私人）借給中儲券二十萬元，蕭彥和拿出十萬元，再由河南同鄉商人牛敬亭資助十萬元才把我贖出來。天津方面不肯援手，甚至撕票也在所不惜，這裏他們當然別有用心，放出後蕭彥和、韓誦裳和我談到時，他們均有憤憤不平之氣，這裏表現出朽腐的資產階級本性，只要於他們個人有利，甚至犧牲我也是可以做得出來的，這時候報紙傳說我已死了，居然僥倖脫險，使得有些人感到奇怪。我認為在敵偽鐵蹄下，特別是擔負一個銀行有名無實的大股東的虛名，在淪陷區看來實在無法生活，因而於一九四二年，由王紹賢借給我三千元，再度挈眷轉入後方，避

居蜀隴間，後定居西安，日寇投降後才回到北平。

日本投降前後的鹽業銀行

鹽業銀行在抗戰期間，經王紹賢把老底家當出脫光了以後，調回北平，他以平行副經理休息了一些時候，又復活動。因為他同當時偽組織華北政務委員會財務署督辦兼華北聯合準備銀行總裁漢奸汪時璟，都是原中國銀行的舊人，私交頗厚。汪時璟為了支持王紹賢在鹽業銀行的地位，通過他拉攏在後方的吳鼎昌的關係，對王在上海時惹的亂子加以拂照，使上海行平安渡過難關，由於王紹賢得到汪時璟的撐腰，鹽業一切事物又復以王紹賢為中心，使岳乾齋失去作用，這樣就形成了與在天津的任鳳苞、陳亦侯分成兩派。因此平行欠津行一百萬元，長期不與歸墊，茲據邢沛農說，陳亦侯向岳乾齋所要無着，並以日本特務機關長雨宮巽注意清室古物相恫嚇，藉此要求存放在天津英租界四行儲蓄會倉庫的清室寶物金鐘該存天津行保管，岳不得已派平行倉庫庶務主任兼保管員邢沛農來京辦理。這時日本人正封鎖英租界，由英租界運進法租界金行（鹽業金行在法租界海河沿）要冒很大的危險，藉着日本崗兵在十二時換崗機會，把八箱金鐘偷運到津行，作為平行對津行押品。但到解放後公私合營，這批古物是我從四行儲蓄會倉庫點交給人民銀行的，這就不知何日又送還原處。

岳乾齋原在渝陷時，在前門外廊坊二條開設有成善金珠店，經理張德甫與岳有密切關係，這個金店除做一般金店珠寶業務外，專門替準備銀行搜羅民間黃金。迨至一九四五年八月十〔五〕日，日皇在廣播投降宣布時，日本在華北經營的一切企業均告垮臺，物價大落。因為日本正金銀行長期無限制使用準備銀行發行的聯銀券，這時須要結算，準備銀行承物價下落大量收購黃金，汪時璟與王紹賢勾結，利用準備銀行大量透支，購進黃金，那時金價折合法幣三元三角一兩，同時金城銀行也同樣收購，一時搶購之風不可遏止。當我這年中秋節回到北平時，北平前進指揮所軍統局北平站長馬漢三的副手張家銓（字公度，南皮張之洞裔孫，後任北平行營第二處處長）因為我從後方來住在北平鹽業行，來查問我說：聽說你大量買黃金。我答以並無此事。多年以後，我才知道汪時璟、王紹賢在那個時候大買黃金，他們搶進到的黃金是三萬兩，曾經送給行營主任李宗仁六百兩，汪時璟一百兩，陳雲甫（準備銀行某局局長）五十兩，特務馬漢三、張家銓及大小特務均送了黃金（數目不詳），平行中王紹

賢、岳乾齋以及行中部分職員也分到了一些。這年冬季岳乾齋病，故由王紹賢任經理，至於剩下的黃金怎樣與準備銀行清算或由汪時璟帶到重慶交與軍統特務大頭子戴笠，獻於國民黨政權的要人，我就不清楚了。

日本投降後，吳鼎昌回到上海。吳是四行儲蓄會的主任、執行委員，錢新之是副主任，周作民（金城）、許漢卿（大陸）、王孟鐘（中南）均是執行委員。他們召開了一次會議，由吳提議把四行儲蓄會寄存的一筆美金（詳數不悉），按照比重他們幾個人予以瓜分。吳鼎昌沒有把任鳳苞打算在內，按理說，在抗戰期間鹽業總經理吳讓與任代理，任就有資格說話，因而任和吳為分這筆美金發生了不愉快的感情，經吳觀察才在他本人應分項下撥給任鳳苞美金一萬兩千元，雖然這時王紹賢已任為鹽業銀行總經理，但沒有分到這筆錢。這裏順便一提，金城銀行董事長周作民因漢奸問題，曾由吳鼎昌託張群在蔣介石那裏代為疏通，得免予追究，周通過吳送予張群一筆美金，多少不詳。

一九四六年，國民黨政權從重慶還都南京，吳鼎昌為鹽業銀行在南京召開了一次董事會，出席的有任鳳苞、張伯駒、王紹賢、陳亦侯。吳提議擬以王紹賢為總經理，陳亦侯為協理。關於董事長問題，吳意以任鳳苞年老可以退休，讓予張伯駒，在醞釀時任鳳苞不願意讓，故仍由任繼續擔任董事長。但董事會設兩個常務董事，由張伯駒、劉紫銘擔任。劉是天津德興鹽務公司董事長，河東派首領劉壬三之弟，這時握有鹽業銀行大量股票，是個大股東，新近加入董事會。吳鼎昌這時任國民黨政府文官長，他對鹽業銀行這樣安排，仍是他在控制一切。

當國民黨政權崩潰前夕發行金圓券，搜羅黃金強迫全國銀行錢莊增資，鹽業銀行毫無辦法。王紹賢商之劉紫銘拿出黃金二十條，勉強增資，欠劉的這筆黃金只好把鹽業所存的天津榮業公司股票轉交到劉作為抵償，並把陳亦侯的協理撤銷，改由劉為協理，迨至任鳳苞一死，陳亦侯的天津行經理也派了顏載清接替，於是把陳亦侯逐出鹽業銀行，這樣結束了他們爭權奪利的派別鬥爭。

一九四七年，國民黨政權對偉大的中國共產黨的人民解放軍實行全面進攻，有一次上海行經理蕭彥和在上海聚餐會上問吳鼎昌，國民黨軍隊大打內戰，是否有把握？吳答絕對有把握打勝，但到淮海戰役前，蕭彥和又在上海見著吳，這時吳對大家說，現在大事去矣。不久以後吳鼎昌即倉皇逃往香港，

在全國解放後的第二年，吳鼎昌曾從香港致電予四行董事會和監察人，說他現在很好，就是因患癌症將入醫院，是否能治，現在不能肯定，如果不起即以此電與諸公長別矣。後來即因割治癌痛死於香港，他生於光緒二年丙子，到一九五二年死時年七十五歲。關於鹽業銀行的史料大略我就說到這裏為止，解放後即公私合營的情況，有案可查，這裏就不再贅述了。

張伯駒
一九六六年六月廿二日訂於天津[1]

---

① 本文根據編者舊藏張伯駒《鹽業銀行與北洋政府和國民黨政權》手稿整理而成。（該手稿為未刊本，編者將手稿真蹟於 2017 年 2 月 18 日在北京人民大會堂「張伯駒潘素文化發展基金會」揭牌儀式上捐贈給基金會，在會上編者被聘為「張伯駒潘素文化發展基金會學術委員會委員」。）

附錄二：引用書目

（一）專著類

1. 北京燕山出版社編《古都藝海擷英》。北京：北京燕山出版社，1996。
2. 柴念東編注《柴德賡來往書信集》。北京：商務印書館，2018。
3. 陳巨來著《安持人物瑣憶》。上海：上海書畫出版社，2011。
4. 程硯秋著，程永江整理《程硯秋日記》。長春：時代文藝出版社，2011。
5. 鄧之誠著，鄧瑞整理《鄧之誠文史札記》。南京：鳳凰出版社，2016。
6. 范用編《存牘輯覽》。北京：生活・讀書・新知三聯書店，2015。
7. 故宮博物院編《捐獻大家張伯駒》。北京：紫禁城出版社，2007。
8. 故宮博物院編《張伯駒捐獻作品・中國古代作品集》。北京：紫禁城出版社，2010。
9. 顧一平編《見過軒聽琴圖詠》。揚州：揚州市揚大印刷廠（私刊本），2013。
10. 關山月著，關怡主編《關山月梅花選集》。海口：海南出版社，2000。
11. 郭立志攝影，北京琉璃廠豹文齋南紙店刊錄《雍睦堂書法》，1942年自印本。
12. 紅樓夢研究集刊編委會編《紅樓夢研究集刊》。上海：上海古籍出版社，1979。
13. 侯剛、章景懷編著《啟功年譜》。北京：北京師範大學出版社，2013。
14. 胡蠻著，康樂編《胡蠻與新中國美術》。北京：中國書店，2014。
15. 黃公渚著，劉懷榮、苑秀麗注《嶗山集校注》。北京：人民出版社，2015。
16. 黃孝紓著《匑厂詞乙稿》。衹海樓叢刻（私刻本），1939。
17. 黃永玉著《比我老的老頭》。北京：作家出版社，2003。
18. 金西崖著，王世襄整理《刻竹小言》。北京：人民大學出版社，2003。
19. 寇夢碧著《夕秀詞》。合肥：黃山書社，2009。
20. 李克非著《京華感舊錄》。南京：江蘇古籍出版社，1986。
21. 梁吉生撰著《張伯苓年譜》。北京：人民教育出版社，2009。
22. 梁漱溟口述，白吉安撰著《梁漱溟訪談錄》。北京：人民出版社，2007。
23. 梁漱溟撰《梁漱溟日記》。上海：上海人民出版社，2014。
24. 林東海著《師友風誼》。北京：人民文學出版社，2010。
25. 劉成禺、張伯駒著《洪憲紀事詩三種》。上海：上海古籍出版社，1983。
26. 劉成禺、張伯駒著《續洪憲紀事詩補注》。上海：上海古籍出版社，1983。
27. 劉世德著《紅學探索：劉世德論紅樓夢》。北京：文化藝術出版社，2006。
28. 劉小巖編《周穎南文庫》。北京：北京師範大學出版社，2006。
29. 樓宇棟、鄭重著《中國文博名家畫傳・張伯駒》。北京：文物出版社，2008。
30. 馬寶山著《馬寶山先生畫集》。香港迅達企業公司設計製作，1994（自印本）。
31. 馬寶山著《書畫碑帖見聞錄》。北京：北京燕山出版社，1997。

32. 馬衡著，故宮博物院編《馬衡日記手稿》。北京：紫禁城出版社，2005。
33. 倪曉建主編《菊苑留痕》。北京：學苑出版社，2012。
34. 潘伯鷹著《潘伯鷹文存》。上海：上海辭書出版社，2013。
35. 啟功著《啟功全集之「平復帖説並釋文」》。北京：北京師範大學出版社，2010。
36. 全國政協文史資料委員會編《中華文史資料文庫》。北京：中國文史出版社，1996。
37. 任鳳霞著《一代名士張伯駒》。北京：當代中國出版社，2007。
38. 榮宏君編注《張伯駒牛棚雜記》。香港：中華書局（香港）有限公司，2018。
39. 榮宏君著《文博大家史樹青》。上海：上海三聯書店出版社，2014。
40. 榮宏君著《徐悲鴻與劉海粟》。上海：上海三聯出版社，2013。
41. 沈從文著《花花朵朵罎罎罐罐》。重慶：重慶大學出版社，2014。
42. 史樹青主編《中國歷史博物館藏捐贈文物集萃》。北京：長城出版社，1999。
43. 史樹青著，海國林編《史樹青金石拓本題跋選》。廣州：嶺南美術出版社，2002。
44. 史樹青著《鑒寶心得》。濟南：山東畫報出版社，2007。
45. 宋振庭著《宋振庭畫集》。長春：吉林人民出版社，1983。
46. 孫旭光主編《紀念周汝昌先生逝世三周年》。文化部恭王府管理中心印製，2015。
47. 王紅著《積墨解頤——悦古宅的百年往事》。北京：北京聯合出版公司，2017。
48. 王家誠著《溥心畬傳》。天津：百花文藝出版社，2007。
49. 王楠、張佩茹合著《書畫情緣：陳英金嵐夫婦和他們的積翠園》。北京：解放軍文藝出版社，1997。
50. 王世襄著《錦灰三堆》。北京：生活‧讀書‧新知三聯書店，2005。
51. 王新禎著，王開文編《王新禎詩文集》。開封：河南大學出版社，1993。
52. 魏建功篆刻《天行山鬼印蜕——魏建功印譜》。北京：中國書店，2001。
53. 吳恩裕著《考稗小記》。香港：中華書局香港分局，1979。
54. 吳恩裕著《有關曹雪芹十種》。北京：中華書局，1964。
55. 吳季松著《我的父親吳恩裕教授》。北京：北京科學技術出版社，2010。
56. 吳則虞撰，吳受琚增補，余震、曾敏整理《續藏書紀事詩》。北京：國家圖書館出版社，2016。
57. 項城市政協編《張伯駒先生追思集》。北京：紫禁城出版社，2011。
58. 謝蔚明著《那些人那些事》。上海：上海遠東出版社，2013。
59. 熊希齡著，顧廷龍、朱慶祚主編《明志閣遺著》。上海：上海遠東出版社，1995。
60. 許寶蘅著，許恪儒整理《許寶蘅日記》。北京：中華書局，2010。
61. 荀慧生著，和寶堂編訂《小留香館日記》。北京：中國戲劇出版社，2016。
62. 楊權著《琅玕館修史圖題咏箋釋》。廣州：廣東人民出版社，2016。
63. 楊紹箕著《悔堂詩賸》私刊本。
64. 葉祖孚著《葉祖孚文史散文集》。北京：北京出版社，2002。
65. 俞平伯著，孫玉蓉編纂《俞平伯年譜》。天津：天津人民出版社，2006。
66. 寓真著《張伯駒身世鈎沉》。太原：三晉出版社，2013。
67. 袁寒雲著，文明國編《袁寒雲自述》。合肥：安徽文藝出版社，2013。
68. 袁克文著《辛丙秘苑‧寒雲日記》。太原：山西古籍出版社，1999。
69. 張伯駒、潘素文獻整理編輯委員會編《張伯駒潘素書畫集》。北京：中華書局，2013。
70. 張伯駒、潘素著《張伯駒潘素書畫集》。北京：人民美術出版社，1985。

71. 張伯駒編著《春遊瑣談》。鄭州：中州古籍出版社，1984。

72. 張伯駒編著《素月樓聯語》。上海：上海古籍出版社，1991。

73. 張伯駒等著《張菊生先生九十生日紀念冊》。北京：商務印書館，2017。

74. 張伯駒潘素文獻整理編輯委員會編《回憶張伯駒》。北京：中華書局，2013。

75. 張伯駒主編《二進宮劇譜》。西安：西安市北平國劇學會，1944。

76. 張伯駒著《紅毹紀夢詩注》。香港：中華書局香港分局，1978。

77. 張伯駒著《烟雲過眼》。北京：中華書局，2014。

78. 張伯駒著《張伯駒詞集》。北京：中華書局，1985。

79. 張伯駒著《張伯駒集》。上海：上海古籍出版社，2013。

80. 張恩嶺著《張伯駒傳》。鄭州：河南人民出版社，2018。

81. 張珩著《木雁齋書畫鑒賞筆記》。北京：文物出版社，2000。

82. 張珩著《張珩文集——張葱玉日記》。上海：上海書畫出版社，2011。

83. 張牧石著《張牧石詩詞集三種》。北京：北京聯合出版公司，2018。

84. 張允和著，歐陽啟明編《崑曲日記》。北京：中央編譯出版社，2012。

85. 張鎮芳主修《項城縣志》（1911 年修）。臺北：文海出版社，1966。

86. 張中行著《柴門清話》。西安：陝西師範大學出版社，2008。

87. 長春市政協書畫院編《長春市政協書畫》。長春：長春出版社，2000。

88. 鄭誦先著《鄭誦先書法集》。北京：榮寶齋出版社，1998。

89. 鄭有慧編《鄭友梅友朋書札手蹟》。北京：中華書局，2015。

90. 鄭振鐸著，鄭爾康編《鄭振鐸藝術考古文集》。北京：文物出版社，1988。

91. 鄭重著《收藏大家》。上海：上海書店，2007。

92. 鄭重著《烟雲過：張伯駒傳》。北京：中華書局，2016。

93. 鄭重著《中國文博名家畫傳·張珩》。北京：文物出版社，2011。

94. 中國國民黨革命委員會中央宣傳部編《紀念辛亥革命七十周年書畫展品集》。北京：文物出版社，1983。

95. 中國人民政治協商會議北京市委員會文史資料研究委員會編《日偽統治下的北平》。北京：北京出版社，1987。

96. 中國人民政治協商會議項城市委員會編印《項城文史資料第十三輯——張伯駒先生追思集》（內部發行）。2008。

97. 中國社會科學院「近代史資料」編輯部主編《民國人物碑傳集》。成都：四川人民出版社，1997。

98. 中國文物學會主編《新中國捐獻文物精品全集·張伯駒／潘素》。北京：文津出版社，2015。

99. 中央檔案館編《毛澤東藏畫精品選》。北京：中央檔案館出版社，2013。

100. 周篤文著《影珠書屋吟稿》。北京：中國文聯出版社，2010。

101. 周篤文著《周篤文詩詞論叢》。北京：人民出版社，2014。

102. 周汝昌、周建臨著《紅樓真影》。濟南：山東畫報出版社，2009。

103. 周汝昌著、周倫苓編《蘭亭秋夜錄》。桂林：廣西師範大學出版社，2012。

104. 周汝昌著《北斗京華——北京生活五十年漫憶》。北京：中華書局，2007。

105. 周汝昌著《紅樓夢新證》。北京：人民文學出版社，1976。

106. 周汝昌著《獻芹集：紅樓夢賞析叢話》。北京：中華書局，2006。

107. 周振鶴著《中人白話》。北京：東方出版社，2018。

108. 鄒典飛《民國時期的北京書風》。北京：故宮出版社，2014。

109. 社會科學戰綫雜誌社編《紅樓夢圖咏（農曆己未年）》。吉林：吉林人民出版社，1978。

（二）報紙類

1. 《北平美術會駁徐悲鴻談話》，天津：《大公報》，1947 年 10 月 19 日第 3 版。

2. 《平國畫論戰尾聲，教員復教問題尚難解決》，上海：《申報》，1947 年 11 月 3 日第 2 張第 6 版。

3. 《滬綁匪猖獗——張伯駒、施肇康先後被綁》，香港：《大公報》，1941 年 6 月 6 日（星期五）第 3 版。

4. 《李鳴鐘張繼連袂抵京》，上海：《申報》，1929 年 7 月 29 日第 2 張第 8 版。

5. 「命令」，上海：《申報》，1929 年 8 月 11 日第 3 張第 10 版。

6. 《國畫論戰：平美術會攻擊徐悲鴻、評徐畫盡失國畫精神》，上海：《申報》，1947 年 10 月 20 日第 2 張第 6 版。

7. 《平美術界小糾紛》，天津：《大公報》，1947 年 10 月 15 日第 3 版。

8. 《平名流張伯駒，將珍藏書畫，贈流亡學生》，上海：《申報》，1948 年 8 月 16 日第 1 張第 2 版。

9. 《平慶祝美術節》，上海：《申報》，1948 年 3 月 26 日第 2 張第 6 版。

10. 《強迫筱翠花演壞戲〈馬思遠〉　張伯駒是文化藝術界的絆腳石》，北京：《人民日報》，1957 年 9 月 2 日第 2 版。

11. 「授予張家騏二等大綬嘉禾章」，上海：《申報》，1923 年 2 月 4 日第 1 張第 3 版。

12. 《徐悲鴻談國畫，答辯平美術會宣言：他要打倒八股山水》，天津：《大公報》，1947 年 10 月 16 日第 3 版。

13. 《鹽業銀行昨開股東會》，上海：《申報》，1936 年 4 月 12 日第 3 張第 12 版。

14. 《鹽業銀行昨開股東會》，上海：《申報》，1937 年 5 月 17 日第 3 張第 11 版。

15. 《銀行董事大學職員先後被匪綁去》，上海：《申報》，1941 年 6 月 6 日第 2 張第 7 版。

16. 「張伯駒啟事」，天津：《大公報》，1931 年 5 月 3 日第 2 版。

17. 《中央文史研究館館員張伯駒先生逝世》，北京：《人民日報》，1982 年 3 月 23 日第 4 版。

18. 北京：《晨報》，1928 年 4 月 28 日第 3268 號第 5/10 版。

19. 冒佳騏：《張伯駒、啟功題冒鶴亭〈盤山詩卷〉》，上海：《文匯報》，2017 年 1 月 26 日第 12 版。

20. 陳詒先：《我所知道的吳清源（上）》，上海：《申報》，1948 年 8 月 10 日第 2 張第 8 版。

21. 董軍梅：《張伯駒情繫紫竹院》，北京：《北京日報》，2016 年 1 月 21 日第 17 版。

22. 劉軍、呂鵬：《珍貴字畫獻國家——訪「中山書畫社」社長張伯駒》，北京：《北京晚報》，1981 年 3 月 13 日第 1 版。

23. 呂鵬、胡舒立、陌柳：《藝術在人民之中——記工人美術收藏家林樹芳》，北京：《工人日報》，1981 年 1 月 17 日第 4 版。

24. 梅花館主：《余叔巖病篤》，上海：《申報》，1942 年 6 月 17 日第 2 張第 7 版。

25. 潘伯鷹：《觀書畫記》，上海：《申報》，1947 年 3 月 16 日第 3 張第 9 版。

26. 潘伯鷹：《名蹟經眼續記》，上海：《申報》，1947 年 3 月 23 日第 3 張第 9 版。

27. 潘伯鷹：《藝海勺嘗錄》，上海：《申報》，1947 年 4 月 6 日第 3 張第 9 版。

28. 宋毓珂：《張伯駒先生收藏古字畫展覽記略》，北平：《益世報》，1948 年 10 月 15 日第 6 版。

29. 肖谷：《張伯駒致張牧石手札》，上海：《東方早報》，2012 年 10 月 8 日第 B06 版。

30. 徐慕雲：《故都宮闈梨園秘史》，上海：《申報》，1939 年 1 月 4 日第 4 張第 15 版。

31. 徐慕雲：《念萬公帑造就高材生十人》，上海：《申報》，1939 年 5 月 24 日第 5 張第 18 版。

32. 張伯駒：《故宮散失書畫見聞錄》，上海：《新民報（晚刊）》，1948 年 10 月 22 日第 3 版。

33. 張伯駒：《故宮散失書畫見聞錄》，上海：《新民報（晚刊）》，1948 年 10 月 8 日第 2 版。

34. 張伯駒：《故宮散失書畫見聞錄》，上海：《新民報（晚刊）》，1948 年 11 月 12 日第 2 版。

35. 張伯駒：《故宮散失書畫見聞錄》，上海：《新民報（晚刊）》，1948 年 11 月 5 日第 2 版。

36. 張伯駒：《故宮散失書畫見聞錄》，上海：《新民報（晚刊）》，1948 年 12 月 10 日第 2 版。

37. 張伯駒：《故宮散失書畫見聞錄》，上海：《新民報（晚刊）》，1948 年 12 月 17 日第 2 版。

38. 張伯駒：《故宮散失書畫見聞錄》，上海：《新民報（晚刊）》，1948 年 12 月 3 日第 2 版。

39. 張伯駒：《故宮散失書畫見聞錄》，上海：《新民報（晚刊）》，1949 年 1 月 14 日第 2 版。

40. 張伯駒：《故宮散失書畫見聞錄》，上海：《新民報（晚刊）》，1949 年 1 月 21 日第 2 版。

41. 張伯駒：《故宮散失書畫見聞錄》，上海：《新民報（晚刊）》，1949 年 1 月 28 日第 2 版。

42. 張伯駒：《故宮散失書畫見聞錄》，上海：《新民報（晚刊）》，1949 年 1 月 7 日第 2 版。

43. 張伯駒：《故宮散失書畫見聞錄》，上海：《新民報（晚刊）》，1949 年 2 月 11 日第 2 版。

44. 張伯駒：《故宮散失書畫見聞錄》，上海：《新民報（晚刊）》，1949 年 2 月 18 日第 2 版。

45. 張伯駒：《故宮散失書畫見聞錄》，上海：《新民報（晚刊）》，1949 年 2 月 25 日第 2 版。

46. 張伯駒：《故宮散失書畫見聞錄》，上海：《新民報（晚刊）》，1949 年 2 月 4 日第 2 版。

47. 張伯駒：《我對於文化藝術創造之意見》，北平：《華北日報》，1947 年 10 月 22 日第 5 版。

48. 張伯駒、潘素口述，劉筆整理：《友我終歸共一家》，上海：《文匯報》，1981 年 6 月 26 日第 4 版。

49. 征凡：《從榮案想到二十年來上海綁案》，上海：《申報》，1946 年 8 月 29 日第 3 張第 12 版。

50.「陸椿年置產聲明」，北平：《華北日報》，1947 年 2 月 26 日第 1 版。

51.「冠蓋往來」，北京：《益世報》，1921 年 7 月 10 日第 7 版。

52.《國劇學會，推齊如山為理事長，張伯駒籌國劇講座》，北平：《華北日報》，1947 年 8 月 9 日第 4 版。

53.《歡迎李鳴鐘大會》，北平：《益世報》，1930 年 12 月 19 日第 6 版。

54.《京聞：鎮芳近況》，北京：《益世報》，1917 年 10 月 20 日第 6 版。

55.《張鎮芳近事》，北京：《益世報》，1917 年 10 月 30 日第 6 版。

56.《美術界昨慶美術節，一個美術節分兩派慶祝，你開你的會，我開我的會》，北平：《華北日報》，1948 年 3 月 26 日第 5 版。

57.《倪嗣沖代表來京》，北京：《益世報》，1920 年 4 月 23 日第 3 版。

58.《滬鹽業銀行董事張伯駒被綁》，南京：《京報》，1941 年 6 月 6 日第 1 版。

59.《滬鹽業銀行董事張伯駒被綁》，南京：《南京新報》，1941 年 6 月 6 日第 1 版。

60.《余派名票：張伯駒近狀》，北平：《戲劇報》，1941 年 7 月 2 日第 4 版。

61.《張伯駒氏所藏書畫，昨在燕大擇尤展覽，有我國最古之晉隋名作。琳琅滿目，堪稱藝壇盛事》，北平：《華北日報》，1948 年 10 月 3 日第 2 版。

62.《張伯駒氏所藏名蹟著錄續志》，北平：《華北日報》，1948 年 10 月 4 日第 3 版。

63. 《張伯駒捐古籍義賣，贈東（北）同學》，北平：《益世報》，1948 年 8 月 15 日第 4 版。
64. 《張伯駒義賣，急救山西學生》，北平：《益世報》，1948 年 8 月 10 日第 4 版。
65. 《豫戰區救濟會，組織勸募隊，無名氏慨捐鉅款》，西安：《西京日報》，1945 年 4 月 16 日第 3 版。
66. 張牧石：《張伯駒在天津的書畫》，天津：《今晚報》，2004 年 3 月 21 日第 10 版。

（三）期刊

1. 《函張伯駒、鄧榮光為當選監察請查照屆時蒞會就職文》，焦作：《河南中原煤礦公司彙刊》，1932 年第 7、8 期合刊。
2. 《福全館的堂會：四大名伶空前名劇——串演空城計》，上海：《影與戲》，1937 年 3 月 11 日第 1 年第 14 期。
3. 《張伯駒來校展覽書畫——陸機、李白、趙孟頫痕迹，宋徽宗、隋展子虔圖卷……》，北平：《燕大雙周刊》，1948 年第 64 期。
4. 陳子衡：《嘯月山房詩稿——張伯駒約看海棠有作》，北平：《文化革新導言》，1929 年 3 月第 8 期。
5. 范鈞宏：《斥張伯駒「新舊並存」的謬論》，北京：《戲劇報》，1957 年第 20 期。
6. 「吉林藝術學院古今扇面珍藏選」，吉林：《吉林藝術學院學報》，2006 年第 1 期。
7. 關瑞之：《憶張伯駒先生》，北京：《收藏家》，2013 年第 6 期。
8. 何方：《劉梅真影寫宋刻〈于湖居士文集〉題跋考》，北京：《中國典籍與文化》，2018 第 1 期（總第 104 期）。
9. 黃孝紓：《翃厂詞六首 - 韭園夢蝶圖、琵琶仙和白石韻》，南京：《同聲月刊》，1941 年第 1 卷第 3 號。
10. 容媛：《張伯駒氏書畫展覽會》，北平：《燕京學報》，1948 年 12 月第 35 期。
11. 《北京書學研究會成立》，上海：《書法》，1979 年 3 月第 2 期。
12. 盛自強：《張伯駒論書札》，北京：《中國書畫》，2010 年第 8 期。
13. 宛乘：《摸魚兒·信陽軍中送伯駒》，天津：《國聞周報》，1932 年 4 月 11 日第 9 卷第 14 期。
14. 王舒羽：《撐持傲骨待春來·吉林省博物院藏張伯駒書畫欣賞》，北京：《收藏家》，2011 年第 6 期。
15. 王澤慶：《訪張伯駒、潘素夫婦》，香港：《美術家》，1980 年 12 月第 17 期。
16. 《張伯駒到上海、溥侗生活困難》，北平：《一四七畫報》，1946 年第 8 卷第 7 期。
17. 夏枝巢：《前調》，北平：《雅言》，1941 年第 11-12 期。
18. 弦聲：《關於展子虔及其〈遊春圖〉》，鄭州：《中原文物》，1980 年第 4 期。
19. 楊嘉仁撰：《張伯駒及其〈自書春遊詞冊〉——紀念叢碧詞人逝世三十周年》，湘潭：《中國韻文學刊》，2012 年第 26 卷第 3 期。
20. 張伯駒：《關於展子虔〈遊春圖〉年代的一點淺見》，北京：《文物》，1979 年第 4 期。
21. 張伯駒：《回憶陳毅元帥》，北京：《社會科學戰線》，1979 年第 1 期。
22. 張伯駒：《今詞林·叢碧山房詞二首 - 換巢鸞鳳、又再賦故宮五色鸚鵡》，南京：《同聲月刊》，1941 年 1 月 20 日第 1 卷第 2 號。
23. 張伯駒：《薄倖》等，上海：《青鶴（近人詞鈔 - 叢碧詞一）》，1936 年 3 月 1 日第 4 卷

第 8 期。

24. 張伯駒：《蝶戀花》等，上海：《青鶴（近人詞鈔 - 叢碧詞二）》，1936 年 3 月 16 日第 4 卷第 9 期。

25. 張伯駒：《秋霽》等，上海：《青鶴（近人詞鈔 - 叢碧詞三）》，1936 年 4 月 1 日第 4 卷第 10 期。

26. 張伯駒：《金縷曲》等，上海：《青鶴（近人詞鈔 - 叢碧詞四）》，1936 年 4 月 11 日第 4 卷第 11 期。

27. 張伯駒：《探春慢》等，上海：《青鶴（近人詞鈔 - 叢碧詞五）》，1936 年 7 月 16 日第 4 卷第 17 期。

28. 張伯駒：《疏影》等，上海：《青鶴（近人詞鈔 - 叢碧詞六）》，1936 年 8 月 1 日第 4 卷第 18 期。

29. 張伯駒：《金縷曲》等，上海：《青鶴（近人詞鈔 - 叢碧詞七）》，1936 年 8 月 16 日第 4 卷第 19 期。

30. 張伯駒：《人月圓》等，上海：《青鶴（近人詞鈔 - 叢碧詞八）》，1936 年 11 月 16 日第 5 卷第 1 期。

31. 張伯駒：《賀新郎》，上海：《青鶴（近人詞鈔 - 叢碧詞九）》，1936 年 12 月 1 日第 5 卷第 2 期。

32. 張伯駒：《摸魚兒》等，上海：《青鶴（近人詞鈔 - 叢碧詞十）》，1937 年 2 月 16 日第 5 卷第 7 期。

33. 張伯駒：《蝶戀花》等，上海：《青鶴（近人詞鈔 - 叢碧詞十一）》，1937 年 4 月 1 日第 5 卷第 10 期。

34. 張伯駒：《浣溪沙》等，上海：《青鶴（近人詞鈔 - 叢碧詞續）》，1937 年 7 月 1 日第 5 卷第 16 期。

35. 張伯駒：《浣溪沙》等，上海：《青鶴（近人詞鈔 - 叢碧詞）》，1937 年 8 月 1 日第 5 卷第 18 期。

36. 張伯駒：《木蘭花慢》，北平：《雅言》，1941 年第 4 期。

37. 張伯駒：《菩薩蠻》，北平：《雅言》，1942 年第 2 期。

38. 張伯駒：「人才薈萃」，北京：《人才》，1981 年第 1 期（創刊號）。

39. 張伯駒：《詩三首》，北京：《戰地增刊》，1979 年第 1 期。

40. 張伯駒：《收藏西晉陸機〈平復帖〉、隋展子虔〈遊春圖〉經過》，上海：《書與畫》，2002 年第 11 期。

41. 張伯駒：《思適齋遊山圖題咏》，北平：《雅言》，1943 年第 5/6 期。

42. 張伯駒：《談晉代的書法》，北京：《文物參考資料》，1957 年第 1 期。

43. 張伯駒：《辛巳北海畫舫齊禊集分韻塵字》，北平：《雅言》，1941 年第 2 期。

44. 張伯駒：《藝術之時代與創造》，北平：《新思潮》，1946 年 8 月 1 日第 1 卷第 1 期。

45. 張伯駒：《沅叔年伯援庵先生招賞司鐸書院海棠賦呈》，北平：《雅言》，1942 年第 1 期。

46. 張伯駒：《脂硯齋所藏薛素素脂硯》，哈爾濱：《北方論叢》，1979 年第 1 期。

47. 張伯駒：《脂硯齋所藏薛素素脂硯》，瀋陽：《社會科學輯刊》，1979 年第 1 期。

48. 張伯駒：《中國雪景山水畫》，北京：《中國畫》，1981 年第 1 期。

49. 張伯駒：《薄倖》，天津：《北洋畫報》，1930 年 3 月 13 日第 445 期。

50. 張伯駒：《宋四家書》，上海書畫社：《書法》，1979 年 3 月第 2 期。

51. 張伯駒：《踏莎行》，天津：《北洋畫報》，1930 年 2 月 25 日第 438 期。

52. 張伯駒：「挽楊小樓聯」，上海：《十日戲劇》，1938 年 3 月 20 日第 1 卷第 21 期。

53. 張伯駒等：《敬致臺灣藝術家》，北京：《美術》，1980 年第 4 期。

54. 中國人民政治協商會議北京西城區委員會文史資料委員會編《文史資料選編》（內部發行），1987 年第 1 期。

55. 《張伯駒成立崑曲社》，唐山：《銀河》，1946 年 7 月 21 日創刊號。

56. 周汝昌：《黃葉山村入畫圖——紀念曹雪芹逝世二百周年》，北京：《中國書畫》，2003 年第 10 期。

57. 周篤文：《張伯駒先生與北京的詩鐘活動》，吉林：《學問》2003 年 10 期。

（四）拍賣圖錄

1. 徐國昱文：「北京書社成立始末」// 參見 31 中 61 屆高三四校友的博客 http: //blog.sina.com.cn/u/1973897357//2012-12-10// 18: 54: 20。

2. 「春風上面，晴雪溶肌」//http: //blog.sina.com.cn/wenrenmokeh//2007-06-21 20: 58: 09。

3. 保利香港 2016 年春季拍賣會「中國古代書畫專場」第 0760 號拍品，拍賣時間：2016-04-04。

4. 保利香港拍賣有限公司 2016 年秋季拍賣會「舊日烟雲——王伯群珍藏中國書畫暨文人翰墨專場」第 0774 號拍品，拍賣時間：2016-10-03。

5. 保利香港拍賣有限公司保利香港 2016 年秋季拍賣會「舊日烟雲——王伯群珍藏中國書畫暨文人翰墨專場」第 0775 號拍品，拍賣時間：2016-10-03。

6. 北京保利國際拍賣有限公司北京保利 2016 年秋季拍賣會「中國書畫」第 1175 號拍品，拍賣時間：2016-12-04。

7. 北京保利國際拍賣有限公司北京十二周年秋季拍賣會「百年風雲——世界名人字札」第 13016 號拍品，拍賣時間：2017-12-17。

8. 北京保利國際拍賣有限公司十二周年秋季拍賣會「古事——生活藝術Ⅲ」第 1725 號拍品，拍賣時間 2017-12-16。

9. 北京保利國際拍賣有限公司十周年秋季拍賣會「中國近現代書畫（一）」第 1380 號拍品，拍賣時間：2015-12-07。

10. 北京誠軒拍賣有限公司 2016 秋季拍賣會「中國書畫（二）」第 309 號拍品，拍賣時間：2016-11-11。

11. 北京誠軒拍賣有限公司 2016 秋季拍賣會「中國書畫（二）」第 310 號拍品，拍賣時間：2016-11-11。

12. 北京誠軒拍賣有限公司 2017 年春季拍賣會「中國書畫（一）」第 0166 號拍品，拍賣時間：2017-06-18。

13. 北京東方大觀國際拍賣有限公司 2015 年秋季拍賣會之「中國近現代書畫」第 0086 號拍品，拍賣時間：2015-11-17。

14. 北京歌德拍賣有限公司 2014 年秋季藝術品拍賣會「舊日風華——民國四公子書畫專場」第 0001 號拍品，拍賣時間：2014-12-19。

15. 北京翰海拍賣有限公司 2002 春季拍賣會，中國書畫（近現代一）第 0174 號拍品，拍賣時間：2002-06-29。

16. 北京翰海拍賣有限公司 2014 秋季藝術品拍賣會之「『添語實錄』——寶聚齋私人珍藏中國扇畫（夜場）」第 1411 號拍品，拍賣時間：2014-10-24。

17. 北京翰海拍賣有限公司 2016 春季拍賣會之「寶聚集珍——寶聚齋中國書畫」第 0101 號拍品，拍賣時間：2016-06-03。

18. 北京嘉寶國際拍賣有限公司 2006 首屆拍賣會「中國書畫」第 0068 號拍品，拍賣時間：2006-01-04。

19. 北京孔夫子舊書網「張伯駒潘素仉儷致章佳信札」，拍賣時間：2018-4-25。

20. 北京匡時國際拍賣有限公司 2008 春季藝術品拍賣會之「近現代書畫專場」第 0844 號拍品，拍賣時間：2008-05-22。

21. 北京匡時國際拍賣有限公司 2010 春季藝術品拍賣會之「近現代書畫專場（一）」第 0075 號拍品，拍賣時間：2010-06-04。

22. 北京匡時國際拍賣有限公司 2010 春季藝術品拍賣會之「近現代書畫專場（一）」第 0077 號拍品，拍賣時間：2010-06-04。

23. 北京匡時國際拍賣有限公司 2013 春季藝術品拍賣會之「近現代書畫專場（一）」第 0946 號拍品，拍賣時間：2013-06-05。

24. 北京匡時國際拍賣有限公司 2013 秋季藝術品拍賣會之「近現代書畫專場（二）」第 1563 號拍品，拍賣時間：2013-12-05。

25. 北京匡時國際拍賣有限公司 2014 秋季藝術品拍賣會之「扇畫小品專場」第 0841 號拍品，拍賣時間：2014-12-03。

26. 北京匡時國際拍賣有限公司 2015 春季拍賣會「百年遺墨——二十世紀名家書法專場」第 1439 號拍品，拍賣時間：2015-06-07。

27. 北京匡時國際拍賣有限公司 2015 夏季拍賣會「近現代及當代書畫專場」第 652 號拍品，拍賣時間：2015-10-17。

28. 北京匡時國際拍賣有限公司 2015 迎春藝術品拍賣會之「百年遺墨專場」第 1070 號拍品，拍賣時間：2015-03-31。

29. 北京匡時國際拍賣有限公司 2017 春季拍賣會「近現代及當代書畫專場」第 0082 號拍品，拍賣時間：2017-06-03。

30. 北京匡時國際拍賣有限公司 2017 秋季藝術品拍賣會之「古雪今存——名人手稿信札專場」第 660 號拍品，拍賣時間：2017-12-03。

31. 北京榮寶拍賣有限公司 2016 年春季藝術品拍賣會之「近代書畫·榕湖賓館舊藏專題」第 0310 號拍品，拍賣時間：2016-06-05。

32. 北京泰和成拍賣有限公司 2014 秋拍之「箋影留痕」第 584 號拍品，拍賣時間：2014-11-30。

33. 北京泰和嘉成拍賣有限公司 2016 年常規拍賣會「古籍文獻專場」第 0610 號拍品，拍賣時間：2016-04-10。

34. 北京泰和嘉成拍賣有限公司之 2013 年春季藝術品拍賣會「古籍文獻·碑版法書（一）」第 0778 號拍品，拍賣時間：2013-05-26。

35. 北京長風 2010 秋季拍賣會「世家元氣第三輯 —— 重要華人藏家藏中國書畫專場」第 0368 號拍品，拍賣時間：2011-01-20。

36. 北京中招國際拍賣有限公司 2011 秋季拍賣會之「古今翰墨——名家楹聯書法專場」第 0103 號拍品，拍賣時間：2011-12-16。

後記

　　業師史樹青先生生於 1922 年，比大收藏家張伯駒先生整整小了兩輪，但是出於對詩詞和書畫鑒賞的共同熱愛，兩人早在民國時期就結為了忘年之交。史先生景仰伯駒先生的人品和學問，在張伯駒先生面前，執弟子禮。

　　史樹青先生的晚年，我有幸常常陪伴身邊，每每談起大收藏家張伯駒先生，必感歎再三。約在 2005 年，香港鳳凰衛視採訪史樹青先生，又一次談到張伯駒先生的收藏事蹟。說到激動處，史先生眼含淚水，盛讚張伯駒先生是「民族英雄」。一說到民族英雄，大家想到的就是那些上馬殺賊、碧血沙場的仁人志士。張伯駒，一介文人，怎麼就成了「民族英雄」了呢？後來，史先生曾給我解讀：民國時期，國家積貧積弱，許多珍貴文物不是毀於戰火，就是被外國人廉價買走。面對民族文化危機，張伯駒先生挺身而出，不惜典屋鬻釵，甚至傾盡家財，把我國存世最早的名家書法西晉陸機的《平復帖》，還有最早的卷軸山水畫隋展子虔的《遊春圖》等一大批國寶保存下來，捐獻給國家，這是在延續拯救中華文明，當然是民族英雄！

　　史先生的這一次談話，對我影響很大，也使我對張伯駒先生有了更為全面的認識，從此就留意搜集有關他的史料，想為張伯駒先生做一些事情。

　　2009 年，一次偶然的機會，我從長春得到一批與張伯駒先生有關的資料，這其中最為重要的史料就是伯駒先生親筆錄下的《北洋政府與鹽業銀行和國民黨政權》的手稿。這本手稿是在「文革」開始之前，伯駒先生

受吉林省政協之請，親赴天津整理的一部鹽業銀行史。說是鹽業銀行，其實其中大部分內容都是在回憶他自己的身世，史料價值極高。得到這批史料後，雖然認為十分重要，但是一時還沒有想好如何對待它們。

2009 年年底，經當當網的王明芳兄介紹，我與上海三聯書店簽署了《王世襄珍藏文物聚散實錄》一書的出版協議。在該書創作過程中，一天，公司的總策劃賀鵬飛送給了我一本廣西師範大學出版社出版的《梁漱溟先生年譜》，建議我完成《王世襄珍藏文物聚散實錄》後，可以考慮編一部《王世襄年譜》。後來因為種種原因，《王世襄年譜》沒有動筆，不過倒是啟發了我決心利用手中的史料，為張伯駒先生編撰一部《張伯駒年譜》。

在決定編撰年譜後，我便開始了前期的資料準備工作。張伯駒先生是著名的書畫家，近些年，先生聲名日隆，書畫價格高漲，各大拍賣公司爭相上拍，所以首先是關注各家拍賣公司的上拍情況。現在網路發達，搜集這些公開拍賣的書畫資料相對簡單，但是這個工作的重點和難點是去偽存真。近些年來，出於利益的驅使，張伯駒書畫已經成為作偽的重災區，所以單憑網路圖片，有些作品還很難分辨真贗，為此我曾多次遠赴廣州、杭州、上海等地的拍賣現場，實地驗證書畫真假。

為了更加接近伯駒先生，我還決定追隨先生的步伐，尋訪他曾經工作和遊走過的地方。伯駒先生的一生是「身行萬里半天下」，先生曾於 1939年春，經香港到訪昆明，在昆明，他登雞足山，觀天池水，遊黑龍潭，並留下了《揚州慢·昆明黑龍潭觀唐梅》詞一闋。於是，我兩赴春城，到昆明西山、滇池、九華宮、黑龍潭等地探訪。一次，在黑龍潭那一株盛開的唐梅下，我久久徘徊，思緒萬千，並反覆誦讀先生那一闋著名的《揚州慢》：「金馬峰高，碧雞關聳，大州舊郡雲南。作西川鎖鑰，蔽上國屏藩。更滇海、波濤百里，湯池塹限，津塞泥丸。自諸葛七縱，千里蠻漢相安。九華殿闕，是吳家、賺了圓圓。笑返旆三軍，衝冠一怒，卻為紅顏。成敗盡如春夢，問今日、幾換江山。只唐梅無恙，依然開落空潭。」那一刻，我彷彿走過一條長長的時光隧道，穿越來到伯駒先生身邊，在唐梅散發的

縷縷幽香中與先生一起詩酒管絃、暢懷今古。

「年年一枕西湖雨，未聽秋風意已涼。」這是伯駒先生吟誦西湖的詩句。西湖可是伯駒先生的最愛，數不清他到底來過多少次西湖。在這個人間仙境，伯駒先生每日遊走徘徊在湖邊，留下了一首首吟誦西湖的佳句。直到晚年行動不便，他對西湖還是念念不忘。1977 年，弟子周篤文到西湖開會，先生很快給就周篤文寫了一封信，在信中他說：「函詞奉悉，壯遊堪羨！昔余數至西湖，兩遊莫干山，一遊東西天目、天台、黃山，抗日時曾由香港飛河內，入昆明，登大觀樓，遊西山，觀滇海，黑龍潭賞唐梅，九華宮賞茶花，皆成隔世矣！」信函抬頭就說西湖，言語之中，透露出對西湖的無比眷戀之情。近些年，我曾多次到訪西湖，每有閒暇，就在孤山放鶴亭、林和靖墓園、西泠橋下蘇小小慕才亭和蘇堤一帶漫遊；也曾在伯駒先生題寫的「萬菊亭」長坐靜思；夜晚曾留宿西湖旅舍，體悟先生曾經的「湖水拍窗夜不眠」的狀態。後來我還去過西安、重慶、貴陽、成都、長春等地，為了解先生的故鄉，又專門探訪伯駒先生位於周口市的項城老家。總之，經過數年的精心準備，我認為自己的內心已和伯駒先生無比接近，2012 年我開始動筆創作《張伯駒年譜》。

從 2012 年算起，到今年正好十個年頭。昔讀《紅樓夢》，曹雪芹有句：「字字看來皆是血，十年辛苦不尋常。」今天《張伯駒年譜》一書終於結集成稿了，看着面前一摞厚厚的書稿，心中真的是五味雜陳。雖然不敢妄說「字字是血」，但是回首創作歷程，這部書稿卻也是浸透了心血，但並不是我一個人的心血，而是在眾多的師友幫助下，集腋成裘，積少成多，才終於有了今天的面目。

眾所周知，年譜編撰最重要的就是史料的搜集。張伯駒先生成名很早，在民國時期就是超級「網紅」，當時的許多報刊雜誌都留下了他的身影，所以有關民國史料的搜集是撰寫《張伯駒年譜》的重頭戲。幸運的是，在這方面有兩位先生給我提供了重要幫助，一位是北京的沈寧先生，另一位是遼寧的馬千里先生。

　　沈寧君供職於中央戲劇學院圖書館，多年來一直從事藝術史研究，搜集了海量的民國報刊史料。沈先生得知我正在編撰《張伯駒年譜》，他一次性幫我搜集了萬餘字的張伯駒史料，並親自用郵件發給我。馬千里君供職於遼海出版社，是優秀的編輯，同時也是一位治學嚴謹的學者，尤其善於史料的搜集。近年，馬君正在編纂《劉盼遂全集》，在搜集劉盼遂先生資料的時候，也在幫我查找張伯駒史料，每有發現，馬君必第一時間通知我。《張伯駒年譜》成稿後，馬千里君更是不厭其煩，親自幫助校訂全稿。可以說，他是本書未署名的特邀編輯。另外，香港中華書局前任總經理趙東曉先生、現任總編輯侯明女士是《張伯駒年譜》的伯樂，從 2015 年開始，他們就在關心這本書的創作進程，在 2017 年，還專門邀請北京中華書局著名編輯柳憲老師幫助通校全稿。如果沒有二位的惠助和鼓勵，這本年譜也就不可能如此順利出版。另外，責編熊玉霜女君也為本書的校訂和封面設計付出了很多汗水，在此一併致謝！

　　我在搜集張伯駒史料時，還得到過很多師友的幫助。感謝劉濤先生、程國強君多年的惠助；感謝趙普兄的襄助；感謝常昊九段答疑解惑；感謝海國林先生在學術上的無私幫助。另外還有著名學者李經國先生、周默先生、青年學者張斯琪、齊凱諸君，他們一經發現新的史料，皆為我留存。張斯琪君更是把他搜集到的伯駒先生致女弟子張文涓的書信無私地提供給我。

　　在這裏還要特別感謝張伯駒先生的弟子周篤文先生，周先生不但提供了大量的伯駒先生書信資料，而且還通讀校訂書稿，親自為本書作序，並邀請書法大家沈鵬先生題寫書名。

　　在張伯駒先生晚年，除了周篤文先生常陪身邊以外，還有一位青年，他就是馮統一先生。經張恩嶺先生介紹，我有幸結實馮先生。並於 2021 年 11 月 29 日午後，來到北京天通苑，拜訪了馮統一先生。整整一個下午，馮先生給我講述他與伯駒先生的交往，解答不少疑惑，也訂正了書中的一些史料錯誤。另外，馮先生還將陸續整理出來的自己珍藏的伯駒先生

書畫手稿提供給我，大大地豐富了年譜的內容。

　　《張伯駒年譜》終於要付梓了，全書共約四十萬字。在這裏需要說明的是，此書的資料截止到 2018 年，2018 年以後，又陸續有大批的史料湧現，我將繼續整理這些新的史料，爭取在不久的將來，將一本更加豐富的《張伯駒年譜長編》奉獻給熱愛傳統文化、敬重張伯駒先生的讀者。另外，張伯駒先生一生勤奮，留下了大量的詩詞、書畫作品，由於各種原因，這些資料還有待發掘。也希望方家不吝賜教、賜稿為盼！

　　今年是張伯駒先生逝世四十周年，也是業師史樹青先生的百年誕辰，謹以此書紀念二位先生。同時也向那些為保護和發揚祖國傳統文化做出過重要貢獻的前輩學人致敬！

　　　　　　—— 辛丑歲杪記於孤山之下西湖山莊，並修改於京華雪窗

□ 責任編輯：熊玉霜
□ 裝幀設計：鍾文君
□ 排　版：黎浪
□ 印　務：林佳年

張伯駒年譜

□
編著
榮宏君

□
出版
中華書局（香港）有限公司
香港北角英皇道 499 號北角工業大廈一樓 B
電話：（852）2137 2338　傳真：（852）2713 8202
電子郵件：info@chunghwabook.com.hk
網址：http://www.chunghwabook.com.hk

□
發行
香港聯合書刊物流有限公司
香港新界荃灣德士古道 220-248 號
荃灣工業中心 16 樓
電話：（852）2150 2100　傳真：（852）2407 3062
電子郵件：info@suplogistics.com.hk

□
印刷
美雅印刷製本有限公司
香港觀塘榮業街六號海濱工業大廈四樓 A 室

□
版次
2022 年 3 月初版
© 2022 中華書局（香港）有限公司

□
規格
16 開（240 mm×160 mm）

□
ISBN：978-988-8760-63-3